Schriften der Landeszentralbibliothek Schleswig-Holstein; 5

Karten und Atlanten

in der Landeszentralbibliothek Schleswig-Holstein

Band 3

Die Welt in alten Karten und Ansichten

Illustriertes Verzeichnis der Bestände bis 1900
in der Landeszentralbibliothek Schleswig-Holstein

Zusammengestellt von

Gerhard Kraack und Jens Ahlers

Husum

2003

Gedruckt mit Unterstützung der Kulturstiftung des Landes Schleswig-Holstein

Die Deutsche Bibliothek verzeichnet diese Publikation in der Deutschen Nationalbibliografie; detaillierte bibliografische Daten sind im Internet über http://dnb.ddb.de abrufbar.

In der Reihe „Karten und Atlanten in der Landeszentralbibliothek Schleswig-Holstein" sind bereits erschienen:

1. Der Flensburger „Atlas Major". Ein Sammelatlas zum Großen Nordischen Krieg und zu den Türkenkriegen. Bearbeitet von Detlev Kraack. Flensburg 1997.
ISBN 3-88042-946-4

2. Die Jordtsche Kartensammlung aus Flensburg. Ein Beitrag zur Sicht der Welt im 18. Jahrhundert. Beschreibung und Katalog von Gerhard Kraack. Husum 2000.
ISBN 3-88042-942-1

Geographisches Institut der Universität Kiel ausgesonderte Dublette

Inv.-Nr. B 3343

Umschlagbild:	Accurate Carte der Upländischen Scheren mit der Situation und Gegend umb ... Stockholm. Nürnberg: Johann Baptist Homann, zw. 1715 u. 1724 (A 38/31, obere Hälfte)
Herausgeber:	Jens Ahlers, Landeszentralbibliothek Schleswig-Holstein
Bezugsadresse:	Landeszentralbibliothek Schleswig-Holstein Waitzstraße 5, 24937 Flensburg Telefon 0461 / 8606200, Fax 0461 / 8606220 e-mail: lzb.flensburg@t-online.de
Satz/Litho:	Fotosatz Husum GmbH

Gesamtherstellung und Verlag: Husum Druck- und Verlagsgesellschaft, 25813 Husum – www.verlagsgruppe.de
ISBN 3-89876-101-0

INHALT

Einleitung 6

Vorbemerkung zu den Katalogen

Erläuterung zur Aufnahme der Karten und Ansichten in den Katalogen 12
Verzeichnis der wichtigsten Abkürzungen auf den Karten und Ansichten 13
Verzeichnis der Siglen zu der in den Katalogen benutzten Literatur 14

Katalog der Einzelkarten (K 1 – K 88) 17

Katalog der Atlanten (A 1 – A 38) 43

Anhang
A. Faksimile-Ausgaben (A 36 – A 37) 73
B. Leihgabe (A 38 / 1 – 71) 75

Katalog der Bücher mit Karten (B 1 – B 593) 84

Register

Vorbemerkung 313
Personenregister 313
Orts- und Sachregister 335

Liste der Abbildungen 357

Farbtafeln 360

EINLEITUNG

Im Gebäude der Landeszentralbibliothek Schleswig-Holstein in Flensburg werden neben dem Grundbestand der Landeszentralbibliothek, die 1973 gegründet wurde, seit der Errichtung eines neuen Hauses 1988 drei eng miteinander verbundene historische Bibliotheken aufbewahrt, die für die Stadt Flensburg an der Grenze zu Dänemark einen großen kulturellen Wert darstellen. Dazu zählt vor allem die Bibliothek des Alten Gymnasiums, die Anfang des 18. Jahrhunderts von dem Rektor der Lateinschule Johannes Moller, dem Verfasser der „Cimbria literata" (Kopenhagen 1744), gegründet wurde und sich mit ca. 40.000 Bänden zu einer der größten Gymnasialbibliotheken Deutschlands entwickelte. Weiterhin sind in die Landeszentralbibliothek eingegliedert die Flensburger St.-Nikolai-Bibliothek, eine Kirchenbibliothek aus dem Jahrhundert der Reformation, und die Flensburger Propstei-Bibliothek, die aus einer in der ersten Hälfte des 19. Jahrhunderts gegründeten Bibliothek hervorgegangen ist. In diesen Sammlungen sind hochinteressante Bücher überliefert, die bis in die Inkunabelzeit zurückreichen[1], und außerdem findet sich dort ein umfangreicher Bestand von zum Teil einmaligen Karten, Stadtansichten und Stadtplänen, die in der Reihe der „Karten und Atlanten in der Landeszentralbibliothek Schleswig-Holstein" in insgesamt drei Bänden erschlossen worden sind.

Nur ein kleiner Teil dieses Bestandes ist in Form von Einzelkarten überliefert, fast 3000 Karten finden sich in Atlanten, von denen zwei Sammelatlanten aus dem 18. Jahrhundert, der Flensburger „Atlas Major" von ca. 1715 mit 171 Karten und die siebenbändige „Jordtsche Kartensammlung" von ca. 1795 mit 754 Karten, bereits im ersten und zweiten Band der „Karten und Atlanten in der Landeszentralbibliothek" eingehend beschrieben wurden[2]. Der weitaus größte Fundus von Karten, Stadtansichten und Stadtplänen ist in Büchern der Landeszentralbibliothek zu finden. In langwieriger Sucharbeit konnten aus den unterschiedlichen Sammlungen der Bibliothek in den bis zum Jahre 1900 erschienenen Büchern mehr als 4000 Karten und Ansichten ermittelt werden. Dabei erwies sich die Bibliothek des Alten Gymnasiums, von der der überwiegende Teil des im abschließenden dritten Band der Reihe erfaßten Materials stammt, als wahre Fundgrube, und nicht nur in den Bereichen Geographie und Geschichte, sondern zum Beispiel auch in denen der Theologie, der Alten Sprachen und sogar der Medizin fanden sich viele bildliche Darstellungen, die für unseren Zweck von Interesse waren. Alle Bestände der Bibliothek wurden, zum Teil allerdings nur stichprobenartig, überprüft, lediglich allgemeine Nachschlagewerke und Zeitschriften blieben weitgehend unberücksichtigt. Als zeitliche Grenze war von vornherein das Jahr 1900 vorgesehen, bisweilen wurden jedoch auch Faksimile-Ausgaben des 20. Jahrhunderts mit älteren Drucken einbezogen. Ausgewählt wurde aus den Büchern nicht das gesamte druckgraphische Angebot, sondern eine Auswahl, die Karten, Stadtansichten und Stadtpläne sowie Festungspläne, Schlachtenpläne und Schlachtendarstellungen betrifft. Gebäudeansichten und Naturstudien von Landschaften blieben dagegen weitgehend unberücksichtigt. Für diese Vorgehensweise gibt es richtungsweisende Vorbilder[3]. Für größere Bibliotheken dürfte es kaum möglich sein, die Bestände nach der hier angewandten Methode auf Karten und Ansichten hin zu sichten und diese systematisch zusammenzustellen. Allerdings sind in den letzten Jahren zum Beispiel von Berliner, Göttinger und Münchener Bibliotheken in einem großen Forschungsprojekt die drei größten deutschen Kartensammlungen bis 1850 systematisch erschlossen wurden[4].

Die Erfassung ihrer Karten und Ansichten kann nur von kleineren Büchersammlungen bewältigt werden, und dazu zählt die Flensburger Landeszentralbibliothek, die in erster Linie eine regionale Büchersammlung ist mit einem breiten Angebot an regionaler Literatur für den Norden Schleswig-Holsteins. Bedingt durch ihre Geschichte hat die Bibliothek des Alten Gymnasiums bis 1864 aber auch enge Verbindungen zum dänischen Kulturraum, so daß hier neben deutscher Literatur auch ein erstaunlich umfangreicher Bestand an dänischer Literatur mit Karten und Ansichten, die in Dänemark entstanden sind, zu finden ist. So sind manche der von Franz Geerz erfaßten, in Büchern bis 1859 erschienenen Landkarten Nordalbingiens[5] und auch zahlreiche der von Olaf Klose und Lilli Martius erfaßten Ortsansichten und Stadtpläne der Herzogtümer Schleswig und Holstein[6] in den Büchern der Flensburger Bibliothek vorhanden. Neben regionalen Beispielen finden sich in Flensburg ferner auch viele Karten und Ansichten der ganzen Welt, die bis in das Jahr 1531 zurückreichen. Dieser Fundus wird in drei Katalogen, die den Hauptteil des dritten Bandes der „Karten und Atlanten in der Landeszentralbibliothek" ausmachen, erfaßt. In einem ersten Katalog geht es um die 88 Einzelkarten, in einem zweiten um die 38 Atlanten und in einem dritten um die 593 Bücher mit Karten und Ansichten.

Die Einzelkarten

Die 88 Einzelkarten, die alle aus den Beständen der Bibliothek des Alten Gymnasiums stammen, bestehen zum Teil aus mehreren Blättern, einige liegen auch in Buchform vor, wobei es sich um Bücher handelt, die ohne weitergehenden Text lediglich aus einer Karte bestehen. Mehr als Zweidrittel der Karten (insgesamt 60) sind zwischen 1766 und 1862 in Kopenhagen angefer-

tigt worden, alle übrigen Karten wurden im 19. Jahrhundert im deutschen Sprachraum hergestellt.
Von den großformatigen Karten der „Königlichen Gesellschaft der Wissenschaften" (Kongelige Videnskabernes Societet/Selskab) in Kopenhagen, die zwischen 1766 und 1825 zumeist im Maßstab 1:120.000 das Königreich Dänemark und das Herzogtum Schleswig neu aufnehmen ließ[7], liegt mit insgesamt 17 Karten beinahe ein vollständiger Satz vor, und fast vollständig sind auch die Amtskarten von Dänemark und dem Herzogtum Schleswig (insgesamt 30) vorhanden, die der Kopenhagener Kartograph Theodor Gliemann (1793-1828) im Maßstab 1:240.000 in den zwanziger Jahren des 19. Jahrhunderts zeichnete und von der Königlichen Steindruckerei in Kopenhagen fertigen ließ. Schließlich wird die Sammlung ergänzt durch 16 Blätter eines dritten dänischen Atlas-Vorhabens, das im Jahre 1856 von dem Kopenhagener Kartenzeichner Adolph Bull (1813-1874) begründet wurde und das das Königreich Dänemark und das Herzogtum Schleswig im Maßstab 1:96.000 auf insgesamt 23 Blättern darstellen sollte. Bedingt durch den Deutsch-Dänischen Krieg von 1864 liegt diese Ausgabe nur unvollständig in Flensburg vor. Drei weitere in Kopenhagen entstandene Kartenwerke bereichern den Bestand. Einen besonderen Schatz stellt die vierteilige Islandkarte des bedeutenden isländischen Kartographen Björn Gunnlaugsson (1788-1876) von 1844 dar, die auf der Weltausstellung in Paris 1875 mit einer Goldmedaille ausgezeichnet wurde; und auch dessen reduzierte, einteilige Islandkarte von 1849 gehört zur Sammlung. Weiterhin finden sich die sechs Blätter von Carl Bergs „Atlas over den Gamle Verden" (Atlas über die Alte Welt) von 1859 und die zweiteilige Karte der Landschaft Eiderstedt im Südwesten des Herzogtums Schleswig, die der Eiderstedter Landmesser Knud Boyens im Maßstab 1:40.000 1861 vorlegte.
Die im deutschen Sprachraum entstandenen Karten weisen ein sehr unterschiedliches Erscheinungsbild auf. Einige von ihnen berühren die Herzogtümer Schleswig und Holstein bzw. nach 1867 die preußische Provinz Schleswig-Holstein. Mit der Stadt Schleswig und ihrer Umgebung befaßt sich die 1823 in Berlin erschienene Karte des schleswig-holsteinischen Topographen Johannes von Schröder. Zum Herzogtum Holstein finden sich die sechs Karten von 1837, die zu dem Werk des holsteinischen Propsten Johann Heinrich Bernhard Lübkert „Versuch einer kirchlichen Statistik Holsteins" (Glückstadt 1837) gehören; die Karten wurden von dem Militärkartographen C. J. v. Hartz gezeichnet, in Neuhaldensleben gestochen und in Altona gedruckt. Der Rendsburger Premierlieutenant Clausen zeichnete 1860 die Karte, auf der die Stadt Rendsburg mit ihrer Umgebung dargestellt ist. Ebenfalls sind drei Karten vorhanden, auf denen Schleswig-Holstein als ganzes dargestellt ist: Carl Ferdinand Weilands Weimarer Karte von 1849, M. Schäfers Berliner Karte von 1864 und Franz Geerz' Kieler Karte von 1867.

Schließlich findet sich die „Geologische Karte der Insel Sylt" des Kieler Geologen Ludwig Meyn, die 1876 in Berlin in Verbindung mit der geologischen Spezialkarte von Preußen herausgegeben wurde. Über Schleswig-Holstein hinaus weist Adolf Stielers im Verlag von Justus Perthes 1829 in Gotha in Buchform erschienene „Karte von Deutschland" auf 25 Blättern im Maßstab 1:750.000, die als Einheit eine Größe von ca. 172,5 x 150 cm erreichen würde. Auf vier Blättern erschien bei Max Pasch 1900 in Berlin die Karte zum Eisenbahnnetz im norddeutschen Raum. Weiterhin finden sich in Buchform drei Darstellungen, eine Karte der Schweiz, eine Stadtansicht von Jerusalem und ein Stadtplan von Paris, die in den fünfziger und sechziger Jahren des 19. Jahrhunderts von dem Leipziger Verlag J. J. Weber für Reisezwecke herausgegeben wurden. Auch Darstellungen weiter entfernter Regionen sind in Einzelkarten in der Flensburger Büchersammlung anzutreffen, wie John Calvin Smith' „Special-Karte der Vereinigten Staaten von Nord-Amerika" auf 16 Blättern (Kassel ca. 1852/54), August Petermanns „Specialkarte von Australien in 9 Blättern" (Gotha 1875), Eduard Hölzels[8] 1882 in Wien erschienene Karte zum Nil-Delta und zum Suez-Kanal und Carl Peters' Ostafrika-Karten von 1895. Für eine Lateinschule waren Kenntnisse über Rom und das Römische Reich von besonderer Bedeutung. Deshalb überrascht es nicht, daß in der Bibliothek des Alten Gymnasiums fünf Einzelkarten zu diesem Bereich zu finden sind. Dazu zählen die großformatige, im Jahre 1852 in Berlin erschienene Rom-Karte, die der spätere preußische Generalfeldmarschall Helmuth Graf von Moltke in den Jahren 1845/46 im Maßstab 1:25.000 zeichnete, und zwei Fassungen der sogenannten Peutingerschen Tafel[9], auf der das gesamte Römische Reich um 350 n. Chr. mit seinen Straßen und Orten dargestellt ist. In der einen Fassung von 1824, einem Nachdruck der Ausgabe des Göttinger Altertumsforschers Franz Christoph von Scheyb von 1753, ist die Tafel in ihren 12 Segmenten in Originalgröße wiedergegeben, während in der anderen, von Konrad Miller 1887 herausgegebenen Fassung die Segmente, etwas verkleinert im Farbdruck aneinandergeklebt, eine Länge von ca. 440 cm ergeben.

Die Atlanten

Zu den 38 Atlanten der Flensburger Büchersammlung gehören auch zwei Faksimile-Ausgaben des 20. Jahrhunderts zu Atlanten von Abraham Ortelius und Gerard Mercator aus dem 16. Jahrhundert. Außer dem Flensburger „Atlas Major" von ca. 1715 und der „Jordtschen Kartensammlung" von ca. 1795[10] befindet sich in der Bibliothek ein dritter Sammelatlas aus dem 18. Jahrhundert (A 38), mit 71 Karten der ganzen Welt, die in Nürnberg und Augsburg zwischen 1684 und ca. 1780 erschienen sind. In diesem Atlas sind überwiegend Homann-Karten, einige Karten von Matthäus Seutter und je eine Karte von Jacob Sandrart (große Donaukarte in einer Fassung von 1684), Gabriel Bodenehr und den Brüdern Lotter enthalten. Alle anderen Atlanten der Sammlung entstanden zwischen dem Ende des 18. und dem des 19. Jahrhunderts. Darunter sind zwei Atlasbände im Quart-Querformat besonders zu nennen, die eigentlich nur Ergänzungsbände zu anderen Werken darstellen: der „Recueil de Cartes" (A 8) zum siebenbändigen Werk des französischen Naturphilosophen Delisle de Sales „Histoire philosophique du monde primitif" (Paris 1795) und der „Atlas" (A 24) zu Ernst Erhard Schmids „Lehrbuch der Meteorologie" (Leipzig 1860).

Von den insgesamt sieben Weltatlanten des 19. Jahrhunderts ist zweifellos am interessantesten der sechsbändige „Atlas Universel" des Brüsseler Kartenmachers Philippe Vandermaelen (1795-1869)[11] von 1827 im Großfolioformat. In diesem Atlas ist die gesamte damals bekannte Welt auf 376 Karten im einheitlichen Maßstab von 1:1.641.836 dargestellt. Vollständig vorhanden sind in einer Kassette die bei Justus Perthes in Gotha ca. 1884 erschienenen 90 Blätter der Lieferungs-Ausgabe von Adolf Stielers „Hand-Atlas über alle Theile der Erde und über das Weltgebäude" im Folio-Querformat. Die Loseblatt-Ausgabe von Georg Bauerkellers „Handatlas der allgemeinen Erdkunde" (Darmstadt ca. 1846-1850) ist dagegen nicht mehr ganz vollständig; lediglich 54 der von Ludwig Ewald gezeichneten 80 Karten, deren Reliefs in einer neuen Prägetechnik hergestellt waren, sind erhalten. Karl Sohrs und Heinrich Berghaus' „Vollständiger Hand-Atlas der neueren Erdbeschreibung über alle Theile der Erde", erschienen im Verlag von Carl Flemming in Glogau (Schlesien), liegt in vierter und fünfter Auflage von 1848 und 1853 vor, wobei der Umfang in fünf Jahren von 82 auf insgesamt 126 Kartenseiten erweitert wurde. Schließlich ist auch die zweite Auflage von „Richard Andree's allgemeiner Handatlas in hundertzwanzig Kartenseiten" (Bielefeld u. Leipzig 1887), herausgegeben von der Geographischen Anstalt von Velhagen & Klasing in Leipzig, zu finden. Neben den großformatigen Handatlanten liegen noch zwei Schulatlanten vor, die die ganze Welt zum Inhalt haben: der in Weimar bei Kellner um 1866 erschienene „Schul-Atlas über alle Theile der Erde nach Reliefs von C. Raaz" (A 19) und die 32. Auflage von Dierckes „Schulatlas für höhere Lehranstalten", erschienen 1896 bei George Westermann in Braunschweig.

In der Flensburger Sammlung befindet sich weiterhin Richard Andrees und Oscar Peschels „Physikalisch-statistischer Atlas des Deutschen Reichs" (Bielefeld u. Leipzig: Velhagen & Klasing, 1878), der mit 25 Seiten thematischer Karten als Vorläufer der Nationalatlanten gelten kann. Zu den thematischen Atlaswerken zählen ebenfalls Reinhard Grundemanns von der Calwer Vereinsbuchhandlung herausgegebener „Missions-Atlas zur Darstellung des evangelischen Missionswerkes", der in zwei Auflagen von 1886 und 1896 vorliegt, und der „Kleine Deutsche Kolonialatlas" (Berlin 1898), herausgegeben von der Deutschen Kolonialgesellschaft.

Besonders groß ist der Bestand an Geschichtsatlanten; zu diesem Bereich gehören zwölf Bände aus dem 19. Jahrhundert, alle in Deutschland erschienen[12]. Karl von Spruners „Historisch-Geographischer Hand-Atlas", der führende deutsche Geschichtsatlas der zweiten Hälfte des 19. Jahrhunderts, der von Justus Perthes in Gotha herausgegeben wurde, liegt in der ersten bzw. zweiten Auflage aus den fünfziger Jahren vollständig in drei Abteilungen (mit insgesamt 118 Kartenseiten) vor; hinzu kommt Spruners „Hand-Atlas für die Geschichte des Mittelalters und der neueren Zeit" (Gotha 1880) in dritter Auflage in der Neubearbeitung durch Theodor Menke. Weiter zu nennen sind drei Bände von Eduard Rotherts „Karten und Skizzen aus der Geschichte" (Düsseldorf ca. 1896) und vier Schulatlanten: Friedrich Stegers „Kleiner Historischer Schul-Atlas" (Leipzig 1845), C. E. Rhodes „Historischer Schul-Atlas zur alten, mittleren und neueren Geschichte" (Glogau: Carl Flemming, 1861), Heinrich Kieperts u. Carl Wolffs „Historischer Schul-Atlas zur alten, mittleren und neueren Geschichte" (Berlin: Dietrich Reimer, ca. 1879) sowie die 18. Auflage von Friedrich Wilhelm Putzgers „Historischer Schul-Atlas zur alten, mittleren und neueren Geschichte" (Bielefeld u. Leipzig: Velhagen & Klasing, 1892).

Die erste Abteilung von Spruners „Historisch-Geographischem Hand-Atlas" wird im Zweittitel auch als „Atlas antiquus", als Atlas der Alten Welt, bezeichnet. Daß ein solcher Atlas vor allem für Lateinschulen wie der Flensburger von besonderem Interesse war, verwundert nicht. Neben Spruners „Atlas antiquus", der in erster und zweiter Auflage mit jeweils 27 Karten vorliegt, sind zwei weitere entsprechende Atlaswerke vorhanden: ein bislang nicht zuzuordnender Atlas ohne Titelblatt vom ausgehenden 18. Jahrhundert mit 15 Kartenseiten (A 4), die wahrscheinlich von dem Leipziger Kupferstecher Georg Friedrich Jonas Frentzel gestochen wurden, und ein „Atlas antiquus" mit 12 Karten des Berliner Kartographen Heinrich Kiepert, erschienen in Berlin bei Dietrich Reimer um 1892. Zur Flensburger Sammlung gehören auch Kieperts „Neuer Atlas von Hellas und den hellenischen Colonien in 15 Blättern" (Berlin 1872) und der aus acht großformatigen Blättern bestehende „Atlas" (A 17) zu Friedrich Carl Hermann Kruses „Hellas oder geographisch-antiquarische Darstellung des alten Griechenlandes und seiner Colonien" (Leipzig 1825-1827). In der Bibliothek des Alten Gymnasiums finden sich sogar die vom Deutschen Archäologischen Institut von Ernst Curtius und Johann August Kaupert herausgegebenen insgesamt 28 „Karten von Attika", die zumeist im Maßstab von 1:25.000 von deutschen Kartenzeichnern erarbeitet wurden und bei Dietrich Reimer in Berlin zwischen 1881 und 1894 erschienen, sowie die Arbeit des hessischen Hauptmanns Steffen „Karten von Mykene" (Berlin: Dietrich Reimer, 1884). Daß Caesars Commentarii im Lateinunterricht eine wichtige Rolle spielten, davon zeugen schließlich zwei Spezialatlanten: Wilhelm Rüstows „Atlas zu Caesar's Gallischem Krieg in 15 Karten und Plänen" (Stuttgart ca. 1868) und Albert van Kampens „Quindecim ad Caesaris de bello Gallico commentarios tabulae" (Gotha: Justus Perthes, ca. 1878/79). Von letzterem Kartenwerk liegen nicht weniger als drei Ausgaben vor.

Die Karten und Ansichten in Büchern

Der Katalog, in dem die Bücher mit Karten und Ansichten erfaßt sind, ist der bei weitem umfangreichste Teil des vorliegenden Werkes. Die Bücher, in denen sich bildliche Darstellungen für unseren Zweck fanden, sind über den gesamten Zeitraum von 1531 bis 1900 verteilt, und die technische Entwicklung im Bereich der Druckgraphik läßt sich anhand der Zeugnisse aus der Landeszentralbibliothek nachzeichnen. Im 16. Jahrhundert überwogen Holzschnittdarstellungen, dann herrschten zwei Jahrhunderte Kupferstiche vor, und diese wurden im 19. Jahrhundert durch die Lithographie abgelöst. Kurz vor Mitte des 19. Jahrhunderts kam schließlich als neue Technik der Stahlstich auf[13]. Für alle genannten Arten der Technik lassen sich kennzeichnende große Bildwerke aus der Bibliothek heranziehen. Zur Holzschnittzeit gehören die Darstellungen in den Ausgaben von Sebastian Münsters Baseler Kosmographie von 1550 und 1578 (B 336/37). Zu den bedeutenden Kupferstichwerken der Mitte des 17. Jahrhunderts zählen Caspar Danckwerths „Newe Landesbeschreibung der zwey Hertzogthümer Schleswich und Holstein" (B 119) und Adam Olearius' „Moscowitische und Persianische Reisebeschreibung" (B 360), beide in der Stadt Schleswig gedruckt. Von der Wende vom 17. zum 18. Jahrhundert liegen Samuel Freiherr von Pufendorfs' Werk über den schwedischen König Carl X. Gustav (Nürnberg 1696/97) (B 400/01) mit über 100 Kupferstichtafeln in drei Ausgaben und zwölf Bände von Johann Georg Graevius' „Thesaurus antiquitatum romanarum" (Utrecht/Leiden 1694/96) mit vielen Kupferstichtafeln zum alten Rom vor. Aus der zweiten Hälfte des 18. Jahrhunderts schließen sich an die 174 Karten, Stadtansichten und Stadtpläne im Kupferstich in den sieben Bänden von Erik Pontoppidans „Den Danske Atlas" (B 390). Aus dem 19. Jahrhundert stammen die Lithographien in Jens Peter Traps „Statistisk-topographisk Beskrivelse af Kongeriget Danmark" (B 522) und die Stahlstiche in den fünf vorliegenden Bänden von „Meyer's Universum" (B 318).

Die Bücher der Landeszentralbibliothek enthalten Druckgraphik vor allem aus dem deutschen und dem dänischen Kulturraum, es lassen sich aber auch Beispiele aus Frankreich, England, Italien und den Niederlanden finden[14]. Aus dem 17. Jahrhundert liegen in der Amsterdamer Pontanus-Ausgabe von 1631 (B 387) fünf besonders interessante großformatige Karten aus dem Hause Janssonius vor. Für das 18. Jahrhundert sind Beispiele für das Schaffen bedeutender französischer Kartographen, wie d'Anville, Bellin und Robert de Vaugondy, in den Büchern vorhanden, und dort stößt man auch auf Arbeiten englischer Kartographen wie Thomas Kitchin und John Arrowsmith. Anhand der Bücher aus dem deutschen Sprachraum läßt sich das kartographische Schaffen in Deutschland von der ersten Hälfte des 16. Jahrhunderts – es liegen frühe Arbeiten von Sebastian Münster in einer Ausgabe der römischen Schriftsteller C. Julius Solinus und Pomponius Mela von 1538 (B 479) vor – bis in das ausgehende 19. Jahrhundert dokumentieren. Mitte des 19. Jahrhunderts entwickelte sich das Unternehmen von Justus Perthes in Gotha zum führenden deutschen Verlag für geographisches Schrifttum, und diesem Betrieb wurde eine Geographische Anstalt angeschlossen, an der hervorragende Kartographen wie August Petermann tätig waren[15]. Auch die Bedeutung von Heinrich Kiepert, der zunächst als Kartograph in Weimar, später dann in Berlin wirkte, läßt sich an den vielen Kartenzeugnissen aus der zweiten Hälfte des 19. Jahrhunderts in der Flensburger Büchersammlung ablesen[16]. In dieser Zeit entstanden insbesondere in Berlin und in noch größerem Umfang in Leipzig lithographische Institute und Anstalten, die Verlage im gesamten deutschen Raum mit Karten belieferten. Für die Zeit nach 1870 ist hier in erster Linie die Geographische Anstalt von Debes & Wagner zu nennen, auf deren Erzeugnisse man an vielen Stellen in den Büchern stößt. Hinzu kommen die Geographisch-artistische Anstalt des Verlags F. A. Brockhaus, die kartographische Abteilung des Bibliographischen Instituts von Joseph Meyer und die Geographische Anstalt des Bielefelder Verlags Velhagen & Klasing[17]. Die meisten kartographischen Arbeiten aus Dänemark sind in Kopenhagen entstanden, in der ersten Hälfte des 19. Jahrhunderts zunächst vor allem in der Königlichen Steindruckerei und danach im Lithographischen Institut Em. Bærentzen & Co.; letzteres stellte auch Karten für Verlage in der Stadt Schleswig und in Christiania (Oslo) her.

Es ist erstaunlich, in wie vielen Büchern aus ganz unterschiedlichen Themenbereichen[18] Karten, Stadtansichten und Stadtpläne vorkommen. In medizinischen Büchern finden sich Karten, die die Ausbreitung von Krankheiten und Seuchen dokumentieren. In manchen Bibelausgaben wird die Welt des Alten Testaments in Karten gezeigt. Im Bereich Theologie finden sich Werke, in denen kirchliche Verwaltungseinheiten auf Karten dargestellt sind. In anderen theologischen Werken wird auf Karten die Verbreitung der verschiedenen Religionen und Konfessionen sowie die christliche Missionsarbeit veranschaulicht. Besonders ergiebig war die Suche nach Karten mit Darstellungen der Alten Welt in den Ausgaben griechischer und römischer Schriftsteller vom 16. Jahrhundert an. Immer wieder begegnet man dem Namen des griechischen Geographen Claudius Ptolemaeus aus dem 2. Jahrhundert n. Chr.[19], dessen Karten nicht nur in der Ptolemaeus-Ausgabe des italienischen Geographen Giovanni Antonio Magini von 1608 (B 298) zu finden sind, sondern zum Beispiel auch in großem Format in einer Baseler Strabo-Ausgabe von 1571 (B 496). Zu den Vorstellungen über die Welt der Antike liegen alle wichtigen Untersuchungen vom 17. bis zum Ende des 19. Jahrhunderts vor; genannt seien in diesem Zusammenhang die Karten der Altertumsforscher Christoph Cellarius, Philipp Clüver, Christoph Heidmann, Konrad Mannert und Friedrich August Ukert.

Der größte Anteil an Karten, Stadtansichten und Stadtplänen ist erwartungsgemäß in den geographischen und historischen Werken der Flensburger Büchersammlung enthalten. In sehr unterschiedlichen Kriegskarten wird kriegerisches Geschehen dokumentiert. Zu solchen Karten gehören Festungspläne, Schlachtenpläne und Schlachtendarstellungen, die zum Teil als kleine Gemälde anzusehen sind. Die Ergebnisse von Friedensverträgen, oft mit Grenzverschiebungen verbunden, sowie Veränderungen von Verwaltungseinheiten sind in vielfältiger Weise auf Karten wiedergegeben. Topographisch-historische Beschreibungen zu diversen Teilen der Erde sind meistens mit Karten verbunden; hingewiesen sei hier auf einige Werke, die sich seit der Mitte des 16. Jahrhunderts mit der Stadt Rom und ihrer Entwicklung befassen. Auch in Reisebeschreibungen, die in reicher Auswahl vom 17. Jahrhundert an vorliegen, finden sich manche Karten, genauso wie in Reiseführern, die vor allem aus dem 19. Jahrhundert überliefert sind. Hinzu kommt reichhaltiges Kartenmaterial in Werken zur physischen Geographie, in denen es um allgemeine Beobachtungen zur Erde, z. B. zum Klima, zu den Meeres- und Luftströmungen, zur Entwicklung der Küsten, zur Erdgeschichte und zur Geologie geht. In manchen solcher Karten sind Isolinien[20] eingezeichnet, die sich mit den Isobaren (Angaben zum Luftdruck), den Isodynamen (Erdmagnetische Intensität), den Isogonen (Erdmagnetische Deklination), den Isoklinen (Erdmagnetische Inklination), den Isorachien (Flutwellen) und den Isothermen (Angaben zu Temperatur) befassen. Andere Karten zu kulturgeographischen Sachverhalten befassen sich mit Fragen der Wirtschaft, des Verkehrs, der Bevölkerung, der Vegetation und der Verbreitung von Tieren. Eine besondere Form stellen schließlich die Ethnographischen Karten und die Sprachenkarten dar.

Manche der thematischen Karten sind auch in den Büchern zu finden, die von den Herzogtümern Schleswig und Holstein handeln. So liegen etwa, vor allem in den Arbeiten von Carl Ferdinand Allen, zum Herzogtum Schleswig mehrere Sprachenkarten vor, die verdeutlichen, daß dort Dänisch, Deutsch und Friesisch gesprochen wurde, und mit der in Berlin gestalteten „Geognostischen Karte der Herzogthümer Schleswig und Holstein 1847" (B 415), die auf den Kopenhagener Geologen Johann Georg Forchhammer zurückgeht, findet sich die erste schleswig-holsteinische geologische Karte. Besonders reich ist der Bestand an Karten und Ansichten zu dem Krieg um das Herzogtum Schleswig zwischen 1848 und 1850 und zum Deutsch-Dänischen Krieg von 1864. Außerdem vermitteln viele bedeutende Ansichtenwerke einen Eindruck vom Aussehen und vom Aufbau der Städte in den Herzogtümern Schleswig und Holstein, und die topographische Literatur ist mit einer Fülle von ganz unterschiedlichen Gesamt- und Detailkarten der Herzogtümer versehen. Dabei wird deutlich, daß die 37 Karten des Husumer Kartographen Johannes Mejer in Caspar Danckwerths „Newe Landesbeschreibung der zwey Hertzogthümer Schleswich und Holstein" (Schleswig 1652) (B 119) eine ganz besondere Leistung in ihrer Zeit darstellten.

Anmerkungen

1 Vgl. dazu Jens Ahlers; Gerhard Kraack: Die Landeszentralbibliothek Schleswig-Holstein und ihre historischen Buchbestände. In: Grenzfriedenshefte 1993, Heft 1, S. 3-24 (auch erschienen als Sonderdruck in den Schriften der Landeszentralbibliothek Schleswig-Holstein 2); Gerhard Kraack: Die St.-Nikolai-Bibliothek zu Flensburg. Eine Büchersammlung aus dem Jahrhundert der Reformation (Schriften der Gesellschaft für Flensburger Stadtgeschichte, Nr. 35). Flensburg 1984; Gerhard Kraack, in dem Beitrag Flensburg 1 (Landeszentralbibliothek Schleswig-Holstein) in: Handbuch der historischen Buchbestände in Deutschland. Bd 1 (Schleswig-Holstein - Hamburg - Bremen). Hildesheim 1996, S. 48-58.

2 Vgl. Detlev Kraack: Der Flensburger „Atlas Major". Ein Sammelatlas zum Großen Nordischen Krieg und zu den Türkenkriegen (Karten und Atlanten in der Landeszentralbibliothek Schleswig-Holstein, Band 1). Flensburg 1997; Gerhard Kraack: Die Jordtsche Kartensammlung aus Flensburg. Ein Beitrag zur Sicht der Welt im 18. Jahrhundert (Karten und Atlanten in der Landeszentralbibliothek Schleswig-Holstein, Band 2). Flensburg 2000.

3 Zu nennen sind in diesem Zusammenhang A. M. Mickwitz / L. Miekkavara / T. Rantanen: The A. E. Nordenskiöld Collection in the Helsinki University Library. Annotated Catalogue of Maps made up to 1800. 3 Bde, Helsinki 1979-1984; und für den Bereich des Nürnberger Germanischen Nationalmuseums die Reihe, die sich mit den Ansichten, Stadtplänen und Landkarten aus der Graphischen Sammlung des Museums befaßt (u. a. Karin Holzamer: Von Danzig bis Riga. Nürnberg 1982; Ursula Timann: Von Stettin bis Breslau. Nürnberg 1988).

4 So haben die Staatsbibliothek zu Berlin, Preußischer Kulturbesitz, die Niedersächsische Staats- und Universitätsbibliothek Göttingen und die Bayerische Staatsbibliothek München ihre Kartenbestände erfaßt in: Datenbank historisch wertvoller Kartenbestände. Landkarten-Datenbank (CD-ROM-Version). 2. Aufl., Berlin 1996.

5 Vgl. F. Geerz: Geschichte der geographischen Vermessun-

gen und der Landkarten Nordalbingiens vom Ende des 15. Jahrhunderts bis zum Jahre 1859. Berlin 1859; vgl. auch Reimer Witt: Die Anfänge von Kartographie und Topographie Schleswig-Holsteins 1475-1652. Heide 1982.

6 Vgl. Olaf Klose / Lilli Martius: Ortsansichten und Stadtpläne der Herzogtümer Schleswig-Holstein und Lauenburg (Studien zur schleswig-holsteinischen Kunstgeschichte, Bd 7/8). Neumünster 1962.

7 Vgl. Bo Bramsen: Gamle Danmarkskort. En historisk oversigt med bibliografiske noter for perioden 1570-1770. 3. Oplag, København 1975, S. 148ff.

8 Zur Kartographischen Anstalt von Eduard Hölzel (1817-1885) in Wien vgl. Ingrid Kretschmer, Johannes Dörflinger u. Franz Wawrik (Hrsg.): Lexikon zur Geschichte der Kartographie. Bd I, Wien 1986, S. 310f.

9 Zur „Tabula Peutingeriana" vgl. Lexikon (wie Anm. 8), Bd II, S. 802.

10 Dazu vgl. Anm. 2.

11 Zu Philippe Vandermaelen vgl. Lexikon (wie Anm. 8), Bd II, S. 850.

12 Zu den deutschen Geschichtsatlanten vgl. Lexikon (wie Anm. 8), Bd I, S. 267.

13 Zu den Techniken vgl. die jeweiligen Angaben im Lexikon (wie Anm. 8).

14 Im Personenregister sind alle Druck- und Verlagsorte erfaßt worden.

15 Zur Bedeutung des Verlags von Justus Perthes vgl. Lexikon (wie Anm. 8), Bd II, S. 595f.

16 Zu Heinrich Kiepert vgl. Lexikon (wie Anm. 2), Bd I, S. 409f.

17 Zur Bedeutung Leipzigs vgl. Lexikon (wie Anm. 8), Bd II, S. 696.

18 Angaben zu den verschiedenen Themenbereichen finden sich über das Orts- und Sachregister.

19 Zu Claudius Ptolemaeus vgl. Lexikon (wie Anm. 8), Bd II, S. 644-651.

20 Zur Isolinie vgl. Lexikon (wie Anm. 8), Bd I, S. 337-341.

VORBEMERKUNG ZU DEN KATALOGEN

Erläuterungen zur Aufnahme der Karten und Ansichten in den Katalogen

In den nachfolgenden drei Katalogen, dem Katalog der Einzelkarten (K 1 – K 88), dem Katalog der Atlanten (A 1 – A 38) und dem Katalog der Bücher mit Karten (B 1 – B 593), die den größten Teil des vorliegenden Werkes ausmachen, ist ein Bestand von ca. 7000 Karten, Stadtansichten und Stadtplänen in der Landeszentralbibliothek berücksichtigt worden, die zwischen 1531 und 1900 erschienen sind. Diese große Anzahl ließ sich nur nach ganz bestimmten Kriterien, die im folgenden dargestellt werden, in einem überschaubaren Buch erfassen. Die Kriterien sind abhängig von der Art der Darstellung und vom Zeitpunkt der Herstellung. Karten und Ansichten aus der Zeit vor 1750 sind wesentlich genauer beschrieben worden als solche nach 1850.

Die drei Kataloge sind in sich alphabetisch geordnet, jeder Eintrag hat unter einer laufenden Nummer einen Kennbuchstaben, „K" für Einzelkarten, „A" für Atlanten und „B" für Bücher. Hinter der Nummer ist im Katalog der Einzelkarten in der ersten Zeile der „Kartenmacher" – damit kann der Zeichner, der Stecher, aber auch der Drucker und der Herausgeber bezeichnet sein – und in den Katalogen der Atlanten und Bücher der Verfasser bzw. Herausgeber aufgeführt. War ein Verfasser bzw. Herausgeber nicht bekannt, wurde das Werk nach dem Titel in die alphabetische Ordnung eingefügt. Ließ sich der Verfasser von Büchern nachträglich ermitteln, wurde der Name in runde Klammern gesetzt und das Werk unter diesem Verfassernamen eingeordnet. Jeweils am Schluß der Einträge in allen drei Katalogen stehen kurze Literaturhinweise, und es werden die Signaturen genannt, unter denen die aufgeführten Werke in der Landeszentralbibliothek zu finden sind. Für die Literaturhinweise wurden die großen nationalen und internationalen Karten- und Buchverzeichnisse ausgewertet. Bei den Hinweisen wurden die im nachfolgenden „Verzeichnis der Siglen zu der in den Katalogen benutzten Literatur" verwendet. Bei den abschließend genannten Bibliothekssignaturen wurde bei Werken aus der Schulbibliothek des Alten Gymnasiums darauf verzichtet, die Herkunft zu kennzeichnen, da der überwiegende Teil aus den Beständen dieser Bibliothek stammt. Dagegen ist bei Büchern aus der Flensburger St.-Nikolai-Bibliothek, aus der Flensburger Propstei-Bibliothek und aus der eigentlichen Landeszentralbibliothek (LZB) ein entsprechender Hinweis zur dortigen Signatur hinzugefügt. Bei Büchern, die bis ins 19. Jahrhundert zur Flensburger Kirchenbibliothek von St. Nikolai gehörten und dann in die Gymnasialbibliothek gelangten, findet sich in Klammern ein entsprechender Hinweis. Ebenfalls wird bei Büchern der Gymnasialbibliothek, die zur Jordtschen Büchersammlung gehören, auf den „Katalog der Jordtschen Bücher" im zweiten Band der „Karten und Atlanten in der Landeszentralbibliothek" mit den dortigen Nummern verwiesen.

Im ersten Katalog, dem Katalog der Einzelkarten (K 1 – K 88), sind die Kriterien verwendet worden, die bereits in den beiden ersten Bänden der „Karten und Atlanten in der Landeszentralbibliothek Schleswig-Holstein" zur Anwendung kamen – allerdings mit gewissen Vereinfachungen. Die Katalogeinträge für die 88 Einzelkarten, die zum Teil aus mehreren Blättern bestehen oder auch Buchform haben, setzen sich aus fünf Einheiten zusammen. An erster Stelle findet sich die laufende K-Nummer mit dem Namen des „Kartenmachers". Am Anfang der zweiten Einheit steht die Erfassung des Titels, auf den eventuelle Widmungstexte, Hinweise auf Stecher, Zeichner und Drucker sowie Angaben zum Kartenmaßstab folgen. In runden Klammern wird jeweils hinzugefügt, wo sich die entsprechenden Texte in welcher Form im Kartenbild befinden. Bei der Wiedergabe der Texte wurde, um eine genaue Identifizierung der Karten zu ermöglichen, zumeist die Vorlageform gewählt, unter Angabe von Klein- und Großschreibung, von Zeilenumbrüchen (gekennzeichnet durch das Zeichen „|") und zum Teil mit der Auflösung von Kürzeln in eckigen Klammern. Weitere Kürzel, die öfter auf den Karten, auch auf denen der Atlanten und der Bücher, erscheinen, sind in dem nachfolgenden „Verzeichnis der wichtigsten Abkürzungen auf den Karten und Ansichten" aufgelöst und erklärt worden. Innerhalb der zweiten Einheit folgen dann meistens in einer Zeile kurze Angaben zum Erscheinungsort, zum Drucker und zum Erscheinungsjahr. Am Schluß der zweiten Einheit finden sich in der nächsten Zeile Angaben zur Darstellungsart, zur Größe und Überlieferungsform und zum heute gebräuchlichen Maßstab. Stets sind die außer der Hauptkarte vorhandenen Nebenkarten, Pläne, Ansichten usw. besonders berücksichtigt worden. Unberücksichtigt blieb dagegen die Art der Kolorierung, die innerhalb der Einzelkarten sehr unterschiedlich ist. Die Größe der Karten wurde vom äußeren Rand in Breite mal Höhe gemessen und auf halbe Zentimeter ab- bzw. aufgerundet. Die Angaben zum heute gebräuchlichen Maßstab der Karten beruhen entweder auf eigenen Berechnungen oder konnten der Literatur entnommen werden. Die dritte Einheit umfaßt eine kurze inhaltliche Beschreibung der jeweiligen Karte und deren Einordnung in besondere geschichtliche Zusammenhänge. Auch werden ergänzende Darstellungen kurz hervorgehoben und Vergleiche zu den Karten in den beiden ersten Bänden der „Karten und Atlanten in der Landeszentralbibliothek" gemacht. Schließlich stehen an vierter und fünfter Stelle die Literaturhinweise und die Angaben zu den Signaturen.

Die 38 Atlanten der Landeszentralbibliothek, von denen der Flensburger „Atlas Major" und die „Jordtsche Kartensammlung" bereits in den beiden ersten Bänden der „Karten und Atlanten in der Landeszentralbibliothek" eingehend behandelt wurden, sind an zweiter Stelle im „Katalog der Atlanten" (A 1 – A 38) in unterschiedlicher Weise erfaßt worden. Bei den Einträgen geht es in diesem Katalog, im Anschluß an eine laufende A-Nummer und Angaben zu Verfasser bzw. Herausgeber, zunächst um den Titel des Werkes, der exakt wiedergegeben ist. Anschließend wird auf die Anzahl der Kartenseiten und deren Inhalt hingewiesen. Da es sich meistens um allgemein bekannte Verlagspublikationen des 19. Jahrhunderts handelt, konnten die Hinweise zum Inhalt oft sehr knapp gehalten werden, ohne Berücksichtigung etwaiger Nebenkarten. Lagen jedoch Besonderheiten vor, wurde auf diese verwiesen. Letzteres betraf insbesondere die in diesem Katalog behandelten Atlasbände, in denen Karten zu größeren, oft mehrbändigen Werken zusammengefaßt sind. Erfaßt wurden Hinweise auf die Personen, die an der Erstellung der jeweiligen Kartenseiten beteiligt waren; dazu zählen Zeichner, Stecher, Drucker usw. Die Kartenseiten eines jeden Atlas wurden für den Katalog durchnumeriert, wobei die Nummern dann, wenn sie von der Seitennumerierung im Atlas abweichen, meistens in runde Klammern gesetzt wurden. Nicht sinnvoll schien es, die 376 Kartenseiten von Philippe Vandermaelens sechsbändigem „Atlas Universel" (Brüssel 1827) (A 35), die die ganze Welt in einem einheitlichen Maßstab zeigen, einzeln aufzuführen, dagegen sind die 71 Karten eines Sammelatlas vom Ende des 18. Jahrhunderts (A 38), überwiegend mit Homann- und Seutter-Karten aus Nürnberg bzw. Augsburg, genauer erfaßt worden. Kurze Erklärungen wurden, soweit erforderlich, in eckigen Klammern hinzugefügt. Zum Abschluß finden sich wieder Literaturhinweise und Angaben zu den Bibliothekssignaturen.

An dritter Stelle steht der mit 593 laufenden Nummern umfangreichste „Katalog der Karten in Büchern" (B 1 – B 593), in dem mehr als 4000 Karten, Stadtansichten und Stadtpläne erfaßt sind. Er ist mit einer B-Nummer am Anfang ähnlich aufgebaut wie der Katalog der Atlanten und enthält ebenfalls nur dann in eckigen Klammern knappe erklärende Zusätze, wenn es erforderlich erschien. Auf den Buchtitel folgen meistens Auflistungen der einzelnen Abbildungen mit Angaben zu den Zeichnern, Stechern und Druckern. Bei einigen der nach 1850 erschienenen Bücher, die allgemein bekannt sein dürften, wurden lediglich summarische Angaben zu den in ihnen enthaltenen Karten und Ansichten gemacht. Auch Bücher, deren Karten inzwischen verlorengegangen sind, wurden in den Katalog aufgenommen, allerdings mit dem Hinweis, daß die Karten oder Teile von ihnen fehlen. Genauere Angaben sind zu den Karten gemacht, die aus vor 1750 erschienenen Büchern stammen. Bei solchen Karten ist der Titel in Vorlageform erfaßt, unter Angabe von Groß- und Kleinschreibung, von Zeilenumbrüchen (gekennzeichnet durch das Zeichen „|") und zum Teil mit der Auflösung von Kürzeln; auch die Widmungstexte sind zumeist berücksichtigt worden. In runden Klammern wird darauf hingewiesen, wo sich welche Teile in den Karten finden. Zwischen die verschiedenen Textteile einer Karte ist zumeist ein Doppelstrich („ | | ") gesetzt worden. Erscheinen auf einem Blatt mehrere Darstellungen, sind die dazugehörigen Texte durch einen Schrägstrich („ / ") voneinander getrennt. Nicht berücksichtigt wurden die Größe der Darstellungen und Angaben zum Maßstab. Etwaige Nebenkarten sind mit aufgeführt worden.

Verzeichnis der wichtigsten Abkürzungen auf den Karten und Ansichten

A. (Ao.) – Anno [im Jahre]
a. Chr. n. – ante Christum natum [vor Christi Geburt]
Anst. – Anstalt
art. (artist.) – artistisch [künstlerisch]
Atel. – Atelier
au – author [Kartenmacher]
Aufl. – Auflage
Aug. Vind. – Augusta Vindicorum [Augsburg]
b. – bei
Bd – Band
Berol. – Berolina [Berlin]
Capt. – Captain
Col. – Columna [Spalte]
cum Priv. – cum Privilegio [mit Privileg]
… S. C. M. (Maj.) – … Sacrae Caesareae Majestatis [… der Heiligen Kaiserlichen Majestät]
D. – Dominus [Herr]
d. d. d. – dat dicat dedicat [er gibt, widmet, überreicht]
del. (delin.) – delineavit [er hat gezeichnet]
dir. (direx.) – direxit (er hat angefertigt u. herausgegeben]
emend. – emendatum [verbessert, vervollkommnet]
entw. – entworfen
fe. (fec.) – fecit [er hat angefertigt]
Fol. – Folium [Folioseite]
gedr. – gedruckt
geogr. – geographisch
gest. – gestochen
gez. – gezeichnet
gr. (grav.) [dän.] – graveret [gestochen]
H. – Herr
Hafn. – Hafniae [in Kopenhagen]
Hamb. – Hamburg
incid. – incidit [er hat geschnitten]
Inst. – Institut
inv. – invenit [er hat erfunden]
kartogr. – kartographisch
Kgl. (Königl.) – Königlich
Kglt. (Kongl.) [dän.] – Kongeligt [Königlich]
Lt. (Lieut.) – Lieutenant
lith. [auch dän] – lithographisch bzw. lithografisk

Lith. – Lithograph
N. (No., Nr.) – Nummer
n. d. N. (Nat.) gez. – nach der Natur gezeichnet
Nidros. – Nidrosiae [in Trondheim]
Nor. (Norib., Norimb.) – Norimberga [Nürnberg]
Off. – Officin bzw. Officina [Werkstatt]
p. – pagina [Seite]
p. Chr. n. – post Christum natum [nach Christi Geburt]
Pl. – Planche [Blatt]
privil. – privilegiert
red. – redigiert
rev. (revid.) – revidiert
s. – sive [oder]
scrip. – scripsit [er hat geschrieben]
sc. (sculp., sculps.) – sculpsit [er hat gestochen]
sch. (schu.) – sculpsit [er hat gestochen]
sc. (sculpt.) – sculptor [Stecher]
S. C. M. Geog. – Sacrae Caesareae Majestatis Geographus [Der Heiligen Kaiserlichen Majestät Geograph]
Sec. – Seculum [Jahrhundert]
Se. Maj. – Seine Majestät
S. R. I. – Sacrum Romanum Imperium [Heiliges Römisches Reich]
Steentr. [dän.] – Steentryk [Steindruck]
Stdr. (Steindr.) – Steindruck
Tab. – Tabula [Tafel]
Taf. – Tafel
Tom. – Tomus [Band]
u. – und
v. – von
z. – zu

Verzeichnis der Siglen zu der in den Katalogen benutzten Literatur

ADAMS – H. M. Adams: Catalogue of books printed on the Continent of Europe, 1501-1600, in the Cambridge libraries. 2 Bde, Cambridge 1967.
BELGICA TYPOGRAFICA – Belgica Typografica 1541-1600. 2 Bde, Nieuwkoop 1968-1980.
Bibelsammlung Stuttgart – Die Bibelsammlung der Württembergischen Landesbibliothek Stuttgart. Abt. 2: Deutsche Bibeldrucke. Bd 1ff., Stuttgart 1987ff.
BIBLIOTHECA DANICA – Chr. V. Bruun: Bibliotheca Danica. Systematisk Fortegnelse over den danske Litteratur fra 1482 til 1830. Genudgivet med Tillæg og Henvisninger af Det Kongelige Bibliotek. 5 Bde, København 1961-1963.
BMC – The British Museum Catalogue of Printed Maps, Charts and Plan. 15 Bde, London 1964-1978.
BMGC – British Museum: General Catalogue of printed books. 263 Bde, ND London 1959-1966.
BMSTC – Short-title catalogue of books printed in the German speaking countries and German books printed in other countries from 1455 to 1600 now in the British Museum. London 1962.
BRAMSEN – Bo Bramsen: Gamle Danmarkskort 1570-1770. 3. Aufl., København 1975.
BRUNET – Jacques-Charles Brunet: Manuel du Libraire et de l'Amateur de Livres. 6 Bde, Paris 1860-1865 (Reprint Genf 1990).
BÜSCHING ERDBESCHREIBUNG – Anton Friedrich Büsching: Neue Erdbeschreibung. Bd I-III (in 7 Teilen). 7. Aufl., Hamburg 1777-1779; Bd IV, 4. Aufl., Hamburg 1773; Bd V, 2. Aufl., Hamburg 1771.
ENGELMANN – Wilhelm Engelmann: Bibliotheca geographica. Verzeichnis der seit Mitte des 18. Jahrhunderts bis zum Ende des Jahres 1856 in Deutschland erschienenen Werke über Geographie und Reisen, mit Einschluss der Landkarten, Pläne und Ansichten. 2 Bde, Leipzig 1858 (Reprint Amsterdam 1971).
ERSLEW – Thomas Hansen Erslew: Almindeligt Forfatter-Lexicon for Kongeriget Danmark med tilhørende Bilande fra før 1814 til efter 1858. 6 Bde, ND København 1962/63.
GEERZ – Franz Geerz: Geschichte der geographischen Vermessungen und der Landkarten Nordalbingiens vom Ende des 15. Jahrhunderts bis zum Jahre 1859. Berlin 1859 (Reprint Amsterdam 1966).
GRIEB – Wolfgang Grieb (Hrsg.): Reiseliteratur und Geographica in der Eutiner Landesbibliothek (Katalog der Eutiner Landesbibliothek, Bd 2). 2 Teile, Heide 1990.
GV 1700-1910 – Hilmar Schmuck / Willi Gorzny (Hrsg.): Gesamtverzeichnis des deutschsprachigen Schrifttums 1700-1910. 161 Bde, München u.a. 1979-1987.
GVK – Gemeinsamer Verbundkatalog (norddeutscher Bibliotheken). (online)
IA* - Index Aureliensis. Catalogus librorum sedecimo saeculo impressorum. P. 1 ff., Baden (Baden) 1965 ff.
KATALOG LB KIEL – Katalog der Schleswig-Holsteinischen Landesbibliothek. 4 Bde, Schleswig/Kiel 1896-1929.
KDB – Datenbank historisch wertvoller Kartenbestände. Landkarten-Datenbank (CD-ROM-Version). 2. Aufl., Berlin 1996 (1a: Staatsbibliothek zu Berlin, Preußischer Kulturbesitz; 7: Niedersächsische Staats- und Universitätsbibliothek Göttingen; 12: Bayerische Staatsbibliothek München).
KLOSE/MARTIUS – Olaf Klose / Lilli Martius: Ortsansichten und Stadtpläne der Herzogtümer Schleswig-Holstein und Lauenburg (Studien zur schleswig-holsteinischen Kunstgeschichte, Bd 7/8). 2 Bde, Neumünster 1962.
LEXIKON: Ingrid Kretschmer / Johannes Dörflinger / Franz Wawrik (Hrsg.): Lexikon zur Geschichte der Kartographie (Die Kartographie und ihre Randgebiete, Bde C 1 / 2). 2 Bde, Wien 1986.
LOC – A Catalog of Books represented by Library of Congress printed Cards. 167 Bde, Paterson 1959-1963.
NØRLUND – N. E. Nørlund: Danmarks Kortlægning. En historisk fremstilling. Bd I: Tiden til Afslutningen af Videnskabernes Selskabs Opmaaling. København 1943.

PENNINK – R. Pennink: Catalogus der niet-Nederlandse drukken 1500-1540. s-Gravenhage 1955.

RITTER BM – François Ritter: Catalogue des incunables et livres du XVIe siècle de la Bibliothèque Municipale de Strasbourg. Strasbourg 1948.

SANDLER ERBEN – Christian Sandler: Die homännischen Erben. In: Zeitschrift für wissenschaftliche Geographie 7 (1890), S. 333-355 u. 418-448.

SANDLER HOMANN – Christian Sandler: Johann Baptista Homann. Ein Beitrag zur Geschichte der Kartographie. In: Zeitschrift der Gesellschaft für Erdkunde zu Berlin 21 (1886), S. 328-384.

SANDLER SEUTTER – Christian Sandler: Matthäus Seutter und seine Landkarten. In: Mitteilungen des Vereins für Erdkunde zu Leipzig 1894, S. 5-38.

St.-Nikolai-Bibliothek – Gerhard Kraack: Die St.-Nikolai-Bibliothek zu Flensburg. Eine Büchersammlung aus dem Jahrhundert der Reformation (Schriften der Gesellschaft für Flensburger Stadtgeschichte, Nr. 35). Flensburg 1984.

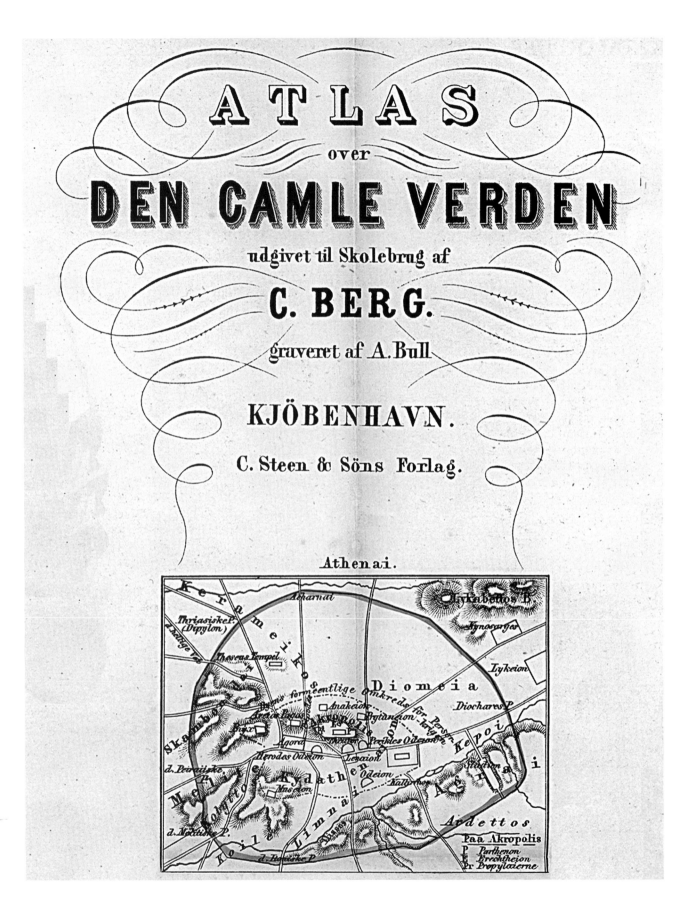

Abb. 1:
„Atlas over den gamle Verden, udgivet for Skolebrug af C. Berg." (Ausschnitt aus Blatt I) – Der Kopenhagener Rektor Carl Berg gab 1859 einen aus sechs losen Kartenblättern bestehenden „Atlas der Alten Welt" heraus. Der Ausschnitt aus Blatt I zeigt den Titel und darunter einen Plan des altèn Athen (K 1, Ausschnitt).

KATALOG DER EINZELKARTEN (K 1 – K 88)

K 1 – K 6. Berg, Carl:

Sechs mehrfach gefaltete einzelne Karten zur Alten Geschichte, die auf der Karte und auf der Rückseite einen Titel aufweisen, gehören zu dem ungebundenen Atlas von Berg, C.: Atlas over den Gamle Verden.
Kjöbenhavn: Chr. Steen & Søns Forlag, 1859. 8°

Sign.: Aa 58

K 1. Berg, Carl:

ATLAS | over | DEN GAMLE VERDEN | udgivet til Skolebrug af | C. BERG. | graveret af A. Bull | KJÖBENHAVN. | Chr. Steen & Söns Forlag. (Gesamttitel oben in der Mitte). DEN HOMERISKE VERDEN. (Titel über dem linken oberen Kreisbild; Durchmesser 14 cm). / DEN HERODOTEISKE VERDEN. (Titel oben in der linken unteren Karte; ca. 21 x 17 cm). / PTOLEMAIOS' JORDBESKRIVELSE. (Titel über dem ovalen Bild oben rechts; Breite ca. 14 cm). / Athenai. (Titel über der Karte in der Mitte; ca. 8 x 6 cm). / ROMA. (Titel oben links in dem Rom-Plan unten rechts; ca. 21 x 17 cm). / Forum Romanum | i Keisertiden. (Titel im Plan rechts in der Mitte; ca. 13,5 x 7,5 cm). Trykt i Em. Bærentzen & Co. lith. Inst. (unten in der Mitte außen).
6 Geschichtskarten auf 1 Blatt; ca. 42 x 34,5 cm

K 2. Berg, Carl:

HELLAS | efter Grote og Kiepert (links in der Mitte). L. Arents gr. (unten links außen). Trykt i Em. Bærentzen & Co. lith. Inst. (unten rechts außen). Udgivet af C. Berg og A. Bull. Forlagt af C. Steen & Sön. (unten in der Mitte außen).
Geschichtskarte mit 3 Nebenkarten; ca. 43,5 x 35,5 (und 2,5) cm

Die Karte enthält 3 Nebenkarten, unten links „Athenai med Omegn | mellem 455 – 404 f. Chr." (ca. 7,5 x 6 cm), darüber „Salamis | med Kysten af Attike og Megaris" (ca. 6 x 4 cm) u. rechts daneben „Omegnen af Sparta eller Lakedaimon." (ca. 4 x 5,5 cm).

K 3. Berg, Carl:

ITALIA. (Titel über Karte). L. Arents gr. (unten links außen). Trykt i Em. Bærentzen & Co. lith. Inst. (unten rechts außen). Udgivet af C. Berg og A. Bull. Forlagt af C. Steen & Sön. (unten in der Mitte außen).
Geschichtskarte mit 4 Nebenkarten; ca. 35,5 x 42 cm

Die Karte enthält 4 Nebenkarten, oben rechts „Urbs et adjacentes regiones." (ca. 12 x 9,5 cm), darunter (um 90° gekippt) „Neapolis et adjacentes regiones" (ca. 9 x 4 cm), unten links „SYRACUSAE" (ca. 8,5 x 7,5 cm) u. unten rechts „Dialectorum Italicarum Descriptio | ca. 100 a. Chr." (ca. 6 x 7 cm).

K 4. Berg, Carl:

OVERSIGTS KORT OVER DET ROMERSKE RIGE. (Titel über Karte). L. Arents gr. (unten links außen). Trykt i Em. Bærentzen & Co. lith. Inst. (unten rechts außen). Udgivet af C. Berg og A. Bull. | Forlagt af C. Steen & Sön. (unten in der Mitte außen).
Geschichtskarte; ca. 43,5 x 29,5 cm

K 5. Berg, Carl:

PALÆSTINA, KANAAN og ÆGYPTEN (Titel über Karte). L. Arents gr. (unten links außen). Trykt i Em. Bærentzen & Co. lith. Inst. (unten rechts außen). Udgivet af C. Berg og A. Bull. | Forlagt af C. Steen & Sön. (unten in der Mitte außen).
Geschichtskarte; ca. 43,5 x 35 cm

K 6. Berg, Carl:

LILLE-ASIEN, SYRIEN, ARMENIEN. (Titel über der oberen Karte). / DET PERSISKE RIGE, INDIEN, ARABIEN, ALEXANDERS RIGE | i Asien. (Titel über der unteren Karte). L. Arents gr. (unten links außen). Trykt i Em. Bærentzen & Co. lith. Inst. (unten rechts außen). Udgivet af C. Berg og A. Bull. | Forlagt af C. Steen & Sön. (unten in der Mitte außen).
2 Geschichtskarten übereinander auf 1 Blatt; ca. 28 x 20 cm, bzw. 27,5 x 20 cm

K 7. Boyens, Knud:

CHARTE | VON DER LANDSCHAFT | EIDERSTEDT | UND EINEM THEILE DES AMTES | HUSUM | Nach gröztentheils eigenen Messungen entw: u. gez: | von | K. BOYENS | Civilingenieur u. königl. best. Landmesser. | 1861. (Titel unten rechts). Kopenhagen. (unten links außen). Gestochen von Guido Römer (unten rechts außen).
Kopenhagen 1861.
Karte auf zwei Blättern; je 53 x 65 cm; Maßstab ca. 1:40.000.

Die zweiteilige Karte bietet ein exaktes Bild der Landschaft Eiderstedt im Südwesten des Herzogtums Schleswig. [vgl. Farbtafel 2/3]

Lit.: KATALOG LB KIEL Bd I, S. 448f.; Petermanns Geograph. Mitteilungen 1862, S. 458.
Sign.: Einzelkarte in zwei Blättern ohne Signatur

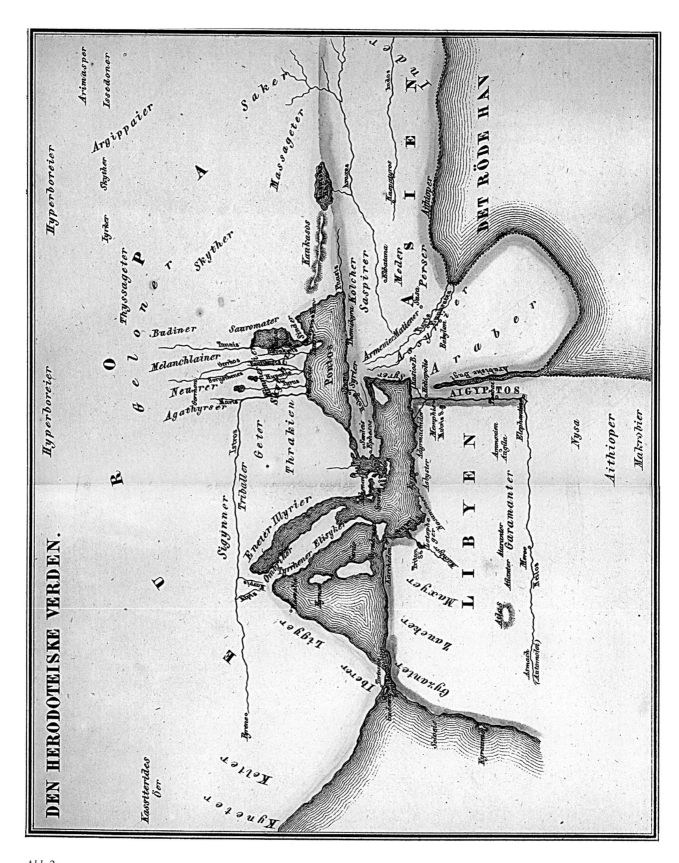

Abb.2:
„Den Herodoteiske Verden." – Die Karte, die sich unten links auf dem ersten Blatt von C. Bergs „Atlas over gamle Verden" (vgl. Abb. 1) findet, befaßt sich mit dem Weltbild des griechischen Historikers Herodot. Gestaltet wurde die Karte von dem Kopenhagener Kupferstecher Adolph Bull, gedruckt im derzeit führenden dänischen Lithographischen Institut von Em. Bærentzen & Co. (K 1, Ausschnitt).

K 8 – K 10. Bull, Adolph:

Zu Bulls Atlas-Vorhaben, das alle Teile des Königreichs Dänemark in einheitlichem Maßstab (1:96.000) auf 23 Blättern (Pl. I – XX u. Extra Bl. I – III) umfassen sollte, gehört das nachfolgende Titelblatt im Folioquerformat mit einer Übersichtskarte zur Aufteilung der Karten: ATLAS OVER DANMARK, | udgivet af | ADOLPH BULL. | FORLAGT AF CHR: STEEN & SÖN OG ADOLPH BULL. | KJÖBENHAVN 1856. | Trykt i Em: Bærentzen & Co. lith. Inst.
Kopenhagen 1856.
Das Kartenwerk sollte fünf Einheiten umfassen: „Fyen og Langeland" (2 Blätter; Pl. I u. II), „Sjælland og Möen" (4 Blätter; Pl. III – VI), „Nörre Jylland" (15 Blätter; Pl. VII – XVIII u. Extra Bl. I – III), „Laaland og Falster" (1 Blatt; Pl. XIX) und „Bornholm" (1 Blatt; Pl. XX). In der Bibliothek des Alten Gymnasiums liegen insgesamt 16 Blätter vor, und zwar Pl. I – Pl. XV u. Extra Bl. II.

Lit.: Petermanns Geographische Mitteilungen 1857, S. 217; 1858, S. 139; 1862, S. 458.
Sign.: Einzelkarten mit 16 Blättern u. Titelblatt ohne Signatur

K 8. Bull, Adolph:

FYEN | og | LANGELAND | med omliggende Øer, | udgivet af ADOLPH BULL. | Paa Grundlag af Matriklens minorerede Opmaalinger, | revideret i Marken af Topograph L. Both i Sommeren 1854. | Eneberettiget efter Forordningen af 13de- December 1837. | Forlagt af Chr. Steen & Sön og A. Bull, KJØBENHAVN 1856. | Trykt i Em. Bærentzen & Co- lith. Inst. (Titel auf Pl. II unten links). Maßstabsangabe in Miil (unten in der Mitte).
Kopenhagen 1856.
Karte auf 2 Blättern (Pl. I, II); zusammen ca. 89 x 110 cm; Maßstab 1:96.000.

K 9. Bull, Adolph:

SJÆLLAND | med | MÖEN OC SAMSÖ | samt | omliggende Smaaöer | udgivet af | ADOLPH BULL. | Paa Grundlag af Matriklens minorerede Opmaalinger, | optaget i Marken af Topograph L. Both i Aarene 1855 og 1856. | Eneberettiget efter Forordningen af 13de- December 1837. | Forlagt af Chr. Steen & Sön og A. Bull, | KJØBENHAVN 1858. | Trykt i Em. Bærentzen & Co- lith. Inst. (Titel auf Pl. VI unten links).
Kopenhagen 1858.
Karte auf 4 Blättern (Pl. III, IV, V, VI); zusammen ca. 122 x 154 cm; Maßstab 1:96.000.

K 10. Bull, Adolph:

JYLLAND | med dertil hörende Öer | udgivet af ADOLPH BULL. | Paa Grundlag af Matriklens minorerede Opmaalinger, | optaget i Marken af Topograph L. Both i Aarene 1857-1861. | Eneberettiget efter Forordningen af 13de- December 1837. | Forlagt af Chr. Steen & Sön og A. Bull, | KJØBENHAVN 1859. | Trykt i Em. Bærentzen & Co- lith. Inst. (Titel auf Extra-Bl. II oben in der Mitte).
Kopenhagen 1859.
Karte auf 12 (u. 3 Extra-)Blättern (davon vorhanden die Blätter 1-9 u. Extra-Blatt 2; Pl. VII, VIII, IX, X, XI, XII, XIII, XIV, XV, Extra-Bl. II); zusammen ca. 202 x 282 cm (in vollständigem Zustand); Maßstab 1:96.000.

K 11. Clausen, (Premierlieutenant):

RENDSBURG UND UMGEGEND, | NEBST EINEM BESONDEREN PLANE DER STADT RENDSBURG, | entworfen und gezeichnet von Premierlieutenant Clausen. (Kopfleiste innen). Druck u. Verlag der Lithogr: Anstalt von F. Albers in Rendsburg. | In Commission von P. Matthiessen's Buchhandlung in Rendsburg (Fußleiste außen). Jul. Werner lith. (unten links außen).
Rendsburg: F. Albers, 1860.
Karte mit 1 Plan; ca. 42 x 55 (u. 3) cm; Maßstab ca. 1:20.000.

Die Karte zeigt die Umgebung der Stadt Rendsburg an der Eider und enthält unten rechts einen Plan der Stadt („PLAN | von der Stadt | RENDSBURG. | 1860"; Maßstab 1:7200).

Lit.: KATALOG LB KIEL Bd I, S. 470f.
Sign.: Einzelkarte ohne Signatur

K 12. Eltzner, Adolf:

JERUSALEM AUS DER VOGELSCHAU. (Titel unter der Ansicht und der darunter befindlichen umfangreichen Legende in 12 Kolumnen, außen in der Mitte). Entworfen und gestochen von Adolf Eltzner. (unten links außen). Leipzig, Verlag von J. J. Weber. (unten rechts außen). Druck von J. J. Weber in Leipzig. (unten in der Mitte außen, unter Titel).
Stadtansicht; ca. 52,5 x 37,5 (u. 1,5) cm.
Fest eingebunden findet sich die mehrfach gefaltete Stadtansicht mit folgendem Titel:
Das biblische Jerusalem aus der Vogelschau. Entworfen und gezeichnet von Adolf Eltzner. Dritte Auflage. Leipzig: J. J. Weber, 1863. 8°

Lit.: GV 1700-1910 Bd 33, S. 7.
Sign.: Tc 33

K 13. Geerz, Franz:

GENERAL=KARTE VON DEN HERZOGTHÜMERN SCHLESWIG, HOLSTEIN UND LAUENBURG, | DEN FÜRSTENTHÜMERN LÜBEK UND RATZEBURG, UND DEN FREIEN UND HANSESTÄDTEN HAMBURG UND LÜBEK. | Entworfen 1858, herausgegeben | und bis zum Novbr: 1867 berichtigt | von | F. Geerz, | Major in der topograph. Abtheilung des

Abb. 3:
„Plan von der Stadt Rendsburg. 1860." – Der Plan der holsteinischen Stadt findet sich unten rechts auf dem von Premierlieutenant Clausen gestalteten Blatt „Rendsburg und Umgegend", gedruckt wurde es in der Lithographischen Anstalt von F. Albers in Rendsburg (K 11, Ausschnitt)

Grossen Generalstabs. (Titel oben). Kiel 1867. (unten in der Mitte außen). Gestochen von F. W. Kliewer und Aug. Mädel. (unten links). Maßstabsangabe 1:450.000 der natürlichen Länge (unten links).
Kiel 1867.
Karte mit 1 Nebenkarte; ca. 50 x 66 (u. 1) cm; Maßstab 1:450.000.

Die Karte zeigt die Herzogtümer Schleswig, Holstein und Lauenburg sowie die Fürstentümer Lübeck und Ratzeburg und die Freien und Hansestädte Lübeck und Hamburg. Oben rechts enthält sie eine Nebenkarte zu den Postrouten mit Angabe der Wegelängen.

Lit.: BMC XIII 49 (34530. 23.); KATALOG LB KIEL Bd I, S. 434.
Sign.: Ghb 734

K 14. Gliemann, Theodor:

GENERAL=KORT | over | Kongeriget | DANMARK | samt | Hertugdömmene | Slesvig Holsteen og Lauenborg. | Efter de nyeste og bedste Hjelpemidler i fire Blade | af | Theodor Gliemann | Udgivet og forlagt af C. C. Lose | KJÖBENHAVN | 1821. (Titel oben rechts).
Kopenhagen: C. C. Lose, 1821.
2 (obere) Blätter einer Karte auf 4 Blättern (zusammengeklebt); ca. 98 x 52 cm; Maßstab ca. 1:530.000.

Die vierteilige Karte, von der nur die beiden oberen (nördlichen) Teilkarten vorhanden sind, zeigt den dänischen Gesamtstaat, bestehend aus dem Königreich Dänemark und den Herzogtümern Schleswig, Holstein und Lauenburg.

Lit.: BMC VI 792 (34420. 28.); GEERZ S. 81f.; KDB 1a. Kart. G 5800 u. 12. Mapp. VII, 26.
Sign.: Einzelkarte ohne Signatur

K 15 – K 44. Gliemann, Theodor:

Amtskarten von Dänemark und dem Herzogtum Schleswig, von Theodor Gliemann gezeichnet zwischen 1823 und 1829. Es liegen insgesamt 30 Karten vor (davon zwei in doppelter Ausführung). Es fehlen lediglich die Karten des Amtes Kopenhagen und der Insel Bornholm.

Lit.: BIBLIOTHECA DANICA Bd II, Sp. 604; vgl. auch ENGELMANN S. 404 [Atlas von Abrahamson]; zu den Karten, die Ämter im Herzogtum Schleswig betreffen, vgl. GEERZ S. 80f.
Sign.: Einzelkarten ohne Signatur

K 15. Gliemann, Theodor (doppelt vorhanden):

Kort | over | FREDERIKSBORG AMT (Titel oben links). Tegnet af Th. Gliemann (unten in der Mitte außen). Kglt Steentr A Dir (unten links außen). Harthving lith. (unten rechts außen). Maßstabsangabe in danske Miil (unten rechts).
(Kopenhagen): Kgl. Steindruckerei, ca. 1823.
Karte; ca. 27 x 24 cm; Maßstab ca. 1:240.000.

K 16. Gliemann, Theodor:

Kort | over | HOLBEKS AMT (Titel unten links). Tegnet af Th. Gliemann (unten in der Mitte außen). Konglt Steentrykk A Dir (unten links außen). Harthving lith (unten rechts außen). Maßstabsangabe in danske Miil (unten rechts unter Titel).
(Kopenhagen): Kgl. Steindruckerei, ca. 1823.
Karte; ca. 38 x 30 cm; Maßstab ca. 1:240.000.

K 17. Gliemann, Theodor (doppelt; darunter Probedruck):

Kort | over | SORØE AMT | 1823. (Titel unten rechts). Tegnet af Theodor Gliemann (unten in der Mitte außen). Kongelige Steentryk A Dir (unten links außen). Lithog. af Mansa (unten rechts außen). Maßstabsangabe in danske Miil (unten in der Mitte).
(Kopenhagen): Kgl. Steindruckerei, 1823.
Karte; ca. 31 x 23 cm; Maßstab ca. 1:240.000.

K 18. Gliemann, Theodor:

Kort | over | PRÆSTØE AMT (Titel unten links). Tegnet af Th. Gliemann (unten in der Mitte außen). Konglt Steentr. A Dir (unten links außen). Harthving lith. (unten rechts außen). Maßstabsangabe in danske Miil (oben links).
(Kopenhagen): Kgl. Steindruckerei, ca. 1823.
Karte; ca. 28 x 32 cm; Maßstab ca. 1:240.000.

K 19. Gliemann, Theodor:

Kort | over | ODENSE AMT | 1824. (Titel unten in der Mitte). Tegnet af Th. Gliemann (unten in der Mitte außen). Konglt Steentr. A. Dir. (unten links außen). Harthving lith. (unten rechts außen). Maßstabsangabe in danske Miil (unten links).
(Kopenhagen): Kgl. Steindruckerei, 1824.
Karte; ca. 32 x 28 cm; Maßstab ca. 1:240.000.

K 20. Gliemann, Theodor:

Kort | over | SVENDBORG AMT | 1824 (Titel unten links). Tegnet af Th. Gliemann (unten in der Mitte außen). Konglt. Steentrykk A. Dir. (unten links außen). Harthving lith. (unten rechts außen). Maßstabsangabe in danske Miil (unten in der Mitte).
(Kopenhagen): Kgl. Steindruckerei, 1824.
Karte; ca. 27 x 35 cm; Maßstab ca. 1:240.000.

K 21. Gliemann, Theodor:

Kort | over | MARIBO AMT | eller | ØERNE LAALAND OG FALSTER | 1824. (Titel unten links). Tegnet af Th. Gliemann. (unten in der Mitte außen). Konglt

Steentr A. Dir. (unten links außen). Harthving lith (unten rechts außen). Maßstabsangabe in danske Miil (unten in der Mitte).
(Kopenhagen): Kgl. Steindruckerei, 1824.
Karte; ca. 35,5 x 27,5 cm; Maßstab ca. 1:240.000.

K 22. Gliemann, Theodor:

Kort | over | DEN NORDRE DEEL | af | HJÖRRING AMT | eller Herrederne | Horns | Venneberg | Dronninglund | samt Lessöe | 1825. (Titel oben rechts). Tegnet af T. Gliemann (unten in der Mitte außen). Konglt Steentr A Dir (unten links außen). Harthving lith. (unten rechts außen). Maßstabsangabe in danske Miil (oben links).
(Kopenhagen): Kgl. Steindruckerei, 1825.
Karte; ca. 39 x 30,5 cm; Maßstab ca. 1:240.000.

K 23. Gliemann, Theodor:

Kort | over | DEN SØNDRE DEEL | af | HJØRRING AMT | eller Herrederne | Børglum ... 1. | Hvelbo ... 2. | Øsler Han ... 3. | 1825. (Titel oben links). Tegnet af T. Gliemann (unten in der Mitte außen). Konglt. Steentr. A. Dir (unten links außen). Harthving lith. (unten rechts außen). Maßstabsangabe in danske Miil (unten rechts).
(Kopenhagen): Kgl. Steindruckerei, 1825.
Karte; ca. 35,5 x 28 cm; Maßstab ca. 1:240.000.

K 24. Gliemann, Theodor:

Kort | over | AALBORG AMT | 1825. (Titel oben links). Tegnet af Th. Gliemann. (unten in der Mitte außen). Konglt. Steentr. A. Dir. (unten links außen). Harthving lith. (unten rechts außen). Maßstabsangabe in danske Miil (unten rechts).
(Kopenhagen): Kgl. Steindruckerei, 1825.
Karte; ca. 37 x 30,5 cm; Maßstab ca. 1:240.000.

K 25. Gliemann, Theodor:

Kort | over | THISTED AMT (Titel unten rechts). Tegnet af Th. Gliemann (unten in der Mitte außen). Kongl Steentr A Dir (unten links außen). Harthving lith. (unten rechts außen). Maßstabsangabe in danske Miil (unten rechts unter dem Titel).
(Kopenhagen): Kgl. Steindruckerei, ca. 1825.
Karte; ca. 34 x 29,5 cm; Maßstab ca. 1:240.000.

K 26. Gliemann, Theodor:

Kort | over | RANDERS AMT (Titel unten links). Tegnet af Th. Gliemann (unten in der Mitte außen). Kglt Steentr. A. Dir (unten links außen). Harthving lith. (unten rechts außen). Maßstabsangabe in danske Miil (unter dem Titel).
(Kopenhagen): Kgl. Steindruckerei, ca. 1825.
Karte mit 1 Nebenkarte; ca. 36,5 x 31 cm; Maßstab ca. 1:240.000.

K 27. Gliemann, Theodor:

Kort | over | DEN VESTRE DEEL | af | VIBORG AMT | ... (Titel unten links). Tegnet af T. Gliemann (unten halbrechts außen). Konglt Steentr. A. Dir. (unten links außen). Harthving lith. (unten rechts außen). Maßstabsangabe in danske Miil (unten in der Mitte außen).
(Kopenhagen): Kgl. Steindruckerei, ca. 1825.
Karte; ca. 23 x 28 cm; Maßstab ca. 1:240.000.

K 28. Gliemann, Theodor:

Kort | over | DEN ÖSTLIGE DEEL | af | VIBORG AMT | ... | 1825. (Titel oben rechts). Tegnet af Th. Gliemann (unten in der Mitte außen). Kongl. Steentr. A. Dir. (unten links außen). Mansa Lith. (unten rechts außen). Maßstabsangabe in danske Miil (unten rechts).
(Kopenhagen): Kgl. Steindruckerei, 1825.
Karte; ca. 27,5 x 32 cm; Maßstab ca. 1:240.000.

K 29. Gliemann, Theodor:

Kort | over | AARHUUS AMT | 1826. (Titel unten rechts). Tegnet af Th. Gliemann (unten in der Mitte außen). Konglt Steentr A Dir (unten links außen). Harthving lith. (unten rechts außen). Maßstabsangabe in danske Miil (oben rechts).
(Kopenhagen): Kgl. Steindruckerei, 1826.
Karte; ca. 20,5 x 31,5 cm; Maßstab ca. 1:240.000.

K 30. Gliemann, Theodor:

Kort | over | SKANDERBORG AMT | 1826. (Titel oben links). Tegnet af T. Gliemann (unten in der Mitte außen). Kglt. Steentr. A. Dir. (unten links außen). Harthving lith. (unten rechts außen). Maßstabsangabe in danske Miil (unten in der Mitte).
(Kopenhagen): Kgl. Steindruckerei, 1826.
Karte; ca. 27 x 28 cm; Maßstab 1:240.000.

K 31. Gliemann, Theodor:

Kort | over | DEN SØNDRE DEEL | af | RINGKJÖBING AMT | ... | 1826. (Titel unten rechts). Tegnet af Th. Gliemann (unten in der Mitte außen). Konglt Steentr. A Dir (unten links außen). Harthving lith. (unten rechts außen). Maßstabsangabe in dansk Miil (unten in der Mitte).
(Kopenhagen): Kgl. Steindruckerei, 1826.
Karte; ca. 34 x 30 cm; Maßstab ca. 1:240.000.

K 32. Gliemann, Theodor:

Kort | over | DEN NORDRE DEEL | af | RINGKJØBING AMT | ... | 1827. (Titel in der Mitte rechts). Tegnet af Th. Gliemann (unten in der Mitte außen). Kongeligt Steentr. A Dir (unten links außen). Mansa lith. (unten rechts außen). Maßstabsangabe in danske Miil (unten rechts).
(Kopenhagen): Kgl. Steindruckerei, 1827.
Karte; ca. 33,5 x 29,5 cm; Maßstab ca. 1:240.000.

K 33. Gliemann, Theodor:

Kort | over | VEILE AMT | 1827 (Titel unten links). Tegnet af Th. Gliemann (unten in der Mitte außen). Kongl. Steentr. A. Dir. (unten links außen). Mansa lith. (unten rechts außen). Maßstabsangabe in danske Miil (oben rechts).
(Kopenhagen): Kgl. Steindruckerei, 1827.
Karte; ca. 38,5 x 28,5 cm; Maßstab ca. 1:240.000.

K 34. Gliemann, Theodor:

Kort | over | DEN NORDRE DEEL | af | RIBE AMT | ... | 1827 (Titel oben rechts). Tegnet af Th. Gliemann (unten in der Mitte außen). Kongl. Steentr. A. Dir. (unten links außen). Mansa lith. (unten rechts außen). Maßstabsangabe in danske Miil (unten rechts).
(Kopenhagen): Kgl. Steindruckerei, 1827.
Karte; ca. 39 x 26 cm; Maßstab ca. 1:240.000.

K 35. Gliemann, Theodor:

Kort | over | DEN SØNDRE DEEL | af | RIBE AMT | ... | 1827. (Titel unten links). Tegnet af Th. Gliemann (unten in der Mitte außen). Kongl. Steentr. A. Dir. (unten links außen). Mansa lith. (unten rechts außen). Maßstabsangabe in danske Miil (oben links über Titel).
(Kopenhagen): Kgl. Steindruckerei, 1827.
Karte; ca. 24 x 38 cm; Maßstab ca. 1:240.000.

Lit.: KATALOG LB KIEL Bd I, S. 447.

K 36. Gliemann, Theodor:

Kort | over | HADERSLEV AMT | samt | Staden Haderslev og de adelige Godser | Gram og Nübbel | 1828 (Titel oben links). Tegnet af Th. Gliemann (unten in der Mitte außen). Kongl. Steentr. A. Dir. (unten links außen). Mansa lith. (unten rechts außen). Maßstabsangabe in danske Miil (oben in der Mitte).
(Kopenhagen): Kgl. Steindruckerei, 1828.
Karte; ca. 35,5 x 24 cm; Maßstab ca. 1:240.000.

Lit.: KATALOG LB KIEL Bd I, S. 446.

K 37. Gliemann, Theodor:

Kort | over | TÖNDER AMT | samt | Staden Tönder, | de fleste adelige Godser af andet | Angler District, | endeel octroyerede Köge, og nogle | Cancelli Godser. | 1828. (Titel unten rechts). Tegnet af Th. Gliemann (unten in der Mitte außen). Kongl. Steentr. A. Dir (unten links außen). Mansa lith. (unten rechts außen). Maßstabsangabe in danske Miil (unten rechts).
(Kopenhagen): Kgl. Steindruckerei, 1828.
Karte; ca. 38 x 20,5 cm; Maßstab ca. 1:240.000.

Lit.: KATALOG LB KIEL Bd I, S. 447.

K 38. Gliemann, Theodor:

Kort | over | FLENSBORG AMT, | Staden Flensborg, | og den största Deel af de til | 1ste Angler District | hörende adelige Godser. | 1828. (Titel unten rechts). Tegnet af Th. Gliemann (unten in der Mitte außen). Kongl. Steentryk A. Dir (unten links außen). Mansa lith. (unten rechts außen). Maßstabsangabe in danske Miil (unten rechts unter Titel).
(Kopenhagen): Kgl. Steindruckerei, 1828.
Karte; ca. 29,5 x 20,5 cm; Maßstab ca. 1:240.000.

Lit.: KATALOG LB KIEL Bd I, S. 446.

K 39. Gliemann, Theodor:

KORT | over | Amterne | SÖNDERBORG OG NORDBORG | tilligemed | de fyrstelig-Augustenborgske Godsers Distr. | og Grevskabet Reventlau-Sandberg, samt Godserne Ballegaard og Beuschau | 1825. (Titelkartusche unten in der Mitte). Tegnet af Gliemann (unten in der Mitte außen). Kgl. Steentr. A. Dir (unten links außen). Harthwing lith. (unten rechts außen). Maßstabsangabe in danske Miil (unten links).
(Kopenhagen): Kgl. Steindruckerei, 1825.
Karte; ca. 27,5 x 22,5 cm; Maßstab ca. 1:240.000.

Lit.: KATALOG LB KIEL Bd I, S. 447.

K 40. Gliemann, Theodor:

Kort | over | APENRADE OG LYGUMKLOSTER | AMTER | samt Staden Apenrade. | 1829. (Titel oben in der Mitte). Tegnet af Th. Gliemann | Faaes hos Boghandler Reitzel St. Kjøbmagergade No. 6 (unten in der Mitte außen). Kongl. Steentr. A. Dir (unten links außen). Mansa lith. (unten rechts außen). Maßstabsangabe in danske Miil (unten rechts).
(Kopenhagen): Kgl. Steindruckerei, 1829.
Karte; ca. 27,5 x 16,5 cm; Maßstab ca. 1:240.000.

Lit.: KATALOG LB KIEL Bd I, S. 446.

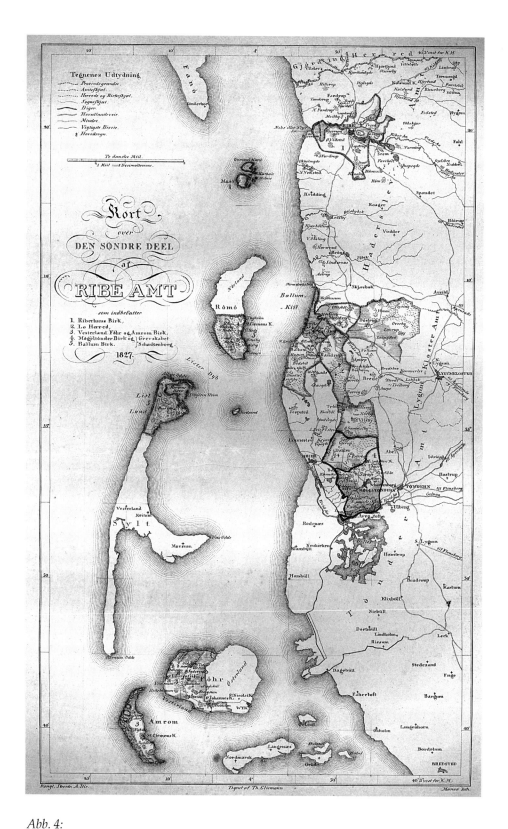

Abb. 4:
„Kort over den søndre Deel af Ribe Amt ... 1827." – Die Karte gehört zu den von dem Kopenhagener Kartographen Theodor Gliemann gezeichneten Amtskarten des Königreichs Dänemark und des Herzogtums Schleswig. Sie zeigt den Süden des Amtes Ribe, d. h. die Enklaven des Königreichs Dänemark im Bereich des Herzogtums Schleswig; dazu gehörten u. a. die Insel Amrum, der Westen der Insel Föhr, Listland (nördlicher Teil der Insel Sylt), der Süden der Insel Röm und auf dem Festland die Mögeltondern- und Lohharde (nordwestlich von Tondern). Die Karte wurde in der Königlichen Steindruckerei in Kopenhagen gedruckt und von dem Lithographen Jacob Henrik Mansa gestaltet (K 35).

K 41. Gliemann, Theodor:

Kort | over | HÜTTEN AMT, | OG | LANDSKABET STAPELHOLM, | Stæderne Friedrichsstadt og Ekkernförde, | Fæstningen Friedrichsort, | samt 1ste og 2det Dänisch Wohlder adelige Godsers district | og den octroyerede Kleinseer Kog, | tilligemed de norden for Eideren beliggende Dele af Holsteen. | 1829. (Titel unten rechts). Tegnet af Th. Gliemann. | faaes hos Boghandler Reitzel, Store Kjöbmagergade Nr. 6. (unten in der Mitte außen). Kongl. Steentr. A. Dir. (unten links außen). lith. af Mansa. (unten rechts außen). Maßstabsangabe in danske Miil (unten rechts unter Titel).
(Kopenhagen): Kgl. Steindruckerei, 1829.
Karte; ca. 32,5 x 20,5 cm; Maßstab ca. 1:240.000.

Lit.: KATALOG LB KIEL Bd I, S. 446.

K 42. Gliemann, Theodor:

Kort | over | GOTTORF AMT, | Staden Schleswig, Schwansener adelige | Godsers District, de til 1ste Angler District | hörende adelige Godser … | … samt de octroyerede Börmer og Megger | Köge, tilligemed Johannis Klosters District. | 1829. (Titel unten in der Mitte). Tegnet af Th. Gliemann. | Faaes hos Boghandler C. A. Reitzel, St. Kjöbmagergade Nr. 6. (unten in der Mitte außen). Konglt. Steentr. A. Dir. (unten links außen). Mansa lith. (unten rechts außen). Maßstabsangabe in danske Miil (unten in der Mitte unter Titel).
(Kopenhagen): Kgl. Steindruckerei, 1829.
Karte; ca. 23 x 24,5 cm; Maßstab ca. 1:240.000.

Lit.: KATALOG LB KIEL Bd I, S. 446.

K 43. Gliemann, Theodor:

Kort | over | AMTERNE | HUSUM OG BREDSTEDT, | LANDSKABERNE | EIDERSTED og NORDSTRAND, | Stæderne Husum, Tönningen og Garding, | endeel octroyerede Köge, de til 2det Angler District | hörende adelige Godser Mirebüll og Hoyersworth, | Cancelliegodserne Mildstedthof og Rödemishof, | samt de adelige Godser Seegaarden og Wischhof. | 1829. (Titel unten rechts). Tegnet af Th. Gliemann. | Faaes hos Boghdl. C. A. Reitzel, Store Kjöbmagergade Nr. 6. (unten in der Mitte außen). Kongl. Steent. A. Dir. (unten links außen). Mansa lith. (unten rechts außen). Maßstabsangabe in danske Miil (unten links).
(Kopenhagen): Kgl. Steindruckerei, 1829.
Karte; ca. 27,5 x 28,5 cm; Maßstab ca. 1:240.000.

Lit.: KATALOG LB KIEL Bd I, S. 446.

K 44. Gliemann, Theodor:

Kort | over | FEMERN AMT OG LANDSKAB | samt | STADEN BURG | 1829. (Titel oben links). Tegnet af Th. Gliemann. | faaes hos Boghandler C. A. Reitzel, Store Kjöbmagergade No. 6 (unten in der Mitte außen). Kongl. Steentr. A. Dir. (unten links außen). Mansa lith. (unten rechts außen). Maßstabsangabe in danske Miil (unten rechts).
(Kopenhagen): Kgl. Steindruckerei, 1829.
Karte; ca. 18,5 x 16,5 cm; Maßstab ca. 1:240.000.

Lit.: KATALOG LB KIEL Bd I, S. 446 u. 462.

K 45. Gunnlaugsson, Björn:

UPPDRATTR | ISLANDS, | gjördr ad fyrirsögn | OLAFS NIKOLAS OLSENS, eptir landmælingum | BJARNAR GUNNLAUGSSONAR, | … | GEFINN UT AF ENU ISLENZKA BOKMENTAFELAGI. | REYKJAVIK OG KAUPMANNAHÖFN. | 1844. | Grafid hefir F. C. Holm. (Titel unten rechts auf Bl. 3). (UPPDRATTR ISLANDS,) CARTE D'ISLANDE, | … EN QUATRE FEUILLES, | … | EXÉCUTÉE SOUS LA DIRECTION DE MR. O. N. OLSEN, | … | PUBLIÉE PAR LA SOCIÉTÉ LITTÉRAIRE D'ISLANDE. 1844. (Begleitblatt oben in der Mitte). Maßstabsangabe in Danskar milur (dän. Meilen) u. Myriametr (dän. Fuß) (unten links auf Bl. 4).
Kopenhagen 1844.
Karte auf 4 Blättern u. 1 Begleitblatt; Maßstab 1:480.000.

Die vierteilige Islandkarte des bedeutendsten isländischen Kartographen, B. Gunnlaugsson, wurde auf der Weltausstellung in Paris 1875 mit einer Goldmedaille ausgezeichnet.

Lit.: ENGELMANN S. 598; KDB 1a. Kart. G 9310 u. 7. MAPP 4772.
Sign.: Einzelkarten ohne Signatur

K 46. Gunnlaugsson, Björn:

(UPPDRATTR ISLANDS,) | CARTE D'ISLANDE, | … Exécutée sous la Direction de Mr O.N.Olsen | … | d'après le mesurage de Mr Björn Gunnlaugsson. / 1849. / Publiée par la Société Littéraire d'Islande. (Kopfleiste innen). F. C. Holm sculp. Kjöbenhavn 1849. (unten rechts außen).
Kopenhagen 1849.
Karte; ca. 69 x 56 cm; Maßstab ca. 1:960.000.

Neben der vierteiligen Islandkarte von 1844 findet sich auch Gunnlaugssons reduzierte Version in der Ausgabe von 1849. [vgl. Farbtafel 4]

Lit.: KDB 1a. Kart. Kart. G 9314 vgl. auch ENGELMANN, S. 598 [Ausgabe von 1844].
Sign.: Einzelkarte ohne Signatur

K 47. Heck, Johann Georg:

J. G. HECK'S illustrirte Reisekarte der SCHWEIZ. (oben in der Mitte außen). J. G. Heck, Carte illustrée de la Suisse. (oben links außen). J. G. Heck, Illustrated Map of Switzerland. (oben rechts außen). Bearbeitet

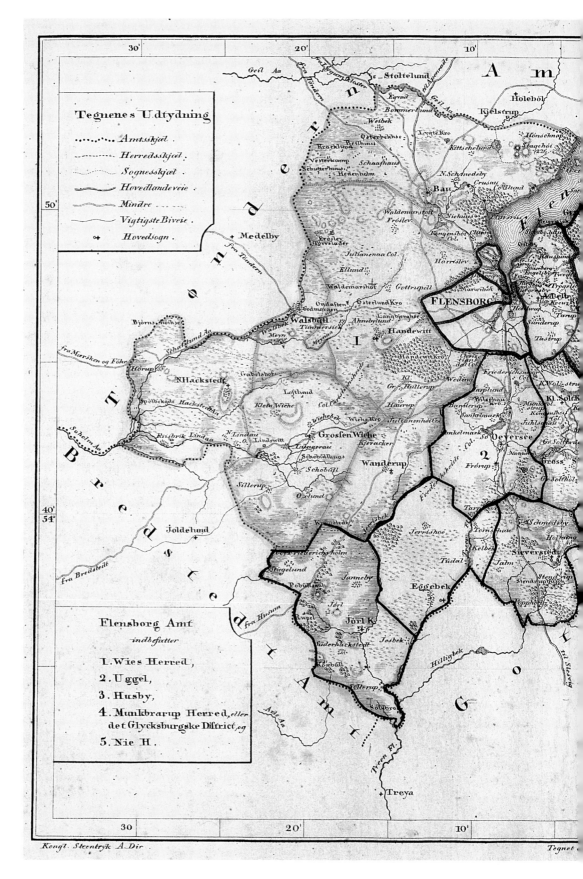

Abb. 5:
„Kort over Flensborg Amt, Staden Flensborg og den störste Deel af de til 1ste Angler District hörende adelige Godser 1828." – Zu den Kopenhagener Gliemann-Karten (vgl. Abb. 3) gehört auch die Karte, auf der das Amt und die Stadt Flensburg sowie die Gebiete der adligen Güter des 1. Angler Güterdi-

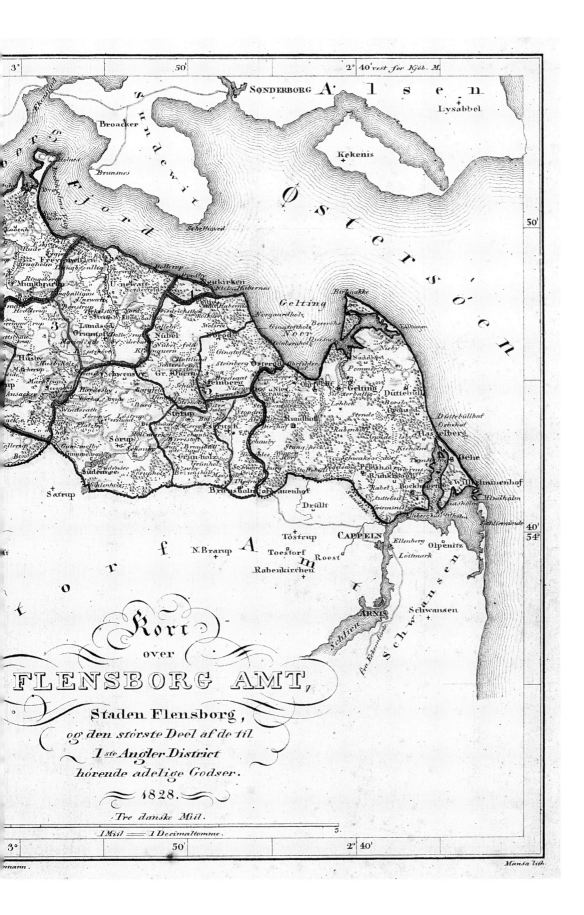

strikts zwischen Flensburger Förde und Schlei gezeigt werden. Aus den Amtskarten läßt sich die derzeitige Verwaltungseinteilung ablesen. Das Amt Flensburg war in fünf Harden unterteilt: Wiesharde, Uggelharde, Husbyharde, Nieharde und Munkbrarupharde (K 38).

von G. Heck, gestochen unter s. Leitung 1852/3. (unten links außen). Gestochen bei Reinhold Schmidt in Leipzig. (unten rechts außen). Verlag von J. J. Weber Leipzig. (unten in der Mitte außen).
Karte mit einem Panorama und 13 Nebenkarten und 2 Stadtplänen; ca. 66,5 x 50,5 (2 u. 2) cm; Maßstab 1:800.000.

Fest eingebunden findet sich die mehrfach gefaltete Karte unter dem folgenden Titel:
J. G. Heck, Illustrated Map of Switzerland. Illustrirte Reisekarte der Schweiz. Carte illustrée de la Suisse. [Illustrirte Reisekarte der Schweiz. Im Massstabe von 1:800.000 der natürlichen Länge. Nach den neuesten Materialien und Quellen bearbeitet von J. G. Heck.]. Leipzig: J. J. Weber, o. J. (ca. 1854). 8°

Die Karte der Schweiz (47,5 x 32,5 cm) ist umgeben oben von einem Panorama vom Rigi Kulm und links, rechts und unten von 13 Spezialkarten und zwei Plänen der Städte Bern und Genf. Über dem Panorama befinden sich in einer Reihe die Wappen der Schweiz und der Kantone.

Lit.: ENGELMANN S. 928.
Sign.: Ee 48

K 48. Hölzel, Eduard:

DAS NIL-DELTA und der SUES-KANAL. (Titel oben in der Mitte außen). Ed. Hölzel's geogr. Institut in Wien. (unten links außen). Verlag von Ed. Hölzel in Wien. (unten rechts außen). Mass-Stab 1:800.000. (unten in der Mitte außen).
Karte mit 1 Nebenkarte; ca. 37 x 27,5 (u. 1 + 1,5) cm; Maßstab 1:800.000.

Auf der Rückseite der mehrfach gefalteten Karte findet sich der folgende Titel:
Das Nil-Delta und der Sues-Kanal. Massstab 1:800.000. Wien: Eduard Hölzel, 1882. 4°

Die Karte weist unten links eine Nebenkarte von Ägypten (Maßstab 1:12.000.000) auf. [vgl. Farbtafel 5]

Lit.: vgl. LEXIKON Bd I, S. 310f.
Sign.: Ec 116

K 49. Klincksieck, Fr; Gläser, Eduard:

WEBER'S NEUER UND VOLLSTAENDIGER | PLAN VON PARIS | UND SEINES WEICHBILDES [BANLIEUE] | INNERHALB DER BASTIONIRTEN RINGMAUER. | PARIS | FR. KLINCKSIECK / EDUARD GLÄSER (Titel oben links). Leipzig, Verlag von J. J. Weber (unten links außen). Druck von F. A. Brockhaus in Leipzig. (unten rechts außen).
Plan (mit Straßenverzeichnis an den Rändern); ca. 78 x 54 (u. 0,5) cm; ohne Maßstab.

Fest eingebunden findet sich der mehrfach gefaltete große Stadtplan unter folgendem Titel:

Neuer und vollständiger Plan von Paris. Leipzig: Verlag von J. J. Weber, o.J. (ca. 1855). 8°

Auf der Rückseite des Stadtplans finden sich im oberen Teil nebeneinander vier kleinere Karten zur Eisenbahnanbindung der Stadt Paris sowie Grundrisse des Jardin des Plantes und von Versailles.

Lit.: ENGELMANN S. 756.
Sign.: Ed 80

K 50 – K 66. Königliche Gesellschaft der Wissenschaften (Kongelige Videnskabernes Societet/Selskab) Kopenhagen

Es liegen insgesamt 17 Karten der von der Königlichen Gesellschaft der Wissenschaften in Kopenhagen zwischen 1766 und 1825 durchgeführten Landesaufnahme des Königreichs Dänemark und des Herzogtums Schleswig vor. Von den Detailkarten, die zumeist im Maßstab 1:120.000 gefertigt wurden, fehlen lediglich drei, die die dänische Insel Seeland darstellen. Dafür findet sich aber die Gesamtkarte von Seeland in größerem Maßstab. Zu den kleinen Karten, erschienen im Almanach der Gesellschaft zwischen 1760 u. 1782, vgl. B 121.

Lit.: ENGELMANN S. 404; BRAMSEN S. 148f.; zu den Karten, die das Herzogtum Schleswig betreffen, vgl. GEERZ S. 70f.
Sign.: Einzelkarten ohne Signatur

K 50. Königliche Gesellschaft der Wissenschaften Kopenhagen (von Ole Christopher Wessel, nach Peder Kofoed):

KIØBEN | -HAVNS AMT | Efter KONGELIG Ordre | Opmaalt og ved Trigonome- | triske Operationer Prövet | Under | Det Kongel. VIDENSKABERS | SOCIETETS Direction. | Reduceret og Tegnet | Ved O. C. Wessel. Ao 1766. (Titelkartusche oben rechts). H. Quist stukket (unten rechts). Maßstabsangabe in Danske Alne, Geographiske Danske Mile u. Almindelige Danske Mile (unten in der Mitte).
(Kopenhagen): Königliche Gesellschaft der Wissenschaften, 1766.
Karte; ca. 56 x 49,5 cm; Maßstab ca. 1:80.000.

Die Karte, mit der die Königliche Gesellschaft der Wissenschaften in Kopenhagen ihre Edition großformatiger Dänemarkkarten begann, zeigt das Amt Kopenhagen im Osten der dänischen Insel Seeland. Sie findet sich auch in der Jordtschen Kartensammlung (vgl. A 3, Nr. 349).

Lit.: BIBLIOTHECA DANICA Bd II, Sp. 603; BMC II 528 (36646. 1.); BRAMSEN S. 148 (Nr. 1); BÜSCHING ERDBESCHREIBUNG I A 147; NØRLUND S. 62; KDB 1a. Kart. G 8360 u. 12. Mapp. VII, 59.

K 51. Königliche Gesellschaft der Wissenschaften Kopenhagen (von Caspar Wessel):

DEN NORD VESTLIGE | FIERDEDEEL AF SJÆLLAND | under det Kongl: Viidenskabernes Societets | Direction ved rigtig Landmaaling optaget | og ved trigonometriske samt astronomiske | Operationer prövet. | Tegnet af C. Weßel Aar 1771 (Titelkartusche oben links). O. N. Flint sc. (unten in Titelkartusche). Gravée à l'Eau forte par Martin, et terminée au Burin par Guiter. (unten links außen). Maßstabsangabe in Almindelige Danske Miil u. Geographiske Miil (Kartusche unten rechts).
(Kopenhagen): Königliche Gesellschaft der Wissenschaften, 1771.
Karte; ca. 67 x 56,5 cm; Maßstab ca. 1:120.000.

Die Karte zeigt den nordwestlichen Teil der dänischen Insel Seeland. Sie findet sich auch in der Jordtschen Kartensammlung (vgl. A 3, Nr. 354).

Lit.: BIBLIOTHECA DANICA Bd II, Sp. 603; BMC XIII 445 (34610. 6.); BRAMSEN S. 148 (Nr. 4); BÜSCHING ERDBESCHREIBUNG I A 147; NØRLUND S. 63; KDB 1a. Kart. G 7950-2, 7. MAPP 4840 u. 12. Mapp. VII,25-12.

K 52. Königliche Gesellschaft der Wissenschaften Kopenhagen (von H. Skanke):

KORT | over | MØEN FALSTER | OG | LAALAND | under det Kongl: Viidenskabernes | Societets Direction ved rigtig | Landmaaling optaget, og ved trigo- | nometriske samt astronomiske | Operationer prövet. | Tegnet | af | H. Skanke | Aar 1776. (Titelkartusche unten rechts). Guiter Sculpsit. (unten rechts außen). (Maßstabsangabe in Danske Miil (Kartusche unten rechts).
(Kopenhagen): Königliche Gesellschaft der Wissenschaften, 1776.
Karte; ca. 87 x 57 (u. 0,5) cm; Maßstab ca. 1:120.000.

Die Karte zeigt die dänischen Inseln Mön, Falster und Lolland.

Lit.: BIBLIOTHECA DANICA Bd II, Sp. 603; BMC XIII 451 (34600. 1.); BRAMSEN S. 148 (Nr. 6); KDB 1a. Kart. G 8930, 7. MAPP 4856 u. 12. Mapp. VII, 25-16.

K 53. Königliche Gesellschaft der Wissenschaften Kopenhagen (von Caspar Wessel u. H. Skanke):

KORT | over | SJÆLLAND | og | MÖEN | med | tilgrændsende Kyster | af | Skaane Falster Laaland | Langeland Thorsinge Fyen | Samsöe og Jylland | under | det Kongl: Viidenskabernes Societets | Direction ved rigtig Landmaaling | optaget og ved trigonometriske | samt astronomiske Operationer | prövet. | Tegnet af C. Wessel og H. Skanke. | Aar 1777. (Titelkartusche unten rechts). Guiter Sculpsit (unten rechts außen). Maßstabsangabe in Almindelige Danske Miil u. geographiske Miil (unten in Titelkartusche).
(Kopenhagen): Königliche Gesellschaft der Wissenschaften, 1777.
Karte; ca. 67,5 x 61 (u. 0,5) cm; Maßstab ca. 1:240.000.

Die Karte zeigt die dänischen Inseln Seeland und Mön sowie Teile der angrenzenden Inseln.

Lit.: BIBLIOTHECA DANICA Bd II, Sp. 603; BMC XIII 451 (34610. 14.); BRAMSEN S. 150 (Nr. 21); KDB 1a. Kart. G 7954, 7. MAPP 4843 u. 12. Mapp. VII, 25-17.

K 54. Königliche Gesellschaft der Wissenschaften Kopenhagen (von Caspar Wessel):

Kort | over | den nordlige Deel | af | FYEN | med | tilgrændsende Kyster | af | JYLLAND OG SCHLESWIG | under | det Kongl: Viidenskabernes Societets | Direction ved rigtig Landmaaling | optaget og ved trigonometriske | samt astronomiske Operationer | prövet. | Tegnet af C. Wessel Aar 1780. (Titelkartusche oben rechts). Guiter Sculpsit. (unten rechts außen). Maßstabsangabe in Dansk Miil (unten in der Mitte).
(Kopenhagen): Königliche Gesellschaft der Wissenschaften, 1780.
Karte; ca. 85 x 48,5 (u. 0,5) cm; Maßstab ca. 1:120.000.

Die Karte zeigt den nördlichen Teil der dänischen Insel Fünen und angrenzende Gebiete im Südosten der dänischen Halbinsel Jütland und im Nordosten des Herzogtums Schleswig.

Lit.: BIBLIOTHECA DANICA Bd II, Sp. 603; BMC XV 52 (34570. 4.); BRAMSEN S. 148 (Nr. 7); KATALOG LB KIEL Bd I, S. 445; KDB 1a. Kart. G 7540, 7. MAPP 4830 u. 12. Mapp. VII, 25-5.

K 55. Königliche Gesellschaft der Wissenschaften Kopenhagen (von H. Skanke):

KORT | over den Sydlige Deel af | FYEN | tilligemed det tilgrændsende Stykke | af | HERTUGDOMMET SCHLESWIG | saavelsom Öerne | LANGELAND, TAASINGE, ÆRÖE, ALS. | OG | mellemliggende smaae Öer | under | det Kongelige Videnskabernes Societets Direction ved | rigtig Landmaaling optaget og ved trigonometriske | samt astronomiske Operationer prövet. | Tegnet af H. Skanke Aar 1783. (Titelkartusche unten in der Mitte). Guiter Sculpsit (unten rechts außen).
(Kopenhagen): Königliche Gesellschaft der Wissenschaften, 1783.
Karte; ca. 84,5 x 57 cm; Maßstab ca. 1:120.000.

Die Karte zeigt die südlichen Gebiete der dänischen Insel Fünen zusammen mit den Inseln Langeland und Taasinge sowie östliche Teile des Herzogtums Schleswig mit den Inseln Ärrö und Alsen.

Lit.: BIBLIOTHECA DANICA Bd II, Sp. 603; BMC XIII 451 (34570. 5.); BRAMSEN S. 149 (Nr. 8); KATALOG LB KIEL Bd I, S. 445f.; KDB 1a. Kart. G 7543, 7. MAPP 4831 u. 12. Mapp. VII, 25-6.

Abb. 6:
„Kort over den sydlige Deel af Fyen tilligemed det tilgrændsende Stykke af Hertugdommet Schleswig ... 1783." – Die Karte zeigt den südlichen Teil der Insel Fünen zusammen mit den Inseln Langeland und Taasinge sowie östliche Teile des Herzogtums Schleswig mit den Inseln Ärrö und Alsen. Sie gehört zu den von der

Königlichen Gesellschaft der Wissenschaften in Kopenhagen zwischen 1766 und 1825 herausgegebenen Karten und wurde von H. Skanke gezeichnet und von dem in Kopenhagen tätigen Franzosen Claude-Alexandre Guiter gestochen (K 55).

K 56. Königliche Gesellschaft der Wissenschaften Kopenhagen (von O. Warberg):

KORT | over | HAUREBALLEGAARDS STIERNHOLMS | AAKIER OG SKANDERBORG | samt Stykker af | SILKEBORG OG KOLDINGHUUS AMTER | under | det Kongl: Viidenskabernes Societets Direction ved | rigtig Landmaaling optaget og ved trigonometriske | samt astronomiske Operationer prövet | Reduceret sammensat og Tegnet af | O. Warberg | Aar 1787. (Titelkartusche unten rechts). Stukket af N. G. Angelo. Aar 1789. (unten rechts außen). No= 1. (oben rechts außen). Maßstabsangabe in Danske Miile (Kartusche links neben der Titelkartusche).
(Kopenhagen): Königliche Gesellschaft der Wissenschaften, 1789.
Karte; ca. 85 x 49 (u. 1 u. 0,5) cm; Maßstab ca. 1:120.000.

Die Karte zeigt mehrere Ämter im Osten der dänischen Halbinsel Jütland um die Städte Horsens und Aarhus.

Lit.: BIBLIOTHECA DANICA Bd II, Sp. 603; BMC XIV 1033 (34500. 3.); BRAMSEN S. 149 (Nr. 9); KDB 1a. Kart. G 6970, 7. MAPP 4812 u. 12. Mapp. VII, 25-4.

K 57. Königliche Gesellschaft der Wissenschaften Kopenhagen (von O. Warberg):

KORT | over | DRONNINGBORG OG KALØE AMTER, | samt Stykker af | AALBORGHUUS, HALDS, MARIAGER, | SILKEBORG, HAUREBALLEGAARDS | OG SKANDERBORG AMTER. | under | det Kongelige Viidenskabernes Societets Direction ved | rigtig Landmaaling optaget og ved trigonometriske | samt astronomiske Operationer pröved. | Reduceret sammensat og Tegnet af | O. Warberg (Titelkartusche oben rechts). Stukket af N. G. Angelo. Aar 1791. (unten rechts außen). No= 2. (oben rechts außen). Maßstabsangabe in Danske Miile (Kartusche links neben Titelkartusche).
(Kopenhagen): Königliche Gesellschaft der Wissenschaften, 1791.
Karte; ca. 85 x 52 (u. 1 u. 0,5) cm; Maßstab ca. 1:120.000.

Die Karte zeigt die Ämter Dronningborg und Kalöe im Nordosten der dänischen Halbinsel Jütland südlich vom Limfjord.

Lit.: BIBLIOTHECA DANICA Bd II, Sp. 604; BMC XIV 1033 (34500. 6.); BRAMSEN S. 149 (Nr. 10); KDB 1a. Kart. G 6910 u. 7. MAPP 4813.

K 58. Königliche Gesellschaft der Wissenschaften Kopenhagen (von P. Harboe):

KORT | over en Deel | AF AALBORGHUUS OG | SEGLSTRUP AMTER | samt af | VENDSYSSEL. | under | det Kongl: Viidenskabernes Societets Direction ved | rigtig Landmaaling optaget og ved trigonometriske | samt astronomiske Operationer pröved. | Reduceret sammensat og Tegnet af | P. Harboe. Aar 1791. (Titelkartusche unten links). Stukket af N. Angelo. Aar 1793. (unten rechts außen). No= 3. (oben rechts außen). Maßstabsangabe in Dansk Miil (unten in der Titelkartusche).
(Kopenhagen): Königliche Gesellschaft der Wissenschaften, 1793.
Karte; ca. 85 x 51,5 (u. 1 u. 0,5) cm; Maßstab ca. 1:120.000.

Die Karte zeigt östliche Teile der dänischen Halbinsel Jütland am Ausgang des Limfjords mit der Stadt Aalborg.

Lit.: BIBLIOTHECA DANICA Bd II, Sp. 604; BMC VII 257 (34500. 5.); BRAMSEN S. 149 (Nr. 11); KDB 1a. Kart. G 6860, 7. MAPP 4814 u. 12. Mapp. VII, 25-2.

K 59. Königliche Gesellschaft der Wissenschaften Kopenhagen (von P. Harboe):

KORT | over | AASTRUP OG BØRGLUM | AMTER | under det | Kongl: Viidenskabernes Societets Direction | ved rigitg Landmaaling optaget og ved | trigonometriske samt astronomiske Operationer | pröved | Reduceret sammensat og tegnet af P. Harboe | Aar 1793. (Titelkartusche oben links). Stukket af G. N. Angelo. Aar 1795. (unten rechts außen). No= 4. (oben rechts außen). Maßstabsangabe in Dansk Miil (Kartusche oben rechts).
(Kopenhagen): Königliche Gesellschaft der Wissenschaften, 1795.
Karte; ca. 85 x 52 (u. 1 u. 0,5) cm; Maßstab ca. 1:120.000.

Die Karte zeigt den äußersten Norden der Dänischen Halbinsel Jütland nördlich vom Limfjord.

Lit.: BIBLIOTHECA DANICA Bd II, Sp. 604; BMC VII 257 (34500. 9.); BRAMSEN S. 149 (Nr. 12); KDB 1a. Kart. G 6880 u. 12. Mapp. VII, 25-1.

K 60. Königliche Gesellschaft der Wissenschaften Kopenhagen (von P. Harboe):

KORT | over | ØRUM AMT | samt Stykker af | AALBORGHUUS OG VESTERVIG | AMTER OG VENDSYSSEL | under det | Kongl: Viidensk: Societets Direction ved rigtig Landmaaling | optaget og ved trigonometriske samt astronomiske Operationer | pröved. | Reduceret sammensat og Tegnet af | P. Harboe. Aar 1795. (Titelkartusche oben links). Stukket af G. N. Angelo. Aar 1797. (unten rechts außen). No= 5. (oben rechts außen). Maßstabsangabe in Danske Miile (Kartusche links in der Mitte).
(Kopenhagen): Königliche Gesellschaft der Wissenschaften, 1797.
Karte; ca. 85 x 51,5 (u. 1 u. 0,5) cm; Maßstab ca. 1:120.000.

Die Karte zeigt das Amt Örum in Jütland nördlich vom Limfjord und angrenzende Gebiete.

Lit.: BIBLIOTHECA DANICA Bd II, Sp. 604; BMC VII 257 (34500. 10.); BRAMSEN S. 149 (Nr. 13); KDB 1a. Kart. G 7090 u. 12. Mapp. VII, 25-7.

K 61. Königliche Gesellschaft der Wissenschaften Kopenhagen (von P. Harboe):

KORT | over | SKIVEHUUS, BØVLING | OG LUNDENÆS AMTER | samt Stykker af de tilstödende | AMTER. | under | det Kongelige Viidenskabernes Societets Direction ved | rigtig Landmaaling optaget og ved trigonometriske samt | astronomiske Operationer pröved. | Reduceret sammensat og tegnet af P. Harboe. (Titelkartusche oben links). Stukket af G. N. Angelo 1800 (unten rechts außen). No= 6. (oben rechts außen). Maßstabsangabe in Danske Miile (Kartusche unten links).
(Kopenhagen): Königliche Gesellschaft der Wissenschaften, 1800.
Karte; ca. 84,5 x 52 (u. 1 u. 0,5) cm; Maßstab ca. 1:120.000.

Die Karte zeigt die Ämter Skivehuus, Bövling und Lundenæs in Jütland südwestlich vom Limfjord.

Lit.: BIBLIOTHECA DANICA Bd II, Sp. 604; BMC VII 257 (34500. 11.); BRAMSEN S. 149 (Nr. 14); KDB 1a. Kart. G 7180 u. 12. Mapp. VII, 25-8.

K 62. Königliche Gesellschaft der Wissenschaften Kopenhagen (von P. Harboe):

KORT | over | LUNDENÆS AMT | samt Stykker af | BÖVLING, KOLDINGHUUS, RIBERHUUS | og | SILKEBORG AMTER | under det | Kongl. Videnskabernes Societets Direction | ved rigtig Landmaaling optaget og ved trigo- | nometriske samt astronomiske Operationer prövet. | Reduceret og tegnet af P. Harboe 1803. (Titelkartusche unten links). Stukket af G. N. Angelo 1806. (unten rechts außen). No= 7. (oben rechts außen). Maßstabsangabe in Danske Miile (unter der Titelkartusche).
(Kopenhagenb): Königliche Gesellschaft der Wissenschaften, 1806.
Karte; ca. 85,5 x 48,5 (u. 1 u. 0,5) cm; Maßstab ca. 1:120.000.

Die Karte zeigt Gebiete im Südwesten der dänischen Halbinsel Jütland.

Lit.: BIBLIOTHECA DANICA Bd II, Sp. 604; BMC VII 257 (454. i. 7.); BRAMSEN S. 149 (Nr. 15); KDB 1a. Kart. G 7070 u. 12. Mapp. VII, 25-9.

K 63. Königliche Gesellschaft der Wissenschaften Kopenhagen (von T. Bugge u. F. Wilster):

KORT | over en Deel | AF KOLDINGHUUS OG RIBERHUUS AMTER | udi IYLLAND | samt af | HADERSLEWHUUS AMT | udi | HERTUGDØMMET SCHLESWIG | under | Det Kongelige Videnskabernes Societets Direction ved rigtig Landmaaling | optaget og ved trigonometriske samt astronomiske Operationer prövet. | Reduceret og tegnet | af T. Bugge og F. Wilster Aar 1804. | Stukket af I. Sonne. (Titelkartusche unten links). No= 8. (oben rechts außen). Maßstabsangabe in Dansk Miil (oben links).
(Kopenhagen): Königliche Gesellschaft der Wissenschaften, 1804.
Karte; ca. 84,5 x 48 (u. 1) cm; Maßstab ca. 1:120.000.

Die Karte zeigt Teile der Ämter Ribe und Kolding im Südwesten der dänischen Halbinsel Jütland und angrenzende Bereiche.

Lit.: BIBLIOTHECA DANICA Bd II, Sp. 604; BMC III 488 (454. i. 7.); BRAMSEN S. 149 (Nr. 16); KATALOG LB KIEL Bd I, S. 445; KDB 1a. Kart. G 7050 u. 12. Mapp. VII, 25-10.

K 64. Königliche Gesellschaft der Wissenschaften Kopenhagen (von T. Bugge und F. Wilster):

KORT | over | TÖNDER OG LUGUMCLOSTER AMTER, | samt Deele af | HADERSLEBHUUS APENRADE FLENSBORG OG | BREDSTED AMTER | udi | HERTUGDÖMMET SCHLESWIG. | under | Det Kongelige Videnskabernes Societets Direction ved rigtig Landmaaling op= | taget og ved trigonometriske samt astronomiske Operationer prövet. | Reduceret og tegnet | af T. Bugge og F. Wilster Aar 1805. | Stukket af G. N. Angelo. (Titelkartusche oben links). N°. 9. (oben rechts außen).
(Kopenhagen): Königliche Gesellschaft der Wissenschaften, 1805.
Karte; ca. 84,5 x 57 cm; Maßstab ca. 1:120.000.

Die Karte zeigt die nordwestlichen Teile des Herzogtums Schleswig und angrenzende Gebiete Jütlands.

Lit.: BIBLIOTHECA DANICA Bd II, Sp. 604; BMC III 488 (454. i. 7.); BRAMSEN S. 149 (Nr. 17); KATALOG LB KIEL Bd I, S. 445; KDB 1a. Kart. N 25440 u. 12. Mapp. VII, 25-11.

K 65. Königliche Gesellschaft der Wissenschaften Kopenhagen (von T. Bugge u. F. Wilster):

KORT | over | BORNHOLM | UNDER | Det Kongel. Videnskabernes Direction ved rigtig Landmaaling | optaget od ved trigonometriske samt astronomiske Operationer prövet | Reduceret og tegnet | af T. Bugge od F. Wilster 1805. | Stukket af G. N. Angelo. (Titelkartusche oben in der Mitte). Maßstabsangabe in Dansk Miil (unten rechts).
(Kopenhagen): Königliche Gesellschaft der Wissenschaften, 1805.
Karte; ca. 61 x 71,5 cm; Maßstab ca. 1:60.000.

Die Karte zeigt die dänische Insel Bornholm.

Lit.: BIBLIOTHECA DANICA Bd II, Sp. 604; BMC III 487 (454. i. 7.); BRAMSEN S. 150 (Nr. 20); KDB 1a. Kart. G 8770 u. 12. Mapp. VII, 25-18.

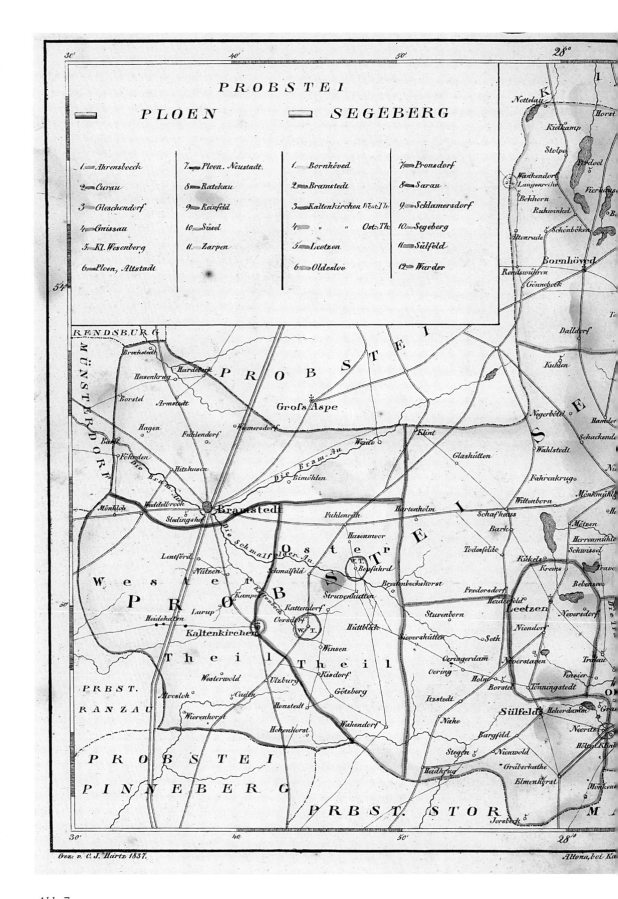

Abb. 7:
„Karte zur kirchlichen Statistik des Herzogthum's Holstein, No. 4: Probstei Ploen, Segeberg. 1837." – Die Karte zeigt das Gebiet der holsteinischen Propsteien Plön und Segeberg und ist eine der sechs Karten zur kirchlichen Statistik des Herzogtums Holstein, die von dem Propsten Johann Bernhard Heinrich Lübkert her-

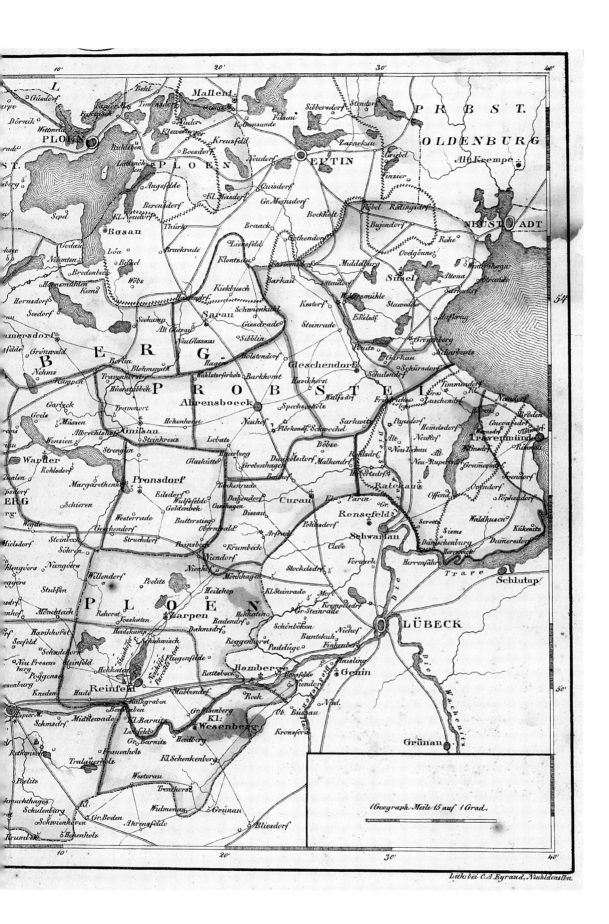

ausgegeben und von dem Militärkartographen C. J. v. Hartz gezeichnet wurden. Gestochen wurden die Karten in Neuhaldensleben und gedruckt in Altona; sie gehören zu Lübkerts „Versuch einer kirchlichen Statistik Holsteins" (Glückstadt 1837) (K 70).

K 66. Königliche Gesellschaft der Wissenschaften Kopenhagen (von H. C. Klingsey, nach Caspar Wessel):

KORT | over | DEN SYDLIGE DEEL | af | HERTUGDÖMMET SCHLESWIG | samt | ÖEN FEMERN | Construeret af Landinspecteur, Ridder, C. Wessel | Reduceret og tegnet af H. C. Klingsey | efter de af det Kongelige Videnskabernes Selskab | foranstaltede trigonometriske og | geographiske Opmaalinger. | Udgivet 1825. (Titel unten links). Stukket af H. C. Klingsey. (unten rechts außen). Maßstabsangabe in danske Miil (unter dem Titel).
(Kopenhagen): Königliche Gesellschaft der Wissenschaften, 1825.
Karte mit 1 Nebenkarte; ca. 93 x 53,5 (u. 0,5) cm; Maßstab ca. 1:120.000.

Die Karte zeigt die südlichen Teile des Herzogtums Schleswig und enthält unten rechts eine Nebenkarte, auf der die zum Herzogtum gehörende Insel Fehmarn dargestellt ist.

Lit.: BIBLIOTHECA DANICA Bd II, Sp. 604; BRAMSEN S. 149 (Nr. 18); KATALOG LB KIEL Bd I, S. 446; KDB 1a. Kart. N 24196.

K 67 – K 72. Lübkert, Johann Heinrich Bernhard:

Zur kirchlichen Statistik des Herzogtums Holstein finden sich sechs von C. J. Hartz gezeichnete Karten, die mit dem nachfolgenden Werk (Sign.: Tk 35) in Verbindung stehen:
Lübkert, Johann Heinrich Bernhard: Versuch einer kirchlichen Statistik Holsteins. Ein Beitrag zur Vaterlandskunde.
Glückstadt: Augustin, 1837. 8°

Lit.: BIBLIOTHECA DANICA 1831-1840, Sp. 1030; ENGELMANN S. 587f.; GEERZ S. 75; GV 1700-1910 Bd 56, S. 287; KATALOG LB KIEL Bd I, S. 505f.; KDB 1a. Kart. N 24576.
Sign.: Ghb 638

K 67. Lübkert, Johann Heinrich Bernhard:

KARTE | zur | kirchlichen Statistik | des | HERZOGTHUM'S HOLSTEIN | Herausgegeben v. Capt. v. Hartz u. Dr. Lübkert in Glückstadt | No. 1. (oben in der Mitte außen). Probstei | MÜNSTERDORF | ... | Probstei | ALTONA (rechts oben). Probstei | PINNEBERG | ... | Probstei | RANZAU (unten links). Gez. v. C. J. Hartz 1837. (unten links außen). Lith. b. C. A. Egraud, Neuhaldensleben (unten links außen). Altona, bei Carl Aue (unten in der Mitte außen). Maßstabsangabe in 1 Geogr. Meile (unten in der Mitte).
Karte; ca. 25 x 28,5 (6 u. 0,5) cm; Maßstab ca. 1:200.000.

K 68. Lübkert, Johann Heinrich Bernhard:

KARTE | zur kirchlichen Statistik | des | HERZOGTHUM'S HOLSTEIN | Herausgegeben v. Capt. v. Hartz u. Dr. Lübkert in Glückstadt | No. 2. (oben in der Mitte außen). PROBSTEI | Kiel / Oldenburg (unten in der Mitte). Gez. v. C. J. Hartz 1837. Lith. bei C. A. Egraud, Neuhldnslbn. (unten rechts außen). Altona bei Karl Aue (unten in der Mitte außen). Maßstabsangabe in 1 Geograph. Meile (unten in der Mitte).
Karte; ca. 40,5 x 25,5 (9 u. 0,5) cm; Maßstab ca. 1:200.000.

K 69. Lübkert, Johann Heinrich Bernhard:

KARTE | zur | kirchlichen Statistik | des | Herzogthum's Holstein | Herausgegeben v. Capt. v. Hartz u. Dr. Lübkert | in | Glückstadt | No. 3. (oben in der Mitte außen). NORDER | DITHMARSCHEN | ... | SÜDER | DITHMARSCHEN (rechts unten). Gez. v. C. J. Hartz 1837. (unten links außen). Lith. bei C. A. Egraud, Nhaldnslbn (unten rechts außen). Altona bei Karl Aue (unten in der Mitte außen). Maßstabsangabe in 1 Geograph. Meile (unten rechts).
Karte; ca. 22,5 x 28,5 (6,5 u. 0,5) cm; Maßstab ca. 1:200.000.

K 70. Lübkert, Johann Heinrich Bernhard:

KARTE | zur kirchlichen Statistik | des | HERZOGTHUM'S HOLSTEIN | Herausgegeben v. Capt. v. Hartz u. Dr. Lübkert in Glückstatd | No. 4. (oben in der Mitte außen). PROBSTEI | PLOEN / SEGEBERG (oben links). Gez. v. C. J. Hartz 1837. (unten links außen). Lith. bei C. A. Egraud, Neuhldenslbn. (unten rechts außen). Altona bei Karl Aue. (unten in der Mitte außen). Maßstabsangabe in Geograph. Meile (unten rechts).
Karte; ca. 35 x 24,5 (6 u. 0,5) cm; Maßstab ca. 1:200.000.

K 71. Lübkert, Johann Heinrich Bernhard:

KARTE | zur kirchlichen Statistik | des | HERZOGTHUM'S HOLSTEIN | Herausgegeben v. Capt. v. Hartz u. Dr. Lübkert in Glückstadt | No. 5. (oben in der Mitte außen). PROBSTEI | RENDSBU(RG (unten rechts). Gez. von C. J. Hartz 1837. (unten links außen). Lith. bei C. A. Egraud, Neuhldnslbn. (unten rechts außen). Altona bei Karl Aue (unten in der Mitte außen). Maßstabsangabe in Geogr. Meile (unten rechts).
Karte; ca. 23 x 28,5 (5 u. 0,5) cm; Maßstab ca. 1:200.000.

K 72. Lübkert, Johann Heinrich Bernhard:

KARTE | zur | kirchlichen Statistik | des | Herzogthum's Holstein | Herausgegeben v. Capt. v. Hartz u. Dr. Lübkert i. Glückstadt | No. 6. (oben in der Mitte außen). PROBSTEI | STORMARN (unten rechts). Bemerkungen | zu sämtlichen | KARTEN (rechts außen).

Gez. von C. J. Hartz 1837. (unten links außen). Lith. bei C. A. Egraud, Nhaldnslbn. (unten rechts außen). Altona b. Karl Aue. (unten in der Mitte außen). Maßstabsangabe in 1 Geographische Meile (unten rechts).
Karte; ca. 13 (u. 5,5) x 16 (6,5 u. 0,5) cm; Maßstab ca. 1:200.000.

K 73. Meyn, Ludwig:

GEOLOGISCHE KARTE | der | INSEL SYLT | und | ihrer nächsten Umgebungen. | Geologisch bearbeitet durch Dr. L. Meyn. 1876. (Titel oben rechts). Druck des Berliner Lithogr: Instituts. (unten rechts außen). Maasstab 1:100.000. u. in Meter (unter dem Titel).
Berlin 1876.
Karte; ca. 58 x 67 cm; Maßstab 1:100.000.

Die Karte verdeutlicht den geologischen Aufbau der Inseln Sylt, Föhr und Amrum sowie einiger Halligen im nordfriesischen Wattenmeer und der angrenzenden nordfriesischen Küstengebiete. Sie gehört zu einem Beitrag von Meyn, der sich unter der Signatur Ghb 431 findet:
Meyn, Ludwig: Geognostische Beschreibung der Insel Sylt und ihrer Umgebung nebst einer geognostischen Karte im Maasstabe von 1:100000 sowie einer Lithographie (Titelbild), 2 Tafeln Profile (angeheftet) und 1 Holzschnitt im Text. (Sonderdruck aus: Abhandlungen zur geologischen Specialkarte von Preussen. Bd I, H. 4. Berlin 1876, S. 603-760).
Berlin 1876. 4°

Lit.: GV 1700-1910 Bd 95, S. 483; KATALOG LB KIEL Bd I, S. 477.
Sign.: Einzelkarte ohne Signatur

K 74. Moltke, Helmuth Graf von:

CARTA TOPOGRAFICA | di | ROMA | e dei suoi contorni | fino alla distanza di 10 miglia fuori le mura, indicante | tutti i siti ed edifizii moderni ed i ruderi antichi ivi esistenti. Eseguita coll'appoggio delle osservazioni astronomiche e per mezzo | della mensola delineata sulla proporzione | di 1:25.000 | dai | (Barone di Moltke) [nicht zu lesen; ergänzt nach Engelmann] | negli anni 1845 à 1846. | WEBER | Capitano dell'artigliaria disegno. (Enrico Brose incise. Caratteri da Jaeck) [ergänzt nach Engelmann] (Titel oben links).
Berlin: Schropp und Co., 1852.
Karte auf 2 Blättern; Maßstab ca. 1:25.000.

Lit.: BMC XII 359 (23804. 8.); ENGELMANN S. 843; GV 1700-1910 Bd 98, S. 191.
Sign.: Einzelkarte ohne Signatur

K 75. Pasch, Max:

Uebersichts-Karte | der | VERWALTUNGS-BEZIRKE | der | KÖNIGL. PREUSS. EISENBAHN-DIREKTIONEN | und der | KÖNIGL. PREUSS. u. GROSSHERZL. HESS. EISENBAHN-DIREKTION IN MAINZ. | Bearbeitet | IM MINISTERIUM DER ÖFFENTLICHEN ARBEITEN | 1900. | (1. April) | Maasstab 1:1000000. (Titel oben links). Kartographisches Bureau. Verlag von Max Pasch, Berlin S.W. Ritter-Str. 50. (unten links außen). Geogr. lith. Inst. u. Steindr. v. W. Greve, Kgl. Hoflith. Berlin. (unten rechts außen).
Berlin: Max Pasch, 1900.
Karte auf 4 Blättern, mit mehreren Nebenkarten; zusammen ca. 124 x 102 cm; Maßstab 1:1.000.000.

Lit.: GV 1700-1910 Bd 148, S. 2 (Ausgabe von 1901).
Sign.: Einzelkarten ohne Signatur

K 76. Petermann, August:

SPECIALKARTE | VON | AUSTRALIEN | IN 9 BLÄTTERN. | NACH ORIGINALEN & OFFICIELLEN QUELLEN | VON A. PETERMANN | 1875 | Maasstab 1:3.500.000. | [Maßstab graphisch in drei Einheiten] | GOTHA: JUSTUS PERTHES. (Titel oben links). GOTHA: JUSTUS PERTHES. 1875. (unten in der Mitte außen).
Gotha: Justus Perthes, 1875.
Karte in 9 Sectionen; zusammen ca. 123 x 96,5 cm; Maßstab 1: 3.500.000.

Lit.: GV 1700-1910 Bd 107, S. 365.
Sign.: ohne Signatur (beiliegend Stielers Hand-Atlas; vgl. A34)

K 77 – K 79. Peters, Carl:

Drei Karten zur deutschen Kolonie Deutsch-Ostafrika, die in einer besonderen Mappe mehrfach gefaltet aufbewahrt werden, gehören zu dem Werk (Sign.: Ca 1):
Peters, Carl: Das Deutsch-Ostafrikanische Schutzgebiet. Im amtlichen Auftrage. Mit 23 Vollbildern und 21 Textabbildungen, sowie 3 Karten in besonderer Mappe. München u. Leipzig: R. Oldenbourg, 1895. 4°

Lit.: GV 1700-1910 Bd 107, S. 389.
Sign.: Ec 89

K 77. Peters, Carl:

AEQUATORIAL-OST-AFRIKA. (Titelleiste über der Karte). Berichtigt Nov. 1894. (unten links außen). Lith. Anst. v. Leop. Kraatz, Berlin. (unten rechts außen). Geographische Verlagshandlung | DIETRICH REIMER IN BERLIN, | INHABER: HOEFER & VOHSEN. (unten in der Mitte außen). Beilage zu Peters Deutsch Ost-Afrikanische Schutzgebiete. (oben links außen).
Karte mit einer Nebenkarte; ca. 76,5 x 56 cm; Maßstab 1:3.000.000.

Die Karte enthält oben rechts einen „PLAN VON | DAR-ES-SALAM." (ca. 17 x 9 cm).

K 78. Peters, Carl:

Geologische Uebersichtskarte | von Deutsch-Ostafrika | angefertigt unter Mitwirkung von | Bergassessor Eichhorst und Herrn Lieder | auf Grund der Darstellungen von Dr. Carl Peters. | Gezeichnet v. Otto Herkt. (Kartusche oben rechts). Lith. Anst. v. Leop. Kraatz, Berlin. (unten rechts außen). Beilage zu Peters Deutsch Ost-Afrikanische Schutzgebiete (oben links außen).
Karte; ca. 46,5 x 53 cm; Maßstab 1:3.000.000.

K 79. Peters, Carl:

Werthschätzungs-Karte | des Deutsch-ostafrikanischen | Schutzgebietes | von | Dr. Carl Peters. | Gezeichnet v. Otto Herkt. (Kartusche oben rechts). Lith. Anst. v. Leop. Kraatz, Berlin. (unten rechts außen). Beilage zu Peters Deutsch Ost-Afrikanische Schutzgebiete (oben links außen).
Karte; ca. 46,5 x 53 cm; Maßstab 1:3.000.000.

K 80 – K 81. (Peutinger, Konrad):

In der Bibliothek des Alten Gymnasiums finden sich zwei Ausgaben der sogenannten Peutingerschen Tafel (Tabula Peutingeriana), benannt nach dem Augsburger Humanisten Konrad Peutinger (1465-1547). Bei der Karte, die sich lange in Peutingers Besitz befand und über den Prinzen Eugen in die Österreichische Nationalbibliothek nach Wien gelangte, handelt es sich um eine um 1200 entstandene Kopie einer Straßenkarte des Römischen Reiches (um 350 n. Chr.) in zwölf Segmenten, von den Britischen Inseln bis nach China.

Lit.: LEXIKON Bd II, S. 802.

K 80. (Peutinger, Konrad):

PEVTINGERIANA TABVLA ITINERARIA | ex Augusta Bibliotheca Vindobonensi. | cura Francis. Christ. von Scheyb. 1753. (unten links auf Segm. I) Salomon Kleiner | ex Autographo | delineavit et | æri incidit. 1753. (unten rechts außen auf Segm. XII.) Denuo collatum et emend. 1822. | incid. J. D. Seitz. (unten rechts auf Segm. XII).
Historische Karte in 12 Segmenten; je ca. 50/56 x 33 cm.

Die 12 Segmente der Peutingerschen Tafel finden sich, verbunden mit einer Einführung von Konrad Mannert in der Reihenfolge Segm. I, II, III, IV, VI, V, VIII, VII, IX, X, XI, XII in Originalgröße (jeweils über zwei Seiten verteilt) am Schluß des Werkes:
Tabula Itineraria Peutingeriana, primum aeri incisa et edita a Franc. Christoph. de Scheyb MDCCLIII (1753). Denuo cum codice Vindoboni collata, emendata et nova Conradi Mannerti introductione instructa, studio et opera Academiae Literarum Regiae Monacensis. Leipzig: exhibet Libraria Hahniana, MDCCCXXIV (1824). 2°.

Lit.: GV 1700-1910 Bd 143, S. 142.
Sign.: Aal 43

K 81. (Peutinger, Konrad):

CASTORI ROMANORUM COSMOGRAPHI | TABULA QUAE DICITUR PEUTINGERIANA. RECOGNOVIT CONRAD MILLER. 1887 (Titelleiste über dem ersten Segment). Verlag von | OTTO MAIER IN RAVENSBURG | (Dorn'sche Buchhandlung.) (am Anfang unten links außen). Lith. Anst. v. Gebert & Weigel | Stuttgart. (am Schluß rechts unten außen).
Historische Karte; ca. 440 x 22 cm (zusammengeklebt u. mehrfach gefaltet).

In der vorliegenden Ausgabe sind die 12 Segmente der Peutingerschen Tafel in den Farben des Originals in gewisser Verkleinerung aneinandergeklebt wiedergegeben. Der Herausgeber hat unterhalb der Karte die in der Karte genannten Orte erfaßt und darüber jeweils das betreffende Segment vermerkt. Die Karte ist fest eingebunden (21,5 x 32,5 cm), auf dem Einband findet sich der Titel:
Weltkarte des Castorius | genannt | die Peutinger'sche Tafel. | In den Farben des Originals herausgegeben und eingeleitet | von | Dr. Konrad Miller | Professor am Realgymnasium in Stuttgart. Ravensburg: Verlag von Otto Maier (Dorn'sche Buchhandlung), 1888. 4°

Zur Karte gehört ein Erläuterungsband (Sign.: Aa 81):
Miller, Konrad: Die Weltkarte des Castorius, genannt Die Peutingersche Tafel. Einleitender Text. Ravensburg: Otto Maier, 1887. 8°

Lit.: GV 1700-1910 Bd 96, S. 231.
Sign.: Aa 81 b

K 82. Schäfer, M.:

KARTE | der | Herzogthümer | SCHLESWIG und HOLSTEIN | nach den neuesten und besten Hülfsmitteln | bearbeitet | von | M. Schäfer. | 1:900000 (Titel oben rechts). Berlin, Verlag von Julius Abelsdorff, 1864 (unten in der Mitte außen).
Karte mit 2 Nebenkarten; ca. 48,5 x 38 (u. 0,5) cm; Maßstab 1:900.000.

Die Nebenkarten zeigen die Umgebung von Schleswig mit dem Danewerk (unten links) und die Düppler Höhen (oben rechts unter dem Titel).
Auf der Rückseite der mehrfach gefalteten Karte findet sich folgender Titel:
Beste und Billigste Kriegs-Karte der Herzogthümer Schleswig und Holstein. Nach den besten Hülfsmitteln bearbeitet von M. Schäfer. Maasstab 1:900.000. In colorirten Flächen. Neue Ausgabe.

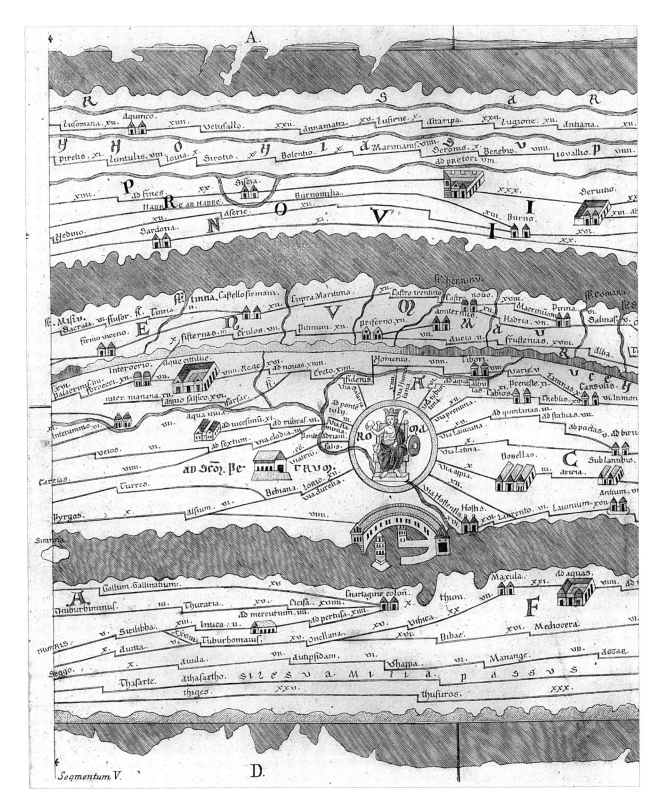

Abb. 8:
„Peutingeriana Tabula Itineraria cura F. C. von Scheyb 1753" (Ausschnitt). – Die in 12 Segmenten überlieferte „Peutingersche Tafel" zeigt das Römische Reich um 350 n. Chr. Hier abgebildet ist ein Ausschnitt aus dem Segmentum V mit der Stadt Rom und dem Hafen Ostia im Zentrum. Am unteren Bildrand sind Teile der nordafrikanischen Küste mit Karthago zu erkennen, am oberen Bildrand die östliche Küste der Adria bis hin zur Donau. Durch die besondere Darstellungstechnik ließ sich das gesamte Römische Reich in einem langen, schmalen Streifen abbilden. Die Bedeutung Roms läßt sich daran ablesen, daß alle Wege in diesem Zentrum anfangen bzw. enden. Der Ausschnitt findet sich in einer von der Münchener Akademie der Wissenschaften besorgten Ausgabe der Peutingerschen Tafel von 1824, einer Neuauflage der Ausgabe des Göttinger Altertumsforschers Franz Christoph von Scheyb von 1753 (K 80, Ausschnitt aus Segment V).

Berlin: Julius Abelsdorff, 1864. 4°

Lit.: GV 1700-1910 Bd 123, S. 391; KATALOG LB KIEL Bd III, S. 2249.
Sign.: Ghb 731

K 83. Schröder, Johannes von:

SCHLESWIG | IM JAHRE 1823. | Gezeichnet und aufgenommen von Johannes von Schröder. | Gestochen von Jäck in Berlin. (Titel in Kopfleiste außen). Sr. Durchlaucht, dem Herzog Fried: Wilh: (Wappen) Paul Leopold von Holstein=Beck. | Ritter vom Elephanten & c. unterthänigst zugeeignet. (Widmung in Fußleiste außen). Maßstabsangabe in Hamb. Ellen (oben in der Mitte unter dem Titel).
Berlin 1823.
Karte; ca. 53 x 46 cm; Maßstab ca. 1:7.500.

Die Karte zeigt die Stadt Schleswig an der Schlei und deren nächste Umgebung.

Lit.: ENGELMANN S. 902; GV 1700-1910 Bd 130, S. 39; GEERZ S. 91; KATALOG LB KIEL Bd I, S. 450; KLOSE/MARTIUS I 178 (Schleswig, Nr. 34); KDB 1a. Kart. X 33535.
Sign.: Einzelkarte ohne Signatur

K 84. Smith, John Calvin:

SPECIAL-KARTE | DER | VEREINIGTEN STAATEN | VON | NORD-AMERIKA. (Bl. 8, unten rechts). von J. Calvin Smith. | MAP OF THE | UNITED STATES | OF | AMERICA. | BY J. CALVIN SMITH. | Cassel, Druck und Verlag von Th. Fischer. Scale of Miles (Bl. 12, oben rechts). Die 16 Blätter der Karte tragen oben rechts außen die Nummern 1 bis 16, unten in der Mitte (oder links) außen meistens den Vermerk: Druck u. Verlag von Th. Fischer in Cassel.
Karte auf 16 Blättern (4 x 4) mit besonderem Titelblatt; je ca. 47 x 36,5 cm.

Zur Karte gehört ein besonderes Titelblatt:
Special-Karte der Vereinigten Staaten von Nord-America. von J. Calvin Smith. Map of the United States of America. By J. Calvin Smith. Cassel, Druck und Verlag von Theodor Fischer. [3. Aufl.].
Kassel: Theodor Fischer, o.J. (ca. 1852/54). obl. 2°

Die Karte enthält zwei Nebenkarten:
1. SOUTHERN | part | of | FLORIDA (Anschlußkarte, Blatt 15, unten rechts).
2. Uebersichts-Karte | von | NORD AMERIKA | von J. Calvin Smith. | MAP OF | NORTH AMERICA | BY J. CALVIN SMITH | SCALE OF MILES (Bl. 12, unten u. Bl. 16)

Lit.: ENGELMANN S. 222 [Karte in 5 Lieferungen, 1851-1856]; GV 1700-1910 Bd 135, S. 316 (Ausgabe von 1851/52).
Sign.: Einzelkarte ohne Signatur

K 85. Stieler, Adolf:

KARTE | VON | DEUTSCHLAND | DEM KÖNIGR. DER NIEDERLANDE | UND DER SCHWEIZ | mit den angränzenden Ländern, bis Paris, Lyon, Turin, | Mailand, Venedig, Ofen, Königsberg, | IN XXV BLÄTTERN. | Entworfen und herausgegeben von ADOLF STIELER | Gezeichnet von Demselben, Prem. Lieut. v. Stülpnagel und J. C. Bär. | Gestochen von Edler, Haase, Baumgarten, Thiel, Leidenfrost. | GOTHA, | BEI JUSTUS PERTHES | 1829. (Titel oben links auf Blatt 1). Maßstabsangabe in 14 verschiedenen Einheiten (unten rechts auf Blatt 25).
Karte auf 25 Blättern; insgesamt ca. 172,5 x 150 cm; Maßstab ca. 1:750.000.

Die 25 Blätter, die fest eingebunden sind, sind so konzipiert, daß sie sich zu einer Wandkarte zusammenfügen lassen. Das Werk hat folgenden Titel:
Karte von Deutschland, dem Königr. der Niederlande und der Schweiz mit den angränzenden Ländern, bis Paris, Lyon, Turin, Mailand, Venedig, Ofen, Königsberg, in XXV Blatt. Entw. u. herausg. v. Adolf Stieler.
Gotha: Justus Perthes, 1829. obl. 2°

Lit.: ENGELMANN S. 443; GV 1700-1910 Bd 140, S. 77; KDB 1a. Kart. L 780.
Sign.: Eb 82

K 86. Weiland, Carl Ferdinand:

Die | HERZOGTHÜMER | SCHLESWIG, HOLSTEIN | und | LAUENBURG | entworfen und gezeichnet | von | C. F. Weiland. | unter Redaction v. H. Kiepert berichtigt von C. Ohmann. | Weimar | im Verlag des geographischen Instituts | 1849. (oben rechts).
Weimar: Verlag des geographischen Instituts, 1849.
Karte; ca. 49 x 61 cm; Maßstab 1:445.000.

Die Karte zeigt die Herzogtümer Schleswig, Holstein und Lauenburg.

Lit.: GEERZ, S. 203; KDB
Sign.: Ghb 1000

K 87 – K 88. Westphal, Johann Heinrich:

Unter den Einzelkarten finden sich zwei Karten, die zu folgendem Buch gehören:
Westphal, Johann Heinrich: Die Römische Kampagne in topographischer und antiquarischer Hinsicht. Nebst einer Karte der Römischen Kampagne und einer Wegekarte des alten Lazium.
Berlin u. Stettin: Nicolaische Buchhandlung, 1829. 4°

Lit.: ENGELMANN S. 842.
Sign.: Aal 5

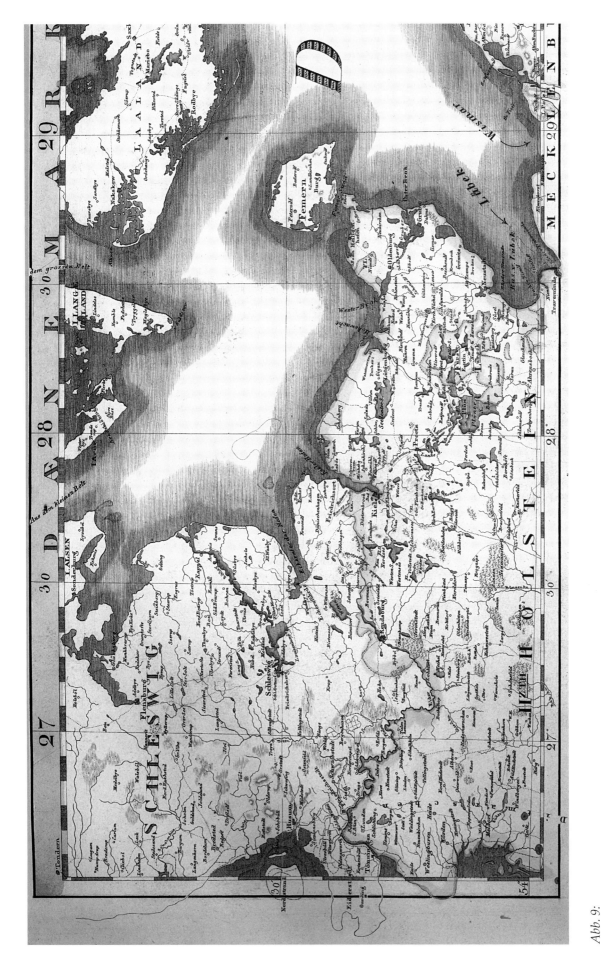

Abb. 9:
„Karte von Deutschland … in XXV Blättern, entworfen und herausgegeben von Adolf Stieler." (Ausschnitt) – Auf 25 Blättern gab der deutsche Kartograph Adolf Stieler (1755-1836) in Buchform im derzeit führenden Geographica-Verlag von Justus Perthes in Gotha 1829 eine Deutschland-Karte im Maßstab 1:750.000 heraus, die zusammengefügt eine Größe von ca. 172,5 x 150 cm erreichen würde. Gezeigt wird von dieser Karte ein kleiner Ausschnitt vom oberen Rand mit Teilen Schleswigs und Holsteins (K 85, Ausschnitt).

K 87. Westphal, Johann Heinrich:

CONTORNI | DI | ROMA | MODERNA | G. E. Westphal disegno. C. F. Wolff incise a Berlino 1829. (Titelkartusche unten rechts). Berlino, presso Fr. Nicolai, librajo, 1829. (unten in der Mitte außen). Maßstabsangabe in Miglia Romane u. Miglia Tedesche (oben links).
Berlin: Friedrich Nicolai, 1829.
Karte; ca. 75,5 x 42,5 cm; Maßstab ca. 1:210.000.

Die nach Nordosten ausgerichtete Karte zeigt die Umgebung der Stadt Rom (Römische Campagna) zwischen Apenninen und Tyrrhenischem Meer.

Lit.: BMC XII 359 (23804. 6.); ENGELMANN S. 843; KDB 1a. Kart. P 17060 u. 7. GR 2 H ITAL I, 312/15, 1; zum Werk von Westphal vgl. GV 1700-1910, Bd 156, S. 79.
Sign.: Einzelkarten ohne Signatur

K 88. Westphal, Johann Heinrich:

AGRI | ROMANI | TABULA | cum veterum viarum designatione | accuratissima. | I. H. Westphal delin. Romae. C. F. Wolff sculpt- Berolini. (Titelkartusche unten rechts). Maßstabsangabe in Milliaria antiqua Romana (oben links).
Berlin: Friedrich Nicolai, ca. 1829.
Geschichtskarte mit 1 Nebenkarte; ca. 75,5 x 42,5 cm; Maßstab ca. 1:210.000.

Die nach Nordosten ausgerichtete Karte zeigt die Straßen aus römischer Zeit in der Umgebung der Stadt Rom (Latium) und enthält oben rechts eine Nebenkarte zum alten Rom (ROMAE | ANTIQUAE | Tabula.).

Lit.: KDB 1a. Kart. U 21500 u. 7. GR 2 H ITAL I, 312, 15.
Sign.: Einzelkarte ohne Signatur

KATALOG DER ATLANTEN (A 1 – A 38)

A 1. Andree, Richard:

Richard Andrees allgemeiner Handatlas in hundertzwanzig Kartenseiten und zwei Ergänzungskarten nebst alphabetischem Namensverzeichnis. Herausgegeben von der Geographischen Anstalt von Velhagen & Klasing in Leipzig. Zweite wesentlich verbesserte und um ein Viertel des Umfanges vermehrte Auflage. Bielefeld und Leipzig: Verlag von Velhagen & Klasing, 1887. 2°

In dem Atlas finden sich neben diversen Nebenkarten folgende Hauptkarten:
1. Nördlicher Sternhimmel / Südlicher Sternhimmel.
2. u. 3. Westliche und östliche Halbkugel.
4. Das Sonnensystem. / Mondkarte.
5. Religionskarte der Erde.
6. u. 7. Karte des Weltverkehrs und der Meeresströmungen.
8. Grosser Ozean.
9. Atlantischer Ozean.
10. u. 11. Karte der Nordpolarregion.
12. Isothermen- und Windkarte der Erde. / Religionskarte von Europa.
13. Völkerkarte von Europa.
14. u. 15. Europa, politische Übersicht.
16. Sprachenkarte von Deutschland. / Religionskarte von Deutschland.
17. Höhenschichtenkarte von Deutschland. / Bevölkerungsdichtigkeit von Deutschland.
18. u. 19. Deutschland, physikalische Übersicht.
20. Regenkarte von Deutschland. / Mittlere Jahrestemperatur von Deutschland.
21. Grossherzogtum Baden.
22. u. 23. Deutschland, politische Übersicht.
24. Elsass-Lothringen und Bayrische Pfalz.
25. Provinz Sachsen, Mecklenburg und Anhalt.
26. u. 27. Württemberg und Bayern.
28. Provinzen Brandenburg und Posen.
29. Provinz Schlesien.
30. u. 31. Rheinprovinz, Westfalen, Hessen-Nassau, Waldeck, Lippe, Grossherzogtum Hessen.
32. Provinz Pommern.
33. Provinzen Ost- und Westpreussen.
34. u. 35. Hannover, Schleswig-Holstein und kleinere norddeutsche Staaten.
36. Thüringische Staaten.
37. Königreich Sachsen.
38. Übersichtskarte von Schweden und Norwegen.
39. Das südliche Skandinavien.
40. Königreich Dänemark.
41. Niederlande.
42. u. 43. Österreich-Ungarn.
44. Belgien und Luxemburg.
45. Völkerkarte von Österreich-Ungarn.
46. u. 47. Die österreichischen Alpenländer.
48. Ungarn.
49. Böhmen, Mähren und Österr.-Schlesien.
50. u. 51. Die Schweiz.
52. Übersichtskarte der Alpen.
53. Französisch-italienische Alpen.
54. u. 55. Übersichtskarte von Frankreich.
56. Nordwestliches Frankreich.
57. Nordöstliches Frankreich.
58. u. 59. Spanien und Portugal.
60. Südwestliches Frankreich.
61. Südöstliches Frankreich.
62. u. 63. Übersichtskarte von Italien.
64. Oberitalien.
65. Sizilien und Sardinien.
66. u. 67. Übersichtskarte von Grossbritannien und Irland.
68. Irland.
69. Schottland.
70. u. 71. England und Wales.
72. Griechenland.
73. Westrussland.
74. u. 75. Europäisches Russland.
76. Kaukasusländer.
77. Völkerkarte der Balkanhalbinsel. / Konstantinopel und das Marmarameer.
78. u. 79. Balkanhalbinsel.
80. Vorderasien und Persien.
81. Palästina.
82. u. 83. Übersichtskarte von Asien.
84. Afghanistan und Balutschistan.
85. Übersichtskarte von China und Japan.
86. u. 87. Zentralasien und Vorderindien.
88. Ostchina und Korea.
89. Japan.
90. u. 91. Nordamerika.
92. Hinterindien und der Malayische Archipel.
93. Zentralamerika und Westindien.
94. u. 95. Vereinigte Staaten von Nordamerika.
96. Die Pazifischen Staaten der Union.
97. Die Nordost-Staaten der Union.
98. u. 99. Südamerika.
100. Die Antillen.
101. Algerien und Tunis.
102. u. 103. Übersichtskarte v. Afrika (ersetzt durch Ergänzungskarte I).
104. Mittelmeerländer, westliche Hälfte.
105. Mittelmeerländer, östliche Hälfte.
106. u. 107. Nordwestliches Afrika.
108. Westafrikanische Kolonienkarten.
109. Ägypten.
110. u. 111. Nordöstliches Afrika.
112. Deutsch-Ostafrika (ersetzt durch Ergänzungskarte II).
113. Kapland, Natal, Buren-Republiken, Lüderitzland.
114. u. 115. Zentral- und Südafrika.
116. Die Südseeinseln.
117. Neuguinea und der Bismarckarchipel.
118. u. 119. Australien und Neuseeland.
120. Polynesische Inselgruppen. / Karte der Südpolarregion.
(121.) Ergänzungskarte I. Übersicht von Zentralafrika (an Stelle von Karte S. 102/03).
(122.) Ergänzungskarte II. Deutsch-Ostafrika (an Stelle von Karte S. 112).

Lit.: GV 1700-1910 Bd 4, S. 196.
Sign.: Eb 153

A 2. Andree, Richard; Peschel, Oscar:

Physikalisch-statistischer Atlas des Deutschen Reichs. Ausgeführt in der Geographischen Anstalt von Velhagen und Klasing in Leipzig. 25 Karten mit Text.
Bielefeld u. Leipzig: Velhagen & Klasing, 1878. 2°

Im Anschluß an den erläuternden Text folgen 25 Karten (Druck von Wagner & Debes, Leipzig):
1. Höhenschichten-Karte von Deutschland von Gustav Leipoldt.
2. Isothermenkarte des Deutschen Reichs von F. W. Putzger.
3. Karte der mittleren Jahrestemperaturen im Deutschen Reich von F. W. Putzger.
4. Karte der durchschnittlichen Sommertemperaturen im Deutschen Reich von F. W. Putzger.
5. Karte der Januartemperaturen im Deutschen Reich von F. W. Putzger.
6. Regenkarte des Deutschen Reichs von Otto Krümmel.
7. Kohlen- und Torfrevier-Karte des Deutschen Reichs von Otto Krümmel.
8. Waldkarte des Deutschen Reichs von Otto Krümmel.
9. a u. b. Vertheilung des Waldes nach Procenten der Gesammtfläche der Regierungs- und analogen Verwaltungsbezirke / Vertheilung der Staatsforsten nach Procenten der Gesammtfläche der Regierungs- und analogen Verwaltungsbezirke ... von Otto Krümmel.
10. Völker-Karte des Deutschen Reichs und der angrenzenden Länder von Richard Andree.
11. Confessionskarte des Deutschen Reichs von Richard Andree.
12. Verbreitung der Juden im Deutschen Reich von Richard Andree.
13. Geologische Karte von Deutschland von Otto Krümmel.
14. Vertheilung von Land und Meer im jetzigen Deutschland seit dem mesolithischen Zeitalter von K. Zittel.
15. Dichtigkeit der Bevölkerung im Deutschen Reich von Julius Iwan Kettler.
16. a u. b. Verhältniss der städtischen zur ländlichen Bevölkerung im Deutschen Reiche / Die Vertheilung der städtischen Ortschaften im Deutschen Reiche von Julius Iwan Kettler.
17. a u. b. Die ehelichen Geburten in Deutschland i. J. 1873 / Die unehelichen Geburten in Deutschland i. J. 1873 von Ernst Hasse.
18. a u. b. Der Antheil der Kinderzahl an der Gesammtbevölkerung Deutschlands i. J. 1871 / Die Zahl der in der Ehe lebenden Personen im Deutschen Reiche i. J. 1871 von Ernst Hasse.
19. a u. b. Das Verhältniss der Todesfälle zur Einwohnerzahl in Deutschland i. J. 1873 / Die natürliche Vermehrung der Bevölkerung durch den Überschuss der Geburten über die Todesfälle von Ernst Hasse.
20. Abnahme und Zunahme der Bevölkerung im Deutschen Reich in den Jahren 1867-1875. Von Ernst Hasse.
21. Verbreitung der Pferde im Deutschen Reich von Th. H. Schunke.
22. Verbreitung der Rinder im Deutschen Reich von Th. H. Schunke.
23. a u. b. Verbreitung der Schafe im Deutschen Reiche / Verbreitung der Schweine im Deutschen Reiche von Th. H. Schunke.
24. a u. b. Viehbestand des Deutschen Reichs. Grossvieh auf die Fläche vertheilt / Grossvieh auf die Bevölkerung vertheilt von Th. H. Schunke.
25. a u. b. Analphabeten-Karte auf Grundlage der Rekrutenprüfungen / Antheil der landwirtschaftlichen Bevölkerung an der Gesammtbevölkerung 1871. von E. Hasse.

Lit.: GV 1700-1910 Bd 4, S. 195.
Sign.: Eb 38

A 3.

„Atlas enthaltend Karten aus dem 18. Jahrh. zur Geographie und Geschichte usw.".

Sammelatlas der Flensburger Schiffer- und Ziegeleibesitzerfamilie Jordt von ca. 1795, bestehend aus insgesamt 754 Karten der ganzen Welt, in 7 Bänden im Großfolioformat mit 717 Karten und einer Mappe mit 37 Einzelkarten; dazu vgl.: Gerhard Kraack: Die Jordtsche Kartensammlung aus Flensburg. Ein Beitrag zur Sicht der Welt im 18. Jahrhundert (Karten und Atlanten in der Landeszentralbibliothek Schleswig-Holstein, Bd 2). Husum 2000.

Sign.: Eb 34

A 4.

„Atlas der Alten Welt".

Ohne Titelblatt und Angaben zu Erscheinungsort u. Erscheinungsjahr finden sich in der handschriftlich als „Atlas der Alten Welt" bezeichneten Sammlung 15 Geschichtskarten im Folioformat (davon 2 gefaltet im Blattformat), die wahrscheinlich alle von dem Leipziger Kupferstecher Georg Friedrich Jonas Frentzel gestochen waren. Wer die Karten entworfen hat und für welches Werk sie angefertigt worden waren, ließ sich nicht nachweisen.

Bei den 15 Karten handelt es sich um:
1. ORBIS VETERIBUS NOTUS (Frentzel sc.)
2. GALLIA et GERMANIA. (gest. von Frentzel in Leipzig)
3. HISPANIA / INSULAE | BRITANNICAE (2 Karten auf 1 Blatt)
4. VINDELICIA | RHAETIA | NORICUM | GALLIA TOGATA / ITALIA MEDIA Sive PROPRIA (Frentzel sc.) (2 Karten auf 1 Blatt)
5. GRAECIA MAIOR | SICILIA | SARDINIA | AFRICA PROPRIA. (mit Nebenplan: VETERUM SYRACUSARUM TYPUS)
6. FORUM ROMANUM | ET CIRCUMIACENTIA / ITALIA MEDIA LECTIONI AUTORUM CLASSICORUM IMPRIMIS NECESSARIA (mit Nebenplan: URBS SEPTICOLLIS) (Frentzel sc.) (2 Karten auf 1 Blatt)
7. PANNONIA, DACIA, ILLYRICUM, | MOESIA, THRACIA, MACEDONIA, | EPIRUS, THESSALIA (Frentzel sc.) (Karte in Blattgröße)
8. GRAECIA (mit 2 Nebenkarten: Regionis circa Spartam situs | hodiernus / ATTICA VETUS | Laurenbergii) (Frentzel sc.) (in Karte handschriftlich G. A. Francke)
9. MARE AEGAEUM | ASIA MINOR
10. PONTUS, | COLCHIS, IBERIA. ALBANIA, | ARMENIA, MESOPOTAMIA, | SYRIA, | ASSYRIA, BABYLONIA.
11. AEGYPTUS | INFERIOR | Sive | DELTA / PALAESTINA (2 Karten auf 1 Blatt)

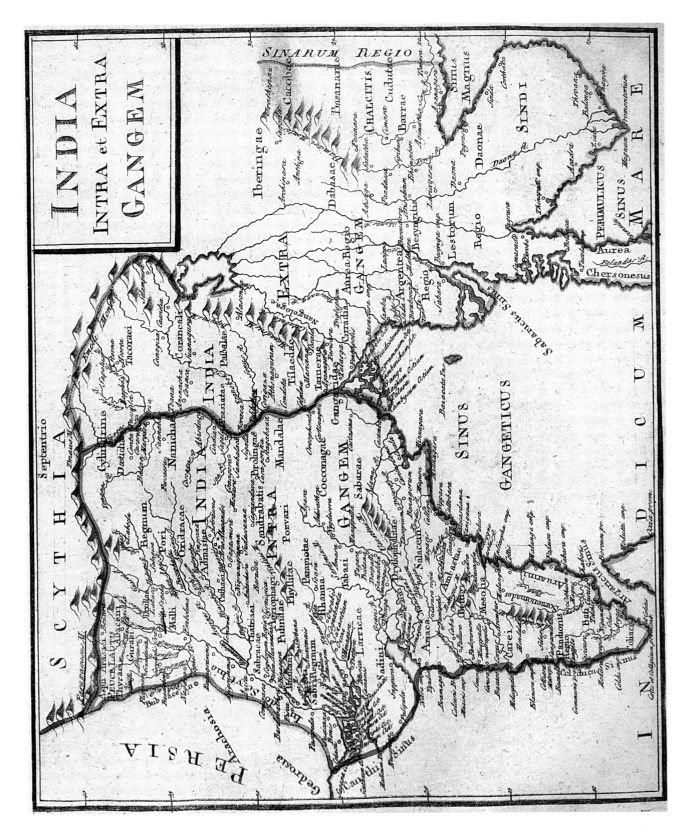

Abb. 10:
„India intra et extra Gangem." – Die Karte, die wahrscheinlich von dem Leipziger Kupferstecher Georg Friedrich Jonas Frentzel (1754-1799) gestochen wurde, zeigt das alte Indien diesseits und jenseits des Ganges – mit dem Kenntnisstand der Ptolemaeus-Karten (2. Jh. n. Chr.) und dem Kartenbild des 18. Jahrhunderts. Die Karte findet sich im unteren Teil eines zweigeteilten Blattes in einem Atlasband im Folioformat, der kein Titelblatt aufweist und insgesamt 15 Blätter umfaßt. Bislang ist es nicht gelungen, den Atlas, der im Katalog vom Beginn des 20. Jahrhunderts als „Atlas der Alten Welt" bezeichnet wird, genauer zu bestimmen (A 4, Nr. 13, unterer Teil).

12. ARABIAE | et | AEGYPTUS
13. PERSIA / INDIA | INTRA et EXTRA | GANGEM (2 Karten auf 1 Blatt)
14. MAURETANIA | MASSAESYLIA / NUMIDIA | AFRICA PROPRIA / CYRENAICA | MARMARICA (Frentzel sc.) (3 Karten auf 1 Blatt)
15. EFFIGIES ANTIQUAE | ROMAE (Karte in Blattgröße)

Sign.: Aa 110

A 5.

„Atlas Major".

Sammelatlas von ca. 1715 mit 171 Karten zum skandinavischen, ost- u. südosteuropäischen Raum; dazu vgl. Detlev Kraack: Der Flensburger „Atlas Major". Ein Sammelatlas zum Großen Nordischen Krieg und zu den Türkenkriegen (Karten und Atlanten in der Landeszentralbibliothek Schleswig-Holstein, Bd 1). Flensburg 1997.

Sign.: Eb 68

A 6. Bauerkeller, Georg; Ewald, Ludwig:

Bauerkellers Handatlas der allgemeinen Erdkunde, der Länder- und Staatenkunde, zum Gebrauche beim methodischen Unterricht und Selbststudium, sowie für Freunde der anschaulichen und vergleichenden Erdkunde überhaupt in 80 Karten, nebst einem Abrisse der allgemeinen Erdkunde und der physischen Beschreibung der Erdoberfläche, statistischen Uebersichten und topographischen Registern. [Bearbeitet von L. Ewald]. Darmstadt: Bauerkellers Präganstalt, Jonghaus und Venator, ca. 1846-1850. obl. 2°

Neben gewissen Textteilen sind von den 80 Karten des Atlas 54 lose Karten mit den folgenden Nummern vorhanden:
(1.) 1. Math.-geogr. Section, Nr. 1 – Das Planetensystem. Nach v. Littrow, Mädler u. A. Bearbeitet von L. Ewald. 1845.
(2.) 2. Math.-geogr. Section, Nr. 2 – Die Fixsterne / Die Bahnen der Cometen von Biela, Encke, Halley, Olbers und des Cometen von 1860.
(3.) 5. Physical. Section, Nr. 1 – Isothermen I. Bearbeitet von L. Ewald. 1850.
(4.) 6. Physical. Section, Nr. 2 – Isothermen II. Bearbeitet von L. Ewald. 1851.
(5.) 8. Physical. Section, Nr. 4 – Erdkarte in Mercators Projection zur Übersicht der Temperatur und der Strömungen des Meers. Bearbeitet von L. Ewald. 1845.
(6.) 9. Physical. Section, Nr. 5 – Isorachien. (Linien gleicher Fluthzeit). Bearbeitet von L. Ewald. 1850.
(7.) 10. Physical. Section, Nr. 6 – Geologische Elemente nach E. de Beaumont u. a. Bearbeitet von L. Ewald. 1847.
(8.) 12. Physical. Section, Nr. 8 – Deutschland. Geognostische Übersichtskarte ... bearbeitet von L. Ewald. 1847.
(9.) 15. Physical. Section, Nr. 11 – Isogonen und Isoklinen. Bearbeitet von L. Ewald 1850.
(10.) 16. Physical. Section, Nr. 12 – Isodynamen, magnetische Meridiane und Parallelen. Bearbeitet von L. Ewald. 1850.
(11.) 26. Topisch-geogr. Section, Nr. 1 – Erdkarte in Mercators Projection zur Übersicht der Vertheilung von Land und Meer. Bearbeitet von L. Ewald. 1845.
(12.) 27. Topisch-geogr. Section, Nr. 2 – Erdansichten. Bearbeitet von L. Ewald. 1845. [verschiedene Projektionen]
(13.) 28. Topisch-geogr. Section, Nr. 3 – Europa. Übersicht der Gebirgs- und Tiefländer. Bearbeitet von L. Ewald. 1845.
(14.) 29. Topisch-geogr. Section, Nr. 4 – Asien. Uebersicht der Gebirgs- und Tiefländer. Mit Zugrundelegung von A. v. Humboldt's Chaines de montagnes de l'Asie centrale. Bearbeitet von L. Ewald. 1845.
(15.) 30. Topisch-geogr. Section, Nr. 5 – Africa. Uebersicht der Gebirgs- und Tiefländer. Bearbeitet von L. Ewald. 1850.
(16.) 31. Topisch-geogr. Section, Nr. 6 – America. Uebersicht der Gebirgs-. und Tiefländer. Bearbeitet von L. Ewald. 1851.
(17.) 32. Topisch-geogr. Section, Nr. 7 – Deutschland. Uebersicht der Gebirgs- und Tiefländer. Bearbeitet von L. Ewald. 1846.
(18.) 33. Topisch-geogr. Section, Nr. 8 – Vergleichende Profile von Deutschland und den übrigen europäischen Ländern. Bearbeitet von L. Ewald. 1848.
(19.) 35. Topisch-geogr. Section, Nr. 10 – Europa. Übersicht der Meer- und Stromgebiete. Bearbeitet von L. Ewald. 1845.
(20.) 36. Topisch-geogr. Section, Nr. 11 – Asien. Übersicht der Meer- und Stromgebiete. Bearbeitet von L. Ewald. 1848.
(21.) 37. Topisch-geogr. Section, Nr. 12 – America. Uebersicht der Meer- und Stromgebiete. Bearbeitet von L. Ewald. 1851.
(22.) 38. Topisch-geogr. Section, Nr. 13 – Deutschland. Übersicht der Meer- und Stromgebiete. Bearbeitet von L. Ewald. 1852.
(23.) 41. Statist.-topogr. Section, Nr. 1 – Europa. Übersicht der europäischen Staaten. Bearbeitet von L. Ewald. 1846.
(24.) 42. Statist.-topogr. Section, Nr. 2 – Asien. Übersicht der asiatischen Staaten. Bearbeitet von L. Ewald. 1848.
(25.) 43. Statist.-topogr. Section, Nr. 3 – Africa. Uebersicht der africanischen Staaten und europaeischen Besitzungen. Bearbeitet von L. Ewald. 1850.
(26.) 44. Statist.-topogr. Section, Nr. 4 – America. Uebersicht der americanischen Staaten und europaeischen Besitzungen. Bearbeitet von L. Ewald. 1852.
(27.) 45. Statist.-topogr. Section, Nr. 5 – Australien (Neu Holland, Australland). Bearbeitet von L. Ewald. 1849.
(28.) 46. Statist.-topogr. Section, Nr. 6 – Oceanien in Mercator's Projection. Bearbeitet von L. Ewald. 1849.
(29.) 47. Statist.-topogr. Section, Nr. 7 – Oesterreich. Bearbeitet von L. Ewald. 1846.
(30.) 48. Statist.-topogr. Section, Nr. 8 – Mittel-Europa I. Oesterreichische Monarchie, Östlicher Theil. Bearbeitet von L. Ewald. 1850.
(31.) 49. Statist.-topogr. Section, Nr. 9 – Mittel-Europa II. Oesterreichische Monarchie, westlicher Theil (ohne Tyrol und Lombardei-Venedig). Bearbeitet von L. Ewald, 1849.
(32.) 50. Statist.-topogr. Section, Nr. 10 – Deutschland. Uebersicht der deutschen Bundesstaaten. Bearbeitet von L. Ewald. 1847.
(33.) 51. Statist.-topogr. Section, Nr. 11 – Mittel-Europa III. Westliches Deutschland. Bearbeitet von L. Ewald. 1852.

(34.) 52. Statist.-topogr. Section, Nr. 12 – Mittel-Europa IV. Nordöstliches Deutschland. Bearbeitet von L. Ewald. 1849.
(35.) 53. Statist.-topogr. Section, Nr. 13 – Mittel-Europa V. Preussische Ost-Provinzen und Polen. Bearbeitet von L. Ewald. 1851.
(36.) 55. Statist.-topogr. Section, Nr. 15 – Frankreich. Bearbeitet von L. Ewald. 1845.
(37.) 56. Statist.-topogr. Section, Nr. 16 – Niederlande u. Belgien. Bearbeitet von L. Ewald. 1848.
(38.) 57. Statist.-topogr. Section, Nr. 17 – Das europäische Russland. Bearbeitet von L. Ewald. 1848.
(39.) 58. Statist.-topogr. Section, Nr. 18 – Schweden und Norwegen (südliche Hälfte), Dänemark, Nord-Deutschland und russische Ostesee-Länder. Bearbeitet von L. Ewald. 1846.
(40.) 59. Statist.-topogr. Section, Nr. 19 – Schweden & Norwegen (nördliche Hälfte). Bearbeitet von L. Ewald. 1847.
(41.) 60. Statist.-topogr. Section, Nr. 20 – Die Britischen Inseln. Darmstadt, 1845.
(42.) 61. Statist.-topogr. Section, Nr. 21 – Mittel-Europa VI. Dänemark. Schleswig, Holstein und Lauenburg. Bearbeitet von L. Ewald. 1850.
(43.) 62. Statist.-topogr. Section, Nr. 22 – Spanien und Portugal. Bearbeitet von L. Ewald. 1846.
(44.) 63. Statist.-topogr. Section, Nr. 23 – Italien. Bearbeitet von L. Ewald. 1846.
(45.) 65. Statist.-topogr. Section, Nr. 25 – Die europäische Türkei, Griechenland u. die Jonischen Inseln. Bearbeitet von L. Ewald. 1848.
(46.) 70. Statist.-topogr. Section, Nr. 30 – Nordost-Africa und Vorder-Asien. Bearbeitet von L. Ewald. 1850.
(47.) 71. Statist.-topogr. Section, Nr. 31 – Nordwest-Africa. Bearbeitet von L. Ewald. 1850.
(48.) 72. Statist.-topogr. Section, Nr. 32 – Süd-Africa. Bearbeitet von L. Ewald. 1850.
(49.) 73. Statist.-topogr. Section, Nr. 33 – Vereinigte Staaten von Nord-America (Oestlicher Theil) und Canada. Bearbeitet von L. Ewald. 1851.
(50.) 74. Statist.-topogr. Section, Nr. 34 – Mexico und Texas. Bearbeitet von L. Ewald. 1851.
(51.) 75. Statist.-topogr. Section, Nr. 35 – Westindien und Central-America. Bearbeitet von L. Ewald. 1851.
(52.) 77. Statist.-topogr. Section, Nr. 37 – London / Paris
(53.) 78. Statist.-topogr. Section, Nr. 38 – S. Petersburg / Lissabon / Madrid / Constantinopel
(54.) 79. Statist.-topogr. Section, Nr. 39 – Wien / Rom / Neapel / Muenchen / Stockholm / Amsterdam / Berlin / Bruessel / Florenz / Kopenhagen. Bearbeitet von L. Ewald. 1850.

Lit.: ENGELMANN S. 81; GV 1700-1910 Bd 9, S. 87, u. Bd 35, S. 257.
Sign.: Loseblatt-Atlas ohne Signatur

A 7. Curtius, Ernst; Kaupert, Johann August:

Karten von Attika, herausgegeben vom kaiserlich-deutschen archäologischen Institut.
Berlin: Dietrich Reimer, 1881-1894.

In einer Mappe im Blattformat finden sich unter obigem Titel insgesamt 28 Karten, die bis auf die ersten vier Karten den Maßstab 1:25.000 und den Hinweis: Berlin: Dietrich Reimer (mit Jahreszahl), aufweisen:

(1.) Bl. I. Athen mit Umgebung, aufgenommen und gezeichnet von J. A. Kaupert 1875 (Maßstab 1:12.500). Berlin: Dietrich Reimer, 1881.
(2.) Bl. I a. Alt-Athen mit seinen nachweislichen Denkmälern, Plätzen und Verkehrsstrassen. Reconstruction von E. Curtius u. A. Kaupert. Lith. Anst. v. Leopold Kraatz in Berlin. (Maßstab 1:12.500).
(3.) Bl. II. Die Halbinsel Peiraieus, aufgenommen und gezeichnet 1876/77 von G. v. Alten (Maßstab 1:12.500). 1881
(4.) Bl. II a. Die Halbinsel Peiraieus nach Erbauung der Hippodamischen Stadtanlage und der Befestigungsmauern. Reconstruction von Milchhöfer, gez. v. Kaupert. Lithogr. Gravierung von J. Sulzer (Maßstab 1:12.5000). 1881.
(5.) Bl. III. Athen, aufgenommen und gezeichnet 1875/77 von G. v. Alten & J. A. Kaupert. Redaction u. Terrainzeichnung v. J. A. Kaupert. Geogr. lith. Anst. v. C. Korbgeweit, Berlin. 1882.
(6.) Bl. IV. Athen – Hymettos, aufgenommen und gezeichnet 1875/78 von Steffen & Kaupert. Redaction u. Terrainzeichnung v. J. A. Kaupert. Geogr. lith. Anst. v. C. Korbgeweit, Berlin. 1882.
(7.) Bl. V. Kephisia, aufgenommen und gezeichnet 1878/79 von G. v. Alten. Redaction u. Terrainzeichnung v. J. A. Kaupert. Geogr. lith. Anst. v. C. Korbgeweit, Berlin. 1883.
(8.) Bl. VI. Pyrgos, aufgenommen und gezeichnet 1878/79 von Siemens. Redaction u. Terrainzeichnung v. J. A. Kaupert. Geogr. lith. Anst. v. C. Korbgeweit, Berlin. 1883.
(9.) Bl. VII. Spata, aufgenommen und gezeichnet 1882 von Steinmetz. Redaction u. Terrainzeichnung v. J. A. Kaupert. Geogr. lith. Anst. v. L. Kraatz, Berlin. 1884.
(10.) Bl. VIII. Vari, aufgenommen und gezeichnet 1882 von von Hülsen. Redaction u. Terrainzeichnung v. J. A. Kaupert. Geogr. lith. Anst. v. L. Kraatz, Berlin. 1885.
(11.) Bl. IX. Raphina, aufgenommen und gezeichnet 1882 von R. Wolff. Redaction u. Terrainzeichnung v. J. A. Kaupert. Geogr. lith. Anst. v. L. Kraatz. 1884.
(12.) Bl. X. Perati, aufgenommen und gezeichnet 1883 von R. Wolff. Redaction u. Terrainzeichnung v. J. A. Kaupert. Geogr. lith. Anst. v. L. Kraatz, Berlin. 1885.
(13.) Bl. XI. Porto – Raphti, aufgenommen und gezeichnet 1883 von R. Wolff. Redaction v. J. A. Kaupert. Geogr. lith. Anst. v. L. Kraatz, Berlin. 1885.
(14.) Bl. XII. Pentelikon, aufgenommen und gezeichnet 1882 von R. Wolff. Redaction u. Terrainzeichnung v. J. A. Kaupert. Geogr. lith. Anst. v. L. Kraatz, Berlin. 1886.
(15.) Bl. XIII. Markópulo, aufgenommen und gezeichnet 1882 von R. Wolff. Redaction u. Terrainzeichnung v. J. A. Kaupert. Geogr. lith. Anst. v. L. Kraatz, Berlin. 1886.
(16.) Bl. XIV. Cap Sunion (West), aufgenommen und gezeichnet 1882/83 von von Bernhardi. Redaction u. Terrainzeichnung v. J. A. Kaupert. Geogr. lith. Anst. v. L. Kraatz, Berlin. 1886.
(17.) Bl. XV. Cap Sunion (Ost), aufgenommen und gezeichnet 1882/83 von von Bernhardi. Redaction u. Terrainzeichnung v. J. A. Kaupert. Geogr. lith. Anst. v. L. Kraatz, Berlin. 1886.
(18.) Bl. XVI. Laurion, aufgenommen und gezeichnet 1882/83 von v. Bernhardi. Redaction u. Terrainzeichnung v. J. A. Kaupert. Geogr. lith. Anst. v. L. Kraatz, Berlin. 1887.
(19.) Bl. XVII. Olympos, aufgenommen und gezeichnet 1884/85 von von Zieten I. Redaction u. Terrainzeich-

nung v. J. A. Kaupert. Geogr. lith. Anst. v. L. Kraatz, Berlin. 1887.
- (20.) Bl. XVIII. Drakonera, aufgenommen und gezeichnet 1885 von Eschenburg. 1887.
- (21.) Bl. XIX. Marathon, aufgenommen und gezeichnet 1885 von Twardowski und von Eschenburg. 1889.
- (22.) Bl. XX. Tatoi, aufgenommen und gezeichnet 1878/79 von v. Weddig und 1889/90 von Zglinicki (nördlichster Theil). 1893.
- (23.) Bl. XXI. Salamis, aufgenommen und gezeichnet 1889/90 von Zglinicki. 1893.
- (24.) Bl. XXII. Salamis (Südspitze), aufgenommen und gezeichnet 1891 von Zglinicki und Deneke. 1894.
- (25.) Bl. XXIII. Salamis (westl. Theil), aufgenommen und gezeichnet 1891 von Winterberger und Deneke. Redaction u. Terrainzeichnung v. J. A. Kaupert. Geogr. lith. Anst. v. L. Kraatz, Berlin. 1894.
- (26.) Bl. XXIV. Phyle, aufgenommen und gezeichnet 1891 von Winterberger und Deneke. 1894.
- (27.) Bl. XXV. Megalo Vuno, aufgenommen und gezeichnet 1891 von Winterberger und Deneke. 1894.
- (28.) Bl. XXVI. Eleusis, aufgenommen und gezeichnet 1891 von Winterberger. 1894.

Zu den Karten von Attika gehört ein erläuternder Text in 9 Heften (Signatur Aag 123 I – IX):
Curtius, Ernst; Kaupert, Johann August:
Karten von Attika. Auf Veranlassung des Kaiserlich Deutschen Archäologischen Instituts und mit Unterstützung des Ministeriums der Geistlichen Unterrichts- und Medicinal-Angelegenheiten aufgenommen durch Offiziere und Beamte des K. Preussischen Grossen Generalstabes mit erläuterndem Text. 9 Hefte.
Berlin: Dietrich Reimer, 1881-1900. 4°

Lit.: GV 1700-1910 Bd 73, S. 31.
Sign.: Aag 84

A 8. (Delisle de Sales, Jean Baptiste Claude Izouard):

Recueil de Cartes géographiques et d'Estampes pour l'Histoire philosophique du Monde primitif.
o.O. (Paris) o.J. (1795). obl. 4°

Auf dem Titelblatt findet sich der handschriftliche Zusatz: „par l' auteur de la Philosophie de la Nature. 1795". Es handelt sich um den Atlasband zu dem Werk:
(Delisle de Sales, Jean Baptiste Claude Izouard):
Histoire philosophique du monde primitif, par l'auteur de la Philosophie de la Nature. Quatrieme Edition. 7 Bde. Paris: Gay et Gide, 1795. 8° (Sign.: Na. 29).

Im Atlasband finden sich eingebunden neben Abbildungen, die zu dem Werk gehören und am Schluß von Band VII erklärt werden, am Anfang folgende 12 Karten:
1. MAPPE-MONDE PHYSIQUE | d'après Buache [2 Hemisphären]
2. MAPPE-MONDE
3. CARTE | DU | MONDE PRIMITIF | à l'époque | de la Fondation des premiers | Empires connus.
4. PREMIERE RÉVOLUTION | DE LA MER | CASPIENNE | OU | CARTE | qui indique son Etendue | vers les tems de la Population primitive | de l'Asie.
5. TROISIEME RÉVOLUTION | DE LA MER | CASPIENNE | OU | CARTE | D'ABULFEDA
6. QUATRIEME RÉVOLUTION | DE LA MER | CASPIENNE | OU | CARTE DU CZAR | PIERRE LE GRAND | Rectifiée par Mr. d'Anville.
7. SECONDE RÉVOLUTION | DE LA MER | CASPIENNE | OU | CARTE | DE PTOLEMÉE.
8. DERNIERE | Révolution | DE | LA MER | CASPIENNE
9. CARTE | DU GOLFE | DE PERSE
10. CARTE | DE LA FRANCE | SOUS LE REGNE | DE LOUIS XVI.
11. CARTE | DE L'ALLEMAGNE | MODERNE, pour servir | à son Histoire.
12. CARTE DE LA PROVINCE | D'UTRECHT | et des Pays adjacents, | Pour l'Histoire | DU MONDE | PRIMITIF.

Lit.: BRUNET Bd VI, Sp. 1226 (Nr. 22685)
Sign.: Eb 69

A 9. Diercke, Carl:

Diercke, Schul-Atlas für höhere Lehranstalten. Bearbeitet und herausgegeben von C. Diercke und E. Gaebler. 32. Auflage. Revision von 1895. 152 Haupt- und 149 Nebenkarten.
Braunschweig: George Westermann, 1896. 2°

Der Atlas umfaßt 152 Kartenseiten mit folgenden Themen:
1. Einführung in die Kartographie.
2/3. Terrainlehre und Entwickelung der Karten.
4. Horizontlehre.
5. Sonne und Mond.
6/7. Sternhimmel, Sonnensystem, Planetenbahnen, Mondkarte.
8. Erdkarten in Planigloben (u. 9, 10/11).
12. Erdkarten in Mercatorprojektion (u. 13, 14/15, 16, 17, 18/19).
20. Atlantischer Ozean.
21. Asien (u. 22/23, 24, 25).
26/27. Asien. Staatenkarte.
28. Asien.
29. Palästina.
30/31. Vorder-Asien.
32. Asien (u. 33).
34/35. Hinter-Asien.
36. Afrika (u. 37, 38/39, 40, 41).
42/43. Afrika. Staatenkarte.
44. Afrika. Deutsche Schutzgebiete (u. 45).
46/47. Grosser Ozean und Polynesien.
48. Australien, deutsche Schutzgebiete.
49. Australien (u. 50/51, 52).
53. Nord-Amerika (u. 54/55, 56, 57).
58/59. Nord-Amerika. Staatenkarte.
60. Nord-Amerika (u. 61).
62/63. Vereinigte Staaten und Mexico.
64. Mittel-Amerika und Westindien.
65. Süd-Amerika (u. 66/67, 68, 69).
70/71. Süd-Amerika. Staatenkarte.
72. Europa (u. 73, 74/75, 76, 77).
78/79. Europa. Staatenkarte.
80. Europa.
81. Pyrenäen-Halbinsel (u. 82/83).
84. Frankreich (u. 85, 86/87).
88. Apenninen-Halbinsel (u. 89, 90/91).
92. Balkan-Halbinsel (u. 93, 94/95).
96. Britische Inseln (u. 97, 98/99).

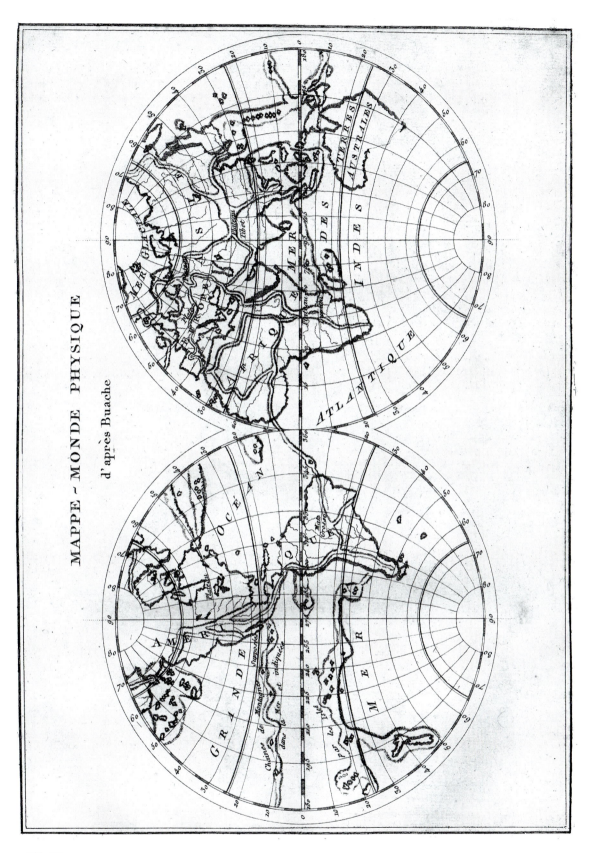

Abb. 11:
„Mappe-Monde physique d'après Buache." – Die Karte zeigt die Welt in zwei Hemisphären und enthält Angaben zur Tektonik. Sie findet sich im „Recueil de Cartes géographiques", einem Atlasband zur vierten Auflage von Delisle de Sales' siebenbändigem Werk „Histoire philosophique du monde primitif" (Paris 1795). Die Vorlage für die Weltkarte stammt von dem französischen Kartographen Jean-Nicolas Buache de la Neuville (1741-1825) (A 8, Nr. 1).

100. Dänemark (u. 101).
102/103. Skandinavien (u. 104).
105. Russland (u. 106/107, 108).
109. Alpenländer (u. 110/111, 112).
113. Schweiz (u. 114/115).
116. Niederlande und Belgien (u. 117).
118/119. Österreich-Ungarn (u. 120, 121).
122/123. Österreich-Ungarn. Staatenkarte.
124. Österreich-Ungarn.
125. Deutsches Reich (u. 126/127, 128, 129).
130/131. Deutsches Reich. Staatenkarte.
132. Deutsches Reich (u. 133).
134/135. Süd-Deutschland.
136. Deutsches Reich (u. 137).
138/139. Süddeutsche Staaten.
140. Deutsches Reich (u. 141).
142/143. Nord-Deutschland.
144. Deutsches Reich (u. 145).
146/147. Norddeutsche Staaten.
148. Deutsches Reich.

Lit.: vgl. GV 1700-1910 Bd 29, S. 39 (Ausgaben von 1885 u. 1900)
Sign.: Eb 150

A 10. Grundemann, Reinhold:

Kleiner Missions-Atlas zur Darstellung des evangelischen Missionswerkes nach seinem gegenwärtigen Bestande. Zweite, vervollständigte Auflage. In zwölf Karten.
Calw & Stuttgart: Vereinsbuchhandlung, 1886. 4°

Der Atlas besteht aus 12 Karten, die in der Geogr. Anst. v. Wagner & Debes, Leipzig gedruckt wurden:
1. Religionskarte der Erde mit Angabe der wichtigsten evangelischen Missionsgebiete. R. Grundemann.
2. Afrika. Gez. v. R. Grundemann 1883. Nachträge 1885.
3. Südafrika. Gez. v. R. Grundemann 1883. Nachträge 1885.
4. Westafrika. Gez. v. R. Grundemann 1883. Nachträge 1885.
5. Das mittlere Ostafrika / Madagaskar. Gez. v. R. Grundemann 1883. Nachträge 1885.
6. Asien. R. Grundemann 1883. Nachträge 1885.
7. Vorder-Indien. Gez. v. R. Grundemann 1883. Nachträge 1885.
8. Hinterindien und der Malaiische Archipel. Gez. v. R. Grundemann 1883. Nachträge 1885.
9. China und Japan. Gez. v. R. Grundemann 1883. Nachträge 1885.
10. Nordamerika. R. Grundemann 1883. Nachträge 1885.
11. Süd-Amerika. R. Grundemann 1883. Nachträge 1885.
12. Australien und die Inseln im Stillen Ocean. Gez. v. R. Grundemann 1883. Nachträge 1885.

Beiliegend findet sich im Atlas die Broschüre:
Grundemann, R.:
Erläuterungen zur Missions-Schulwandkarte. Dritte Auflage der Missions-Weltkarte desselben Verfassers.
Calw & Stuttgart: Vereinsbuchhandlung, 1887. 4°

Lit.: GV 1700-1910 Bd 51, S. 229.
Sign.: Ec 101

A 11. Grundemann, Reinhold:

Neuer Missions-Atlas mit besonderer Berücksichtigung der Deutschen Mission.
Calw & Stuttgart: Verlag der Vereinsbuchhandlung, 1896. 4°

Der Atlas umfaßt 33 Kartenseiten (jeweils mit Hinweis: [Gez. v.] R. Grundemann [del.] / Geogr. Anstalt von Wagner & Debes, Leipzig. / Verlag der Vereinsbuchhandlung in Calw & Stuttgart):
1. Religionskarte der Erde mit Angabe der wichtigsten evangelischen Missionsgebiete. (Doppelblatt)
2. Afrika. (Politische Übersicht)
3. Westafrika. (Doppelblatt)
4. Senegambien und die Sierra-Leone-Küste.
5. Die Missionen auf der Gold-Küste und Sklaven-Küste.
6. Die Missionen im Yorubalande am Niger und am Alt-Kalabar.
7. Kamerun.
8. Das westliche Central-Afrika.
9. Gross-Dama und Damara-Land.
10. Kapland und die angrenzenden Gebiete. (Doppelblatt)
11. Die Südafrikanische Republik (Transvaal) nebst den benachbarten Gebieten. (Doppelblatt)
12. Ost-Afrika mit Anschluss des südlichen Central-Afrika. (Doppelblatt)
13. Asien. (Politische Übersicht)
14. Vorderasien.
15. Vorderindien. Ethnogr.-linguistische Übersicht. (Doppelblatt)
16. und 17. (Einzelne indische Missionsfelder).
18. Karte der Kols-Mission.
19. Die Felder der Leipziger und Hermannsburger Mission in Indien.
20. Die Gebiete der Basler Mission in Indien.
21. Hinterindien und der Malaiische Archipel. (Doppelblatt)
22. Java.
23. Die Batak-Mission auf Sumatra. / Die Insel Nias.
24. China und Japan. (Doppelblatt)
25. Die deutschen Missionen in der Provinz Kwangtung (Canton).
26. Nord-Amerika. (Politische Übersicht)
27. Die Missionen in Nordamerika. (Doppelblatt)
28. Westindien.
29. Guyana.
30. Süd-Amerika. (Politische Übersicht)
31. Die Inseln des Grossen Oceans. (Doppelblatt)
32. Australien.
33. und 34. (Einzelne Inselgruppen und Neuseeland).
35. Deutsch & Britisch Neu-Guinea.

Am Schluß findet sich eingeklebt eine nicht zum Werk gehörende Karte:
Gebiet der Schl.-Holst. Mission (Breklum) in Ost-Indien.

Lit.: GV 1700-1910 Bd 51, S. 229.
Sign.: Ec 150

A 12. Kampen, Albert van (Ed.):

Descriptiones nobilissimorum apud classicos locorum. Series I. Quindecim ad Caesaris de bello Gallico commentarios tabulae.
Gotha: Justus Perthes, o.J. (ca. 1878/79). 4°

Der Band enthält 15 Tafeln, auf denen oft mehrere, hier meistens nicht aufgeführte Nebenkarten zu finden sind:
1. Helvetiorum clades (Caesar bell. Gall I, 23-26) auctore Alb. v. Kampen.
2. Ariovisti clades (Caesar bell. Gall. I, 42-53) auctore Alb. v. Kampen.
3. Ad Axonam pugna (Caesar bell. Gall. II, 6-10) auctore Alb. v. Kampen.
4. Nerviorum clades (Caes. bell. Gall. II, 16-23) auctore Alb. v. Kampen. Grav. v. Geyer.
5. Tafel mit 4 Karten: Octodurus (III, 1-6), Venetorum oppidum (III, 12-13), Venetorum clades (III, 14-15), Venellorum clades (III, 17-19). Grav. v. V. Geyer.
6. Pons in Rheno factus (Caes. bell. Gall. IV, 16-19) secundum A. v. Cohausen; mit Nebenkarte: Caesaris ad Rhenum itinera.
7. In Britanniam transgressus II (Caesar b. G. IV, 20-36; V, 1-23) auctore Alb. v. Kampen
8. Aduatuca (Caes. bell. Gall. V, 24-37; VI, 32-42) auctore Alb. v. Kampen.
9. Avaricum (Caesar bell. Gall. VII, 14-31) auctore Alb. v. Kampen
10. Gergovia (Caesar bell. Gall. VII, 36-53) auctore Alb. v. Kampen. Grav. von V. Geyer.
11. Labieni expeditio (Caesar bell. Gall. VII, 578-62) auctore Alb. v. Kampen
12. Vercingetorigis clades (Caesar bell. Gall. VII, 66-68)
13. Alesia (Caesar bell. Gall. VII, 68-90) auctore Alb. v. Kampen. Autog. v. G. Breithaupt.
14. Bellovacorum clades (Caesar bell. Gall. VIII, 7-23) auctore Alb. v. Kampen
15. Uxellodunum (Caes. bell. Gall. VIII, 32-44) auctore Alb. v. Kampen

Unter den Signaturen Al II 65 b u. c finden sich zwei weitere Fassungen des Kartenwerks.

Lit.: GV 1700-1910 Bd 72, S. 207.
Sign.: Al II 61

A 13. Kiepert, Heinrich; Wolff, Carl:

Historischer Schul-Atlas zur alten, mittleren und neueren Geschichte in sechsunddreissig Karten.
Berlin: Dietrich Reimer, o. J. (ca. 1879). obl. 4°

Die 12 Karten zur alten Geschichte stammen von Kiepert, die je 12 Karten zur mittleren und neueren Geschichte von Wolff. Auf jeder Karte findet sich oben in der Mitte: Kiepert u. Wolff, Historischer Schulatlas, unten in der Mitte: Verlag von Dietrich Reimer:
1. Das Persische Reich der Achaemeniden und das Reich Alexander's des Großen. Schrift v. Bischoff, Terrain v. Sulzer.
2. Reiche der Diadochen im III. Jahrh. v. Chr. Schrift v. Bischoff, Terrain v. Sulzer.
3. Die Asiatischen Provinzen des Römischen Reichs (Klein-Asia und Syria). Schrift v. C. Bischoff, Terrain v. J. Sulzer.
4. Hellas (Graecia) mit den Inseln und Küstenländern des Aegaeischen Meeres. Schrift v. C. Bischoff, Terrain v. J. Sulzer.
5. Hellas (Graecia.). Schrift v. C. Bischoff, Terrain v. J. Sulzer.
6. Süd-Italia vor der Römischen Herschaft (mit Plan: Rom unter den Kaisern). Schrift v. C. Bischoff, Terrain v. J. Sulzer.
7. Italia unter den Römern. Schrift v. C. Bischoff, Terrain v. J. Sulzer.
8. Mittel und Ost-Europa oder Germanien und die Illyrischen Provinzen des Römischen Reichs. Schrift v. C. Bischoff, Terrain v. J. Sulzer.
9. West-Europa unter dem Römischen Reiche. Schrift v. C. Bischoff, Terrain v. J. Sulzer.
10. Africanische Provinzen des Römischen Reiches. Schrift v. C. Bischoff, Terrain v. J. Sulzer.
11. Das Römische Kaiserreich und die Nachbarreiche im I – III Jahrhundert. Schrift v. Bischoff, Terrain v. Sulzer.
12. Das Römische Kaiserreich im IV und V Jahrhundert. Schrift v. Bischoff, Terrain v. Sulzer.
13. Europa im Jahre 500 n. Chr. Schrift v. Bischoff.
14. Süd- u. West-Europa nach der Theilung des fränkischen Kaiserreiches zu Verdun im Jahre 843. Schrift v. Bischoff.
15. Das Reich der Khalifen um das Jahr 750. / Die islamitischen Reiche um das Jahr 1215. Schriftst. v. C. Bischoff. Druck v. L. Kraatz, Berlin.
16. Mitteleuropa im Jahre 1000. Schriftst. v. C. Bischoff.
17. Europa im Jahre 1150. Schriftst. v. C. Bischoff.
18. Mittel-Europa im Jahre 1250. Schriftst. v. C. Bischoff. Druck v. L. Kraatz, Berlin.
19. Die mongolischen Reiche um das Jahr 1300. Schriftst. v. C. Bischoff. Druck v. L. Kraatz, Berlin.
20. Nord u. Ost-Europa im Jahre 1310. Schriftst. v. C. Bischoff.
21. Deutschland im Jahre 1378. Schriftst. v. C. Bischoff.
22. Europa um das Jahr 1400. Schriftst. v. C. Bischoff. Druck v. L. Kraatz, Berlin.
23. Mittel-Europa im Jahre 1477. Schrift v. Bischoff.
24. Die Entdeckungen der europäischen Seefahrer vorzüglich im 15. und 16. Jahrhundert. Schrift v. Bischoff.
25. Europa im Jahre 1519. Schrift v. Bischoff. Druck v. L. Kraatz, Berlin.
26. Deutschland nach der Kreiseintheilung des XVIten Jahrhunderts. Schrift v. Bischoff. Druck v. L. Kraatz, Berlin.
27. Deutschland beim Ausbruch des schmalkaldischen Krieges im Jahre 1546. Druck v. L. Kraatz, Berlin.
28. Deutschland während des dreissigjährigen Krieges 1618-1648. Schriftst. v. C. Bischoff.
29. Mitteleuropa im Jahre 1650. Schriftst. v. C. Bischoff.
30. Mitteleuropa nach Beendigung des nordischen Krieges im Jahre 1721. Schrift v. Bischoff. Druck v. L. Kraatz, Berlin.
31. Deutschland beim Tode Friedrichs des Grossen im Jahre 1756. Schrift v. Bischoff. Druck v. L. Kraatz, Berlin.
32. Mitteleuropa nach dem Reichsdeputationshauptschluss im Jahre 1803. Schriftst. v. C. Bischoff.
33. Europa im Jahre 1808. Schriftst. v. C. Bischoff.
34. Deutschland beim Beginn der Befreiungskriege im Jahre 1813. Schrift v. Bischoff.
35. Deutschland zur Zeit des Deutschen Bundes 1815-1866. Schrift v. Bischoff. Druck v. L. Kraatz, Berlin.
36. Der Schauplatz des Deutsch-französischen Krieges 1870-1871. Schrift v. Bischoff. Druck v. L. Kraatz, Berlin.

Lit.: GV 1700-1910 Bd 75, S. 41.
Sign.: Gav 22

A 14. Kiepert, Heinrich:

Neuer Atlas von Hellas und den hellenischen Colonien in 15 Blättern.
Berlin: Nicolaische Verlagsbuchhandlung, 1872. 2°

Der Atlas enthält insgesamt 15 Karten (mit vielen Nebenkar-

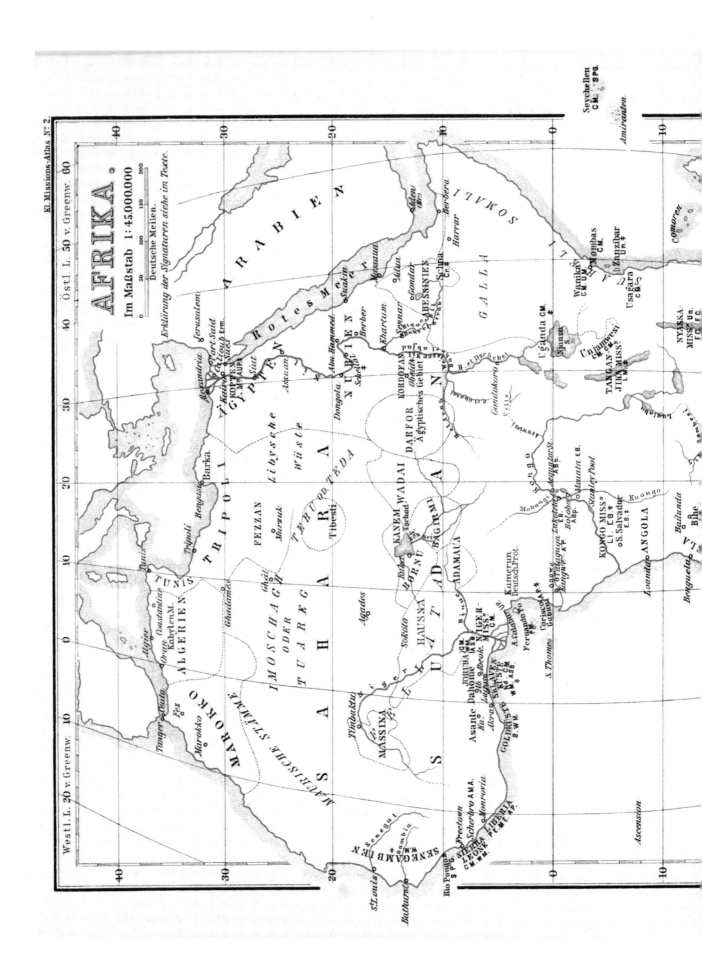

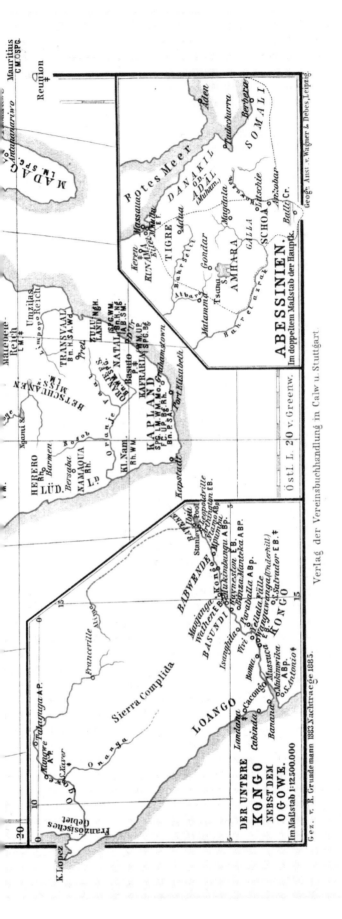

ten), vor allem der Lith. Anst. v. Leop. Kraatz in Berlin (mit den Jahreszahlen 1867-1871):
1. Hellas mit den Nachbarländern im sogenannten heroischen Zeitalter vorzüglich nach dem Homerischen Epos. 1871.
2. Hellas zur Zeit des Peloponnesischen Krieges. 1871.
3. Hellas im dritten Jahrhundert v. Chr. 1869.
4. Peloponnesos. o.J.
5. Mittleres Hellas, enthaltend Attika, Euboia, Boiotia, Phokis, Lokris. 1869.
6. Mehrere Pläne zu Athen und Orten der Peloponnes. 1871. Lith. v. C. L. Ohmann. Druck v. F. Barth.
7. Nördliches Hellas mit Epeiros und Makedonia. 1871.
8. Inseln und asiatische Westküsten, südliche Hälfte (Kreta, Kykladen, Sporaden, Doris, Süd-Ionia). 1867.
9. Inseln und asiatische Westküsten, nördliche Hälfte (Nord-Ionia und Aiolis). 1869.
10. Pontische Colonien. 1867.
11. Italiotische und Sikeliotische Colonien im 4. Jahrh. v. Chr. 1867.
12. Uebersichtskarte der Hellenischen Colonien. 1869.
13. Südöstliches Europa und kleinasiatische Westküste nach der vorgerücktesten Kenntnis der Alten im 2. Jahrh. n. Chr. (Geographie des Ptolemaios), Ausgabe v. Wilberg. 1867.
14. Die hellenischen Colonieländer, nach der vorgerücktesten Kenntnis der Alten im 2. Jahrh. n. Chr. (Geographie des Ptolemaios, Ausg. v. Wilberg). 1867.
15. Übersicht der Höhenverhältnisse der hellenischen Länder in Europa. 1868.

Lit.: GV 1700-1910 Bd 75, S. 37.
Sign.: Aag 96

A 15. Kiepert, Heinrich:

Atlas antiquus. Zwölf Karten zur Alten Geschichte. Elfte berichtigte Auflage. Mit Namen-Verzeichnis.
Berlin: Geographische Verlagshandlung Dietrich Reimer, ca. 1892. 2°

Der Atlas besteht aus 12 Karten, die oben links den Hinweis: Atlas antiquus, oben rechts die laufende Nr. (Tab. I-XII) und unten in der Mitte den Hinweis: Geographische Verlagshandlung Dietrich Reimer in Berlin, Inhaber: Hoefer & Vohsen, unten rechts den Hinweis: Copyright 1892 by Dietrich Reimer (Hoefer & Vohsen), aufweisen:
1. Orbis terrarum altero p. Chr. saeculo antiquis notus. Auctore Henrico Kiepert Berolinensi. Lith. Anst. v. L. Kraatz, Terrainst. v. J. Sulzer. II. 93.

Abb. 12:
„Afrika." – Die Karte zeigt Afrika und auf zwei Nebenkarten das Kongogebiet und Abessinien. Sie befaßt sich mit der evangelischen Missionsarbeit und findet sich in der zweiten Auflage von Reinhold Grundemanns „Kleiner Missions-Atlas zur Darstellung des evangelischen Missionswerkes nach seinem gegenwärtigen Bestande" (Calw 1886) (A 10, Nr. 2).

Abb. 13:
„Gebiet der Schl.-Holst. Mission (Breklum) in Ost-Indien." – Die Karte befaßt sich mit der schleswig-holsteinischen Missionsarbeit in Ostindien. Sie ist ohne Quellennachweis in Grundemanns „Neuer Missions-Atlas mit besonderer Berücksichtigung der Deutschen Mission" (Calw 1896) eingeklebt (A 11).

2. Imperia Persarum et Macedonum. Auctore Henrico Kiepert Berolinensi. Lith. Anst. v. L. Kraatz, Terrainst. v. J. Sulzer. II. 93.
3. Aegyptus. Auctore H. Kiepert Berolinensi. / Phoenice et Palaestina. Auctore H. Kiepert Berolinensi. Lith. Anst. v. Leop. Kraatz, Terrain v. J. Sulzer. II. 93.
4. Asia Citerior. Auctore Henrico Kiepert Berolinensi. Druck v. Leop. Kraatz, J. Sulzer lith. II. 93.
5. Graecia cum insulis et oris Maris Aegaei. Auctore Henrico Kiepert Berolinensi. Schrift v. Leop. Kraatz, Terrain v. J. Sulzer. II. 93.
6. Graecia. Auctore Henrico Kiepert, Berolinensi. Schrift v. Leop. Kraatz, Terrain v. J. Sulzer. II. 93.
7. Italia. Auctore Henrico Kiepert Berolinensi. Lith. Anst. v. Leopold Kraatz in Berlin. II. 93.
8. Italiae pars media. Auctore Henrico Kiepert, Berolinensi. Lith. Anst. v. Leop. Kraatz, Terrain v. J. Sulzer. II. 93. [zur Nebenkarte vgl. Farbtafel 6]
9. Roma urbs ab Augusti Imp. tempore cum muris ab Aureliano et Honorio conditis. Druck v. L. Kraatz, J. Sulzer lith. II. 93.
10. Hispania Mauretania et Africa. Auctore Henrico Kiepert, Berolinensi. Lith. Anst. v. L. Kraatz, Terrain v. J. Sulzer. II. 93.
11. Gallia | Britannia, Germania | Provinciae Danuvienses. Auctore H. Kiepert, Berolinensi. Lith. Anst v. L. Kraatz, Terrainst. v. J. Sulzer. II. 93.
12. Imperium Romanum. Auctore Henrico Kiepert Berolinensi. Lith. Anst. v. L. Kraatz, Terrainst. v. J. Sulzer. II. 93.

Lit.: GV 1700-1910 Bd 75, S. 36.
Sign.: Gk 31

A 16.

Kleiner Deutscher Kolonialatlas. Herausgegeben von der Deutschen Kolonialgesellschaft. Zweite durchgesehene und vermehrte Ausgabe.
Berlin: Dietrich Reimer, 1898. 4°

Der Atlas besteht aus acht Karten zu den deutschen Kolonien:
1. Erdkarte zur Uebersicht des deutschen Kolonialbesitzes und der Postdampferlinien des Deutschen Reiches.
2. Übersichtskarte von Afrika mit Europa.
3. Übersichtskarte von Togo und seinem Hinterlande.
4. Übersichtskarte von Kamerun.
5. Übersichtskarte von Deutsch-Südwest-Afrika.
6. Übersichtskarte von Deutsch-Ostafrika.
7. Übersichtskarte der Deutschen Schutzgebiete im Stillen Oceane.
8. Ost-China, Japan und Korea mit dem deutschen Pachtgebiete Kiau-tschou.

Lose beiliegend finden sich mehrere andere Karten zu den Kolonien:
1. Undatiertes Faltblatt mit 6 kleineren Karten zum deutschen Kolonialbesitz. Lithogr. u. Druck der geographischen Verlagshandlung Dietrich Reimer (Ernst Vohsen) Berlin. Auf Rückseite Reklame der Vereinigten Gummiwaren-Fabriken Harburg-Wien.
2. Schreiben der Safata-Samoa-Gesellschaft von 1903 mit Karte der Samoa-Insel Upolu.
3. Karte zur Expedition des Deutschen Togo Komitee's unter Dr. Gruner, Dr. Döring u. Pr. Lt. v. Carnap 1894-1895.
4. Karte zu dem Deutsch-franz. Togo-Abkommen u. Togo-Abkommen. Südost-Grenze. Beilage zur Deutschen Kolonialzeitung Nr. XXII.
5. Karte zum Togo-Vertrag (aus Zeitung).
6. Kärtchen der Kiautschoubucht und des deutschen Pachtgebietes. (aus Meyers Historisch-Geographischer Kalender).

Lit.: GV 1700-1910 Bd 78, S. 232 (Ausgabe von 1896).
Sign.: Ca 24

A 17. Kruse, Friedrich Carl Hermann:

Atlas zu Kruse's Hellas. Erster und Zweiter Band.
(Leipzig ca. 1825-1827).

In einer Mappe im Blattformat finden sich unter obigem Titel 8 Tafeln, von denen sieben Karten aufweisen:
1. General-Charte von Griechenland, Macedonien und Thracien nebst den Hauptcolonien der Griechen in Klein-Asien ... von Friedrich Kruse. N. Dellbrück sc. (Pl. II)
2. Attica und Megaris nebst den Plänen von Sunium, Phyle, Oenoe und Panacton ..., entw. v. F. Kruse 1825. gest. b. K. Kolbe (Pl. III)
3. Plan von Athen ... entworfen von F. Kruse ... 1824. Sect. I. Athen mit seinen Häfen ... entworfen v. F. Kruse. Sect. II. See-Demen Athens ... ausgeführt von F. Kruse ... 1824. Sect. III (Pl. IV, mit 3 Teilkarten)
4. Eleusis ... entw. v. F. Kruse. K. Kolbe sc. Sect. I. Plan der Tempel zu Eleusis ... entworfen von F. Kruse. Sect. II. Plan der Gegend und Schlacht von Marathon ... entw. v. F. Kruse 1824. Sect. III (Pl. V, mit 3 Teilkarten)
5. Charte von Boeotien, Phocis, Locris und Doris ... entworfen von F. Kruse 1826. H. Leutemann sc. (Pl. VI)
6. Aetolien und Acarnanien ... entworfen von F. Kruse 1825. H. Leutemann sc. (Pl. VII)
7. Charte von den zu Hellas gehörenden Ionischen Inseln entworfen ... v. F. Kruse. gest. b. K. Kolbe. u. 3 Pläne zur Insel Ithaca. (Pl. VIII)

Die Mappe gehört zu einem Werk, das auch in einer zweiten Fassung unter derselben Signatur ohne die Karten vorhanden ist:
Kruse, Friedrich Carl Hermann: Hellas oder geographisch-antiquarische Darstellung des alten Griechenlandes und seiner Colonien mit steter Rücksicht auf die neueren Entdeckungen. 2 Theile (in 3 Bden).
Leipzig: Leopold Voß, 1825-1827. 8°

Lit.: BRUNET Nr. 22820; ENGELMANN S. 534; GV 1700-1910 Bd 81, S. 334; vgl. auch GRIEB Bd 1, S. 373 (Nr. 734) [ohne Atlas].
Sign.: Aag 16

A 18. Putzger, Friedrich Wilhelm:

Historischer Schul-Atlas zur alten, mittleren und neueren Geschichte in 59 Haupt- und Nebenkarten. Neu bearbeitet von Dr. A. Baldamus. Ausgeführt in der Geographischen Anstalt von Velhagen und Klasing in Leipzig. 18. Auflage.
Bielefeld und Leipzig: Verlag von Velhagen und Klasing, 1892. 4°

Der Atlas umfaßt 32 Kartenseiten:
1. Palästina.

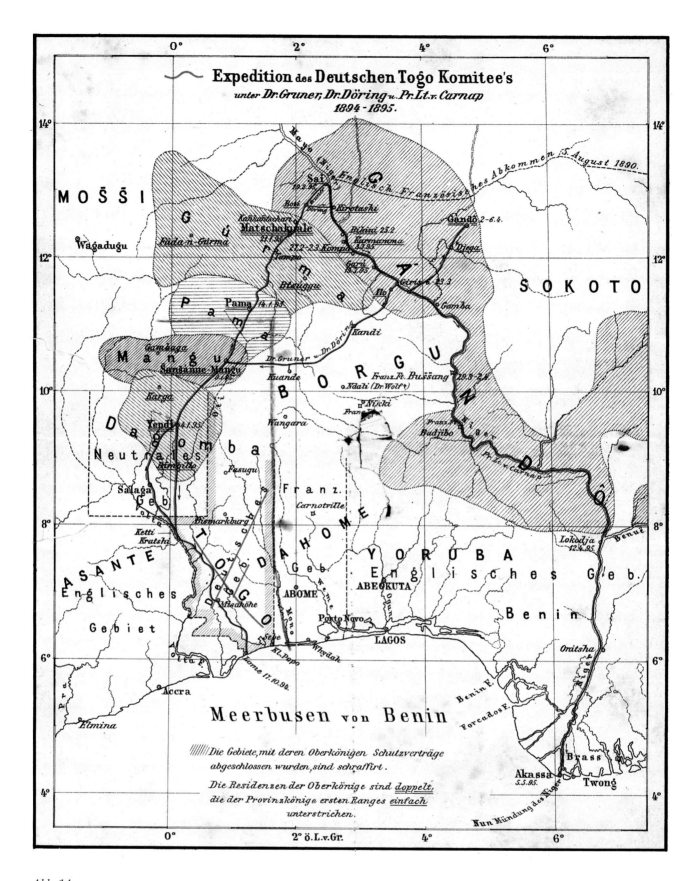

Abb. 14:
„Karte zur Expedition des Deutschen Togo Komitee's 1894-1895." – Die Karte befaßt sich mit einer Expedition in der deutschen Kolonie Togo (Westafrika) in den Jahren 1894/95. Sie ist der zweiten Auflage des von der Deutschen Kolonialgesellschaft herausgegebenen „Kleiner Deutscher Kolonialatlas" (Berlin: Dietrich Reimer, 1898) als loses Blatt beigefügt. Es ist nicht bekannt, woher das Blatt stammt (A 16, Zusatz Nr. 3).

2. Die alte Welt, westlicher Teil.
3. Die alte Welt, östlicher Teil.
4. Kleinasien. / Griechenland beim Beginne des peloponnesischen Krieges.
5. Reich Alexanders des Grossen.
6. Griechenland, nördlicher Teil.
7. Griechenland, südlicher Teil.
8. Rom. / Athen.
9. Entwickelung des römischen Reiches.
10. Italien, nördlicher Teil.
11. Italien, südlicher Teil.
12. Europäische Provinzen des römischen Reiches.
13. Europa am Ende der Völkerwanderung.
14. Mitteleuropa zur Zeit der Karolinger. / Italien im X. und XI. Jahrhundert.
15. Deutschland zur Zeit der sächsischen und fränkischen Kaiser.
16. Mittelmeerländer zur Zeit der Kreuzzüge.
17. Mittel- und Westeuropa zur Zeit der Staufer.
18. Deutschland und Oberitalien im XIV. Jahrhundert (1378). / Frankreich im XIV. und XV. Jahrhundert.
19. Deutschland und Oberitalien im XV. Jahrhundert (1477). / Rom im Mittelalter.
20. Europa im XVI. Jahrhundert (1559).
21. Deutschland zur Zeit der Reformation (1547).
22. Deutschland im XVII. Jahrhundert (1648).
23. Europa im XVII. und XVIII. Jahrhundert (1740).
24. Deutschland im XVIII. Jahrhundert (1786).
25. Schweden. / Rußland. / Polen. / Orientalische Frage.
26. Napoleonische Zeit I.
27. Napoleonische Zeit II.
28. Deutschland 1815-1866.
29. Karten zu den deutschen Einheitskriegen.
30. Entwickelung Preussens.
31. Osmanisches Reich. / Nordamerika.
32. Das Zeitalter der Entdeckungen.

Lit.: vgl.GV 1700-1910 Bd 112, S. 155 (20. Auflage).
Sign.: Gav 200

A 19. Raaz, C.:

Schul-Atlas über alle Theile der Erde nach Reliefs von C. Raaz.
Weimar: Kellner & Co., o.J. (ca. 1866 ?). 4°

Der Atlas enthält 22 Karten (z. T.: Entw. / Topographie / Gez. v. G. Woldermann. Terrain photolithogr. v. F. Kellner. Druck u. Verlag v. Kellner u. Giesemann, Berlin.):
1. Aus der mathematischen Geographie. (No. 1)
2. Erdkarten. (No. 2)
3. Asien. (No. 3)
4. Afrika. (No. 4)
5. Nord-Amerika. (No. 5)
6. Süd-Amerika. (No. 5 a)
7. Continent von Australien und benachbarten Inseln. (No. 6)
8. Europa. (No. 7)
9. Deutschland. (No. 8)
10. Nord-Deutschland, Niederlande und Belgien. (No. 9)
11. Süddeutsche Staaten und die Schweiz. (No. 10)
12. Britische Inseln. (No. 11)
13. Spanien und Portugal. (No. 12)
14. Italien. (No. 13)
15. Die Alpen. (No. 14)
16. Frankreich. (No. 15)
17. Dänemark, Schleswig, Holstein und Lauenburg. (No. 16) [vgl. Farbtafel 8]
18. Skandinavien. (No. 17)
19. Oesterreich. (No. 18)
20. Europäisches Russland. (No. 19)
21. Türkisch-Griechische Halbinsel. (No. 20)
22. Palästina. (No. 21)

Lit.: GV 1700-1910 Bd 112, S. 280 (Ausgaben von 1868 u. 1871).
Sign.: Eb 33

A 20. Rhode, C. E.:

Historischer Schul-Atlas zur alten, mittleren und neueren Geschichte. 84 Karten auf 28 Blättern nebst erläuterndem Text.
Glogau: Carl Flemming, 1861. obl. 4°

Der Atlas besteht aus 28 Blättern (I – XXVIII) mit insgesamt 84, oft recht kleinen durchnumerierten Karten:
  I. Aegypten und Palaestina (No. 1). Palaestina zur Zeit Christi (No. 2). Umgebungen von Jerusalem (No. 3). Jerusalem (No. 4).
 II. Vorderasien 600 v. Chr. (No. 5). Das Reich Alexanders des Grossen (No. 6). Die aus dem Reiche Alexanders entstandenen Staaten 190 v. Chr. (No. 7).
III. Griechenland und seine Kolonien, Italien um 500 v. Chr. (No. 8). Troas et Hellespontus (No. 9). Campus Trojae (No. 10).
 IV. Graecia (No. 11). (Die Umgebungen Athens) (No. 12). Athenae (No. 13).
  V. Italia (No. 14). Latium (No. 15). Campania (No. 16).
 VI. Gallia, Britannia, (Vindelicia), Rhaetia, Noricum, Pannonia, Germania (No. 17). Gallia ante Caesarem (No. 18).
VII. Hispania (No. 19). Rom und Carthago (während der punischen Kriege) (No. 20). (Das Gebiet von Carthago) (No. 21). Roma (No. 22). Capitolinus und Fora seit Domitianus (No. 23).
VIII. Das römische Reich in seiner grössten Ausdehnung unter Trajan (98-117 n. Chr.) (No. 24). Asia Minor (No. 25).
 IX. Die nach der Völkerwanderung entstandenen neuen Reiche Anfang des 6ten Jahrhunderts (No. 26).
  X. Das Frankenreich nach dem Tode Chlodwigs 511 n. Chr. (No. 27). Das Frankenreich zur Zeit Pipins von Heristal (687-714) (No. 28). Italien um das Jahr 700 (No. 29). Das Reich Carls des Grossen und dessen Theilung durch den Vertrag zu Verdun 843 (No. 30).
 XI. Europa zur Zeit Carls V. 1526 (No. 31).
XII. Europa beim Beginn der französischen Revolution 1789 (No. 32).
XIII. Napoleon's Kaiserreich im Jahre 1812 (No. 33). Italien zu Anf. 1805 (No. 34).
XIV. Deutschland unter den fränkischen und sächsischen Kaisern bis 1138 (No. 35). Preussen in der Mitte des 14ten Jahrhunderts (No. 36).
XV. Deutschland im Jahre 1512 (No. 37). Eintheilung Deutschlands in 10 Kreise (No. 38).
XVI. Deutschland zu Anfang des dreissigjährigen Krieges 1618 (No. 39).
XVII. Deutschland im Jahre 1792 (No. 40).
XVIII. Das allmälige Wachsthum des preussischen Staates. Brandenburg beim Tode des grossen Kurfürsten 1688 (No. 41). Preussen beim Tode Friedrichs des Grossen

1786 (No. 42). Preussen beim Regierungsantritte Friedrich Wilhelm III. 1797 (No. 43). Preussen in seiner gegenwärtigen Gestalt (No. 44).

XIX. Das allmälige Wachsthum des österreichischen Staates. Die Besitzungen des Hauses Habsburg in der Schweiz in ihrer grössten Ausdehnung (No. 45). Die habsburgischen Besitzungen bei dem Tode Rudolphs v. Habsburg 1291 (No. 46). Oesterreich beim Tode Ferdinands I. 1564 (No. 47). Oesterreich im Jahre 1795 (No. 48). Oesterreich in seiner jetzigen Gestalt (No. 49).

XX. Die Schweiz vor der franz. Revolution (No. 50). Die Schweiz in ihrer jetzigen Gestalt (No. 51). Italien um das Jahr 1500 (No. 52). Italien um das Jahr 1792 (No. 53).

XXI. Die britischen Inseln im achten Jahrhundert (No. 54). Die britischen Inseln bis auf die Jetztzeit (No. 55). Die Niederlande im Jahre 1648 (No. 56). Holland und Belgien im Jahre 1831 (No. 57).

XXII. Frankreich und Arelat beim Regierungsantritte Philipp II. August 1180 (No. 58). Frankreich beim Regierungsantritte Ludwig XI. 1461 (No. 59). Frankreich 1789 (No. 60). Frankreich nach seiner älteren Eintheilung (No. 61). (Die Umgebung von Paris) (No. 62).

XXIII. Die hesperische Halbinsel von 711 – 1028 (No. 63). Die hesperische Halbinsel im J. 1157 (No. 64). Die hesperische Halbinsel im J. 1252 (No. 65). Die hesperische Halbinsel seit 1252 (No. 66).

XXIV. Osteuropa um das Jahr 1250 (No. 67). Osteuropa beim Regierungsantritte Peters des Gr. 1682 (No. 68). Das Gebiet des deutschen Ordens in den Ostseeländern in seiner grössten Ausdehnung vor der Schl. bei Tannenberg 1410 (No. 69). Die drei Theilungen Polens (No. 70-72).

XXV. Das oströmische Reich zur Zeit Karls des Gr. (No. 73). Die Reiche der Kreuzfahrer um 1142 (No. 74). Latein. Kaiserthum in Constantinopel und die christlichen Reiche im Orient 1204 (No. 75). Das osmanische Reich nebst seinen Schutzstaaten nach seiner grössten Ausdehnung 1682 (No. 76).

XXVI. Eroberungen der Araber (No. 77). Das Khalifat der Araber (No. 78). Reiche der Seldschuken bis zum Einbruche Dschingis-Khans 1218 (No. 79).

XXVII. Die Reiche der Mongolen (No. 80). Vorderasien um das Jahr 1517 (No. 81).

XXVIII. (Die Entdeckungsreisen des Columbus) (No. 82). Amerika im Jahre 1777 (No. 83). Die vereinigten nordamerikanischen Freistaaten von 1776 bis zum Frieden von Versailles 1783 (No. 84).

Lit.: GV 1700-1910 Bd 117, S. 133.
Sign.: Gav 20

A 21. Rothert, Eduard:

Karten und Skizzen aus der Geschichte. Zur raschen und sichern Einprägung zusammengestellt und erläutert. Bd II u. III.
Düsseldorf: August Bagel, ca. 1896. 4°
Bd II: Karten und Skizzen aus der Geschichte des Mittelalters.

Der Band umfaßt insgesamt 22 Tafeln, auf denen zum Teil mehrere Karten (mit Texterläuterungen) enthalten sind:
1. Die Eroberungszüge des Drusus am Rhein 12-9 v. Chr. / Die Feldzüge an der Donau 15 vor und 6 nach Chr. Geburt.
2. Die Schlacht im Teutoburger Walde 9 n. Chr. / Die Züge des Germanicus 14-16 n. Chr.
3. Die Völkerwanderung. / Die Araber und der Islam.
4. Das Frankenreich unter den Merowingern.
5. Karl der Grosse. / Die Sachsenkriege.
6. Die Karolinger von 814-876. / Die Karolinger von 876-911.
7. Die sächsischen und fränkischen Kaiser (Text).
8. Die Germanisierung des Ostens. / Heinrich der Löwe.
9. Die Staufer.
10. Die Kreuzzüge.
11. Die Kaiser nach dem Interregnum.
12. Die Hussitenkämpfe.
13. Die Hanse und die Handelsstrassen.
14. Die Geschichte der Schweiz.
15. Die Entwicklung der habsburgischen Macht.
16. Geschichte Frankreichs.
17. Übersicht über die englische Geschichte.
18. Die Pyrenäenhalbinsel.
19. Italien im späteren Mittelalter.
20. Die Wanderungen der Normannen.
21. Das Vordringen der Türken.
22. Der Übergang zur Neueren Zeit.

Bd III: Karten und Skizzen aus der vaterländischen Geschichte der Neueren Zeit (1517-1789). Zweite vermehrte und verbesserte Auflage.

Der Band umfaßt insgesamt 21 Tafeln, auf denen zum Teil mehrere Karten (mit Texterläuterungen) gezeigt sind:
(23.) 1. Die äussere Geschichte der Reformation. Schmalkaldischer Krieg 1546/47.
(24.) 2. Karls V. auswärtige Kriege. / Der Freiheitskrieg der Niederlande 1567-1609.
(25.) 3. Der dreissigjährige Krieg I. Der Kaiser im Vorteil.
(26.) 4. Der dreissigjährige Krieg II. Der Kaiser im Nachteil.
(27.) 5. Der dreissigjährige Krieg. III. Die letzten Kämpfe und das Endergebnis.
(28.) 6. Ludwigs XIV. Raubkriege. / Türkenkrieg 1682-1699.
(29.) 7. Der spanische Erbfolgekrieg 1701-1714.
(30.) 8. Der Utrechter Frieden 1713. / Nordischer Krieg 1700-1721.
(31.) 9. Der Grosse Kurfürst 1640-1688.
(32.) 10. Friedrich I., König in Preussen. / Der deutsche Orden und die Hohenzollern.
(33.) 11. Oesterreich's Erwerbungen im Frieden von Passarowitz 1718. / Preussen unter Friedrich Wilhelm I. 1713-1740.
(34.) 12. Der erste schlesische Krieg 1740-1742 und der Beginn des österreichischen Erbfolgekrieges.
(35.) 13. Der zweite schlesische Krieg. 1744/45.
(36.) 14. Der siebenjärige Krieg: Das Anfangsjahr, 1756.
(37.) 15. Der siebenjärige Krieg: Das schlachtenreichste Jahr, 1757.
(38.) 16. Der siebenjärige Krieg: Das wechselvollste Jahr, 1758.
(39.) 17. Der siebenjärige Krieg: Das unglücklichste Jahr, 1759.
(40.) 18. Der siebenjärige Krieg: Das erfolgloseste Jahr, 1760.
(41.) 19. Der siebenjärige Krieg: Das schwerste Jahre, 1761.
(42.) 20. Der siebenjärige Krieg: Der Glückswechsel, 1762 und 1763.
(43.) 21. Verdienste Friedrichs des Grossen um Preussen.

In einer weiteren Auflage liegt Rotherts Gesamtwerk vom Beginn des 20. Jahrhunderts vor (Sign.: Gav 91).

Lit.: GV 1700-1910 Bd 120, S. 82.
Sign.: Gav 91/9

A 22. Rothert, Eduard:

Karten und Skizzen aus der außerdeutschen Geschichte der letzten Jahrhunderte. Ergänzung zu den „Karten und Skizzen aus der vaterländischen Geschichte".
Düsseldorf: Druck und Verlag von August Bagel, o. J. (ca. 1896), 4°

Der Atlas umfaßt 15 Kartenseiten:
1. Die Stuarts und die englische Revolution 1603/1688.
2. Der nordamerikanische Freiheitskampf 1773/83. – Napoleon in Ägypten. – England und Frankreich in Ostindien.
3. Ludwig XIV. 1643 (1661) – 1715.
4. Die französische Revolution und ihr Ausgang 1789/1815.
5. Die Besitzveränderungen Frankreichs 1792 bis 1810.
6. Spanien und seine amerikanischen Kolonien.
7. Italien vor 1815 unter Frankreichs Leitung. – Italien nach 1815 unter Österreichs Einfluß.
8. Der Verfall der Türkei und die griechischen Freiheitskämpfe bis 1829.
9. Bewegungen in Mitteleuropa nach der Julirevolution 1830.
10. Der Krimkrieg 1854/56.
11. Der russisch-türkische Krieg 1877/78.
12. Englands neueste Geschichte. – England und Frankreich in den Kolonien: Afrika.
13. Rußlands neueste Entwicklung. – Japan 1895.
14. Der Bürgerkrieg in den Vereinigten Staaten 1861/65.
15. Die Teilung Polens und seine spätere Entwicklung.

Lit.: GV 1700-1910 Bd 230, S. 82.
Sign.: Gav 201

A 23. Rüstow, Wilhelm:

Atlas zu Cäsar's Gallischem Krieg in 15 Karten und Plänen für Studierende und Militärs.
Stuttgart: Carl Hoffmann, o.J. (ca. 1868). 4°

Der Atlas enthält 15 Karten und Pläne:
1. Italia. E. Serth. lith.
2. Galliae partes: tempp. C. Jul. Caesaris. C. F. Baur delin.
3. General-Karte für den Feldzug des Jahres 696. Stich v. Fr. Bohnert Stuttg. Art. Anstalt v. E. Hochdanz, in Stuttgart.
4. Plan des Schlachtfeldes an der Aisne. Stich v. Fr. Bohnert Stuttg. Art. Anstalt v. E. Hochdanz, in Stuttgart.
5. Plan des Schlachtfeldes an der Sambre. Stich v. Fr. Bohnert Stuttg. Art. Anstalt v. E. Hochdanz, in Stuttgart.
6. Karte des Feldzugs gegen die Veneter. Stich v. Fr. Bohnert Stuttgart. Art. Anstalt v. E. Hochdanz, in Stuttgart.
7. General Karte für den Feldzug des Jahr's 699. Stich v. Fr. Bohnert Stuttgart. Art. Anstalt v. E. Hochdanz, in Stuttgart.
8. Caesar's Rheinbrücke. Art. Anstalt v. E. Hochdanz, in Stuttgart.
9. Karte von Britannien für die Feldzüge v. 699 u. 700. Stich v. Fr. Bohnert Stuttg. Art. Anstalt v. E. Hochdanz, in Stuttgart.
10. Generalkarte für den Feldzug des Jahres 702. Stich v. Fr. Bohnert Stuttg. Art. Anstalt v. E. Hochdanz, in Stuttgart.
11. Plan von Avaricum. Stich v. Fr. Bohnert Stuttg. Art. Anstalt v. E. Hochdanz, in Stuttgart.
12. Plan von Alesia. Stich v. Fr. Bohnert Stuttg. Art. Anstalt v. E. Hochdanz, in Stuttgart.
13. Karte des Feldzugs gegen die Bellovaker. Stich v. Fr. Bohnert Stuttg. Art. Anstalt v. E. Hochdanz, in Stuttgart.
14. Plan von Uxellodunum. Stich v. Fr. Bohnert Stuttg. Art. Anstalt v. E. Hochdanz, in Stuttgart.
15. Plan von Gergovia. Stich v. Fr. Bohnert Stuttg.

Lit.: GV 1700-1910 Bd 121, S. 128.
Sign.: Al II 63

A 24. Schmid, Ernst Erhard:

Atlas von einundzwanzig Kupfertafeln zu Ernst Erhard Schmid's Lehrbuch der Meteorologie (Allgemeine Encyklopädie der Physik. XXI. Band)
Leipzig: Verlag von Leopold Voss, 1860. obl. 4°

Der Atlas enthält 21 Tafeln, auf denen sich unten links F. A. Brockhaus' Geogr.-artist. Anstalt, Leipzig u. unten rechts Verlag von Leopold Voss in Leipzig findet:
1. Karte der Isokrymen nach Dana.
2. Isothermen der Meersoberfläche von 80 – 40° F. (Dec. – Feb.). Nach Maury's Wind and Current Charts, Thermal Sheet.
3. Isothermen der Meeresoberfläche von 80 – 40° F. (März – Mai). Nach Maury's Wind and Current Charts, Thermal Sheet.
4. Isothermen der Meeresoberfläche von 80 – 40° F. (Juni – Aug.). Nach Maury's Wind and Current Charts, Thermal Sheet.
5. Isothermen der Meeresoberfläche von 80 – 40° F. (Sept. – Nov.). Nach Maury's Wind and Current Charts, Thermal Sheet.
6. Monatsisothermen und Monatsisanomalen (Dec.), nach Dove.
7. Monatsisothermen und Monatsisanomalen (Jan.), nach Dove.
8. Monatsisothermen und Monatsisanomalen (Feb.), nach Dove.
9. Monatsisothermen und Monatsisanomalen (März), nach Dove.
10. Monatsisothermen und Monatsisanomalen (April), nach Dove.
11. Monatsisothermen und Monatsisanomalen (Mai), nach Dove.
12. Monatsisothermen und Monatsisanomalen (Juni), nach Dove.
13. Monatsisothermen und Monatsisanomalen (Juli), nach Dove.
14. Monatsisothermen und Monatsisanomalen (Aug.), nach Dove.
15. Monatsisothermen und Monatsisanomalen (Sept.), nach Dove.
16. Monatsisothermen und Monatsisanomalen (Okt.), nach Dove.
17. Monatsisothermen und Monatsisanomalen (Nov.), nach Dove.
18. Jährlicher Gang der Temperatur, bezogen auf fünftägige Mittel, nach Dove.
19. Die Höhenisothermen der Alpen, nach H. u. A. Schlagintweit.
20. Karte der Meeresströme.
21. Karte der Passate, Monsune und Wirbelstürme.

Das Atlas gehört zu dem Lehrbuch, das sich unter derselben Signatur in zwei Exemplaren findet:
Schmid, Ernst Erhard: Lehrbuch der Meteorologie. Nebst einem Atlas von einundzwanzig Tafeln.
Leipzig: Leopold Voss, 1860. 4°

Lit.: GV 1700-1910 Bd 33, S. 77.
Sign.: Nf 86

A 25. Sohr, Karl; Berghaus, Heinrich:

Vollständiger Hand-Atlas der neueren Erdbeschreibung über alle Theile der Erde in 82 Blättern. Herausgegeben von Dr. K. Sohr. 4. Auflage, vermehrt und verbessert durch Dr. Heinrich Berghaus, Professor und Director der geograph. Kunstschule zu Potsdam.
Glogau und Leipzig: Druck und Verlag von C. Flemming, 1848. obl. 2°

In dem Atlas finden sich 82 Kartenseiten:
1. Das Planeten-System.
2. Der gestirnte Himmel.
3. Oestliche Halbkugel.
4. Westliche Halbkugel.
5. Geogr. Verbreitung des christlichen Staaten-Systems auf der ganzen Erde.
6. Geogr. Verbreitung des mohammedanischen Staaten-Systems.
7. Geograph. Verbreitung des buddhistischen Staaten-Systems.
8. Europa.
9. Fluss- und Gebirgs-Arten von Mittel-Europa. Entw. u. gez. v. F. Handtke.
10. Deutschland. Entw. u. gezeichnet v. A. Theinert.
11. Österreichischer Kaiserstaat. Entw. u. gezeichnet von A. Theinert.
12. Erzherzogthum Oesterreich. Entw. u. gez. von A. Theinert.
13. Böhmen.
14. Mähren u. Oesterreichisch Schlesien.
15. Königreich Illyrien. Entworfen u. gezeichnet v. F. Handtke. grav. v. A. Schröder.
16. Herzogthum Steyermark. Entworfen u. gez. von F. Handtke. Lith. v. H. Kunsch.
17. Karte der gefürsteten Grafschaft Tyrol, nebst Vorarlberg u. dem Fürstenthum Lichtenstein. H. Müller lith.
18. Ungern, Siebenbürgen und Galizien. entw. u. gezeichnet v. A. Theinert.
19. Lombardisch Venezianisches Königreich. Entworfen u. gezeichn. v. F. Handtke.
20. Preussischer Staat. entw. und gez. von A. Theinert.
21. Provinz Brandenburg.
22. Provinz Pommern. Entworfen u. gezeichnet v. F. Handtke.
23. Provinz Schlesien. Entworfen u. gez. v. A. Theinert. H. Kunsch lith.
24. Ost-Preussen. Entw. u. gezeichnet v. Handtke.
25. West-Preussen.
26. Grossherzogthum Posen. Entw. u. gez. von F. Handtke. H. Kunsch grav.
27. Provinz Sachsen und Herzogthümer Anhalt.
28. Provinz Westphalen, nebst Lippe-Detmold, Lippe-Schaumburg und Waldeck.
29. Rheinprovinz. Entw. u. gez. v. A. Theinert. F. Hübner grav.
30. Bayern. Entwurf u. gezeichnet von A. Theinert.
31. Württemberg nebst den Fürstenthümern Hohenzollern-Hechingen und Sigmaringen. Entw. u. gez. von A. Theinert.
32. Baden. Entw. u. gezeichnet von F. Handtke.
33. Königreich Sachsen. Entw. u. gezeichnet von A. Theinert.
34. Herzogl. Sächs. Fürstl. Schwarzburgsche und Fürstl. Reussische Länder. Entw. u. gez. v. A. Tschierschky.
35. Hannover, Braunschweig, Oldenburg und Bremen.
36. Die Grossherzogthümer Mecklenburg.
37. Holstein, Lauenburg, Hamburg u. Lübeck. Entw. u. gezeichnet von F. Handtke.
38. Churfürstenthum Hessen.
39. Grossherzogthum Hessen.
40. Nassau, Hessen-Homburg und Frankfurt. Entw. u. gez. von F. Handtke. H. Kunsch grav.
41. Preussen, Posen, Russisch-Polen.
42. Die Schweiz. entw. u. gez. von Handtke. H. Müller lith.
43. Italien. entworfen u. gezeichnet v. A. Theinert. grav. v. Thomas.
44. Italien. No. I. (Norden)
45. Italien. No. II. (Süden)
46. Frankreich. Entw. und gez. von Theinert.
47-50. General-Karte von Frankreich, nach den neuesten u. besten Quellen bearbeitet von F. Handtke. Lithographie Druck u. Verlag von C. Flemming Glogau 1848 (4 Blätter). Entw. u. gez. v. F. Handtke.
51. Spanien und Portugal. Entw. u. gez. v. Theinert. E. Hesse lith.
52-55. Spanien u. Portugal in vier Blättern nach Berghaus' Karte und andern sichern Hülfsquellen entworfen u. aufgezeichnet von A. Theinert Ingenieur Lieutn. 1842.
56. Grossbritannien und Ireland. Entw. u. gez. von Handtke. Thomas lith.
57. England und Wales. Entw. u. gez. von F. Handtke. F. Hübner grav.
58. Schottland. Entw. u. gez. v. F. Handtke.
59. Ireland. Entw. u. gez. v. F. Handtke.
60. Niederlande und Belgien. Entw. u. gez. v. F. Handtke.
61. Dänemark und die Herzogthümer Schleswig, Holstein u. Lauenburg. Entw. u. gez. v. F. Handtke.
62. Schweden und Norwegen. Entw. u. gez. v. Handtke. Thomas lith.
63/64. Schweden und Norwegen. (2 Blätter).
65. (Europaeisches) Russland.
66. Europaeische Türkey und Griechenland nebst Ionischen Inseln. entw. u. gez. v. A. Theinert. lith. v. F. Hübner.
67. Griechenland und die Ionischen Inseln. entworfen u. gezeichnet v. A. Theinert.
68. Asien. Entw. u. gez. v. F. Handtke.
69. Asiatisches Russland. entw. u. gez. v. F. Handtke.
70. Westliches Hochasien. entworfen u. gezeichnet v. Handtke. Lith. V. H. Müller.
71. Vorderindien.
72. Die Ostindischen Inseln.
73. Asiatische Türkei. Entw. u. gez. v. F. Handtke. Lith. v. F. Kunzer.
74. Chinesisches Reich und Japan. Entw. u. gez. v. F. Handtke.
75. Afrika. Entw. u. gez. v. Handtke.
76. Nord America. Entw. u. gez. v. F. Handtke.
77. Vereinigte Staaten von Nord-America. Entw. u. gezeichnet v. A. Theinert. Thomas lith.
78. Mexico, Mittel America, Texas. entw. u. gez. von A. Theinert.
79. Westindische Inseln.

80. Süd-Amerika.
81. Australien.
82. Australland.

Lit.: GV 1700-1910 Bd 136, S. 26.
Sign.: Eb 154 a

A 26. Sohr, Karl; Berghaus, Heinrich:

Vollständiger Hand-Atlas der neueren Erdbeschreibung über alle Theile der Erde in 82 Blättern. Herausgegeben von Dr. K. Sohr. 5. Auflage, vermehrt und verbessert durch Dr. Heinrich Berghaus, Professor und Director der geograph. Kunstschule zu Potsdam.
Glogau und Leipzig: Druck und Verlag von C. Flemming, 1853. obl. 2°

In dem Atlas finden sich insgesamt 126 Kartenseiten:
1. Das Planeten-System.
2. Der gestirnte Himmel.
3. Oestliche Halbkugel.
4. Westliche Halbkugel.
5. Geogr. Verbreitung des christlichen Staaten-Systems auf der ganzen Erde.
6. Geogr. Verbreitung des mohammedanischen Staaten-Systems.
7. Geograph. Verbreitung des buddhistischen Staaten-Systems.
8. Europa.
9. Fluss- und Gebirgs-Arten von Mittel-Europa. Entw. u. gez. v. F. Handtke. H. Müller lith.
10. Deutschland. Entw. u. gezeichnet v. A. Theinert.
11. Österreichischer Kaiserstaat. Entw. u. gezeichnet von A. Theinert.
12. Erzherzogthum Oesterreich. Entw. u. gez. von A. Theinert.
13. Böhmen.
14. Mähren u. Oesterreichisch Schlesien.
15. Die Kronländer Kärnthen, Krain, Görz-Gradisca & Istrien. Entworfen u. gezeichnet v. F. Handtke. grav. v. A. Schröder.
16. Kronland Steyermark. Entworfen u. gez. von F. Handtke. Lith. v. H. Kunsch.
17. Kronland Tyrol u. Vorarlberg und souveraines Fürstenthum Liechtenstein. H. Müller lith.
18. Ungarn, Galizien, Bukowina, Croatien, Slavonien, Wojwodowina, Militairgrenze und Siebenbürgen. entw. u. gezeichnet v. A. Theinert.
19. Lombardisch Venezianisches Königreich. Entworfen u. gezeichn. v. F. Handtke.
20. Preussischer Staat. entw. und gez. von A. Theinert. F. Hübner lith.
21. Provinz Brandenburg.
22. Provinz Pommern. Entworfen u. gezeichnet v. F. Handtke.
23. Provinz Schlesien. Entwofen u. gez. von A. Theinert. H. Kunsch lith.
24. Ost-Preussen. Entw. u. gezeichnet v. Handtke.
25. West-Preussen.
26. Provinz Posen. Entw. u. gez. von F. Handtke. H. Kunsch grav.
27. Provinz Sachsen und Herzogthümer Anhalt.
28. Provinz Westphalen, nebst Lippe-Detmold, Lippe-Schaumburg und Waldeck.
29. Rheinprovinz. Entw. u. gez. v. A. Theinert. F. Hübner grav.
30. Bayern. Entwurf u. gezeichnet von A. Theinert.
31. Württemberg nebst den Fürstenthümern Hohenzollern-Hechingen und Sigmaringen. Entw. u. gez. von A. Theinert.
32. Baden. Entw. u. gezeichnet von F. Handtke.
33. Königreich Sachsen. Entw. u. gezeichnet von A. Theinert.
34. Herzogl. Sächs. Fürstl. Schwarzburgsche und Fürstl. Reussische Länder. Entw. u. gez. v. A. Tschierschky.
35. Hannover, Braunschweig, Oldenburg und Bremen.
36. Die Grossherzogthümer Mecklenburg.
37. Holstein, Lauenburg, Hamburg u. Lübeck. Entw. u. gezeichnet von F. Handtke.
38. Churfürstenthum Hessen.
39. Grossherzogthum Hessen.
40. Nassau, Hessen-Homburg und Frankfurt. Entw. u. gez. von F. Handtke. H. Kunsch grav.
41. Preussen, Posen, Russisch-Polen.
42. Die Schweiz. entw. u. gez. von Handtke. H. Müller lith.
43. Italien. entworfen u. gezeichnet v. A. Theinert. grav. v. Thomas.
44. Italien. No. I. (Norden)
45. Italien. No. II. (Süden)
46. Frankreich. Entw. und gez. von Theinert.
47-50. General-Karte von Frankreich, nach den neuesten u. besten Quellen bearbeitet von F. Handtke. Lithographie Druck u. Verlag von C. Flemming Glogau (4 Blätter). Entw. u. gez. v. F. Handtke. [vgl. Farbtafel 9]
51. Spanien und Portugal. Entw. u. gez. v. Theinert. E. Hesse lith.
52-55. Spanien u. Portugal in vier Blättern nach Berghaus' Karte und andern sichern Hülfsquellen entworfen u. aufgezeichnet von A. Theinert Ingenieur Lieutn. 1842. Revidirt im Jahre 1849.
56. Grossbritannien und Ireland. Entw. u. gez. von Handtke. Thomas lith.
57. England und Wales. Entw. u. gez. von F. Handtke. F. Hübner grav.
58. Schottland. Entw. u. gez. v. F. Handtke.
59. Ireland. Entw. u. gez. v. F. Handtke.
60. Niederlande und Belgien. Entw. u. gez. v. F. Handtke.
61. Dänemark und die Herzogthümer Schleswig, Holstein u. Lauenburg. Entw. u. gez. v. F. Handtke. [vgl. Farbtafel 9]
62. Schweden und Norwegen. Entw. u. gez. v. F. Handtke. Thomas lith.
63/64. Schweden und Norwegen. (2 Blätter).
65. (Europaeisches) Russland.
66. Europaeische Türkey und Griechenland nebst Ionischen Inseln. entw. u. gez. v. A. Theinert. lith. v. F. Hübner.
67. Griechenland und die Ionischen Inseln. entworfen u. gezeichnet v. A. Theinert.
68. Asien. Entw. u. gez. v. F. Handtke.
69. Asiatisches Russland. entw. u. gez. v. F. Handtke.
70. Westliches Hochasien. entworfen u. gezeichnet v. Handtke. Lith. v. H. Müller.
71. Vorderindien.
72. Die Ostindischen Inseln.
73. Asiatische Türkei. Entw. u. gez. v. F. Handtke. Lith. v. F. Kunzer.
74. Chinesisches Reich und Japan. Entw. u. gez. v. F. Handtke.
75. Afrika. Entw. u. gez. v. Handtke. lith. v. Hübner.
76. Nord America. Entw. u. gez. v. F. Handtke.
77. Vereinigte Staaten von Nord-America.
78. Mexico, Mittel America, Texas.
79. Westindische Inseln.
80. Süd-Amerika.

81. Australien.
82. Australland.

Der (anschließende) Supplementband enthält (nach dem Inhaltsverzeichnis) nachstehende (32) Karten:
- (83.) 1. Karte der Umgegend von Algier.
- (84.) 2. Karte der Provinzen Oran und Constantine.
- (85.) 3. Süd-Africa.
- (86.) 4. Britisches Nord-America.
- (87.) 5. Palaestina. Entw. u. gez. v. F. Handtke.
- (88.) 6. Neu Süd-Wales.
- (89.) 7. Texas.
- (90.) 8. Tunis u. westl. Theil von Tripoli.
- (91/92.) 9/10. Nordöstliches Afrika. entworfen und gezeichnet von F. Handtke. (2 Blätter).
- (93.) 11. Das Oregon.
- (94.) 12. Süd-Amerika. No. I.
- (95.) 13. Süd-America. Nach den neuesten und besten Materialien bearbeitet und gezeichnet von F. Handtke. Druck u. Verlag v. C. Flemming. Süd-Amerika No. II.
- (96.) 14. Süd-Amerika No. III.
- (97.) 15. Dalmatien und Montenegro.
- (98.) 16. Der Sikh-Staat.
- (99-102.) 17-20. Vereinigte Staaten von Nordamerika. Entw. u. gez. v. F. Handtke. (4 Blätter).
- (103.) 21. Marokko.
- (104.) 22. Senegambien, Sudan und Guinea.
- (105-108.) 23-26. General Karte vom Europäischen Russland und den kaukasischen Ländern, nach den neuesten und besten Quellen entworfen und gezeichnet von F. Handtke. (4 Blätter).
- (109/110.) 27/28. Karte vom Kaukasus, nach der russischen General Stabs Karte in 4 Bl. und andern guten Materialien entworfen und gezeichnet von F. Handtke. Lithographie, Druck und Verlag von C. Flemming in Glogau. (2 Blätter).
- (111.) 29. Schleswig, nebst einem Theile v. Jutland u. Funen.
- (112/113.) 30/31. Halbinsel Jütland. Druck u. Verlag v. C. Flemming Glogau. (2 Blätter).
- (114.) 32. Karte von der Moldau, Walachei u. Siebenbürgen nebst Theilen der angränzenden Länder. Entw. u. gez. v. F. Handtke.
- (115-118.) General-Karte der Europäischen Türkei und des Vladikats Montenegro, entworfen und gezeichnet von F. Handtke. Lithogr. Druck u. Verlag von C. Flemming in Glogau. (4 Blätter; diese Karte und die nachfolgenden Karten sind nicht mehr aufgeführt im Inhaltsverzeichnis zum Supplementband).
- (119.) Galizien, Nord-Ungarn und ein Theil von Siebenbürgen.
- (120.) Karte von Kroatien, Slavonien, der Militair-Gränze, Dalmatien, Bosnien, Serbien und Montenegro. entworfen und gezeichnet von F. Handtke. Druck u. Verlag von C. Flemming in Glogau.
- (121-126.) Post- & Reise-Karte von Deutschland und den Nachbar-Staaten bis Kopenhagen, Dover, Paris, Lyon, Turin, Ferrara, Ofen, Debrecin, Lublin, Grodno, Tauroggen. Nach den neuesten u. besten Quellen entworfen, bearbeitet und gezeichnet von F. Handtke. gest. von H. Weber. Glogau Druck u. Verlag von C. Flemming. (6 Blätter).

Lit.: ENGELMANN S. 89; GV 1700-1910 Bd 136, S. 26.
Sign.: Eb 154 b

A 27. Spruner, Karl von:

Historisch-Geographischer Hand-Atlas. Atlas antiquus. XXVII tabulas coloribus illustratas et alias LXIV tabellas in margines illarum inclusas continens.
Gotha: Justus Perthes, 1850. obl. 2°

Der Atlas enthält 27 Karten, die zum Teil mehrere Nebenkarten aufweisen; oben findet sich der Hinweis: C. de Spruneri Atlas antiquus (u. laufende No. in römischen Zahlen), unten der Hinweis: Gotha: Justus Perthes.:
1. Orbis Terrarum veteribus notus. C. Poppey sc.
2. Orbis Terrarum notus usque ad Alexandri Magni tempora. W. Behrens sc.
3. Regnum Alexandri Magni. Guil. Alt sc.
4. Regna successorum Alexandri Magni circa medium sæculum tertium ante Christum. Alt sc.
5. Hispania. Alt sc. Ohrdruf.
6. Gallia.
7. Britannia et Hibernia. Joh. Carl Ausfeld sc.
8. Germania Magna, Rhætia, Noricum. W. Behrens sc.
9. Imperium Romanorum latissime patens.
10. Imperium Romanorum post divisionem Occidentale & Orientale.
11. Italia Superior. C. Poppey sc.
12. Italia Inferior. Alt sc.
13. Persis
14. Graecia.
15. Asia Minor, Syria, Cyprus, Creta & Insulæ maris Aegæi. C. Poppey sc.
16. Armenia, Mesopotamia, Babylonia et Assyria cum adjacentibus regionibus. W. Alt sc.
17. Thracia, Macedonia, Illyricum, Moesia, Pannonia & Dacia. Alt sc.
18. Palæstina a temporibus Maccabæorum usque ad eversionem Hierosolymæ. W. Behrens sc.
19. India.
20. Arabia, Æthiopia, Ægyptus. Edler sc.
21. Mauretania, Numidia et Africa propria. W. Alt sc.
22. Italia initio primi belli Punici (ante Christum CCLXIV.). W. Alt sc.
23. Italia a bellis Punicis usque ad finem Imperii occidentalis. Alt sc.
24. Graecia tempore Migrationis Doricæ, circa 1000 ante Christum. C. Poppey sc.
25. Graecia a bello Peloponnesiaco usque ad Philippum II Regem Macedoniæ. W. Behrens sc.
26. Regna successorum Alexandri Magni post magnum Syriæ imperium pugna ad Magnesiam diremtum 190 ante Christum. C. Stier sc.
27. Pontus Euxinus et quæ adjacent. C. Stier sc.

Lit.: GV 1700-1910 Bd 137, S. 326.
Sign.: Atlas ohne Signatur

A 28. Spruner, Karl von:

Historisch-Geographischer Hand-Atlas. Erste Abtheilung: Atlas antiquus. Sieben und zwanzig in Kupfer gestochene colorirte Karten mit vier und sechzig Nebenkarten nebst erläuternden Vorbemerkungen. Editio secunda.
Gotha: Justus Perthes, 1855. 2°

Der Atlas umfaßt insgesamt 27 Karten, die oben den Hinweis: C. de Spruneri Atlas antiquus (u. laufende No. mit rö-

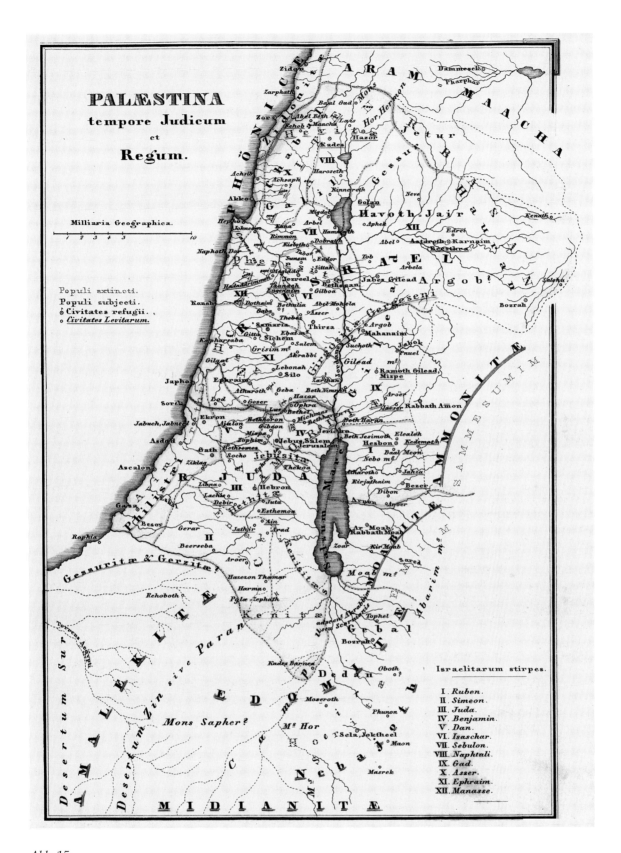

Abb. 15:
„Palaestina tempore Judicum et Regum." – Die Karte ist eine Nebenkarte und zeigt das alte Palästina zur Zeit der Richter und Könige, unten rechts sind die 12 Stämme Israel aufgelistet. Sie findet sich in der zweiten Auflage der ersten Abteilung von Karl von Spruners „Historisch-Geographischer Hand-Atlas" (Gotha: Justus Perthes, 1855), die auch als „Atlas antiquus" bezeichnet wird und 27 Karten zur Alten Geschichte umfaßt. In der Landeszentralbibliothek ist der dreibändige großformatige Geschichtsatlas des Münchener Historikers und Kartographen von Spruner (1803-1892) in der zweiten Auflage vollständig vorhanden (A 28, Nr. 18, Nebenkarte).

mischen Zahlen), unten den Hinweis: Gotha: Justus Perthes. aufweisen:
1. Orbis terrarum veteribus notus. C. Poppey sc.
2. Orbis terrarum notus usque ad Alexandri Magni tempora. W. Behrens sc.
3. Regnum Alexandri Magni. Guil. Alt sc.
4. Regna successorum Alexandri Magni circa medium saeculum tertium ante Christum. Alt sc.
5. Baetica. Alt sc. Ohrdruf.
6. Gallia.
7. Britannia et Hibernia.
8. Germania Magna, Rhaetia, Noricum.
9. Imperium Romanum latissime patens. Rev. 1851.
10. Imperium Romanum post divisionem in Occidentale & Orientale. Revid. 1855.
11. Italia Superior. C. Poppey sc.
12. Italia Inferior. Alt sc.
13. Persis.
14. Graecia.
15. Asia Minor, Syria, Cyprus, Creta & Insulae maris Aegaei. C. Poppey sc.
16. Armenia, Mesopotamia, Babylonia et Assyria, cum adjacentibus regionibus. W. Alt sc.
17. Thracia, Macedonia, Illyricum, Moesia, Pannonia & Dacia. Revid. 1855. Alt sc.
18. Palaestina a temporibus Maccabaeorum usque ad eversionem Hierosolymae. Revid. 1855. W. Behrens sc.
19. India.
20. Arabia, Aethiopia, Aegyptus. Rev. 1852. C. Stier sc.
21. Mauretania, Numidia et Africa propria. W. Alt sc.
22. Italia initio primi belli Punici (ante Christum CCLXIV). Alt sc.
23. Italia a bellis Punicis usque ad finem Imperii occidentalis. Alt sc.
24. Graecia tempore Migrationis Doricae, circa 1000 ante Christum. C. Poppey sc.
25. Graecia a bello Peloponnesiaco usque ad Philippum II. Regem Macedoniae. Revid. 1855. W. Behrens sc.
26. Regna successorum Alexandri Magni post magnum Syriae imperium pugna ad Magnesiam diremtum 190 ante Christum. C. Stier sc.
27. Pontus Euxinus et quae adjacent. C. Stier sc.

Lit.: ENGELMANN S. 77; GV 1700-1910 Bd 137, S. 327.
Sign.: Aa 94

A 29. Spruner, Karl von:

Historisch-Geographischer Hand-Atlas. Zweite Abtheilung: Zur Geschichte der Staaten Europa's vom Anfang des Mittelalters bis auf die neueste Zeit. Drei und Siebzig colorirte Karten nebst erläuternden Vorbemerkungen. Zweite Auflage.
Gotha: Justus Perthes, 1854. obl. 2°

In dem Atlas finden sich 73 Karten, die oben rechts den Hinweis: K. v. Spruner's histor. Atlas (mit Kennzeichnung u. No.), unten meistens den Hinweis: Gotha: Justus Perthes. aufweisen:
1. Das Roemische Reich und die nördlichen Barbaren im IVten Jahrhundert. Europa No. I. Revidirt 1853. Gestochen von Carl Poppey.
2. Europa im Anfange des VI. Jahrhundert's. Europa No. II. Revid. 1853.
3. Europa zur Zeit Carl's des Grossen. Europa No. III. Rev. 1853.
4. Europa in der zweiten Haelfte des Xten Jahrhundert's. Europa No. IV. Revidirt 1853. E. G. Edler sc. Gotha.
5. Europa zur Zeit der Kreuzzüge. Europa No. V. Revidirt 1853. Gestochen von C. Poppey.
6. Europa am Ende des XIVten Jahrhundert's. Europa No. VI. Revidirt 1853. W. Alt sc.
7. Europa in der Mitte des XVIten Jahrhundert's; Zeitraum der Reformation und der Übermacht des Hauses Habsburg. Europa No. VII. Revidirt 1853. W. Alt sc.
8. Europa waehrend des XXXjaehrigen Krieges und bis zur Zersplitterung der grossen spanischen Monarchie, 1700. Europa No. VIII. Revid. 1853.
9. Europa im XVIIIten Jahrhundert, bis zum Ausbruche der französischen Revolution. Europa No. IX. Revid. 1853. Gest. v. W. Behrens.
10. Europa von 1789 bis 1815, Zeitalter Napoleon's. Europa No. X. Revidirt 1853.
11. Europa seit dem Jahre 1815. Europa No. XI.
12. Europa nach Völker- und Sprachgrenzen; ethnographisches Bild des Welttheiles. Europa No. XII.
13. Europa nach seinen kirchlichen Verhältnissen. Europa No. XIII. (Kirchl. Verhältn. No. I.)
14. Alt-Germanien und die Süd-Donau-Länder, um die Mitte des Vten Jahrhundert's. Deutschland u. a. No. I. Revidirt 1854.
15. Die Reiche der Karolinger. Theilung zu Verdun im August 843. Deutschland u.a. No. II. Revidirt 1854.
16. Deutschland unter den saechsischen und fraenkischen Kaisern bis zu den Hohenstaufen. Deutschland u. a. No. III. Revidirt 1854.
17. Deutschland unter den Hohenstaufen, und bis 1273. Deutschland u.a. No. IV. Rev. 1854.
18. Die Herzogthümer Francia, Alemannia, Bavaria, (Lotharingia superior) und Burgundia minor, nach dem Untergange der Gauverfassung. Deutschland u. a. No. V. Rev. 1854. E. Luther sc.
19. Die Herzogthümer Saxonia und Lotharingia inferior, dazu Thuringia, Osterland, Hassia &c., nach dem Verfalle der Gaueintheilung. Deutschland u. a. No. VI. Rev. 1854. gest. von W. Alt in Ohrdruff.
20. Deutschland von Rudolf von Habsburg bis Maximilian I., 1273-1493. Deutschland u. a. No. VII. Revidiret 1854. E. Luther sc.
21. Deutschland von 1493 bis 1618, Zeitraum der Reformation. Deutschland u. a. No. VIII. Rev. 1854. Gest. b. Mädel II.
22. Deutschland zur Zeit des 30jaehrigen Krieges. Deutschland u.a. No. IX. Revid. 1854. Carl Poppey sc.
23. Deutschland von 1649 bis 1792. Deutschland u. a. No. X. Rev. 1854.
24. Deutschland von 1792 bis zur Gegenwart. Deutschland u. a. No. XI. Rev. 1854.
25. Die Ostsee-Laender, Polen und Litthauen im Anfange des XIIIten Jahrhunderts. Deutschland u. a. No. XII. Revid. 1854.
26. Deutschland's kirchliche Eintheilung bis in das XVIte Jahrhundert. Deutschland u. a. No. XIII. (Kirchl. Verhältn. No. II.) Revidirt 1854. gest. von W. Alt.
27. Italien unter den Langobarden, nebst den Besitzungen der griechischen Kaiser. Italien No. I. Revidirt 1854. E. Luther sc.
28. Italien unter den saechsischen & fraenkischen Kaisern, bis zu den Hohenstaufen. Italien No. II. Revidirt 1854.
29. Ober und Mittel Italien unter den Hohenstaufen. Italien No. III. Rev. 1854. Gestochen v. C. Poppey.
30. Italien von 1270 bis 1450. Italien No. IV. Rev. 1854.

31. Italien von 1450 bis 1792. Italien No. V. Revidirt 1854. Ad. Gottschalck sc.
32. Italien nach seiner kirchlichen Eintheilung. Italien No. VI. (Kirchl. Verhältn. No. III.) Revidirt 1854. Edler sc.
33. Die Reiche der Franken in Gallien unter den Merovingern. Frankreich No. I. Rev. 1854. Gestochen v. C. Poppey.
34. Die Königreiche Frankreich und Arelat bis 1180. Frankreich No. II. Rev. 1854.
35. Frankreich von 1180 bis 1461 Zeitraum der Albigenser- und englischen Kriege. Frankreich No. III. Rev. 1854.
36. Frankreich von 1461 bis 1610. Frankreich No. IV. Rev. 1854. gest. von W. Alt in Ohrdruff.
37. Frankreich von 1610 bis 1790. Frankreich No. V. Rev. 1854. C. Poppey sc.
38. Die Republik und das Kaiserthum Frankreich mit seinen Bundes-Staaten. Frankreich No. VI. Rev. 1854.
39. Frankreich's ældere kirchliche Eintheilung bis zum Jahre 1522 (in Nebenkarte: von 1522 bis zur Revolution). Frankreich No. VII. (Kirchl. Verhältn. No. IV.) Rev. 1854. Alt sc.
40. Die Britischen Inseln bis auf Wilhelm den Eroberer 1066. Britische Ins. No. I. Revidirt 1854. Alt sc.
41. Die Britischen Inseln, von Wilhelm dem Eroberer bis zum Regierungs-Antritte des Hauses Tudor. 1066 bis 1485. Britische Ins. No. II. Revidirt 1854. C. Poppey sc.
42. Die Britischen Inseln seit 1485. Britische Ins. No. III. Revidirt 1854. E. Luther sc.
43. Grossbritannien's sæmmtliche Besitzungen mit Angabe ihrer Erwerbungszeit. Britische Ins. u. Bes. No. IV. Rev. 1854.
44. Die Britischen Inseln nach ihrer kirchlichen Eintheilung bis zur Reformation. Britische Ins. No. V. (Kirchl. Verhältn. No. V.) Revidirt 1854.
45. Das Reich der Westgothen auf der iberischen Halbinsel von 477 bis 711. Spanien u. Portugal No. I. Rev. 1854. W. Alt sc.
46. Das Emirat von Cordoba bis zum Untergange der Ommijaden; und die christlichen Reiche im Norden der iberischen Halbinsel von 711 bis 1028. Spanien u. Portugal No. II. Rev. 1854. Gestochen von Joh. Carl Ausfeld.
47. Die Iberische Halbinsel bis in die Mitte des XIIten Jahrhundert's. Spanien u. Portugal No. III. Revid. 1854. W. Alt sc.
48. Die iberische Halbinsel von 1257 bis 1479. Spanien u. Portugal No. IV. Revid. 1854. E. Stier sc.
49. Die iberische Halbinsel seit dem Anfange des XVIten Jahrhundert's (1479). Spanien u. Portugal No. V. Revid. 1854. gest. von W. Alt.
50. Die Besitzungen der Spanier und Portugiesen im XVIten Jahrhundert. Spanien u. Portugal No. VI. Revidirt 1854. E. Stier sc.
51. Die iberische Halbinsel nach ihrer kirchlichen Eintheilung. Spanien u. Portugal No. VII. (Kirchl. Verhältn. No. VI.) Revidirt 1854. Gestochen von Joh. Carl Ausfeld.
52. Die Reiche der Normannen vom VIIIten bis in's XIIte Jahrhundert. Nordische Reiche No. I. Rev. 1855.
53. Scandinavien bis zur calmarischen Union, 1397. Nordische Reiche No. II. Revid. 1855. E. Stier sc.
54. Scandinavien bis zum Frieden von Friedrichshamm 1809. Nordische Reiche No. III. Rev. 1855. W. Alt sc.
55. Die Völker und Reiche der Slaven zwischen Elbe und Don bis 1125. Nordische Reiche No. IV. Rev. 1855.
56. Polen und Litthauen von 1125 bis zu ihrer Vereinigung 1386. Nordische Reiche No. V. Rev. 1855. W. Alt sc.
57. Polen und Litthauen unter den Jagjellonen. 1386-1572. Nordische Reiche No. VI. Revidirt 1855. Gest. b. Mädel II.
58. Polen bis zu seinem Untergange 1795. Nordische Reiche No. VII. Revidirt 1855. Gestochen von Joh. Carl Ausfeld.
59. Das Russische Reich nach seiner allmæhligen Vergrösserung. Nordische Reiche No. VIII. Revidirt 1855. Edler sc.
60. Scandinavien und Polen nach ihrer kirchlichen Eintheilung bis zur Reformation. Nordische Reiche No. IX. (Kirchl. Verhältn. No. VII) Rev. 1855.
61. Das Byzantinische Reich bis in das XIte Jahrhundert. S.-O.- Europa u. V.-Asien No. I. Rev. 1855. Gestochen v. C. Poppey.
62. Byzantinisches Reich, östliches Blatt. S.-O.- Europa u. V.-Asien No. II. Rev. 1855. Gestochen v. C. Poppey.
63. Griechenland und Kleinasien vom XIten bis in die Mitte des XIIIten Jhdts. S.-O.- Europa u. V.-Asien No. III, Rev. 1855. W. Alt sc.
64. Griechenland und Kleinasien bis zur Eroberung Konstantinopel's durch die Osmannen ... 1453. S.-O.- Europa u. V.-Asien No. IV. Rev. 1855. Gest. v. W. Behrens.
65. Das Reich des Kalifen in seiner grössten Ausdehnung. Kalifat. Westliche Hælfte. S.-O.- Europa u. V.-Asien No. V. Revid. 1855. Gest. v. W. Behrens.
66. Kalifat. Oestliche Hælfte. S.-O.- Europa u. V.-Asien No. VI. Rev. 1855. Gest. v. W. Behrens.
67. Syrien und die angrænzenden Lænder zur Zeit der Kreuzzüge. S.-O.- Europa u. V.-Asien No. VII. Rev. 1855. C. Poppey sc.
68. Das Osmannische Reich und dessen Schutz-Staaten, nach seiner grössten Ausdehnung im XVIIten Jahrhundert. S.-O.- Europa u. V.-Asien No. VIII. Rev. 1855. gest. v. W. Alt.
69. Die Lænder an der untern Donau vom Vten bis in das Xte Jahrhundert. Ungarn No. I. Rev. 1855. W. Alt sc.
70. Ungarn und seine Nebenlande bis zum Aussterben des Arpadischen Stammes 1301. Ungarn No. II. Revidirt 1855. W. Alt sc.
71. Ungarn und seine Nebenlande vom Regierungs-Antritte des Hauses Anjou bis zur Schlacht von Mohacz 1526. Ungarn No. III. Rev. 1855.
72. Ungarn und seine südlichen Nachbarländer seit 1526. Ungarn No. IV. Rev. 1855.
73. Ungarn und seine Nebenlande nach ihrer kirchlichen Eintheilung bis in das XVte Jahrhundert. Ungarn No. V. (Kirchl. Verhältn. No. VIII) Rev. 1855. E. Stier sc.

Lit.: ENGELMANN S. 77; GV 1700-1910 Bd 137, S. 327.
Sign.: Gav 71

A 30. Spruner, Karl von; Menke, Theodor:

Hand-Atlas für die Geschichte des Mittelalters und der neueren Zeit. Dritte Auflage von Dr. K. v. Spruner's Hand-Atlas, neu bearbeitet von Dr. Th. Menke. 90 colorirte Karten in Kupferstich mit 376 Nebenkarten. Gotha: Justus Perthes, 1880. obl. 2°

Der Atlas besteht aus 90 Karten, die oben den Hinweis: v. Spruner-Menke: Hist. Handatlas (u. laufende No.), unten den Hinweis: Gotha: Justus Perthes (u. Jahr) aufweisen:
1. Europa zur Zeit Odovacars (476-483). Von Th. Menke. Europa No. I. B. H. del. 1874.
2. Europa gegen Ende von Justinians Regierung (um 560 n. Ch. G.). Von Th. Menke. Europa No. II. 1872.
3. Europa zur Zeit Karls des Grossen (768-814). Von Th. Menke. Europa No. III. Gezeichnet v. F. Hein. 1874.
4. Europa zur Zeit der Herstellung des abendländischen Kaiserthums durch Otto I. 962. Von Th. Menke. Europa No. IV. Gezeichnet v. F. Hein. 1874.
5. Europa zur Zeit des dritten Kreuzzuges 1190. Mit Zu-

grundelegung der K. v. Sprunerschen Karte neu bearbeitet von Friedrich Keinz. Europa No. V. 1878.
6. Europa um die Mitte des vierzehnten Jahrhunderts. Von B. Hassenstein. Europa No. VI. 1879.
7. Europa nach seinen kirchlichen Verhältnissen im Mittelalter. Von Th. Menke. Europa No. VII. Gez. von F. Hein. 1872.
8. Europa während des Zeitraums der Reformation und der Übermacht des Hauses Habsburg 1492-1618. Europa No. VIII. Bearbeitet u. gez. v. B. Hassenstein. 1877.
9. Europa vom Westfälischen Frieden 1648 bis zur Zersplitterung der grossen spanischen Monarchie 1700 (Zeitraum der Übermacht Frankreichs). Von K. v. Spruner, Revision von Th. Menke. Europa No. IX. B. H. del. 1874.
10. Europa um 1740. Von K. v. Spruner, Revision v. Th. Menke. Europa No. X. Gez. v. Hassenstein. 1875.
11. Europa zur Zeit Napoleon's I. (um 1810). Von K. v. Spruner, Revision v. Th. Menke. Europa No. XI. B. H. rev. 1872.
12. Europa nach dem Wiener Congress 1815. Von K. v. Spruner, Revision von Th. Menke. Europa No. XII. B. H. rev. 1872.
13. Europa nach seinen ethnographischen Verhältnissen in der Mitte des XIX. Jahrhunderts. Von Th. Menke. B. H. rev. 1872.
14. Iberische Halbinsel zur Zeit des Reichs der Westgothen 531-711 n. Ch. Von Th. Menke. Iberische Halbinsel No. I. 1871.
15. Iberische Halbinsel von der Ankunft der Araber bis zum Untergang der Omaijaden 711 bis 1028 n. Ch. Von K. v. Spruner, Revis. v. Th. Menke. Iberische Halbinsel No. II. Gez. v. Hassenstein u. Mayr. 1871.
16. Iberische Halbinsel zur Zeit der Herrschaft der Almoraviden und der Almohaden 1086 (1094) bis 1257. Von K. v. Spruner, Revis. v. Th. Menke. Iberische Halbinsel No. III. Gez. v. Mayr u. Hassenstein. 1871.
17. Iberische Halbinsel von 1257 bis zur Vereinigung von Castilien u. Aragon 1479 und zum Fall des Königreichs Granada 1492. Von K. v. Spruner, Revis. v. Th. Menke. Iberische Halbinsel No. IV. Gez. v. Mayr u. Hassenstein. 1871.
18. Iberische Halbinsel nach ihrer kirchlichen Eintheilung seit der maurischen Zeit. Von K. v. Spruner, Revis. v. Menke. Iberische Halbinsel No. V. B. H. rev. 1872.
19. Iberische Halbinsel seit dem Anfange des XVIten Jahrhunderts. Von K. v. Spruner, Revis. Th. Menke. Iberische Halbinsel No. VI. Gez. v. Hassenstein u. Mayr. 1871.
20. Besitzungen der Spanier u. Portugiesen im XVIten Jahrhundert. Von K. v. Spruner, Revision von Th. Menke. Iberische Halbinsel No. VII. Gezeichnet von B. Hassenstein & Schaffer. 1871.
21. Italien zur Zeit des Langobardenreichs. Von Th. Menke. Italien No. I. Gezeichnet v. G. Breithaupt. 1877.
22. Italien vom Anfange des X. Jahrhunderts bis 1137. Von Th. Menke. Italien No. II. Gezeichnet v. G. Breithaupt. 1877.
23. Italien 1137-1302. Von Th. Menke. Italien No. III. Gez. v. F. Hein. 1879.
24. Mittleres Norditalien 1137-1302. Von Th. Menke. Italien No. IV. Gez. v. F. Hein. 1879.
25. Italien 1302-1339. Von Th. Menke. Italien No. V. Gez. v. F. Hein u. G. Breithaupt. 1879.
26. Italien nach der kirchlichen Eintheilung vom Ende des XI. Jahrhunderts bis 1500. Von Th. Menke. Italien No. VI. Gezeichnet v. F. Mayr u. G. Breithaupt. 1872.
27. Italien von 1492 bis zum Frieden von Campoformio 1797. Von K. v. Spruner, Revision von Th. Menke. Italien No. VII. Gez. v. G. Breithaupt u. F. Mayr. 1871.
28. Italien 1797-1866. Von Th. Menke. Italien No. VIII. Gezeichnet von F. Mayr. 1871.
29. Reich der Franken unter den Merowingern und bis auf Karl den Grossen 486-768. Von Th. Menke. Merowinger Karolinger No. I. Gezeichnet von F. Hein. 1875.
30. Reich der Franken unter Karl dem Grossen und seinen Nachkommen bis 900. Von Th. Menke. Merowinger Karolinger No. II. Gezeichnet von F. Hein. 1876.
31. Deutschland's Gaue, I. Nördliches Lothringen, Friesland. Von Th. Menke. Deutschland No. I. Gezeichnet von G. Breithaupt. 1873.
32. Deutschland's Gaue, II. Mittleres Lothringen. Von Th. Menke. Deutschland No. II. Gez. von F. Hein. 1873.
33. Deutschland's Gaue, III. Sachsen, Nördliches Thüringen. Von Th. Menke. Deutschland No. III. Gezeichnet von G. Breithaupt. 1873.
34. Deutschland's Gaue, IV. Südliches Thüringen, Franken. Von Th. Menke. Deutschland No. IV. Gezeichnet v. G. Breithaupt. 1875.
35. Deutschland's Gaue, V. Schwaben. Von Th. Menke. Deutschland No. V. Gezeichnet von F. Hein. 1875.
36. Deutschland's Gaue, VI. Baiern, Österreich, Kärnten. Von Th. Menke. Deutschland No. VI. Gezeichnet von G. Breithaupt. 1875.
37. Deutschland vom Anfange des X. Jahrhunderts bis 1137. Von Theodor Menke. Deutschland No. VII. Gezeichnet von G. Breithaupt. 1875.
38. Deutschland zur Zeit der Hohenstaufen und bis 1273. Von K. v. Spruner, Revision von Dr. Th. Lindner. Deutschland No. VIII. Gez. v. F. Hein. 1879.
39. Nördliches Deutschland ... gegen Anfang des XIII. Jahrhunderts. Von K. v. Spruner, Revision von Th. Lindner. Deutschland No. IX. Gezeichnet von B. Hassenstein. 1879.
40. Südliches Deutschland ... gegen Anfang des XIII. Jahrhunderts. Von K. v. Spruner, Revision von Th. Lindner. Deutschland No. X. Gez. von F. Hein. 1879.
41. Deutschland von Rudolph von Habsburg bis Maximilian I. 1273 bis 1492. Von K. v. Spruner, Revision von Dr. Th. Lindner. Deutschland No. XI. Gez. von B. Hassenstein. 1879.
42. Deutschland nach seiner kirchlichen Eintheilung von der Mitte des XI. Jahrhunderts bis zur Reformation. Von Th. Menke. Deutschland No. XII. Gez. von F. Hein. 1873.
43. Deutschland im Zeitraum der Reformation 1492-1618. Von B. Hassenstein. Deutschland No. XIII. 1875.
44. Deutschland zur Zeit des Dreissigjährigen Krieges 1618-1648. Von B. Hassenstein. Deutschland No. XIV. 1875.
45. Deutschland nach dem Westphälischen Frieden bis 1742. Von B. Hassenstein. Deutschland No. XV. 1874.
46. Deutschland zur Zeit Friedrich d. Grossen und bis zum Reichsdeputationshauptschluss 1742 bis 1803. Deutschland No. XVI. Bearbeitet u. gezeichnet v. B. Hassenstein. 1872.
47. Südwest Deutschland mit Elsass u. östl. Lothringen vor Ausbruch der französischen Revolution 1789. Entworfen von Th. Menke, bearb. u. gez. von B. Hassenstein. Deutschland No. XVII. 1873.
48. Deutschland von Ende 1807 bis 1815. Von Th. Menke. Deutschland No. XVIII. Bearbeitet u. gezeichnet v. B. Hassenstein. 1872.
49. Deutschland zur Zeit des deutschen Bundes 1815 bis 1866. Entworfen von Th. Menke, gez. von B. Hassenstein. Deutschland No. XIX. 1872.
50. Deutschland 1866-1871. Deutschland No. XX. Entw. u. gez. v. B. H. 1876.

51. Frankreich vom Anfang des X. Jahrhunderts bis 1180. Von Th. Menke. Frankreich No. I. Gezeichnet von F. Hein. 1876.
52. Frankreich von 1180-1461 (Albigenser- und englische Kriege). Von K. v. Spruner, Revis. v. Th. Menke. Frankreich No. II. Gez. von. F. Hein. 1876.
53. Frankreich nach seiner kirchlichen Eintheilung bis 1322 [Nebenkarte: von 1322 bis zur Revolution]. Von K. v. Spruner, Revision v, Th. Menke. Frankreich No. III. F. M. del. B. H. rev. 1872.
54. Frankreich von 1461-1610. Von K. v. Spruner, Revis. v. B. Hassenstein. Frankreich No. IV. B. H. del. 1874.
55. Frankreich von 1610-1790. Von K. v. Spruner, Revis. v. Th. Menke. Frankreich No. V. Rev. v. B. H. 1873.
56. Kaiserthum Frankreich in seiner weitesten Ausdehnung unter Napoleon I. Mit Benutzung von K. v. Spruner's Karte von Th. Menke. Frankreich No. VI. Gezeichnet von F. Mayr. 1871.
57. Frankreich 1815 bis 1871 [u. Nebenkarten zu französischen Besitzungen] Frankreich No. VII. Entw. u. gez. v. B. H. 1876.
58. Die Britischen Inseln bis auf Wilhelm den Eroberer 1066. Von K. v. Spruner. Britische Inseln No. I. B. H. del. 1876.
59. Die Britischen Inseln 1066 bis 1485. Von K. v. Spruner. Britische Inseln No. II. B. H. del. 1876.
60. Die Britischen Inseln nach ihrer kirchlichen Eintheilung vom Anfang des XII. Jahrhunderts bis zur Reformation. Von K. v. Spruner. Britische Inseln No. III. Gezeichnet v. B. Hassenstein. 1876.
61. Die Britischen Inseln von 1485 bis 1830. Von K. v. Spruner, Rev. v. Th. Menke. Britische Inseln No. IV. Gezeichnet v. B. Hassenstein. 1873.
62. Besitzungen Grossbritannien's seit 1783 mit Angabe ihrer Erwerbungszeit. Britische Inseln No. V. Gez. v. B. H. 1874.
63. Staaten und Fahrten der Normannen vom VIII. bis zum XII. Jahrhundert. Von Th. Menke. Skandinavien No. I. 1872.
64. Skandinavien bis zur calmarischen Union 1397. Von Th. Menke. Skandinavien No. II. Gez. von F. Mayr. 1872.
65. Skandinavien nach seiner kirchlichen Eintheilung vom XII. Jahrhundert bis zur Reformation. Von Th. Menke. Skandinavien No. III. 1872.
66. Skandinavien seit der calmarischen Union 1397. Von Th. Menke. Skandinavien No. IV. 1872.
67. Russland ... bis zur Zerstörung Kiew's durch die Tataren 1240. Von Th. Menke. Slawische Reiche No. I. Gezeichnet v. E. Schäffer & O. Koffmahn. 1871.
68. Russland ... bis zur Vernichtung der Goldnen Horde, 1480. Von Prof. Dr. J. Caro. Slawische Reiche No. II. B. Hassenstein del. 1878.
69. Polen, Litthauen und das Gebiet des Deutschen Ordens in den Jahren 1386-1460. Von Prof. Dr. J. Caro. Slawische Reiche No. III. Nach J. Caro's Skizzen gezeichnet von B. Hassenstein. 1879.
70. Russland, Polen und Litthauen ... bis auf Peter den Grossen 1689. Von Prof. Dr. J. Caro. Slawische Reiche No. IV. Gezeichnet von B. Hassenstein. 1878.
71. Polen vom Anfange des XVIII. Jahrhunderts bis zum Untergange der Republik 1795. Von Th. Menke. Slawische Reiche No. V. Gezeichnet von B. Hassenstein & Schaffer. 1871.
72. Russland seit Peters des Grossen Zeit. Von Th. Menke. Slawische Reiche No. VI. B. H. u. E. S. del. 1871.
73. Ungarn und seine Nebenländer vom Anfang des XII. Jahrhunderts bis zur Schlacht bei Mohacs 1526. Von Prof. Dr. J. Caro. Ungarn No. I. Gez. v. F. Hein. 1879.
74. Ungarn in seinen kirchlichen Verhältnissen vom Anfang des XIV. Jahrhunderts bis zur Reformation. Von Prof. Dr. J. Caro. Ungarn No. II. Gez. v. F. Hein. 1878.
75. Ungarn seit der Schlacht bei Mohacs 1526. Mit Benutzung von K. v. Spruner's Karte von Th. Menke. Ungarn No. III. Gezeichnet von E. Schaffer & O. Koffmahn. 1873.
76. Oströmisches Reich zu Justinians Zeit. Von Th. Menke. Orient No. I. 1871.
77. Oströmisches Reich und Westasien von der Zeit Justinians I. bis zum Untergange des Reichs der Sassaniden 642. Von Th. Menke. Orient No. II. Gez. v. E. Schaffer. 1871.
78. Die Länder des Islam von der Hegra 622 n. Ch. bis zum Sturze der Umaijaden 750 n. Ch. Von Th. Menke. Orient No. III. Gezeichnet von F. Hein. 1877.
79. Oströmisches Reich von der Einwanderung der Ungarn in Pannonien um 895 bis zur Unterwerfung des Bulgarenreichs durch Kaiser Basilius im J. 1019. Von Th. Menke. Orient No. IV. Gezeichnet von F. Hein. 1874.
80. Patriarchate von Constantinopel, Antiochia, Jerusalem in der zweiten Hälfte des 11. Jahrhunderts. Von Th. Menke. Orient No. V. Gezeichnet von F. Hein. 1876.
81. Die Länder des Islam unter den Abbasiden ... 750 bis 945 n. Ch. Von Th. Menke. Orient No. VI. Gezeichnet von F. Hein. 1877.
82. Die Länder des Islam zur Zeit der Bujiden 945-1055. Von Th. Menke. Orient No. VII. Gezeichnet von F. Hein. 1877.
83. Die Länder des Islam zur Zeit der Selguken 1055-1163. Von Th. Menke. Orient No. VIII. Gezeichnet von F. Hein. 1877.
84. Oströmisches Reich 1096-1204. Von Th. Menke. Orient No. IX. Gezeichnet von F. Hein. 1876.
85. Syrien zur Zeit der Kreuzzüge. Von Th. Menke. Orient No. X. Gezeichnet v. E. Schaffer. 1871.
86. Lateinische Herrschaften im Orient 1210 bis 1311. Von Th. Menke. Orient No. XI. Gezeichnet von F. Hein. 1876.
87. Reich der Mongolen [mehrere Karten]. Von Th. Menke. Orient No. XII. Gezeichnet von F. Hein. 1877.
88. Länder am Ägäischen und Schwarzen Meer 1311 bis 1390. Von Th. Menke. Orient No. XIII. Gezeichnet von G. Breithaupt. 1877.
89. Osmanisches Reich und Nebenländer 1391 bis 1452. Von Th. Menke. Orient No. XIV. Gestochen v. A. Reichenbecher. 1877.
90. Osmanisches Reich und seine Schutzstaaten im XVIIten Jahrhundert. Von K. v. Spruner, Revision und Nebenkarten von Th. Menke. Orient No. XV. Gez. v. E. Schaffer. 1871.

Die erläuternden Vorbemerkungen finden sich separat unter der Sign.: Gav 72/2, mit einem Vorwort von Theodor Menke von 1871.

Lit.: GV 1700-1910 Bd 137, S. 327.
Sign.: Gav 72/1

A 31. Spruner, Karl von:

Historisch-Geographischer Hand-Atlas. Dritte Abtheilung: Zur Geschichte Asiens, Africa's, America's und Australiens. Achtzehn colorirte Karten nebst erläuternden Vorbemerkungen.
Gotha: Justus Perthes, 1853. obl. 2°

Der vorliegende Atlas enthält 18 Karten, die oben den Hinweis: K. v. Spruner's histor. Atlas (mit laufender No. 74 – 91 [ohne No. 76]), unten den Hinweis: Gotha: Justus Perthes. aufweisen:

(1.) 74. Asien bei Beginn des zweiten Jahrhundert's vor Christus. Ausser-Europa No. I. Alt sc.
(2.) 75. Asien am Ende des zweiten Jahrhunderts. Ausser-Europa No. II.
(3./4.) 77. Asien vom VIten bis in die erste Hælfte des IXten Jahrhundert's. Ausser-Europa No. IV. [doppelt]
(5.) 78. Asien von der Mitte des IXten bis zum Ende des Xten Jahrhunderts. Ausser-Europa No. V. Mädel II sc.
(6.) 79. Asien im XIten und XIIten Jahrhundert. Ausser-Europa No. VI. Mädel II sc.
(7.) 80. Asien im XIIIten & XIVten Jahrhundert. Ausser-Europa No. VII.
(8.) 81. Asien im XVten und XVIten Jahrhundert. Ausser-Europa No. VIII. C. Poppey sc.
(9.) 82. Asien am Ausgange des XVIIten Jahrhundert's. Ausser-Europa No. IX.
(10.) 83. Asien gegen Ende des XVIIIten Jahrhundert's. Ausser-Europa No. X. E. Stier sc.
(11.) 84. Africa bis zur Eroberung durch die Araber im VIIten Jahrhundert. Ausser-Europa No. XI. Königl. lith. Inst z. Berlin.
(12.) 85. Afrika nach den arabischen Geographen und bis zur Ankunft der Portugiesen, VIIItes bis XIVtes Jahrhundert. Ausser-Europa No. XII. Königl. lith. Inst. z. Berlin.
(13.) 86. Africa seit Anfang des XVten Jahrhundert's. Ausser-Europa No. XIII. Königl. lith. Inst. z. Berlin.
(14.) 87. Nord America zur Übersicht der Entdeckung, Eroberung und Colonisation. Ausser-Europa No. XIV. Königl. lith. Inst. z. Berlin.
(15.) 88. Süd America zur Übersicht der Entdeckung, Eroberung und Colonisation. Ausser-Europa No. XV. Königl. lith. Inst. z. Berlin.
(16.) 89. America bis 1776. Ausser-Europa No. XVI. Königl. lith. Inst. z. Berlin.
(17.) 90. America seit 1776. Ausser-Europa No. XVII. Königl. lith. Inst. z. Berlin.
(18.) 91. Australia und Polynesia zur Übersicht der Entdeckung und Colonisation. Ausser-Europa No. XVIII. Königl. lith. Inst. z. Berlin.

Lit.: GV 1700-1910 Bd 137, S. 327.
Sign.: Gav 17

A 32. Steffen:

Karten von Mykenai. Auf Veranlassung des Kaiserlich Deutschen Archäologischen Instituts aufgenommen und mit erläuterndem Text herausgegeben von Steffen, Hauptmann und Batterie-Chef im Hessischen Feld-Artillerie-Regiment No. II.
Berlin: Dietrich Reimer, 1884.

In einer Mappe im Blattformat finden sich unter obigem Titel zwei Karten:
1. MYKENE mit UMGEBUNG aufgenommen im Winter 1881-82 durch STEFFEN, Hauptmann und Batteriechef im Hessischen Feld Artillerie Regiment N. II. Maßstab 1:12.500. Blatt 1. Stich u. Druck Kartogr. Institut v. H. Petters, Hildburghausen. 1884 Berlin Dietrich Reimer.
2. AKROPOLIS von MYKENAI aufgenommen im Winter 1881-82 durch STEFFEN, Hauptmann und Batteriechef im Hessischen Feld-Artillerie-Regiment N. II. Maßstab 1:750. Blatt 2. Stich u. Druck Kartogr. Institut v. H. Petters, Hildburghausen.

Zu den beiden Karten gehört ein erläuternder Text in Heftform (Signatur Aag 108):
Steffen:
Karten von Mykenai. Auf Veranlassung des Kaiserlich Deutschen Archäologischen Instituts aufgenommen und mit erläuterndem Text herausgegeben. Nebst einem Anhange über die Kontoporeia und das mykenisch-korinthische Bergland von Dr. H. Lolling. Erläuternder Text mit Übersichtskarte von Argolis.
Berlin: Dietrich Reimer 1884. 4°

In dem Werk findet sich vorne die Karte:
(3.) Übersichtskarte von Argolis. Redig. v. H. Kiepert. Lith. Anst. v. Leop. Kraatz, Berlin.

Lit.: GV 1700-1910 Bd 139, S. 38.
Sign.: Aag 108

A 33. (Steger, Friedrich):

Kleiner historischer Schul-Atlas in 12 Blättern. Zunächst zu Fr. Steger's Weltgeschichte für das deutsche Volk bearbeitet, aber auch zu jedem Lehrbuche der allgemeinen Weltgeschichte passend.
Leipzig: Gustav Mayer, 1845. obl. 4°

Der Atlas besteht aus den 12 Karten (zumeist: Lith. Anst. v. Goedsche u. Steinmetz in Meissen), die sich auch in Stegers dreibändigem Werk (vgl. Buch B 491) finden:
1. Übersichts-Karte der Alten Welt zur Zeit des Cyrus.
2. Übersichts-Karte der Alten Welt zur Zeit Alexanders d. Gr.
3. Das Römische Reich unter Traianus.
4. Übersichts-Karte der nach der Völkerwanderung entstandenen neuen Reiche.
5. Die Reiche der Carolinger nach der Theilung durch den Vertrag zu Verdun im I. 843.
6. Deutschland unter den Hohenstaufen.
7. Deutschland zur Zeit der Reformation.
8. Europa zur Zeit Carl's V.
9. Deutschland nach dem 30jährigen Kriege.
10. Europa zur Zeit Ludwig's XIV. um's I. 1700.
11. Europa zur Zeit Napoleon's 1812.
12. Europa nach dem zweiten Pariser Frieden im J. 1815.

Lit.: ENGELMANN S. 77; GV 1700-1910 Bd 130, S. 227.
Sign.: Gav 23

A 34. Stieler, Adolf:

Hand-Atlas über alle Theile der Erde und über das Weltgebäude.
Lieferungs-Ausgabe in 90 Blättern.
Gotha: Justus Perthes, o.J. (ca. 1884). obl. 2°

Der Atlas besteht aus 90 Karten, die in einer Mappe lose zusammengefaßt sind; oben auf den Karten findet sich meistens der Hinweis: Stieler's Hand-Atlas (u. laufende No.), unten der Hinweis: Gotha: Justus Perthes (u. meistens Jahreszahl):
1. (Titelblatt)
2. Der nördliche Sternhimmel (Mitte des 19. Jahrhunderts). Entw. v. A. Stieler. Neue Auflage berichtigt v. Dr. C. Bruhns. Druck v. C. Hellfarth in Gotha. 1872.
3. Der südliche Sternhimmel (Mitte des 19. Jahrhunderts).

Abb. 16:
„Übersichtskarte von Argolis" – Die Übersichtskarte ergänzt eine ausführliche Beschreibung der Lage von Mykene, der Hochstraßen zwischen Korinth und Mykene, der Befestigungsanlagen und übrigen Baureste von Mykene des hessischen Hauptmanns und Kartographen Steffen: „Karten von Mykenai" (Berlin, 1884) (A 32, Nr. 3).

Entw. v. J. C. Bär. Neue Aufl. berichtigt v. Dr. C. Bruhns. 1872.
4. Planeten-System der Sonne. Entw. v. Ad. Stieler 1825. Neue berichtigte u. vermehrte Auflage v. Herm. Berghaus. 1873.
5. Die sichtbare Seite der Mond-Oberfläche. 1872.
6. Welt-Karte zur Übersicht der Luft-Ströme und der See-Wege. Entworfen & gez. v. Herm. Berghaus 1867. Nachtr. 1871. 1871.
7. Welt-Karte zur Übersicht der Meeres-Strömungen und des Schnellverkehrs. Entworfen & gez. v. Herm. Berghaus 1867. Nachtr. b. 1871. 1871.
8. Westliche Halbkugel. Entw. u. gez. von F. v. Stülpnagel. Gestochen von W. Alt. 1874.
9. Oestliche Halbkugel. Entw. u. gez. von F. v. Stülpnagel. Gest. von J. C. Ausfeld u. W. Alt. 1874.
10. Nord-Polar-Karte. Entw. v. Herm. Berghaus 1879. Nachtr. 1884. Gest. v. H. Eberhardt u. A. Kramer.
11. Süd-Polar-Karte von A. Petermann. Gez. v. Ernst Debes. Gest. v. A. Alt u. Suchart. 1875.
12. Nord-Atlantischer Ocean. Entw. & gez. v. Herm. Berghaus 1867. Nachtr. 1871. 1872.
13. Das Mittelländische Meer und Nord-Afrika (Westliches Blatt) von A. Petermann. Gest. v. Poppey u. Jungmann. 1875.
14. Das Mittelländische Meer und Nord-Afrika (Östliches Blatt) von A. Petermann. Bearbeitet von L. Friederichsen u. Habenicht. Revidirt 1884. Gest. v. Poppey u. Jungmann.
15. Europa von A. Petermann. Gezeichnet von H. Habenicht. Revidirt 1884.
16. Fluss- und Bergkarte von Deutschland und den anliegenden Ländern entworfen u. gez. von Adolf Stieler 1820. Neue vermehrte Auflage durch Herm. Berghaus 1857. 1873.
17. Deutschland, Übersicht des Deutschen Reichs. Entw. v. Hr. Berghaus, gez. v. G. Hirth. 1871.
18. Deutschland und benachbarte Länder zur Übersicht der Eisenbahnen und Dampfschiffahrten. Bearbeitet von C. Vogel. Abgeschlossen im August 1871. Gestochen von H. Eberhardt. 1871.
19. Nord-westliches Deutschland, Niederlande und Belgien. Bearbeitet von C. Vogel. Gest. v. W. Alt, Berge v. F. Kratz. 1872.
20. Nord-östliches Deutschland bearbeitet von C. Vogel. 1872.
21. Die preussischen Provinzen Preussen und Posen bearbeitet von C. Vogel. 1873.
22. Süd-westliches Deutschland und die Schweiz (Übersicht). 1873.
23. Sachsen, Thüringen und benachbarte Länder. Special-Karte. Gest. v. W. Alt, Berge v. C. Jungmann. 1873.
24. Süd-West Deutschland und Schweiz. Nördlicher Theil. Bearbeitet von C. Vogel. Gestochen v. H. Eberhardt, Terrain von Wilhelm Weiler. 1871.
25. Süd-West Deutschland und Schweiz. Südlicher Theil. Bearbeitet von C. Vogel. Gestochen v. H. Eberhardt, Terrain von Wilh. Weiler. 1871.
26. Österreich-Ungarische Monarchie. 1872.
27. Östliches Deutschland oder Böhmen, Mähren und Schlesien entworfen & bearbeitet von Hermann Berghaus. Gest. v. W. Alt, Terrain v. Jungmann. 1875.
28. Süd-östliches Deutschland nebst einem Theile des nördlichen Italien entworfen & bearbeitet von Hermann Berghaus. Gestochen v. W. Alt, Berge v. C. Jungmann. 1873.
29. Länder der Ungarischen Krone: Ungarn, Siebenbürgen, Slavonien und ein Theil von Kroatien. Gest. von W. Alt, Berge von C. Jungmann. 1871.
30. Italien von A. Petermann. Gezeichnet von H. Habenicht. Gestochen von C. Stier u. H. Eberhart. 1872.
31. Ober- und Mittel-Italien von A. Petermann. Gez. von H. Habenicht. Gest. v. A. Hanemann, Terrain v. C. Jungmann. 1874.
32. Süd-Italien von A. Petermann. Gez. v. H. Habenicht. Gest. von A. Hanemann, Terrain von C. Jungmann. 1874.
33. Frankreich und die Schweiz bearbeitet von Herm. Berghaus. Gest. v. W. Alt, Terrain v. W. Weiler. 1874.
34. C. Vogel: Frankreich in 4 Blättern, Blatt 1. Neu bearbeitet 1875. Rev. 1884. Gestochen von H. Eberhardt, Terrain von W. Weiler.
35. C. Vogel: Frankreich in 4. Blättern, Blatt 2. Gestochen von H. Eberhardt, Terrain von W. Weiler. 1875.
36. Frankreich in 4 Blättern. Von C. Vogel. C. Vogel: Frankreich in 4 Blättern, Blatt 3. Gestochen von H. Eberhardt, Terrain von W. Weiler. 1873.
37. C. Vogel: Frankreich in 4 Blättern, Blatt 4. Gestochen von H. Eberhardt, Terrain von W. Weiler. 1874.
38. Spanien und Portugal. Übersicht. Bearbeitet von C. Vogel. Revidirt 1884. Gestochen v. C. Metzeroth, Terrain von W. Weiler.
39. Spanische Halbinsel, Blatt 1. Von C. Vogel. Gestochen von H. Eberhardt u. F. Kühn, Terrain von Wilhelm Weiler. 1871.
40. Spanische Halbinsel, Blatt 2. Von C. Vogel. Gestochen von H. Eberhardt u. F. Kühn, Terrain von Wilhelm Weiler. 1871.
41. Spanien und Portugal in 4 Blättern. Von C. Vogel. Spanische Halbinsel, Blatt 3. Von C. Vogel. 1872.
42. Spanische Halbinsel, Blatt 4. Von C. Vogel. Gestochen von H. Eberhardt u. F. Kühn, Terrain von Wilhelm Weiler. 1871.
43. Niederlande und Belgien. Bearbeitet von C. Vogel. 1872.
44. Dänemark, Schleswig, Holstein u. Lauenburg, nebst den dänischen Colonien. Von A. Petermann. Gestochen von A. Hanemann. 1871.
45. Die Britischen Inseln und das umliegende Meer. Von A. Petermann. Bearbeitet von Ernst Debes. Gestochen v. Poppey u. Suchart. 1875.
46. Grossbritannien. Südliches Blatt: England (ohne die nördl. Grafschaften) u. Wales. Von A. Petermann. Bearb. v. Ernst Debes. Gest. v. Poppey u. Jungmann. 1872.
47. Grossbritannien. Nördliches Blatt: Schottland u. der nördlichste Theil Englands. Von A. Petermann. Gestochen von Poppey u. Jungmann. 1872.
48. Ireland von A. Petermann. Poppey u. Jungmann sculp. 1871.
49. Russland und Skandinavien von A. Petermann. Gezeichnet v. H. Habenicht. 1873.
50. Ost-Europa in 6 Blättern, enthaltend: Norwegen, Schweden, Russland, Kaukasien und die Türkei. Von A. Petermann. Ost-Europa Bl. 1: Norwegen; N. Schweden & Finnland, von A. Petermann. Gest. v. C. H. Poppey u. Jungmann. 1872.
51. Ost-Europa, Bl. 2: Nordost-Russland, von A. Petermann. Gest. v. H. Alt, A. Hanemann & Suchart. 1872.
52. Ost-Europa, No. 3: Süd-Schweden, die russischen Ostsee-Provinzen, Polen & West-Russland, von A. Petermann. Gest. von C. Stier. 1873.
53. Ost-Europa, No. 4: Central-Russland, von A. Petermann. 1873.
54. Ost-Europa, No. 5: Süd-West-Russland & die Türkei, von A. Petermann. 1874.
55. Ost-Europa, No. 6: Süd-Russland & Kaukasien, von A. Petermann. Gest. v. H. Alt u. Suchart. 1873.

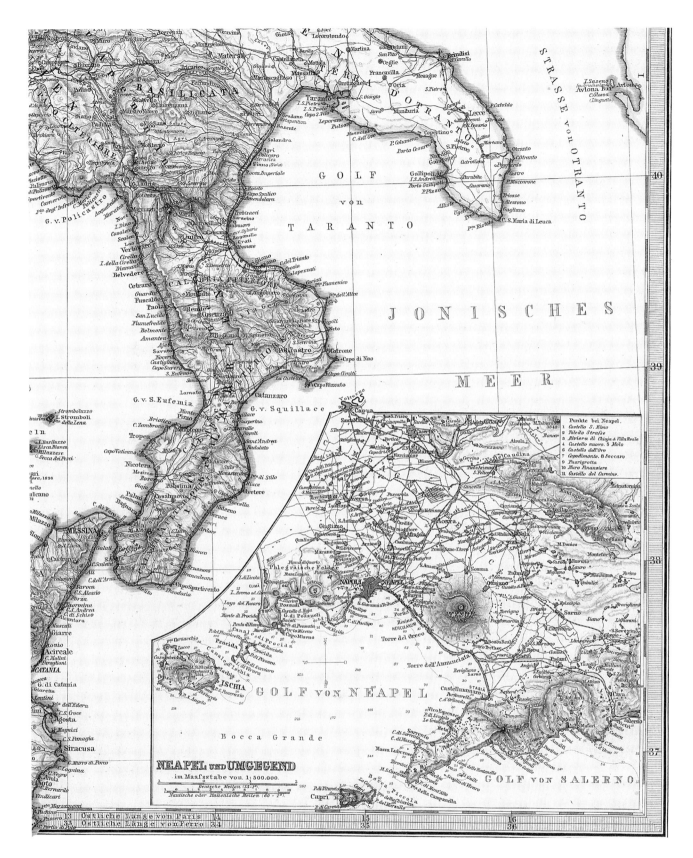

Abb. 17:
„Neapel und Umgebung" – Die Nebenkarte zur Süditaliendarstellung gehört zum bekannten Hand-Atlas von Adolf Stieler und zeigt in detailreicher Darstellung die Gegend um Neapel mit dem Vesuv und den Ruinen von Pompeji. Die erste Auflage von Stielers „Hand-Altas über alle Theile der Erde" (Gotha ca.1884) erschien erstmals 1817/23 in 82 Blättern, von denen Stieler zwei Drittel selbst gezeichnet hatte. Der Atlas erlebte bis 1925 insgesamt 10 Auflagen. (A 34, Nr. 32, Nebenkarte)

56. Die Europäische Türkei von A. Petermann. Bearbeitet v. H. Habenicht. 1874.
57. Griechenland und der Griechisch-Türkische Archipel. Von A. Petermann. Bearbeitet v. H. Habenicht. Gest. v. F. Eulenstein, Terrain v. C. Jungmann. 1873.
58. Asia entw. u. gez. von F. von Stülpnagel.
59. Nord- & Mittel-Asien, Übersicht des Russischen Reiches. Von A. Petermann. Bearbeitet v. Hanemann. Gest. v. Kühn, Terrain v. Kramer. 1874.
60. Klein-Asien & Syrien nebst den westlichen Theilen von Armenien, Kurdistan & Mesopotamien. Von A. Petermann. Gest. v. F. Eulenstein u. C. Jungmann. 1873.
61. Palästina von A. Petermann. Rev. 1884. Gest. v. Eberhardt & Grunert.
62. Iran & Turan oder: Persien, Afghanistan, Balutschistan, Turkestan. Von A. Petermann. Bearbeitet von H. Habenicht & F. Hanemann, rev. 1884.
63. Indien & Inner-Asien in 2 Blättern. Von A. Petermann. Revidirt v. Hm. Berghaus 1884.
64. A. Petermann: Indien & Inner-Asien, Nördliche Blatt. Bearbeitet von E. Debes & H. Habenicht. Rev. 1884.
65. China (Östl. Theil), Korea und Japan. Von A. Petermann. Bearbeitet von Ernst Debes. Gestochen v. H. Eberhardt, Terrain v. C. Jungmann. 1872.
66. Chinesisches Reich. Entw. v. H. Berghaus 1880, gez. v. M. Risch. Rev. 1884. Situation u. Schrift v. F. Kühn, Terrain v. A. Kramer.
67. Die Ostindischen Inseln entw. u. gez. von F. von Stülpnagel (Nachträge bis 1872). 1873.
68. Afrika gez. von F. v. Stülpnagel. Neue berichtigte Auflage. 1874.
69. Mittel- & Nord-Afrika, Westl. Theil. Entw. u. gez. v. Fr. v. Stülpnagel 1848. Ber. 1875 von A. P. 1875.
70. Nordost-Afrika und Arabien. Von A. Petermann. Neue Bearbeitung v. Herm. Berghaus 1881. Rev. 1884. Gest. v. C. Poppey, F. Kühn, Terrain v. A. Kramer.
71. Süd-Afrika & Madagaskar. Von A. Petermann. Gezeichnet v. H. Habenicht, rev. 1884. Gest. v. C. Stier, Terrain v. C. Jungmann.
72. Das Capland nebst den Süd-Afrikanischen Freistaaten und dem Gebiet der Hottentotten & Kaffern. Von A. Petermann. Bearbeitet von H. Habenicht. Gest. v. Poppey u. Jungmann. 1875.
73. Australien von A. Petermann. Gestochen von H. Alt & Schröder. 1871.
74. Süd-Ost-Australien. Nach officiellen und authentischen Dokumenten. Von A. Petermann. B. Hassenstein & E. Debes del. Alt & Suchart sculp. 1871.
75. West-Australien. Von A. Petermann. / Neu-Seeland (New Zealand). Von A. Petermann. Gestochen von Stier u. Suchart. 1871.
76. Polynesien und der Grosse Ocean (Westliches Blatt). Von A. Petermann. Gezeichnet v. E. Debes. Gest. v. Stier & Jungmann. 1872.
77. Polynesien und der Grosse Ocean (Östliches Blatt). Von A. Petermann. Gezeichnet v. E. Debes. Gest. v. C. Stier. 1872.
78. America gezeichnet von F. v. Stülpnagel. gest. v. W. Behrens. 1874.
79. Nord-America. Entworfen u. gezeichnet von F. von Stülpnagel. Gest. v. W. Behrens. 1873.
80. Vereinigte-Staaten von Nord-America, Mexico, Yucatan u. A. Entw. u. gez. v. Fr. v. Stülpnagel. Nachtr. bis 1873. Gestochen v. C. Metzeroth. 1873.
81. Petermann: Vereinigte Staaten von Nord-America in 6 Blättern, Bl. 1. Bearbeitet v. H. Habenicht. Gest. v. Metzeroth, Eberhardt, Kramer. 1872.
82. Petermann: Vereinigte Staaten von Nord-Amerika in 6 Blättern, Bl. 2. Bearbeitet von H. Habenicht. Gest. v. Eberhardt, Kühn, Metzeroth & Weiler. 1873.
83. Petermann: Vereinigte Staaten von Nord-Amerika, Bl. 3. Bearbeitet v. H. Habenicht. Gest. v. Eberhardt, Kühn, Metzeroth u. Weiler. 1873.
84. Die Vereinigten Staaten von Nord-Amerika in 6 Blättern. Von A. Petermann. Bl. 4. Bearbeitet von H. Habenicht. Gest. v. Eberhardt, Kühn, Metzeroth u. Weiler. 1873.
85. Petermann: Vereinigte Staaten von Nord-Amerika in 6 Blättern, Bl. 5. Bearbeitet v. H. Habenicht. Gest. v. Metzeroth, Eberhardt, Kühn u. Kramer. 1872.
86. Petermann: Vereinigte Staaten von Nord-Amerika in 6 Blättern, Bl. 6. Bearbeitet von H. Habenicht. Gest. Eberhardt, Kühn, Metzeroth u. Weiler. 1873.
87. West-Indien und Central-Amerika gezeichnet von Hermann Berghaus. 1872.
88. Süd-America. Entworfen u. gezeichnet von F. von Stülpnagel. Rev. v. Hm. Bgs. C. Stier sc. 1874.
89. Süd-America in zwei Blättern, gezeichnet von F. v. Stülpnagel. Neue berichtigte Auflage. 1873.
90. Der südliche Theil von Süd-America. 1873.

Lit.: GV 1700-1910 Bd 140, S. 77 (Ausgabe von 1871-1875. Neu bearbeitet v. Aug. Petermann, Herm. Berghaus u. Carl Vogel).
Sign.: Eb 151

A 35. Vandermaelen, Philippe:

Atlas Universel de Géographie Physique, Politique, Statistique et Mineralogique. Sur l'échelle de 1:1641836 ou d'une ligne par 1900 toises. D'apres les meilleures Cartes, Observations Atronomiques et Voyages dans les Pays de la Terre. Lithographié par H. Ode. 6 Bde. Bruxelles 1827. 2°

Das sechsbändige Werk im Großfolioformat enthält insgesamt 376 Tafeln im Blattformat, auf denen die damals bekannte Welt in einem einheitlichen Maßstab (1:1.641.836) dargestellt ist:
Bd I (Europa): 1 Vergleichendes Blatt zu den Höhen der Berge in den einzelnen Kontinenten (Tableau comparatif des principales Hauteurs du Globe. D'apres A. M. Perrot), 1 Gesamtkarte u. 29 durchnumerierte Einzelkarten (No. 1 (bis), 1 (ter), 1-27)
Bd II (Asien): 1 Gesamtkarte u. 111 durchnumerierte Teilkarten (No. 1 – 100, 110, 101, 102, 103 (bis), 103- 109)
Bd III (Afrika): 1 Gesamtkarte u. 59 durchnumerierte Einzelkarten (No. 1 (bis), 1 – 4, 5 (doppelt – „Iles Canaries et Madère"; „Partie de l'Egypte"), 6 – 18, 18 (bis), 19 – 52, 54 – 57)
Bd IV (Nordamerika): 2 Gesamtkarten (davon 1 Tableau provisoire d'Assemblage) u. 70 durchnumerierte Einzelkarten (No. 1 – 45, 47, 48, 51, 52, 54, 55, 57 (bis), 58 – 61, 63 – 76)
Bd V (Südamerika): 1 Gesamtkarte u. 45 durchnumerierte Einzelkarten (No. 1 – 3, 4 (bis), 4 – 15, 16 (doppelt – 2 unterschiedliche Tafeln „Partie du Brésil"), 17 – 43)
Bd VI (Ozeanien): 55 durchnumerierte Einzelkarten (No. 1, 2, 4 – 39, 41 – 44, 46 – 51, 53, 54, 56 – 60)

Lit.: BRUNET Bd V, Sp. 1071 (Nr. 29652); LEXIKON Bd II, S. 850.
Sign.: Eb 16

ANHANG A: FAKSIMILE-AUSGABEN

A 36. Mercator, Gerard:

Atlas sive cosmographicae meditationes de fabrica mundi et fabricati figura. Ed. Rumold Mercator, in 3 Teilen. [Mit einer Einführung].
Duisburg: o. J. (1595). [ND Coron-Verlag Zürich, Stuttgart, Wien. 1979]. 2°

Die Faksimileausgabe umfaßt die 57 (kolorierten) Karten der Ausgabe von 1595 (mit dem lateinischen Text auf der Kartenrückseite):
1. ORBIS TERRAE COMPENDIOSA DESCRIPTIO | Qam ex Magna Universali Gerardi Mercatoris Domino Richardo Gartho, Geographiæ ac ceterarum bonarum artium amatori ac fautori summo, in veteris amicitiae ac familiaritatis memoria Rumoldus Mercator fieri curabat Ao. MDLXXXVII. (Titelleiste oben).
2. EVROPA, | ad magnæ Europæ Ge: | rardi Mercatoris P. imitati: | onem, Rumoldi Mercatoris F. | cura edita, servato tamen | initio longitudinis ex ratio: | ne magnetis, quod Pater | in magna unver: | sali posuit. (Titelkartusche unten rechts). Duysburgi Clivorum typis æneis. (unten rechts).
3. AFRICA | Ex magna orbis ter: | ræ descriptione Gerardi | Mercatoris desumpta. | Studio & industria | G. M. | Iunioris. (Titelkartusche unten links).
4. ASIA | ex magna orbis terræ | descriptione Gerardi | Mercatoris desumpta, studio et industria | G. M. | Iunioris. (Titelkartusche unten links).
5. AMERICA | siue | INDIA NOVA, | ad magnæ Gerardi Merca: | toris aui Vniversalis imi: | tationem in compendi: | um redacta. Per Michaelem Mercatorem | Duysburgensem. (Titelkartusche unten rechts).
6. SEP: | TENTRIO: | NALIVM | Terrarum de: | scriptio. | Per | Gerardum Mercatorem | Cum Privilegio (Titelkartusche unten rechts).
7. ISLANDIA. (Titelkartusche oben rechts). Per Gerardum Mercatorem | Cum Privilegio (unten rechts).
8. ANGLIA, | SCOTIA et | HIBER: | NIA. (Titelkartusche oben links). Per Gerardum Mercatorem | Cum Privilegio (unten links).
9. SVECIA ET | NORVEGIA | cum confinijs (Titelkartusche oben links). Per Gerardum Mercatorem | Cum privilegio (unten links).
10. DANI: | AE | REGNVM (Titelkartusche oben rechts). Per Gerardum Merca: | torem Cum privilegio (unten links).
11. HOLSA: | TIA | ducatus (Titelkartusche unten rechts). Per Gerardum Mercatorem Cum privilegio (unten rechts).
12. PRVSSIA (Titelkartusche oben in der Mitte). Per Gerardum Mercatorem | Cum Privilegio (unten rechts).
13. RVSSIA | cum confinijs (Titelkartusche unten links). Per Gerardum Mercatorem | Cum Privilegio (unten rechts).
14. GALLIA (Titelkartusche links in der Mitte). Per Gerardum Mercatorem. Cum Privilegio (unten links).
15. HELVETIA | cum finitimis regioni: | bus confoederatis. (Titelkartusche oben links). Per Gerardum Merca: | torem | Cum privilegio. (unten links).
16. (Kanton Zürich u. Provinz Basel [ohne Titel]). Per Gerardum Mercatorem | Cum privilegio. (unten links).
17. Das | WIFLISPVR | GERGOV [Waadt, Bern, Fribourg] (Titelkartusche oben links). Per Gerardum | Mercatorem | Cum Privilegio. (unten rechts).
18. (Aargau [ohne Titel]). Per Gerardum Merca: | torem | Cum privilegio (unten links).
19. BELGIAE | inferioris descriptio emendata | cum circumiacentium regionum | confinijs [Niederlande] (Titelkartusche oben links). Per Gerardum Mercatorem | Cum Privilegio (unten rechts).
20. TRIER | & | LVTZEN | BVRG (Titelkartusche unten links). Per Gerardum Mercatorem | Cum Privilegio (unten links).
21. HISPANIAE NOVA | DESCRIPTIO, DE IN: | TEGRO MULTIS IN | LOCIS, SECUNDUM | HYDROGRAPHICAS, | DESC. EMENDATA. | Petrus Kærius sculpsit | Judocus Hondius excud. (Titelkartusche unten rechts).
22. GER | MA | NIA (Titelkartusche unten links).
23. FRISIA | occidentalis. [Friesland, Provinz der Niederlande] (Titelkartusche oben links). Per Gerardum Mercatorem | Cum Privilegio. (unten rechts).
24. EMDEN [= Ostfriesland] | & OLDEN | BORCH | comit. (Titelkartusche oben links). Per Gerardum | Mercatorem | Cum privilegio (unten links).
25. WESTFA | LIA | Cum Dioecesi | Bremensi. (Titelkartusche oben links). Per Gerardum Mercatorem | Cum Privilegio (unten links).
26. (Westfalen, 2. Tafel [ohne Titel]). Per Gerardum | Mercatorem | Cum privilegio (unten links).
27. BERGHE | Ducatus | MARCK CO: | mitatus et | COLONIEN | sis Dioecesis [Westfalen, 3. Tafel] (Titelkartusche unten rechts). Per Gerardum Mercatorem | Cum Privilegio (unten links).
28. WALD | ECK (Titelkartusche oben links). Per Gerardum Mercatorem | Cum Privilegio (unten links).
29. PALATINATVS | Rheni. (Titelkartusche oben rechts). Per Gerardum Mercatorem | Cum Privilegio (unten links).
30. WIRTEN | BERG | Ducatus (Titelkartusche oben rechts). Per Gerardum Mercatorem | Cum Privilegio (unten rechts).
31. ALSATIA | inferior (Titelkartusche oben rechts). Per Gerardum Mercatorem | Cum privilegio (unten links).
32. ALSATIA superior cum | Suntgoia & Brisgoia. (Titelkartusche unten in der Mitte). Per Gerardum Mercatorem | Cum privilegio (unten links).
33. SAXONIA INFERIOR, | ET MEKLENBORG DUC: (Titelkartusche oben links). Per Gerardum Mercatorem | Cum Privilegio (unten links).
34. BRAVNSWYCK | & MEYDENBVRG | cum ceteris ad: | iacentibus, (Titelkartusche unten links). Per Gerardum Mercatorem | Cum Privilegio (unten rechts).
35. HASSIA | landtgra: | uiatus. (Titelkartusche oben links). Per Gerardum Mercatorem | Cum privilegio. (unten rechts).
36. THVRIN | GIA (Titelkartusche unten rechts). Per Gerardum Mercatorem Cum privilegio. (unten links).
37. FRANC: | KEN: | LANDT. | Francia | orienta: | lis. (Titelkartusche oben rechts). Per Gerardum Mercatorem | Cum privilegio (unten links).
38. BAVA | RIA DV | CATVS (Titelkartusche unten rechts). Per Gerardum Mercatorem Cum privilegio (unten rechts).
39. PALATINA | TVS | BAVARIAE [Oberpfalz] (Titelkartusche unten rechts). Per Gerardum Mercatorem | Cum Privilegio (unten in der Mitte).
40. SAXONIAE | superioris | LVSATIAE MIS: | NIÆQVE | descriptio (Titelkartusche oben links). Per Gerardum | Mercatorem | Cum privilegio (unten links).
41. MARCA BRAN: | DENBVRGENSIS & | POMERANIA. (Titelkartusche unten links). Per Gerardum Mercatorem Cum Privilegio. (unten links).

42. BOHE | MIA (Titelkartusche unten links). Per Gerardum Mercatorem | Cum privilegio. (unten links).
43. MORA | VIA (Titelkartusche oben links). Per Gerardum Mercatorem | Cum privilegio (unten rechts).
44. AVSTRIA | archiducatus. (Titelkartusche unten links). Per Gerardum Mercatorem, Cum Privilegio. (unten in der Mitte).
45. SALTZBVRG | archiepiscopatus | cum ducatu | CARINTHIÆ (Titelkartusche oben rechts). Per Gerardum Mercatorem | Cum privilegio (unten rechts).
46. POLONIA | ET | SILESIA (Titelkartusche unten links). Per Gerardum Mercatorem | Cum privilegio (unten links).
47. HVNGA | RIA. (Titelkartusche unten links). Per Gerardum Mercatorem | Cum Privilegio (unten in der Mitte).
48. ITALIA (Titelkartusche oben rechts). Per Gerardum Mercatorem | Cum privilegio (unten links).
49. LOMBAR: | DIAE AL: | pestris pars | occidentalis | cum VALESIA [Wallis] (Titelkartusche oben links). Per Gerardum Mercatorem Cum Privilegio (oben links).
50. TAR: | VISINA | MARCHIA | ET | TIROLIS | COMITA: | TVS [Lombardei, 2. Tafel, mit Treviso] (Titelkartusche oben links). Per Gerardum Mercatorem | Cum privilegio (unten rechts).
51. PEDE: | MONTANA | regio cum | GENVENSIVM | territorio & | MONTISFER: | RATI | Marchiona: | tus [Lombardei, 3. Tafel] (Titelkartusche unten rechts). Per Gerardum Mercatorem | Cum privilegio. (oben links).
52. FORVM IV: | LIVM, KARSTIA, CAR: | NIOLA, HISTRIA | ET WINDORVM | MARCHIA [Friaul, Innerkrain (Karst), Krain, Istrien u. Windische Mark] (Titelkartusche unten in der Mitte). Per Gerardum Mercatorem | Cum privilegio (unten links).
53. STIRIA [Steiermark] (Titelkartusche oben rechts). Per Gerardum Mercatorem | Cum privilegio (unten rechts).
54. SCLAVONIA, | CROATIA, BOSNIA | CVM DALMATIAE | PARTE. (Titelkartusche oben rechts). Per Gerardum Mercatorem | Cum privilegio (unten links).
55. WALACHIA | SERVIA, BVLGA: | RIA, ROMANIA (Titelkartusche unten links). Per Gerardum Mercatorem | Cum privilegio (unten links).
56. GRÆ | CIA (Titelkartusche unten links). Per Gerardum Mercatorem | Cum Privilegio (unten rechts).
57. CANDIA | cum | Insulis aliquot | circa Græciam [Kreta mit Korfu, Zante, Milos, Naxos, Santorin u. Karpathos] (Titelkartusche oben in der Mitte).

Die drei Teile sind durch besondere Titelblätter eingeleitet:
I. ATLANTIS | Pars altera | GEOGRAPHIA | NOVA | Totius Mundi. | Authore | Gerardo Mercatore Ru: | pelmundano, Illustriß. Du: | cis Juliæ etc. Cosmographo | Duysburgi Clivorum (Tafel 1 – 21)
II. GERMA | NIAE | tabulæ geogra: | phicæ. | Per Gerardum Mercato: | rem Illustriß. Juliæ | Cliviæ etc. Cosmographum | Duysburgi editæ. (Tafel 22 – 47)
III. ITALIAE, | SCLAVONIÆ, ET | GRÆCIÆ | tabulæ geographicæ, | Per Gerardum | Mercatorem Illustrißimi | Ducis Juliæ, Cliviæ, etc. | Cosmographum. | Duysburgi editæ (Tafel 48 – 57)

Sign.: LZB, Erd 37 M

A 37. Ortelius, Abraham:

Die schönsten Karten aus dem Theatrum Orbis Terrarum. Buchgemeinschafts-Ausgabe (Bertelsmann). Mit einem Nachwort von Werner Ludewig.
Amsterdam o. J. (ca. 1966). 2°

In der Ausgabe finden sich 28 Blätter der Ortelius-Erstausgabe von 1570 (Titelblatt u. 27 Karten), jeweils mit den Texten zu den Karten auf der Kartenrückseite in deutscher Übersetzung:
1. THEA- | TRVM | ORBIS | TERRA- | RVM (Titelblatt)
2. TYPVS ORBIS TERRARVM. (Titelleiste oben). Franciscus Hogenbergus sculpsit (unten rechts innen).
3. AMERICA SIVE | NOVI ORBIS NO- | VA DESCRIPTIO. (Titelkartusche unten links).
4. AFRI- | CAE TA- | BVLA | NOVA. | EDITA ANT- | VERPIAE | 1570. (Titelkartusche unten links).
5. EVROPAE (Titelkartusche links in der Mitte).
6. ANGLIAE, SCOTIAE, ET HIBERNIAE, SIVE | BRITANNICAR: INSVLARVM DESCRIPTIO. (Titelkartusche oben rechts).
7. REGNI | HISPANIAE POST | OMNIVM EDITIO- | NES LOCVPLETISSI- | MA DESCRIPTIO. (Titelkartusche unten rechts).
8. GALLIAE REGNI POTENTISS: NOVA DESCRIPTIO, IOANNE IOLIVETO AUCTORE (Titelleiste oben).
9. GERMANIA. (Titelkartusche oben links).
10. DESCRIP- | TIO GERMANIAE INFERIORIS. (Titelkartusche oben in der Mitte).
11. ZELANDICARVM | INSVLARVM EXAC- | TISSIMA ET NOVA | DESCRIPTIO, AVC- | TORE D. IACOBO | A DAVENTRIA (Titelkartusche unten rechts).
12. DANIAE | REGNI | TYPVS. (Titelkartusche oben rechts).
13. SAXONIAE, | MISNIAE, THV- | RINGIAE, NOVA | DESCRIPTIO. (Titelkartusche unten links).
14. AVSTRIAE | DVCATVS CHORO- | GRAPHIA, WOLF- | GANGO LAZIO | AVCTORE. (Titelkartusche oben links).
15. SALISBVRGENSIS IVRISDICTIO- | nis, locorumque vicinorum vera descriptio Auctore | Marco Secznagel Salisburgense. (Titelkartusche oben rechts).
16. Tipus | VINDELICIAE | SIVE VTRIVSQVE | BAVARIAE, SECVNDVM | antiquam et recentiorem situm, ab Joanne Aven- | tino olim descriptus, Principibusque eiusdem | regionis dedicatus, atque Lands- | huti editus Anno à | Christo nato 1533. (Titelkartusche unten rechts).
17. HELVETIAE DESCRIPTIO | AEGIDIO TSCHVDO AVCT. (Titelkartusche oben rechts).
18. ITALIAE NOVISSIMA | DESCRIPTIO AVCTORE | IACOBO CASTALDO | PEDEMONTANO (Titelkartusche oben rechts).
19. [Blatt mit drei Karten zu Italien], obere Hälfte: LARII LACVS VVLGO | COMENSIS DESCRIPTIO, | AVCT. PAVLO IOVIO. (Titel unten links), unten links: TERRI- | TORII | ROMA- | NI DE- | SCRIPT. (Titelkartusche unten rechts), unten rechts: FORI IV- | LII, VVL- | GO FRIV- | LI TYPVS. (Titelkartusche unten links).
20. HVNGARIAE DESCRIPTIO, WOLFGANGO LAZIO AVCT. (Titelleiste oben).
21. POLONIAE | finitimarumque | locorum descrip- | tio Auctore | WENCESLAO | GODRECCIO | Polono. (Titelkartusche unten links).
22. SEP[-] | TEN[-] | TRI[-] | ONA[-] | LIVM RE[-] | GIONVM | DESCRIP. (Titelkartusche unten rechts).

23. RVSSIAE MOSCO[-] | VIAE ET TARTA[-] |RIAE DES-CRIP[-] | TIO, Auctore | Antonio Iensono Anglo, edita | Londini Anno 1562 et dedicata |illustriss. D. Henrico Sydneo | Walliae presidi. (Titelkartusche unten links).
24. TAR- | TARIAE | SIVE MAG[-] | NI CHAMI | REGNI | typus (Titelkartusche oben rechts).
25. INDIAE | ORIENTALIS, | INSVLARVMQVE | ADIACENTI- | VM TY- | PVS. (Titelkartusche unten links).
26. TVRCICI IMPE- | RII DESCRIPTIO. (Titelkartusche unten links).
27. PALESTINAE SIVE | TOTIVS TERRAE PRO- | MISSIONIS NOVA | DESCRIPTIO AVC- | TORE TILEMANNO | STELLA SIGENENS. (Titelkartusche unten rechts).
28. [Blatt mit drei Karten), linke Hälfte: NATOLIAE, | QVAE OLIM | ASIA MIN- | OR, NOVA DE- | SCRIPTIO. (Titelkartusche oben rechts), rechts oben: AEGYPTI RE[-] | CENTIOR DE[-] | SCRIPTIO. (Titelkartusche unten links), rechts unten: CARTHAGINIS | CELEBERRIMI | SINVS TYPVS (Titelkartusche unten links).

Sign.: LZB, Erd 33 O

ANHANG B: LEIHGABE

A 38.

Sammelatlas im Folioformat, ohne Titelblatt, mit 71 Karten zumeist in Blattgröße (gefertigt in Nürnberg, vor allem im Hause Homann, und in Augsburg zwischen 1684 und ca. 1780); beim Binden gegen Ende des 18. Jahrhunderts wurden einige Karten beschnitten.
Der Sammelatlas umfaßt 71 Karten:

A 38/1. Homann Erben:

PLANIGLOBII TERRESTRIS | Mappa Vniversalis | Utrumque Hemisphærium Orient. et Occidentale repræsentans | Ex IV. mappis generalibus Hasianis composita et adjectis | ceteris hemisphæriis designata a G. M. Lowizio | Excudentibus Homannianis Heredibus A. MDCCXXXXVI. (1. Titelkartusche oben links). / MAPPE MONDE | ... | dressée par M. G. M. Lowitz, et publiée par les Heritiers de | Homann l'An 1746. (2. Titelkartusche oben rechts).
Nürnberg: Homann Erben, 1746.

Lit.: SANDLER ERBEN, S. 419 (Nr. 1)

A 38/2. Lotter Brüder:

CARTE | GÉNÉRALE | DE L'EUROPE | Ou se trouvent les Frontieres les plus nouvelles, | et ou l'on voit le Départ et Retour | du Capitaine Cook, dans ses | differens Voyages. | Par les Freres Lotter à Augsbourg. (Titel links in der Mitte).
Augsburg: Lotter Brüder, ca. 1780.
Karte, zusammengeklebt aus zwei Blättern. In die Europa-Karte sind die Routen von Kapitän James Cook auf seinen Entdeckungsreisen zwischen 1772 und 1778 eingezeichnet.

Lit.: KDB

A 38/3. Johann Baptist Homann:

Recentissima | ASIAE | Delineatio, | Qua IMPERIA, ejus REGNA, et STATUS | Unacum novissimis RUSSORUM detectionibus | circa MARE CASPIUM et TERRAM YEDSO alias dict | per illor: Expedit: et Excursiones factis sistuntur | dirigente | IOH. CHRISTOPH. HOMANNO MD | cum Gratiosis: SAC: CÆS: MAI[ESTA]TIS | Privilegio | Noribe[rg]æ (Titelkartusche unten links).
Nürnberg: Johann Christoph Homann, o.J. (nach 1720).

Lit.: KDB

A 38/4. Johann Baptist Homann:

TOTIUS | AFRICAE | NOVA REPRÆSENTATIO | qua | præter diversos in ea Status et Re[-] | giones, etiam Origo Nili | ex veris R. R. P. P. Mißionariorum Re[-] | lationibus ostenditur | a IO. BAPTISTA HOMANNO | Sac. Cæs. Maj. Geographo | Norimbergæ | Privilegio Sac. Cæs. Maj. (Titelkartusche unten links).
Nürnberg: Johann Baptist Homann, o.J. (zw. 1707 u. 1715)

Lit.: SANDLER HOMANN, S. 345 (Nr. 7)

A 38/5. Johann Baptist Homann:

TOTIUS | AMERICAE | SEPTENTRIONALIS ET MERIDIONALIS | NOVISSIMA REPRÆSENTATIO | quam ex singulis recentium Geographorum Tabulis collectam | luci publicæ accomodavit | IOHANNES BAPTISTA HOMANN | Sac. Cæs. Maj. Geog. e. Reg. Boruß. Societ. Scientiarum membrum | Norimbergæ | Cum Privilegio Sac. Cæs. Majestatis. (Titelkartusche unten links).
Nürnberg: Johann Baptist Homann, o.J. (zw. 1707 u. 1715)

Lit.: SANDLER HOMANN, S. 345 (Nr. 8)

A 38/6. Johann Baptist Homann:

PORTUGALLIÆ | ET | ALGARBIÆ | cum finitimis Hispaniæ Regnis | CASTILIÆ LEGIONIS [= Leon] ANDALUSIÆ EX- | TREMATURÆ [= Estremadura] GALLICIÆ & GRANATÆ | Novissima Tabula | ... | a | IOHANNE BAPT HOMANNO | Geographo & Chalcographo Norimberg | Cum Privilegio Sac. Cæs. Majestatis. (Titelkartusche links in der Mitte). Nebenkarte (unten links): REGNUM BRASILIÆ ...
Nürnberg: Johann Baptist Homann, o.J. (zw. 1707 u. 1715)

Lit.: SANDLER HOMANN, S. 345 (Nr. 10)

A 38/7. Johann Baptist Homann:

REGNORUM | HISPANIÆ | et | PORTUGALLIÆ | Tabula Generalis | ... | à IOH. BAPT. HOMANNO | Noribergæ | Cum Privilegio Sac. Cæs. Majt. (Titelkartusche unten rechts).
Nürnberg: Johann Baptist Homann, o.J. (zw. 1707 u. 1715)

Lit.: SANDLER HOMANN, S. 345 (Nr. 11)

A 38/8. Homann Erben:

Carte nouvelle | De | L'ISLE de CADIX & du | Detroit de | GIBRALTAR | Levée par IEAN de PETIT ... | ... | publée par Mr. WEIDLER ... | ... | Aux depens des Heritiers du feu M. le docteur | Homann Geographe | Avec. Privil. (Titelkartusche oben in der Mitte).
Nürnberg: Homann Erben, o.J. (ca. 1730)

Lit.: auch vorhanden in der Jordtschen Kartensammlung (vgl. A 3), Nr. 18

A 38/9. Johann Baptist Homann:

TOTIUS REGN[I] | GALLIÆ | sive | FRANCIÆ | TABULA | novissime revisa multisque | locis augmentata | a | IOH BAPT: HOMANNO | Norimbergæ | Cum Privilegio Sac. Cæs. Majest. (Titelkartusche links in der Mitte).
Nürnberg: Johann Baptist Homann, o.J. (zw. 1707 u. 1715)

Lit.: SANDLER HOMANN, S. 345 (Nr. 13)

A 38/10. Johann Baptist Homann:

MAGNAE BRITANNIAE | Pars Meridionalis in qua | REGNUM ANGLIÆ | TAM IN SEPTEM ANTIQUA | ANGLO-SAXONUM REGNA | quam in omnes Hodiernas Regiones | accurate divisum hic ostenditur. | quam tabulam ab ARCHETYPO VISCHERIANO desum[-] | ptam exhibet | IOH BAPT. HOMANNUS | Noribergæ, (Titelkartusche oben rechts).
Nürnberg: Johann Baptist Homann, o.J. (zw. 1707 u. 1715)

Lit.: SANDLER HOMANN, S. 346 (Nr. 48); SANDLER ERBEN, S. 420 (Nr. 29)

A 38/11. Johann Baptist Homann:

BELGII | PARS SEPTENTRIONALIS | communi nomine | vulgo | HOLLANDIA | nuncupata | CONTINENS STATUM | POTENTISSIMÆ | BATAVORUM REIPUBLICÆ | SEV PROVINCIAS VII. FOEDERATAS | exhibente | IO. BAPTISTA HOMANNO | NORIBERGÆ | Cum Privilegio Sac. Cæs. Majestatis. (Titelkartusche oben links). Nebenkarte (unter der Titelkartusche): INDIA ORIENTALIS Batavorum Commerciis Potentia & Coloniis celeberrima.

Nürnberg: Johann Baptist Homann, o.J. (zw. 1707 u. 1715)

Lit.: SANDLER HOMANN, S. 345 (Nr. 28)

A 38/12. Johann Baptist Homann:

MAGNAE BRITANNIAE | Pars Septentrionalis | qua | REGNUM SCOTIÆ | in Suas Partes et subjacentes Insulas divisum | ACCURATA TABULA | ex archetypo VISCHERIANO desumta exhibetur | imitatore | IOHAN. BAPT. HOMANNO | Noribergæ (Titelkartusche oben links).
Nürnberg: Johann Baptist Homann, o.J. (zw. 1707 u. 1715)

Lit.: SANDLER HOMANN, S. 346 (Nr. 49); SANDLER ERBEN, S. 420 (Nr. 31)

A 38/13. Johann Baptist Homann:

HIBERNIÆ | REGNUM | tam in præcipuas | ULTONIÆ, CONNACIÆ, | LACENIÆ et MOMONIÆ, | tam in minores eorundem Provincias | et Ditiones divisum | ex prototypo GUIL. PETIT-VISCHERIANO deductum | et exhibitum | à | IOH. BAPT. HOMANNO | Noribergæ. (Titelkartusche oben links).
Nürnberg: Johann Baptist Homann, o.J. (zw. 1707 u. 1715)

Lit.: SANDLER HOMANN, S. 346 (Nr. 50); SANDLER ERBEN, S. 420 (Nr. 32)

A 38/14. Homann Erben:

[Umgebungskarte London] (Titelleiste beim Binden weitgehend abgeschnitten). Stadtansicht (unten): London u. Westminster | von der Sud-Seyte.
Nürnberg: Homann Erben, 1741.

Lit.: SANDLER ERBEN, S. 420 (Nr. 30)

A 38/15. Johann Baptist Homann:

TABULA GENERALIS TOTIUS BELGII | qua | PROVINCIÆ XVII. INFER. GERMANIÆ | olim sub | S. R. I. CIRCULUM BURGUNDIÆ | comprehensæ | nunc in Varias Potentias tum liberas utpote | PROV. VII. FOEDERATAS, tum reliquas HISPANIÆ et GALLIÆ | Coronis subjectas, separata ostenduntur | à | IOHANNE BAPTISTA HOMANNO | Norimbergæ. | Cum Privilegio Sac. Cæs. Majest. (Titelkartusche oben links).
Nürnberg: Johann Baptist Homann, o.J. (zw. 1707 u. 1715)

Lit.: SANDLER HOMANN, S. 345 (Nr. 27)

A 38/16. Johann Baptist Homann:

ARENA MARTIS | IN BELGIO | QUA PROVINCIÆ X. CATHOLICÆ | INFERIORIS GERMANIÆ | cum vicinis Episcopatibus | COLONIENSI ET LEODINENSI [= Lüttich] | allisque finitimis Regionibus | novißime proponuntur | à | IO BAPTISTA HOMANNO | NORIMBERGÆ | Cum Privilegio Sac. Cæs. Maj. (Titelkartusche oben links).
Nürnberg: Johann Baptist Homann, o.J. (zw. 1707 u. 1715)

Lit.: SANDLER HOMANN, S. 345 (Nr. 29)

A 38/17. Homann Erben:

TABVLA | COMITATVS | HOLLANDIÆ | cum ipsius Confinijs, | DOMINII nimirum VLTRAIECTANI | nec non | GELDRIÆ et FRISIÆ | Geographice tradita | curis HOMANNIANORVM | HEREDVM. | NORIB. A. MDCCXXXIII. | Cum Privilegio | Sac. Cæs. Maj. (Titelkartusche oben links),
Nürnberg: Homann Erben, 1733.

Lit.: SANDLER ERBEN, S. 420 (Nr. 42)

A 38/18. Johann Baptist Homann:

Potentissimæ | HELVETIORUM | REIPUBLICÆ | CANTONES TREDECIM | cum Foederatis et Subjectis Provinciis | exhibiti | A JOH BAPTISTA HOMANNO | Noribergæ (Titelkartusche oben links).
Nürnberg: Johann Baptist Homann, o.J. (zw. 1702 u. 1715)

Lit.: SANDLER HOMANN, S. 345 (Nr. 19)

A 38/19. Johann Baptist Homann:

STATUUM | totius | ITALIÆ | novißima repræsentatio geographica | simul exhibens Insulas | SICILIÆ SARDINIÆ CORSICÆ | ET MALTÆ | conante | IOH. BAPT. HOMANNO S. C. M. GEOGRAPHO | Norimbergæ | Cum Privilegio Sac. Cæs. Majest. (Titelkartusche unten links).
Nürnberg: Johann Baptist Homann, o.J. (zw. 1707 u. 1715)

Lit.: ohne Privileg auch in der Jordtschen Kartensammlung (vgl. A 3), Nr. 130

A 38/20. Johann Baptist Homann:

Novißima & exactißima | TOTIVS REGNI | NEAPOLIS | TABVLA | PRÆSENTIS BELLI STATVI ACCOMO[-] | DATA ET EXHIBITA | A IOANNE BAPT: HOMANNO | Norimbergæ | Cum Priv. S. C. M. (Titelkartusche oben rechts).
Nürnberg: Johann Baptist Homann, o.J. (zw. 1707 u. 1715)

Lit.: SANDLER HOMANN, S. 345 (Nr. 17); SANDLER ERBEN, S. 420 (Nr. 61)

A 38/21. Homann Erben:

Theatrum Belli | ad | RHENUM SUPERIOR. | nec non | Munimentorum tum Impe- | rialium, tum Gallicorum | ichnographica exhibitio | accurate tradita | Per Homannianos Heredes | A. MDCCXXXIV | Cum Privil. S. C. Majest. (Titelkartusche oben links). Mit 9 Stadt- u. Festungsplänen an den Rändern links u. rechts: LANDAV, STRASBURG, NEU BREISACH, FORT LOVIS, HÜNNINGEN, MANHEIM, PHILIPPSBURG, ALT BREISACH, FREIBURG.
Nürnberg: Homann Erben, 1734.

Lit.: SANDLER ERBEN, S. 431

A 38/22. Johann Baptist Homann:

REGIÆ CELSITUDINIS SABAUDICÆ STATUS | in quo | DUCATUS SABAUDIÆ [= Savoyen] | PRINCIPATUS PEDEMONTIUM [= Piemont] | ET DUCATUS MONTISFERRATI | ... | exhibentur | Directione et Sumptibus | IO. BAPTISTÆ HOMANNI | Norimbergæ | Cum Privilegio Sac. Cæs. M. (Titelkartusche oben rechts).
Nürnberg: Johann Baptist Homann, o.J. (zw. 1707 u. 1715)

Lit.: SANDLER HOMANN, S. 345 (Nr. 16)

A 38/23. Johann Baptist Homann:

DANUBII FLUMINIS ... PARS MEDIA [1. Zeile der Titelleiste weitgehend abgeschnitten] | in qua HUNGARIA, SCLAVONIA, BOSNIA, DALMATIA et SERVIA ... describunter à JOH. BAPT. HOMANNO S. C. M. Geographo Norimbergæ. (Titelleiste oben).
Nürnberg: Johann Baptist Homann, o.J. (zw. 1715 u. 1724)

Lit.: SANDLER ERBEN, S. 421 (Nr. 72)

A 38/24. Johann Baptist Homann:

DOMINII | VENETI [= Venedig] | cum vicinis | PARMÆ MUTINÆ | MANTUÆ et MIRANDOL[Æ] | STATIBUS | Nova Descriptio edita | A IOH. BAPTISTA HOMANNO | Sacræ Cæs. Majestatis Geographo | Norimbergæ. (Titelkartusche unten rechts).
Nürnberg: Johann Baptist Homann, o.J. (zw. 1715 u. 1724)

Lit.: SANDLER HOMANN, S. 347 (Nr. 106); SANDLER ERBEN, S. 420 (Nr. 56)

A 38/25. Johann Baptist Homann:

STATUS | ECCLESIASTICI | MAGNIQUE DUCATUS | FLORENTINI | Nova Exhibitio | repræsentata a IO. BAPT. HOMANNO Norimbergæ (Titelkartusche oben rechts).
Nürnberg: Johann Baptist Homann, o.J. (zw. 1715 u. 1724)

Lit.: mit Privileg auch in der Jordtschen Kartensammlung (vgl. A 3), Nr. 156

A 38/26. Homann Erben:

REGNI & INSVLAE | SICILIAE | Tabula geographica, | ex Archetypo grandiori in hoc compendium | redacta studio Hommannianorum Heredum | Ao. 1747. (Titelkartusche unten links).
Nürnberg: Homann Erben, 1747.

Lit.: auch in der Jordtschen Kartensammlung (vgl. A 3), Nr. 166

A 38/27. Johann Baptist Homann:

TABULA GENERALIS | IUTIAE | continens | DIOECESES QUATUOR | ALBURGENSEM, WIBURGENSEM, | RIPENSEM ET ARHUSIENSEM, | ... | à IOH. BAPT. HOMANNO | Noribergæ. | Cum Privilegio Sac. Cæs. Maj. (Titelkartusche oben links).
Nürnberg: Johann Baptist Homann, o.J. (zw. 1707 u. 1715)

Lit.: ohne Privileg auch in der Jordtschen Kartensammlung (vgl. A 3), Nr. 361

A 38/28. Johann Baptist Homann:

DUCATUS | SLESVICENSIS | ... | à IOH. BAPTISTA HOMANNO | Norimbergæ. (Titelkartusche unten links).
Nürnberg: Johann Baptist Homann, o.J. (zw. 1702 u. 1715)

Lit.: SANDLER HOMANN, S. 346 (Nr. 98); SANDLER ERBEN, S. 421 (Nr. 95)

A 38/29. Johann Baptist Homann:

REGNI | NORVEGIÆ | ACCVRATA TABVLA | ... | a IOH BAPTISTA HOMANNO | Noribergæ | Cum Privilegio Sac. Cæs. Majest. (Titelkartusche unten links).
Nürnberg: Johann Baptist Homann, o.J. (zw. 1707 u. 1715)

Lit.: SANDLER HOMANN, S. 346 (Nr. 96); SANDLER ERBEN, S. 421 (Nr. 97)

A 38/30. Johann Baptist Homann:

REGNI | SUECIAE | ... | Tabula Generalis | edita | à IOH. BAPT. HOMANNO | Noribergæ | Cum Privilegio Sacræ Cæs. Majestatis. (Titelkartusche unten rechts).
Nürnberg: Johann Baptist Homann, o.J.

Lit.: SANDLER HOMANN, S. 346 (Nr. 95); SANDLER ERBEN, S. 421 (Nr. 87)

A 38/31. Johann Baptist Homann:

Accurate Carte | der | UPLÄNDISCHEN SCHEREN | mit der Situation und Gegend | umb die Königl. Schwedische Haupt und Residentz Stadt | STOCKHOLM | edirt von Joh: Bapt: Homann Ihro Rom: Kays: | Majt. Geographo in Nürnberg (Titelkartusche in der Karte unten links). 2 Stadtansichten von Stockholm (unter der Karte).
Nürnberg: Johann Baptist Homann, o.J. (zw. 1715 u. 1724)

Lit.: auch in der Jordtschen Kartensammlung (vgl. A 3), Nr. 367

A 38/32. Matthaeus Seutter:

BORUSSIAE | REGNUM | sub fortißimo Tutamine et justißimo Regimine | Serenißimi ac Potentißimi Principis | FRIDERICI WILHELMI | ... | Cura et sumtibus | MATTH. SEUTERI SAC. CÆS. MAJ. | GEOGRAPHI AUG. (Titelkartusche oben in der Mitte).
Augsburg: Matthaeus Seutter, o.J.

Lit.: SANDLER SEUTTER, S. 9 (Nr. 151)

A 38/33. Homann Erben:

Mappa Geographica | REGNI POLONIAE | ex novissimis quotquot sunt | mappis specialibus composita | et ad LL. stereographicae | projectionis revocata à | Tob. Mayero, S. C. S. | Luci publicae tradita per | Homannianos Heredes | Norimb. A, MDCCL.
Nürnberg: Homann Erben, 1750.

Lit.: SANDLER ERBEN, S. 421 (Nr. 103)

A 38/34. Johann Baptist Homann:

GENERALIS TOTIUS | IMPERII MOSCOVITICI | NOVISSIMA TABULA | ... | ex conatibus | IOHANNIS BAPTISTA HOMANNI | Norimbergæ | Cum Privilegio Sac. Cæsareæ Majestatis. (Titelkartusche unten links).
Nürnberg: Johann Baptist Homann, o.J. (zw. 1707 u. 1715)

Lit.: ohne Privileg auch in der Jordtschen Kartensammlung (vgl. A 3), Nr. 616

A 38/35. Johann Baptist Homann:

DVCATVVM | LIVONIÆ | et | CVRLANDIÆ | cum vicinis Insulis | Nova Exhibitio Geographica | editore | IOH. BAPTISTA HOMANNO | NORIMBERGÆ | Cum Privilegio | S. C. M. (Titelkartusche oben links).
Nürnberg: Johann Baptist Homann, o.J. (zw. 1707 u. 1715)

Lit.: ohne Privileg auch in der Jordtschen Kartensammlung (vgl. A 3), Nr. 376

A 38/36. Gabriel Bodenehr:

[NOVA] ET ACCURATA TABULA | [RE]GNORUM SUP. ET INF. | HUNGARIAE | [IT. SC]LAVONIÆ, BOSNIÆ, SERVIÆ | [ALB]ANIÆ, BESSARABIÆ | [UT ET] PRINCIP: TRANSYLVANIÆ | [MOLD]AVIÆ, WALACHIÆ, BULGAR | [E]T ROMANIÆ &c. | [ex o]ptimis Authoribus | [et re]lationibus collecta | [a] I. L. K. LL. | [Gab]riel Bodenehr | [Sc]ulps. et excud. | [Au]g. Vind. (Titelkartusche [am Rand beschädigt] oben links).
Augsburg: Gabriel Bodenehr, o.J. (ca. 1735).

Lit.: KDB

A 38/37. Johann Baptist Homann:

DANUBII FLUMINIS ... PARS INFIMA | in qua TRANSYLVANIA, WALACHIA, MOLDAVIA, BULGARIA, SERVIA, ROMANIA, BESSARABIA cum vicinis Regionibus ostenduntur à IOH. BAPT. HOMANNO S. C. M. Gegr. Norimbergæ. (Titelleiste oben).
Nürnberg: Johann Baptist Homann, o.J.

Lit.: SANDLER ERBEN, S. 421 (Nr. 73)

A 38/38. Johann Baptist Homann:

PRINCIPATUS | TRANSILVANIÆ | ... | operà | IOH. BAPTISTÆ HOMANNI | Sac. Cæs. Majest. Geographi et | Reg.æ Boruß.æ Societatis Scientiarum membri | Norimbergæ | Cum Privil. S. C. M. (Titelkartusche oben links).
Nürnberg: Johann Baptist Homann, o.J. (zw. 1715 u. 1724)

Lit.: ohne Privileg auch in der Jordtschen Kartensammlung (vgl. A 3), Nr. 390

A 38/39. Johann Baptist Homann:

IMPERIUM | TURCICUM | in | EUROPA, ASIA ET AFRICA, | ... | Sumtibus IO. BAPTISTÆ HOMANNI Noribergæ | Cum Privilegio Sac. Cæsaræ Majestatis. (Titelkartusche unten links).
Nürnberg: Johann Baptist Homann, o.J.

Lit.: SANDLER HOMANN, S. 345 (Nr. 37)

A 38/40. Homann Erben:

IMPERII TVRCICI EVROPAEI | TERRA, in primis | GRAECIA | ... | adornavit | Ioannes Christoph Harenberg | ... | Curantibus Homannianis | Heredibus A. 1741 | Cum Privil. | S. C. M. (Titelkartusche oben links).
Nürnberg: Homann Erben, 1741.

Lit.: auch in der Jordtschen Kartensammlung (vgl. A 3), Nr. 633

A 38/41. Homann Erben:

CARTE de l'ASIE MINEVRE ... / ASIAE MINORIS Veteris et Novae itemque PONTI EVXINI et PALVDIS MAEOTIDIS | Mappa vel Tabula ... | ... descripta a IOH. MATTH. HASIO ... | Impensis Homannianorum Heredum A. 1743. Cum Privil S. Cæs. Majest. gratiosissimo. (Titelleiste außen).
Nürnberg: Homann Erben, 1743.

Lit.: auch in der Jordtschen Kartensammlung (vgl. A 3), Nr. 637

A 38/42. Homann Erben:

PALAESTINA | in XII. TRIBVS | divisa | ... | Studio | IOHANNIS CHRISTOPH. HARENBERGII | ... | Curantibus Homannianis Heredibus | Norimb. A. 1750. (Titelkartusche unten rechts).
Nürnberg: Homann Erben, 1750.

Lit.: auch in der Jordtschen Kartensammlung (vgl. A 3), Nr. 643

A 38/43. Johann Baptist Homann:

PELOPONESUS | hodie | MOREÆ REGNUM | ... | Editore | IOH. BAPT. HOMANNO S. C. M. GEOGRApho | Noribergæ. Cum Privilegio Sac. Cæs. Maj. (Titelkartusche unten links).
Nürnberg: Johann Baptist Homann, o.J. (zw. 1715 u. 1724)

Lit.: ohne Privileg auch in der Jordtschen Kartensammlung (vgl. A 3), Nr. 634

A 38/44. Johann Baptist Homann:

INSULA | CRETA hodie CANDIA | ... | tabulam hanc Curiosis spectandam edidit | IOH. BAPT. HOMANNUS | Norimbergæ. | Cum Privilegio Sac. Cæs. Majestatis. (Titelkartusche links in der Mitte).
Nürnberg: Johann Baptist Homann, o.J. (zw. 1707 u. 1715)

Lit.: auch in der Jordtschen Kartensammlung (vgl. A 3), Nr. 635

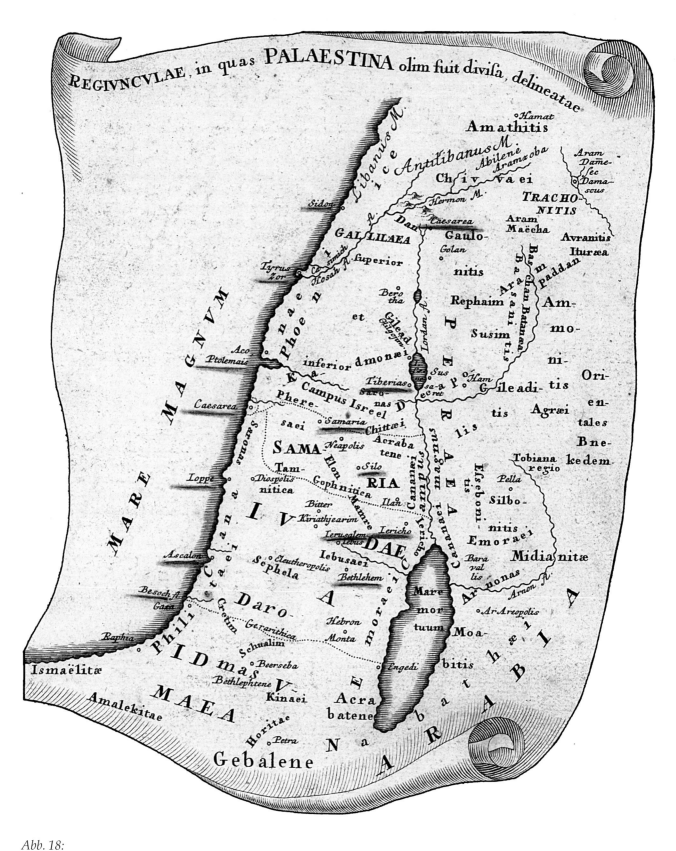

Abb. 18:
„Regiunculae, in quas Palaestina olim fuit divisa, delineatae." – Die Karte, eine Nebenkarte zu Johann Christoph Harenbergs Palästina-Karte, zeigt das palästinensische Gebiet vor der Errichtung des Staates Israel. Sie wurde im Jahre 1750 von den Homännischen Erben herausgegeben (A 38, Nr. 42, Nebenkarte).

A 38/45. Johann Baptist Homann:

IMPERIUM | ROMANUM | GERMANICUM | IN SUOS CIRCULOS DIVISUM | Geographice exhibitum et | in Usum Scholarum | ad mentem IOH. HÜBNERI ... | ... | destinatum | a IOH. BAPTISTA HOMANNO S. C. M. | Geographo et Regiæ Boruß. Societatis | Scientiarum Membro | Norimbergæ | Cum Privilegio Sac. | Cæs. Majest. (Titelkartusche oben links).
Nürnberg: Johann Baptist Homann, o.J.

Lit.: SANDLER HOMANN, S. 345 (Nr. 20)

A 38/46. Johann Baptist Homann:

REGNI | BOHEMIÆ, | DUCATUS SILESIÆ, MARCHIONA- | TUS MORAVIÆ et LUSATIÆ | Tabula Generalis | Sumtibus | IOH. B. HOMANNI S. C. M. | Geograph Noribergæ, | Cum Privilegio Sac. Cæs. Maj. (Titelkartusche oben rechts).
Nürnberg: Johann Baptist Homann, o.J.

Lit.: ohne Privileg auch in der Jordtschen Kartensammlung (vgl. A 3), Nr. 435

A 38/47. Homann Erben:

S. R. I. | CIRCVLVS AVSTRIACVS [= Österreichischer Reichskreis] | ... | cum suis confiniis a Tobia Majero, | Math. Cult. legitime designatus. Cu- | rantibus Homannianis Heredibus. | Ao. 1747. (Titelkartusche oben links).
Nürnberg: Homann Erben, 1747.

Lit.: SANDLER ERBEN, S. 423 (Nr. 31)

A 38/48. Johann Baptist Homann:

La Cercle de Baviere ... (Titelleiste außen). BAVARIÆ | CIRCULUS et ELECTORAT[US] | ... | per | IO: BAPTISTAM HOMANNUM | Norimbergæ, (Titelkartusche oben rechts).
Nürnberg: Johann Baptist Homann, o.J.

Lit.: SANDLER HOMANN, S. 345 (Nr. 22); SANDLER ERBEN, S. 424 (Nr. 75)

A 38/49. Johann Baptist Homann:

ERSTER UND GRÖSTER THEIL DES GANTZEN HOCHLÖBL. FRANCKISCHEN CRAISSES ... (Titelleiste außen). CIRCULI | FRANCONIÆ | PARS ORIENTALIS ET POTIOR | novissime delineata | ... | D. D. D. | IO. BAPT. HOMANN | NORIMBERGAE (Titelkartusche oben rechts).
Nürnberg: Johann Baptist Homann, o.J. (zw. 1702 u. 1715)

Lit.: auch in der Jordtschen Kartensammlung (vgl. A 3), Nr. 540

A 38/50. Johann Baptist Homann:

EXACTISSIMA | PALATINATUS | AD RHENUM | TABULA IN QUA | EPISCOPATUS WORMACIENSIS | ET SPIRENSIS | DUCATUS BIPONTINUS | aliæque complures | ... | Regiones ostenduntur | conante | IOH. BAPTISTA HOMAN | Noribergæ | Cum Privilegio Sac. Cæs. Maj. (Titelkartusche oben rechts).
Nürnberg: Johann Baptist Homann, o.J. (zw. 1707 u. 1715)

Lit.: ohne Privileg auch in der Jordtschen Kartensammlung (vgl. A 3), Nr. 184

A 38/51. Johann Baptist Homann:

ANDERER und MINDERE THEIL DES GANTZEN HOCHLÖBL. FRÄNCKISCHEN CRAISSES ... (Titelleiste außen). ELECTORATUS | MOGUNTINUS | ut et | PALATIN: INFER: HASSIÆ, et | Fluminis Moeni aliqua pars | ... | Conante IOH. BAPT. HOMANNO S. C. M. Geog. (Titelkartusche unten links).
Nürnberg: Johann Baptist Homann, o.J. (zw. 1715 u. 1724)

Lit.: auch in der Jordtschen Kartensammlung (vgl. A 3), Nr. 566

A 38/52. Johann Baptist Homann:

LANDGRAVIATUS | ALSATIAE | tam SUPERIORIS quam INFER | cum utroque | MARCHIONATU BADENSI | ut et tractu Herciniæ Silvæ | ... | editore | IOH. BAPTISTA HOMANNO | NORIBERGÆ | Cum Privilegio Sac. Cæs. Maj. (Titelkartusche oben links).
Nürnberg: Johann Baptist Homann, o.J. (zw. 1707 u. 1715)

Lit.: ohne Privileg auch in der Jordtschen Kartensammlung (vgl. A 3), Nr. 179

A 38/53. Johann Baptist Homann:

MOSELLÆ FLUMINIS | TABULA SPECIALIS | in qua | ARCHIEPISCOPATUS et ELECTORATUS | TREVIRENSIS | ... | ut et EYFALIÆ TRACTUS ostenditur | Sumtibus | IOH. BAPTISTÆ HOMANNI | Noribergæ. (Titelkartusche unten rechts).
Nürnberg: Johann Baptist Homann, o.J. (zw. 1702 u. 1715)

Lit.: auch in der Jordtschen Kartensammlung (vgl. A 3), Nr. 188

A 38/54. Johann Baptist Homann:

ARCHIEPISCOPATUS | et | ELECTORATUS | COLONIENSIS | ut et | DUCATUUM | IULIACENSIS et MONTENSIS | nec non | COMITATUS MEURSIAE | Nova Tabula | excudente | IOHAN BAPTISTA HOM-

ANNO | Noribergæ (Titelkartusche oben rechts).
Nürnberg: Johann Baptist Homann, o.J. (zw. 1702 u. 1715)

Lit.: auch in der Jordtschen Kartensammlung (vgl. A 3), Nr. 192

A 38/55. Johann Christoph Homann:

Typus Geographicus | DUCAT. LAUEN[-] | BURGICI | Novus | ... | a | IOH. BAPT. HOMANNI S. C. M. Geogr. FILIO | Noribergæ | Anno MDCCXXIX (Titelkartusche unten links). Nebenkarte (oben links): HADULORUM REGIO ...
Nürnberg: Johann Christoph Homann, 1729.

Lit.: mit Privileg auch in der Jordtschen Kartensammlung (vgl. A 3), Nr. 267

A 38/56. Johann Baptist Homann:

DUCATUS | LUNEBURGICI | et | COMITATUS | DANNEBERGENSIS | accurata Descriptio | primum edita | a IOH. BAPT. HOMANNO S. C. M. GEO | ... | Noribergæ (Titelkartusche oben rechts).
Nürnberg: Johann Baptist Homann, o.J. (zw. 1707 u. 1712)

Lit.: auch in der Jordtschen Kartensammlung (vgl. A 3), Nr. 268

A 38/57. Johann Baptist Homann:

DUCATUS | BRUNSVICENSIS | in tres suos Principatus | ... | distincte divisi, nec non | EPISCOPATUS HILDESIENSIS, PR. HALBER. | COMITATUS SCHAUENBURGICI aliorumque | confiniorum exacta Tabula, edita cura | IOH. BAPT. HOMANNI S. C. M. Geographi (Titelkartusche unten links).
Nürnberg: Johann Baptist Homann, o.J. (zw. 1702 u. 1707)

Lit.: auch in der Jordtschen Kartensammlung (vgl. A 3), Nr. 273

A 38/58. Homann Erben:

CIRCULI SUPE. | SAXONIAE | PARS MERIDIONALIS | sive | DUCATUS, ELECTORATUS | et | PRINCIPATUS | DUCUM SAXONIAE | ex | Zolmannianis et Zürnerianis | subsidiis designata et edita | Per Homannianos Heredes | A. MDCCLVII. (Titelkartusche oben links).
Nürnberg: Homann Erben 1757.

Lit.: SANDLER ERBEN, S. 423 (Nr. 45) [Ausgabe von 1734 in der Jordtschen Kartensammlung (vgl. A 3), Nr. 200]

A 38/59. Johann Baptist Homann:

CIRCULUS | SAXONIÆ | INFERIORIS | ... | ex conatibus | IOH. BAPT. HOMANNI | NORIMBERGÆ | Cum Privilegio | SAC. CÆS. MAJESTATIS. (Titelkartusche unten rechts).
Nürnberg: Johann Baptist Homann, o.J. (zw. 1707 u. 1715)

Lit.: ohne Privileg auch in der Jordtschen Kartensammlung (vgl. A 3), Nr. 248

A 38/60. Johann Baptist Homann:

TABVLA | MARCHIONATVS | BRANDENBVRGICI | ET DVCATVS | POMERANIÆ | quæ sunt Pars Septentrionalis | CIRCVLI SAXONIÆ SVPERIORIS | novissime edita | A IOH. BAPTISTA HOMANNO | Noribergæ (Titelkartusche oben rechts).
Nürnberg: Johann Baptist Homann, o.J. (zw. 1702 u. 1715)

Lit.: auch in der Jordtschen Kartensammlung (vgl. A 3), Nr. 304

A 38/61. Homann Erben:
LA BASSE SILESIE ... (Titelleiste außen). DVCATVS SILESIAE | TABVLA GEOGRAPHICA PRIMA, | INFERIOREM EIVS PARTEM | ... | ... complectens. | Ad mentem Hasiani avtographi | majoris legitime delineata | et edita curis Homann. Heredum, | Ao. MDCCXXXXV. (Titelkartusche oben rechts).
Nürnberg: Homann Erben, 1745.

Lit.: mit Privileg auch in der Jordtschen Kartensammlung (vgl. A 3), Nr. 464

A 38/62. Homann Erben:

LA HAUTE SILESIE ... (Titelleiste außen). DVCATVS SILESIAE | TABVLA ALTERA | SUPERIOREM | SILESIAM | exhibens | ex mappa Hasiana | majore desumta & | excusa | per Homannianos | Heredes Norimb. | Ao. MDCCXXXXVI. (Titelkartusche oben rechts).
Nürnberg: Homann Erben 1746.

Lit.: auch in der Jordtschen Kartensammlung (vgl. A 3), Nr. 465

A 38/63. Matthaeus Seutter:

DRESDA ad Albim Saxoniæ Superioris Metropolis ... Opera et Sumptibus MATTH. SEUTTERI, SAC. CÆS. MAY. AUGUSTANI. / DRESDEN an der Elb ... (Titelleiste innen). Plan u. Ansicht.
Augsburg: Matthaeus Seutter, o.J.

Lit.: SANDLER SEUTTER, S. 11 (Nr. 289)

A 38/64. Johann Baptist Homann:

REGNI MEXICANI | seu | NOVÆ HISPANIÆ, | LUDOVICIANÆ, N. ANGLIÆ | ... | accurata Tabula | exhibita | à IOH. BAPTISTA HOMANNO | Noribergæ | Cum Privilegio Sac. Cæs. Maj. (Titelkartusche oben links).
Nürnberg: Johann Baptist Homann, o.J. (zw. 1707 u. 1712)

Lit.: ohne Privileg auch in der Jordtschen Kartensammlung (vgl. A 3), Nr. 679

A 38/65. Homann Erben:

TABULA POLIOMETRICA GERMANIAE AC PRAECIPUORUM QUORUNDAM LOCORUM EUROPAE. (Titelleiste innen). Neu vermehrter | CURIOSER | MEILEN-ZEIGER | ... | Zu Finden | In der HOMÆNNISCHEN OFFICIN | Nürnberg A. MDCCXXXI | Cum Privilegio S. Cæsar. | Majestatis Gratio- | sissimo. (Titelkartusche oben rechts).
Nürnberg: Homann Erben, 1731.

Lit.: auch in der Jordtschen Kartensammlung (vgl. A 3), Nr. 411

A 38/66. Johann Baptist Homann:

POSTARUM SEU VIRIDARIORUM STATIONES ... (Titelleiste außen, weitgehend abgeschnitten). Neuvermehrte | POST-CHARTE | durch ganz | TEUTSCHLAND | ... | von | Herrn IOH. PETER NELL zu Damenacher | ... | von Johann Baptist Homann | in Nürnberg. (Titelkartusche unten rechts).
Nürnberg: Johann Baptist Homann, o.J.

Lit.: SANDLER HOMANN, S. 347 (Nr. 107)

A 38/67. Matthaeus Seutter:

HOLSATIÆ | Mappa universalis | ... | Cura et impensis | MATTHÆI SEUTTERI, | SAC. CÆS. MAJ. GEOGR. | AUGUST. VINDEL. (Titelkartusche unten rechts).
Augsburg: Matthaeus Seutter, o.J.

Lit.: SANDLER SEUTTER, S. 9 (Nr. 132)

A 38/68. Johann Baptist Homann:

DUCATUS | BREMAE | et | FERDAE | Nova Tabula | edita | à IOH. BAPT. HOMANNO | Norimbergæ (Titelkartusche oben rechts).
Nürnberg: Johann Baptist Homann, o.J. (zw. 1715 u. 1724)

Lit.: mit Privileg auch in der Jordtschen Kartensammlung (vgl. A 3), Nr. 260

A 38/69. Matthaeus Seutter:

PENSYLVANIA | NOVA JERSEY | ET | NOVA YORK | ... | Nova Delineatione ob oculos | posita per | MATTH. SEUTTERUM | S. C. M. GEOGR. | AUG. VIND. (Titelkartusche oben links).
Augsburg: Matthaeus Seutter, o.J.

Lit.: SANDLER SEUTTER, S. 10 (Nr. 188)

A 38/70. Homann Erben:

Der HOLLAENDISCH-OSTINDIANISCHEN COMPAGNIE Weltberühmte Haupt- Handels und Niederlags-Stadt BATAVIA, in ASIEN auf dem grossen Eyland JAVA in dem | Königreich Iacatra Nord-Westlich gelegen, nach ihrem Grund-Ris und Prospect ... auf das accurateste vorgestellet von HOMÄNNISCHEN ERBEN | Nürnberg Anno 1733. Cum Privilegio Sac. Cæs. Maj. (Titelleiste innen).
Nürnberg: Homann Erben, 1733.

Lit.: SANDLER ERBEN, S. 425 (Nr. 3)

A 38/71. Jacob Sandrart:

DANUBIUS | FLUVIORUM EUROPÆ PRINCEPS | ... | A FONTE AD OSTIA. | Ex variis Historicor; & Geographor; monumentis | operà ac studio | Sigismundi Betulii Com. Pal. C. | collectum & delineatum | sculpsit & Excudit | Iacobus Sandrart, Chalcographus | Norimbergæ A. C. MDCLXXXIIII (Titelkartusche rechts neben der Stadtansicht von Donaueschingen unten links).
Nürnberg: Jacob Sandrat, 1684.
Karte, aus drei Blättern zusammengeklebt.

Lit.: KDB; zur Ausgabe von 1683 vgl. Flensburger „Atlas major" (vgl. A 5), Nr. 139
Sign.: ohne Signatur, Leihgabe Wilhelm Jacobsen, Flensburg

KATALOG DER BÜCHER MIT KARTEN (B 1 – B 593)

B 1.

Acht Tage in Wien. Ein treuer Führer zu den Sehenswürdigkeiten der österreichischen Reichshaupt- und Residenzstadt Wien und ein freundlicher Wegweiser in die reizenden Umgebungen derselben. Nebst ... einem genauen Plan der Stadt und Vorstädte. Sechste, gänzlich umgearbeitete Auflage.
Wien: Wilhelm Braumüller, 1863. 8°

Am Schluß findet sich der Plan:
Orientirungs-Plan der Haupt- und Residenz-Stadt Wien, in 9 Bezirke eingetheilt, mit den neuen Strassen-Benennungen 1864. Eigenthum der Verleger. Wien bei Artaria & Comp. Kohlmarkt No. 9. Gestochen von Dominik Biller.

Lit.: GV 1700-1910 Bd 143, S. 207.
Sign.: Ed 104

B 2. Adolfi, Johann (gen. Neocorus):

Johann Adolfi's, genannt Neocorus, Chronik des Landes Dithmarschen. Aus der Urschrift herausgegeben von Prof. F. C. Dahlmann. 2 Bde.
Kiel: Königliche Schulbuchdruckerei, 1827. 8°

Vorne im ersten Band findet sich die Karte:
Dat Land tho Ditmerschen wo it in dem Jahre 1500 na Christo gewesen. Zum Neocorus Th. I. gez. v. Wilh. Jättnig in Berlin 1826.

Lit.: BIBLIOTHECA DANICA Bd III, Sp. 688; GV 1700-1910 Bd 2, S. 94; KATALOG LB KIEL Bd I, S. 759; zur Karte vgl. GEERZ S. 37f. u. 182.
Sign.: Ghb 187; Ghb 187 b (auch Reprint München 1929, unter der Sign.: Ghb 187 c und Reprint Leer: Verlag Schuster, 1978; unter der Sign.: LZB, SH 110 A)

B 3. Adolph, Carl:

Illustrirte Chronik von Schleswig-Holstein und der dänischen Monarchie, mit besonderer Berücksichtigung der Jahre 1847 bis 50 und der Verfassungs- und Erbfolge-Streitigkeiten in der neuesten Zeit. Für das deutsche Volk. Dritte Auflage.
Neusalza: Verlag von Hermann Oeser's Buchhandlung. Gedruckt bei Louis Oeser in Neusalza, o.J. 8°

Im Werk findet sich unter den kolorierten Tafeln (überwiegend Darstellungen zu den Kriegen von 1848/50 und 1864) folgende Tafel:
Das Danewerk in Schleswig. (p. 30)

Lit.: KATALOG LB KIEL Bd I, S. 673.
Sign.: Gha 404

B 4.

Adreßbuch für Flensburg und nächste Umgebung. Nach amtlichem (und authentischem) Material gesammelt und herausgegeben von Carl Lange (ab 19. Jahrgang von N. H. Eggert). 1876, 1878, 1879, 1880, 1881 (5. Jahrgang), 1883 (7. Jahrgang), 1884 (8. Jahrgang), 1885 (9. Jahrgang), 1886 (10. Jahrgang), 1888 (12. Jahrgang), 1889 (13. Jahrgang), 1890 (14. Jahrgang), 1891 (15. Jahrgang), 1892 (16. Jahrgang), 1893 (17. Jahrgang), 1895 (19. Jahrgang), 1896 (20. Jahrgang; mit Plan der Stadt Flensburg und Plan des Stadttheaters), 1897 (21. Jahrgang; mit Plan der Stadt Flensburg und Plan des Stadttheaters), 1899 (23. Jahrgang; mit Plan der Stadt Flensburg und Plan des Stadttheaters).
Flensburg: Huwald (O. Hollesen), o.J. (1876-1899). 8°

Aus den Adreßbüchern stammen folgende, zumeist undatierte Pläne, die in einer besonderen Hülle aufbewahrt werden:
1. Das Flensburger Stadt-Gebiet zusammengestellt und geordnet für das Flensburger Adressbuch im Jahre 1884 von Carl Lange. Lith. Anstalt von D. Winter, Flensburg.
2. Plan der Stadt Flensburg und seiner nächsten Umgebung. Eigenthum des Flensburger Adressbuchs von Carl Lange. Lithogr. u. Druck v. D. Winter, Flensburg.
3. Plan der Stadt Flensburg und seiner nächsten Umgebung. Eigenthum des Flensburger Adressbuchs von Carl Lange. Lithogr. u. Druck v. D. Winter, Flensburg.
4. Plan der Stadt Flensburg und seiner nächsten Umgebung. Eigenthum des Flensburger Adressbuchs von Carl Lange. Lithogr. u. Druck v. D. Winter, Flensburg. [1888 ?]
5. Plan der Stadt Flensburg und seiner nächsten Umgebung. Eigenthum des Flensburger Adressbuchs von Carl Lange. Lithogr. u. Druck v. D. Winter, Flensburg.
6. Plan der Stadt Flensburg und seiner nächsten Umgebung. Eigenthum des Flensburger Adressbuchs von Carl Lange. Lithogr. u. Druck v. D. Winter, Flensburg. [1890 ?]
7. Plan der Stadt Flensburg und seiner nächsten Umgebung. Eigenthum des Flensburger Adressbuchs von Carl Lange. Lithogr. u. Druck v. D. Winter, Flensburg. [1891 ?]
8. Plan der Stadt Flensburg und seiner nächsten Umgebung. Eigenthum des Flensburger Adressbuchs von Carl Lange. Lithogr. u. Druck v. D. Winter, Flensburg. [1893 ?]
9. Plan der Stadt Flensburg. Eigenthum des Flensburger Adressbuches von N. H. Eggert. Lithogr. Anstalt v. D. Winter, Flensburg. [1896/97 ?]

Lit.: GV 1700-1910 Bd 2, S. 137f; KATALOG LB KIEL Bd III, S. 2560.
Sign.: Ghe 36

B 5. Allen, Carl Ferdinand:

Om Sprog og Folke-Eiendommelighed i Hertugdømmet Slesvig eller Sønderjylland. Med et koloreret Sprogkaart over Hertugdømmet Slesvig. (Særskilt Aftryk af „Antislesvigholstenske Fragmenter").
Kjøbenhavn: C. A. Reitzels Forlag. Trykt i det Schultziske Officin, 1848. 8°

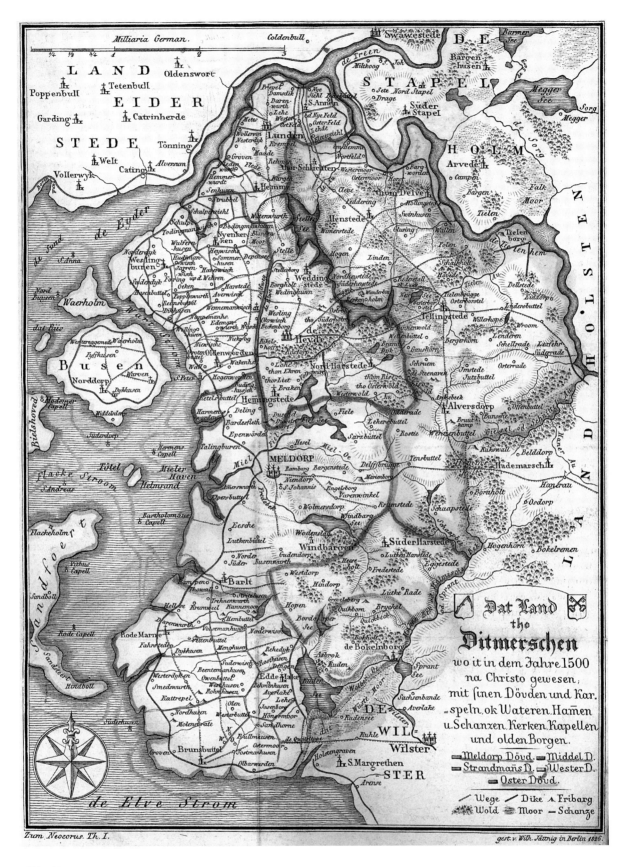

Abb. 19:
„Dat Land tho Ditmerschen, wo it in dem Jahre 1500 na Christo gewesen." – Die Karte von Dithmarschen, die den Zustand des Landes zum Zeitpunkt der Schlacht bei Hemmingstedt zeigt, wurde von Wilhelm Jättnig in Berlin 1826 gezeichnet und gestochen und findet sich im ersten Band von „Johann Adolfi's, genannt Neocorus, Chronik des Landes Dithmarschen" (Kiel 1827) (B 2).

Am Schluß findet sich eine Karte:
Sprog-Kort over Hertugdömmet Slesvig eller Sönderjylland. Efter Kochs Sprogkort. Em. Bærentzen & Co. lith. Inst. C. A. Reitzels Forlag.

Lit.: KATALOG LB KIEL Bd II, S. 1490.
Sign.: Ghd 19 b (an: B 305; 2. Ex.)

B 6. Allen, Carl Ferdinand:

Ueber Sprache und Volksthümlichkeiten im Herzogthum Schleswig oder Südjütland. (Antischleswigholsteinische Fragmente auf Verfügung des academischen Senats zu Kopenhagen, hrsg. v. Prof. A. F. Krieger, 6. Heft).
Kopenhagen: Verlag von C. A. Reitzel. Gedruckt in der Schultzischen Officin, 1848. 8°

Am Schluß findet sich eine Karte:
Sprog-Kort over Hertugdömmet Slesvig eller Sönderjylland. Efter Kochs Sprogkort. Em. Bærentzen & Co. lith. Inst. C. A. Reitzels Forlag.

Lit.: GV 1700-1910 Bd 3, S. 216; KATALOG LB KIEL Bd I, S. 735; zur Karte vgl. GEERZ S. 200.
Sign.: Ghd 102 (Angeb.: 1. B 142; 3. B 190)

B 7. Allen, Carl Ferdinand:

Geschichte der dänischen Sprache im Herzogthum Schleswig oder Südjütland. Mit vier Sprachkarten. 2 Teile.
Schleswig: Kgl. Taubstummen-Institut, 1857/58. 8°

Am Schluß des zweiten Teils finden sich die 4 Karten:
1. Kaart over Folkesprogene i Hertugdömmet Slesvig eller Sönderjylland 1857.
2. Kaart over Kirke og Skole Sprogene i Hertugdömmet Slesvig eller Sönderjylland 1857.
3. Karte zur Uebersicht der Grenzen der Volks und Kirchen Sprachen im Herzogthume Schleswig. Entworfen von F. H. I. Geerz (1838).
4. Nationalitäten und Sprachkarte des Herzogthums Schleswig, der deutschen Nationalversammlung gewidmet von H. Biernatzki. [vgl. Farbtafel 1]

Lit.: GV 1700-1910 Bd 3, S. 216; KATALOG LB KIEL Bd I, S. 735; zu den Karten vgl. GEERZ S. 200.
Sign.: Ghd 17

B 8.

Allgemeine Welthistorie, die in Engeland durch eine Gesellschaft von Gelehrten ausgefertiget, nebst den Anmerkungen der holländischen Uebersetzung, auch vielen neuen Kupfern und Karten. (Kupfertitel: Algemeine Welt-Historie von Anbeginn der Welt bis auf gegenwærtige Zeit). Teil 1-47 u. 50. [u. 6 Zusatzbände].
Halle: Johann Justinus (ab 1772 Johann Jacob) Gebauer, 1744-1785. 4°

In dem Werk finden sich neben verschiedenen anderen Abbildungen auch folgende Karten, Pläne und Stadtansichten:

Teil 1-18 – Genau durchgesehen und mit häufigen Anmerkungen vermeret (und mit einer Vorrede herausgegeben) von Siegmund Jacob Baumgarten:
Theil I (1744):
1. KARTE von dem wahr- | scheinlichen Ort des | Hofs von EDEN, der Ebe- | ne SINEAR, und des | Bergs, darauf die Arche | Noa geruhet hat, alles | zufolge dieser Historie. | | Th. I. p. 299.
2. CARTE von dem IR- | DISCHEN PARADIS, | von dem Berg ARA- | RAT, und der Stadt | BABEL. Nach | der Meinung ver- | schidener in die- | sem Werck ange- | führten Gelehrten. | | Th. I. p. 299.
3. CARTE von dem ALTEN EGYPTEN v. den angrænzenden Lændern, zu folge dieser Historie errichtet. | | T. I. pag. 580.
4. EGYPTEN | nach dem Zustand | der alten Zeit | vorgestellt. | | Seb. Dorn sculps. Norib. | | T. I. pag. 584.
Theil II (1745, angebunden an Theil I):
5. KARTE von der Eintheilung und Situation derer Geschlechter der CANAANITER, | MOABITER, AMMONITER, MIDIANITER, EDOMITER, AMALEKTITER etc. | vor und zur Zeit des Auszugs der KINDER ISRAEL, vermöge dieser HISTORIE. | | W. H. II. TH. N. I. (p. 1)
6. KARTE von SYRIEN und PHOENICIEN | zu folge dieser HISTORIE. | | W. H. II. TH. N. VI. (p. 14)
7. Tempel zu Balbeck. / Prospect von Balbeck. (p. 152)
8. Abbildung von den Stein-Haufen von Palmyra. (p. 160)
9. Tadmor an der Sud-syte genommen. (p. 160)
10. Alterthümer von Sidon. (p. 212)
11. Lager der Israeliten, nach dem Reyher. (p. 482)
12. KARTE von der REISE der KINDER ISRAEL in der WÜSTEN und der Eroberung und | Eintheilung des Landes CANAAN, zu folge dieser HISTORIE. | | W. H. TH. II. N. VIII. (p. 492)
13. CHARTE v. d. REISE | der | ISRAELITEN | durch die Wüsten von | dem Ausgang Ægypti an | biß an den Jordan. | | W. H. II. Th. N. IX. (p. 493)
14. (Karte der Sinai-Habinsel) (ohne Titel). W. H. II. Th. N. X. (p. 608)
Theil III (1746):
15. CHARTE vom | GELOBTEN LAND | nach dem | Sinn des Had. Relands | verzeichnet. | | T. III. p. 1.
16. KARTE von dem KÖNIGREICH | JUDA und ISRAEL, | nach Anleitung | dieser Historie entworffen. | | T. III. p. 295.
17. GRVNDRISS DER STADT | JERVSALEM, | nach Anleitung der Beschreibung in den Büchern | Alten Testaments, insonderheit in dem Buche Nehemia. | | Th. III. p. 391.
18. KARTE von | ASSYRIEN und BABYLONIEN, | nach Anleitung | dieser Historie entworffen. | | T. III. p. 517.
19. DIE STADT BABYLON | | T. III p. 727. (p. 726)
Theil IV (1746, angebunden an Theil III):
20. Geographische | KARTE | von | PERSIEN | | T. IV. p. 55.
21. STEINHAUFEN VON PERSEPOLIS | | T. IV p. 98.
22. Charte von dem Auffenthalt und Wohnstädten derer CELTEN, oder GOMERIERS und SCYTHEN, die ersten in EVROPA, und die letzten in ASIEN. | | T. IV. p. 451. [wie Nr. 71]
Theil V (1747):
23. ALT | GRIECHENLAND, | wie es zuerst in | Königreiche, | darnach in | Republiken, | und endlich von den Römern in | Provinzen, | ist abgetheilet gewesen. | | T. V. p. 1.
24. Vorstellung des | ALTEN und NEVEN | ATHENS, von dem Venetiani- | schen Geographo Herrn | Pat. Coronelli | verzeichnet. | | T. V. p. 186.

25. Heutiges | ATHEN | gen Mitternacht | anzusehen. || T. V. p. 186.

Theil VI (1748, angebunden an Theil V):
26. Das Alte | SICILIEN. | Theil VI. (p. 259)
27. Abbildung der alten | Stadt SYRACVSA. || Th. VI. (p. 288)
28. SYRACUSA durch die ATHENIENSER belagert. || Th. VI. (p. 312)
29. DAS ALTE GRIECHENLAND | MIT DESSEN | VMLIEGENDEN INSVLEN. || Theil VI. (p. 508)

Theil VII (1748):
30. KARTE | VON | DEM ALTEN MACEDONIEN THESSALIEN | UND | EPIRUS. || Theil VII. (p. 105)
31. KARTE DER EROBERUNGEN DES GROSSEN | ALEXANDERS | wie weit sie sich in ihrem Umfange erstrecket haben; Nach der Zeichnung des | Herrn de l'Isle, ... , mit den Nachrichten | anderer neuerer Erdbeschreiber verglichen, im Jahre 1731. || Th. VII. (p. 229)

Theil VIII (1749, angebunden an Theil VII):
32. SYRIEN NACH DEM TODE DES GROSSEN ALEXANDERS. || S. Dorn sc. || A.W. VIII. TH. (p. 1)
33. ÆGYPTEN LIBYEN UND CYRENAICA. || A.W. VIII. TH. (p. 103)
34. Die KÖNIGREICHE in | ARMENIEN, PONTVS, | CAPPADOCIEN, MEDIEN, | BACTRIANA etc. || A.W. VIII. TH. (p. 229)
35. PALAESTINA || A.W. VIII. TH. (p. 271)

Theil IX (1750):
36. Grundriss von Jerusalem, | nach dem Josephus und | den Rabbinen. || Schleuen fec. Berlin. || A. W. H. Th. IX. (p. 149)
37. DAS JÜDISCHE LAND, | wie es | unter die Söhne des Königs Herodis des grossen | in | Eine Ethnarchie und zwo Tetrarchien | eingetheilet gewesen. | Zur Erläuterung dero Geschichte | aus Josephi Schriften | meistens nach Anleitung der Zeichnung Phil. | de la Rue entworfen. 1750. || A. W. H. Th. IX. (p. 276)
38. PARTHIEN UND PERSIEN. A.W. Th. IX. (p. 486)

Theil X (1751, angebunden an Theil IX):
39. Gantz Italien nach der alten Zeit (p. 1) [wie Nr. 64]
40. Karte von dem disseit der Alpen gelegenen Gallien und Ligurien und den benachbarten Landschaften gezeignet von Wilh. de L'Isle (p. 3)
41. Karte der mittelsten Landschaften in Italien (p. 5)
42. Mittel oder eigentliche Italien. Joh. Eberh. Alber sc. Norib. (p. 7)
43. Karte von Gross Griechenland und den Insulen Sardinien und Corsica, gezeichnet von dem Herrn de L'Isle. I. F. G. [= Glasser] sc. (p. 9)
44. Erster platter Grund der Stadt Rom, gleichwie sie war zur Zeit der angehenden Regierung Romuli. (p. 40)
45. Zweyter platter Grund der Stadt Rom, welcher vorbildet derselben Gelegenheit nach der Vereinigung zwischen Romulo u. Tatio. (p. 59)
46. Platter Grund der Stadt Rom, welcher vorstellet derselben verschiedene Vergrösserungen, von der Zeit des Königs Servi Tulli an, bis dass sie durch die Gallier ist eingenommen worden. (p. 126)
47. Das vor Alters sogenannte eigentliche Africa (p. 501)
48. Karte von dem Eigentlichen Africa und von Numidien. S. D. [= Dorn] sc. (p. 503)
49. Vorstellung des Weges, den Hannibal genommen durch Gallien und über die Alpen bis in Italien. I. F. Glasser sch. (p. 569) [wie Nr. 63]
50. Das alte Spanien (p. 595) [wie Nr. 70]

Theil XI (1751):
51. Das alte Gallien und zwar das Narbonische das Lugdunische und Aquitanien. (p. 269) [wie Nr. 72]

Theil XII (1752, angebunden an Theil XI):
52. Vindelicien Rhetien und Noricum. (p. 134) [wie Nr. 74]
53. Pannonien Mösien, Dacien und Illyricum. (p. 136)
54. Italien, wie es C. Augustus in eilf Landschaften eingetheilet. Joh. Frid. Glasser sc. Norib. (p. 185)
55. Das alte Germanien oder Teutschland. (p. 225) [wie Nr. 73]
56. Belgica oder Nieder Teutschland. (p. 240) [wie Nr. 75]

Theil XIII (1753):
57. General-Karte des Römischen Reichs, welche alle Provinzen desselben, und die Staaten der barbarischen Völker nebst ihren Gränzen, vorstellet. (p. 160)

Theil XIV (1754, angebunden an Theil XIII):
58. Constantinopel, wie solches unter Honorio und Arcadio in XIV Gegenden eingetheilet gewesen, nebst denen Vorstædten von demselben, nach Anselmi Bandurii Zeichnung. (p. 76)
59. Die Stadt und der Hafen von Constantinopel (p. 233)
60. Der Thracische Bosporus, wie auch die Stadt Constantinopel, in ihre Gegenden vertheilet. (p. 638)

Theil XV (1755):
61. Platter Grund der ehemaligen Stætte des alten Carthago. (p. 189)
62. Karte, welche die ehemaligen Stætten von Carthago, Utica, Tunes, und den alten Zustand des Carthaginensischen Meerbusens vorstellet. (p. 201)

Theil XVI (1756, angebunden an Theil XV):
63. Vorstellung des Weges, den Hannibal genommen durch Gallien und über die Alpen bis in Italien. I. F. Glasser sch. A. W. H. Th. XVI. (p. 3) [wie Nr. 49]
64. Gantz Italien nach der alten Zeit. W. H. Th. XVI. (p. 5) [wie Nr. 39]
65. Das alte eigentliche Africa und Numidien, ingleichen Mauretania Caesariensis, oder das Reich der Massylier und Massæsylier nach dem Dr. Shaw. (p. 111)
66. Mauretanien, Gætulien, Melanogætulien, Garamantien und Nigritien. (p. 173)
67. Libyen, Marmarica und Cyrenaica (p. 233)
68. Die Syrtische Gegend (p. 248)
69. Karte von Æthiopien und Garamantien (p. 257)
70. Das alte Spanien. A. W. H. Th. XVI. (p. 471) [wie Nr. 50]
71. Charte von dem Auffenthalt und Wohnstädten derer Celten oder Gomeriers, Teutonen, Cimbren u. Scythen, die ersten in Europa u. die letzten in Asien. A. W. H. Th. XVI. (p. 537) [wie Nr. 22]
72. Das alte Gallien und zwar das Narbonische das Lugdunische und Aquitanien. A. W. H. Th. XVI. (p. 540) [wie Nr. 51]

Theil XVII (1758, Vorrede von Joh. Salomon Semler):
73. Das alte Germanien oder Teutschland. Welthist. Th. XVII. (p. 1) [wie Nr. 55]
74. Vindelicien Rhetien und Noricum. Welthist. Th. XVII. (p. 10) [wie Nr. 52]
75. Belgica oder Nieder Teutschland. Welthist. Th. XVII. (p. 13) [wie Nr. 56]

Theil XVIII (1760, hrsg. von Johann Salomon Semler, angebunden an Theil XVII)

Teil 19-30 – Fortgesetzt unter der Aufsicht und mit einer Vorrede von Johann Salomon Semler (neuer Kupfertitel: Allgemeine Welt-Historie von Anbegin der Welt bis auf gegenwärtige Zeit XIXter–XXXter Theil. Historie der neuern Zeiten Iter – XIIter Theil).

Theil XIX (1759):
76. Arabia. (p. 4)

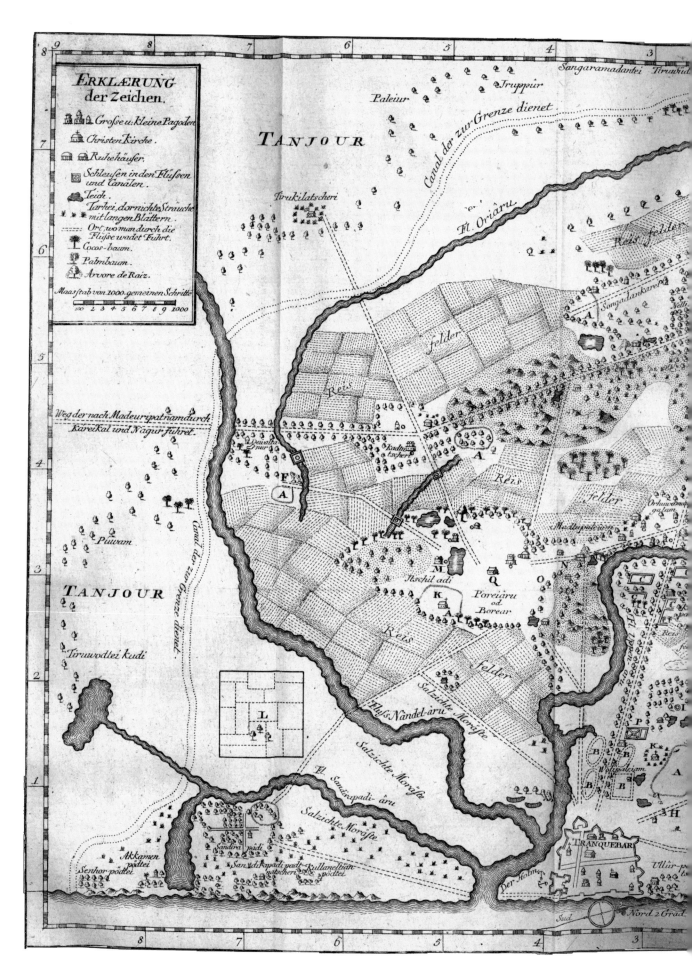

Theil XX (1759, angebunden an Theil XIX)

Theil XXI (1760):

77. Karte von Syrien, Palaestina und Mesopotamien, wie auch eines Theils von Ægypten, Arabien, Persien, Armenien und Klein Asien, nach der alten und mittleren Zeit, vornehmlich eingerichtet: Zur Erläuterung der Geschichte des Salahaddin und derer Francken. Im Jahre 1760. (p. 1)

78. Vorstellung des ehemaligen Türkisch-Tatrischen Reichs mittlerer Zeiten: Entworfen im Jahre 1760. (p. 475)

Theil XXII (1761, angebunden an Theil XXI):

79. Das Reich des Timur Beg oder Khan oder des Tamerlan, im Jahr Christi MCCCCV: Nach Anleitung einer kleineren Karte des seligen Hn. Joh. Mathiæ Hasii vorgestellet. MDCCLXI. (p. 294)

Theil XXIII (1761):

80. Karte von Uzbek oder von Karazm, Turkestan, und der Grossen Bukharey. (p. 1)

81. Karte von Hindustan oder dem Reiche des Grossen Moguls, und von den beyden Halbinseln Indiens disseits und jenseits des Ganges, entworfen 1761. (p. 103)

Theil XXIV (1762, angebunden Theil XXIII):

82. Karte vom Reich China nach der neuesten grossen Carte des Herrn d'Anville und Hase entworffen 1762. (p. 331)

Theil XXV (1763):

83. Karte von dem Reiche Japon. Von dem Hrn. Bellin, Ingr. der Marine. (p. 308)

Theil XXVI (1764, angebunden an Theil XXV):

84. Karte von Ostindien, nach den neuesten Entdeckungen. Zur Erleuterung der Geschichte der Ostindischen Handlungsgesellschaften. (p. 1)

85. Grundriss von der Stadt und dem Schlosse Batavia. (p. 409)

86. Die Stadt Diu. (p. 505)

87. Aussicht von Goa. / Grundriss von Goa. (p. 548)

Theil XXVII (1764):

88. Karte von dem Districte Tranquebar. (p. 1)

Theil XXVIII (1765, angebunden an Theil XXVII)

Theil XXIX (1765):

89. Europæisches Russland, entworfen von dem Hrn. von Anville der Königl. Academie der schönen Wissenschaften, imgleichen der Academie zu Petersburg Mitglied, Secretair Sr. Kön. Hoh. des Herzogs v. Orleans 1759. (p. 7)

90. Asiatisches Russland, entworfen von dem Hrn. von Anville ... 1759. (p. 45)

Theil XXX (1766, angebunden an Theil XXIX):

91. Übergang über den Lech (p. 457)

92. Schlacht bey Lützen. (p. 468)

Teil 31 – enthaltend August Ludwig Schlözers allgemeine Geschichte von dem Norden.

Theil XXXI (1771, neuer Titel: Fortsetzung der Algemeinen Welthistorie durch eine Geselschaft von Gelehrten in Teutschland und Engeland ausgefertiget. Verfasset von August Ludwig Schlözer [auch als Einzelband vorhanden; mit verändertem Titelblatt; vgl. B 451]):

Abb. 20:

„Karte von dem Districte Tranquebar." – Die nach Westen ausgerichtete Karte, die das Gebiet der dänischen Kolonie in Indien am Golf von Bengalen zeigt, findet sich im 27. Band der „Allgemeinen Welthistorie" (Halle / Saale 1764) (B 8, Nr. 88).

93. Facies EUROPÆ, potissimum BOREALIS, ad mentem Veterum Græcorum, eorum præcipue quibus Melæ Pliniique nituntur testimonia Expressa a G. Schöning Nidros. A. 1763. A. A. H. XXXI. N. H. XIII. ad pag. 101.
94. Facies ORBIS SEPTENTRIONALIS ad mentem Ptolemæi expressa a G. Schöning Ao. 1763. B. A. H. XXXI. N. H. XIII. ad pag. 176.
95. Nouvelle Carte des Decouverts faites par des Vaisseaux Russiens aux Cotes inconnues de l'Amerique Septentrionale Avec les Pais Adiacents. ... 1768. C. A. H. XXXI Th. N. H. XIII. Th. (p. 391)
96. Tabula Geographica RVSSIÆ vicinarumque Regionum circiter A.C. MCCCCXLIX. D. A. W. H. XXXI. Th. N. H. XIII. Th. (p. 491)

Teil 32-35 – mit einer Vorrede begleitet von Johann Christoph Gatterer.
Teil 32-33 – enthaltend Ludewig Albrecht Gebhardis Geschichte der Königreiche Dänemark und Norwegen.
Theil XXXII (1768, angebunden an Theil XXXI [auch als Einzelband vorhanden; mit verändertem Titelblatt als 1. Band des Werks von Ludewig Albrecht Gebhardi; vgl. B 157]):

97. Kongeriget NORGE afdelet i sine fiire Stifter, nemlig AGGERSHUUS, CHRISTIANSAND, BERGENHUUS og TRONHJEM, samt underliggende Provstier. forfærdiget Aar 1762 af O. A. Wangensteen, Capitain ved det Norske Artillerie-Corps. A. A. H. XXXII. N. H. XIV. (p. 5)
98. KARTE ALLER LÄNDER welche ehedem VON NORWEGISCHEN und DÄNISCHEN KÖNIGEN BESESSEN worden sind. Gezeichnet nach Hr. Bellin Karte vom Nordmeer, und nach den neuesten besonderen Karten berichtiget. B. A. H. XXXII. Th. N. H. XIV. Th. (p. 69)
99. GEOGRAPHISCHE VORSTELLUNG des Königreichs DÄNEMARCK und der Schwedischen Provinz SCHONEN, HALLAND, BLEKINGEN. Gezeichnet nach Hr. D. C. Festers neuesten Dänischen. und des Stockholmischen Landmessers Contoirs neuesten Schwedischen Charte. C. A. H. XXXII. Th. N. H. XIV. Th. (p. 283)
100. Grundriss der alten Dänischen Residenz Lethra, und des Hayns der Göttin Hertha. D. A. H. XXXII. N. H. XIV. (p. 311)

Theil XXXIII (1770 [auch als Einzelband vorhanden mit verändertem Titelblatt als 2. Band des Werkes von Ludewig Albrecht Gebhardi [mit fortlaufender Paginierung]; vgl. B 157]):

101. Grundriss des dänischen Gebietes TRANKENBAR im Königreiche TANSCHAUR. A.W. H. XXXIII. Th. N. H. XV. Th. ad pag. 268 (p. 268)

Teil 34-35 I – enthaltend M. E. Tozes Geschichte der vereinigten Niederlande.
Theil XXXIV (1770, angebunden an Theil XXXIII):

102. Karte der alten Niederlande und der angrenzenden Lænder. A (p. 1)
103. Karte welche die nunmehr Vereinigten Niederlande in den mittleren Zeiten vorstellet. B (p. 1)
104. Karte in welcher die Vereinigten Niederlande zur Zeit der Utrechtischen Vereinigung vorgestellet werden. C (p. 1)

Theil XXXV (1771, in 2 Teilen):

105. Charte der verschiedenen Herrschafften, denen die Gallier unterworfen waren, als Chlodwig den Grund zur Fränckischen Monarchie in Gallien geleget. A (II, p. 3)
106. Die Staaten Gallien der drey zertheilten Monarchien, bey Chlodwigs Eroberung. B (II, p. 5)
107. Charte von Franckreich zu Ende der Regierung Clodwigs, und zu Anfangs der Theilung unter dessen Söhne. C (II, p. 32)

Teil 35 II-39 – enthaltend Johann Georg Meusels Geschichte von Frankreich.
Theil XXXVI (1772, angebunden an Theil XXXV):

108. Empire de Charlemagne (p. 15)
109. Carte Geographique des Lieux voisins d'Auxerre, nommés dans Nithard a l'occasion de la Bataille de Fontenai; et autres Lieux. (p. 128)

Theil XXXVII (1773):

110. Treffen bey Poitiers oder Maupertuis 1356. (p. 313)

Theil XXXVIII (1774, angebunden an Theil XXXVII)
Theil XXXIX (1776):

111. Carte de la France dressée pour la lecture de la Geographie et de l'histoire de France comme aussi pour la commodité des Voyageurs par le Sr. Robert Géographe ordinaire du Roi. I. M. Dorn sc. (p. 1)

Teil 40-46 – enthaltend Johann Friederich le Brets Geschichte von Italien und allen allda gegründeten ältern und neuern Staaten, aus ächten Quellen geschöpft, mit Landcharten und Kupfern.
Theil XL (1778, angebunden an Theil XXXIX [auch als Einzelband vorhanden]):

112. Tabula Italiae Medii Aevi Græco-Langebardico-Francici accurante Societate Palatina. A (am Schluß)
113. Monasterii Casinensis Prospectus. B (am Schluß)
114. Monasterii Casinensis conspectus. C (am Schluß)

Theil XLI (1779 [auch als Einzelband vorhanden]):

115. Ager Mediolanensis Medii Aevi (p. 1)

Theil XLII (1780, Theil XXIV, angebunden an Theil XLI [auch als Einzelband vorhanden]):

116. Carta Geografica del Territorio Trevigiano (p. 1)

Theil XLIII (1781, Theil XXV [noch zweimal als Einzelband vorhanden]):

117. Plan von Gemona einer Gränzstadt im Venetianischen Friaul (p. 1 bzw p. 498)

Theil XLIV (1782, Theil XXVI, angebunden an Theil XLIII):

118. Carta Topografica de Contorni di Genova e delle due Valli di Polcevera e Bisagno con sue Adiacente (p. 1)

Theil XLV (1784, Theil XXVII):

119. Sardegna ed Isole aggiacenti secondo lo Stato presente. Del. dell Gioanne Nep. de Hochstein 1773. A (p. 1)
120. Carta della Provincia della Lunigiana. B (p. 1)

Theil XLVI, Bd I (1785, Theil XXVIII, Bd I [auch als Einzelband vorhanden])
Theil XLVI, Bd II (1786, Theil XXVIII, Bd II, angebunden an Bd I):

121. Pianta delle Paludi Pontine. Algem. Welthist. XXXXVI. Th. 1. Band. (p. 1) [wie Nr. 122]

Theil XLVI, Bd III (1787, Theil XXVIII, Bd III):

122. Pianta delle Paludi Pontine. Algem. Welthist. XXXXVI. Th. 1. Band. [lose beiliegend; wie Nr. 121]

Teil 47 – enthaltend Matthias Christian Sprengels Geschichte von Großbritannien und Irland.
Theil XLVII (1783, Theil XXIX)
Teil 50 – enthaltend August Ludwig Schlözers und Ludewig Albrecht Gebhardis Geschichte von Lithauen als einem eigenen Großfürstenthum, bis zum Jahre 1520 oder Geschichte von Liefland, Esthland, Kurland und Semgallen.
Theil L (1785, Teil XXXII)

Sammlung von Erleuterungsschriften und Zusätzen zur algemeinen Welthistorie. Herausgegeben von Siegmund Johann Baumgarten (Theil 1-4) u. von Johann Salomon Semler (Theil 5 u. 6). 6 Theile. Halle: Johann Justinus Gebauer, 1747-1765. 4°

In Theil II (1748) finden sich ein Plan und eine Karte:
123. Zeichnung von Athen. Zu II. Theil p. 496.
124. Karte von der Zuruckreise | der zehen tausend Griechen unter dem | Xenophonte. Zu Theil II, p. 537.

Lit.: GV 1700-1910 Bd 155, S. 316; HEINSIUS Bd IV, S. 389.
Sign.: Ga 2

B 9. Alten, Friedrich von:

Der Krieg in Schleswig 1848. Nach officiellen Quellen. Mit 1 Charte von Schleswig und Plänen.
Oldenburg: Schulze, 1850. 8°

Am Schluß findet sich die Karte:
Schleswig. Verlag der Schulzeschen Buchhandlung in Oldenburg. zusammengestellt nach Olsen, Wörl, Dankwerth, u. andern. Lith. Anst. v. W. Jöntzen in Bremen.
In diese Karte sind verschiedene Pläne von Gefechten und Schlachten integriert: Plan des Gefechtes bei Bilschauer Krug am 24. April 1848; Croquis des südöstlichen Sundewitt; Gefecht von Altenhof am 21. April 1848; Schlacht von Schleswig am 23. April 1848; Gegend um Friedricia; Uebersichts-Karte zum Artillerie-Gefecht [bei Gudsö] vom 8. May 1848.

Unter der Signatur Gha 140 b findet sich eine zweite Fassung des Werkes, jedoch ohne die Karte.

Lit.: GV 1700-1910 Bd 3, S. 336; KATALOG LB KIEL Bd II, S. 1462; zur Karte vgl. GEERZ S. 135.
Sign.: Gha 140

B 10. Ambrosch, Julius Athanasius:

Studien und Andeutungen im Gebiet des altrömischen Bodens und Cultus. Erstes Heft. Mit einem Plane des Forum Romanum und der Sacra Via.
Breslau: Ferdinand Hirt, 1839. 8°

Am Schluß finden sich ein Plan des Forum Romanum und der Sacra Via.

Lit.: GV 1700-1910 Bd 3, S. 439.
Sign.: Aal 6

B 11. Anderson, Johann:

Nachrichten von Island, Grönland und der Straße Davis, zum wahren Nutzen der Wissenschaften und der Handlung. Mit Kupfern, und einer nach den neuesten und in diesem Werke angegebenen Entdeckungen, genau eingerichteten Landcharte.
Hamburg: Georg Christian Grund, 1746. 8°

In dem Werk findet sich die Karte:
Nova | GRONLANDIAE | ISLANDIAE et | FRETI DAVIS | tabula, | quam ... studio | ... IOH. ANDERSONII | ... | accurate communicavit | E. G. Sonnin. (Titelkartusche oben in der Mitte). Impensis G. C. Grund. (unten links). gestochen v. J. Haas Hamb: 1746. (unten rechts). (p. 1)

Lit.: BIBLIOTHECA DANICA Bd III, Sp. 609f.; GRIEB Bd 1, S. 17 (Nr. 31); GV 1700-1910 Bd 4, S. 141; HEINSIUS Bd I, S. 35.
Sign.: Ed 133

B 12. Angelin, Jöns Er.:

Underrättelser om Köpenhamn, tillika med en graverad Karta öfver denna Hufvudstad.
Stockholm: C. F. Marquard, 1806. 8°

Am Schluß findet sich ein Plan:
Karta öfver Köpenhamn.

Lit.: BIBLIOTHECA DANICA Bd II, Sp. 607.
Sign.: Gnl 49

B 13. Angelus, Andreas:

Holsteinische Chronica, darinnen ordentliche Warhaftige Beschreibung der Adelichen Geschlechter, beneben derselben Wapen, Stamm-Register unnd Bildnissen: So wol auch, wie in einem Register angezeigt, woher die Städte den Namen haben, wo oder an welchem Ort sie gelegen, wenn und von wem sie erbawet und mit Stadt Recht bewidmet worden, sampt einem nützlichen Bericht, wie Mannlich und tapffer sich der Adel und Stedte in Krieges und andern leufften erwiesen, und was sie für Fewers Noth ausgestanden. 2 Teile.
Leipzig: In verlegung Henningi Grossen und Christoff Axins, 1696. 2°

In dem Werk finden sich im ersten Teil als Holzschnitte zwei Karten, die aneinandergeklebt sind, sowie Ansichten der Güter von Heinrich Rantzau:
1. TYPUS PARVÆ ANGLIÆ INTER IVTIAM ET HOLSATIAM. (zwischen p. 160/161)
2. TYPUS CHERSONESI CIMBRICÆ (zwischen p. 160/161)
3. ARX BREDENBERGA (p. 190)
4. TVSCHENBECK (p. 191)
5. RANZOVISHOLM (p. 192)
6. CASTELLVM WANDESBVRGVM. (p. 193)
7. MELBECK (p. 184!)
8. ARX REDING | STORP (p. 195)
9. CASTRVM NVTZKCOW (p. 196)
10. ARX RANZOVIANA. (p. 197)

Lit.: BIBLIOTHECA DANICA Bd III, Sp. 937; KATALOG LB KIEL Bd I, S. 753.
Sign.: Gha 294

B 14. Apian, Peter:

Cosmographia, per Gemmam Frisium apud Lovanienses medicum et mathematicum insignem, iam demum ab omnibus vindicata mendis, ac nonnullis quoque locis aucta, et annotationibus marginalibus illustrata. Additis eiusdem argumenti libellis ipsius Gemmæ Frisii.
Köln: Heredes Arnoldi Birckmanni, 1574. 8°

Neben kleineren Kartenskizzen (zum Teil auf Globen) finden sich 2 Karten:
1. Griechenland (ohne Titel) (p. 26)
2. CHARTA COSMOGRAPHICA, CVM VENTORVM PROPRIA NATVRA ET OPRATIONE. (p. 33)

Lit.: BRUNET Bd I, Sp. 342.
Sign.: Ob 5 (angebunden)

Abb. 21:
„Nova Gronlandiae, Islandiae et Freti Davis tabula." – *Die Karte, die Grönland, Island und die Davis-Straße (westlich von Grönland) zeigt, basiert auf Angaben von Seefahrern und Missionaren und weist Hinweise zur Entdeckungsgeschichte auf. Sie wurde auf Veranlassung des Hamburger Bürgermeisters Johann Anderson von dem Hamburger Architekten Ernst Georg Sonnin (1713-1794), dem Erbauer der Michaeliskirche, gezeichnet. Gestochen wurde sie 1746 von Jonas Haas (1720-1775), der aus Leipzig stammte und über Hamburg nach Kopenhagen ging. Die Karte findet sich in Andersons „Nachrichten von Island, Grönland und der Straße Davis" (Hamburg 1746) (B 11).*

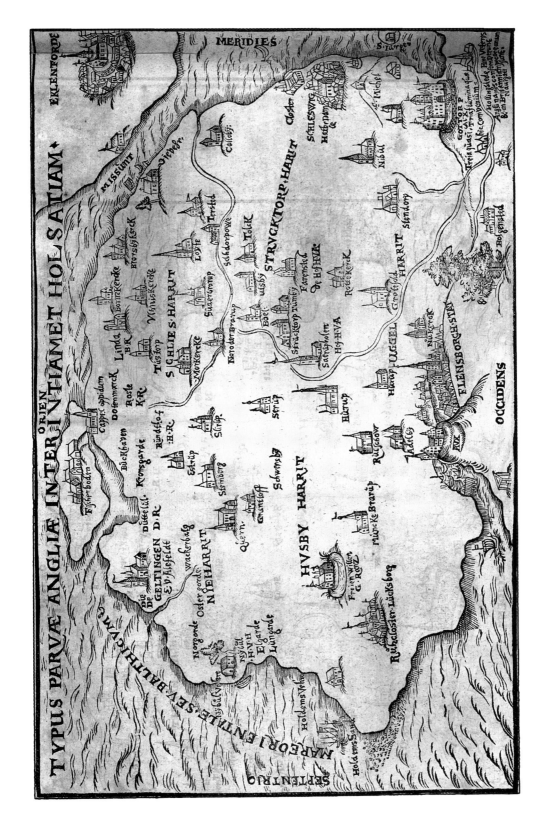

Abb. 22:
„Typus parvae Angliae inter Iutiam et Holsatiam." – Die nach Osten ausgerichtete Karte, die die Landschaft Angeln im Herzogtum Schleswig zwischen den Städten Flensburg und Schleswig mit ihren Kirchen und wichtigen adligen Gütern (zum Teil mit den Initialen der Besitzer) zeigt, findet sich in Andreas Angelus' „Holsteinische Chronica" (Leipzig 1596). Es ist die erste Spezialkarte der Landschaft, die der Humanist und Staatsmann Heinrich Rantzau (1526-1598) für seine „Neue Beschreibung der Kimbrischen Halbinsel" von einem unbekannten Zeichner anfertigen ließ. Der Theologe Angelus gehörte zu Rantzaus Humanistenkreis (B 13, Nr. 1).

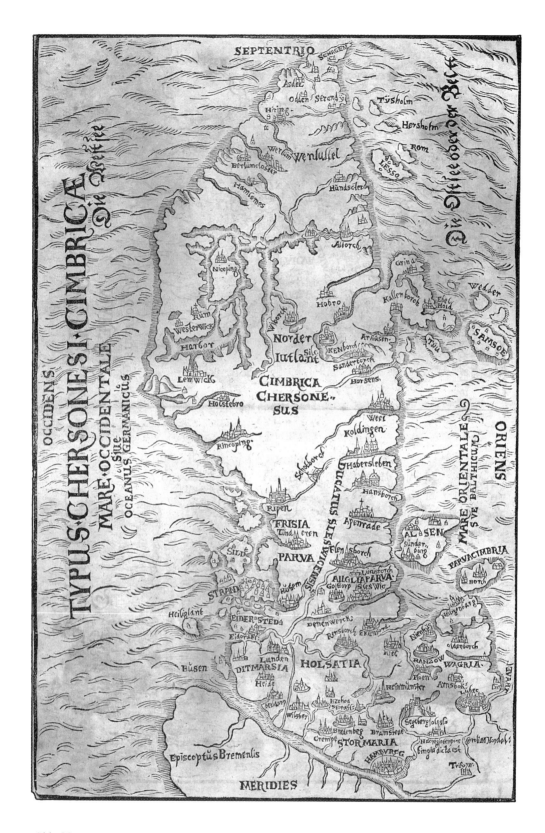

Abb. 23:
"Typus Chersonesi Cimbricae." – Die Karte, die die „Kimbrische Halbinsel" von Hamburg bis Skagen zeigt, findet sich in Andreas Angelus' „Holsteinische Chronica" (Leipzig 1596) neben der Angeln-Karte (vgl. Abb. 22), und zwar dort nach Westen ausgerichtet, so daß der Titel auf dem Blatt oben steht. Auch diese Karte, auf der im Herzogtum Schleswig besonders auf „Frisia parva" (= Nordfriesland) und „Anglia parva" (= Landschaft Angeln) verwiesen wird, hatte Heinrich Rantzau in Auftrag gegeben. Sie stützt sich auf Arbeiten des Kartographen Marcus Jordanus aus Krempe in Holstein (B 13, Nr. 2).

B 15. Archenholtz, Johann Wilhelm:

Geschichte des siebenjährigen Krieges in Deutschland von 1756 bis 1763. Mit dem Bildniß Königs Friedrichs des zweyten und einer großen illuminirten Charte vom Schauplatz des siebenjährigen Kriegs. 2 Theile (in 1 Bd).
Berlin: Haude u. Spener, (1793). 8°

Am Schluß findet sich die Karte:
Schauplatz des siebenjährigen Krieges den Friedrich der Zweyte König von Preussen gegen die verbündeten Mächte von Oestreich, dem deutschen Reich, Sachsen, Franckreich, Rusland und Schweden in den Jahren 1756 bis 1763 siegreich geführt hat. von neuem entworfen durch D. F. Sotzmann Berlin bei Haude und Spener 1793. Gestochen von Carl Jäck, in Berlin.

Lit.: GV 1700-1910 Bd 5, S. 279; HEINSIUS Bd I, S. 56.
Sign.: Gdd 4

B 16.

Archiv for Sövæsenet. Samlet og udgivet af P. U. Bruun og L. de Coninck (ab Bd 7: L. de Coninck og H. G. Dahlerup). Bd 1 – 8.
Kjöbenhavn: Fabritius de Tengnagel (ab Bd 7: H. G. Brill), 1827-1836. 8°

In den einzelnen Bänden der Zeitschrift finden sich neben anderen Abbildungen am Schluß auch folgende Karten:

Bd 1 (1827):
1. Kort over en Deel af Peru's Kyst. Efter det i 1821 udgivne franske Kort. / Havnen Baldivia eller Valdivia. / Bugten og Havnen Valparaiso.
2. Situationskort over den Caledoniske Canal.
3. Kort over en Deel af det nordlige Polarhav og det nordlige America. Efter et af Cheval.r Lapie i Aaret 1821 udarbeidet Kort.
4. Kaart over Mundingen af Seinen. Mansa lith. Kongl. Steentr. A. Dir. Tab. V.

Bd 2 (1828):
5. Kort over den engelske Fregat Conways Reiser til adskillige af de Syd Amerikanske Stationer 1820, 1821 og 1822, af L.t A. B. Becher og Mast. H. Foster. Mansa lith. Kongl. Steentr. A. Dir.
6. Kort over Indseilingen til Para sammendraget af de Engelske og Portugisiske Korter. Kongl. Steentr. A. Dir.

Bd 3 (1829):
7. Havnen El Roque. Mansa lith. Kogl. Steentr. A. Dir.

Bd 4 (1830):
8. Kort over de Ioniske Øer sammendraget af de ved Capt. Smyth optagne Specielle Korter over dette Farvand. Kongl. Steentr. A. Dir.

Bd 5 (1831):
9. Indløbet og Havnen ved Svinemünde. Mansa lith. Kongl. Steentr. A. Dir. Pl. III.
10. Plan over en Deel af Landstrækningen imellem Panama og Chagres. Pl. 6.

Bd 6 (1834):
11. Kaart over Rheden og Havnen ved Cherbourg. Kongl. Steentr.

Sign.: Gnz 9

B 17. Arrianus, Flavius:

Arriani Anabasis Alexandri. Ed. Carolus Sintenis. Cum tabula aeri incisa.
Berlin: Weidmann, 1867. 8°

Am Schluß findet sich die Karte:
Das Reich und die Kriegszüge Alexanders. Entw. v. H. Kiepert in Weimar. Gestochen v. L. Bernhardt in Berlin. Zu Arrians Anabasis Ausgabe von C. Sintenis Verlag der Weidmannschen Buchhandlung in Berlin.

Dieselbe Karte findet sich am Schluß auch in dem Werk (Sign.: Ag II 212 a):
Arrians Anabasis, erklärt von C. Sintenis. 2. Auflage. Mit einer Karte von H. Kiepert. 2 Bändchen (in 1 Bd).
Berlin: Weidmannsche Buchhandlung, 1860/63. 8°

Lit.: GV 1700-1920 Bd 5, S. 705.
Sign.: Ag II 212

B 18. Bædeker, Karl:

Deutschland nebst Theilen der angrenzenden Länder bis Strassburg, Luxemburg, Kopenhagen, Krakau, Lemberg, Ofen-Pesth, Pola, Fiume. Handbuch für Reisende. Zweiter Teil: Mittel- und Nord-Deutschland. Nebst einer Eisenbahnkarte, den Plänen von Berlin, Braunschweig, Bremen, Breslau, Cassel, Danzig, Dresden, Erfurt, Gotha, Hamburg, Hannover, Kiel, Königsberg, Kopenhagen, Leipzig, Lübeck, Münster, Schwerin, Weimar, Spezialkarten vom Harz, Riesengebirge, der Insel Rügen, Sächs. Schweiz, dem Thüringer Wald und den Plänen des Schlachtfelds von Leipzig, der königl. Gärten bei Potsdam und der Wilhelmshöhe. Zwölfte, verbesserte Auflage.
Koblenz: Karl Bædeker, 1865. 8°

Neben den im Titel genannten kleineren Plänen und Karten findet sich am Schluß eine Karte:
Eisenbahn-Karte Mittel-Europa nebst Angabe der wichtigsten Post-Verbindungen. Lith. geograph. Anst. v. Ed. Wagner, Darmstadt.

Lit.: GV 1700-1910 Bd 7, S. 201.
Sign.: Ee 54

B 19. Bædeker, Karl:

Deutschland. Oberrhein, Baden, Württemberg, Bayern und die angrenzenden Teile von Österreich. Handbuch für Reisende. Mit 22 Karten und 27 Plänen. 26. Auflage.
Leipzig: Karl Bædeker, 1898. 8°

In dem Werk finden sich neben 27 Plänen (Aschaffenburg, Augsburg, Baden, Bamberg, Bayreuth, Darmstadt, Frankfurt a. M., Freiburg, Heidelberg, Heidelberger Schloß, Heilbronn, Burg Hohenzollern, Innsbruck, Karlsruhe, Kissingen, Konstanz, München, Nürnberg, Passau, Regensburg, Rothenburg o. T., Salzburg, Schaffhausen, Straßburg, Stuttgart, Ulm, Würzburg) 20 von den 22 zumeist kleineren Karten (alle gestaltet von der Geograph. Anst. von Wagner & Debes, Leipzig):
1. Umgebungen von Baden-Baden.
2. Bayrische Pfalz.

95

3.-6. Schwarzwald I – IV.
7. Umgebung von Stuttgart.
8. Mittlere Alb.
9. Starnberger See.
10. Umgebung von Hohenschwangau.
11. Umgebung von Reutte und Imst.
12. Umgebung von Partenkirchen und Mittenwald.
13. Umgebung von Tölz, Tegernsee und Schliersee.
14. Umgebung des Achensees.
15. Umgebung von Rosenheim, Kufstein, Traunstein etc.
16. Umgebung von Reichenhall und Berchtesgaden.
17. Spessart.
18. Fränkische Schweiz.
19. Fichtelgebirge.
20. Bayrischer Wald.

Lit.: GV 1700-1910 Bd 7, S. 220.
Sign.: Ee 54 c

B 20. (Baggesen, August von):

Die Schlacht bei Fredericia am 6ten Juli 1849. Hauptsächlich nach den beiderseitigen officiellen Rapporten dargestellt von einem dänischen Officier. (Mit einer Karte.)
Kopenhagen: C. A. Reitzel, 1849. 8°

Am Schluß des Werkes, das beim Binden einen falschen Umschlagtitel erhielt (vgl. B 142), findet sich lose beiliegend die Karte:
Terrainabschnitt von Fredericia, am 6ten Juli 1849. F. Seger. Em. Bærentzen & Co. lith. Inst. Verlag von C. A. Reitzel.

Lit.: GV 1700-1910 Bd 1236, S. 84; KATALOG LB KIEL Bd I, S. 707.
Sign.: Gha 184

B 21. Balbi, Adriano:

Abrégé de Géographie, rédigé sur un nouveau Plan d'après les derniers Traités de Paix et les découvertes les plus recentes. Troisième Édition, revue et considérablement augmentée par l'Auteur, et accompagnée de 24 Cartes et Plans.
Paris: Jules Renouard. 1838. 8°

Eingebunden sind 24 ausklappbare Karten und Pläne:
1. Planisphère. Dressé par A. H. Dufour. (p. 30)
2. Europe. Dressé par A. H. Dufour. Gravé sur Acier; par. Desbuissons. Ecrit par Arnoul. (p. 79)
3. France. Dressé par A. H. Dufour. (p. 105)
4. Paris. A. H. Dufour, direx. Gavard Sculp. Bénard Scrip. (p. 133)
5. Allemagne. Dressé par A. H. Dufour. Gravé sur Acier par Desbuissons. Ecrit par Arnoul. (p. 220)
6. Vienne. A. H. Dufour, direx. Gavard Sculp. Bénard Scrip. (p. 284)
7. Berlin. A. H. Dufour, direx. Gavard Sculp. Bénard Scrip. (p. 330)
8. Rome. A. H. Dufour, direx. Gavard Sculp. Bénard Scrip. (p. 394)
9. Madrid. A. H. Dufour, direx. Gavard Sculp. Benard Scrip. (p. 437)
10. Iles Britanniques. Dressé par A. H. Dufour. Gravé, sur Acier, par Desbuissons. Ecrit par Arnoul. (p. 469)
11. Londres. A. H. Dufour, direx. Gavard Sculp. Bénard Scrip. (p. 485)
12. St. Petersbourg. A. H. Dufour, direx. Gavard Sculp. Bénard Scrip. (p. 541)
13. Constantinople. A. H. Dufour, direx. Gavard Sculp. Bénard Scrip. (p. 573)
14. Asie. Dressé par A. H. Dufour. Gravé sur Acier par Desbuissons. Ecrit par Arnoul. (p. 641)
15. Inde. Dressé par A. H. Dufour. Gravé sur Acier, par Desbuissons. Ecrit par Arnoul. (p. 721)
16. Calcutta. A. H. Dufour, direx. Gavard Sculp. Bénard Scrip. (p. 733)
17. Afrique. Dressé par A. H. Dufour. Gravé sur Acier par Desbuissons. Ecrit par Arnoul. (p. 823)
18. Le Kaire. A. H. Dufour, direx. Gavard Sculp. Bénard Scrip. (p. 863)
19. Amérique du Nord. Dressé par A. H. Dufour. Gravé, sur Acier, par Desbuissons. Ecrit par Arnoul. (p. 921)
20. Amérique du Sud. Dressé par A. H. Dufour. Gravé, sur Acier, par Desbuissons. Ecrit par Arnoul. (p. 921)
21. Etats-Unis. Dressé par A. H. Dufour. Gravé, sur Acier, par Desbuissons. Ecrit par Arnoul. (p. 978)
22. New-York. A. H. Dufour, direx. Gavard Sculp. Bénard Scrip. (p. 997)
23. Rio de Janeiro. A. H. Dufour, direx. Desbuissons Sculp. Bénard Scrip. (p. 1081)
24. Océanie. Dressé par A. H. Dufour. Gravé, sur Acier, par Desbuissons. Ecrit par Arnoul. (p. 1129)

Lit.: BRUNET Nr. 19625.
Sign.: Eb 19

B 22. Bardenfleth, Frederik Løvenørn von:

Stormen paa Stralsund af et combineret dansk og hollandsk Troppecorps den 31te Mai 1809, med forudgaaende Fortælling af Schills Krigerliv, samt nogle Episoder fra Hertugen af Brunsvig-Oels's Streiftog igjennem Tydskland i Juli og August 1809. Med et Oversigtskaart, en Plan af Stralsund og 12 mindre Planer ...
Kjøbenhavn: C. A. Reitzel, 1846. 8°

Am Schluß finden sich drei Tafeln mit den Skizzen, dem Stadtplan und der Übersichtskarte „Det nordöstlige Tydskland (Oversigtskaart) hörende til Schills og Brunsvig-Öels's Streiftog 1809."

Lit.: KATALOG LB KIEL Bd III, S. 2203f.
Sign.: Gdv 16

B 23. Barfod, Frederik:

En Rejse i Dalarne.
Kjøbenhavn: Gyldendal (Thiele), 1863. 8°

Am Schluß findet sich eine Karte:
Kaart over en Del af Dalarne. Carl Otto's lith. Inst.

Sign.: Ed 107

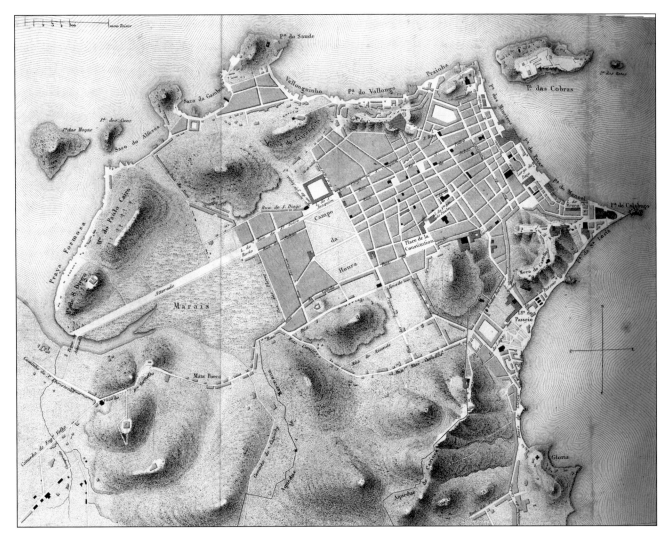

Abb. 24:
„Rio de Janeiro." – Der Plan der ersten brasilianischen Hauptstadt findet sich in Adriano Balbis „Abrégé de Géographie" (Paris 1838). Wie die anderen Karten und Pläne in diesem von einem italienischen Geographen verfaßten Lehrbuch der Geographie wurde er von dem Franzosen August-Henri Dufour (1798-1865) gezeichnet (B 21, Nr. 23).

B 24. Barrow, John:

Sammlung von Reisen und Entdeckungen in einer chronologischen Ordnung zusammengetragen. Aus dem Engelländischen übersetzt.
Zweyter Band.
Leipzig: Johann Friedrich Junius, 1767. 8°

In dem Band finden sich 3 Karten:
1. Charte des südlichen Theils von Süd America Nebst dem Weg den der Centurion von der St. Catharinen Insel bis zur Insel Iuan Fernandes genomen hat … I. M. Schmidt sc. Norimb. (p. 1) [Die Karte bezieht sich auf George Ansons Weltumsegelung nach 1740; vgl. auch Jordtsche Kartensammlung Nr. 684 A]
2. Charte von dem Stillen Meer zwischen dem Aequator und dem 39 $^1/_2$ Grad Norder-Breite. I. M. Schmidt sc. Norimb. Zum III. Theil pag. 162.
3. Vierteiliges Blatt mit: Grundriss der Stadt u: des Hafens Ludwigsburg [= Louisbourg auf Cape Breton Island im Mündungsbereich des St. Lorenz-Stroms] / Grundriss der Stadt und des Hafens von Havana / Grundriss der Stadt und des Hafens von Cartagena / Grundriss des Hafens, der Stadt und der Forte von Portobello. I. M. Schmidt sc. Nor. (am Schluß)

Lit.: GV 1700-1910 Bd 8, S. 232; HEINSIUS Bd I, S. 86.
Sign.: Ec 12 (Jordtsche Bücher B 32)

B 25. Bartels, Johann Heinrich:

Briefe über Kalabrien und Sicilien. 3 Theile.
Göttingen: Johann Christian Dieterich, 1787-1791. 8°

In dem Werk finden sich eine Karte und 2 Pläne:

1. Kalabrien und Sicilien (mit „Prospeckt des Theaters zu Taormina" unten rechts) (II, p. 1)
2. Plan vom alten und neuen Syracus. (III, p. 1)
3. Plan der Festung Labdalum. (III, p. 1)

Lit.: ENGELMANN S. 378; GRIEB Bd 1, S. 41 (Nr. 80); GV 1700-1910 Bd 8, S. 258; HEINSIUS Bd I, S. 86.
Sign.: Ed 30

B 26. Barth, Heinrich:

Reisen und Entdeckungen in Nord- und Central-Afrika in den Jahren 1849 bis 1855. Tagebuch seiner im Auftrag der Brittischen Regierung unternommenen Reise. Mit Karten, Holzschnitten und Bildern. 5 Bde.
Gotha: Justus Perthes, 1857/58. 4°

Das Werk enthält am Schluß der einzelnen Bände insgesamt 16 Karten (zumeist mit dem Hinweis: Entworfen u. gezeichnet von A. Petermann):
Bd I (1857):
1. Kartenskizze von Africa zur Übersicht von Dr. Barth's Reise-Route, 1850-1855. Gez. v. A. Petermann.
2. Karte der Route durch das Djebel, Ghurlan, Tarhona & Mesellata Geb. 4. bis 26. Februar 1850.
3. Karte der Route von Tripoli nach Mursuk 24. März – 6. Mai 1850.
4. Karte der Route von Mursuk bis zum Thal Falésseles 15. Juni bis 5. August 1850.
5. Karte der Route vom Thal Falésseles bis Tidik 6. bis 27. August 1850.
6. Karte der Route von Tidik nach Taghelel 27. August 1850 bis 10. Januar 1851.

Bd II (1857):
7. Karte der Routen zwischen Katsena und Surrikulo in den Jahren 1851 bis 1854.
8. Karte der Routen zwischen Tscheiessemo und Kukaua in den Jahren 1851-1854.
9. Karte der Route von Kukaua nach Yola 29. Mai bis 24. Juli 1851.

Bd III (1857):
10. Karte der Route von Kukaua nach Kanem 11. Sept. bis 14. Nov. 1851.
11. Karte der Route von Kukaua nach Mussgu 25. Nov. 1851 bis 1. Febr. 1852.
12. Karte der Route von Kukaua nach Masseña 5. März bis 21. August 1852.

Bd IV (1858):
13. Karte der Routen zwischen Kano, Katsena und Ssay in den Jahren 1853 & 1854.

Bd V (1858):
14. Karte der Routen zwischen Ssay und Timbuktu 24. Juni 1853 bis 30. Juli 1854, enthaltend die Aufnahme des Niger.
15. Karte eines Theils von Africa (westliches Blatt) zur Übersicht von Dr. Barth's Reisen, 1850-1855 und der von ihm gesammelten Itinerarien.
16. Karte eines Theils von Africa (östliches Blatt) zur Übersicht von Dr. Barth's Reisen, 1850-1855 und der von ihm gesammelten Itinerarien.

Lit.: BRUNET Bd I, Sp. 674; GRIEB Bd 1, S. 41 (Nr. 81); GV 1700-1910 Bd 8, S. 290.
Sign.: Ec 57

B 27. (Barthélemy, Jean-Jacques):

Voyage du jeune Anacharsis en Grèce, dans le Milieu du quatrieme Siècle avant l'Ere vulgaire. Troisième Édition. 7 Bde.
Paris 1790. 8°

Zu dem siebenbändigen Werk gehört ein besonderer Karten- und Abbildungsband:
(Barbié du Bocage, Jean Denis):
Recueil de cartes géographiques, plans, vues et médailles de l'ancienne Grèce, relatifs au voyage du jeune Anacharsis; précédé d'une analyse critique des cartes. Troisième Édition.
Paris: Chez de Bure l'ainé, Libraire de Monsieur, Frère du Roi, de la Bibliothèque du Roi, et de l'Académie Royale des Inscriptions; hotel Ferrand, rue Serpente, no. 6, 1790. 4°

In dem Band finden sich 4 Karten zur Einleitung (pour l' Introduction) und insgesamt 27 Karten, Pläne und Ansichten zur Reise (pour le Voyage). Am Anfang steht eine kritische Analyse zu den Karten von M. Barbié du Bocage, der die nachfolgenden Darstellungen zwischen 1781 und 1788 anfertigte. Gestochen wurden sie von Guill. de la Haye:
I. La Grèce et ses Isles (1788)
II. Plan du Passage des Thermo-pyles (1784) (I, p. 200)
III. Plan du Combat de Salamine (1785) (I, p. 217)
IV. Essaie sur la Bataille de Platée (1784) (I, p. 241)
1. Carte du Palus Méotide et du Pont Euxin (1781) (II, p. 8)
2. Plan du Bosphore de Thrace (1784) (II, p. 38)
3. L'Helles-pont (1782) (II, p. 49)
4. Plan des Environs d'Athènes (1785) (II, p. 104)
5. L'Attique, la Mégaride et Partie de l'Isle d'Eubée (1785) (II, p. 108)
6. Plan de l'Académie et de ses Environs (1784) (II, p. 120)
7. Plan d'une Palestre grecque d'après Vitruve (II, p. 163)
8. Plan d'Athènes (1784) (II, p. 226)
9. Plan et Élévation des Propylées (II, p. 243)
10. Plan du Temple de Thésée. Élévation de la Façade du Parthénon. Vue du Parthénon. (II, p. 250)
11. La Phocide et la Doride (1787') (II, p. 420)
12. Vue de Delphes et des deux Roches du Parnasse. Essai sur les Environs de Delphes (1787) (II, p. 422)
13. Plan d'une Maison grecque d'après Vitruve (II, p. 502)
14. La Béotie (1787) (III, p. 280)
15. La Thessalie (1788) (III, p. 336)
16. La Corinthie, la Sicyonie, la Phliasie et l'Achaie (1786) (III, p. 408)
17. L'Élide et la Triphylie (1786) (III, p. 469)
18. Essai sur la Topographie d'Olympie (1780) (III, p. 477)
19. La Messénie (1786) (IV, p. 26)
20. La Laconie et l'Isle de Cythère (1786) (IV, p. 73)
21. Essai sur la Topographie de Sparte et de ses Environs (1783) (IV, p. 95)
22. L'Arcadie (1786) (IV, p. 292)
23. L'Argolide, l'Epidaurie, la Trézénie, l'Hermionide, l'Isle d'Egine et la Cynurie (1785) (IV, p. 330)
24. Platon sur le Cap Sunium au Milieu de ses Disciples (V, p. 413)
25. Ancien Théatre grec (VI, p. 87)
26. Les Cyclades. Par M. d'Anville MDCCLVIII (VI, p. 352)
27. Médailles tirées du cabinet du Roi

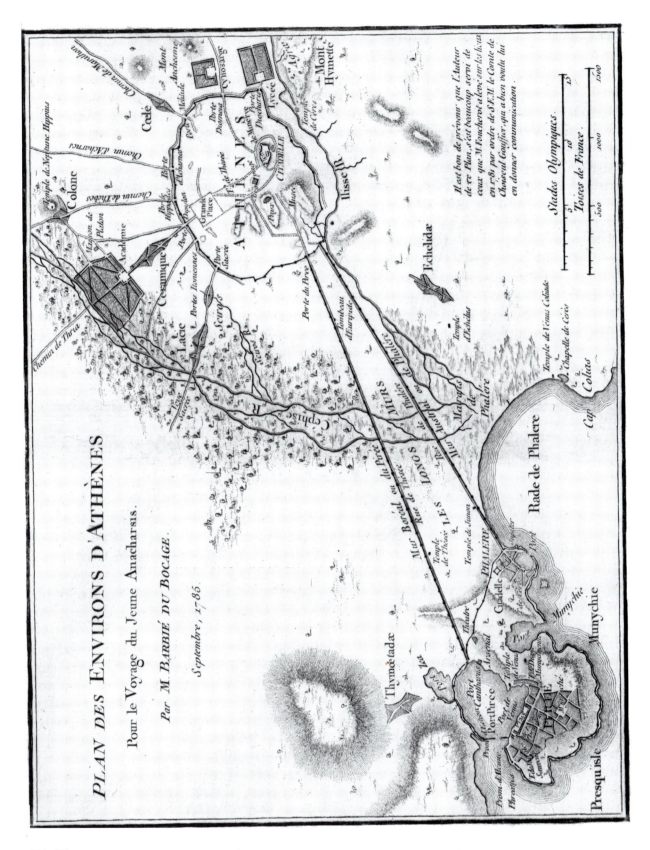

Abb. 25:
„Plan des Environs d'Athènes." – Die Karte, die die Umgebung von Athen in der Zeit um 450 v. Chr. zeigt, wurde im Jahre 1785 von dem französischen Kartographen Jean-Denis Barbié du Bocage (1760-1825) gezeichnet. Sie gehört zu dem Roman von Jean-Jacques Barthélemy „Voyage du jeune Anacharsis en Grèce" (Paris 1790), in dem die Reisen eines jungen Griechen durch die im 5. Jahrhundert v. Chr. bekannte griechische Welt beschrieben wird. Gestochen wurde die Karte von dem Kupferstecher Guillaume Delahaye (B 27, Nr. 4).

Lit.: BRUNET Bd I, Sp. 674; GV 1700-1910 Bd 8, S. 320; vgl. auch GRIEB Bd I, S. 37 (Nr. 71) u. Bd I, S. 43 (Nr. 84) [Ausgabe von 1789].
Sign.: Aag 2

B 28. (Barthélemy, Jean-Jacques):

Reise des jungen Anacharsis durch Griechenland vierhundert Jahre vor der gewöhnlichen Zeitrechnung. Aus dem Französischen des Herrn Barthelemy. 7 Bände. Neueste Auflage.
Wien u. Prag: Franz Haas, 1802. 8°

Eingebunden finden sich in den einzelnen Bänden insgesamt 23 Karten, Pläne und Abbildungen:

Bd I:
1. Griechenland und dessen Inseln zur Reisebeschreibung des jungen Anacharsis v. Herrn Barbié du Bocage. (I, p. 51)
2. Plan von Thermopylae auf die Zeit des Einfalls des Xerxes in Griechenland angewendet zu den Reisen des jüngern Anacharsis von Herrn Barbié du Bocage. Hier bey ist der Polan gebraucht worden, den Faucherot 1781 auf Befehl des Gv. von Choiseul Gouffier von dieser Gegend aufgenommen hat. (I, p. 166)
3. Plan des Treffens bey Salamis zu den Reisen des jüngern Anacharsis von Herrn Barbié du Bocage (I, p. 185)
4. Versuch über das Treffen bey Plataea zu den Reisen des jüngern Anacharsis allein nach den Nachrichten der Alten entworfen durch Herrn Barbié du Bocage (I, p. 204)

Bd II:
5. Karte des Maeotischen Sees und des Pontus Euxinus zu den Reisen des jüngern Anacharsis, grössten Theils nach den d'Anvillischen Karten gezeichnet durch Mr. Barbié du Bocage (II, p. 6)
6. Plan vom Bosporus Thracicus zu den Reisen des jungen Anacharsis, grösten theils nach dem Plan des Kanals von Constantinopel gezeichnet, den Kauffer 1776 auf Ordre des Grafen von Choiseul Gouffier allhier aufgenommen hat, durch M. Barbié du Bocage. (II, p. 30)
7. Der Hellespont zu der Reise des jungen Anacharsis. Nach dem Abriss, den d'Anville in den Memoiren der Kön. Akademie der schönen Wissenschaften davon gegeben hat, und nach einigen andern Nachrichten gezeichnet von Mr. Barbié du Bocage (II, p. 38)
8. Plan der umliegenden Gegend von Athen zu den Reisen des jungen Anacharsis, gezeichnet nach dem Plan, den Foucherot 1781 auf Befehl des Grafen von Choiseul Gouffier von dieser Gegend aufgenommen hat, von Mr. Barbié du Bocage (II, p. 78)
9. Plan der Akademie und der umliegenden Gegend zu der Reise des jüngern Anacharsis von Mr. Barbie du Bocage (II, p. 89) (VI)
10. Plan von Athen zu der Reise des jungen Anacharsis (II, p. 168) (VIII)
11. Grundriss des Tempels des Theseus. Abbildung des Vordertheils des Parthenons. Der Tempel Parthenon (II, p. 186) (V)
12. Phocis und Doris zu der Reise des jungen Anacharsis durch Herrn Barbie du Bocage (II, p. 315) (XI)
13. Versuch über die umliegenden Gegenden von Delphi zu den Reisen des jungen Anacharsis von Mr. Barbié du Bocage (II, p. 316) (XII)
14. Grundriss eines griechischen Hauses nach dem Vitruv (II, p. 374) (XIII)

Bd III:
15. Boeotia zu den Reisen des jüngern Anacharsis von Herrn Barbié du Bocage (III, p. 226)
16. Corinth, Sicyon, Phliasia und Achaia, zu den Reisen des jüngern Anacharsis von Herrn Barbié du Bocage (III, p. 317) (III)
17. Elis und Triphylia zu den Reisen des jüngern Anacharsis von Hrn. Barbié du Bocage (III, p. 365) (IV)

Bd IV:
18. Messenia zu den Reisen des jüngern Anacharsis von Hrn. Barbié du Bocage (IV, p. 20)
19. Arcadia zu den Reisen des jüngern Anacharsis von Hrn. Barbié du Bocage (IV, p. 228)

Bd V:
20. Plato mit seinen Schülern auf dem Vorgebirge Sunium (V, p. 40)

Bd VI:
21. Altes griechisches Schauspielhaus (VI, p. 57) (I)
22. Griechische Münzen (VI, p. 185)
23. Die Cycladischen Inseln zu den Reisen des jüngern Anacharsis von Hrn. d'Anville (VI, p. 294) (II)

Lit.: GRIEB Bd 1, S. 45 (Nr. 86); GV 1700-1910 Bd 8, S. 320.
Sign.: Aag 2

B 29. Baudissin, Graf Adelbert:

Schleswig-Holstein Meerumschlungen. Kriegs- und Friedensbilder aus dem Jahre 1864. Illustrirt von O. Fikentscher, E. Hartmann, A. Beck, I. Kleemann, C. Kolb, Th. Weber und Anderen.
Stuttgart: Druck und Verlag von Eduard Hallberger, 1865. 4°

Unter den vielen Illustrationen finden sich 15 Stadt- und Ortsansichten:
1. Ansicht von Schleswig. (p. 5)
2. Ansicht von Kappeln. (p. 53)
3. Ansicht von Flensburg. (p. 56)
4. Sonderburg mit der Pontonbrücke der Dänen von Sundewitt nach Alsen (vor der Beschießung), nach einer Photographie von F. Brandt. (p. 97)
5. Tondern. (p. 129)
6. Bad Westerland auf Sylt. (p. 153)
7. Ansicht von Föhr aus der Vogelperspektive. (p. 216)
8. Hafen von Wyck. (p. 220)
9. Ansicht von Husum. (p. 228)
10. Ansicht von Tönning. (p. 241)
11. Ansicht von Kiel. (p. 261)
12. Ansicht von Preetz. (p. 297)
13. Ansicht von Plön. (p. 312)
14. Bad Haßberg. (p. 321)
15. Ansicht von Lübeck (Mit dem Holstenthor). (p. 325)

Lit.: GV 1700-1910 Bd 8, S. 493; KATALOG LB KIEL Bd I, S. 720.
Sign.: Ghb 23; Ghb 23 b

B 30. Beaufort, Louis de:

La Republique Romaine, ou Plan général de l'ancien Gouvernement de Rome. Tome premier et second (in 1 Bd).

Den Haag: Nicolas van Daalen, 1766. 4°

Im ersten Teil finden sich nach p. 172 vier Karten:
1. Etat des Nouvelles Tribus de la Ville, du Tems de sa derniere Enceinte. Tab. 1. Tom. I. Pag. 172.
2. Etat des Nouvelles Tribus de la Ville, du Tems de leur Institution. Rep. Rom. N. 2. Tom. 1. Pag. 172.
3. Etat des XVII premires Tribus Rustiques établies par Servius Tullius dans le Champ Romain in Agro Romano. Tab. 3. Tom. 1. Pag. 172.
4. Etat des XIV autres Tribus Rustiques etablies depuis par les Consuls Chez les differens Peuples d'Italie. Tab. 4. Tom. 1. Pag. 172.

Lit.: LOC Bd 11, S. 267.
Sign.: Gr 59

B 31. Beck, Charles:

Generalmajor Olaf Rye's Tilbagetog gjennem Nørrejylland 1849. Med tre Kaart. Andet Oplag.
Kjøbenhavn: Thiele, 1863. 8°

In dem vorliegenden Werk finden sich zwei Karten:
1. Generalkaart til Krigsoperationerne i Nörrejylland og Nordslesvig 1849. Med Finantsministeriets Tilladelse overtrykt fra Generalstabens Kaart over Danmark 1:480.000. (vorne)
2. Kaart til Fægtningerne i Kolding-Veile Egnen 1849. Gen. Rye's Corps. (hinten)

Lit.: KATALOG LB KIEL Bd II, S. 1466.
Sign.: Gha 334, S 10

B 32. Becker, Wilhelm Adolph:

Handbuch der römischen Alterthümer. Nach Quellen dargestellt. Fortgesetzt ab Viertem Theil von Joachim Marquardt. 5 Theile.
Leipzig: Weidmann'sche Buchhandlung (ab Theil IV [1856] S. Hirzel), 1843-1864. 4°

Der Erste Theil ist „mit Vergleichendem Plane der Stadt und vier anderen Tafeln" versehen:
1. Vergleichender Plan der Stadt Rom zu W. A. Beckers Handbuch der roemischen Alterthümer. Tab. I. Lith. u. gedr. in I. F. Fetters Atelier zu Berlin. (aufgezogen, vorne in einer besonderen Hülle)
2. Forum Romanum und Kaiserforen (ohne Titel) (am Schluß)
3. Kapitol (ohne Titel)
4. Teile des Marsfeldes (ohne Titel)
5. Römische Münzen mit Gebäudedarstellungen

Die Theile I, II (in 3 Abtheilungen) und III (nur 1. Abtheilung) finden sich in 5 Bänden in einer zweiten Fassung unter derselben Signatur; in dieser Fassung fehlt der große Rom-Plan.

Lit.: GV 1700-1910 Bd 10, S. 223.
Sign.: Aal 10

B 33. Begtrup, Joachim:

Forsøg til en Beskrivelse over Svendborg Kjøbstæd med Grundtegning.
Odense: S. Hempel, 1823. 8°

Am Schluß findet sich der Plan:
Grundtegning over Svendborg Kjøbstad 1819 tegnet af G. Heiberg. Kongl. Steentr. A. Dir. Anthon og Mansa lith.

Lit.: BIBLIOTHECA DANICA Bd II, Sp. 698.
Sign.: Gnl 110

B 34. Behrmann, Henrik:

Grundrids til en historisk-topographisk Beskrivelse af det gamle Konge- og Bispesæde Roeskilde. ... Med Grundtegninger og Kobbere.
Kjøbenhavn: C. Steen, 1832. 8°

Ganz am Schluß findet sich unter den Tafeln ein Plan der Stadt Roskilde ohne Titel.

Lit.: BIBLIOTHECA DANICA 1831-1840, Sp. 30.
Sign.: Gnl 94

B 35. Beitzke, Heinrich:

Geschichte des Russischen Krieges im Jahre 1812. Mit einer Uebersichtskarte und zwei Plänen.
Berlin: Duncker & Humblot, 1856. 8°

Am Schluß finden sich ein Plan und die Karte:
1. Schlachtfeld von Borodino.
2. Uebersichts-Karte zur Geschichte des Russischen Feldzugs.

Lit.: GV 1700-1910 Bd 11, S. 211.
Sign.: Gaß 28

B 36. Beitzke, Heinrich:

Geschichte der Deutschen Freiheitskriege in den Jahren 1813 und 1814. Dritte verbesserte Auflage. 3 Bde.
Berlin: Duncker u. Humblot, 1864. 8°

Am Schluß des 2. u. des 3. Bandes findet sich je eine Karte:
1. Uebersichtskarte zu Beitzke's Geschichte der Deutschen Freiheitskriege. 1. u. 2. Band. Berlin, Lith. v. C. Birk acad. Künstler. (lose beiliegend)
2. Uebersichts-Karte zum Feldzuge von 1814 in Frankreich zu H. Beitzke's Geschichte der deutschen Freiheitskriege, 3ter Band.

Lit.: GV 1700-1910 Bd 11, S. 211.
Sign.: Gde 19

B 37. Beitzke, Heinrich:

Geschichte der Deutschen Freiheitskriege in den Jahren 1813 und 1814. Zweite verbesserte Auflage. 3 Bde.
Berlin: Duncker u. Humblot, 1859/60. 8°

In einer weiteren Ausgabe des Werks fehlen die Übersichtskarten der Bände II und III.

Lit.: GV 1700-1910 Bd 11, S. 211.
Sign.: Gde 19 b

B 38.

Die Belagerung von Sebastopol. Von der Einschiffung der Verbündeten in Varna bis zur Einnahme von Süd-Sebastopol. Mit Ansichten, Karten, Porträts und Plänen.
Leipzig: J. J. Weber, 1856. 8°

Unter anderem findet sich am Schluß eine kleine Karte der Krim.

Lit.: ENGELMANN S. 942; GV 1700-1910 Bd 72, S. 210.
Sign.: Gfd 19

B 39.

Bericht über die Verhandlungen der Grenzregulirungscommission in Rendsburg, 1851, von den dänischen Grenzregulirungscommissarien. Uebersetzung des dänischen Originals. Als Manuscript gedruckt.
Kopenhagen: Schultz, o. J. (1851). 4°

Am Schluß findet sich eine Karte:
Karte der Bezeichnung der Grenze zwischen den Herzogthümern Schleswig und Holstein.

Lit.: KATALOG LB KIEL Bd II, S. 1469; zur Karte in der dänischen Fassung vgl. GEERZ S. 183.
Sign.: Ghc 78

B 40. (Berlepsch, Hermann Alexander):

Illustrirter Alpen-Führer. Malerische Schilderungen des Schweizerlandes. Ein Reise-Handbuch für die Besucher der Alpenwelt. Mit 200 Illustrationen, einer Uebersichtskarte der Schweiz und einem Rigi-Kulm-Panorama.
Leipzig: J. J. Weber, 1854. 8°

Neben dem „Panorama von Rigi-Kulm." (p. 572) findet sich am Schluß die Karte:
Übersichts-Karte der Schweiz. G. Heck dir. R. Schmidt sc.

Lit.: GV 1700-1910 Bd 13, S. 303.
Sign.: Ee 31

B 41. Berlepsch, Hermann Alexander:

Schweizerische Fremden-Führer. 8 Teile (in 1 Bd).
Leipzig: J. J. Weber, 1858/59. 8°

In den einzelnen Teilen finden sich jeweils am Schluß 16 kleinere Karten und ganz am Schluß eine Übersichtskarte:
Teil I (Der Bodensee und das Appenzeller Land. 1858):
 1. Panorama des Bodensee's, vom Freudenberg bei St. Gallen aufgenommen. / Panorama des Bodensee's, vom St. Gebhardsberg bei Bregenz aufgenommen.
 2. Der Bodensee. Aus F. A. Brockhaus' Geogr. Inst. Leipzig.
 3. Appenzell und das Rhein-Thal. Aus F. A. Brockhaus' Geogr. Inst. Leipzig.

Teil II (Graubünden. 1858):
 4. Hinter-Rhein-Thal. G. Heck dir.
 5. Vorder-Rhein-Thal. G. Heck dir.
 6. Unter-Ober-Engadin. G. Heck dir.
 7. Das Veltlin. G. Heck dir.
Teil III (Berner Oberland. 1858):
 8. Berner-Oberland. G. Heck dir.
Teil IV (Der Genfer See und das Chamouny-Thal. 1858):
 9. Genfer- oder Leman-See. Aus F. A. Brockhaus' Geogr. Inst. Leipzig.
 10. Chamouny- oder Aosta-Thal. Aus F. A. Brockhaus' Geogr. Inst. Leipzig.
Teil V (Der Rigi, der Vierwaldstätter-See und die Urkantone. 1858):
 11. Die Urkantone und der Vierwaldstædter See. Aus F. A. Brockhaus' Geogr. Inst. Leipzig.
Teil VI (Der Rheinfall, der Zürich-See und der Wallen-See. 1858):
 12. Züricher und Wallen See. Aus F. A. Brockhaus' Geogr. Inst. Leipzig.
Teil VII (Der St. Gotthard und die Italienischen Seen. 1859):
 13. Livinen-Thal u. Gotthard-Pässe. G. Heck dir.
 14. Lago Maggiore und Lago di Lugano. G. Heck dir.
 15. Comer-See. G. Heck dir.
Teil VIII (Wallis und die Simplon-Strasse. 1859):
 16. Simplon-Strasse. G. Heck dir.
 17. Uebersichtskarte der Schweiz. (am Schluß)

Lit.: GV 1700-1910 Bd 13, S. 263.
Sign.: Ee 47

B 42. Bertouch, Ernst von:

Vor Vierzig Jahren. Natur und Cultur auf der nordfriesischen Insel Nordstrand.
Weimar: Verlag von Jüngst & Co., o. J. (ca. 1891). 8°

Am Schluß finden sich 2 Karten:
1. Insel Nordstrand nach der neuesten Eindeichung 1866.
2. Titellose Karte zur Entwicklung Nordstrands vom Mittelalter bis ins 19. Jahrhundert.

Lit.: GV 1700-1910 Bd 14, S. 49; KATALOG LB KIEL Bd I, S. 730.
Sign.: Ghb 807

B 43.

Biblia. Durch D. Martin Luther verteutscht. Mit D. Pauli Tossani hiebevor außgegangenen Glossen und Außlegungen, welche aber in dieser Neuen Edition fürnemlich auß der Niederländischen, so dann auch hie und da auß Herrn Deodati und anderer Theologorum besten Annotationen ansehnlich vermehrt und erklärt worden. 6 Bde.
Frankfurt: Theodor Falkeisen, 1668. 2°

In der Bibelausgabe finden sich drei Karten:
1. DIE GELEGENHEIT DES PARADEIS UND DES LANDS CANAAN, SAMPT DEN ERSTBEWOHN- | ten Ländern der Patriarchen, auss der H. Schrifft und anderen Auctoren zusammen getragen. | | Theodor Falckeisen Excudit. (I, nach p. 2)
2. Geographische Beschreibung | von dem Wanderschaft | DER APOSTELEN | und | REYSEN DES H. APOSTELS

PAULI, | Sampt den Königreich und Ländern da sie, | das Evangelium erstmahls verkündiget haben (V, nach p. 150)
3. ORBIS TERRARUM TYPUS DE INTEGRO IN PLURIMIS EMENDATUS AUCTUS ET ICUNCULIS ILLUSTRATUS (VI, vorne)

Lit.: Bibelsammlung Stuttgart E 843.
Sign.: Tc 57

B 44.

Biblia, Das ist, Die gantze Heilige Schrifft, Altes und Neues Testaments, Teutsch, D. Martin Luthers. (Kupfertitel: Biblia, Das ist Die gantze Heilige Schrifft Deutsch D. Mart. Luth. Mit Chur Sächsischen Privilegio.)

Nürnberg: Christoph (u. Paul) Endter, (1662) 1670. 2°

Unter vielen Kupferstichtafeln finden sich vorne auch folgende Abbildungen:
1. Erster Abrieß der Stadt Jerusalem, wie sie fürnemblich zur Zeit deß Herrn Christi beschaffen gewesen, meistentheils genommen auß dem Tractat | Christiani Adrichomii de Terra Sancta. [vgl. auch B 69, Nr. 58f.]
2. Andere Abrieß der Stadt Jerusalem, wie dieselbe von Johanne Baptista Villalpando in | Grund gelegt worden, ist meistentheils auff die Propheceyung Ezechielis gerichtet.

Lit.: Bibelsammlung Stuttgart E 848.
Sign.: Tc 48

B 45.

Biblia, Das ist Die gantze Heilige Schrifft, Altes und Neues Testaments, Nach der Verdeutschung D. Martin Luthers. ... und einer neuen außführlichen Vorrede D. Johannis Dieckmanns, der Hertzogthümer Bremen und Verden General-Superintendenten.
Stade: Caspar Hollwein, 1702. 2°

Unter den großformatigen Kupferstichabbildungen am Anfang finden sich auch folgende Pläne und Abbildungen:
1. Entwurf des Wundersa | mens Feldlagers des Israeli- | tischen Volcks umb die Hei- | lige Wonung.
2. Abbildung des grossen und Herrlichen Tempels Salomonis. | | Jochim Wichman sculpsit Hamburgi.
3. Abbildung des Herren Berge und Heyligen Tempels auß den ältesten Beschreibungen von Benedicto Aria Montano angemerckt. [vgl. B 47]

Lit.: Bibelsammlung Stuttgart E 1032
Sign.: Ta 229

B 46.

Biblia, Das ist: Die gantze Heilige Schrifft Alten und Neuen Testaments, Nach der Übersetzung und mit den Vorreden und Randglossen D. Martin Luthers, mit Neuen Vorreden, Summarien, weitläufigen Parallelen, Anmerckungen und geistlichen Anwendungen ... Ausgefertiget unter der Aufsicht und Direction Christoph Matthäi Pfaffen.
Tübingen: Johann Georg u. Christian Gottfried Cotta, 1729. 2°

In der Bibel finden sich eine Stadtansicht und eine Karte:
1. Abriß der Stadt Jerusalem, wie sie fürnemlich zur Zeit deß Herrn Christi beschaf- | fen gewesen. (I, nach p. 612)
2. Land-Charte | über die Reysen der | H. Apostel | sonderlich des | H. Pauli. (II, nach p. 316)

Lit.: Bibelsammlung Stuttgart E 1257; GV 1700-1910 Bd 15, S. 22.
Sign.: Tc 50

B 47.

(Biblia Polyglotta). Biblia Sacra Hebraice, Chaldaice Graece et Latine, ed. Benedictus Arias Montanus. Bd VI: Communes et familiares Hebraicae linguae idiotismi etc.
Antwerpen: Christophorus Plantinus, 1572. 2°

In dem sechsten Band der monumentalen Bibelausgabe finden sich in mehreren Teilbeiträgen von Benedictus Arias Montanus mit besonderem Titelblatt insgesamt fünf Karten:
1. PARS ORBIS | IAPHETH FILIOR. FILIOR. GOMER SEDES. || BENEDICT. ARIAS MONTANVS | SACRAE GEOGRAPHIAE TABV- | LAM EX ANTIQVISSIMORVM | CVLTOR. FAMILIIS A MOSE | RECENSITIS: AD SACRORVM | LIBROR. EXPLICANDOR. COM- | MODITATEM ANTVVERPIAE | IN PHILIPPI REGIS CAT- | HOLICI GRATIAM DESCRI- | BEBAT. 1571.
2. TABVLA TERRÆ CANAAN | ABRAHÆ TEMPORE ET AN- | TE ADVENTVM FILIOR. ISR- | AEL CVM VICINIS ET FINI- | TIMIS REGIONIB. ex Descrip- | tione Benedicti Ariæ Montani.
3. TERRÆ ISRAEL OMNIS ANTE CANAAN | DICTÆ IN TRIBVS VNDECIM DISTRI- | BVTÆ ACCVRATISSIMA ET AD SACRAS | HISTORIAS INTELLIGENDAS OPPOR- | TVNISS. CVM VICINARVM GENTIVM | ADSCRIPTIONE TABVLA ET EXACTIS- | SIMO MANSIONVM XLIII SITV. | Ad sacri apparatus instructionem A BENED. | ARIA MONTANO descripta.
4. TEMPLI Ierusolymitani | antiqui cum atriis cellis, | et porticibus aliisque locis ad vsum vel ornamentum constitutis icnographia Ben. Aria | Montano Hispaliensi | descriptore.
5. ANTIQVÆ IERVSALEM VERA ICNOG- | RAPHIA AD SACRÆ LECTIONIS PRÆ | CIPVE ET ALIARVM DE ILLA VRBE | HISTORIAR. EXPLICATIONEM Ex | collatione auctorum cum ruinarum vestigijs ac situ ipso.

Die Bände I bis V und VII der Bibelausgabe finden sich unter den Signaturen Ta 57, 1-5 und Ag Iw 109 (St.-Nikolai-Bibliothek B 48 – B 52 u. B 54).

Lit.: ADAMS B 970; BELGICA TYPOGRAFICA 436.
Sign.: Te 43 (St.-Nikolai-Bibliothek B 53)

B 48.

Bibliorum Codex sacer et authenticus, Testamenti utriusque Veteris et Novi, ex Hebraea et Graeca veritate, quam proxime ad literam quidem fieri potuit, fidelissime translatus in linguam Latinam.
Frankfurt: officina Paltheniana, 1600. 8°

Neben vielen Textabbildungen finden sich in dem vorliegenden ersten Band der Bibelausgabe (bis Ecclesiastes) 2 Karten:

103

Abb. 26:
„Antiquae Jerusalem vera icnographia." – Der nach Osten ausgerichtete Plan des alten Jerusalem und seiner Ruinen findet sich im sechsten Band der berühmten Antwerpener Polyglotten-Bibel von 1572 und ist von deren Herausgeber, dem spanischen Theologen und Orientalisten Benito Arias Montanus (1527-1598), gestaltet worden. (B 47, Nr. 5).

1. Gegend von Ägypten bis Jericho zur Kennzeichnung des Weges der Juden unter Moses (ohne Titel). (p. 249)
2. Distributio terræ Cha- | naan inter duodecim | tribus Israel, | Cap. 15, Josiæ. (p. 324)

Sign.: Tc 69

B 49.

Biblische Geographie für Schulen und Familien. Herausgegeben von dem Calwer Verlagsverein. Mit Holzschnitten und einer Charte des heiligen Landes in Stahlstich. Fünfte, umgearbeitete und erweiterte Auflage.
Calw: Vereinsbuchhandlung, 1843. 8°

Am Schluß findet sich die Karte:
Karte des Gelobten Landes, gezeichnet von C. H. Gross, herausgegeben von Calwer Verlagsverein 1839.

Lit.: ENGELMANN S. 149; GV 1700-1910 Bd 45, S. 178.
Sign.: Ec 86

B 50.

Biblische Geographie für Schulen und Familien. Herausgegeben von dem Calwer Verlagsverein. Mit Holzschnitten und einer Charte des heiligen Landes in Stahlstich. Achte Auflage.
Calw: Vereinsbuchhandlung; Stuttgart: in Commission bei J. F. Steinkopf, 1858. 8°

Am Schluß findet sich die Karte:
Karte des Gelobten Landes, gezeichnet von C. H. Gross, herausgegeben von Calwer Verlagsverein 1841.

Lit.: ENGELMANN S. 149; GV 1700-1910 Bd 45, S. 178.
Sign.: Tc 200

B 51. Biernatzki, Hermann:

Schleswig-Holstein. Beschrieben von H. Biernatzki. Mit 24 Ansichten. Nach der Natur gezeichnet, gestochen und herausgegeben von J. Poppel und M. Kurz. München: Verlag von J. Poppel und M. Kurz, 1848 [ND Frankfurt/M: Verlag Wolfgang Weidlich, 1981]. 4°

In dem Werk finden sich 17 von den ursprünglich 24 Stahlstichen mit Stadt- und Gebäudeansichten:
1. Kiel. (Titelstahlstich) [fehlt]
2. Marktplatz in Kiel. [fehlt]
3. Schloßgarten bei Kiel. (p. 40)
4. Tivoli bei Kiel. (p. 42)
5. Schloß Knoop. (p. 44)
6. Blomenburg. (p. 46 I)
7. Hessenstein. (p. 46 II)
8. Bad Haßberg. (p. 48)
9. Eutin. [fehlt]
10. Gremsmühlen. [fehlt]
11. Plön. [fehlt]
12. Schleswig. (p. 52)
13. Schloß Gottorf. (p. 54 I)
14. Cappeln. (p. 54 II)
15. Flensburg. (p. 56)
16. Gravenstein. (p. 58 I)
17. Sonderburg. (p. 58 II)
18. Augustenburg. (p. 60 I)
19. Apenrade. (p 60 II)
20. Hadersleben. (p. 62 I)
21. Rendsburg. (p. 62 II)
22. Itzehoe. [fehlt]
23. Glückstadt. [fehlt]
24. Altona. (p. 66)

Lit.: Zur Erstausgabe vgl. GV 1700-1910 Bd 110, S. 232; KATALOG LB KIEL Bd I, S. 431.
Sign.: LZB, SH 274 B

B 52. Blom, Hans Jørgen:

Unionskrigene og Borgerkrigene. Et Bidrag til den danske Krigshistorie. Med et Oversigtskaart.
Kjøbenhavn: C. A. Reitzel, 1826. 8°

Am Schluß findet sich die Karte:
Oversigtskaart til Unionskrigene.

Lit.: BIBLIOTHECA DANICA Bd II, Sp. 42.
Sign.: Gna 223

B 53. Blom, Hans Jørgen:

Krigstildragelserne i Sjælland 1807. Med et Oversigtskaart og en Plan.
Kjøbenhavn: Jens Hostrup Schultz, 1845. 8°

Am Schluß finden sich eine Karte und ein Plan:
1. Oversigtskaart til Krigstildragelserne i Sjælland 1807. Tegnet og lith. af Mansa. Em. Bærentzen & Co lith. Inst.
2. Kjøbenhavns Beleiring 1807. Tegnet og lith. af Mansa. Em. Bærentzen & Co. lith. Inst.

In einem zweiten Exemplar mit derselben Signatur fehlen Karte und Plan.

Lit.: ERSLEW Bd I, S. 174.
Sign.: Gna 273

B 54. (Blumhardt, Christian Gottlieb):

Handbüchlein der Missionsgeschichte und Missionsgeographie. Herausgegeben von dem Calwer Verlags-Verein. Zweite vermehrte Auflage. Mit einer Missionscharte.
Calw: in der Verlagsbuchhandlung; Stuttgart: in Commission bei J. F. Steinkopf, 1846. 8°

Am Schluß findet sich eine Karte:
Missions-Charte, bearbeitet und herausgegeben von dem Calwer Verlags-Verein. [bestehend aus sechs Teilkarten: Westliche Halbkugel, Oestliche Halbkugel, West-Indien, Senegambien und Ober-Guinea, Süd-Africa, Hinter-Indien, Vorder-Indien, Die Inseln der Südsee]. Lith. u. Umdruck v. Ed. Winckelmann in Esslingen. Calw, in der Verlagsbuchhandlung; Stuttgart, in Commission bei J. F. Steinkopf.

Lit.: GV 1700-1910 Bd 55, S. 181.
Sign.: Tm 75

B 55. Bobrik, Hermann:

Griechenland in altgeographischer Beziehung. Für Gymnasien und zum Selbstunterrichte. Nebst einer Karte von Griechenland.
Leipzig: Wilhelm Engelmann, 1842. 4°

Am Schluß findet sich lose beiliegend die Karte:
Karte von Griechenland, von Dr. Hermann Bobrik. 1842. Lithog. u. Druck v. B. Kehse u. S. i. Magdb.

Lit.: ENGELMANN S. 537; GV 1700-1910 Bd 17, S. 366.
Sign.: Aag 29

B 56. Bochart, Samuel:

Geographia sacra, cuius pars prior Phaleg de dispersione gentium a terrarum divisione facta in aedificatione turris Babel agit, cum tabulis chorographicis. Acc.: Pars posterior Chanaan de coloniis & sermone Phoenicum. (ab p. 361).
Frankfurt: Impensis Johannis Davidis Zunneri, Typis Balthasaris Christophori Wustii, 1674. 8°

In dem Werk finden sich, zum Teil lose beiliegend, 4 Karten:
1. DESCRIPTIO | TERRARVM IN | QVAS DISPERSI SVNT | STRVCTORES TVRRIS | BABEL | Ad pag. 1. (Hauptkarte), mit zwei Nebenkarten: MESOPOTAMIA CUM PARTE BABYLONIÆ / SYRI[A] ET ÆGYPTI Delta (vor p. 1)
2. AEGEI MARIS INSVLAE CVM | PARTE GRÆCIÆ ET ASIÆ (Hauptkarte), mit vier Nebenkarten: TABVLA UNIVERSALIS LOCO= | RVM QVÆ PHOENICVM NA= | VIGATIONIBVS MAXIME FREQVEN= | TATA SVNT A TAPROBANA THVLE | VSQVE. Sigmund Gab. Hipschman sc. / Coa etiam Caris dicta. / CHIOS Ins. / Zypern u. Teile Kleinasiens (ohne Titel). (lose beiliegend)
3. ITALIÆ | PARS | Cum vicinis hinc | inde Insulis & | Africæ parte op= | posita (Hauptkarte, rechts), mit zwei Nebenkarten: HISPANIA | ET | Africæ pars | Occiden= | talis. Ad pag. 502. u. BÆTICÆ | PARTIS vberior | descri= | ptio. (p. 502)
4. SICILIA INSVLA Ad pag. 557, mit Nebenkarte: SYRACVSÆ (lose beiliegend)

Lit.: vgl. auch GRIEB Bd 1, S. 71 (Nr. 135) [Ausgabe von 1681].
Sign.: Ta 186

B 57. Bochart, Samuel:

Opera omnia.
Leiden: Apud Cornelium Boutesteyn et Jordanum Luchtmans; Utrecht: Apud Guilielmum vande Water, 1692. 2°

Unter obigem Gesamttitel findet sich:
Bochart, Samuel:
Geographia sacra, seu Phaleg et Canaan, cui accedent variae dissertationes philologicae, geographicae, theologicae etc antehac ineditae, ut et tabulae geographicae. Editio quarta. Procuravit Petrus de Villemandy.
Leiden: Apud Cornelium Boutesteyn et Jordanum Luchtmans; Utrecht: Apud Guilielmum vande Water, 1707. 2°

In diesem Teil finden sich 12 Karten:
1. EDENIS | Seu | PARADISI | TERRESTRIS | SITUS (Titelkartusche unten links). In vita pag 9. (oben rechts außen). [= Karte von Mesopotamien und Armenien]
2. DESCRIPTIO | TERRARUM | IN QUAS DISPERSI | SUNT STRUCTORES | TURRIS BABEL. (Titelkartusche unten links). Pag. 2. (oben rechts). [= Karte der an das Mittelmeer angrenzenden Länder sowie des Nahen Ostens bis zum Indischen Ozean]
3. MESOPOTAMIA | Cum | Parte | BABYLONIÆ. (Titelkartusche oben links). Pag. 77. (oben rechts).
4. CILICIA | et | CYPRUS. (Titelkartusche oben links). Pag. 153. (oben rechts).
5. TABULA | Universalis Locorum, | quæ Phoenicum | NAVIGATIONIBUS | Maxime frequentatas Sunt, | A TAPROBANA | Thulen usque. (Titelkartusche oben rechts). pag. 346 (oben rechts).
6. ÆGÆI MARIS | Insulæ | Cum parte aliqua | ASIÆ MINORIS (Titelkartusche rechts in der Mitte). Pag. 362. (oben rechts)
7. COA etiam dicta CARIS. (Titelleiste in oberer Karte oben). CHIOS Ins. (Titelleiste in unterer Karte oben). Pag. 373. (oben rechts). 2 Karten auf einem Blatt.
8. ITALIÆ PARS | CVM | VICINIS HINC INDE | | INSVLIS ET AFRICÆ | PARTE OPPOSITA (Titelkartusche rechts in der Mitte). Pag. 461. (oben rechts).
9. SICILIA | INSVLA (Titelkartusche unten links). Pag. 506. (oben rechts). Mit Nebenkarte oben links: SYRACUSÆ. [Stadtplan].
10. BÆTICÆ | PARTIS | Vberior | Descri- | ptio. (Titelkartusche rechts in der Mitte). Pag. 597. (oben rechts).
11. HISPANIA | ET | Africæ pars | Occidentalis (Titelkartusche rechts in der Mitte). Pag. 618. (oben rechts).
12. TAPROBANÆ INSULÆ | DESCRIPTIO EX PTOL. | Incolæ eidem Salæ | Hippuros est Ophir portus | de quo Plinius et Solinus | Vbi fuerit ignoramus. (Titelkartusche unten rechts). Pag. 693. (oben rechts außen).

Sign.: Tb 144

B 58. Bock, Leo:

München. Ein Führer durch die Isarstadt und deren Umgebung. Mit 50 in den Text gedruckten Abbildungen und einem Orientirungsplan von München. (Weber's illustrirte Reisebibliothek, Nr. 22).
Leipzig: J. J. Weber, 1860. 8°

Am Schluß findet sich ein Plan:
Plan von München.

Lit.: GV 1700-1910 Bd 155, S. 181.
Sign.: Ee 50

B 59. Bode, Johann Elert:

Anleitung zur physischen, mathematischen und astronomischen Kenntniß der Erdkugel. Dritte, durchgehends verbesserte Auflage. Mit einer Weltcharte und sechs Kupfertafeln.
Berlin: A. G. Liebeskind, 1820. 8°

Am Schluß findet sich neben sechs Tafeln auch die Karte:
Die beyden Halbkugeln der Erde nach den neuesten Entdeckungen gezeichnet von J. E. Bode 1820. Carl Jaek sculp.

Lit.: GV 1700-1910 Bd 18, S. 9.
Sign.: Ea 5

B 60. Böhm, Leonhard:

Geschichte des Temeser Banats. 2 Theile (in 1 Bd).
Leipzig: Otto Wigand, 1861. 8°

In einer besonderen Mappe mit dem Titel „Atlas zur Geschichte des Temeser Banats" findet sich neben 13 Abbildungen auch die zum ersten Teil gehörende Karte:
Karte der Wojwodschaft Serbien und des Temescher Banates nebst dem Serbisch-Banatischen Militärgränzlande. F. A. Brockhaus' Geogr. artist. Anstalt Leipzig.

Lit.: GV 1700-1910 Bd 18, S. 117.
Sign.: Gfd 22

B 61. Boetticher, Adolf:

Olympia. Das Fest und seine Stätte. Nach den Berichten der Alten und den Ergebnissen der Deutschen Ausgrabungen. Mit vielen Holzschnitten und 15 Tafeln in Kupferradirung, Lithographie etc.
Berlin: Julius Springer, 1883. 4°

Am Schluß finden sich mehrere Pläne zu Olympia.

Lit.: GV 1700-1910 Bd 19, S. 142.
Sign.: Aag 75

B 62. Boetticher, Adolf:

Die Akropolis von Athen. Nach den Berichten der Alten und den neuesten Erforschungen. Mit 132 Textfiguren und 36 Tafeln.
Berlin: Julius Springer, 1888. 4°

Unter den Tafeln findet sich auch folgender Plan:
Die Akropolis von Athen nach J. A. Kaupert, 1879. Taf. VI. Geogr. lith. Anst. u. Steindr. v. C. L. Keller in Berlin. (p. 54)

Lit.: GV 1700-1910 Bd 19, S. 141.
Sign.: Aag 80

B 63. Bötticher, Wilhelm:

Geschichte der Carthager nach den Quellen bearbeitet. Mit einer Karte.
Berlin: August Rücker, 1827. 8°

Am Schluß findet sich die Karte:
Shaw's Karte von Carthago und dem carth. Meerbusen. [vgl. B 464]

Lit.: GV 1700-1910 Bd 19, S. 149.
Sign.: Gr 7

B 64. (Böttiger, Carl August [Hrsg.]):

London und Paris. Erster-Achter Band (in 4 Bden).
Weimar: Verlag des Industrie-Comptoirs. 1798-1801. 8°

In den vorhandenen Bänden der Zeitschrift finden sich neben vielen englischen (farbigen) und französischen Karikaturen und sonstigen Abbildungen auch drei Pläne:
1. A New Pocket Plan of the Cities of London & Westminster with the Borough of Southwark Comprehending the New Buildings and other Alterations to the Year 1798. No. VII. (Bd I, p. 218)
2. Neuester Plan der Stadt Paris mit ihren Umgebungen. Nebst dem Verzeichnisse der Strassen und Plätze, welche seit der Revolution ihre Namen verändert haben. Weimar im Verlage des Industrie Comptoirs 1799. No. XV (Bd IV, p. 88)
3. Plan du Jardin des Tuileries (Bd VI, p. 129)

Lit.: GV 1700-1910 Bd 90, S. 133.
Sign.: Ff II b 2 [1./2. Bd] / Ed 39 [3./4., 5./6. u. 7./8. Bd]

B 65. Bolten, Johann Adrian:

Beschreibung und Nachrichten von der im Herzogthume Schleswig belegenen Landschaft Stapelholm nebst einer Landkarte von derselben.
Wöhrden: (Selbstverlag), 1777. 8°

Im Werk findet sich die Karte:
Special-Karte über die Landschaft Stapelholm im Herzogthum Schleswig, im Jahre 1776 verfertigt von Joh. Adr. Bolten. Pingeling sculp. Hamburg. (vor p. 1)

Lit.: BIBLIOTHECA DANICA Bd III, Sp. 659; ENGELMANN S. 961; GRIEB Bd 1, S. 77 (Nr. 144); GV 1700-1910 Bd 18, S. 264; HEINSIUS Bd I, S. 187; KATALOG LB KIEL Bd I, S. 449 u. 744; zur Karte vgl. GEERZ S. 42.
Sign.: Ghb 434 (auch ND Leer: Verlag Schuster, 1979; unter der Sign.: LZB, SH 346 B)

B 66. Bolten, Johann Adrian:

Dithmarsische Geschichte. Teil I – III.
Flensburg und Leipzig: Korte, 1781-1784. 8°

Im zweiten Teil (1782) findet sich am Schluß als Tab. VIII ein Plan der Stellerburg (Pingeling sc.).

Lit.: BIBLIOTHECA DANICA Bd III, Sp. 689; GV 1700-1910 Bd 18, S. 265; HEINSIUS Bd I, S. 187; KATALOG LB KIEL Bd I, S. 760.
Sign.: Ghb 184

B 67. Borbstaedt, A.:

Der deutsch-französische Krieg 1870 bis zu der Katastrophe von Sedan und der Kapitulation von Straßburg. Mit 5 Beilagen Ordres de bataille und Zusätzen, 13 in den Text eingedruckten Skizzen, 4 Operationskarten, 5 Gefechts- und Schlachtplänen und einem Belagerungsplan.
Berlin: Ernst Siegfried Mittler u. Sohn, 1872. 8°

Die Karten und Skizzen finden sich am Schluß.

Lit.: GV 1700-1910 Bd 18, S. 365.
Sign.: Gde 29

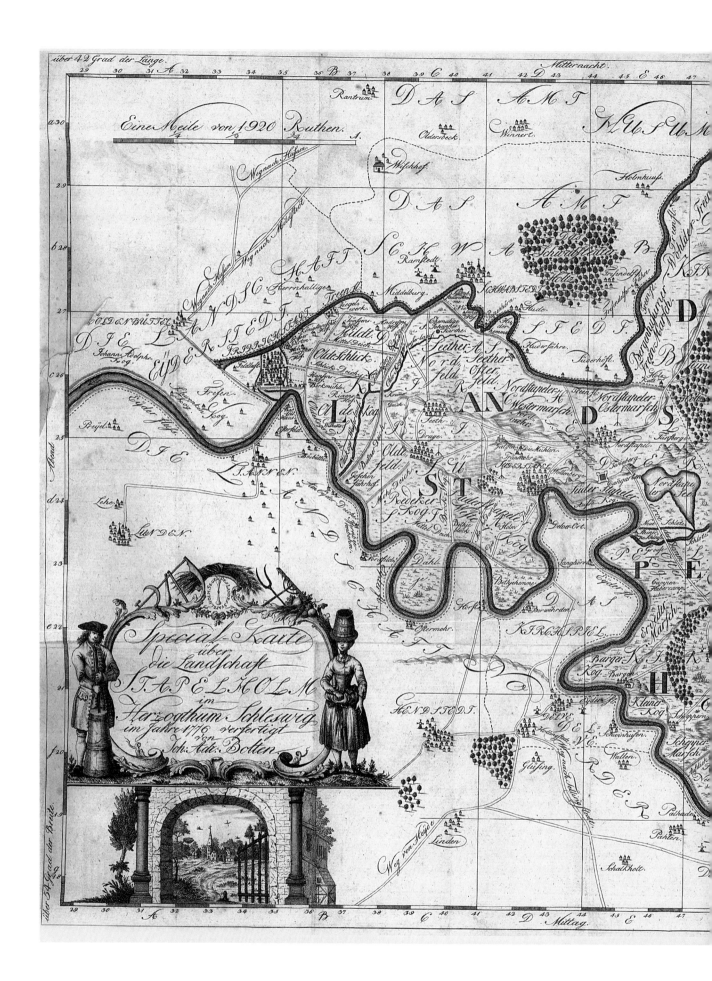

B 68. (Brackel, Adolf Friedrich von):

Rendsburg-Schleswig-Flensburger Eisenbahn. Darlegung der Verkehrsverhältnisse dieser Eisenbahn-Anlage.
Schleswig: M. Bruhn, 1845. 8°

Am Schluß findet sich eine Karte:
Rendsburg Neumünster und Rendsburg Schleswig Flensburger Eisenbahnen.

Lit.: ENGELMANN S. 901; KATALOG LB KIEL Bd I, S. 664.
Sign.: Ghc 51

B 69. Braun, Georg:

Liber quartus urbium praecipuarum totius mundi.
(Köln: Gottfried von Kempen, 1588). 2°

In dem nicht mehr vollständigen vierten Band des monumentalen Städtewerks von Georg Braun und Franz Hogenberg, in dem auf die Titelei eine achtseitige Beschreibung der Segeberger Pyramide (mit ganzseitiger Abbildung) folgt, finden sich von den ehemals 59 noch 38 Tafeln mit Stadtansichten und Stadtplänen:
1. [Canterbury] – fehlt
2. SEVILLA
3. MARCHENA. / ORCHVNA. [= Osuna]
4. MATISCONA, | vulgo Mascon; ad | Ararim flu: probe | munitum Burgun= | diae Oppidum | MDLXXX. / CABILLINVM, Indi= | genis, Chalon, vt agri | vberrima, ita saluberrimi | coeli, ac proinde eximie | felix Burgundiæ Opp: con= | uehendis mercimonijs, ob Araris | cui impendet vicinitatem idoneum.
5. [Cambrai] – fehlt
6. HESDYN FORT | | HESDINVM Oppidum et | castrum inexpugnabile, bello | inter Cæsarem nos et Gallos | æstuante, excitatum.
7. BETHVNE | | BETHVNAE VR= | BIS ARTESIAE | GENUINA DESCRIP. | Quintinus vanden Gracht delineabat.
8. S. AVDOMARI FANVM S. | Ausmer. Omer. Iccius portus Abra= | hamo Orttelio, Artesii urbs mu= | nitissima. [= St. Omer]
9. TORNACVM [= Tournai]
10. AELST | | ALOSTVM, | VRBS FLAN | DRIAE IMPE | RATORIAE | FIRMISSIMA. [= Aalst]

Abb. 27:
„Special-Karte der Landschaft Stapelholm im Herzogthum Schleswig 1776." – Die Karte, die die Landschaft Stapelholm zwischen Eider und Treene zeigt, wurde von Johann Adrian Bolten (1742-1806), Pastor von Süderstapel, dann von Wöhrden (Dithmarschen), gezeichnet und findet sich in dessen „Beschreibung und Nachrichten von der im Herzogthume Schleswig belegenen Landschaft Stapelholm" (Wöhrden 1777). Auf der Titelkartusche sieht man ein Bauernpaar in der für diese Landschaft typischen Tracht, durch ein Portal fällt der Blick auf das Dorf Süderstapel und seine Kirche mit ihrem runden Turm (B 65).

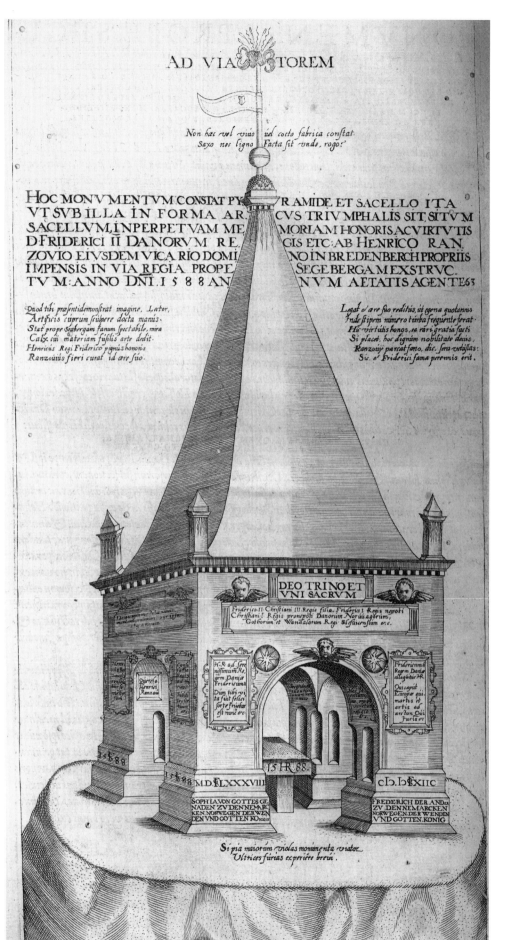

*Abb. 28:
Die Segeberger Pyramide von 1588. In der Flensburger Fassung des vierten Bandes der „Civitates orbis terrarum", des berühmten Städtewerks von Georg Braun und Franz Hogenberg (Köln 1588), der für die Flensburger Kirchenbibliothek von St. Nikolai direkt bei Heinrich Rantzau, dem königlichen Statthalter in den Herzogtümern Schleswig und Holstein, gekauft wurde, findet sich im Anschluß an die Titelei eine achtseitige Beschreibung der Pyramide mit deren Abbildung, gestochen von Franz Hogenberg. Von diesem von Rantzau 1588 errichteten Bauwerk, das an die Taten des dänischen Königs Friedrich II. (1559-1588) erinnern sollte, sind heute nur noch geringe Überreste vorhanden (B 69).*

11. LIER. | | LIRA, elegans et amoe= | num Brabantiae Opp: ...
12. SHERTOGENBOSCH | | HADRIANVS BARLANDVS | BVSCVMDVCIS Brabantiæ Opp. ...
13. ROTTERDAM. | | ROTERODAMVM, Hollandiae | in ostio Roteri flu. Opp. ...
14. GOVDA, elegantiß. Hollandiæ Opp: ad | Isalam amnem, ubi Goudam flu. à quo | Oppidum nomen habet, absorbet. 1585.
15. AMORFORTIA | Dioecesis Ultraiectensis Oppi= | dum ... [= Amersfoort]
16. ZVTPHEN.
17. BOLZ= | VARDIA | vetus in Frisia | Foedris Anzæ | teutonicæ Op. / STAVRIA, vulgo Staueren | Frisiæ Op. in Stricto maris austra= | lis, cui Zuder See nomen situm. / HARLINGA. / HINDELOPIA
18. SNEECHA | vulgo | Sneeck | Frisiæ Oc= | cidentalis | Oppi= | dum. / DOCCVM. / SLOTEN. / YLSTÆ. [= Ijlst]
19. WESEL. | | HERRMANNVS HAMMELMAN | WESALIA in Ducatu Cliuensi vrbs clara ...
20. LIPPE / DORTMVND
21. [Soest] – fehlt
22. ARNSBERG.
23. NEVS | | NOVESIVM ... 1586 ...
24. [Oberwesel / Boppard] – fehlt
25. [Dänemark-Karte] – fehlt
26. [Öresund mit Kronborg] – fehlt
27. Topographia Insulæ Huenæ in celebri | porthmo Regni Daniæ, quem Vulgo Oer= | sunt vocant. Effigiata Coloniæ 1586.
28. [Kopenhagen] – fehlt
29. [Helsingborg / Lund / Malmö / Landskrona] – fehlt
30. [Flensburg / Itzehoe] – fehlt
31. [Schleswig] – fehlt
32. [Segeberg] – fehlt
33. [Husum / Hadersleben] – fehlt
34. [Kiel] – fehlt
35. CREMPA HOLSATIAE OPP. | IOANNIS RANZOVII EQVITIS | AVRATI INDVSTRIA MVNITISS. / REINHOLDSBVRGA. | | Rendesburga, venustum Holsa= | tiae Oppidum Eidora fluvio | circundatum.
36. [Hamburg] – fehlt
37. [Bergen (Norwegen)] – fehlt
38. [Stockholm] – fehlt
39. MVNDEN. | | MVNDENSIS, ad Visur | gum flu: Saxoniæ Vr= | bis, genuina delineatio. [= Hannoversch Münden]
40. [Eisleben / Tübingen] – fehlt
41. [Stettin] – fehlt
42. WRATISLAVIA. [= Breslau]
43. MONACHIVM VTRIVSQVE | BAVARIAE CIVITAS PRIMAR: | | SERENISSIMO | PRINCIPI AC DOMINO | D: GWILHELMO | COMITI PAL. RHENI | VTRIVSQVE BAVARIAE DVCI DOMINO SVO | CLEMENTISS: IN HVMILLIMI OBSEQVII | SVI MONVM: GEORGI HOEFNAGLIVS D. | | ... Effigiavit eam Solers Hoefnaglius, unde | Urbis adaugescit gloria, nomen, honor. Anno domini MDLXXXVI. [= München]
44. POSONIVM vel | Pisonium vt Lazius Hungariae vrbs. [= Pressburg]
45. BRIXEN. | | BRIXIA | TYROLIS. / LAVBINGA Sueviæ | Opp. Alberti Magni Patria.
46. SERAVALLVM CELEBERRIMVM MAR | CHIAE TARVISINAE IN AGRO FORO JULI | ENSI OPP. | | SERAVALLI, quam vides, Spectator, iconem, operi huic nostro suis sumptib. inseri | curaverat MINVTIVS HIERONYMI MINVTII F. ...
47. VICENZA | | VICENTIA AMPLISSIMA | MARCHIAE TARVISINAE CIVIT.
48. RIMINI. | | ARIMINVM VA= | LIDVM ET MVNI= | TVM ROMANDI | OLAE OPP.
49. BONONIA | | BONONIA ALMA | STVDIOR. MATER [= Bologna]
50. Tuscia nobiliß. Italiae | Regio LVCAM | vrbem in mediterraneis | ostentat Romanor. | quondam Coloniam. [= Lucca]
51. PERVSIA GRATVM | MVSIS IN TVS= | CIA DOMICILIVM. [= Perugia]
52. VRBINO. / VRBINO. / SVLMO OVIDII | PATRIA.
53. [Ostia] – fehlt
54. ANTIQVÆ VRBIS ROMÆ IMAGO ACCVRATISS: EX VETVSTIS MONVMENTIS, EX VESTIGIIS VIDELICET ÆDIFICIOR[VM], MOENIVM | RVINIS ... IN HANC | TABVLAM REDACTA ATQVE DESCRIPTA A PYRRHO LIGORIO ROMANO PER XIIII REGIONES IN QVAS VRBEM DIVISIT IMP. CÆSAR AVGVSTVS. [Oberer Teil]
55. [Unterer Teil zu Nr. 54]
56. PALERMO | | PANORMVS Corona | Regis, et Vrbium Sicula | rum axima, Emporium | celebratissimum.
57. CHIOS. | | CHIOS Ma | ris Aegæi | eiusdem nomi | nis Insulae | Ciuitas.
58. [Jerusalem zur Zeit Christi, von Christian Adrichom, Teil I] – fehlt
59. [Jerusalem zur Zeit Christi, von Christian Adrichom, Teil II] – fehlt

Lit.: ADAMS B 2720; IA* 123.961 (4).
Sign.: St.-Nikolai-Bibliothek B 118 (gekauft von Heinrich Rantzau 1589)

B 70. Brøndsted, P. O.:

Voyages dans la Grèce, accompagnés de recherches archéologiques, et suivis d'un aperçu sur toutes les entreprises scientifiques qui ont eu lieu en Grèce depuis Pausanias jusqu'à nos jours. Ouvrage en huit Livraisons. Première Livraison. (et Deuxième Livraison)
Paris: De l'Imprimerie de Firmin Didot, 1826/30. 2°

In der ersten Lieferung des Werkes finden sich viele Tafeln, darunter folgende mit Karten und Ansichten:
1. Carthææ et viciniæ tabula. VI.
2. Ansicht der Ruinen von Carthæa (ohne Titel) VII.
3. Plan zu den Ruinen von Carthæa (ohne Titel). VIII.
4. Ceos insula e schedis nostris delineata. XII.

Die zweite Lieferung, die sich mit dem Parthenon befaßt, enthält u. a. dessen Plan.

Lit.: vgl. ENGELMANN S. 535.
Sign.: Aag 17, 1 u. 2

B 71. Brøndsted, P. O.:

Reise i Grækenland i Aarene 1810-1813. Udgivet af N. V. Dorph. Med Brøndsteds Portrait og et Kaart over Grækenland. 2 Teile.
Kjøbenhavn: Bianco Luno, 1844. 8°

Am Schluß des ersten Teils findet sich die Karte:
Kaart til Bröndsteds Reiser i Grækenland af C. Henckel.

Lit.: ENGELMANN S. 535; ERSLEW Bd I, S. 270.
Sign.: Ed 63

B 72. Bronn, Heinrich G.:

Handbuch einer Geschichte der Natur. Erster Band. Mit VI Tafeln und 22 eingedruckten Holzschnitten (Naturgeschichte der drei Reiche, zur allgemeinen Belehrung. Band 13).
Stuttgart: E. Schweizerbart's Verlagshandlung, 1841. 8°

Im Ersten Band finden sich am Schluß auf den Tafeln fünf Karten:
1. Karte der Reihen- und Zentral-Vulkane im Stillen Meere. Nach dem Berghaus'schen Atlas, verkleinert. Taf. II.
2. Tafel der Fluthwellen, Isorachien. Lith. Anst. v. C. Schach. Taf. III.
3. Tafel der See-Strömungen. Nach dem Berghaus'schen Atlas, verkleinert. Lith. Anst. v. C. Schach. Taf. IV.
4. Isodynamisch-magnetische Linien. Taf. V. [2 Polkarten übereinander].
5. Isothermen-Linien. Nach Munke u. 2 Tafeln im Berghaus'schen Atlas. Tafel VI. [2 Polkarten übereinander].

Lit.: GV 1700-1910 Bd 20, S. 374
Sign.: Nb 1

B 73. Bronn, Heinrich G.:

Handbuch einer Geschichte der Natur. Zweiter Band. (Naturgeschichte der drei Reiche, zur allgemeinen Belehrung. Band 14).
Stuttgart: E. Schweizerbart'sche Verlagshandlung, 1843. 8°

Im Zweiten Band findet sich am Schluß auf einer Tafel die Karte:
Verbreitung der erratischen Blöcke u. Diluvialschrammen im Norden von Europa. Nach Sefström, Böhrlingk u. Erman zusammengestellt. Taf. VII.

Lit.: GV 1700-1910 Bd 20, S. 374.
Sign.: Nb 1

B 74. Bruun, Johan Jacob:

Dannemarks Kiøbstæder og Slotte i Kobbere af Brun, historisk-topographisk beskrevne og udgivne af Sander, Nyerup og Lahde. / Dännemarks Städte und Schlösser in Kupfer von Brun, historisch-topographisch beschrieben und herausgegeben von Sander, Nyerup und Lahde. 6 Hefte.
(Kiöbenhavn o.J.) (ca. 1799-1806). obl. 4°

Es finden sich in den Heften 1 – 6 neben diversen Schloßprospekten und Teilansichten von Kopenhagen auch 13 Prospekte von dänischen Städten:
1. Prospect af Helsingör og Cronborg-Slott, at see fra Landsiiden. Fecit Iohan Iacob Bruun. (Heft 1)
2. Prospect af Kjöbstaden Callundborg i Sædland at See fra Gissel-Øen. fecit Iohan Iacob Bruun. (Heft 1)
3. Prospect af Hilleröd Kiöbsted med Frideriksborgs Slott at See fra Iæger Bakken. Fecit Iohan Iacob Bruun. (Heft 2)
4. Prospect af Kiöbsteden Soröe at See fra den Söndre Siide. Fecit Iohan Iacob Bruun. (Heft 2)
5. Prospect af Kiöbstaden Kiöge i Sædland, at See fra den Söndre Siide. Fecit Iohan Iacob Bruun. (Heft 3)
6. Prospect af Kiöbstaden Roeskilde i Sædland, at See fra den Nordre Siide. Fecit Iohan Iacob Bruun. (Heft 3)
7. Prospect af Kiöbstaden Holbek i Sædland, at See fra den Söndre Siide. Fecit Iohan Iacob Bruun. (Heft 4)
8. Prospect af Kiöbstaden Odense i Fyen at See fra den Söndre Siide. fecit Iohan Iacob Bruun. (Heft 4)
9. Prospect af Kiöbstaden Slangerup i Sædland at see fra den Söndre Siide. Fecit Iohan Iacob Bruun. (Heft 4)
10. Prospect af Kiöbstaden Corsöer i Sædland at See fra den Nordre Siide. fecit Iohan Iacob Bruun. (Heft 5)
11. Prospect af Kiöbstaden Nyeborg og Fæstning udi Fyen at See fra den Vestre Siide. Fecit Iohan Iacob Bruun. (Heft 5)
12. Prospect af Kiöbsteden Slagelse i Sædland, at See fra den Söndre Siide. Fecit Iohan Iacob Bruun. (Heft 6)
13. Prospect af Kiöbstaden Store-Heddinge i Sædland at see fra den Westre Siide. Fecit Iohan Iacob Bruun. (Heft 6)

Lit.: BIBLIOTHECA DANICA Bd II, Sp. 603; ENGELMANN S. 405; KATALOG LB KIEL Bd I, S. 337.
Sign.: Gnl 124

B 75. Bruyn, Georg:

Aufforderung an meine Mitbürger zur Theilnehmung an dem Canal-Handel.
Altona: Eckhardt, o.J. (1784). 8°

Unter den Kupferstichtafeln am Schluß finden sich drei Karten:
1. Titellose Karte der Gebiete von London bis St. Petersburg mit Holstein im Zentrum. Tab. 1. Steenersen del. F. N. Rolffsen Sc. Hamb.
2. Charte von der Lage des Canals, nebst Profil vom Steigen und Fallen des Wassers in demselben. Tab. 2. Steenersen del. F. N. Rolffsen Sc.
3. Vereinigung des Kieler, oder Schleswigschen Canals, mit der Eyder; zur Verbindung der Ostsee mit der Nordsee. I. M. Burucker sculp.

Lit.: BIBLIOTHECA DANICA Bd II, Sp. 1048; GRIEB Bd 1, S. 97 (Nr. 186); GV 1700-1910 Bd 21, S. 150; zu Karte Nr. 2 vgl. GEERZ S. 85.
Sign.: Ghc 10

B 76. Brydone, Patrick:

Reise durch Sicilien und Malta, in Briefen an William Beckford, Esq. zu Somerly in Suffolk. Aus dem Englischen übersetzt.
Leipzig: Johann Friedrich Junius, 1774. 8°

Lose beiliegend findet sich die Karte:
Eine genaue Charte von Sicilien und Malta, für Brydons Reise durch diese Inseln. gezeichnet und gestochen von T. Kitchin, Erdbeschreiber, und Königl. Grosbrittanischen Hydrographus. Heraus gegeben zufolge einer Parlamentsacte vom 12. Sept. 1774. Sebast. Dorn sculps. Norib.

Lit.: GV 1700-1910 Bd 21, S. 152; zur Ausgabe von 1777 vgl. auch ENGELMANN S. 946 u. GRIEB Bd 1, S. 97 (Nr. 189).
Sign.: Ed 12

B 77. Buek, Heinrich W.:

Die bisherige Verbreitung der jetzt besonders in Rußland herrschenden Cholera, erläutert durch eine Karte und eine dieselbe erklärende kurze Geschichte der Epidemie.
Hamburg: bey Perthes & Besser, 1831. 8°

Am Schluß findet sich eine titellose größere Karte der Erdteile Europa, Asien und Afrika, in der die Verbreitung der Cholera verzeichnet ist:
Zu Buek's Geschichte der Cholera. C. Ritter lithogr. Hauck privil. Steindr. von Speckter & co. (unten rechts außen).

Lit.: GV 1700-1910 Bd 21, S. 432.
Sign.: L 220

B 78. Büsching, Anton Friederich (Hrsg.):

Magazin für die neue Historie und Geographie. 22 Theile (in 11 Bden).
Hamburg: Friedrich Christian Ritter (dann: Halle: Johann Jacob Curt), 1767-1788. 4°

In der Zeitschrift finden sich insgesamt 11 Karten und Pläne:
Teil 2 (2. Aufl., 1769, angebunden an Teil 1):
 1. Grundriss von Granada durch Ambrosium de Vico. (p. 44)
Teil 3 (1769):
 2. Charte von der Dagistanischen und Schirwanischen Provintz in Persien, nebst verschiedenen Gebieten längst dem Caspischen See, an den Bergen des Caucasi, von Bunakan bis zum Fluss Kura, verfertiget 1747. (p. 1)
 3. Erste Provinz Dschi-Li (China) (p. 575)
Teil 4 (1770, angebunden an Teil 3):
 4. Tabula Geographica Moldaviae. F. N. Rolfsen Sculp. (p. 1)
Teil 5 (1771):
 5. Orenburgense Gubernium (p. 457)
 6. Ein Stuck Astrachanschen Gouvernement. A Berlin Anno 1770. Paquier Jean Valet Sculpsit. (p. 536)
Teil 6 (1771, angebunden an Teil 5):
 7. Tereki Fluvii Cursus Cabarda major minorque et Caucaso adjacentes Regiones (p. 1)
Teil 7 (1773):
 8. Plan der Stadt Orenburg (p. 69)
 9. Plan der Festung Orska Krepost (p. 135)
Teil 10 (1776, angebunden an Teil 9):
10. Geographische Charte von der Königl. Preussischen und Königl. Böheimischen Grenze in Ober Schlesien; vom Königreich Pohlen, bis an die Grafsch. Glatz. v. Wilh. David Büsching, Berlin 1776. gest. v. I. W. Sch. [= Schleuen] Berlin 1776. (am Schluß)
Teil 11 (1777):
11. Charte von einem Theil des Kön. Preuss. Vorpommern. Schleuen sc. Berolini 1777. (p. 8)

Lit.: ENGELMANN S. 45; GRIEB Bd 1, S. 429 (Nr. 845); GV 1700-1910 Bd 22, S. 309; HEINSIUS Bd I, S. 243.
Sign.: Gaß 7

B 79. (Buffon, Georges Louis Leclerc Graf von):

Histoire naturelle, generale et particuliere, avec la description du Cabinet du Roy. Tome premier. Troisieme edition.
Paris : De l'Imprimerie Royale, 1750. 8°

In dem Band findet sich die Karte :
Carte de l'ancien Continent selon sa plus grande longueur diamétrale depuis la Pointe de la Tartarie Orientale jusqu'au Cap de Bone Esperance. Dressée sous les yeux de Mr. De Buffon par le Sr. Robert de Vaugondy, fils de Mr. Robert Geogr. Ord. Du Roi. 1749. Guill. Delahaye. Tome I. 1er Carte pag. 204.

Lit.: BRUNET Bd I, Sp. 1376f.
Sign.: Na 14

B 80. Buffon, (Georges Louis Leclerc Graf von):

Epochen der Natur, übersetzt aus dem Französischen. Erster Band. Mit Kupfern.
St. Petersburg: verlegts Johann Zacharias Logau, 1781. 8°

In dem Band finden sich am Schluß zwei Blätter mit Karten:
1. Carte de la Chaine des Montagnes de Langres. Kellner sc.
2. Carte des deux Regions Polaires jusqu'au 45e Degré de Latitude. Berndt sculp.

Lit.: GV 1700-1910 Bd 21, S. 392.
Sign.: Na 24

B 81. Bunsen, Christian Karl Josias Freiherr von:

Memoir on the Constitutional Rights of the Duchies of Schleswig and Holstein, presented to Viscount Palmerston by Chevalier Bunsen, on the 8th of April 1848. With a Postscript of the 15th of April. Published with M. de Gruner's Essay on the Danish Question, and all the official Documents by Otto von Wenckstern. Illustrated by a Map of the two Duchies.
London: Longman, Brown, Green and Longmans, 1848. 8°

Am Schluß findet sich die Karte:
The Duchies Schleswig and Holstein.

Lit.: KATALOG LB KIEL Bd I, S. 549.
Sign.: Gha 125

B 82. Burmeister, Hermann:

Reise nach Brasilien durch die Provinzen von Rio de Janeiro und Minas geraës. Mit besonderer Rücksicht auf die Naturgeschichte der Gold- und Diamantendistricte. Mit einer Karte.
Berlin: Georg Reimer, 1853. 4°

Am Schluß findet sich die Karte:
Karte zur Übersicht von H. Burmeister's Reise in Brasilien im Jahre 1850. Nach den besten vorhandenen Hülfsmitteln zusammengestellt. Berlin Geo-lithograph. Anst. v. H. Mahlmann.

Lit.: ENGELMANN S. 197; GV 1700-1910 Bd 22, S. 243.
Sign.: Ec 44

Abb. 29:
„Prospect af Helsingör og Cronborg-Slott, at see fra Landsiiden." – Der von dem dänischen Maler Johan Jacob Bruun (1715-1789) gestaltete Kupferstich zeigt die Stadt Helsingör mit dem Schloß Kronborg am Öresund. Bruuns dänische Stadt- und Gebäudeansichten wurden posthum in dem mehrsprachigen Sammelwerk „Dannemarks Kiøbstæder og Slotte" (Kiøbenhavn ca. 1799ff.) in Heftform herausgegeben und topographisch-historisch beschrieben (B 74, Nr. 1).

NBORG-SLOTT. 4. Klosteret, 5. Øre-Sund, 6. Helsingborg-Bÿe og Taarn over i Skaane,

Fecit Johan Jacob Bruun.

Hans Qvist sculp:

Abb. 30:
„Tabula geographica Moldaviae." – Die Karte vom Fürstentum Moldau des Hamburger Kupferstechers Franz Nicolaus Rolffsen (um 1719-1803) gehört zu einem Beitrag über das Fürstentum, verfaßt von dem ehemaligen Fürsten Demetrio Kantemir. Sie findet sich im vierten Teil von Anton Friedrich Büschings „Magazin für die neue Historie und Geographie" (Hamburg 1770) (B 78, Nr. 4).

B 83. Burow, A.:

Das Kriegstheater der Dänischen Halbinsel und die Festung Rendsburg. Mit einer militairischen Karte der Halbinsel und einem Plane von Rendsburg.
Altona: Dircksen & Ingwersen, 1854. 4°

Am Schluß findet sich eine Karte:
Die dänische Halbinsel. Für den Text bearbeitet von Burow. Lith. Atel. v. Th. Boesche Berlin. [mit zwei Nebenkarten: Umgegend Rendsburgs u. Plan von Friedrichsstadt].
Der Plan von Rendsburg fehlt.

Lit.: GV 1700-1910 Bd 22, S. 254; KATALOG LB KIEL Bd I, S. 794; zur Karte vgl. GEERZ S. 135.
Sign.: Gha 334, S 11

B 84. Bursian, Conrad:

Geographie von Griechenland. 2 Bde (Bd II in 3 Abtheilungen).
Leipzig: B. G. Teubner, 1862-1872. 4°

Im Werk finden sich eine größere Karte und insgesamt 15 Tafeln mit diversen Karten und Plänen:
Bd I: Das nördliche Griechenland. Mit 7 lithographierten Tafeln (am Schluß):
 1. Plan der Thermopylen, Ruinen von Tanagra u. Ruinen von Orchomenos. Taf. 1.
 2. Die Ruinen von Stratos. Taf. 2.
 3. Die Ruinen von Oiniadae, Plataeae u. Ruinen von Larymna. Taf. 3.
 4. Plan von Delphi u. Plan von Theben. Taf. 4.
 5. Plan von Athen. Taf. 5.
 6. Die Häfen von Athen. Taf. 6.
 7. Die Ebene von Marathon u. Plan der heiligen Gebäude von Eleusis. Taf. 7.
Bd II, 1: Argolis, Lakonien und Messenien. Mit 5 lithographierten Tafeln (am Schluß) (vgl. Nr. 9-13):
 8. H. Lange's Karte von Griechenland. Lith. Anst. v. C. Korbgeweit, Berlin. Druck v. Eschenbach u. Schäfer in Leipzig.
 9. Plan des Heraeon und der Umgebung, Plan des Isthmischen Heiligtums u. Mykenai. Taf. 1.
 10. Tiryns, Midea u. Lerna. Taf. 2.
 11. Sparta u. d. mittlere Eurotasthal. Taf. 3.
 12. Messene. Taf. 4.
 13. Navarin. Taf. 5.
 14. Die Ebene von Mantinea u. Tripolitza. Taf. 6.
 15. Ruinen von Epeion. Taf. 7.
 16. Olympia. Taf. 8.
Bd II, 2: Arkadien, Elis, Achaia. Mit 3 lithographierten Tafeln (die Tafeln befinden sich am Schluß von Bd II, 1; vgl. Nr. 14-16)
Bd II, 3: Inselwelt. Mit einer von H. Lange gezeichneten Karte (Die Lange-Karte befindet sich am Schluß von Bd II, 1; vgl. Nr. 8)

Lit.: GRIEB Bd 1, S. 105 (Nr. 205); GV 1700-1910 Bd 22, S. 261.
Sign.: Aag 66

B 85. Caesar, Caius Julius:

Commentariorum Caesaris elenchus. De bello Gallico libri VIII. De bello civili Pompeiano libri III. De bello Alexandrino liber I. De bello Africano liber I. De bello Hispaniensi liber I. Pictura totius Galliae, divisae in parteis treis, secundum C. Caesaris Commentarios. Pictura Pontis in Rheno, item Avarici, Alexiae, Uxelloduni, Maßiliae. Ad haec, totius quoque Hispaniae. Ed. Joannes Jucundus Veronensis.
Basel: Thomas Wolff, Aug. 1531. 8°

Im unpaginierten Einleitungsteil finden sich sieben Holzschnittdarstellungen (ohne Titel):
1. Gallia (über 2 Seiten)
2. Pons in Rheno (Rheinbrücke)
3. Avaricum
4. Alexia
5. Uxellodunum
6. Massilia
7. Hispania (über 2 Seiten)

Sign.: Al II w 12

B 86. Caesar, Caius Julius:

Commentariorum de bello Gallico lib. VII et civili Pompeiano lib. III, eiusdem librorum qui desiderantur fragmenta. Auli Hirtii De bello Alexandrino lib. I, Africano lib. I, Hispaniensis lib. I. Galliae, Hispaniae, locorumque insignium pictura. Ed. Paulus Manutius. Editio tertia.
Frankfurt: Joan. Wechel, 1584. 8°

Im Einleitungsteil finden sich dieselben Holzschnittdarstellungen wie im Caesar-Band von 1531 (vgl. B 85):
1. Pons in Rheno (Rheinbrücke)
2. Avaricum
3. Alexia
4. Massilia
5. Uxellodunum
6. Gallia (ausklappbar)
7. Hispania (ausklappbar)

Sign.: Al II w 13

B 87. Caesar, Caius Julius:

Commentarii de Bello Gallico. Mit Anmerkungen von Dr. J. C. Held.
Sulzbach: In des Kommerzienraths I. E. v. Seidel Kunst- und Buchhandlung, 1825. 8°

Am Schluß findet sich neben einer Tafel mit einer Darstellung der Brücke über den Rhein auch eine titellose Karte zum Verlauf der Mauer, die Caesar im ersten Kriegsjahr im Kampf gegen die Helvetier vom Genfer See entlang der Rhone zum Schutz der Provincia (Allobroges) errichten ließ (nach Roesch).

Lit.: GV 1700-1910 Bd 23, S. 231.
Sign.: Al II 64

B 88. Caesar, Caius Julius:

Warhafftige Beschreibunge aller namhafften fürtrefflichen Kriege, so ihre Keyserliche Majestet wider die Frantzosen, Teutschen, Engelländer, Römer und andere frembde und einheimische Völcker in und ausser-

Abb. 31:
„Gallia." – Die Holzschnitt-Darstellung, die Gallien zur Zeit von Caesars Gallischem Krieg zeigt, gehört zur Baseler Caesar-Ausgabe „Commentariorum Caesaris elenchus" von 1531. Sie ist die älteste in der Landeszentralbibliothek in Flensburg überlieferte Karte (B 85, Nr. 1).

halb Welschem Lande gefürt und auch selbs in Latinischer Sprache an tag gegeben. Sampt den Büchern Auli Hircii ... Jetzt auffs newe nach M. Ringmanni Philesii verteutschung auß dem Original Exemplar gebessert, mit schönen Figuren, und einem ordentlichen Register. Frankfurt/Main: getruckt durch Peter Schmidt, in verlegung Sigmundi Feyerabends und Simon Hüters, 1565. 2°

Unter den vielen Kupferstichen findet sich auch viermal eine Karte Galliens (p. 65, 146, 150, 173).

Sign.: Al II w 14 (vgl. Jordtsche Bücher B 37)

B 89. Camerer, Johann Friedrich:

Sechs Schreiben von einigen Merkwürdigkeiten der hollsteinischen Gegenden.

Leipzig: verlegts Johann Christoph Meißner, 1756. 8°

Im Werk finden sich zwei Karten:
1. Charte von der Insel Silt und angrenzenden Gegenden (vor Titelblatt)
2. Grundriß der Stadt Rendsburg und seiner Belagerung und Wercken 1645 (p. 121)

Lit.: GV 1700-1910 Bd 23, S. 58; KATALOG LB KIEL Bd I, S. 430.
Sign.: Ghb 32

B 90. Campe, Joachim Heinrich:

J. H. Campe om Opdagelsen af Amerika. En behagelig og nyttig Læsebog for Børn og unge Mennesker. Oversat af E. C. Randrup. Første Deel. Andet Oplag. Acc.: Anden Deel (Andet Oplag) u. Tredie Deel (Andet Oplag).

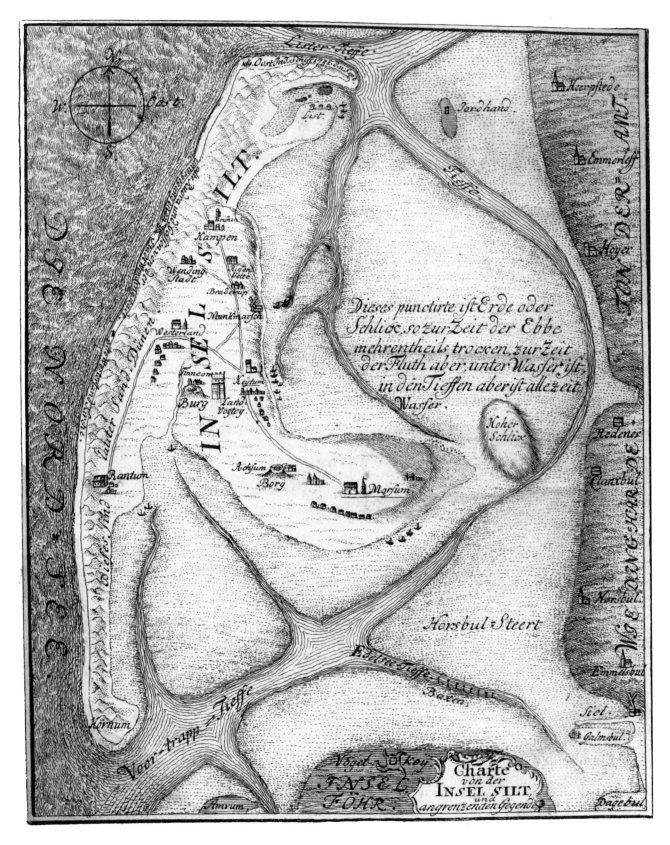

Abb. 32:
"Charte von der Insel Silt und angrenzenden Gegenden." – Die Karte der nordfriesischen Insel Sylt und der angrenzenden Bereiche des Festlandes findet sich in Johann Friedrich Camerers "Sechs Schreiben von einigen Merkwürdigkeiten der hollsteinischen Gegenden" (Leipzig 1756). Beachtenswert sind die unterschiedlichen Kirchtürme wie auch die Kennzeichnung der trockenen Wattenmeerbereiche bei Niedrigwasser (B 89, Nr. 1).

Kjøbenhavn: Trykt og forlagt af Directeur J. F. Schultz, 1813. 8°

Am Schluß eines jeden Teils findet sich eine Karte:
1. Kort over den Mexicanske Hav Bugt og de tilgrændsende Øer og Lande til Campes Opdagelse af America. I. G. Fridrich sculps. Hafniæ.
2. Mexico eller Nye Spanien til Campes Opdagelse af America 2.den Deel. Fridrich sc. Hafn. 1794. [mit Nebenkarte: Egnen omkring Mexico].
3. Landkort over Syd-America til Campes Opdagelse af America 3.die Deel. Fridrich sculps.

Lit.: vgl. GRIEB Bd 1, S. 111 (Nr. 219) (deutsche Ausgabe von 1829)
Sign.: Dl II 30, 3

B 91. Cancrin, Franz Ludwig von:

Geschichte und systematische Beschreibung der in der Grafschaft Hanau-Münzenberg, in dem Amte Bieber und andern Aemtern dieser Grafschaft, auch den dieser Grafschaft benachbarten Ländern gelegenen Bergwerke. Mit einer Kupfertafel.
Leipzig: Christian Gottlieb Hertel, 1787. 8°

Am Schluß findet sich eine titellose Karte zu den Bergwerken in der Grafschaft Hanau-Münzenberg.

Lit.: GV 1700-1910 Bd 23, S. 92; HEINSIUS Bd I, S. 253.
Sign.: Ee 2 (vgl. Jordtsche Bücher B 40; angebunden).

B 92. Cantelius, Petrus Josephus:

De Romana Republica, sive de re militari et civili Romanorum ad explicandos scriptores antiquos. Editio sexta Veneta, post nonam Lugdunensem, a mendis quamplurimis expurgata, aeneis figuris ac duabus dissertationibus auctior.
Venedig: Apud Leonardum Bassaglia, 1778. 8°

In dem Werk findet sich neben diversen Kupferstichen ein Stadtplan von Rom:
ANTIQVAE VRBIS IMAGO. | EX | ONVPHRIO PANVINIO. (oben rechts). Pag. 1. (oben rechts). Jac. Leonardis sc. (unten rechts außen). (p. 10).

Sign.: Gr 100

B 93. Carl vom heil. Aloys, P.:

Die Menschengeschichte, eine göttliche Schöpfungswoche auf dem Gebiete der moralischen Welt, oder Versuch, die zunächst sechstausend Jahre umfassenden göttlichen Erbarmungen über das von der Sünde überwundene Menschengeschlecht in einem Zusammenhange darzustellen. Mit 6 lithographirten Karten.
Würzburg: Druck und Verlag der Stahel'schen Buch- und Kunsthandlung, 1861. 8°

In dem Werk finden sich am Schluß sechs Karten:
1. Der Wiegenort der Menschheit. Das Paradies nach den Bezeichnungen der h. Urkunde.
2. Schluss des zweiten Jahrtausends.
3. Davids und Salomo's Reich in seinem Glanzpuncte.
4. Das Judenvolk zur Zeit der Geburt Jesu Christi.
5. Zeit der Rundschau: Geburt Hildebrands (5020) (Gregor VII.)
6. Der katholische Erdkreis, Der akatholische Erdkreis: In den Tagen der Gegenwart.

Sign.: Tb 69

B 94. Carter, Franz:

Reise von Gibraltar nach Malaga im Jahre 1772. Mit einer Karte und Kupfern. Aus dem Englischen. 2 Theile (in einem Band).
Leipzig: Siegfried Lebrecht Crusius, 1779. 8°

Am Schluß findet sich die Karte:
Charte von Sierra de Ronda Hoya de Malaga, Vega de Antiquera und der Seeküste von Gibraltar bis nach Malaga nebst der Strasse, gezeichnet von Franciscus Carter. 1771.

Lit.: GV 1700-1910 Bd 23, S. 215; HEINSIUS Bd I, S. 261.
Sign.: Ed 18

B 95. Cassell, John:

Amerika i vor Tid. En Reiseskildring. Oversat af M. J. Riise. Med et Kaart.
Kjøbenhavn: J. H. Schubothes Boghandel, 1863. 8°

Am Schluß findet sich die Karte:
De Forenede Stater Betegnede som Frie og Slavestater. Joh. Luv. Sivertzen Bog- og Steentr.

Sign.: Ec 64

B 96. (Catrou, François; Rouillé, Pierre Julien):

Histoire de la Fondation de Rome: l'etablissement de la republique, son origine, ses progrès, les moeurs de ses premiers habitans & son Gouvernement politique et militaire, Par L. P. C. E. R.***. Augmentée de Remarques par Monsieur de Beaumarchais. Et enrichie des Plans & Figures nécessaires. Tome seconde.
Rouen: aux depens de la Compagnie, 1740. 8°

Zu den Abbildungen zählt:
Plan de la | Bataille de Régille | L'an de Rome 257. | | Pl. XIX (p. 83)

Sign.: Gr 58

B 97. Catteau-Calleville, Jean-Pierre Guillaume:

Tableau des Etats Danois, Envisagés sous les rapports du Mécanisme Social. Avec une Carte. Tome troisième.
Paris et Strasbourg: Treuttel et Würtz, 1802. 8°

Am Schluß findet sich die Karte:
Carte des Etats Danois. Par Lapie Ingénieur Géographe de 1ere Classe du Depot Général de la Guerre. An X (1802). A Paris et à Strasbourg chez Treuttel et Würtz Libraires. Gravé par Blondeau, Rue et Porte St. Jacques, No. 85.

Die Teile I und II des Werks (ohne die Karte) finden sich unter der Signatur Gnp 19.

Lit.: BIBLIOTHECA DANICA Bd II, Sp. 716; GV 1700-1910 Bd 23, S. 345.
Sign.: Gna 168

B 98. Cellarius, Christoph:

Notitia orbis antiqui, sive geographia plenior, ab ortu rerumpublicarum ad Constantinorum tempora orbis terrarum faciem declarans. Ex vetustis probatisque monimentis collegit, et novis tabulis geographicis, singulari cura et studio delineatis, illustravit. 2 Tomus.
Leipzig: Impensis Gleditsch, Senioris, 1701-1706. 4°

Eingebunden sind insgesamt 34 zweiseitige Karten:
Tomus I (Liber I u. II, zusammen paginiert):
1. VETERIS ORBIS CLIMATA EX STRABONE (p. 22)
2. Tabula ventorum & plagarum secundum veteres (p. 33)
3. HISPANIA | ANTIQVA (p. 64)
4. GALLIA | NARBONENSIS | LVGDVNENSIS | ET AQVITANIA (p. 162)
5. GALLIA | BELGICA. (p. 254)
6. INSVLARVM | BRITANNICARVM | FACIES | ANTIQVA. (p. 400)
7. GERMANIA | ANTIQVA (p. 448)
8. SARMATIA (p. 494)
9. VINDELICIA | RHAETIA | ET NORICVM. (p. 514)
10. PANNONIA | MOESIA, DACIA | ILLYRICVM. (p. 546)
11. ITALIA | ANTIQVA (p. 627)
12. GALLIA | CISALPINA (p. 641)
13. ITALIA | MEDIA | sive PROPRIA (p. 709)
14. LATII | VTRIVSQVE | DELINEATIO (p. 786)
15. GRAECIA MAGNA | SIVE PARS ULTIMA | ITALIAE (p. 830)
16. REGIONES ITALIAE | EX | AVGVSTI CAESARIS | DIVISIONE (p. 930)
17. SICILIA ANTIQVA. (p. 968)
18. GRAECIAE | ANTIQVAE | ET INSVLARVM | CONSPECTVS. (p. 1022)
19. MACEDONIA, | THESSALIA, | EPIRVS. (p. 1030)
20. HELLAS | sive | GRAECIA PROPRIA. (p. 1099)
21. THRACIA | ANTIQVA (p. 1296)

Tomus II (Liber III u. IV, getrennt paginiert):
22. ASIA MINOR (III, p. 2)
23. BOSPORVS, MAEOTIS, | IBERIA, ALBANIA, | ET SARMATICA | ASIATICA (III, p. 356)
24. SYRIA (III, p. 398)
25. PALAESTINA | SEV | TERRA SANCTA. (III, p. 464)
26. ARABIA | PETRAEA ET DESERTA (III, p. 670)
27. MESOPOTAMIA | ET | BABYLONIA | FLVMINIBVS SECVNDUM VE- | TEREM TABVLAM DVCTIS (III, p. 708)
28. ORIENS | PERSIA, INDIA (III, p. 787)
29. SCYTHIA | ET | SERICA (III, p. 884)
30. AEGYPTVS | ET | CYRENAICA (IV, p. 3)
31. AEGYPTI DELTA | ET | NILI OSTIA (IV, p. 18)
32. AFRICA | PROPRIA (IV, p. 130)
33. MAVRETANIA | ET | NVMIDIA (IV, p. 168)
34. AFRICA | INTERIOR (IV, p. 216)

Lit.: GV 1700-1910 Bd 23, S. 371; vgl. auch GRIEB Bd 1, S. 119 (Nr. 231) [Ausgabe von 1731/32].
Sign.: Al III 64

B 99. Cellarius, Christoph:

Geographia antiqua iuxta et nova (Titelkupfer: Nucleus Geographiae antiquae et novae). Tertia editio.
Jena: Sumtu Jo. Bielckii, 1698. 12°

Die vorliegende Ausgabe enthält keine Karten.

Lit.: vgl. auch GRIEB Bd 1, S. 119 (Nr. 232) [Ausgabe von 1716/17].
Sign.: Ea 2

B 100. Chalybaeus, Robert:

Geschichte Dithmarschens bis zur Eroberung des Landes im Jahre 1559. Mit einer Karte des Landes Dithmarschen.
Kiel und Leipzig: Verlag von Lipsius & Tischer, 1888. 8°

Am Schluß findet sich die Karte:
Karte von Dithmarschen. Lith. Anst. Otto Blunck, Kiel.

Lit.: GV 1700-1910 Bd 24, S. 10; KATALOG LB KIEL Bd I, S. 760.
Sign.: LZB, SH 110 C (auch ND Leer: Verlag Schuster, 1988; unter der Sign.: LZB, SH 110 C)

B 101. Charton, Edouard:

Reiser i ældre og nyere Tid. En udvalgt Samling af de interessanteste og lærerigste Reisebeskrivelser, fra det 5te Aarhundrede før Christus indtil det 19de Aarhundrede, med Levnetsbeskrivelser og oplysende Anmærkninger. Paa Dansk ved Hans Sødring. Første Bind.
Kjøbenhavn: F. H. Elbes Forlag, 1856. 8°

Am Schluß finden sich unter anderem die Karten:
1. Jorden efter Homer (Pl. II)
2. Jorden efter Anazimanders System / Jorden efter Herodots System (Pl. III)
3. Jorden efter Eratosthenes' System (Pl. IV)
4. Skizze af de af Pytheas besögte Egne, efter Lelewel (Pl. V) [vgl. B 274]
5. Kort over Nearchs Reise (Pl. VI)

Sign.: Ec 53

B 102. Chateaubriand, François René Vicomte de:

Voyages en Amérique et en Italie. Tome premier (Tome second).
Bruxelles: Société de Librairie, etc. Hauman, Cattoir et Comp., 1837. 8°

Als Frontispiz finden sich in den beiden Bänden Ansichten:
1. Chateau de Combourg, où naquit M. de Chateaubriand en 1769.
2. Rome.

Sign.: Ff II 64

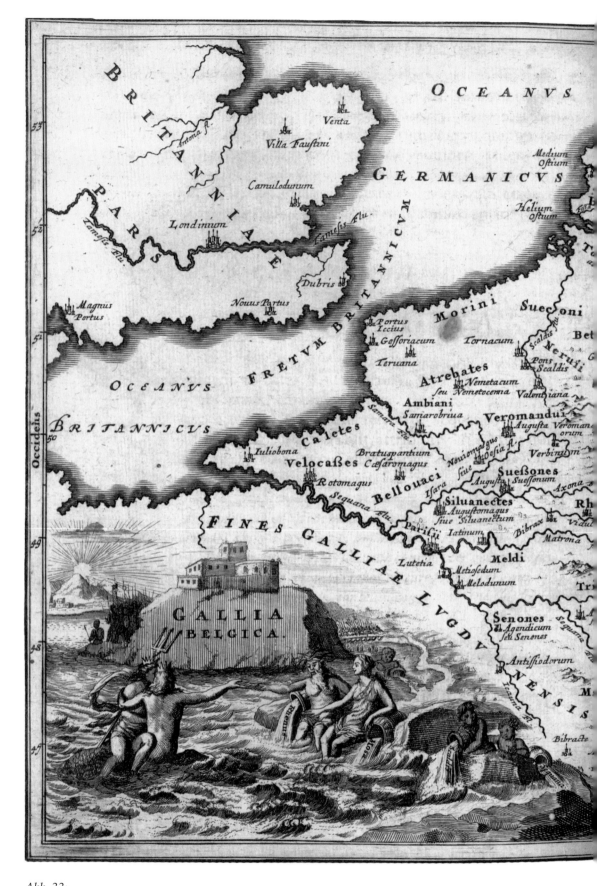

Abb. 33:
„Gallia Belgica." – Die Karte zeigt den Nordosten des römischen Gallien zwischen Seine und Marne auf der einen und dem Rhein auf der anderen Seite und gibt die Städte und Völkerschaften an, die dort in römischer Zeit anzutreffen waren. Im linksrheinischen Bereich befanden sich Germania Inferior und Germania Supe-

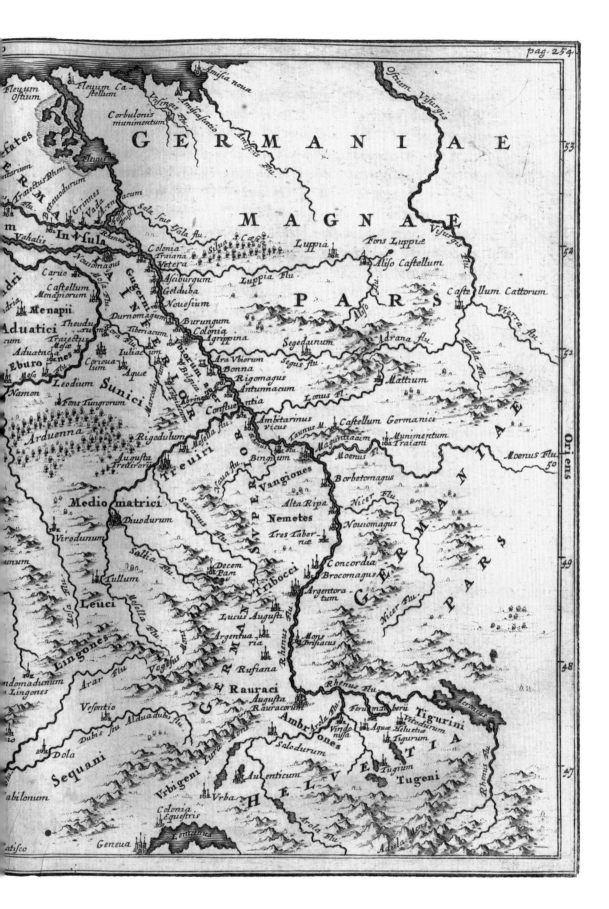

rior. In Verbindung mit dem Titel sind die Flußgottheiten von Rhein, Maas, Schelde und Seine dargestellt. Die Karte findet sich im ersten Band der „Notitia orbis antiqui" (Leipzig 1701) des Hallenser Historikers und Geographen Christoph Cellarius (1638-1707) (B 98, Nr. 5).

B 103. Clüver, Philipp:

Germaniae antiquae libri tres. Opus ... tabulis geographicis et imaginibus, priscum Germanorum cultum moresque referentibus exornatum. Adjectae sunt Vindelicia et Noricum.
Leiden: Ludovicus Elzevier, 1616. 2°

Das Werk enthält 11 großformatige, eingefaltete Kupferstichkarten:
1. SEPTENTRIO- | NALIUM | in | EUROPA et ASIA | terrarum descriptio, ad falsam | veterum scriptorum mentem | accomodata, autore | PHILIP. CLÜVERIO (Titelkartusche unten rechts). (I, p. 2)
2. Summa | EUROPÆ | antiquæ | descriptio | Auctore | PHILIP. CLÜVERIO (Titelkartusche unten rechts). Nicol. geilkerckio sc. (unten rechts). (I, p. 3)
3. GERMANIÆ | CISRHENANÆ | ut circa | Julii Cæsaris fuit æta- | tem descriptio; | Auctore | PHIL. CLÜVERIO. (Titelkartusche oben rechts). Nic. Geilk. s. (unten links). (II, p.2)
4. GERMANIÆ | CISRHENANÆ | ut inter I. Cæ- | saris et Trajani fuit | imperia descriptio, | Auctore | PHIL. CLÜVERIO. (Titelkartusche oben rechts). Nicolao Geilkerckio sculpsit (unten links). (II, p. 2)
5. HELVETIÆ | conter- | minarumque | terrarum antiqua | descriptio, | Auctore | PHIL. CLÜVERIO. (Titelkartusche unten rechts). Nicolao Geilkerckio scu. (unten rechts). (II, p. 3)
6. SCALDIS, MOSÆ, | ac Rheni Ostiorum gentium- | que accolarum antiqua descriptio, | Auctore | PHILIPPO CLÜVERIO. (Titelkartusche unten rechts). Nic. Geilkerkkio sc. (unten rechts). (II, p. 3)
7. Populorum GER- | MANIÆ inter Rhenum et Al- | bim descriptio, ut inter Cæsaris | et Trajani imperia incoluerunt, | Auct. P. CLÜVERIO. (Titelkartusche oben links) / Populorum GER- | MANIÆ inter Rhenum et | Albim descriptio, ut circa I. Cæ- | saris ævum incoluerunt, auctore | P. CLÜVERIO. (Titelkartusche oben links). (2 Karten auf 1 Blatt nebeneinander) (III, p. 2)
8. GERMANIÆ | Populorum inter | Rhenum et Albim am- | neis, ut à Trajani | imperio, et circa Marcellini æta- | tem incoluerunt, descriptio, | Auctore | PHILIPPO CLÜVERIO. (Titelkartusche oben rechts). Nicol. Geilkerckio sculpsit. (unten links). (III, p. 2)

Abb. 34:
„Summa Europae antiquae descriptio." – Die Karte zeigt das alte Europa, so wie Philipp Clüver (1580-1623), Geograph in Leiden (Niederlande), es sich vorstellte. Auf der Karte, auf der Island als „Thule" und Grönland als „Cronia" bezeichnet werden und auf der insbesondere Flüsse und Berge hervorgehoben sind, wird Nicolas van Geelkerken als Kupferstecher genannt. Die Karte findet sich in Clüvers „Germaniae antiquae libri tres" (Leiden 1616) (B 103, Nr. 2).

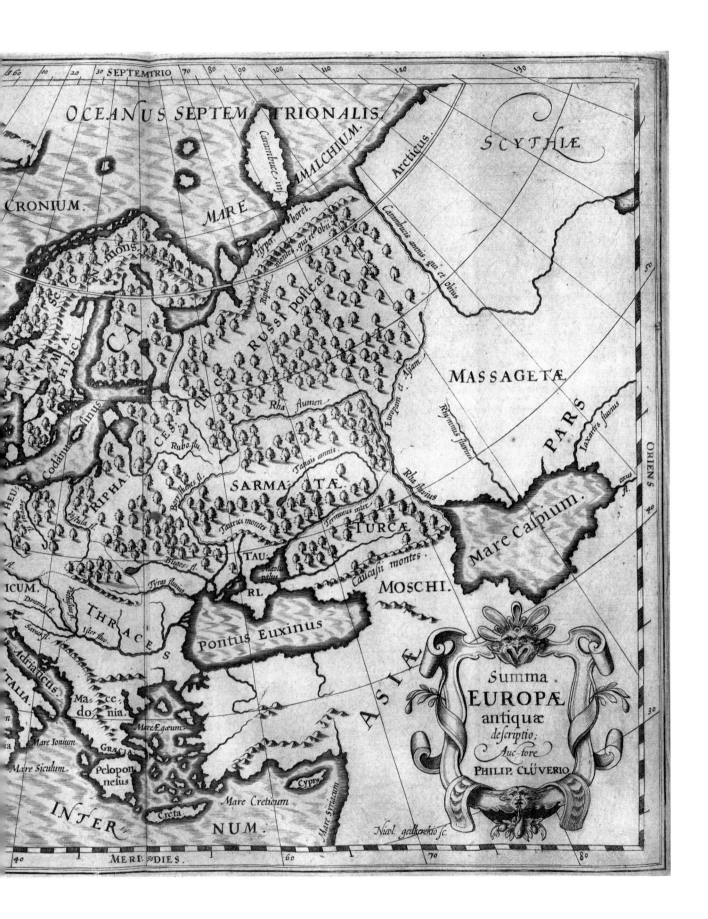

9. SVEVIÆ | quæ cis Codànum fuit | sinum, antiqua de- | scriptio; | Auctore PHIL. CLÜVErio. (Titelkartusche oben links). (III, p. 3)
10. ANTIQVÆ | GERMANIÆ | SEPTENTRI- | onalis des- | cri- | ptio; | Auctore | PHIL. CLÜVErio. (Titelkartusche unten rechts). N. Geilk. sc. (unten rechts). (III, p. 3)
11. VINDELICIÆ | et | NORICI | Conterminarumque ter- rarum anti- | qua descriptio, auctore | PHILIPPO CLÜ- VERIO. (Titelkartusche unten rechts). Nic. Geilkerckio sc. (unten rechts). (IV, p. 3)

Lit.: BRUNET Bd II, Sp. 113 (Nr. 26332); vgl. auch GRIEB Bd 1, S. 137 (Nr. 266) [Ausgabe von 1663].
Sign.: Gw 17

B 104. Conrady, E. von:

Leben und Wirken des Generals der Infanterie und kommandierenden Generals des V. Armeekorps Carl von Grolman, Ritter des hohen Ordens vom Schwarzen Adler in Brillanten. Gestorben am 15. September 1843. Ein Beitrag zur Zeitgeschichte der Könige Friedrich Wilhelm III. und Friedrich Wilhelm IV. 2 Teile.
Berlin: Ernst Siegfried Mittler und Sohn, 1894/95. 4°

Im Ersten Theil (Von 1777 bis 1813; 1894) finden sich eine Übersichtskarte und vier Skizzen:
1. Gegend von Soldau. (p. 84)
2. Gegend von Spanden. (p. 104)
3. Gegend von Heilsberg. (p. 110)
4. Cadiz. Skizze 4. Nach dem Plan der Belagerung von Cadiz in der österreichischen Mil. Zeitschrift von 1811. Band 3. Geogr. lith. Anst. u. Steindr. v. C. L. Keller in Berlin.
5. Karte zu den Operationen des Cuerpo expedicionaria 1810 und 1811. Lith. Anst. u. Steindr. v. C. L. Keller in Berlin. (Schluß). [Südspanien].

Im zweiten Theil (Die Befreiungskriege 1813 bis 1815; 1895) finden sich drei Übersichtskarten und neun Skizzen):
6. (Schlacht bei Groß-Görschen). Skizze 1. (p. 43)
7. (Schlacht bei) Bautzen. Skizze 2. Autogr. d. geogr. lith. Anst. u. Steindr. v. C. L. Keller in Berlin. (p. 60)
8. (Gefecht bei Haynau). Skizze 3 (p. 64)
9. Die Schlachten bei Dresden und bei Kulm. Skizze 4 a. Autogr. d. geogr. lith. Anst. u. Steindr. v. C. L. Keller Berlin. (p. 110)
10. (Schlacht bei Nollendorf). Skizze 4 b. (p. 132)
11. (Schlacht bei Leipzig). Skizze 5. (p. 151)
12. (Gegend von Laon – Craonne – Soissons – Compiegne – La Fère). Skizze 6. (p. 216)
13. (Schlacht bei Laon). Skizze 7. (p. 223)
14. (Schlacht von Paris). Skizze 8. (p. 245)
15. Uebersichtskarte zum Feldzug 1814. Autogr. d. geogr. lith. Anst. u. Steindr. v. C. L. Keller Berlin. (lose in Hülle am Schluß)
16. Uebersichtskarte I zu Feldzug 1815. (lose in Hülle am Schluß)
17. Uebersichtskarte II zu Feldzug 1815. Autogr. d. geogr. lith. Anst. u. Steindr. v. C. L. Keller Berlin. (lose in Hülle am Schluß)

Lit.: GV 1700-1910 Bd 25, S. 317.
Sign.: Bb 288

B 105. Constantin, M.:

Paris. Ein Blick in die Seinestadt und ihre Umgebungen. Mit vierzig in den Text gedruckten Abbildungen und einem Orientirungsplan von Paris (Weber's Illustrirte Reisebibliothek, Nr. 1).
Leipzig: J. J. Weber, 1855. 8°

Am Schluß findet sich der Plan:
G. Heck's Orientirungsplan von Paris. G. Heck dir. R. Schmidt sculp.

Lit.: ENGELMANN S. 58; GV 1700-1910 Bd 154, S. 180.
Sign.: Ed 82

B 106. Cook, James:

Des Capitain Jacob Cook dritte Entdeckungs-Reise in die Südsee und nach dem Nordpol. Auf Befehl Sr. Grosbritann. Majest George des Dritten unternommen und in den Schiffen Resolution und Discovery während der Jahre 1776 bis 1780 ausgeführt. Aus den Tagebüchern der Schiffsbefehlshaber Herren Cook, Clerke, Gore und King imgleichen des Schiffswundarztes Herrn Anderson vollständig beschrieben. Aus dem Englischen übersetzt von Herrn Georg Forster, ... durch Kupfer und Charten erläutert. (Geschichte der See-Reisen und Entdeckungen im Südmeer, welche auf Befehl Sr. Großbritannischen Majestät George des Dritten unternommen worden sind. Bd 8-11). 4 Bände.
Berlin: Haude und Spener, 1789. 8°

Die Kupferstiche und Karten fehlen.

Lit.: ENGELMANN S. 97; GV 1700-1910 Bd 25, S. 374; HEINSIUS Bd I, S. 350; vgl. auch GRIEB Bd I, S. 141 (Nr. 274) [Ausgabe von 1787/88]
Sign.: Eb 10

B 107. Cotta, Bernhard:

Briefe über Alexander von Humboldt's Kosmos. Ein Commentar zu diesem Werke für gebildete Laien. Dritter Theil. Erste Abtheilung. Mit zwei großen Sternkarten von Ad. Stieler, drei Steintafeln und mehreren eingedruckten Figuren.
Leipzig: T. O. Weigel, 1851. 4°

In dem Werk finden sich zwei große Sternkarten:
1. Der nördliche gestirnte Himmel. Entw. u. gez. v. A. Stieler. Neu gestochen 1840 von J. C. Ausfeld. Aus Stieler's Hand-Atlas. Gotha: Justus Perthes. (p. 50).
2. Der südliche gestirnte Himmel. Entw. u. gez. v. I. C. Bär. 1841. Aus Stieler's Hand-Atlas. Gestochen von Joh. Carl Ausfeld. Gotha: Justus Perthes. (p. 68).

Lit.: GV 1700-1910 Bd 26, S. 76.
Sign.: Na 50

B 108. Coxe, William:

Travels into Poland, Russia, Sweden, and Denmarck. Illustrated with Charts and Engravings. In Five Volumes. The fourth Edition.
London: T. Cadell, 1792. 8°

In dem Werk finden sich 14 Karten und Pläne:
1. Poland with its Dismember'd Provinces. By Thos. Kitchin Senr. Hydrographer to his Majesty. Publish'd March 26th. 1784 according to Act of Parliamt. by T. Cadell in the Strand. (I, p. 1)
2. Map of European Russia. By Thos. Kitchin Senr. Hydrographer to his Majesty. Publish'd March 26. 1784 according to Act of Parliamt. by T. Cadell in the Strand. (I, p. 314)
3. A Plan of the City of Moscow. Publish'd March 26, 1784 according to Act of Parliamt. by T. Cadell in the Strand. Thos. Kitchin Senr. Sculpt. (I, p. 353)
4. A Plan of the City of St. Petersburgh. Publish'd March 26, 1784 according to Act of Parliamt. by T. Cadell in the Strand. Thos. Kitchin Senr. Sculpt. (II, p. 238)
5. Chart of the Caspian Sea. Publish'd March 26, 1784 according to Act of Parliamt. by T. Cadell in the Strand. (III, p. 382)
6. Plan of the Canal of Vishnei Voloshok, which unites the Baltic and the Caspian. / Plan of the Ladoga Canal. Publish'd March 26th. 1784 according to Act of Parliamt. by T. Cadell in the Strand. T. Kitchin Senr. Sculpst. (III, p. 444)
7. A Map of the Southern Provinces of Sweden. By Thos. Kitchin Senr. Hydrographer of his Majesty. Publish'd March 26, 1784 according to Act of Parliamt. by T. Cadell in the Strand. (IV, p. 1)
8. A Plan of the City of Stockholm. Publish'd March 26, 1784 according to Act of Parliamt. by T. Cadell in the Strand. Thos. Kitchin Sculpst.(IV, p. 32)
9. Canal of Trollhætta. Publish'd March 26, 1784 according to Act of Parliamt. by T. Cadell in the Strand. T. Kitchin Senr. Sculpst. (IV, p. 309)
10. Map of Southern Norway. London: Published October 1th. 1790, by T. Cadell, Strand. W. Palmer sculp. (V, p. 1)
11. Plan of the Canal of Stroemsholm which joins the Lake Sodra Barke on the Confines of Dalecarlia to the Lake Mæler. London: Published by T. Cadell, Strand. Octor. 1th. 1790. W. Palmer sculp. (V, p. 73)
12. Map of the Danish Isles, Sleswick, and Holstein. By Thos. Kitchin Senr. Hydrographer to his Majesty. (V, p. 109)
13. A Plan of the City of Copenhagen. Published March 26, 1784 according to Act of Parliamt. by T. Cadell in the Strand. Thos. Kitchin Senr. Sculpt. (V, p. 126)
14. Plan of the Canal of Kiel, which joins the Northern Sea and the Baltic. Published March 26, 1784 according to Act of Parliamt. by T. Cadell in the Strand. T. Kitchin Senr. Sculpt. (V, p. 301)

Lit.: BRUNET Bd II, Sp. 400; vgl. auch GRIEB Bd I, S. 143 (Nr. 282) [deutsche Ausgabe von 1790]; KATALOG LB KIEL Bd II, S. 1045 [deutsche Ausgabe von 1785/86].
Sign.: Ed 35

B 109. Cranz, David:

Historie von Grönland enthaltend die Beschreibung des Landes und der Einwohner etc. insbesondere die Geschichte der dortigen Mission der Evangelischen Brüder zu Neu-Herrnhut und Lichtenfels. Mit acht Kupfertafeln.
Barby: Heinrich Detlef Ebers, 1765. 8°

In dem Werk finden sich zwei Karten:
1. Nova Groenlandiæ tabula a 59mo Gradu usque ad 73mum. Sebast. Dorn sculps. Norib. (p. 1)
2. Die West-Küste von Grönland van Bals Revier bis an die Eis Blinke (mit Grundrissen von Lichtenfels u. Neu-Herrnhut) (lose beiliegend)

Unter derselben Signatur findet sich auch:
Cranz, David:
Fortsetzung der Historie von Grönland insonderheit der Missions-Geschichte der Evangelischen Brüder zu Neu-Herrnhut und Lichtenfels von 1763 bis 1768 nebst beträchtlichen Zusätzen und Anmerkungen zur natürlichen Geschichte.
Barby: Heinrich Detlef Ebers, 1770. 8°

Lit.: BIBLIOTHECA DANICA Bd III, Sp. 641; ENGELMANN S. 203; GRIEB Bd 1, S. 149 (Nr. 292); GV 1700-1910 Bd 26, S. 159; KATALOG LB KIEL Bd III, S. 2176.
Sign.: Ec 11

B 110. Crichton, Andrew:

Scandinavia, ancient and modern; being a History of Denmark, Sweden and Norway. With a map, and twelve Engravings by Jackson. In two Volumes. Second Edition.
Edinburgh: Oliver & Boyd, 1838. 8°

Im ersten Band findet sich vorne die Karte:
Denmark, Sweden & Norway.

Sign.: Gna 251

B 111. Curicke, Reinhold:

Der Stadt Danzig historische Beschreibung. Faksimile-Druck nach der Originalausgabe Amsterdam und Dantzigk 1687 und einer Einführung von Ernst Bahr, herausgegeben von Siegfried Rosenberg.
Hamburg: Danziger Verlagsgesellschaft Paul Rosenberg, 1979. 2°

In dem Werk findet sich neben einer Umgebungskarte und einem großformatigen, mehrfach gefalteten Blatt mit Stadtansicht und Stadtplan auch eine Fülle von Prospekten zur Stadt Danzig.

Sign.: Ee 130

B 112. Curtius, Ernst:

Peloponnesos. Eine historisch-geographische Beschreibung der Halbinsel. Mit Karten und eingedrukkten Holzschnitten. 2 Bde.
Gotha: Justus Perthes, 1851/52. 8°

Beide Bände enthalten zumeist am Schluß neben diversen Plänen auch folgende Karten:
Bd I:
1. Peloponnesos. Taf. I. (vorne)
2. Arkadia zur Zeit des Pausanias. Taf. II.
3. Die Ebene von Mantineia und Tegea. Taf. III.
4. Achaia zur Zeit des Pausanias. Taf. IX.

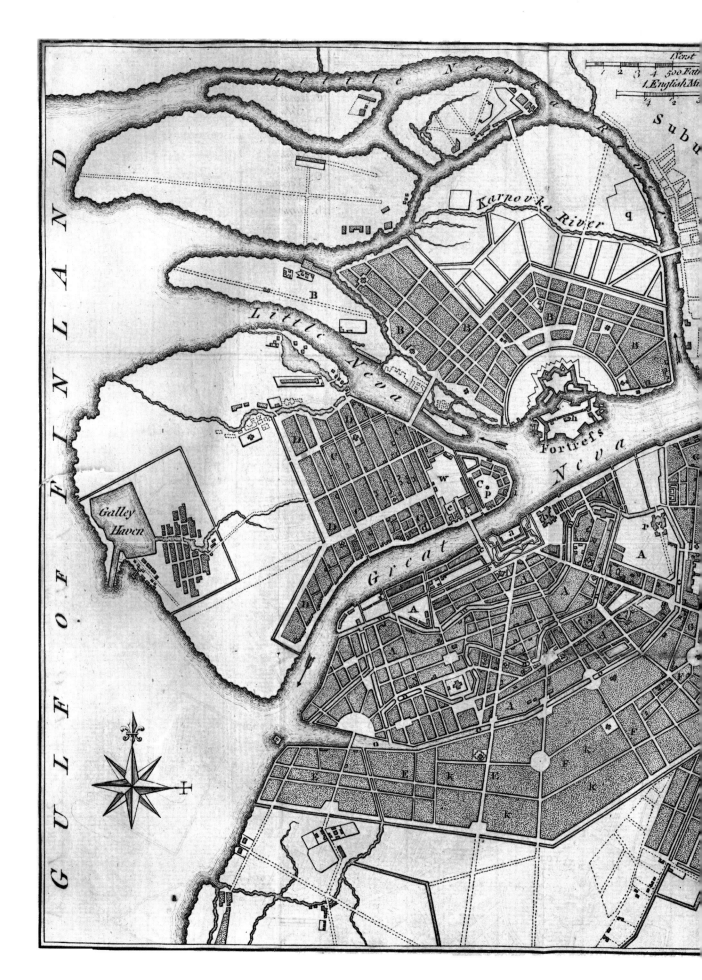

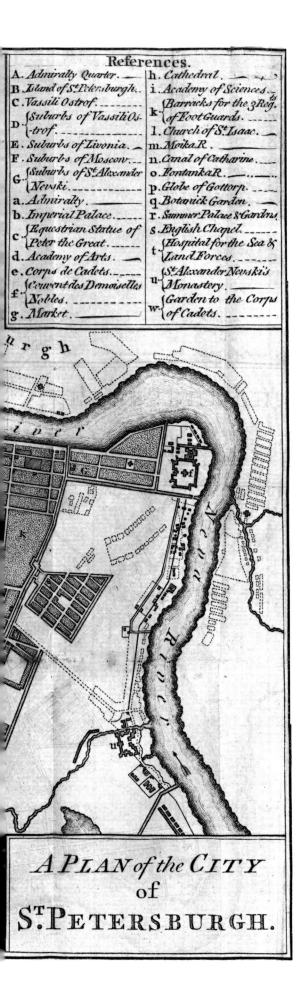

Bd II:
5. Elis zur Zeit des Pausanias. Taf. I.
6. Messenia zur Zeit des Pausanias. Taf. V.
7. Lakedaimon zur Zeit des Pausanias. Taf. IX.
8. Argolis zur Zeit des Pausanias. Taf. XIV.

Lit.: ENGELMANN S. 1137; GRIEB Bd 1, S. 153 (Nr. 300); GV 1700-1910 Bd 26, S. 304.
Sign.: Gg 21

B 113. Curtius, Ernst:

Olympia. Ein Vortrag im wissenschaftlichen Vereine zu Berlin am 10. Januar gehalten. Mit zwei lithographischen Tafeln.
Berlin: Verlag von Wilhelm Hertz (Bessersche Buchhandlung), 1852. 8°

Am Schluß findet sich auf einer der lithographischen Tafeln ein titelloser Plan von Olympia.

Lit.: GV 1700-1910 Bd 26, S. 304.
Sign.: Ap 101 (angebunden)

B 114. Curtius Rufus, Quintus:

De rebus gestis Alexandri Magni Historiarum quotquot supersunt libri, Johannis Loccenii ... indice philologico et notis politicis illustrati.

Jena: Litteris Georgii Sengenwaldi, sumptibus Caspari Mulleri Bibliop. Preslav. (Kupfertitel: Vratislaviae apud Casparum Mullerum), 1658. 16°

Vorne findet sich eine ausklappbare Kupferstichkarte: ALEXANDRI MAGNI MA- | CEDONIS EXPEDITIO (p. 1)

Sign.: Al II w 87

B 115. Curtius Rufus, Quintus:

Historia Alexandri Magni. Cum notis selectiss. variorum Raderi, Freinshemii, Loccenii, Blancardi. Editio accuratissima. Accurante C. S. M. D.

Frankfurt: Wilh. Richard Stock, 1668. 8°

Vorne findet sich neben einer Ansicht des Ammon-Heiligtums (ohne Titel) auch eine ausklappbare Kupferstichkarte: ALEXANDRI | MAGNI MACEDO | NIS EXPEDITIO

Sign.: Al II w 84

Abb. 35:
„A Plan of the City of St. Petersburgh 1784." – Der Plan der russischen Hauptstadt auf den Inseln im Newa-Mündungsbereich findet sich in der vierten Auflage von William Coxe's „Travels into Poland, Russia, Sweden, and Denmarck" (London 1792). Als Kupferstecher wirkte der Londoner Thomas Kitchin (1718-1784) (B 108, Nr. 4).

Abb. 36:
„Alexandri Magni Macedonis expeditio." – Die Karte zeigt das Reich Alexanders des Großen von Griechenland bis nach Indien und findet sich in Curtius Rufus' „Historia Alexandri Magni" (Jena 1658).(B 114).

B 116. Curtius Rufus, Quintus:

Alexander Magnus et in illum commentarius Samuelis Pitisci. (Kupfertitel: Q. Curtii Rufi Alexander Magnus et in eum Commentarius exhibente Samuele Pitisco). Editio tertia prioribus ornatior et comptior.
Den Haag: Petrus van Thol, 1708. 8°

Das Werk enthält viele Kupferstichtafeln, darunter diverse Stadtansichten und eine Karte:
1. TABVLA II. | GRAECIAE et | ASIAE | MINORIS (p. 1); Tabula I fehlt
2. TEMPLUM IOVIS HAMMONIS. XXI. p. 185.
3. TABVLA III. | ASIAE | MAIORIS | AB ALEXANDRO | PERLVSTRATÆ. p. 207.
4. BABYLON. XXIV. p. 293.
5. HORTI PENILES BABYLONII. XXV. p. 300.
6. RUDERA REGII PERSEPOLIS XXVII. p. 348.

Sign.: Al II w 85

B 117. Curtius Rufus, Quintus:

Historiarum Alexandri Magni Macedonis libri qui supersunt. E. Hedicke recensuit. Accedit tabula geographica.
Berlin: Weidmann, 1867. 8°

Am Schluß findet sich die Karte:
Das Reich und die Kriegszüge Alexanders. Entw. v. H. Kiepert in Weimar. Gestochen v. L. Bernhardt in Berlin.

Lit.: GV 1700-1910 Bd 26, S. 312.
Sign.: Al II 254

B 118. Dahlberg, Erik:

Suecia antiqua et hodierna. Tomus I – III.
Stockholm: (P. Ad. Huldberg), o.J. obl. 2°

Die drei Tafelbände umfassen insgesamt 318 Kupferstichtafeln u. a. mit Abbildungen zu Personen, Wappen und Gebäuden, vor allem Schlössern. Es finden sich drei Karten und viele Stadtansichten:

Tomus I (insgesamt 150 Tafeln):
1. VETERIS ORBIS ARCTOI TYPUS. (Nr. 5)
2. NOVA ET ACCVRATA | ORBIS ARCTOI | TABVLA GEOGRAPHICA [= Karte von Schweden mit Finnland] (Nr. 6)
3. STOKHOLMIA | Orientem versús. | | W. Swidde sculp. Holmiæ A. 1693 (Nr. 13)
4. STOCKHOLMIA | Metropolis Regni Sueciæ, et Sedes Regia | qua parte Occidentem spectat. | | A. Perelle sculp. (Nr. 14)
5. VPPSALA. (Nr. 56)
6. ENECOPIA. [= Enköping] / Norr TELGE [= Norrtälje] (Nr. 65)

7. ÖHREGRUND [= Öregrund] / OSTHAMMAR. [= Osthammar] (Nr. 66)
8. SIGGTVNA | | J. P. udi Brügge sculp. Stockholmiæ (Nr. 67)
9. GENUINA DELINEATIO GEOMETRICA | Nobilissimæ Insulæ et Sedis Regiæ veterum Got- | horum BIÖRKÖÖ in lacu celeberrimo MELERO sitæ ho- | diernam eius faciem et constitutionem accurate exhibens [= Karte der Insel Björkön im Mälarsee] (Nr. 69)
10. CARLBERG | 1602 / KRVSENBERG [2 Schlösser am Mälarsee] (Nr. 70)

Tomus II (insgesamt 76 Tafeln):
11. NICOPIA qua orientem spectat | | A. Perelle Sculpsit [= Nyköping] (Nr. 3)
12. Strängnääs. / Toreshälla vell Torsillia. [= Torshälla] (Nr. 4)
13. Söder Telge / Troosa (Nr. 7)
14. WESTRÄS. | | j. v. d. Aveelen sc. Holmiæ 1701. [= Västerås] (Nr. 36)
15. ARBOGA. | | J. v. d. Aveelen Sc. Holmiæ 1703. (Nr. 37)
16. Kiöping. | | J. v. d. Aveelen Sc. Holmiæ 1704. [= Köping] (Nr. 38)
17. SALA. / AWESTADFORS. [= Avesta] | | j. v. d. Aveelen sc. Holmiæ 1704. (Nr. 39)
18. FALVN / HEDEMORA (Nr. 45)
19. ÖREBROO | | J. v. d. Aveele sc. Holmiæ 1700 (Nr. 48)
20. ASKERSVND. | | J. v. d. Aveelen Sc. Holmiæ 1705 (Nr. 49)
21. LINDESBERG / NORA (Nr. 51)
22. CARLSTAD. [= Karlstad] / CHRISTINEHAMBN. [= Kristinehamn] | | j. v. d. Aveelen sc. Holmiæ 1699. (Nr. 57)
23. PHILIPPSTADH [= Filipstad] | | Joh. v. d. Aveelen sc. Holmiæ 1702 (Nr. 58)
24. GIAWLE [= Gävle] | | J. v. d. Aveelen sc. Holmiæ 1704. (Nr. 61)
25. SÖDERHAMBN / SVNDSWALD (Nr. 63)
26. HUDVIGSWALD. [= Hudiksvall] (Nr. 66)
27. HERNÖSAND. [= Härnösand] (Nr. 67)
28. TORNE [= Torneå] / VHMA [= Umeå] | | j. v. d. Aveelen sc. Holmiæ 1701 (Nr. 71)
29. CIVITAS VETUS PITÆ / CIVITAS NOVA PITÆ [= Piteå] | | j. v. d. Aveelen sc. Holmiæ 1701 (Nr. 72)
30. CIVITAS VETUS LUHLÆ / CIVITAS NOVA LUHLÆ [= Luleå] | | j. v. d. Aveelen sc. Holmiæ 1700 (Nr. 73)

Tomus III (insgesamt 127 Tafeln):
31. LINDKIÖPING. [= Linköping] (Nr. 4)
32. NORRKIÖPING. | | J. v. d. Aveelen Sc. Holmiæ 1706 (Nr. 6)
33. SÖDERKIÖPING. / SKENINGE [= Skänninge] (Nr. 7)
34. WADSTENA. [= Vadstena] | | J. v. d. Aveelen Sc. Holmiæ 1708 (Nr. 10)
35. Ichnographica Delineatio pervetustæ Anse-aticæ | Urbis WISBYÆ in Gothlandia, qvalem se hodie | visentibus exhibet. / Urbs WISBYA et Arx WISBVRGUM, prout | se hodie visentibus exhibet. | | J. v. d. Aveelen sc. Holmiæ 1707. (Nr. 34)
36. GÖTHEBORG. | | J. v. d. Aveelen sc. Holmiæ 1709. (Nr. 37)
37. SCARA. [= Skara] | | J. v. d. Aveelen sc Holmiæ 1707 (Nr. 41)
38. LIDKIÖPING / MARIÆSTADH [= Mariestad] (Nr. 42)
39. BORÄÄS [= Borås] / BOGSÜND [= Ulricehamn] | | j. v. d. Aveelen sc. Holmiæ 1707 (Nr. 43)
40. FAHLKIÖPING [= Falköping] / WÆNERSBORGH. [= Vänersborg] (Nr. 44)
41. ALLINGSÄÄS / Reliquiæ vetustæ arcis AXELWALD ut nostra tempora visitur. [= Axevalla, ehemaliges Schloß bei Skara] | | J. v. d. Aveelen sc. Holmiæ 1703. (Nr. 45)
42. CALMARE [= Kalmar] (Nr. 75)
43. IÖNEKIÖPING [= Jönköping] (Nr. 78)
44. EKESIÖÖ [= Eksjö] / GRENA [= Gränna] (Nr. 79)
45. WEXIÖÖ. [= Växjö] | | J. v. d. Aveelen Sc. Holmiæ 1708. (Nr. 80)
46. WESTERWIK [= Västervik] / WIMMERBY [= Vimmerby] | | J. v. d. Avelen sc. Holmiæ 1707.
47. Topographica Delineatio Camporum / BRAVALLENSIUM in Smolandiæ Præfectura ... | | W. Swidde Sculp. Holmiæ A. 1693. [= Karte des Schlachtfeldes von Bråvalla hed in Småland] (Nr. 83)
48. Delineatio Geographica quorundam locorum in agro Smolandico, ubi | etiamnum ostenduntur monumenta vel vestigia pervetusta atque | inde ab ultima temporum memoria celeberrima Urbis TROIÆ. / Designatio Geometrica | Veteris Urbis TROIÆ | in Smalandia. [= Troia, sagenhafte Stadt u. Burg in Småland] (Nr. 98)
49. Situs pervetustæ et ad memoriam posteritatis | celeberrimæ quondam Urbis Vittaliæ in Smalandia. | | J. v. d. Aveelen Sc. Holmiæ 1709. [= Witala, ehemalige Stadt in Småland] (Nr. 99)
50. HALMSTAD | meridiem versus. | | J. v. d. Aveelen sc. Holmiæ 1710 (Nr. 105)
51. WARDBERG [= Varberg] | | J. v. d. Aveelen Sc. Holmiæ 1713 (Nr. 106)
52. KUNGSBACKA. | | J. v. d. Aveelen Sc. Holmiæ 1713. (Nr. 107)
53. Urbs et Portus | CARLSCRONA, | Septentrionem versus. [= Karlskrona] | | J. v. d. Aveelen sc. Holmiæ 1709 (Nr. 110)
54. CARLSCRONA | Versus meridiem. | | J. v. d. Aveelen sc. Holmiæ (Nr. 111)
55. ARX BAHUSIA cum Oppido KONGELF. [= Kungälv] | | J. v. d. Aveelen Sc. Holmiæ 1713. (Nr. 114)
56. MARSTRAND | | J. v. d. Aveelen Sc. Holmiæ 1713 (Nr. 115)
57. UDDEWALLA | | J. v. d. Aveelen Sc. Holmiæ 1713 (Nr. 116)
58. STRÖMSTAD | | J. v. d. Aveelen sc. Holmiæ 1713. (Nr. 117)
59. WIIBORG. [= Wiborg in Finnland] | | J. v. d. Aveelen sc. Holmiæ 1709 (Nr. 122)

Zu dem Tafelwerk gehört unter derselben Signatur der erläuternde Textband:

Beskrifning öfver Städer, Egendomar, Minnesmärken, m. m. upptagne uti E. Dahlbergs Suecia antiqua & hodierna.

Stockholm: P. Ad. Huldbergs Bokhandel, o.J. obl. 2°

Lit.: zur Stockholmer Ausgabe von 1667-1716 vgl. BRUNET Bd V, Sp. 578 (Nr. 27639); GRIEB Bd 1, S. 155 (Nr. 302).
Sign.: Gns 136

B 119. Danckwerth, Caspar:

Newe Landesbeschreibung der zwey Hertzogthümer Schleswich und Holstein, zusambt vielen dabey gehörigen Newen Landkarten.
(Schleswig) 1652. 2°

Das Werk, das in der Bibliothek auch in einer zweiten, nicht ganz vollständigen Fassung (ohne Signatur) vorhanden ist, enthält insgesamt 40 Karten von Johannes Mejer:

1. Newe Landtcarte | Von den beiden | Hertzogthümbern

131

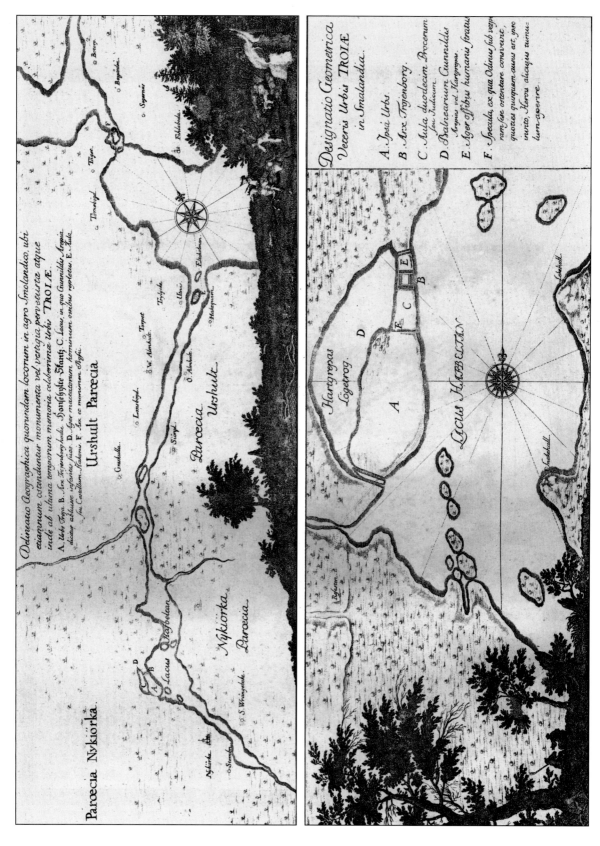

Abb. 37:
„Delineatio geographica quorundam locorum in agro Smolandico, ubi etiamnum ostenduntur monumenta ... urbis Troiae. / Designatio geometrica veteris urbis Troiae in Smalandia." – In dem zweigeteilten Blatt geht es um die Überreste der sagenhaften Stadt Troja in der schwedischen Landschaft Småland. Das Blatt findet sich im dritten Band von Erik Dahlbergs monumentalem Werk über Schweden „Suecia antiqua et hodierna", das zuerst um 1700 in Stockholm herausgegeben wurde und in der Flensburger Sammlung in einer Neuauflage von ca. 1850 vorliegt (B 118, Nr. 48).

| SCHLESWIEG | Und | HOLSTEIN | zusammen. | Anno 1650 (Titelkartusche oben rechts). Serenißimo et Potentißimo Principi | ac Domino | Dno FRIDERICO III. | Daniæ ... | Regi ... | ... | Et | Serenißimo Celsißimoque Principi ac | Domino | Dno. FRIDERICO IV. | ... Duci ... | Offert author | Iohannes Mejerus, Husumensis. (Widmungskartusche unten rechts). Matthias und Nicolaus Pet., Goldschmide gebr. | Hus. Cimb. sculps. (unter der Widmungskartusche). Mit 18 kleinen Stadtplänen an den Rändern, links: Rypen, Sleswieg, Flensborg, Haderschleben, Husum, Tondern, Sonderborg, Apenrade, Eckernförde u. Tonning, rechts: Hamburg, Kiel, Rendßborg, Itzehoa, Oldesloh, Krempe, Gluckstadt u. Plöen. (p. 1)
2. ORBIS | VETVS | CVM ORIGINE | MAGNARVM IN EO | GENTIVM A FILIIS | ET NEPOTIBVS | NOE. (Titelkartusche oben links). Viris ... | Dr. Stephano Klotz | ... | et | Dr. Johanni Reinboth | ... | ... ded. | Casparus Danckwerth D. (Widmungskartusche oben rechts). (p. 28)
3. GERMANIA ANTIQVA | AVSTRALIS | ... (Titelkartusche oben links). Venerandæ Anti- | quitatis Cultoribus | Universis Tabulam | hanc dedicat conse- | cratque | Casparus Danck- | werth D. (Widmungskartusche unten links). Christian Rothgießer | Husum sculps. (unten rechts). (p. 32)
4. GERMANIA ANTIQVA | SEPTENTRIONALIS | ... (Titelkartusche oben links). Christian Rothgießer | Husum sculps. (unten links). (p. 46)
5. Newe Landtcarte | Von dem | Hertzogthumbe | SCHLESWIEG | Anno 1650. (Titelkartusche oben links). Serenißimo et Potentißimo Principi ac Domino | Dn. FRIDERICO III | Daniæ ... Regi | ... | et | Serenißimo Celsißimoque Principi ac Domino | Dn. FRIDERICO IV | ... Offert | author Iohannes Mejer, Husum. (Widmungskartusche oben rechts). (p. 52)
6. Nordertheil | des Hertzogtumbs | SCHLESWIEG | Serenißimo, Celsißimoque Principi | ac Domino | Dno. Christiano VI | ... | Principi electo ... | ... offert | author | Iohannes Mejerus Husum | Cimber. (Titel- u. Widmungskartusche oben links). Matthias und Nicolaus Peters | Goldtschmide gebr: Hus: sculp (oben rechts). (p. 52)
7. Landtcarte | Vom | Sudertheil des Hertzogthumbes | SCHLESWIEG | Anno 1650. (Titelkartusche oben in der Mitte). ... Offert | author | Iohannes Mejerus, Husum, | Cimb. Reg.æ Maj.tis Mathematicus. (Widmungskartusche unten rechts). Matthias & Nicolaus Peters. | Goldschmide gebr. Hus. sculp. (unter der Widmungskartusche). (p. 53)
8. Landtcarte | Vom Ostertheile des Ambtes | HATERSLEBEN | Genandt Baringsyssel. (Titelkartusche oben links). ... dedicat | Author | Iohannes Mejerus, Husum, | Reg.æ Maj.is Mathematicus. | Anno 1649. (Widmungskartusche unten links). Matthias und Clauß Petersen | G S: gebr. | Husumenß: sculps: (rechts neben der Widmungskartusche). (p. 70)
9. Westertheil des Amptes | HADERSCHLEBEN | Zusambt Riepen | Und dem | Löhmcloster. | Anno 1649. (Titelkartusche oben links). ... dedicat Author Iohannes Meier, | Husum. Reg.æ Mai.tis Mathemat. (Widmungskartusche unten rechts). Matthias und Clauß Petersen, | Goldschmide gebr. Husumens. schulps. (unter der Widmungskartusche). (p. 76)
10. Grundtriß der Stadt | Undt des Schloßes | Ripen. | Anno 1651. [oben links] / Grundtriß der Stadt | Haderschleben. | Anno 1651. [links in der Mitte] / Grundtriß | der Stadt | Undt des Schloßes | Tonderen. | Anno 1651. [unten links] / Grundtriß der Stadt | Undt des Schloßes | Husum. [mit Stadtansicht von Husum oben rechts] | | Matthias & Nicolaus Peters | Goldtschmide gebr. Husum sculp. [oben rechts] / Grundtriß der Fehstung | Tönningen. | Anno 1651. | | ... | inscribit author | Iohannes Mejerus Husum. | Reg.æ Maj.is Mathematicus. [unten rechts] (p. 78) [fehlt in unsignierter Fassung]
11. Das Ambt | TONDERN | ohne Lundtofft Herde | Anno 1648 (Titelkartusche oben rechts). ... inscribit author | Iohannes Mejerus Husum. | Reg.æ Maj.is Mathematicus. (Widmungskartusche unten rechts). Christian Rothgießer | Husum sculps. (unten links). (p. 84)
12. Landtcarte der zu dem | AMBTE TONDEREN | gehörigen Marschländer. | Anno 1652. (Titelkartusche oben links). ... dedicat author | Iohannes Mejerus | Reg.æ Maj.is Mathematicus. (Widmungskartusche unter der Titelkartusche). Matthias & Nicolaus Peters | Goldtschmide gebr: Hus. | sculps. (unten rechts). (p. 86)
13. Landtcarte Von dem | NORTFRIESLANDE | in dem Hertzogthumbe Sleßwieg, | Anno 1651. | ... | ... inscribit author | Iohannes Mejerus Husum. | Reg.æ Maj.is Mathematicus. (1. Titelkartusche in linker Karte oben rechts). Matthias & Nicolaus Peters | Goltschmide gebr: Husum sculps. (in linker Karte unten rechts). / Landtcarte Von dem Alten | NORTFRIESLANDE | Anno 1240. | ... | ... dedicata authore | Iohanne Mejero Husum. | Cimb. Reg.æ Maj.is Mathematico. (2. Titelkartusche in rechter Karte oben rechts). (p. 88)
14. Nordertheil | Vom | Alt Nordt Frieslande | biß an das Jahr | 1240. (Titelkartusche oben rechts). ... dedicat | author | Iohannes Meierus Husum. | Reg.æ Maj.is Mathematicus | Anno 1649 (Widmungskartusche unten rechts). Matthias Und Clauß Petersen | G S. gebr. Husumenß. sculps. (links neben der Widmungskartusche). (p. 89)
15. Landtcarte Uom Ampte | APENRADE | und Luntoftherde (Titelkartusche oben links). ... | inscribit author | Iohannes Mejer Husum | Reg.æ Maj.tis Mathematicus. (Widmungskartusche oben rechts). Christian Rodtgießer | Husum sculpsit (unten in der Mitte). Mit Stadtplan: Apenrade (unten links). (p. 92)
16. Landtcarte von dem Furstenthumbe | SONDERBORG, | Alß den Ländern Alßen, Sundewitt | und Luxborg ao. 1649. (Titelkartusche oben rechts). ... Offert | author Iohannes Meier, | Reg.æ Maj.is Mathematicus. | Husanus (Widmungskartusche unten rechts). Matthis Peters Gs. & | Claus P. Goldschmide unt gbr. | Huß. Cimb. sculp. (unten links). Mit Stadtplan: Sonderborg (in der Mitte links). (p. 98)
17. Landtcarte | Von dem Ambte | FLENSBORG, | ohne Nordgoeßherde. | Anno 1648. (Titelkartusche unten in der Mitte). ... inscribit | Author Iohannes Mejerus Husum. | Reg.æ Maj.is Mathematicus. (Widmungskartusche unten links). Matthias & Nicolaus Peters Goldtschmide | gebr. Husum sculps. (unter der Titelkartusche). Mit Stadtplan: Flensborg (unten rechts). (p. 102)
18. Nordertheil des Amptes | GOTTORFF | Anno 1649. (Titelkartusche oben links). ... dedicat | author Iohannes Meier Husumens. | Reg.æ Maj.is Mathematicus. (Widmungskartusche unten in der Mitte). Matthias und Clauß Petersen | Goldtschmide gbr. Hus. sculps. (unten rechts). (p. 108)
19. Newe | Landtcarte | Von der Insull | Helgelandt | Anno 1649 | author | Iohannes | Mejerus | Husum [oben links] / HELGELANDT | in annis Christi 800, | 1300 & 1649. | | ... dedicat author | Iohannes Mejerus Husum Reg.æ

Abb. 38:
„Newe Landtcarte von der Insull Helgelandt Anno 1649 / Helgelandt in annis Christi 800, 1300 & 1649." – Die beiden Karten, die sich mit der Insel Helgoland vor der Elbmündung in der Nordsee befassen (oben deren Zustand im Jahre 1649 und unten deren angebliche Entwicklung von 800 bis 1649), stammen von dem Husumer Kartographen Johannes Mejer (1606-1674) und finden sich auf der linken Hälfte eines Blattes in Caspar Danckwerths „Newe Landesbeschreibung der zwey Hertzogthümer Schleswich und Holstein" (Schleswig 1652), in der insgesamt 37 große Kartenseiten des Husumer Kartographen zu den Herzogtümern Schleswig und Holstein enthalten sind. Als Stecher der gezeigten Karten wirkten die Brüder Matthias und Nicolaus Petersen, die Goldschmiede in Husum waren (B 119, Nr. 19).

Maj.is Mathematicus. | | Matthias Und Clauß Petersen, | G S. gebr. Husumenß. sculps. [unten links] / Grundt riß | der Stadt | Sleßwieg | Anno 1649. [oben rechts] / Grundtriß Vom | Dennewarcks wall | Undt der Alten stadt | Sleßwig | Wy eß Anno 1154 gewesen. [unten rechts] (p. 112)

20. Carte Von den Ländern | ANGLEN | Und | SCHWANSEN | Anno 1649. (Titelkartusche oben rechts). ... dedicat author | Iohannes Meier Husan. | Reg.æ Maj.is Mathematicus. (Widmungskartusche unter der Titelkartusche). Matthis und Clauß Petersen Goldtschmide und gebr. | Hus. Cimb. sculps. (unten rechts). (p. 124)

21. Eigentlicher Abriss des | SCHLEISTROMS | mit denen darinbelegenen | Heringzeunen. (Titelkartusche oben in der Mitte). ... dedicat author | Iohannes Mejer | Husum Reg.æ Maj.is | Mathematicus. Ao 1649 (Widmungskartusche oben links). Christian Lorensen | Rodtgießer sculps. (unten links). Mit 17 Plänen. (p. 132) [fehlt in unsignierter Fassung]

22. Sudertheil des Amptes | GOTTORF | ... | ... inscribit | author | Iohannes Mejerus Hus. | Reg.æ Maj.is Mathematicus. | Anno 1651. (Titel- u. Widmungskartusche oben links). Matthis und Clauß Peters: | Goldtschmide und gebr. sculps. Husumens. (unten rechts). Mit 2 Stadtplänen: Fridrichstadt (unten links) u. Eckernfoerde (unten rechts). (p. 134)

23. Landtcarte Von Nordgoesherde | Ambt Husum | Lundenberg Vndt dem Nortstrande. | ... | ... inscribit author Iohannes Mejerus | Husumens. Reg.æ Maj.is Mathematicus. | Anno 1649. (Titel- u. Widmungskartusche oben rechts). Matthias Und Clauß Petersen | G S. gebr. | Husumenß. sculps. (unten links). (p. 136)

24. Landtcarte | Von | EYDERSTEDE | Everschop | Und Uthholm. | ... | ... dedicat author | Iohannes Mejerus | Husum. Reg.æ Maj.is Mathematicus. | Anno 1648. (Titel- u. Widmungskartusche unten rechts). Matthias und Nicolaus Pet. Goldtschmide gebr. | Husum sculps. (unter der Kartusche). (p. 146)

25. Sudertheil Vom Alt | Nord Frießlande | biß an das Iahr | 1240 (Titelkartusche oben in der Mitte). ... dedicat author | Iohannes Mejerus Husum. | Reg.æ Maj.is Mathematicus. (Widmungskartusche unten rechts). Andreas Lorensen Rothgießer | Husum sculps (unten links). Mit Karte: Rungholte und seine Kirchspiele 1240 (oben links). (p. 152)

26. Geometrisch | Grundtriß | Uon der | Insull | ARROE | Anno 1648. | | ... dedic. | Author | Iohannes Mejer, | Reg.æ Maj.is | Mathemat. [oben links] / Landtcarte Uon dem | DÆNISCHEN | WALDE [unten links] / Geometrisch | Grundriß | Uon dem | lande | FEMERN | Anno 1648 | | ... inscripta ab Authore | Iohanne Mejero Husum | Reg.æ Maj.is Mathematico [oben rechts] / Grundtris | der Stat | BORG mit Ihren | feltscheiden [unten rechts, linker Teil] / Grundtriß | der Stat | BORG | Auf Femern | Anno 1648 | | Andres Lorensen Rodtgießer | Husum sculpsit. [unten rechts, rechter Teil] (p. 154)

27. Newe Landtcarte | Von dem | Hertzogthumbe | HOLSTEIN | Anno 1649. (Titelkartusche obern in der Mitte). ... | Offert author IOHANNES MEIER | Husumens. | Matthias und Clauß Petersen Goldtschmide gebr. sculps (Widmungskartusche unten links). (p. 168) [fehlt in der unsignierten Fassung]

28. Landtcarte Uon den Ambtern | RENDSBORG KIEL | und BORDESHOLM | Anno 1649. (Titelkartusche oben in der Mitte). ... inscribit Author | Iohannes Mejerus Husum | Reg.æ Maj.is Mathematicus. (Widmungskartusche oben rechts). Christian Lorensen | Rodtgießer Husum | sculpsit. (unten rechts). Mit Stadtplan: Rendsburg (oben links). (p. 182)

29. Grundtriß der Stadt | Undt des Schloßes | Kiell. | Anno 1651. [oben links] / Grundtriß der Stadt | Itzehoa | Anno 1651. | ... | ... inscribit author | Iohannes Mejerus Husum. | Cimb. Reg.æ Maj.is Mathematicus | Matthias & Nicolaus Peters | Goldtschmide gebr. Husum. sculps. [unten links] / Grundtris der Stadt | Rendsburg | mit seinen belägerung | und Wercken. | Anno 1649. [oben rechts] / Grundtriß der Statt | Oldesloh | Anno 1641. [unten rechts] (p. 188)

30. Landtcarte | Von dem Lande | WAGEREN. | Welches ist das Ostertheil Von | HOLSTEIN. | ao. 1651 (Titelkartusche oben in der Mitte). ... | Offert Author | Iohannes Mejerus | Hus. Reg.æ Maj.is Mathematicus. (Widmungskartusche oben rechts). Matthias & Nicolaus Peters | Goltschmide gebr. Hus. sculps. (unten in der Mitte). Mit 2 Stadtplänen: Oldenburg 1651 (rechts in der Mitte) u. Oldenburg 1320 (rechts unten). (p. 194)

31. Nordertheill Uon | WAGEREN. | Worinnen auch die ampter | Cißmar und Oldenborg. | Anno 1649 | ... | ... offert | author | Iohannes Mejer, Husumens. | Reg.æ Maj.is Mathematicus. (Titel- u. Widmungskartusche oben in der Mitte). Christian Lorensen | Rodtgießer sculps. (unten links). Mit 5 Stadtplänen: Lutkenborg u. Hillignhaven (links u. rechts von der Kartusche), Preetze (links in der Mitte), Plöen (unten links) u. Newstadt (unten rechts). (p. 204)

32. Landtcarte vom Süderntheil | des WAGERLAND'S | Und ein theil Stormarn. | Worinnen das Stifft | Lubeck, das Fürstenthumb | PLÖEN | Und das Ambt Segeberg | begriffen. | Anno 1650 (Titelkartusche oben im linken Teil in der Mitte). ... dedicat | author | Iohannes Mejerus Husum | Reg.æ Maj.is Mathematicus. (Widmungskartusche oben rechts). Andres Lorensen | Rothgießer Hus. | sculps. (unten rechts). Mit 3 Stadtplänen: Eutyn u. Segeberg (oben links) u. Trauemünde (unten rechts), und Ansicht: Segeberg u. Jeschnhagn (unter der Titelkartusche). (p. 214)

33. Landtcarte | Von dem Furstenthumbe | STORMARN | Anno 1650. (Titelkartusche oben rechts). ... Offert | author Iohannes Mejerus Husum. | Reg.æ Maj.is Mathematicus. (Widmungskartusche unten links). Matthias & Nicolaus Peters. | Goldtschmide gebr. Hus. sculp. (rechts neben der Widmungskartusche). (p. 240)

34. Die Ämbter | Trittow, | Reinbeeck, | Tremsbüttel | Und | Steinhorst | Ao. 1649. | ... | ... in- | scribit Author | Iohannes Mejer, Husum | Reg.æ Maj.is Mathematicus (Titel- u. Widmungskartusche rechts in der Mitte). Andres Lorensen, | Rodtgießer Husum | sculps. (unten links). Mit Stadtplan: Oldeschlo 1382 (oben links). (p. 246) [fehlt in der unsignierten Fassung]

35. Grundtriß der Edlen | Weitberumbden | Statt | HAMBURG | Anno 1651. (Titelkartusche oben links). ... inscribit | Iohannes Mejerus | Husum Reg.æ Maj.is Mathematicus. (Widmungskartusche oben rechts). Matthias & Nicolaus Peters | Goldschmide gebr. Hus. sculps. (unten rechts). (p. 250) [fehlt in der unsignierten Fassung]

36. Landt Carte | Uon der Grafschaft | PINNENBERG | ao. 1650. (Titelkartusche oben links). ... | inscribit author | Iohannes Mejer, Husum. | Reg.æ Maj.is Mathematicus. (Widmungskartusche unten links). Andres Lorensen | Rodtgießer Husum | sculps. (unten rechts). Mit Stadtplan: Krempe (oben rechts). (p. 274)

37. Newe Landtcarte Von dem | Ampte | STEINBORG. |

Der | Kremper vndt | Wilstermarsch. | Anno 1651. (Titelkartusche oben rechts). ... dedicat author | Iohannes Mejerus Husum. Reg.æ Maj.is | Mathematicus. (Widmungskartusche unten links). Matthias & Nicolaus Peters | Goldtschmide gebr. Hus. sculps (unter der Widmungskartusche). Mit Stadtplan: Gluckstadt (unten rechts). (p. 280)

38. Landtcarte | Von | DITHMARSCHEN | Anno 1559. (1. Titelkartusche linke Karte oben links). ... | dedicat author | Iohannes Mejerus, | Husum. Reg.æ Maj.is Mathematicus. | Anno 1651. (1. Widmungskartusche linke Karte oben rechts). / Landtcarte | Von | DITHMARSCHEN | Anno 1651. (2. Titelkartusche rechte Karte oben rechts). ... inscribit | Author | Iohannes Mejerus | Reg.æ Maj.is Mathematicus. (2. Widmungskartusche rechte Karte oben links). Matthias & Nicolaus Peters | Goldtschmide gbr. Hus. sculps. (unten rechts). (p. 288)

39. Landtcarte | Von dem Sudertheill | DITHMARSCHEN | Anno 1648. | Author Iohannes Mejerus Husum Reg.æ Maj.is | Mathematicus. | Matthias & Nicolaus Peters Goldtsch. gebr. Hus. sculps. (Kartusche oben links). Mit 2 Plänen: Brunsbuttel (unten links) u. Meldorpia (unten rechts). (p. 298)

40. Landtcarte | Von dem Nordertheill | Dithmarßchen. | ... | ... inscribit | author Iohannes Mejerus Husum. | Reg.æ Maj.is Mathematicus. (Titel- u. Widmungskartusche oben im rechten Teil in der Mitte). Matthis Pet. & Clauß Peterß Goldtschmide unt geb. Hus. Cimb. sculp. (unten rechts). Mit 3 Plänen: Weßlingburen u. Lunden (oben links) und Heyde (oben rechts). (p. 300)

Unter derselben Signatur findet sich:

Register über Caspari Danckwerths, D. Landes-Beschreibung der Herzogthümer Schleswig und Holstein.
Glückstadt: Jacob Babst, o.J. 2°

Die Karten von Johannes Mejer finden sich auch in der Faksimile-Ausgabe (Sign.: LZB, SH 274 M):

Die Landkarten von Johannes Mejer, Husum, aus der neuen Landesbeschreibung der zwei Herzogtümer Schleswig und Holstein von Caspar Danckwerth D. 1652. Mit einer Einleitung von Dr. Christian Degn neu herausgegeben von K. Domeier und M. Haack.
Hamburg-Bergedorf: Verlag Otto Heinevetter, 1963. 2°

Lit.: BIBLIOTHECA DANICA Bd III, Sp. 653; GRIEB Bd 1, S. 161 (Nr. 311); KATALOG LB KIEL Bd I, S. 34; zu den Karten vgl. GEERZ S. 31ff.
Sign.: Ghb 54 (2 Exemplare)

B 120. Danilewski, N.:

Der Kaukasus. Physisch-geographisch, statistisch, ethnographisch und strategisch.
Leipzig: J. J. Weber, 1847. 8°

Am Schluß findet sich die Karte:
Die Länder des Kaukasus. Zeichnung und Stich nach R. Schmidt.

Lit.: ENGELMANN S. 145; GV 1700-1910 Bd 27, S. 134.
Sign.: Ec 38

B 121.

Dansk Historisk Almanak, Utgiven af Det Kongelige Videnskabernes Societet. Jg. 1760-1782 (zusammengefaßt in 7 Bden).
Kjøbenhavn: Nicolaus Christian Høpffner, 1760-1782. 8°

Von den 24 kleineren Karten, mit denen die Kopenhagener Königliche Gesellschaft der Wissenschaften (vgl. auch K 50 – K 66) ihre Kartenproduktion begann und die einst in allen Bänden des Almanachs vorhanden waren, finden sich heute noch 18:

1. ØERNE SIÆLLAND OG MØEN. I. Haas sc. 1759 (1760, Schluß)
2. [Fünen (1761)] – fehlt
3. [Lolland u. Falster (1762)] – fehlt
4. AARHUUS STIFT (1763, Schluß)
5. [Ribe Stift (1764)] – fehlt
6. [Aalborg Stift (1765)] – fehlt
7. VIBORG STIFT (1766, vorne)
8. LANGELAND og ÆRÖE. Tegnet af D. C. Fester. (1767, vorne)
9. [Bornholm (1768)] – fehlt
10. [Amager (1769)] – fehlt
11. MÖEN. H. F. Schlegel del. I. Haas sc. (1770, vorne)
12. SAMSÖE. Tegnet af G. A. Söröe. Stukket af I. Haas. (1771, Schluß)
13. KIØBENHAVNS AMT. R. Jansen del. I. Haas sc. (1772, Schluß)
14. Nova LALANDIA. Tabula Geographica. Haas sculp. (1773, Schluß)
15. Nova FALSTRIÆ Tabula Geographica. (1774, Schluß)
16. DUCATUS SLESVICENSIS. Tegnet af R. Jansen. I. Haas sc. (1775, Schluß)
17. HOLSTEN. R. Jansen del. P. Haas. (1776, Schluß)
18. CANARISKE ØER. Peter Haas scul. (1776, Schluß)
19. CARTE over BORDESHOLM og KIEL AMT. (1777, vorne)
20. NYT CARTE over ISLAND forfattet ved Professor ERICHSEN og Professor SCHÖNNING Aar 1771. O. N. Flint sc. Hafniæ 1778 (1778, vorne)
21. BERGENS STIFT inddeelt i sine Provstier. Efter egne og andres nyeste Iagttagelser Udkastet 1776 af Nils Thodal Premier Lieutenant af Infanteriet. Tegnet af M. Schnabel 1778. Stukket af O. N. Flint. (1779, vorne)
22. FÖRSTE SPECIAL CARTE OVER JEGERSPRIS AMT. Forferdiget af Bugge. Guiter Scul. (1780, vorne)
23. ANDEN SPECIAL CARTE OVER JEGERSPRIIS AMT. Forferdiget af Bugge. Guiter Sculpsit. (1781, vorne)
24. TREDIE SPECIAL CARTE OVER JEGERSPRIIS AMT. Forferdiget af Bugge. Guiter Sculpsit. (1781, vorne; wahrscheinlich zu 1782 gehörig)

Lit.: BIBLIOTHECA DANICA Bd III, Sp. 6; BRAMSEN S. 146-148.
Sign.: Gnz 29

B 122.

Darstellung der Begebenheiten des Deutsch-Dänischen Krieges von 1848, unter besonderer Berücksichtigung des Antheils Preußischer Truppen. Mit Karten und Plänen. Erste (-Dritte) Abtheilung. Beiheft zum Militair-Wochenblatt für Juli, August und September 1852 (Okt. – Dez. 1852; Feb. – Sept. 1854)

Abb. 39:
„Ducatus Slesvicensis." – Die von einem gewissen R. Jansen gezeichnete und von dem in Kopenhagen wirkenden Kupferstecher Jonas Haas gestochene Karte zeigt das Herzogtum Schleswig. Sie findet sich im „Dansk Historisk Almanak" von 1775. In diesem Jahrbuch begann die Kopenhagener „Königliche Gesellschaft der Wissenschaften" 1760 mit der Veröffentlichung von kleinformatigen, vor allem auf Dänemark bezogenen Karten (B 121, Nr. 16).

Berlin: In Kommission bei E. S. Mittler und Sohn, o.J. (1852-1854). 8°

Insgesamt finden sich 7 Pläne und Karten:
Erste Abtheilung (1852):
1. Übersichts-Karte zu den Operationen vor dem Treffen bei Bau.
2. Plan der Gegend um Flensburg und Bau, nach den im Sommer 1848 ausgeführten Aufnahmen, Croquirungen, pp. des Königl. Hannov. Ing. Capit. Pape.

Zweite Abtheilung (1852):
3. Übersichtskarte für die Zeit vom 10ten bis 24sten April 1848. No. I.
4. Übersichtskarte zu den Gefechten bei Altenhof und Holtsee am 21sten April 1848. No. II. (Aus der Geerzschen Karte entnommen, mit einigen Terrain-Eintragungen)

Dritte Abtheilung (1854):
5. Plan des Schlachtfeldes von Schleswig. Aufgen. u. gez. von V. v. Falckenstein, Major im Kaiser Franz Grenadier-Regi-

ment, 1848. C. Brügner lith. 1850. [mit: Ansicht von Schleswig]
6. Übersichts Plan für die Beschreibung der Schlacht bei Schleswig. [mit: Übersichts Plan der Stadt Schleswig]
7. Plan des Gefechts bei Missunde am 23sten April 1848.

Lit.: GV 1700-1910 Bd 27, S. 195; KATALOG LB KIEL Bd I, S. 703f.; zu den Karten Nr. 5 – 7 vgl. GEERZ S. 134.
Sign.: Gha 409

B 123. Decken, Friedrich von der:

Philosophisch-historisch-geographische Untersuchungen über die Insel Helgoland oder Heiligeland und ihre Bewohner. Mit 2 Kupfertafeln und 2 Charten.
Hannover: Hahnsche Hof-Buchhandlung, 1826. 8°

Am Schluß finden sich zwei Karten:
1. Karte von Helgoland im 19. Jahrhundert, gestochen von A. Papen Königl. H. Ingenieur Lieutenant.
2. Karte von Helgoland im Zustande des achten, dreizehnten und siebzehnten Jahrhunderts. gest. v. A. Papen Königl. Hannov. Ingenieur Lieutenant. (2 Teilkarten)

Lit.: ENGELMANN S. 573; GV 1700-1910 Bd 27, S. 335; KATALOG LB KIEL Bd I, S. 732; vgl. GEERZ S. 92.
Sign.: Ee 12 (auch ND Hamburg: Verlag F. Dörling, o.J.; unter der Sign.: LZB, SH 134 D)

B 124. Deisch, Matthäus:

Fünfzig Prospecte von Dantzig. Faksimile-Druck der Kupferstiche nach der Originalausgabe Danzig 1765. Mit einer Einleitung und Kommentaren von Ernst Bahr.
Lüneburg: Nordostdeutsches Kulturwerk, 1976. obl. 2°

Das Werk enthält 50 Prospekte zur Stadt Danzig.

Sign.: Ee 131

B 125. Delbrück, Hans:

Das Leben des Feldmarschalls Grafen Neithardt von Gneisenau, In 2 Bänden. Erster Band. Mit Gneisenau's Bildniß und einem Plan von Colberg. Acc.: Zweiter Band.
Berlin: Druck und Verlag von G. Reimer, 1882. 8°

Am Schluß des Ersten Bandes findet sich ein titelloser Plan von Colberg. C. L. Ohmann lith. Druck v. Fr. Schwabe. Berlin, Verlag v. Georg Reimer.

Lit.: GV 1700-1910 Bd 28, S. 35.
Sign.: Bb 282

B 126. (Demosthenes):

Oeuvres completes de Démosthene et d'Eschine, traduites en François, avec des Remarques sur les Harangues et Plaidoyers de ces deux Orateurs, et des Notes critiques et grammaticales en latin, sur le text grec ....
par M. l'Abbé Auger. Tome premier -Tome quatrieme.
Paris: Chez Lacombe, 1777. 8°

Im Tome quatrieme findet sich die Karte:
La Grece et les Pays voisins pour l'Intelligence de Demosthene par J. N. Buache 1776. (p. 680).

Lit.: BRUNET Bd II, Sp. 590.
Sign.: Ag II 279

B 127.

Description des beautés de Génes et de ses environs, ornée de differentes vues et de la carte topographique de la ville.
Genf: chez Yves Gravier, 1773. 8°

In dem Werk findet sich neben diversen Gebäude- und Straßenansichten vor dem Titelblatt ein Stadtplan:
GENOVA | nel solo giro delle sue mura | vecchie con l'esposizione delle | Chiese e luoghi principali: | Misurata a passi Geometrici | da Giacomo Bruco Ingenere Aiu. | 1766. (oben links).

Lit.: GVK
Sign.: Ed 200

B 128.

Der Deutsch-Dänische Krieg 1864. Herausgegeben vom Großen Generalstabe, Abtheilung für Kriegsgeschichte. 2 Bde.
Berlin: Ernst Siegfried Mittler und Sohn, 1886/87. 4°

Die meisten Karten, Pläne und Skizzen, die den beiden Bänden zugeordnet sind, finden sich im ersten Exemplar in zwei besonderen Mappen, die sich in der unten angegebenen Weise den beiden Bänden zuordnen lassen. Nicht berücksichtigt sind die Textskizzen in den Bänden. Am Schluß der Auflistung sind die in der einen Mappe vorhandenen und mit [M] gekennzeichneten vier Pläne aufgeführt, die zu Moltkes Militärisches Werk III, 1 gehören (Nr. 22-25); zu diesem Werk vgl. B 325:

Bd I (mit 3 Uebersichtskarten, 6 Plänen u. 12 Skizzen in Steindruck und im Text):
1. Der gesammte Kriegsschauplatz (Nördlicher Teil einer großen Karte). Übersichtskarte 1.
2. Die Deutsche Nord- und Ost-See-Küste. Übersichtskarte 3.
3. Plan zum Gefecht bei Missunde am 2. Februar 1864. Plan 1.
4. Plan zu den Gefechten bei Ober-Selk und Jagel am 3. Februar 1864. Plan 2.
5. Düppel und Sonderburg mit den Dänischen Befestigungen und den Preussischen Belagerungsarbeiten. Plan 4.
6. Plan zu dem Gefecht bei Fredericia am 8. März, und zu der Stellung der Einschliessungs-Truppen vom II. u. III. Korps am 21. März 1864. Plan 5.
7. Plan zu dem Gefecht bei Veile am 8. März 1864. Plan 6.
8. Vertheilung der Sächsischen u. Hannoverschen Bundes-Executions-Truppen und der Dänischen Armee Mitte Januar. Skizze 1.
9. Stellung der Verbündeten und Dänen am 31. Januar. Skizze 2.
10. Stellung der Verbündeten am 5. Februar Abends. Skizze 3.

11. Stellung der Verbündeten und Dänen am 6. Februar Abends. Skizze 4.
12. Stellung der Verbündeten und Dänen am 7. Februar Abends. Skizze 5.
13. Stellung des II. u. III. Korps vom 14.-16. sowie am 17. und der Dänen am 15. Februar. Skizze 6.

Bd II (mit 8 Plänen, 4 Skizzen in Steindruck und 5 Textskizzen):
14. Plan zum Gefecht von Rackebüll-Düppel am 17. März 1864. Plan 8.
15. Der Sturm auf die Düppeler Schanzen am 18. April 1864. Vorgehen der Sturmkolonnen. 10 Uhr. Vorm. Plan 9.
16. Der Sturm auf die Düppeler Schanzen am 18. April 1864. Erstürmung der zweiten Linie, Eingreifen der beiderseitigen Reserven. 10 Uhr 10 Minuten bis 10 Uhr 50 Minuten Vorm. Plan 10.
17. Der Sturm auf die Düppeler Schanzen am 18. April 1864. Einnahme der Schanzen des rechten Flügels und Vordringen gegen den Brückenkopf. 11 Uhr 15 Minuten Vormittags bis 11 Uhr 30 Minuten Mittags. Plan 11.
18. Plan zum Uebergang nach Alsen III. am 29. Juni 1864. Plan 14.
19. Seegefecht bei Jasmund am 17. März 1864. Skizze 7.
20. Seegefecht bei Helgoland am 9. Mai 1864. Skizze 8.
21. Einnahme der Nordfriesischen Inseln in den Tagen vom 13.-20. Juli 1864. Skizze 10.
22. Schlacht bei Schleswig am 23. April 1848. Plan 1. [M]
23. Plan zu dem Gefecht bei Düppel und Nübel-Mühle am 28. Mai 1848. Plan 2. [M]
24. Plan zum Gefecht bei Kolding-Eistrup am 23. April 1849. Plan 4. [M]
25. Plan der auf dem Düppel-Berge erbauten Batterien u. Verschanzungen von April bis Juli 1849. Plan 5. [M]

Lit.: GV 1700-1910 Bd 81, S. 53; KATALOG LB KIEL Bd I, S. 721.
Sign.: Gha 244 (2. Ex. unter Sign.: Gha 244 b [ohne Karten])

B 129.

Der Deutsch-Französische Krieg 1870-71. Redigirt von der Kriegsgeschichtlichen Abtheilung des Großen Generalstabes. Erster Theil, Bd I/II u. Zweiter Theil, Bd I-III.
Berlin: Ernst Siegfried Mittler u. Sohn, 1874-1881. 4°

Zu dem Werk gehören im ersten Exemplar drei Kassetten mit „Karten zum Generalstabswerk über den Deutsch-Französischen Krieg 1870-71".

Lit.: GV 1700-1910 Bd 81, S. 54f.
Sign.: Gde 31 (2. Ex. unter der Sign.: Gde 31 b [Karten in einer Kassette])

B 130. (Dinesen, Adolph Wilhelm):

Den slesvigske Krig i 1848. Ved en Officer af Armeen. I Tvende Afsnit. Med et Kort over Omegnen af Slesvig, og et Kort over Egnen fra Düppelbjerg til Oeversee.
Kjøbenhavn: C. A. Reitzel, 1849. 8°

In dem Werk finden sich zwei Karten:
1. Omegnen af Slesvig. J. H. M. Em. Bærentzen & Co. lith. Inst. (p. 84)
2. Det östlige Slesvig, fra Dyppelbjerg til Oversee. C. A. Reitzels Forlag. Em. Bærentzen & Co. lith. Inst. (Schluß)

Lit.: KATALOG LB KIEL Bd II, S. 1462; zu den Karten vgl. GEERZ S. 206.
Sign.: Gha 131

B 131. Dörfer, Johann Friedrich August:

Topographie des Herzogthums Holstein, des Fürstenthums Lübeck, des Gebietes der freien Hansestädte Hamburg und Lübeck, und des Herzogthums Lauenburg in alphabetischer Ordnung. Vierte, verbesserte und vermehrte Auflage.
Schleswig: bei Cai Franz Christiani, 1824. 8°

Lose beiliegend im Schuber findet sich eine mehrfach gefaltete Karte:
Karte vom Herzogthum Holstein, den Gebiethen der Reichs-Staedte Hamburg und Lübek, und des Bisthums Lübek. Nach der Fischerischen Karte entworfen und berichtiget von B... Zweite, Verbeßerte, vermehrte und neu gestaltete Auflage. Mit Königlichem allergnädigstem Privilegium. Schleswig 1813, bei Cai Franz Christiani. gestochen von S. F. W. Schleuen in Berlin.

[Das kgl. Privileg von 1813 für die Karte, die nach Geerz von Leutnant von Wimpfen gezeichnet wurde, ist wiedergegeben in Dörfers Topographie, S. Vf.]

Lit.: ENGELMANN Bd II, S. 587; GV 1700-1910 Bd 30, S. 47; KATALOG LB KIEL Bd I, S. 452; zur Karte vgl. GEERZ S. 72 f.
Sign.: Ghb 810

B 132. Duruy, Victor:

Geschichte des Römischen Kaiserreichs von der Schlacht bei Actium und der Eroberung Aegyptens bis zu dem Einbruche der Barbaren. Aus dem Französischen übersetzt von Prof. Dr. Gustav Hertzberg. Mit 2000 Illustrationen in Holzschnitt und einer Anzahl Tafeln in Farbendruck. 5 Bde.
Leipzig: Schmidt & Günther, 1885-1889. 4°

Am Schluß des ersten Bandes findet sich die Karte:
Karte der Entwickelung des Römischen Reiches. Entworfen und gezeichnet von Wilhelm Sieglin. Leipzig 1885. Verlag von Schmidt & Günther. C. Opitz geogr. Anst. Neustadt Leipzig. Druck von H. Jütte, Leipzig.

Lit.: GV 1700-1910 Bd 30, S. 471.
Sign.: Gr 47 a-e

B 133. Eccard, Johann Georg:

De origine Germanorum eorumque vetustissimis coloniis, migrationibus ac rebus gestis libri duo. Ex schedis manuscriptis viri illustris edidit, figuras aeri incisas adiecit et praefatus est Christianus Ludovicus Schneidius.
Göttingen: Joh. Wilh. Schmidt, 1750. 4°

In dem Werk finden sich unter den 21 unterschiedlichen Kupferstichen auch zwei Karten:
1. Skandinavien (ohne Titel). Tab. I, ad S. 24. (p. 44)

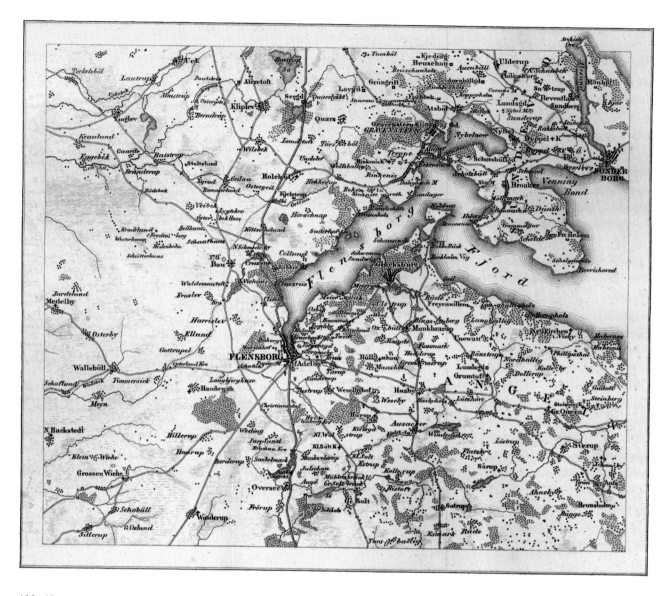

Abb. 40:
„Det östlige Slesvig, fra Dyppelbjerg til Oeversee." – Die Karte, die Teile des östlichen Schleswig vom Sundewitt (Düppeler Höhen) bis Oeversee südlich von Flensburg zeigt, findet sich in der Schrift eines dänischen Offiziers (Adolph Wilhelm Dinesen) zum Schleswigschen Krieg im Jahre 1848: „Den slesvigske krig i 1848" (Kjøbenhavn 1849). Die Karte entstand im Lithographischen Institut von Em. Bærentzen & Co. (B 130, Nr. 2).

2. TACITI SVEVIA VETUS [= Skandinavien]. Tab. XI, ad S. 48. (p. 92)

Lit.: GV 1700-1910 Bd 31, S. 99; HEINSIUS Bd I, S. 408.
Sign.: Gda 12

B 134. Egede, Hans:

Det gamle Grønlands nye Perlustration, eller Naturel-Historie, og Beskrivelse over det gamle Grønlands Situation, Luft, Temperament og Beskaffenhed; ... med hosføyet nyt Land-Caart og andre Kaaber-Stykker over Landets Naturalier og Indbyggernis Handtæringer.
Kjøbenhavn: Johan Christoph Groth, 1741. 8°

Von der ursprünglichen Karte Grönlands (p. 1) existiert nur noch ein Teilstück, dagegen sind die Kupferstiche vorhanden.

Lit.: BIBLIOTHECA DANICA Bd III, Sp. 640; BRUNET Bd II, Sp. 949.
Sign.: Ec 7

B 135. Egede, Hans:

Beschreibung und Natur-Geschichte von Grönland, übersetzt von D. Joh. Ge. Krünitz. Mit Kupfern.
Berlin: August Mylius, 1763. 8°

Unter mehreren Kupferstichen findet sich eine Karte:
Alt Groenland nach beyden Theilen, dem Oest- und West-

lichen Theil oder Oster- und Wester-Bygd vorgestellet; nebst denen Meerbusen und daneben liegenden Inseln und Klippen. 1. Tafel 2. 29 S. (p. 29)

In einer zweiten Ausgabe unter derselben Signatur fehlt die Karte.

Lit.: BIBLIOTHECA DANICA Bd III, Sp. 641; ENGELMANN S. 203; GRIEB Bd 1, S. 197 (Nr. 379); GV 1700-1910 Bd 31, S. 249; HEINSIUS Bd I, S. 411.
Sign.: Ec 9

B 136. Egede, Niels:

Tredie Continuation af Relationerne betreffende Den Grønlandske Missions Tilstand og Beskaffenhed, fortsattet i Form af en Journal fra Anno 1739 til 1743.
Kiøbenhavn: Johann Christoph Grooth, o.J. (1744). 8°

Eingebunden findet sich vorne die Karte:
Nyt Kaart | over | Disco Bugt | udi | Grönland | som | ligger paa 69 gr: | P.E. [= Paul Egede]

Lit.: BIBLIOTHECA DANICA Bd I, Sp. 164.
Sign.: Ec 8

B 137. Egede, Paul:

Efterretninger om Grønland, uddragne af en Journal holden fra 1721 til 1788.
Kiøbenhavn: Hans Christopher Schrøder, o.J. (1788). 8°

Am Schluß findet sich eine Karte:
Kort over Grönland Den östre Siide efter Torfæus Den vestre Siide aflagt og forbedret i Sammenligning med de senere Efterretninger af Paul Egede

Lit.: BIBLIOTHECA DANICA Bd III, Sp. 642.
Sign.: Ec 15

B 138. (Eggers, Christian Ulrich Detlev Freiherr von):

Philosophische Schilderung der gegenwärtigen Verfassung von Island, nebst Stephensens zuverlässiger Beschreibung des Erdbrandes im Jahre 1783 und anderen authentischen Beylagen. Mit einer neuen Charte dieses Landes und zweyen Kupfertafeln.
Altona: J. D. A. Eckhardt, 1786. 8°

Vor Seite 1. finden sich die Tafeln:
1. Neue Karte von Island nach de Verduns und anderer Beobachtungen 1785. Pontoppidan delin. I. G. Fridrich sculps. Hafn. Tab. I.
2. Karte über die Gegend von West-Skaptefels-Syssel in Island, welche der Ausbruch eines neuen Vulkans im Jahre 1783 betroffen hat, aufgenommen nach den im Jahr 1784 an dem Orte selbst angestellten Beobachtungen, von M. Stephensen. C. I. Pontoppidan sculp. Tab. II.
3. Abbildung der ausgeworfenen Lava. Tab. III.

Lit.: BIBLIOTHECA DANICA Bd III, Sp. 617; ENGELMANN S. 598; GV 1700-1910 Bd 125, S. 241.
Sign.: Gnl 42

B 139. Eggers, H.:

Schloss und Stadt Ploen. Eine geschichtliche Skizze.
Kiel: Ernst Homann, 1877. 8°

Am Schluß findet sich eine Karte:
Ploen und Umgegend. Dr. v. Schmidt & Klaunig, Kiel.

Lit.: GV 1700-1910 Bd 31, S. 278; KATALOG LB KIEL Bd I, S. 793.
Sign.: Ghb 806 [2. Ex. LZB, SH 139 Plö]

B 140. Ehrenberg, Richard; Stahl, B.:

Altona's topographische Entwickelung. Herausgegeben mit Unterstützung der Altonaer Stadtverwaltung von Dr. R. Ehrenberg, Sekretär des Kgl. Commerz-Collegiums, und B. Stahl, Stadtbaurath.
Altona: Schlüter'sche Buchhandlung, 1894. obl. 2°

Mappe mit 16 Tafeln zu Altona und Textheft.

Lit.: GV 1700-1910 Bd 31, S. 334; KATALOG LB KIEL Bd II, S. 1530.
Sign.: Ghb 155 b

B 141.

Einige Nachrichten, zur Erläuterung der fürnehmsten zwischen der Cron Dännemarck und der Stadt Hamburg obschwebenden Mißhelligkeiten, auf Befehl E. E. Raths gedachter Stadt publiciret im Monat Augusti 1734.
Hamburg: Conrad König, (1734). 4°

Das Werk besteht aus einzelnen Teilen, die in dem Band zusammengefaßt sind, darunter:
Nachricht von der eigentlichen Bewandtniß des so genannten Schauenburgischen Hofes in der Stadt Hamburg, und von dem rechtlichen Zustande der deßfals abseiten des Königlichen Dänischen Hofes erregten, auch beym Kayserlichen Reichs-Hof-Rathe zu Wien bereits erörterten, Streitigkeiten. Mit Beylagen von No. 1 biß 57.

Am Schluß dieses undatierten Druckes findet sich ein Plan:
Das | Kirchspiel S. Jacobi | in Hamburg | mit dem, zwischen andern | Gassen und Häusern | darinn liegenden | so genannten | Schauenburgischen Hofe. | 1734. | | C. Fritzsch Sculpsit.

In zwei anderen Fassungen des Werks unter derselben Signatur und unter der Signatur Ghb 611 b fehlt der Plan.

Lit.: GV 1700-1910 Bd 101, S. 297; vgl. auch KATALOG LB KIEL Bd I, S. 234; zum Plan vgl. GEERZ S. 46 b.
Sign.: Ghb 611 (Angeb.: B 488)

B 142.

Die Ereignisse vor Fredericia, vom 7ten Mai bis zum 6ten Juli 1849. Mit einem Plan der Schlacht bei Fredericia. Beiheft zum Militär-Wochenblatt für Januar bis

incl. Juni 1853. Redigirt von der historischen Abtheilung des Generalstabes.
Berlin: E. S. Mittler und Sohn, (1853). 8°

Am Schluß des Werkes, das beim Binden einen falschen Umschlagtitel (vgl. B 20) erhielt, findet sich der Plan:
Plan der Schlacht bei Fredericia, am 6ten Juli 1849.
Außerdem findet sich im ersten Exemplar davor ein Plan, der nicht zu dem Werk gehört:
Friedericia, 1849. Entworfen von G. Schmüser. Auf Stein gez. v. Jean Ehlers.

Lit.: ENGELMANN S. 510; GV 1700-1910 Bd 34, S. 69; KATALOG LB KIEL Bd I, S. 706.
Sign.: Gha 183 (2. Ex. unter der Sign.: Ghd 102 [1 an: B 6])

B 143. Erslev, Edouard:

Den danske Stat, en almindelig geographisk Skildring for Folket. Med mange Illustrationer.
Kjøbenhavn: C. W. Stinck (Thiele), 1855-1857. 4°

Am Schluß findet sich eine Ansicht der Stadt Kopenhagen:
Fugleperspektiv over Kjøbenhavn. Udført hos Kittendorff & Aagaard. Thieles Bogtrykkeri.

Lit.: ENGELMANN S. 1121; LOC Bd 45, S. 296.
Sign.: Ed 85

B 144. Erslev, Edouard:

De tre nordiske Rigers Geografi, en Lærebog til Brug for Lærdeskoler, Realskoler og Seminarier. Andet forøgede og forbedrede Oplag af „Den danske Stats Geografi".
Kjøbenhavn: C. A. Reitzel (Thiele), 1863. 8°

Vorne findet sich eine Karte Dänemarks:
Skizze til et Jordbundskort efter Etatsraad Professor G. Forchhammer. C. A. Reitzels Forlag. C. Ebbesen sc.

Sign.: Ed 125

Abb. 41:
„Neue Karte von Island nach de Verduns und anderer Beobachtungen 1785." – Die Island-Karte ist eine Arbeit des dänischen Kartenzeichners Christian Jochum Pontoppidan (1739-1807) und des in Dänemark wirkenden Nürnberger Kupferstechers Johann Gottlieb Fridrich. Pontoppidan ging bei seiner Arbeit an der Karte, die sich in Christian Ulrich Detlev Freiherr von Eggers' „Philosophische Schilderung der gegenwärtigen Verfassung von Island" (Altona 1786) findet, von der neuesten damaligen Island-Karte von J. R. Verdun de la Crenne aus (B 138, Nr. 1).

B 145. Ferguson, James:

Astronomy, explained upon Sir Isaac Newton's Principles, and made easy to those who have not studied Mathematics. The twelfth Edition, improved and corrected by Andrew Mackey.
London: Printed by Luke Hansard & Sons, 1809. 8°

Neben diversen Tafeln zur Astronomie findet sich eine Karte:
A Map of the Earth. Upon which are marked the Hours and Minutes of true Times of the Entrance and Exit of Venus in its Passage over the Sun's Disc. June 6th 1761. | J. Ferguson delin. | J. Mynde sculp. | Pl. XVII.

Sign.: Nk 34

B 146. Fischer, Abraham:

Prospecter af ätskillige märkvärdige Byggnader, Säterier och Herre-Gårdar uti Skåne, som i fordna tider hafva till större delen varit befästade med Vallar, Vattugrafvar, och blifvit år 1680 aftagne, ritade och samlade af Ingenieur-Capitain Burman, men nu till det allmännas tjenst, förnyade och med Kongl. Maj:ts allernådigste privilegie på trycket utgifne år 1756.
Stockholm: P. Ad Huldbergs Bokhandel, o.J., obl. 2°

Der Band, der Erik Dahlbergs Werk über Schweden (vgl. B 118) ergänzt, enthält insgesamt 25 Kupferstichtafeln, vor allem mit Ansichten von Herrenhäusern aus Schonen.

Sign.: Gns 140

B 147. Fontane, Theodor:

Der Schleswig-Holsteinische Krieg im Jahre 1864. Mit 4 Portraits, 56 in den Text gedruckten Abbildungen und Plänen in Holzschnitt und 9 Karten in Steindruck.
Berlin: Verlag der Königlichen Geheimen Ober-Hofbuchdruckerei (R. v. Decker). 1866. 8°

Im Band finden sich fünf von den 9 Karten:
1. Karte von Schwansen (Missunde) (ohne Titel). III. Lith. Anst. v. W Loeillot in Berlin. (vor p. 59)
2. Karte zum Sundewitt (ohne Titel). V. (vor p. 106)
3. Jütland. VI. Lith. Anst. v. W. Loeillot in Berlin. (vor p. 265)
4. Der Übergang nach der Insel Alsen. VII. Lith. Anst. v. W. Loeillot in Berlin. (vor p. 307)
5. Ost- u. West-Limfjord. VIII. Lith. Anst. v. W. Loeillot in Berlin. (vor p. 343)

Lit.: GV 1700-1910 Bd 39, S. 242; KATALOG LB KIEL Bd I, S. 720.
Sign.: Gha 222; Gha 222 b (3. Ex. unter der Sign.: LZB, SH 73 F [ohne Karten])

B 148. Forbiger, Albert:

Handbuch der alten Geographie, aus den Quellen bearbeitet. Erster u. Zweiter Band.
Leipzig: Mayer & Wigand, 1842/43. 8°

Im Werk finden sich insgesamt 9 Karten:

Band I: Historische Einleitung und mathematische und physikalische Geographie der Alten. Mit 6 Karten und 4 Tabellen.
1. Homerische Erdkarte (p. 4)
2. Erdkarte des Hekataeos (p. 50)
3. Erdtafel des Herodotos. H. Fischer sc. Halle (p. 68)
4. Erdkarte des Eratosthenes. H. Fischer sc. (p. 180)
5. Erdkarte des Strabon. H. Fischer sc. (p. 318)
6. Erdtafel des Ptolemaeos. (p. 418)
Band II: Politische Geographie der Alten. Asia, Africa. Mit 3 Karten.
7. Asien nach Ptolemaeos. H. Fischer sc. Halle (p. 38)
8. Afrika nach Ptolemaeos. H. Fischer sc. Halle (p. 764)
9. Europa nach Ptolemaeos. H. Fischer sc. Halle/S. (am Schluß)

Lit.: GV 1700-1910 Bd 39, S. 256.
Sign.: Aa 35

B 149. Forchhammer, Peter Wilhelm:

Die Gründung Roms. Mit einer Karte.
Kiel: C. F. Mohr, 1868. 8°

Am Schluß findet sich die Karte:
Karte zu der Schrift 'die Gründung Rom's' von P. W. Forchhammer.

Lit.: GV 1700-1910 Bd 39, S. 260; KATALOG LB KIEL Bd I, S. 140.
Sign.: Gr 37

B 150. (Fransecky, Eduard von):

Die Schlacht bei Idstedt, am 24sten und 25sten Juli 1850, und die vorangegangenen Operationen vom Einrücken der beiderseitigen Armeen ins Schleswigsche bis zur Schlacht. (Mit einem Anhang: „Ueber einige Verhältnisse der Schleswig-Holsteinischen Armee vom Jahre 1850", den Formations-Uebersichten der beiden Armeen, einer Operationskarte und einem Plan.) Beiheft zum Militair-Wochenblatt für Juli, August und September 1851.
Berlin: In Kommission bei E. S. Mittler und Sohn, (1851). 8°

Am Schluß finden sich die Karte und der Plan:
1. Uebersichts-Karte zu den Operationen vor der Schlacht bei Idstedt.
2. Plan des Schlachtfeldes von Idstedt und der umliegenden Gegend.

Lit.: GV 1700-1910 Bd 126, S. 84; KATALOG LB KIEL Bd I, S. 711; zu den Karten vgl. GEERZ S. 134.
Sign.: Gha 161 (2. Ex. unter der Sign.: Gha 161 b)

B 151. Freeman, Edward A.:

Geschichte Siciliens. Deutsche Ausgabe von Bernhard Lupus. 3 Bde.
Leipzig: B. G. Teubner, 1895-1901. 4°

In den drei Bänden finden sich diverse Karten:

Bd I (1895):
1. Panormus und Solus. (p. 215)
2. Motye und Eryx (p. 233)
3. Syracus, Megara usw. (p. 283)
4. Selinus (p. 361)
5. Sicilien der Gegenwart mit Angabe der geograph. Namen des Altertums. Gez. v. H. Kiepert, für das Alterthum vervollständigt von B. Lupus. Geogr. Anstalt von Wagner & Debes, Leipzig. (Schluß)

Bd II (1897):
6. Ausbreitung des syrakusischen Gebietes bis 598 v. Chr. (p. 15)
7. Die Stadt Syrakus im V. Jahrhundert v. Chr. (p. 119)
8. Die Schlacht bei Himera (p. 161)
9. Akragas (p. 194)

Bd III (1901):
10. Syrakus während der athenischen Belagerung (p. 141)
11. Rückzug der Athener (p. 324)
12. Belagerung von Akragas (p. 459)
13. Belagerung von Gela (p. 497)

Lit.: GV 1700-1910 Bd 41, S. 52.
Sign.: Gg 39

B 152. Friedenreich, Mour.:

Kong Christian den Femtes Krigs-Historie. For Aarene 1675 til 1679, da Freden blev sluttet. 2 Teile.
Kiøbenhavn: Lars Nielsen Svare, 1758-1765. 4°

Im ersten Teil finden sich vier ganzseitige Kupferstichtafeln mit Karten, Stadtansichten und Belagerungsdarstellungen:
1. Prospect af Wismars Indtagelse ... 1675. de Friedenreich del. I. Haas sc. (p. 116)
2. Situation af Vennersborg, Bahuus, Marstrand, Gottenborg, Oddevald, samt de hosliggende Øer, saa og Venner Söen, og Giotha Elv. Friedenreich del. I. Haas sc. (p. 186)
3. Helsingborgs Slods og Castels Indtagelse. de Friedenreich del. I. Haas sculps. (p. 198)
4. aftegning over Landskrone Stads og Castels Indtagelse ... 1676. de Friedenreich del. I. Haas sc. (p. 212)

Lit.: BIBLIOTHECA DANICA Bd III, Sp. 221.
Sign.: Gna 75

Abb. 42:
„Prospect af Wismars Indtagelse 1675." – Auf der Ansicht, gezeichnet von dem dänischen Offizier Mouritz Friedenreich (1732-1798) und gestochen von Jonas Haas, wird die Belagerung und Einnahme der mecklenburgischen Stadt Wismar, die seit dem Dreißigjährigen Krieg unter schwedischer Herrschaft stand, durch den dänischen König Christian V. in Anwesenheit von Königin Charlotte Amalie dargestellt. Sie findet sich im ersten Teil von Friedenreichs „Kong Christian den Femtes Krigs-Historie" (Kiøbenhavn 1758) (B 152, Nr. 1).

B 153. Friedjung, Heinrich:

Der Kampf um die Vorherrschaft in Deutschland 1859 bis 1866. Zweite Auflage. 2 Bde.
Stuttgart: J. G. Cotta, 1898. 8°

Zu dem Werk gehören insgesamt neun Karten, die sich am Schluß der beiden Bände befinden.

Lit.: GV 1700-1910 Bd 42, S. 58.
Sign.: Gde 56

B 154. (Gagern, August von):

Operationen der Schleswig-Holsteinischen Truppen in der Landschaft Stapelholm und der Sturm auf Friedrichstadt, in den Monaten September und Oktober 1850. Ein Beitrag zur neuesten Kriegsgeschichte. Mit Karte und Plan.
Kiel: Carl Schröder & Comp., 1852. 8°

In dem Werk finden sich die Karte und der Plan:
1. Die Landschaft Stapelholm. Zur Uebersicht der Operationen im September und October 1850. Kiel, Verlag von Carl Schröder & Co. (vorne)
2. Croquis zum Sturm auf Friedrichstadt. Der 4te October 1850. Croquirt u. entworfen von A. von Gagern, Seether Chaussee den 5ten Octbr. 1850. Kiel, Verlag von Carl Schröder & Co. (hinten)

Lit.: GV 1700-1910 Bd 105, S. 8; KATALOG LB KIEL Bd I, S. 712; zu Karte u. Plan vgl. GEERZ S. 193.
Sign.: Gha 179

B 155. Gallois, Johann Gustav:

Hamburgs neueste Zeit. 1843 bis 1860. (Hamburgische Chronik von den ältesten Zeiten bis auf die Jetztzeit, Bd 5).
Hamburg: Verlag & Druck von G. J. Herbst, 1864. 8°

Zu obigem Werk, das nicht vorhanden ist, gehören die nachfolgenden losen Karten:
1. Grundriss von Hamburg und Umgebung 1842 vor dem Brande. Beilage zu „Hamburgs neueste Zeit". Geogr. Lith. Inst. v. J. Köhler, Hambg. Verlag & Druck v. G. J. Herbst.
2. Grundriss von Hamburg und Umgebung 1863. Beilage zu „Hamburg's neueste Zeit". Geogr. Lith. Inst. v. J. Köhler, Hbg. Verlag & Druck v. G. J. Herbst.
3. Karte von Hamburg und Umgebung. Zur Bezeichnung der seit 1842 eingetretenen Veränderungen. Verlag & Druck von G. J. Herbst.
4. Hamburg 1864. Skizze zum Wiederaufbau des abgebrannten Theiles Hamburgs von Friedrich Stammann, Architect. Entwurf zum Aufbau des abgebrannten Theiles der Stadt Hamburg von William Lindley. Verlag & Druck von G. J. Herbst.
5. Stadt-Wasserkunst, entworfen & ausgeführt von W. Lindley in den Jahren 1844-1861. Fortgesetzt bis 1863. Beilage zu „Hamburg's neueste Zeit". Geogr. Lith. Inst. v. J. Köhler, Hbg. Verlag & Druck v. G. J. Herbst.
6. Durchschnitt eines Theiles der Hermannstrasse mit Häusern worin Wasser und Siele angelegt sind. Beilage z. „Hamburg's neueste Zeit". Geogr. Lith. Inst. v. J. Köhler, Hamburg. Verlag & Druck v. G. J. Herbst.
7. Siel-System, entworfen & ausgeführt 1843-1861 von W. Lindley. Mit den weiteren Ausdehnungen bis 1863. Beilage zu „Hamburg's neueste Zeit". Verlag & Druck v. G. J. Herbst.

Lit.: GV 1700-1910 Bd 43, S. 234.
Sign.: Ghb 1001

B 156. Garbs, F. A.:

Land und Volk des alten Bundes. Geographisches Handbuch beim Bibellesen und beim Unterrichte in der biblischen Geschichte, mit einem biblisch-geographischen Lexikon; zugleich als Leitfaden zum Gebrauche seiner geographischen Wandkarte beim Bibellesen.
Hannover: Louis Ehlermann, 1858. 8°

Am Schluß finden sich zwei Karten:
1. Karte der biblischen Länder von F. A. Garbs Cantor und Lehrer zu Dannenberg. Geogr. lith. Anst. v. H. Kunsch Leipzig.
2. Karte von Palästina von F. A. Garbs Cantor und Lehrer in Dannenberg. H. Kunsch geogr. lith. Anst. Leipzig.

Lit.: GV 1700-1910 Bd 43, S. 288.
Sign.: Td 43

B 157. Gebhardi, Ludwig Albrecht:

Geschichte der Königreiche Dännemark und Norwegen. 2 Teile.
Halle: Johann Justinus Gebauer, 1770. 4°

In den beiden Bänden finden sich fünf Karten:
1. Kongeriget NORGE afdelet i sine fiire Stifter, nemlig AGGERSHUUS, CHRISTIANSAND, BERGENHUUS og TRONHJEM, samt underliggende Provstier. forfærdiget Aar 1761, af O. A. Wangensteen, Capitain ved det Norske Artillerie-Corps. A. H. XXXII. N. H. XIV. A. (I, p. 4)
2. KARTE ALLER LÄNDER welche ehedem VON NORWEGISCHEN und DÄNISCHEN KÖNIGEN BESESSEN WORDEN SIND. ... Gezeichnet nach H. Bellin Karte vom Nordmeer, und nach den neuesten besonderen Karten berichtiget. A. H. XXXII. Th. N. H. XIV. Th. B. (I, p. 68)
3. GEOGRAPHISCHE VORSTELLUNG des Königreichs DÄNEMARCK, und der Schwedischen Provinz SCHONEN, HALLAND, BLEKINGEN. Gezeichnet nach Hr. D. C. Festers neuesten Dänischen und des Stockholmischen Landmesser Contoirs neuesten Schwedischen Charte. A. H. XXXII. Th. N. H. XIV. Th. C. (I, p. 282)
4. Grundriss der alten Dänischen Residenz Lethra, und des Hayns der Göttin Hertha. A. H. XXXII. N. H. XIV. D. (I, p. 310)
5. Grundriss des dänischen Gebietes TRANKENBAR im Königreiche TANSCHAUR. A.W. H. XXXIII. Th. N. H. XV. Th. ad pag. 268. (p. 952)

Die Bände stimmen bis auf das Titelblatt und die fortlaufende Paginierung im 2. Band überein mit Theil XXXII u. XXXIII der „Allgemeinen Welt-Historie" (vgl. B 8).

Lit.: BIBLIOTHECA DANICA Bd III, Sp. 17f.; GV 1700-1910 Bd 44, S. 117; HEINSIUS Bd II, S. 73; KATALOG LB KIEL Bd I, S. 371; zu Karte Nr. 2 vgl. GEERZ S. 177.
Sign.: Gna 130

B 158. Geissler, Robert:

Hamburg. Ein Führer durch die Stadt und ihre Umgebungen. Mit 60 in den Text gedruckten Abbildungen, einer Ansicht des Hafens und einem Grundriß von Hamburg. (Weber's illustrirte Reisebibliothek, Nr. 27). Leipzig: J. J. Weber, 1861. 8°

Am Schluß findet sich der Plan:
Grundriss von Hamburg. Druck von F. A. Brockhaus in Leipzig.

Lit.: GV 1700-1910 Bd 154, S. 181.
Sign.: Ghb 624

B 159. Gerhardt, L. von:

Erlebnisse und Kriegsbilder aus dem Feldzuge 1850 in Schleswig-Holstein. Mit 2 Plänen der Umgegend von Idstedt, und Schleswig, Eckernförde, Rendsburg, copirt aus der Karte vom Kriegsschauplatz in Schleswig vom Ober-Quartiermeister Geerz, mit Genehmigung des Verfassers.
Glogau: C. Flemming, 1852. 8°

Am Schluß finden sich die beiden Pläne:
1. Karte der Umgegend von Idstedt. Lith. u. Druck bei C. Flemming, Glogau.
2. Karte der Umgegend v. Schleswig, Eckernförde u. Rendsburg.

Lit.: GV 1700-1910 Bd 45, S. 291; KATALOG LB KIEL Bd I, S. 713; zu den Plänen vgl. GEERZ S. 205.
Sign.: Gha 175

B 160.

Geschichte der Veteranischen Höhle. Mit einem Plan. Ein Beytrag zur Geschichte der Kriege zwischen Oesterreich und der Pforte.
Frankfurt u. Leipzig 1789. 8°

Auf das Titelblatt folgt der Plan:
Plan von der Belagerung der Veteranischen Höhle im Jahr 1788

Lit.: GV 1700-1910 Bd 46, S. 205.
Sign.: Ed 24 (Jordtsche Bücher B 51; angebunden)

B 161. Gfrörer, Aug. Fr.:

Pabst Gregorius VII. und sein Zeitalter. 7 Bde.
Schaffhausen: Fr. Hurter'sche Buchhandlung, 1859-1861. 4°

Am Schluß der einzelnen Bände finden sich diverse Karten:
Bd I (1859):
1. Die Metropolitan-Bezirke und Bisthümer Deutschlands im 11ten Jahrhundert. Art. Anst. v. Fr. Malté in Stuttgart.
2. Die Herzogthümer Deutschlands im 11ten Jahrhundert. Art. Anst. v. Fr. Malté in Stuttgart.
3. Das Herzogliche und das Markgräfliche Baiern.

Bd II (1859):
4. Karte des europäischen Nordens im 11ten Jahrhundert. Art. Anst. von F. Malté in Stuttgart.
5. Entdeckungen der Normannen im 11ten Jahrhundert. Art. Anst. v. Fr. Malté Stuttgart.

Bd III (1859):
6. Britanien und die Normandie, sammt den Nebenlanden im 11ten Jahrhundert. Art. Anst v. F. Malté Stuttgart.

Bd IV (1859):
7. Karte von Frankreich und Spanien im 11ten Jahrhundert. Art. Anst. v. F. Malté Stuttgart.
8. Karte von Nordafrika im 11ten Jahrhundert. Art. Anst. v. F. Malté Stuttgart.

Bd V (1860):
9. Die Stadt Rom mit ihren Regionen in der zweiten Hälfte des 10. Jahrhunderts.
10. Das den Päbsten von Karl dem Grossen, Otto I. u. Heinrich II. versprochene Gebiet. Fr. Malté art. Anstalt Stuttgart.

Bd VI (1860):
11. Die Besitzungen des Hauses Canossa um 1065 sammt den umliegenden Gebieten.

Bd VII (1861):
12. Übersicht der Entwicklung des deutschen Bürgerthums, des Städtewesens, der Burggrafen, der grossen Verkehrsstrassen, des Handels und der Gewerbe im 11ten Jahrhundert. Ausgeführt von Fr. Malté Stuttgart.

Lit.: GV 1700-1910 Bd 47, S. 93.
Sign.: Gaa 8

B 162. Gillespie, Edward T. W.:

1641-1892. Picturesque Stamford: A Souvenir of the two hundred and fiftieth Anniversary of the Settlement of the Town of Stamford, containing an historical Sketch, concerning alient Points of Stamford's History from 1641 to 1892.
Stamford, Conn.: Printed and published by Gillespie Brothers, 1892. 2°

Neben dem Titelblatt findet sich eine Stadtansicht:
Bird's-Eye View of Stamford, Connecticut.

Lit.: LOC Bd 55, S. 391.
Sign.: Gff 40

B 163. Gloy, Arthur:

Beiträge zur Siedelungskunde Nordalbingiens. Mit 2 Karten und 4 Textillustrationen.
Stuttgart: Verlag von J. Engelhorn, 1892. 8°

Am Schluß finden sich die beiden Karten:
1. Karte der Siedelungsdichte für einen Ausschnitt aus Schleswig-Holstein. [Bereich zwischen Husum und Oldenburg]. Gloy, Beiträge zur Siedelungskunde Nordalbingiens. Beilage I. Forschungen zur Deutschen Landes- und Volkskunde Band VII Heft 3. Geograph. Anstalt von Wagner & Debes Leipzig. Verlag von J. Engelhorn in Stuttgart.
2. Titellose Karte von Ostholstein (mit Limes Saxoniae). Gloy, Beiträge zur Siedelungskunde Nordalbingiens. Beilage II. Forschungen zur Deutschen Landes- und Volkskunde Band VII Heft 3. Geograph. Anstalt von Wagner & Debes, Leipzig. Verlag von J. Engelhorn, Stuttgart.

Lit.: GV 1700-1910 Bd 48, S. 56; KATALOG LB KIEL Bd I, S. 429.
Sign.: Ghb 813

B 164. Godt, Christian:

Geschichte Schleswig-Holsteins von der Erhebung bis zur Gegenwart (1848-1888). Mit einer Karte im Text und 7 Plänen im Farbendruck.
Altona: A. C. Reher, 1888. (Geschichte Schleswig-Holsteins von Cajus Möller und C. Godt, 3. Abth.: 1848-1888) 8°

Im Werk finden sich 7 Pläne:
1. Am Morgen des 9. April 1848. Lith. Anst. v. J. Köhler, Hamburg. (p. 32)
2. Am Morgen des 23. April 1849 [Kolding] (p. 88; im 2. Ex. p. 96)
3. Auffstellung bei Angriff am Morgen des 6. Juli 1849. [Fredericia]. Geogr. Lith. Anst. v. J. Köhler, Hamburg. (p. 104)
4. Rendsburg 1850. (p. 112)
5. Stellung um 3 Uhr Morgens 25. Juli 1850. [Idstedt]. Geogr. Lith. Anst. v. J. Köhler, Hamburg. (p. 128)
6. Durchschnittliche Stellung beider Armeen vom 6. Oct. 1850 bis Januar 1851. [Stapelholm]. J. Köhler, Hamburg. (p. 144)
7. Düppel-Stellung 1864 (p. 208; im 2. Ex. p. 17)

Lit.: GV 1700-1910 Bd 48, S. 152; KATALOG LB KIEL Bd I, S. 697.
Sign.: Gha 221 (2. Ex. [ebenfalls mit 7 Plänen] unter der Sign.: 221 b; 3. Ex. [ohne Pläne] unter der Sign.: Gha 221 c)

B 165. Göler, August Freiherr von:

Die Kämpfe bei Dyrrhachium und Pharsalus im Jahre 48 v. Chr. Eine kriegswissenschaftliche und philologische Forschung nach Cäsars drittem Buche des Bürgerkriegs. Mit einer Karte und vier Plänen.
Karlsruhe: Chr. Fr. Müller, 1854. 8°

Am Schluß finden sich die Karte und die Pläne:
1. Schauplatz des Kriegs Caesar und Pompejus (an. 48 v. Chr.). Tafel I.
2. Plan der Blokade bei Dyrrhachium (an. 48 v. Chr.). Carlsruhe Chr. Fr. Müller'sche Lith. Anstalt. Tafel II.
3. 3 Pläne zur Schlacht bei Pharsalus (auf 1 Blatt). Carlsruhe Chr. Fr. Müller'sche Lith. Anstalt. Tafel III.

Lit.: GV 1700-1910 Bd 48, S. 246.
Sign.: Al II 54

B 166. Göler, August Freiherr von:

Cäsar's Gallischer Krieg in den Jahren 58 bis 53 v. Chr. eine kriegswissenschaftliche und philologische Forschung. Mit zehn Tafeln.
Stuttgart: Karl Aue, 1858. 8°

Die Tafeln fehlen.

Lit.: GV 1700-1910 Bd 48, S. 246.
Sign.: Al II 51

B 167. Göler, August Freiherr von:

Cäsar's Gallischer Krieg in dem Jahre 52 v. Chr. Avaricum, Gergovia, Alesia. Nach Cäsars bell. gall. lib. VII bearbeitet. Mit drei Tafeln.
Karlsruhe: G. Braun, 1859. 8°

Am Schluß finden sich zwei Pläne:
1. Uebersichtskarte zu Caesar's Gallischem Kriege i. J. 52 v. Chr. Taf. I.
— Taf. II – fehlt
2. Plan der Blokade von Alesia. Taf. III.

Lit.: GV 1700-1910 Bd 48, S. 246.
Sign.: Al II 52

B 168. Göler, August Freiherr von:

Cäsar's Gallischer Krieg im Jahre 51 v. Chr. Nach des Hirtius bell. gall. lib. VIII bearbeitet nebst Erläuterungen über das römische Kriegswesen zu Cäsars Zeit. Mit einer Karte und einem Plane.
Heidelberg: J. C. S. Mohr, 1860. 8°

Am Schluß finden sich Karte und Plan:
1. Uebersichtskarte zu Cäsar's Gallischem Kriege entworfen von Frh. August v. Göler ... 1860. Carlsruhe – Lith. Anstalt v. Fried. Gutsch.
2. Situationsplan zu den Kämpfen gegen die Bellovaker. Taf. II.

Lit.: GV 1700-1910 Bd 48, S. 246.
Sign.: Al II 53

B 169. Goettling, C. W.:

Gesammelte Abhandlungen aus dem classischen Alterthume. Zweiter Band. Nebst zwei lithographischen Tafeln.
München: Friedrich Bruckmann's Verlag, 1863. 8°

Am Schluß findet sich auf einer der lithographischen Tafeln ein Plan:
Plan von Selinunt. Taf. I

Lit.: GV 1700-1910 Bd 49, S. 181.
Sign.: Ap 27

B 170. Gordon, Thomas:

History of the Greek Revolution. In two Volumes.
Edinburgh: William Blackwood, 1832. 8°

In dem Werk finden sich neben Schlachtenplänen fünf Karten:
1. Map of Greece. (I, vorne)
2. (Karte der Walachei) (ohne Titel) (I, p. 96)
3. Island of Candia [= Kreta] (I, p. 301)
4. Plain of Argos (I, p. 418)
5. The Islands of the Archipelago. (II, vorne)

Lit.: LOC Bd 57, S. 92.
Sign.: Gfd 42

B 171. Graevius, Johann Georg (Hrsg.):

Thesaurus antiquitatum romanarum, in quo continentur lectissimi quique scriptores, qui superiori aut nostro seculo romanae reipublicae rationem, disciplinam, leges, instituta, sacra, artesque togatas ac sagatas expli-

Abb. 43:
„Situs et ambitus urbis Romae a caesaribus amplatus." – Der nach Osten ausgerichtete Plan der Stadt Rom zur römischen Kaiserzeit, auf den (im Bild) zwei Römer hinweisen, wurde von dem niederländischen Maler und Kupferstecher Jan Goeree (1670-1731), der für Pieter van der Aa in Leiden arbeitete, gestaltet. Er findet sich im dritten Band von Johann Georg Graevius' „Thesaurus antiquitatum romanarum" (Utrecht u. Leiden 1696) neben zahlreichen anderen großformatigen Ansichten des alten Rom (B 171, Nr. 7).

carunt et illustrarunt. Variae et accuratae tabulae aeneae. 12 Bde.
Utrecht: Franz Halma / Leiden: Pieter van der Aa, 1694-1699. 2°

Unter den großformatigen Kupferstichtafeln finden sich in dem Werk auch folgende Karten sowie Pläne und Ansichten, vor allem von Rom:

Tomus primus (1694):
1. ANTIQVÆ VRBIS | ROMÆ IMAGO AC= | CVRATISS: EX VETVSTIS | MONVMENTIS, EX VESTI= | GIIS VIDELICET ÆDIFI= | CIOR(UM), MOENIUM | ... COLLECTA, | VETER(UM) DENIQ(UE) AVCTORVM FIDE | CONFIRMATA, IN HANC TABVLAM | REDACTA ATQ(UE) DESCRIPTA A | PYRRHO LIGORIO ROMANO | PER XIIII REGIONES IN QVAS | VRBEM DIVISIT IMP: CÆSAR | AVGVSTVS [vgl. B 69, Nr. 54/55] (p. 31)
2. ROMANI IMPERII | Qua OCCIDENS est | DESSCRIPTIO GEOGRAPHICA | N. Sanson Abbauilliæo ... (p. 343 – zusammengeklebt aus zwei Blättern; im rechten Teil zweiter Titel [statt Occidens: ORIENS])

Tomus secundus (1694):
3. ITALIA | ANTIQVA | Cum Insulis | SICILIA SARDINIA | & CORSICA | Authore N. Sanson Abbauilliæo | Christianiß Galliarum Regis | Geographo (p. 1377)
4. Nova & Exacta | CHOROGRAPHIA | LATII | Sive | TERRITORII ROMANI | Iuxta veterem et novum Situm | parallela nominum Compa- | ratione ela- | borata. | | I. Goeree inv. et fec. | | A. Winter schu. (p. 1401)

Tomus tertius (1696) [neben vielen Ansichten vom alten Rom]:
5. EFFIGIES ANT. | ROMAE, EX VESTI | GIIS AEDIFICIOR. RVIN | ... | COLLECTA ATQVE IN | HANC TABELLAM REDAC | TA ATQVE DESCRIPTA | A LIGORIO ROM. PER XIIII | REGIONES ... | | Pag. 478.
6. INSVLAE TIBERINAE ET PONTIS SENATORII VESTIGIA | | Fol. 492.
7. Situs et ambitus urbis Romae a caesaribus amplatus. | | J. Goree del. (p. 508)
8. VETERIS CAPITOLII ADVMBRATA MAGNITUDO, E NARDINI DESCRIPT. | | Fol. 574.
9. PERVETVSTI CAMPI MARTII MONIMENTVM. | | L. Scherm Fecit. | | Fol. 756. [vgl. B 342]

Tomus quartus (1697) [vorne Plan u. 14 Tafeln):
10. NOVISSIMA ET ACCURATISSIMA ROMÆ VETERIS ET NOVÆ TABULA TOPOGRAPHICA DELINEATORE IOANNE BAPTISTA FALDA. || Excudebant | TRAJECT: AD RHENUM | FRANCISCUS HALMA | et | LUGDUN. BATAV. | PETRUS VANDER AA. | Cum Privileg. Ordd. Holl. | et West-frisiæ.
11. Prospectus Portae Flaminiae et magnae partis Romae, Vulgo Porta del popolo. | | I. Baptist fecit. | | Tab. 1.
12. PROSPECTVS PALATII ORATORIS HISPANIARVM ET FORI HISPANICI vulgo Piazza di Spagna. | L. Cruyl ad vivum delineante Roma. | | Tab. 2
13. PROSPECTVS PALATII PAPALIS IN MONTE QVIRINALI VVLGO MONTE CANALLO. | | Tab. 3.
14. PROSPECTVS BASILICÆ S. MARIÆ MAIORIS, RESTAVRATA A CLEMENTE DECIMO, P. M. LOCORVMQVE ADIACENTIVM. | L. Cruyl ad vivum delineavit Romæ. P. Sluyter fec. | | Tab. 4.
15. PROSPECTUS COLOSSÆI SIVE AMPHITHEATRI TITI IMPER: ARCUS CONSTANTINI, LOCORUMQ. ADIACENTIUM. | | Tab. 5.
16. PROSPECTVS FORI ROMANI, AEDIFICIORUM ANTIQUORVM RUINIS CELEBERRIMI, VULGO CAMPO VACCINO. | | Tab. 6.
17. PROSPECTVS CAPITOLII ROMANI ET TEMPLI ARÆ CÆLI, CONVENTVS FRATRVM MINORVM etc. | L. Cruyl ad vivum delineavit Romæ. P. Sluyter fec. | | Tab. 7.
18. PROSPECTUS PONTIS S. MARIÆ, OLIM SENATORII, VULGO PONTE ROTTO, ET INSULÆ TIBERINÆ, NUNC S. BARTHOLOMÆI MAGNÆQ. PARTIS URBIS ROMÆ. | | Tab. 8.
19. PROSPECTVS PONTIS SIXTI IV. LOCORVMQ. ADJACENTIVM. | | Tab. 9.
20. PROSPECTVS PALATII FARNESII, INHABITATI AB ORATORE REGIS GALLIÆ, LOCORVMQVE ADJACENTIÆ. | L. Cruyl ad vivum delineavit Romæ. | | Tab. 10.
21. CONSPECTVS TEMPLI S. MARIÆ, VVLGO ROTVNDÆ, QVOD OLIM T. JOVIS VLTORIS, SIVE PANTHEON M. AGRIPPÆ. | L. Cruyl delineavit Romæ ad vivum. | | Tab. 11.
22. PROSPECTVS TEMPLI S. AGNETIS ET OBELISCI PAMPHILII IN FORO AGONALI, VULGO PIAZZA NAVONA. | | Tab. 12.
23. Prospectus Castelli Sancti Angeli, sive molis Hadriani, et Locorum vicinorum. | Livinus Cruyl ad vivum delineavit Romæ. I. Baptist fecit. | | Tab. 13.
24. CONSPECTVS BASILICÆ D. PETRI, PORTICVS AB ALEXAND. VII. EXSTRVCTÆ, PALATII PONTIFICII, LOCORVMQVE ADJACENTIVM; | IN VATICANO. L, Cruyl delineavit Romæ, ad vivum. | | Tab. 14.
25. LATIUM | CAMPANIA et SAMNIUM | Una cum adjacentibus Regionibus | addita Rusticarum Tribuum Divisione | ad Titi Livii Tomum Primum. | Ex conatibus Jo. Bap[tis]tæ Canalis Sem. Patav. Alumni. | FRANCISCUS HALMA et PETRUS VAN DER AA excudent | Cum privilegio Ordd. Holl. et Westfr. | | Pag. 881.
26. PARTIS LATII A ROMA | LABICUM USQUE | DESCRIPTIO | DISSERTATIONI I. DE AQUIS | ET AQUAE DUCTIBUS | VETERIS ROMAE PRAEMISSA | authore Raph. Fabretto Gasp. f. Urbinate. (p. 1677)
27. REGIONIS INTER | TIBUR CARSEOLOS ET SUBIACUM | DESCRIPTIO | DISSERTATIONI II. DE AQUIS | ET AQUAEDUCTIBUS | VETERIS ROMAE | PRAEMISSA | authore Raphj. Fabretto | Gasp. f. Urbinate. (p. 1709)
28. URBIS CUM VICIS | SEU PAGIS | ADIACENTIBUS | DESCRIPTIO | DISSERTATIONI | III. DE AQ. ET | AQUAED. VETERIS | ROMAE PRAEMISSA | Authore Raph. | Fabretto Gasp. | f. Urbinate. | | Ioh: Goeree del. | I: van Vianen fe. (p. 1745)

Tomus nonus (1699):
29. A. CIRCI MAXIMI ET PALATII, QUAE SUPERSUNT, RELIQUIAE ET PARIETINAE, QUEM AD | MODUM NUNC VISUNTUR, EXACTE DELINEATAE. | Onuphry Panviny Veronensis autoris impensa et aeneis signis, Venetiis, Anno salutis MDLXXX Greg. XIII. Papa. | | L. Scharm fecit. | | Pag. 47.
30. ANTEIQVAE VRBIS IMAGO | accuratissime ex vetusteis monumenteis et heis quae supersunt reliquieis, et parietinis deli- | neata ONVPHRII PANVINII VERONENSIS FRATRIS Eremitae Augustiniani au- | toris impensa, et aeneis formeis. Venetiis. Anno salutis MDLXXX, Greg. XIII | Pontifice maximo Cum privilegio Pontificis, Imperatoris Regum, Rei- | publicae Venetae, et Ducum. | | T: f: | | Pag. 50.
31. CIRCI MAXIMI ET ANTIQVI IMPERATORVM | ROMANORVM PALATII ICHNOGRAPHIA DILIGENTER | EX HIS QVAE SVPERSVNT RELIQVIIS AENEIS | FORMEIS EXPRESSA | Onuphry Panviny Veronensis Fratris Eremitae Augustiniani. | | Cum Priv. Ordd. Holl. et West-Fris. | | Pag. 54.
32. CIRCI MAXIMI ET PALATII ANTIQVI IMPERATORVM ROMANORVM EX HIS QVAE SVPERSVNT VESTIGIIS RELIQVIIS PARIETINIS VETVSTISQVE LAPIDVM NVMMORVM ET LIBRORVM | Monumentis Certissima delineatio Onuphry Panviny Veronensis Auctoris. | | Cum Priv. Ord. Holl. et West-Fris. | | Pag. 223.
33. CIRCI sive HIPPODROMI CONSTANTINOPOLITANI | Ab Imp. Caesare Flavio Constantino Augusto exaedificati reliquiæ, quæ centesimo ante anno, quum ea Vrbs a Turcis occupata est, adhuc supererant. | | Pag. 226.
34. CIRCI CASTRENSIS CARACALLÆ VVLGO APPELLATI AD TERTIVM AB VRBE LAPIDEM | VIA APPIA SITI | Ex his, quæ Supersunt, vestigys accurata delineatio Onuphry Panuiny Veronensis. | | Cum Priv. Ordd. Holl. et West-Fris | | Pag. 243.
35. CIRCVS CASTRENSIS LATERITIVS CARACALLÆ VVLGO APPELLATVS, | Tertio ab Vrbe lapide Via Appia Situs | ONVPHRII PANVINII VERONENSIS Cum Priv. Ordd. Holl. et West Fris. | | p. 243 II
36. CIRCI ET QVINQVE LVDICRORVM CIRCENSIVM EX PRISCIS MONVMENTIS GRAPHICA DEFORMATIO ONVPHRII PANVINII | Veronensis inuentoris impensa et formeis. Venetys anno salutis MDLXXX Gre. XIII Pont. Max. | | Cum Priv. Holl. et West Fris. | | Pag. 274 II.

Tomus decimus (1699):
37. ADVMBRATIO VEROSIMILIS FORMAE VIAE MILITARIS ROMANAE EXTRA VRBEM | ET VIARVM VICINALIVM AC SEMITARVM, QVAE CVM MILITARI CONIVNGVNTVR. | | Pag .544.
38. STRATA VIARVM VRBIS | IN PARTE REGIONIS VIII SIVE FORI ROMANI | | Pag. 560.

Lit.: BRUNET Bd II, Sp. 1689 (Nr. 29159).
Sign.: Al II 439

B 172. Gressler, Friedrich Gustav Ludwig:

Die Erde, ihr Kleid, ihre Rinde und ihr Inneres, durch Karten und Zeichnungen zur Anschauung gebracht. Vierte Auflage.
Langensalza: Schulbuchhandlung d. Th. L. V., 1857. obl. 4°

In dem Werk finden sich auf insgesamt 22 Tafeln diverse Kartendarstellungen:
1. Taf. I. mit 7 Kartendarstellungen: Westlich u. Östliche Halbkugel (Fig. 1), Nördliche u. Südliche Halbkugel (Fig. 2), Grösste Masse Landes u. Grösste Masse Wassers (Fig. 3) u. Mercator's Projection (Fig. 4) (p. 3)
2. Taf. VIII. mit Karte: Die vulkanischen Erscheinungen in und um den atlantischern Ocean. (p. 31)
3. Taf. XI. mit 3 Figuren, darunter Weltkarte: Meeres-Strömungen (Fig. 3) (p.39)
4. Taf. XII. mit 5 Figuren, darunter Weltkarte zu Ebbe u. Flut (Fig. 5) (p. 42)
5. Taf. XIII. mit Weltkarte: Luftströmungen der Erde. (p. 44)
6. Taf. XIV. u. a. mit Karte: Isothermen in Europa. (p. 51)
7. Taf. XV. mit Weltkarte: Wärme Verbreitung der Erde. (p. 55)
8. Taf. XVI. mit Weltkarte: Regen-Karte der Erde. (p.57)
9. Taf. XVII. u. a. mit 2 Polkarten: Schnee-Karte (Fig. 2) (p. 59)
10. Taf. XVIII. u. a. mit 2 Weltkarten: Isogonen (Fig. 1) u. Isoklinen (Fig. 3) (p. 61)
11. Taf. XIX. mit Weltkarte: Isodynamen (p. 62)
12. Taf. 22. u. a. mit Weltkarte zu den 5 Menschenrassen (p. 67)

Lit.: GV 1700-1910 Bd 50, S. 180.
Sign.: Ni 29

B 173.

Grönlands historiske Mindesmærker, udgivne af Kongelige Nordiske Oldskrift-Selskab (af Carl Chr. Rafn, Finn Magnusen u. a.). 3 Bde.
Kjøbenhavn: Brünnich (Bd III S. L. Möller), 1838-1845. 8°

Am Schluß von Band III finden sich 12 Tafeln, u. a. mit folgenden Karten und Plänen:
1. Carta da Navegar de Nicolo et Antonio Zeni Furono in Transmontana Lano MCCCLXXX. (Tab. II)
2. Færøerne forsaavidt Brödrene Zeno kjendte dem ved J. H. Bredsdorff (Tab. III)
3. Ruiner ved Ikigeit (Tab: IV)
4. Ruiner i Tessermiut Fjorden (Tab. V)
5. Ruiner i Igalikko (Tab. VI)
6. Ruiner i Kakortok (Tab. VII)
7. Kort over Julianehaabs District eller de gamles Österbygd efter W. A. Graahs Opmaaling ... 1844 (Tab. XI)
8. Kort over den Deel af Godthaabs District, som antages fornemmelig at have udgjort de gamles Vesterbygd, udkastet af H. P. C. Möller 1840 (Tab. XII)

Lit.: BIBLIOTHECA DANICA 1831-1840, Sp. 139; BRUNET Nr. 27726.
Sign.: Ec 30

B 174. Grote, Georg:

Geschichte Griechenlands. Nach der zweiten Auflage aus dem Englischen übertragen von N. N. W. Meißner (und vom sechsten Bande an fortgesetzt von Eduard Höpfner). 6 Bde u. Ausführliches Namen- und Sachregister (angeb. an Bd VI).
Leipzig: Dyk'sche Buchhandlung, 1850-1859. 8°

In dem Werk finden sich am Schluß der einzelnen Bände diverse Karten:

Bd I (1850):
1. Karte vom Peloponnesos während des peloponnesischen Krieges.
2. Boeotien n. Leake und Gell ... von P. W. Forchhammer. F. Lippoldt lith. Gedruckt b. J. G. Fritzsche Leipzig.
3. Karte vom ausserpeloponnesischen Griechenlande, wie es zu Anfang des peloponnesischen Krieges war.

Bd II (1851):
4. Griechische Kolonieen in Sicilien und Italien zur Zeit des peloponnesischen Krieges.
5. Ionische und aeolische Städte in und in der Nähe von Kleinasien. Lith. v. J. G. Fritzsche in Leipzig.

Bd III (1853):
6. Malischer Meerbusen und Thermopylae.
7. Schlacht bei Salamis 480 v. Chr.
8. Schlacht bei Plataea vor Chr. 479.
9. Umgegend von Athen mit der langen Mauer.
10. Plan zur Erläuterung der Schlacht zwischen der athenisischen Flotte (unter Phormion) und der peloponnesischen.
11. Plan zur Erläuterung der Schlacht bei Amphipolis.
12. Griechenland und das Aegeische Meer. Lith. u. Druck v. J. G. Fritzsche Lpzg.

Bd IV (1854):
13. Plan I. Syrakus während der Belagerung vor der Ankunft des Gylippos. Druck v. J. G. Fritzsche i. Leipzig.
14. Plan II. Syrakus und Umgegend. Druck v. J. G. Fritzsche i. Leipzig.

Bd V (1855):
15. Plan I. Hinzug und Rueckzug der 10.000 Griechen. Druck v. J. G. Fritzsche i. Leipzig.
16. Plan von den Griechen unter Xenophon zw. Euphrat u. Tigris.
17. Boeotien. Druck v. J. G. Fritzsche i. Leipzig.
18. Dreiteilige Karte mit Isthmos, Umgegend von Sparta u. Schlachtplan von Mantinea.
19. Griechische Colonien in Sicilien und Italien im vierten Jahrhundert vor Chr.
20. Plan von Syrakus und Umgegend unter Dionysios I. u. Dion. Druck v. J. G. Fritzsche i. Leipzig.

Bd VI (1856):
21. Plan zur Erläuterung der Schlacht bei Issos.
22. Das Karthagische Gebiet in Afrika.
23. Karte mit den Marschlinien des Alexandros.

Lit.: GV 1700-1910 Bd 51, S. 117.
Sign.: Gg 20

B 175. Grotefend, Georg Friedrich:

Zur Geographie und Geschichte von Alt-Italien. 5 Hefte (in 1 Bd).
Hannover: Verlag der Hahn'schen Hof-Buchhandlung, 1840-1842. 4°

In den ersten vier Heften findet sich am Schluß je eine Karte:
Erstes Heft (1840):
1. Italia secundum Scylacem Caryandensem ante Romanorum imperium circ. 350 a. Chr. n. G. F. Grotefend del. J. G. Schwab lithogr.
Zweites Heft (1840):
2. Italia mythica secundum Lycophronis Chalcidensis Alexandram. E. T. Grotefend del. J. G. Schwab lithogr.
Drittes Heft (1840):
3. Ausonia sive Italia media secundum Virgilii Aeneidem. E. T. Grotefend del. R. Schwab lithog.
Viertes Heft (1841):
4. Italia Graeca sive Graecorum in Italia et Sicilia coloniae circ. 350 a. Chr. n. A. et F. Grotefend del. R. Schwab lithog.

Lit.: GV 1700-1910 Bd 51, S. 127.
Sign.: Gr 18 a (2. Ex. unter Sign.: Gr 18 b)

B 176. Grünfeld, Hans Peter Hansen:

Geographie der Provinz Schleswig-Holstein und des Fürstentums Lübek. Für zwei Stufen. 5. Auflage, bearbeitet von August Sach. Mit Karte von Schleswig-Holstein.
Schleswig: Julius Bergas, Buch-, Kunst- und Musikalien-Handlung, 1882. 8°

Am Schluß findet sich die Karte:
Schleswig-Holstein. Gez. v. F. Schäffer. Nach Kiepert's Schulwandkarte. Lith. Institut v. Wilh. Greve, Berlin. Verlag v. Jul. Bergas, Schleswig.

Lit.: GV 1700-1910 Bd 51, S. 330.
Sign.: Ghb 814

B 177. Günnel, (Baccalaureus):

Schleswig-Holstein. Land und Leute. Mit einer Karte.
Zwickau: Eigenthum des Vereins zur Verbreitung guter und wohlfeiler Volksschriften, 1865. 8°

Vor dem Titelblatt findet sich die Karte:
Die Herzogthümer Schleswig-Holstein & Lauenburg. Bearbeitet v. Lithograf Gg. Bauer in Darmstadt.

Lit.: GV 1700-1910 Bd 52, S. 135; KATALOG LB KIEL Bd II, S. 1210.
Sign.: Ghb 811

B 178. Güßfeldt, Paul:

Kaiser Wilhelm's II. Reisen nach Norwegen in den Jahren 1889 und 1890. Mit 21 Heliogravüren und 124 Holzschnitten nach Zeichnungen von Carl Saltzmann.
Berlin: Gebrüder Paetel, 1890. 4°

Am Schluß findet sich eine Karte:
Übersichtskarte zu dem Werke Kaiser Wilhelm's II. Reisen nach Norwegen in den Jahren 1889 und 1890 von Paul Güssfeldt. Bearb. L. v. d. Vecht. Geogr. lith. Inst. u. Steindr. v. Wilhelm Greve Kgl. Hoflith. Berlin. Verlag von Gebrüder Paetel in Berlin.

Lit.: 1700-1910 Bd 52, S. 229.
Sign.; Ed 111

B 179. Guicciardini, Luigi:

Beschryvingh der Nederlanden; soo uyt Louis Guicciardijn als andere vermaerde Schrijvers kortelijk voorgestelt, en met nieuwe Bysonderheeden, t' zedert haeren tijdt voorgevallen, doorgaens verrijkt. Hierbenevens sijn d' aenmerkkelijkste Steden met haere Aftekeningen verciert. (Kupfertitel: Beschriiving der Nederlanden). Eerste Deel.
Amsterdam: Jacob van Meurs, 1660. 12°

In dem Werk finden sich eine Karte und 34 Stadtpläne:
1. BELGIUM | Sive Inferior | GERMANIA (am Anfang)
2. LOVEN (p. 1)
3. BRVSSEL. (p. 11)
4. ANTWERPEN. (p. 19)
5. 's HERTOGENBOS. (p. 51)
6. THIENEN. (p. 58)
7. BERGEN OP ZOOM (p. 65)
8. BREDA. (p. 70)
9. MAESTRICHT. (p. 79)
10. LIER (p. 93)
11. GRAVE (p. 104)
12. LIMBVRG. (p. 122)
13. MECHELEN. (p. 129)
14. GENT. (p. 150)
15. BRUGGE. (p. 163)
16. SLVYS. (p. 178)
17. OSTENDA. (p. 184)
18. DUYNKERCKA. (p. 196)
19. 't SAS VAN GENT. (p. 231)
20. LILLE. v. RYSSEL. (p. 239)
21. DOVAY. (p. 242)
22. TOURNAY. v. | DOORNICK. (p. 247)
23. ALOSIVM Vulgo AELST [= Aalst] (p. 254)
24. HVLST. (p. 256)
25. ARRAS. v. ATRECHT. (p. 269)
26. MONS. v. | BERGEN IN HENEGOV. (p. 291)
27. VALENTINIANA [= Valenciennes] (p. 298)
28. LVTZENBVRG. (p. 328)
29. NAMVRCVM. (p. 339)
30. NIEUMEGEN. (p. 349)
31. TYEL. (p. 358)
32. BOMMEL. (p. 360)
33. ZVTPHEN. (p. 384)
34. ARNHEM. (p. 405)
35. HARDERWICK. (p. 416)

Lit.: zur lat. Ausgabe von 1635 vgl. BRUNET Bd II, Sp. 1806; GRIEB Bd 1, S. 279 (Nr. 542)
Sign.: Ed 6

Abb. 44:
„Belgium, sive Inferior Germania." – Die nach Westen ausgerichtete Karte zeigt alle 17 Provinzen der alten Niederlande, heute aufgeteilt zwischen den eigentlichen Niederlanden, Belgien, Frankreich und Luxemburg. Sie findet sich im ersten Teil der „Beschryvingh der Nederlanden" (Amsterdam 1660), die vor allem auf den Erkenntnissen des aus Florenz stammenden und in Antwerpen tätigen Historikers und Geographen Ludovico Guicciardini (1523-1589) fußt und außer der Karte insgesamt 34 Pläne von niederländischen Städten aufweist (B 179, Nr. 1).

B 180. Guinot, Eugen:

Ein Sommer in Baden-Baden.
Leipzig: J. J. Weber, 1858. 4°

Am Schluß findet sich eine Karte:
Karte des Grossherzogthums Baden.

Lit.: GV 1700-1910 Bd 52, S. 83.
Sign.: Ee 43

B 181. Hahn, Eduard:

Die Haustiere und ihre Beziehungen zur Wirtschaft des Menschen. Eine geographische Studie.
Leipzig: Verlag von Duncker & Humblot, 1896. 4°

Am Schluß findet sich die Karte:
Die Wirthschaftsformen der Erde von Dr. Eduard Hahn. Geograph. Anstalt von Wagner & Debes, Leipzig.

Lit.: GV 1700-1910 Bd 54, S. 10.
Sign.: Nc 43

B 182. Hamelmann, Hermann:

Oldenburgisch Chronicon. Das ist: Beschreibung der Löblichen Uhralten Grafen zu Oldenburg und Delmenhorst etc., Von welchen die jetzige Könige zu Dennemarck und Hertzogen zu Holstein entsprossen. Sampt ihres Stammens ersten Ankunfft, Thaten, Regierung, Leben und Ende, mit künstlichen Brustbildern und Wapen gezieret.
Oldenburg: Warner Berendts Erben, 1599. 2°

Unter den Abbildungen findet sich neben einem Prospekt der Stadt Oldenburg (p. d II') am Ende des Vorspanns auch: Wahrhafftige Contrafactur der Gräfflichen Stadt Oldenburgh. Petr. Bast au et sculp 1598.

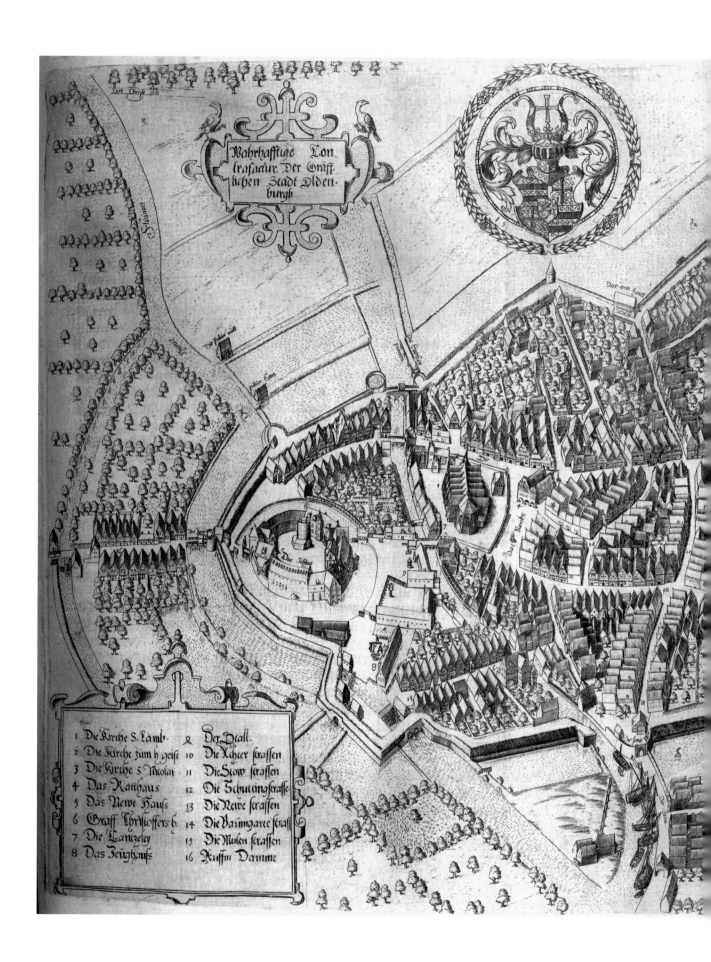

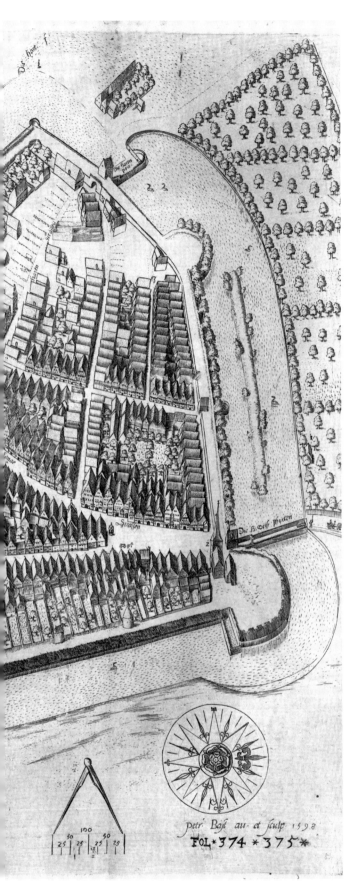

Unter derselben Signatur findet sich auch eine zweite Fassung des Drucks, an die zwei Werke von Johann Just Winkelmann (nicht Teil der Jordtschen Bücher; vgl. B 573) angebunden sind. In dieser Fassung findet sich die Contrafactur in Verbindung mit p. 374.

Lit.: BRUNET Nr. 26691; KATALOG LB KIEL Bd II, S. 1111.
Sign.: Gq 2 (Jordtsche Bücher B 52)

B 183. Hamm, Wilhelm:

Die Schweiz. Topographisch, ethnographisch und politisch. 2 Theile.
Leipzig: J. J. Weber, 1847/48. 8°

Am Schluß des ersten Teils findet sich eine Karte:
Die Sonderbundskantone der Schweiz.

Lit.: ENGELMANN S. 916; GV 1700-1910 Bd 54, S. 234.
Sign.: Ee 24

B 184. Hammerich, P. Frederik A.:

Det tredie slesvigske Felttog. Udgivet af de skandinaviske Selskab.
Kjøbenhavn: C. G. Iversen, 1851. 8°

Am Schluß finden sich 4 Karten:
1. Valpladsen ved Idsted. Udarbeidet efter de af Armeecorpsets Topographer optagne Kort i Aaret 1850.
2. Friederichsstadt.
3. Valpladsen ved Missund.
4. Slesvigs Omegn.

Lit.: ERSLEW Bd I, S. 659; zu den Karten vgl. GEERZ S. 193.
Sign.: Gha 162

B 185. Hammer-Purgstall, Joseph von:

Geschichte des Osmanischen Reiches, großentheils aus bisher unbenutzten Handschriften und Archiven. Zweyte verbesserte Ausgabe. 4 Bde (Bd IV in 2 Teilen).
Pest: C. A. Hartleben, 1834-1836. 8°

Abb. 45:
"Wahrhafftige Contrafactur der Gräfflichen Stadt Oldenburgh 1598." – Der aus den Niederlanden stammende Maler und Kupferstecher Peter Bast zeichnete 1598 den nach Westen ausgerichteten großformatigen Plan der Stadt Oldenburg (in Oldenburg) aus der Vogelperspektive; er findet sich im „Oldenburgisch Chronicon" (Oldenburg 1599) des Oldenburger Generalsuperintendenten Hermann Hamelmann (1525-1595) (B 182).

155

Am Schluß der einzelnen Bände finden sich insgesamt neun Karten:
Bd I (1834):
1. Das Stammgebiet der Osmanen
2. Die Statthalterschaften Dijar Bekr, Rakka und Mossul.
Bd II (1834):
3. Heerstrasse von Constantinopel nach Nissa.
4. Heerstrasse von Konia bis Erserum, dann: von Erserum bis Tiflis und wieder zurück.
Bd III (1835):
5. Murad's des Vierten Heerstrasse von Constantinopel nach Bagdad.
6. Kriegsschauplatz des Persischen Krieges. / Marsch Fethgirais nach Daghistan.
Bd IV (1835):
7. Jagdgebieth Sultan Mohammed's d. Vierten.
8. Statthalterschaften des Osmanischen Reiches zur Zeit der größten Ausdehnung.
Bd IV (22./23. Lieferung; 1836):
9. Plan von Constantinopel und seinen Vorstädten diesseits und jenseits des Bosporus nach den geometrischen Aufnahmen von Kauffer und Lechevalier. Gest. v. Franz Karras in Pest.

Lit.: BRUNET Bd III, Sp. 32 (Nr. 27892); GV 1700-1910 Bd 54, S. 253.
Sign.: Gfd 9

B 186.

Handbuch für Handel, Verkehr und Industrie der Provinz Schleswig-Holstein-Lauenburg.
Kiel: Verlag der „Nord-Ostsee-Zeitung", 1892/93. 4°

Am Schluß findet sich eine Karte:
Schleswig-Holstein-Lauenburg. Aus Sohr-Berghaus' Hand-Atlas. Bearbeitet im kartographischen Institut von Carl Flemming in Glogau.

Lit.: GV 1700-1910 Bd 55, S. 92; KATALOG LB KIEL Bd I, S. 649.
Sign.: Ghc 201

B 187. Hansen, Christian Peter:

Das Schleswig'sche Wattenmeer und die friesischen Inseln. Mit 10 Bildern und 1 Carte nach Originalzeichnungen.
Glogau: Carl Flemming, 1865. 8°

Am Schluß findet sich die Karte:
Karte vom Schlesigschen Wattenmeer und Nordfriesland. Aus Reymann's topographischer Specialkarte von Mitteleuropa. Druck u. Verlag v. C. Flemming in Glogau.

Lit.: GV 1700-1910 Bd 55, S. 378; KATALOG LB KIEL Bd I, S. 729.
Sign.: Ghb 374

B 188. Hansen, Christian Peter:

Der Badeort Westerland auf Sylt und dessen Bewohner. Mit einer Karte der Insel Sylt.
Garding: H. Lühr & Dircks, 1868. 8°

Die auf dem Titelblatt genannte Karte fehlt.

Lit.: GV 1700-1910 Bd 55, S. 378; KATALOG LB KIEL Bd I, S. 731.
Sign.: Ghb 432

B 189. Hanssen, Georg:

Das Amt Bordesholm im Herzogthume Holstein. Eine statistische Monographie auf historischer Grundlage. Mit einer Karte vom Amte.
Kiel: Schwer'sche Buchhandlung, 1842. 8°

Am Schluß findet sich die Karte:
Karte vom holsteinischen Amte Bordesholm. Entworfen und gezeichnet von F. Geerz. Kunstanstalt von Mädel II in Wismar. Kiel, Schwer'sche Buchhandlung. 1842.

Lit.: ENGELMANN S. 360; GV 1700-1910 Bd 55, S. 410; KATALOG LB KIEL Bd I, S. 757; zur Karte vgl. GEERZ S. 129.
Sign.: Ghb 171 (2. Ex. unter Sign.: LZB, SH 142 H)

B 190. Harrwitz, Max (Hrsg.):

Helgoland einst und jetzt. Bericht von Casper Dankkwerth vor ungefähr 250 Jahren über die Insel geschrieben, neu herausgegeben, mit Vorwort und Anmerkungen sowie mit einer Bibliographie über Helgoland versehen.
Berlin: Verlag von Max Harrwitz, 1891. 8°

In dem Werk finden sich im Anschluß an das Titelblatt übereinander die beiden Mejer-Karten:
1. Newe Landtcarte von der Insull Helgelandt Anno 1649. author Johannes Mejer Husum.
2. Helgelandt in annis Christi 800, 1300 & 1649.

Lit.: GV 1700-1910 Bd 27, S. 113; KATALOG LB KIEL Bd I, S. 733.
Sign.: LZB, SH 134 D (2. Ex. unter der Sign.: Ghd 102 [3 an: B 6])

B 191. Hartnaccius, Daniel:

Biblische Geographia, darinn das Gelobte Land, samt dessen Städten, Gegenden und Flüssen, deren in Heiliger Schrifft gedacht wird, beschrieben, und in vielen Kupfern entworffen. (Kupfertitel: Biblische Geographia vom Gelobten Landt.)
Nürnberg: Johann Hoffman, 1688. 8°

In dem Werk finden sich insgesamt 19 Karten:
1. Tafel des Landes Canaan, wie solches | zum Zeiten Abrahams beschaffen gewesen. | | N. 1. | | p. 6.
2. Darstellung der Israeli- | tischen Raise durch | die | Wüsten. | | N. 3. | | p. 18.
3. Landbeschreibung des | Stammens Ruben. | | N. 4. | | p. 27.
4. PALESTINA | oder | Das Gelobte Land. | | N. 4. | | p. 27.
5. Land des Stammens | GAD. | | N. 5. | | p. 68.
6. Land des halben | Stammen | MANASSE. | | N. 6. | | p. 74.
7. Land des Stam- | men | NEPHTALIM | | N. 7. | | p. 88.
8. Landbeschreibung des | Stamen ASER. | | N. 8. | | p. 98.
9. Land Beschreibung | des Stammens | ZABULON | | N. 9. | | p. 110.

10. Land-Beschrei- | bung des | Stamen | ISASCAR. | | N. 10. | | p. 119.
11. Landbeschreibung | des halben Stammen | MANASSE | | N. 11. | | p. 123.
12. Landbeschreibung des Stammens Ephraim | | N. 14. | | p. 130.
13. Land-Beschreibung | des Stammen | BENJAMIN | | N. 13. | | p. 141.
14. Land-Beschreibung | des Stammens | DAN. | | N. 14. | | p. 153.
15. Landbeschreibung des Stammen | SIMEON. | | N. 15. | | p. 160.
16. Landbeschreibung des Stammen | JUDA | | N. 16. | | p. 167.
17. Eigendliche Vorstellung der Weiland berühmten | Statt | JERUSALEM. | | N. 17. | | p. 184.
18. (Plan von Jerusalem und Umgebung, mit Legende darunter in 45 Nummern; ohne Titel). | | N. 18. | | p. 215.
19. Der östliche Mittelmeerraum mit Kleinasien und Griechenland bis Italien (ohne Titel). | | N. 19. | | p. 267.

Sign.: Ta 204

B 192. Haupt, Richard:

Die Bau- und Kunstdenkmäler der Provinz Schleswig-Holstein, mit Ausnahme des Kreises Herzogtum Lauenburg. Bd I u. II.
Kiel: Ernst Homann, 1887/88. 8°

Neben vielen Abbildungen auf Lichtdrucken auf besonderen Tafeln finden sich in dem Werk unter den 1682 Abbildungen im Text auch historische Ansichten und Pläne der Städte und Flecken der Provinz Schleswig-Holstein.

Lit.: GV 1700-1910 Bd 57, S. 86; KATALOG LB KIEL Bd I, S. 417.
Sign.: Ghb 26 / 1 u. 2

B 193. Hausmann, Johann Friedrich Ludwig:

Reise durch Skandinavien in den Jahren 1806 und 1807. Zweiter u. Fünfter Theil.
Göttingen: Joh. Fridr. Röhwer, 1812/18. 8°

Am Schluß des zweiten Teils findet sich unter Tab. I eine titellose Situationskarte von den Bergwerken der Kongsberger Gegend.

Lit.: BIBLIOTHECA DANICA Bd II, Sp. 590; GV 1700-1910 Bd 57, S. 276; KATALOG LB KIEL Bd II, S. 1045.
Sign.: Ed 47 (Jordtsche Bücher B 55/56)

B 194. Hawkesworth, John:

Ausführliche und glaubwürdige Geschichte der neuesten Reisen um die Welt, welche auf Befehl und Kosten des jetztregierenden Königs von England in den Jahren 1764 bis 1772 ... unternommen worden sind ...; aus den Tagebüchern der Schiffs-Capitains, und anderen Gelehrten, welche zu diesen Expeditionen gebraucht worden, namentlich: des Commodore Byron, Capitain Wallis, Capitain Carteret, Capitain Coock, und der einsichtsvollen Naturforscher Herren Banks und D. Solander etc. In vier Bänden, mit vielen Kupfern und Landcharten erläutert. Aus dem Englischen übersetzt durch Johann Friedrich Schiller. (Geschichte der See-Reisen und Entdeckungen im Südmeere, welche auf Befehl des Königs von England ausgeführet worden. Bd 1-4). 4 Bände.
Berlin: Haude und Spener, 1775. 8°

Im Werk finden sich vier Karten:
1. Charte von einem Theile des Süd-Meeres, darinnen die verschiedenen Farthen und Entdeckungen angezeigt sind, welche von nachstehenden, auf Sr. Gros-Britt. Maj. Befehl ausgesandten Schiffen gemacht worden sind, der Dolphin vom Commodore Byron und die Tamar vom Capn. Mouat, 1765, der Dolphin vom Capn. Wallis und die Swallow vom Capn. Carteret, 1767, und der Endeavour vom Lieutenant Cook, 1769, commandirt. Glassbach sc. Berol. (I, vor Titelblatt)
2. Charte von Hawkins Maiden, oder Jungfern-Land, welches von Sr. Richard Hawkins im J. 1574 entdeckt worden, und Falklands-Sund. / Charte de Maidenland ou de la Virginie de Hawkins… et du Canal Falkland. (I, p. 61)
3. Charte von den Inseln, welche die Capne. Byron, Wallis, Carteret u. Cook auf ihren verschiedentlich gethanen Reisen um die Welt in den Jahren 1765, 1767, 1769 in der Nachbarschaft von Otaheite entdeckt haben. / Carte des Isles découvertes aux environs d'Otahiti, dans plusieurs Voyages faits autour du Monde Par les Capitaines Byron, Wallis, Carteret et Cook en 1765, 1767, 1769. (III, p. 44)
4. Carte de la Nouvelle-Zelande visitée en 1769 et 1770 par le Lieutenant J. Cook Commandant de l'Endeavour Vaisseau de Sa Majesté / Carte von Neu-Seeland Welches in den Jahren 1769 und 1770 untersucht worden vom Lieutenant J. Cook, Befehlshaber des Königlich Englischen Schiffs der Endeavour. (III, p. 44).

Lit.: ENGELMANN S. 98; GV 1700-1910 Bd 57, S. 334; HEINSIUS Bd II, S. 214; vgl. auch GRIEB Bd 1, S. 293 (Nr. 574) [Ausgabe von 1774].
Sign.: Eb 7

B 195. Heidmann, Christoph:

Europa sive manuductio ad geographiam veterem in illustri Academia Iulia, cum locorum indice olim explicata, nunc vero ob multivariam libri huius utilitatem tertio edita, et Tabulis Geographicis illustrata et aucta.
Wolfenbüttel: sumtibus Conradi Bunonis, 1658. 8°

Das Werk enthält 10 Karten:
1. EUROPA | sive | CELTICA | VETUS | cap. 1 pag. 1. (Titelkartusche oben links).
2. HISPANIÆ | VETERIS DESCRIPTIO. (Titelkartusche unten rechts). cap. 3 pag. 28. (oben rechts).
3. GAL- | LIAE | VETERIS | TYPUS. (Titelkartusche oben rechts). cap. 4 pag. 57. (oben links).
4. INSULARUM | BRITANNI- | CARUM | Acurata | Delineatio. (Titelkartusche unten rechts). pag. 92. (oben links).
5. GERMA- | NIAE | VETERIS | TYPVS. (Titelkartusche unten rechts). pag. 106. (oben links).
6. VETERIS GERMA- | NIÆ | SCIAGRAPHIA. (Titelkartusche oben links). pag. 107. (oben rechts).
7. ITA- | LIA | ANTIQUA | Wolferbyti | Sumptibus Conradi Bunonis. (Titelkartusche oben rechts). pag. 134. (oben links).
8. SICI | LIAE | VETERIS | TYPVS. (Titelkartusche oben links). pag. 207. (oben rechts).

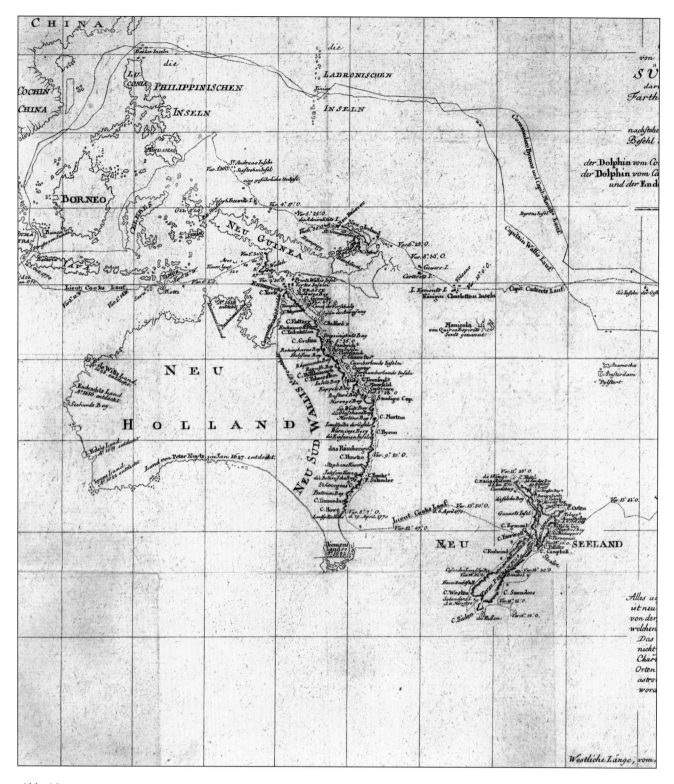

Abb. 46:
„Charte von einem Theile des Südmeeres, darinnen die verschiedenen Farthen und Entdeckungen angezeigt sind." (Ausschnitt) – Die Karte, die Teile der Südsee mit „Neu-Holland" (der fünfte Kontinent erhielt erst in der ersten Hälfte des 19. Jahrhunderts den Namen „Australien") und Neuseeland zeigt, findet sich im ersten Band von John Hawkesworth' „Ausführliche und glaubwürdige Geschichte der neuesten Reisen um die Welt, welche auf Befehl und Kosten des jetztregierenden Königs von England in den Jahren 1764 bis 1772 ... unternommen worden sind" (Berlin 1775) (B 194, Nr. 1).

9. PANNONIAE | ET ILLIRICI | VETERIS | TABULA. (Titelkartusche unten links). pag. 222. (oben rechts).
10. GRAECIA | Eiusque partes | EPIRUS, MACEDONIA, | THRACIA, | MOESIA | et | DACIA. (Titelkartusche unten links). pag. 231. (oben rechts).

Eine weitere Ausgabe von Heidmanns Werk, noch ohne die Karten (Helmstedt: Henning Möller, 1625. 8°), findet sich unter der Signatur Gw 20.

Sign.: Gw 38 (angebunden)

B 196. Heimreich, Antonius:

Ernewerte Nordfresische Chronick.
Schleswig: Johann Holwein, 1668. 8°

In dem Werk findet sich die Karte:
LANDTCARTE | des im Herzogthum | Sleswigh belegenen | NORDFRESLANDES | Aufgesetzet | von | M. Antonio HeimReich | Anno 1668. | | Matthias und Nicolaus Petersen | goldtschmide gebrüder Husum sculps. | | Pag. 84. (p. 84)

Lit.: BIBLIOTHECA DANICA Bd III, Sp. 685f; KATALOG LB KIEL Bd I, S. 728; zur Karte vgl. GEERZ S. 43.
Sign.: Ghb 364

B 197. Helbig, Wolfgang:

Die Italiker in der Poebene. Mit einer Karte und zwei Tafeln. (Beiträge zur altitalischen Kultur- und Kunstgeschichte, Bd I).
Leipzig: Breitkopf & Härtel, 1879. 4°

Am Schluß findet sich die Karte:
Karte der oberitalischen Pfahldörfer. Gez. u. lith. von C. Opitz.

Lit.: GV 1700-1910 Bd 59, S. 4.
Sign.: Aal 29

B 198. Held, Friedrich Wilhelm Alexander; Wiersbitzki, Otto Corvin von:

Illustrirte Weltgeschichte. Ein Buch für's Volk. Mit Tabellen und Karten. 4 Bde.
Leipzig: Johann Friedrich Hartknoch, 1844-1850. 4°

Am Schluß des ersten Bandes finden sich noch sechs Karten:
1. Die Alte Welt
2. Egypten
3. Mittel-Asien
4. Klein-Asien und Syrien
5. Griechenland
6. Italien

Lit.: GV 1700-1910 Bd 59, S. 16.
Sign.: Ga 21

B 199. (Helgesen, Hans):

Rapport over Frederiksstads Forsvar fra den 29de Septbr. til den 4de Octbr. 1850. Med Krigsministeriens Tilladelse udgivet, med et Kaart over Frederikstad i 1:8000. Priis med Kaart: 3 Mk.
Kjøbenhavn: Bianco Luno, o.J. (1851). 8°

Am Schluß findet sich die Karte:
Friederichsstadt med den i September 1850 anlagte Forskansninger efter Ingenieurdetachementets Rapport. Graveret og trykt i Em. Bærentzen & Co. lithographiske Institut.

Lit.: KATALOG LB KIEL Bd I, S. 712.
Sign.: Gha 334, S 3 (2. Ex. unter der Sign.: Gha 334 b; 2 an: B 406)

B 200. Herodot:

Herodoti Musae. Textum ad Gaisfordii editionem recognovit, perpetua tum Fr. Creuzeri tum sua annotatione instruxit, commentationem de vita et scriptis Herodoti, tabulas geographicas indicesque adiecit Io. Christ. Fel. Baehr. Vol. I – IV.
Leipzig: Hahn, 1830-1835. 8°

Am Schluß des ersten Bandes finden sich insgesamt vier Karten (Steindruckerey von Rudi Schlicht in Mannheim):
1. Orbis terrarum Herodoti quatenus ex historia ejus describi possit.
2. Situs et regio antiquae Babylonis, Muri Medici et Canalium inter Euphratem et Tigrin, Pallacopam etc.
3. Delineatio orbis terrarum Herodotei ex conjectura Niebuhrii.
4. Ora maritima et interna Libyae regio una cum Oasibus et Aegypto. Accedit peculiaris Oasium ac praesertim Ammonii delineatio.

Unter derselben Signatur findet sich auch die vierbändige Editio altera emendatior et auctior des Werkes (Leipzig: Hahn, 1856-1861) ohne Karten.

Lit.: GV 1700-1910 Bd 60, S. 206.
Sign.: Ag II 454

B 201. (Herodot):

Herodotos. Erklärt von Heinrich Stein. Erster Band. Erstes Heft: Einleitung. Buch I. Mit einer Karte von H. Kiepert. Zweite, vielfach verbesserte Auflage.
Berlin: Weidmannsche Buchhandlung, 1864. 8°

Am Schluß findet sich die Karte:
Das Persische Reich unter Dareios und Xerxes, zur Erläuterung des I. – IV. Buches des Herodotos. Ausgabe von H. Stein. Gez. v. H. Kiepert. Gest. v. H. Brose, Schrift v. F. W. Kliewer. Berlin, Weidmannsche Buchhandlung. 1863.

Lit.: GV 1700-1910 Bd 60, S. 202.
Sign.: Ag II 455 (Angeb.: 1. B 202; 2. B 203)

B 202. (Herodot):

Herodotos. Erklärt von Heinrich Stein. Erster Band. Zweites Heft: Buch II. Mit erklärenden Beiträgen von H. Brugsch, einem Kärtchen von H. Kiepert, und mehreren eingedruckten Holzschnitten. Zweite vielfach verbesserte Auflage.

Berlin: Weidmannsche Buchhandlung, 1864. 8°

Am Schluß findet sich die Karte;
Unterägypten, zu Herodot B. II. Ausgabe v. H. Stein, gez. v. H. Kiepert.

Lit.: GV 1700-1910 Bd 60, S. 202.
Sign.: Ag II 455 (1 an: B 201)

B 203. (Herodot):

Herodotos. Erklärt von Heinrich Stein. Zweiter Band. Buch III und IV. Mit zwei Karten von Kiepert und einigen Holzschnitten.
Berlin: Weidmannsche Buchhandlung, 1857. 8°

In dem Zweiten Band finden sich zwei Karten:
1. Erdkarte nach der Vorstellung des Herodotos, zu H. Steins Ausgabe entworfen von H. Kiepert. Gestochen von C. L. Ohmann. Berlin, Weidmannsche Buchhandlung 1856. [vor Titelblatt].
2. Libyen nach Herodotos, zur Ausgabe von H. Stein gez. v. H. Kiepert. Gestochen v. C. L. Ohmann. Berlin, Weidmannsche Buchhandlung 1856. [am Schluß]

Lit.: GV 1700-1910 Bd 60, S. 202.
Sign.: Ag II 455 (2 an: B 201)

B 204. Hertzberg, Gustav Friedrich:

Der Feldzug der Zehntausend Griechen. Nach Xenophons Anabasis dargestellt. Mit einer Karte von Prof. Dr. H. Kiepert (Jugend-Bibliothek des griechischen und deutschen Alterthums. Hrsg. v. Friedr. Aug. Eckstein, Bd VI).
Halle: Waisenhaus, 1861. 8°

Am Schluß findet sich die Karte:
Karte zur Übersicht des Zuges des Kyros und des Rückzuges der Griechen. Gez. v. H. Kiepert. Gest. v. C. L. Ohmann in Berlin.

Lit.: GV 1700-1910 Bd 60, S. 338.
Sign.: Gg 29

Abb. 47:
„Insularum Britannicarum accurata delineatio." – Die nach Westen ausgerichtete Karte zeigt die Britischen Inseln zur Römerzeit. England (Britannia major) und Schottland (Britannia minor) sind durch den Hadrianswall voneinander getrennt. Die Karte findet sich in Christoph Heidmanns „Europa sive manuductio ad geographiam veterem" (Wolfenbüttel 1658). Erst nach dem Tod des Helmstedter Philologen Heidmann (1627) ließ der Wolfenbütteler Verleger Conrad Buno für die dritte Auflage von dessen Handreichung zur alten Geographie Europas insgesamt zehn Karten gestalten (B 195, Nr. 4).

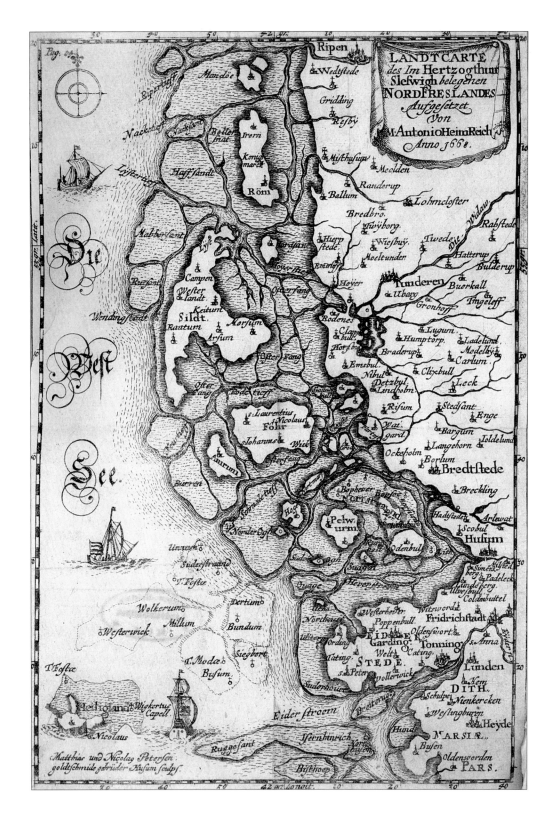

Abb. 48:
„Landtcarte des im Herzogthum Sleswigh belegenen Nordfreslandes 1668." – Die Karte wurde von Anton Heimreich (1626-1685), Pastor von Nordstrandischmoor, gezeichnet und findet sich in seiner „Ernewerte Nordfresische Chronick" (Schleswig 1668). Sie lehnt sich an Johannes Mejers Darstellung von Nordfriesland in Caspar Danckwerths Landesbeschreibung von 1652 (vgl. B 119) an und wurde auch von den Brüdern Matthias und Nicolaus Petersen aus Husum gestochen, zeigt aber abweichend von Mejer bereits ein weitgehend authentisches Bild der alten Insel Nordstrand, die durch die Sturmflut von 1634 untergegangen war (B 196).

B 205. (Hess, Johann Jakob):

Geschichte der Patriarchen. Von dem Verfasser der Geschichte Jesu. (Geschichte der Israeliten vor den Zeiten Jesu, Bd 1/2). 2 Bände.
Zürich: bey Orell, Geßner, Füeßlin und Comp., 1776. 8°

Am Schluß des Ersten Bandes findet sich die Karte:
Kanaan nebst den umliegenden Lændern. Zur Geschichte der Stammvæter Israels.

Lit.: GV 1700-1910 Bd 60, S. 442.
Sign.: Td 5

B 206. (Hess, Johann Jakob):

Geschichte Moses. Von dem Verfasser der Geschichte Jesu. (Geschichte der Israeliten vor den Zeiten Jesu, Bd 3/4). 2 Bände.
Zürich: bey Orell, Geßner, Füeßlin und Comp., 1777. 8°

Am Anfang des Ersten Bandes findet sich die Karte:
Reise-Zyge der Israeliten zur Geschichte Moses. (p. 3).

Lit.: GV 1700-1910 Bd 60, S. 442.
Sign.: Td 6

B 207. (Hess, Johann Jakob):

Geschichte Josua und der Heerführer. Von dem Verfasser der Geschichte Jesu. (Geschichte der Israeliten vor den Zeiten Jesu, Bd 5/6). 2 Bände.
Zürich: bey Orell, Geßner, Füeßli und Comp., 1779. 8°

Am Schluß des Zweyten Bandes findet sich die Karte:
Charte worauf das Land Canaan und Gilead nach den XII Stämmen Israels vorgestellet wird von W. A. Bachiene. zur Geschichte Josua. Seite I.

Lit.: GV 1700-1910 Bd 60, S. 442.
Sign.: Td 7

B 208. (Hess, Johann Jakob):

Geschichte Davids und Salomons. Von dem Verfasser der Geschichte Jesu. (Geschichte der Israeliten vor den Zeiten Jesu, Bd 7/8). 2 Bände.
Zürich: bey Orell, Geßner, Füßli und Comp., 1785. 8°

Am Anfang des Zweyten Bandes findet sich die Karte:
Charte welche das Königreich Israel unter der Regierung der Könige Saul, David und Salomo nebst den neü eroberten Landschaften vorstellet. Entworfen von W. A. Bachiene von neuem gezeichnet von G. A. Maas. Clausner Sc. in Zug. (p. 3).

Lit.: GV 1700-1910 Bd 60, S. 442.
Sign.: Td 8

B 209. (Hess, Johann Jakob):

Geschichte der Könige Juda und Israels nach der Trennung des Reichs. Von dem Verfasser der Geschichte Jesu. (Geschichte der Israeliten vor den Zeiten Jesu, Bd 9/10). 2 Bände.
Zürich: bey Orell, Geßner, Füßli und Comp., 1787. 8°

Am Anfang des Ersten Bandes findet sich die Karte:
Charte worauf die zwey Königreiche Iuda und Israel, wie sie nach Salomons Tod getrennet worden, vorgestellet werden. Entworfen von W. A. Bachiene von neuem gezeichnet von G. A. Maas Cleve 1769. Gegraben von H. Brupbacher in Wadenschweil. (p. 3).

Lit.: GV 1700-1910 Bd 60, S. 442.
Sign.: Td 9

B 210. (Hess, Johann Jakob):

Geschichte der Regenten von Juda nach dem Exilio. Von dem Verfasser der Geschichte Jesu. (Geschichte der Israeliten vor den Zeiten Jesu, Bd 11/12). 2 Bände.
Zürich: bey Orell, Geßner, Füßli und Comp., 1788. 8°

Am Anfang des Ersten Bandes findet sich die Karte:
Iudæa oder der Sydliche Theil von Palæstina. Heinrich Brupbacher Sculp. (p. 3).

Lit.: GV 1700-1910 Bd 60, S. 442.
Sign.: Td 10

B 211.

Historiae ecclesiasticae scriptores. Eusebius Pamphilius, Socrates Scholasticus, Hermias Sozomenus, Theodoritus episc. Cyri, Evagrius Scholasticus, Philostorgius et Theodorus Lector, Graece et Latine Henrico Valesio interprete.
Augustae Taurinorum [= Turin]: Ex Regia Typographia, 1746. 2°

Am Schluß findet sich die Karte:
PATRIARCHATUS | ALEXANDRINI | Geographica descriptio. (Titelkartusche unten links).

Sign.: Th 58 / I

B 212. Hochstetter, Ferdinand von:

Neu-Seeland. Mit 2 Karten, 6 Farbenstahlstichen, 9 großen Holzschnitten und 89 in den Text gedruckten Holzschnitten.
Stuttgart: Cotta'scher Verlag, 1863. 4°

Am Schluß finden sich die beiden Karten:
1. Neu-Seeland (New Zealand). Bearbeitet v. L. Friederichsen. Druck v. C. Hellfarth in Gotha.
2. Der südliche Theil der Provinz Auckland in Neu-Seeland. Zur Übersicht der Routen und Aufnahmen von Dr. Ferdinand von Hochstetter 1859. Gezeichnet von A. Welker. Gestochen von W. Alt. Terrain von W. Weiler. Gotha: Justus Perthes 1863.

Lit.: GV 1700-1910 Bd 62, S. 295.
Sign.: Ec 63

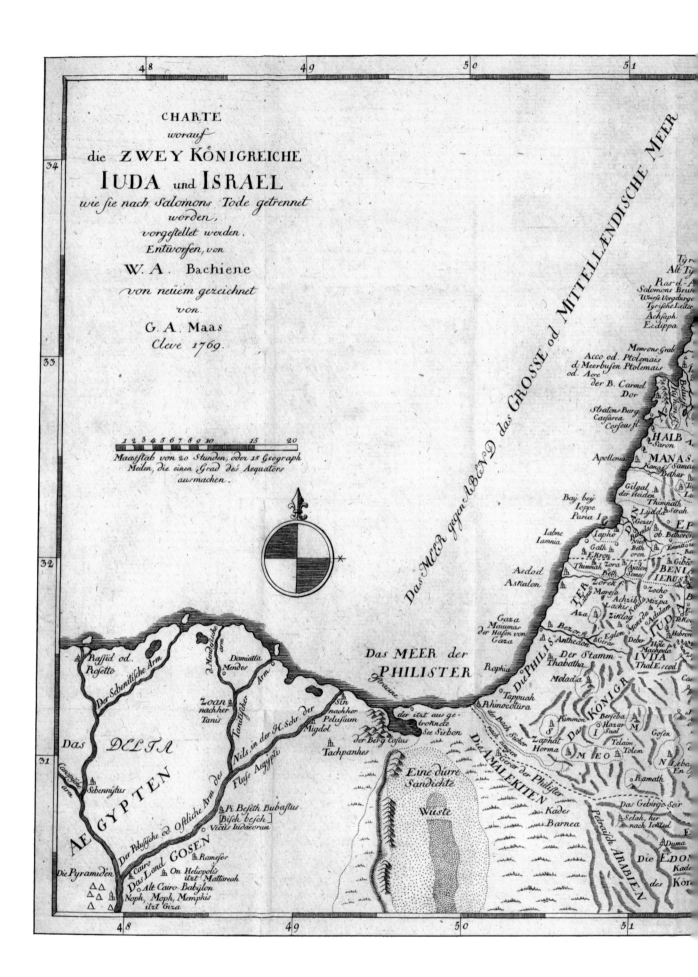

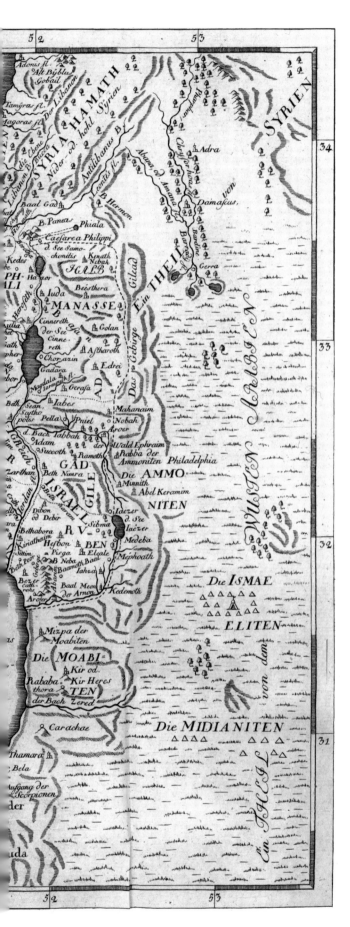

B 213. Hocker, Nikolaus:

Der Rhein. Ein Reisehandbuch für die Besucher der Rheinlande von Köln bis Mainz. Mit einer Karte des Rheinstromes und vielen Illustrationen. (Weber's illustrirte Reisebibliothek, Nr. 24).
Leipzig: J. J. Weber, 1860. 8°

Am Schluß findet sich die Karte:
Der Rhein und die Eisenbahn von Köln bis Mainz. Gez. v. Th. v. Bomsdorff. F. A. Brockhaus' Geogr. artist. Anstalt. Verlag von J. J. Weber Leipzig.

Lit.: GV 1700-1910 Bd 154, S. 181.
Sign.: Ee 51

B 214. Hoeck, Karl:

Kreta. Ein Versuch zur Aufhellung der Mythologie und Geschichte, der Religion und Verfassung dieser Insel, von den ältesten Zeiten bis auf die Römer-Herrschaft. 3 Bde.
Göttingen: Carl Eduard Rosenbusch, 1823-1829. 8°

Am Schluß des ersten Bandes findet sich eine Karte:
KRETA nach den Berichten der Alten und den Bestimmungen von Gauttier neu entworfen von Karl Hoeck.

Lit.: GV 1700-1910 Bd 62, S. 314.
Sign.: Gg 8

B 215. Hoenig, Fritz:

24 Stunden Moltkescher Strategie, entwickelt und erläutert an den Schlachten von Gravelotte und St. Privat am 18. August 1870. Mit zwei Karten.
Berlin: Friedrich Luckardt, 1891. 4°

Die beiden Karten zu den Schlachten des Deutsch-Französischen Krieges finden sich am Schluß.

Lit.: GV 1700-1910 Bd 64, S. 149.
Sign.: Gde 40

Abb. 49:
„Charte worauf die zwey Königreiche Juda und Israel, wie sie nach Salomons Tod getrennet worden, vorgestellet werden." – Die Karte, die das Heilige Land mit seinen beiden Königreichen Juda und Israel nach Salomons Tod (926 v. Chr.) zeigt, findet sich im ersten Band der „Geschichte der Könige Juda und Israels nach der Trennung des Reiches" (Zürich 1787), verfaßt von dem Züricher Theologen Johann Jakob Hess (1741-1828). Sie geht auf eine Karte des Maastrichter Theologen und Geographen Willem Albert Bachiene zurück und wurde von dem Schweizer Kupferstecher Heinrich Bruppacher gestochen (B 209).

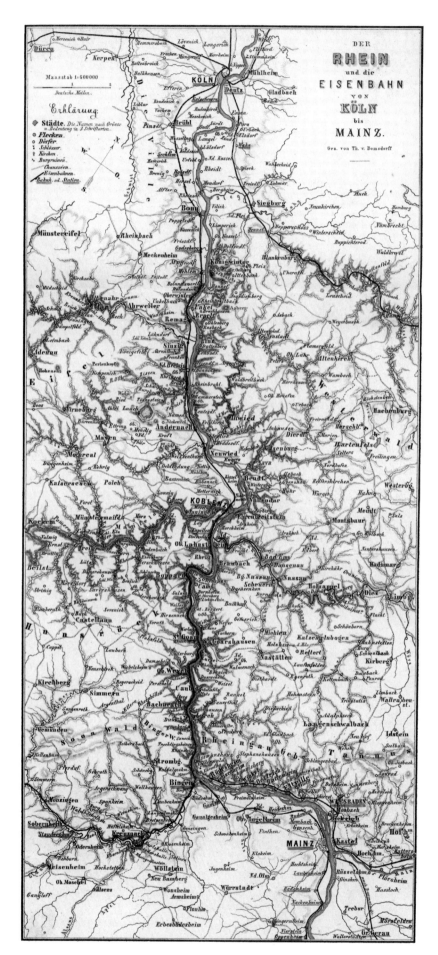

Abb. 50:
„Der Rhein und die Eisenbahn von Köln bis Mainz." – Die Karte findet sich in Nicolaus Hockers Reisehandbuch „Der Rhein" (Leipzig 1860), einem Band aus „Weber's illustrirte Reisebibliothek", und wurde von dem Leipziger Kartographen Theodor von Bomsdorff gezeichnet, der für die Geographisch-artistische Anstalt von F. A. Brockhaus tätig war. (B 213).

B 216. Hoenig, Fritz:

Der Volkskrieg an der Loire im Herbst 1870. Nach amtlichen Quellen und handschriftlichen Aufzeichnungen von Mitkämpfern. 6 Bde (in 5 Bden).
Berlin: Ernst Siegfried Mittler u. Sohn, 1893-1897. 4°

Das Werk enthält diverse Karten zum Deutsch-Französischen Krieg in einer besonderen Hülle am Schluß.

Lit.: GV 1700-1910 Bd 64, S. 150.
Sign.: Gde 44

B 217. Hoenig, Fritz:

Die Entscheidungskämpfe des Mainfeldzuges an der Fränkischen Saale (Kissingen – Friedrichshall – Hammelburg). Mit einer Uebersichtskarte und fünf Skizzen.
Berlin: Ernst Siegfried Mittler u. Sohn, 1895. 4°

Am Schluß finden sich in einer Hülle die Karte und die Skizzen zum Deutschen Krieg 1866.

Lit.: GV 1700-1910 Bd 64, S. 148.
Sign.: Gde 46

B 218. Hoffmann, Karl Friedrich Vollrath (Hrsg.):

Jahrbuch der Reisen und neuesten Statistik. Erster Jahrgang. Mit drei Stahlstichen und einer Karte.
Stuttgart: Carl Hoffmann, 1833. 8°

Am Schluß findet sich die Karte:
Übersichts Karte von Mittel Afrika mit den neuesten Entdekkungen. Entworfen von Karl Friedrich Vollrath Hoffmann. Stuttgart Carl Hoffmann 1833. in Stein gest. von W. Pobuda und J. Rees in Stuttgart.

Lit.: GV 1700-1910 Bd 63, S. 160.
Sign.: Ez 2

B 219. Hoffmeister, W.:

Briefe aus Indien. Nach dessen nachgelassenen Briefen und Tagebüchern herausgegeben von Dr. A. Hoffmeister. Mit einer Vorrede von C. Ritter und sieben topographischen Karten.
Braunschweig: George Westermann, 1847. 8°

In dem Werk finden sich 7 Detailkarten ohne Titel zu den Reisen des Verfassers durch Indien, und zwar zu den Seiten 206, 208 (3), 210, 212 u. 236.

Lit.: ENGELMANN S. 107; GV 1700-1910 Bd 63, S. 218.
Sign.: Ec 35

B 220. Holberg, Ludvig:

Geographie eller Jordbeskrivelse, forfattet efter det af Ham Selv udgivne lidet latinske Geographiske Compendium, men nu vitløftigere udført, forøget med de beste, nyeste og tilforladeligste Geographiske Efterretninger samt ziiret med behørige Land-Korter, og udgivet af Nicolai Jonge. Første (-Sjette) Deel.
Kiøbenhavn: T. L. Borup (ab Bd 4 Johann Rudolph Thiele), 1759-1779. 8°

Eingebunden finden sich 23 (ursprünglich 25) kolorierte Karten:
Bd I (1759):
1. Miile-Viiser angaaende de fornemmeste Stæder udi Tydskland / Kort over Tydskland henhörende til Miile Viiseren (p. 1)
2. Globus Terrestris I ... udgiven udi Kiöbenham ved N. Jonge (2 Hemisphärenkarten) (p. 4)
3. Globus Terrestris II ... udgiven udi Kiöbenhavn ved N. Jonge (2 Hemisphärenkarten) (p. 19)
4. Land Charte over Europa bekostet og udgiven af N. Jonge. I. Haas sc. (p. 23)
5. Landkort over Kongeriget Portugall og Algarbien bekostet og udgiven af N. Jonge (p. 33)
6. Landkort over Spanien og Portugal udgivet og bekostet af N. Jonge (p. 64)
7. Landkort over Frankerige udgiven og bekostet af N. Jonge. v. Horn sculp. (p. 166)
8. Landkort over Italien Med sine adskillige Landskaber og IV Øer udgiven og bekostet af N. Jonge (p. 364)

Bd II (1761):
9. Landkort over Storbritannien eller Engelland, Schottland og Irrland bekostet og udgiven af N. Jonge (p. 33)
– Niederlande – fehlt
10. Landkort over Republiquen Schweitz Tilligemed Deres Undersaattere og Bunds-Forvanter udgivet og bekostet af N. Jonge (p. 301)
11. Landkort over Tydskland bekostet og udgiven af N. Jonge (p. 507)
12. Landkort over den Østerrigske Kreds bekostet og udgiven af N. Jonge (p. 517)
13. Landkort over de Österrigske Nederlande udgivet og Bekostet af N. Ionge. (p. 589)

Bd III (1763):
– Westfälischer Kreis – fehlt
14. Landkort over Over og Neder Rhein bekostet og udgiven af N. Jonge (p. 209)
15. Landkort over den Schwabiske Kreds bekostet og udgivet af N. Jonge (p. 302)
16. Landkort over den Bayerske Kreds udgivet og bekostet af N. Jonge.(p. 387)

Bd IV (1774):
17. Landkort over den Frankiske Kreds udgivet og bekostet af N. Jonge. (p. 1)
18. Reise Landkort over Sachsen udgiven N. Jonge (p. 63)
19. Landkort over Kongeriget Böhmen udgivet af N. Jonge (p. 373)
20. Landkort over det Hertugdom Schlesien udgiven af N. Jonge. (p. 408)
21. Landkort over Kongeriget Preussen tilligemed den Polske Andeel udgiven af N. Jonge (p. 470)

Bd V (1777):
22. Landkort over Kongeriget Danmark udgiven af N. Jonge (p. 1)

Bd VI (1779):
23. Danmark, Norge og Sveriges Riger med angrændsende Russiske Provincer forfærdiget udi Kiöbenhavn 1778. Christian Pontoppidan fecit et sculpsit. (p. 1)

Lit.: BIBLIOTHECA DANICA Bd II, Sp. 394.
Sign.: Eb 5

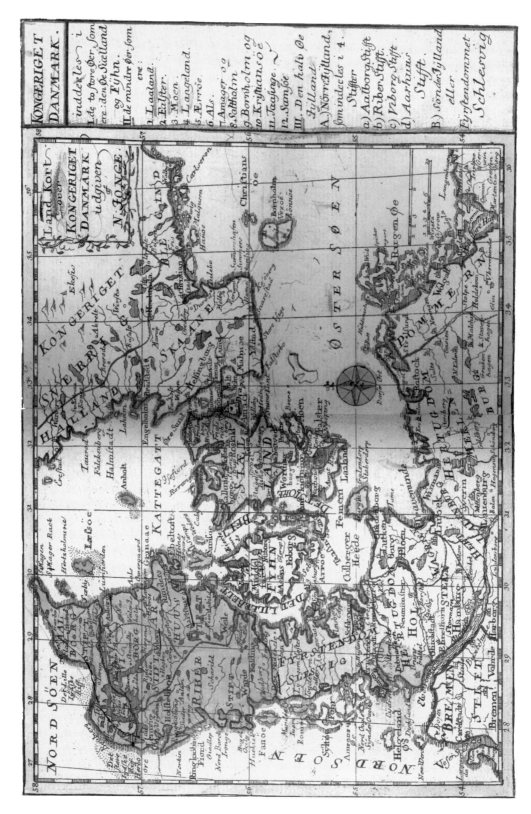

Abb. 51:
„Landkort over Kongeriget Danmark udgiven af N. Jonge." – Die Karte des Königreichs Dänemark mit dem Fürstentum Schleswig und dem Herzogtum Holstein sowie den ehemaligen dänischen Provinzen in Schweden findet sich im 5. Band von Ludvig Holbergs „Geographie eller Jordbeskrivelse" (Kiøbenhavn 1777). Die ursprünglich von dem dänischen Dichter und Historiker Holberg in lateinischer Sprache herausgegebene Erdbeschreibung wurde von dem Pastoren und geographischen Schriftsteller Nicolai Jonge überarbeitet, in dänischer Sprache vorgelegt und mit 23 Karten versehen (B 220, Nr. 22).

B 221. Holm, Adolf:

Geschichte Siciliens im Alterthum. 2 Bde.
Leipzig: Wilhelm Engelmann, 1870-1874. 8°

In den beiden Bänden finden sich am Schluß je sieben Karten (Lith. Anst. v. J. G. Bach, Leipzig):
1. Vergleichende Karte des alten Siciliens. I.
2. Syrakus zur Zeit Gelons u. Hierons I. II.
3. Das alte Akragas. III.
4. Selinus und seine Umgegend bis zu den Steinbrüchen von Campobello. IV.
5. Segesta und Umgegend von Calatafimi bis zu den Bädern von Segesta. V.
6/7. Zweigeteilte Karte von Himera. VI. / Palagonia u. d. Palikensee. VII.
8. Syrakus zur Zeit der athenischen Belagerung. VIII.
9. Akragas nebst Umgegend. IX.
10–12. Dreigeteilte Karte zu Motye und Lilybaion. X. / Naxos und Tauromenion. XI. / Gela und Umgegend. XII.
13. Syrakus von Dionys I. – Hieron II. XIII.
14. Entella und der Lauf des Krimisos nebst dem weiteren Lauf des Belice und dessen Umgegend. XIV.

Lit.: GV 1700-1910 Bd 63, S. 455.
Sign.: Gg 34

B 222. (Homer):

Homers Ilias von Johann Heinrich Voss. I.–XII. Gesang. Fünfte, stark verbesserte Auflage. Mit einer Karte von Troja. (Homers Werke von Johann Heinrich Voss. Erster Band). Acc.: Zweiter Band.
Stuttgart u. Tübingen: In der J. G. Cotta'schen Buchhandlung, 1821. 8°

Im Ersten Band findet sich am Schluß die Karte:
Das Homerische Troja nach d'Anville und le Chevalier, gez. v. Hellwag.

Lit.: GV 1700-1910 Bd 64, S. 121.
Sign.: Ag II 595

B 223. (Homer):

Homers Odyssee von Johann Heinrich Voss. I.–XII. Gesang. Fünfte stark verbesserte Auflage. Mit einer Homerischen Welttafel. (Homers Werke von Johann Heinrich Voss. Dritter Band) Acc.: Vierter Band.
Stuttgart und Tübingen: In der J. G. Cotta'schen Buchhandlung, 1821. 8°

Am Schluß des Dritten Bandes findet sich die Karte:
Homerische Welttafel von I. H. Voss, gezeichnet von Hellwag.

Lit.: GV 1700-1910 Bd 64, S. 121.
Sign.: Ag II 595

B 224. Horrebow, N.:

Zuverläsige Nachrichten von Island nebst einer neuen Landkarte und 2. Jährl. Meteorologische Anmerkungen aus dem Dänischen übers.
Copenhagen u. Leipzig: Friedrich Christian Pelt, 1753. 8°

Am Schluß findet sich die Karte:
Landkarte von Island. Brühl Sc. Lipsiæ

Lit.: BIBLIOTHECA DANICA Bd III, Sp. 617; BRUNET Bd III, Sp. 339; ENGELMANN S. 597; GV 1700-1910 Bd 64, S. 369; HEINSIUS Bd II, S. 291.
Sign.: Ed 10

B 225. Horst, Ulrich Freiherr von der:

Zur Geschichte des Feldzuges der Schleswig-Holsteiner gegen die Dänen im Jahre 1850. Die Schlacht von Idstedt, am 24sten und 25sten Juli. Mit einem Plan und einer Uebersichtskarte.
Berlin: E. S. Mittler und Sohn, 1852. 8°

Am Schluß finden sich der Plan und die Karte:
1. Plan zu der Schlacht von Idstedt am 24sten und 25sten Juli 1850. Maasstab 1:80000.
2. Uebersichts-Karte zu den Operationen vor der Schlacht bei Idstedt.

Lit.: GV 1700-1910 Bd 64, S. 383; KATALOG LB KIEL Bd I, S. 711; zum Plan vgl. GEERZ S. 205.
Sign.: Gha 172

B 226. Houghton, Daniel; Park, Mungo:

Voyages et Découvertes dans l'Intérieur de l'Afrique. Par le Major Houghton et Mungo-Park. Deux Agens de la Société établie en Angleterre, pour favoriser les progrès des découvertes dans cette partie du monde. Rédigée ... par le Major Rennel. Traduit de l'Anglais.
Hambourg et Brunswick: P. F. Fauche, 1798. 8°

Am Schluß des Bandes findet sich die Karte:
Esquisse de la Partie Septentrionale de l'Afrique tracée en 1790 et corrigée en 1793 par le Major Rennell d'après les Notions geographiques receuillies par la Societé d'Afrique.

Lit.: BRUNET Bd IV, Sp. 376; vgl. auch GV 1700-1910 Bd 65, S. 48 [Leipziger Ausgabe von 1798].
Sign.: Ec 21

B 227. Huc, Evariste Regis:

Das Chinesische Reich. Deutsche Ausgabe. Zwei Theile (in 1 Bd).
Leipzig: Dyk'sche Buchhandlung, 1856. 4°

Am Schluß des zweiten Teils findet sich eine Karte:
China. [mit Huc's Reiseweg]

Lit.: ENGELMANN S. 131; GV 1700-1910 Bd 65, S. 179.
Sign.: Ec 50

B 228. Hübertz, Jens Rasmussen:

Beskrivelse over Ærø. Et historisk, topographisk Forsøg.
Kjøbenhavn: Gyldendal, 1834. 8°

Abb. 52:
„Homerische Welttafel von I. H. Voss." – Die Karte, die zu einer in Stuttgart 1821 erschienenen Ausgabe von Homers Odyssee in der Übersetzung von Johann Heinrich Voss gehört, zeigt die Welt in der Vorstellung des griechischen Dichters; im Zentrum der Welt befand sich das Mittelmeer (B 223).

Im Werk findet sich neben zwei Kupferstichtafeln vorne ein Plan:
ÆRÖSKJÖBING 1831.

Lit.: BIBLIOTHECA DANICA 1831-1840, Sp. 176; KATALOG LB KIEL Bd I, S. 389; zum Plan vgl. GEERZ S. 91.
Sign.: Gnl 15

B 229. Hübertz, Jens Rasmussen:

Beretning om Cholera-Epidemien i Kjöbenhavn, 12. Juni – 1. October 1853, udarbeidet og udgiven for Den Overordentlige Sundhedscommission for Kjøbenhavn. Med et Kort og et Diagram.
Kjøbenhavn : i Commission hos Jacob Lund, 1855. 4°

Am Schluß findet sich ein Plan von Kopenhagen:
Kort over Cholera-Epidemiens Udbredelse I Kjöbenhavn 1853. [vgl. Farbtafel 7]

Sign.: L 256

B 230. Hupel, August Wilhelm:

Topographische Nachrichten von Lief- und Ehstland. 2 Bde.
Riga: Johann Friedrich Hartknoch, 1774/77. 8°

Am Schluß des ersten Bandes finden sich folgende Karten und Pläne:
1. LIEFLAND, | oder die beyden | Generalgouvernementer und Herzogthümer | LIEF- und EHSTLAND, | nebst der Provinz OESEL und der Stadt NARVA; | nach Anleitung der neuesten St. Petersburgschen | Charten vom Jahr 1770, und 1772. (Titelkartusche oben links). (auch vorhanden in der Jordtschen Kartensammlung, Nr. 603)
2. Der Baltische Hafen
3. Der Revalsche Hafen

Lit.: ENGELMANN S. 641; GRIEB Bd 1, S. 331 (Nr. 651); HEINSIUS Bd II, S. 301.
Sign.: Ed 13

B 231.

Illustrirte Kriegsberichte aus Schleswig-Holstein. Gedenkblätter an den Deutsch-Dänischen Krieg von 1864. Mit Illustrationen und Originalzeichnungen von A. Beck, L. Burger, L. Braun, R. Geißler, Fr. Kaiser, C. Roux, H. Scherenberg und C. Schmidt.
Leipzig: Verlagsbuchhandlung von J. J. Weber, 1864. 2°

Neben vielen Darstellungen zum Kriegsgeschehen finden sich 12 Karten und Ortsansichten:
1. Uebersichtskarte des Königreichs Dänemark und der Herzogthümer Schleswig-Holstein und Lauenburg (Nr. I, p. 5)
2. Karte der Umgegend von Missunde (Nr. IV)
3. Plan der Belagerung der Düppeler Schanzen (Nr. VIII)
4. Fridericia (Nr. X)
5. Die Nordfriesischen Inseln (Nr. XII)
6. Schloß Augustenburg auf der Insel Alsen (Taf. XVI)
7. Plan der dänischen Vertheidigungswerke in Südschleswig: Dannewerk, Kurgraben und Osterwall, Nach der Aufnahme des Oberstlieutenants W. Dreyer. (Taf. XXVIII/XXIX)
8. Ansicht von Kolding (Taf. XLI)
9. Reliefkarte der Düppeler Schanzen und ihrer Umgebungen (Taf. LVI)
10. Blick auf Alsen und Sonderburg aus der preußischen 24-Pfünder-Batterie „Mogilowski" (Taf. LIX)
11. Karte der Insel Alsen (Taf. LXXXVIII)
12. Skagen im nördlichen Jütland (Taf. XCVI)

Lit.: GV 1700-1910 Bd 81, S. 90; KATALOG LB KIEL Bd I, S. 720.
Sign.: Gha 411

B 232.

Illustrirte Kriegsberichte aus Schleswig-Holstein. Gedenkblätter an den Deutsch-Dänischen Krieg von 1864. Mit Illustrationen und Originalzeichnungen von A. Beck, L. Burger, L. Braun, R. Geißler, Fr. Kaiser, C. Roux, H. Scherenberg und C. Schmidt. Zweite, verbesserte und vermehrte Auflage.
Leipzig: Verlagsbuchhandlung von J. J. Weber, 1864. 2°

Neben vielen Darstellungen zum Kriegsgeschehen finden sich 23 Karten und Ortsansichten:
1. Uebersichtskarte des Königreichs Dänemark und der Herzogthümer Schleswig-Holstein und Lauenburg (Nr. 1, p. 5)
2. Plan von Rendsburg (Nr. 2, p. 13)
3. Schloß Augustenburg auf der Insel Alsen (Nr. 2, p. 14)
4. Karte der Umgegend von Missunde (Nr. 3, p. 20)
5. Eckernförde (Nr. 3, p. 22)
6. Plan der dänischen Vertheidigungswerke in Südschleswig: Dannewerk, Kurgraben und Osterwall, Nach der Aufnahme des Oberstlieutenants W. Dreyer. (Nr. 4, p. 28/29)
7. Die Schanzen westlich von Friedrichsberg, mit der Ansicht auf Schleswig und Haddeby (Nr. 4, Taf. XXX)
8. Flensburg (Nr. 5, p. 38)
9. Ansicht von Kolding (Nr. 6, p. 41)
10. Veile in Jütland, von Südwesten (Nr. 6, p. 45)
11. Reliefkarte der Düppeler Schanzen und ihrer Umgebungen (Nr. 7, p. 53)
12. Sonderburg in der Nacht vom 3. April 1864 (Nr. 7, Taf. LV)
13. Plan der Belagerung der Düppeler Schanzen (Nr. 8, p. 60)
14. Blick auf Alsen und Sonderburg aus der preußischen 24-Pfünder-Batterie „Mogilowski" (Nr. 8, Taf. LIX)
15. Ansicht von Cuxhaven (Nr. 9, p. 65)
16. Plan des Seegefechts von Jasmund (Nr. 9, p. 68)
17. Ansicht von Helgoland (Nr. 9, p. 70)
18. Fridericia [Plan] (Nr. 10, p. 74)
19. Karte von Fridericia, Kolding und Middelfart nebst Umgegend (Nr. 10, p. 76)
20. Ansicht von Fridericia (Nr. 10, p. 77)
21. Karte der Insel Alsen (Nr. 11, p. 86)
22. Karte von Jütland (Nr. 12, p. 92)
23. Ansicht von Skagen in Jütland (Nr. 12, p. 94)

Lit.: GV 1700-1910 Bd 81, S. 90; KATALOG LB KIEL Bd III, S. 2509.
Sign.: Gha 411 b

B 233.

Illustrirter Dresden-Prager-Führer. Malerische Beschreibung von Dresden, der Sächsischen Schweiz mit Teplitz, der Dresden-Prager Eisenbahn und Prag. Mit Abbildungen der vorzüglichsten Sehenswürdigkeiten, einer Karte der Dresden-Prager Eisenbahn und den Orientirungsplänen von Dresden und Prag.
Leipzig: J. J. Weber, 1852. 8°

Auf den Einbandinnenseiten vorne und hinten finden sich Pläne mit dem Grundrissen von Dresden u. Prag und im Frontispiz die Karte:
Eisenbahnkarte von Dresden bis Prag.

Lit.: ENGELMANN S. 464; GV 1700-1910 Bd 30, S. 215.
Sign.: Ee 30

B 234.

Illustrirter London-Führer. Mit Grundrissen und Abbildungen der vorzüglichsten Sehenswürdigkeiten, einem Panorama der Themse und einem Orientirungsplan von London. Zweite gänzlich umgearbeitete Auflage.
Leipzig: J. J. Weber, 1859. 8°

Eingebunden finden sich folgende Pläne und Grundrisse:
1. Orientirungs-Plan der Plätze Hauptstrassen, Sehenswürdigkeiten, der öffentl. Gebäude und Gärten in London. (vorne)
2. Grundriss des Parlaments-Gebäudes. (p. 120)
3. Grundplan von St. James-Park. (p. 134)
4. Grundplan von Hyde-Park. (p. 138)
5. Grundplan von Regents-Park. (p. 142)
6. Grundriss der Bank von England. (p. 180)
7. Grundriss der Westminster-Abtei. (p. 224)
8. Panorama der Themse von der Mündung bis Schloss Windsor. (hinten)

Lit.: GV 1700-1910 Bd 90, S. 134.
Sign.: Ed 93

B 235.

Itinerarium Antonini Augusti et Hierosolymitanum. Ex libris manu scriptis ediderunt G. Parthey et M. Pinder. Accedunt duae tabulae.
Berlin: Friedrich Nicolai, 1848. 8°

Am Schluß findet sich in einer Hülle unter den Tafeln auch folgende Karte:
Itinerarium Antonini Augusti et Hierosolymitanum. G. P. [= Gustav Parthey] del. 1846. Lith. Anst. v. H. Delius, Berlin.

Lit.: GV 1700-1910 Bd 70, S. 237.
Sign.: Al II 452

B 236. Jäger, Oskar:

Geschichte der Griechen. Fünfte Auflage. Mit 145 Abbildungen, 2 Chromlithographien und 2 Karten.
Gütersloh: C. Bertelsmann, 1887. 8°

Am Schluß finden sich die beiden Karten (Ausführung v. Ed. Gaebler's geogr. Institut, Leipzig-Neustadt):
1. Griechenland und die Inseln des Aegaeischen Meeres.
2. Karte zur griechischen Geschichte.

Lit.: GV 1700-1910 Bd 66, S. 279.
Sign.: Gg 31

B 237. Jäger, Oskar:

Geschichte der neuesten Zeit vom Wiener Kongreß bis zur Gegenwart. 3 Bde. 24. Aufl.
Berlin: Oswald Seehagen 1899-1901. 4°

Am Schluß des ersten Bandes findet sich die Karte:
Deutschland zur Zeit des Deutschen Bundes 1815-1866. Schrift v. Bischoff.

Lit.: GV 1700-1910 Bd 66, S. 279.
Sign.: Gaß 34

B 238. Jähns, Max:

Atlas zur Geschichte des Kriegswesens von der Urzeit bis zum Ende des 16. Jahrhunderts. Bewaffnung, Marsch- und Kampfweise, Befestigung, Belagerung, Seewesen. 100 Blatt. Zu seinen Vorlesungen an der Königl. Kriegsakademie zusammengestellt.
Leipzig: Fr. Wilh. Grunow, 1878. obl. 2°

Die in einer Kassette zusammengefaßten kartonierten Blätter der Sammlung, von denen die Nummern 3, 6, 7, 9 und 53 fehlen, zeigen unterschiedliche Abbildungen zum Kriegswesen. Folgende Blätter, die oben rechts eine laufende Nummer und unten den Hinweis: Lith. Institut v. Wilh. Greve Berlin, aufweisen, enthalten Karten:
24. Römische Befestigungen und Heerstrassen in Italien nach der Militärkarte im 1. Bande von Mommsen's Römischer Geschichte.
25. Römische Befestigungen und Heerstrassen um Rhein und Alpen.
62. Schlacht bei Morgarten ... 1315 / Schlacht bei Maupertuis ... 1356.
64. Schlacht bei Tannenberg ... 1410 / Schlacht bei Monthéry ... 1465.
65. Plan der Schlacht bei Granson ... 1476 / Plan der Schlacht bei Murten ... 1476.
66. Plan der Schlacht bei Nancy ... 1477 / Plan der ersten Schlacht bei Guinegatte ... 1479.
67. Befestigung von Paris ... 1180 u. 1370.
73. Belagerung von Orleans 1428.
87. Schlacht bei Ravenna ... 1512.
91. Theil der Befestigung von Metz.
94. Belagerung von Metz ... 1552.
95. Gegend von Pavia. Zum Verständnis der Belagerung ... u. der Schlacht 1525 / Belagerung des Castells von Mailand
96. Belagerung von Antwerpen durch die Spanier ... 1584/85 / Schlacht bei Nieuport ... 1600.

Die Blätter der Loseblatt-Sammlung gehören zu dem Werk (Sign.: Gav 35):
Jähns, Max: Handbuch einer Geschichte des Kriegswesens von der Urzeit bis zur Renaissance. Technischer Theil: Bewaffnung, Kampfweise, Befestigung, Belagerung, Seewesen. Nebst einem Atlas von 100 Tafeln.

Leipzig: Fr. Wilh. Grunow, 1880. 4°

Lit.: GV 1700-1910 Bd 66, S. 333.
Sign.: Gav 70

B 239. Jahn, Ferdinand Henrik:

Danmarks politisk-militaire Historie under Unionskongerne, fra Kong Oluf og Dronning Margarethe, indtil Kong Hanses Død, med et Tillæg af forhen utrykte Diplomer og andre historiske Actstykker samt 2 Oversigtskort og 1 Plan.
Kiøbenhavn: Poppske Officin, 1835. 4°

Am Schluß finden sich zwei Karten und ein Plan:
1. Oversigtskaart til Unionskrigene ved Jahn. MDCCCXXVIII.
2. Oversigtskaart til Unionskrigene ved Jahn.
3. Kort over Stockholms Befæstning i Slutningen af det XVde og Begyndelsen af det XVIde Aarhundrede. Efter gamle Kort og historiske Vidnesbyrd sammensat.

Lit.: BIBLIOTHECA DANICA 1831-1840, Sp. 180; KATALOG LB KIEL Bd I, S. 374.
Sign.: Gna 245

B 240. Jameson, Robert:

Herrn Robert Jameson's mineralogische Reisen durch Schottland und die Schottischen Inseln. Aus dem Englischen übersetzt und von einem Auszuge aus Herrn Bergrath Werner's Geognosie, die Lehre von den Gebirgsarten betreffend, als Einleitung begleitet von Heinrich Wilhelm Meuder. Mit zwey Karten und zwey Kupfern.
Leipzig: Siegfried Lebrecht Crusius, 1802. 4°

In dem Werk finden sich zwei Karten:
1. Die Insel Arran. | Tab. II | S. 11.
2. Karte von Schottland. | Tab. I. | [am Schluß].

Lit.: GV 1700-1910 Bd 68, S. 27.
Sign.: Ni 4

B 241. Jansen, Karl:

Der Tag und die Männer von Eckernförde. Mit einer Karte.
Kiel: Ernst Homann, 1870. 8°

Am Schluß findet sich eine (titellose ?) Karte zum Gefecht von Eckernförde 1849, die nicht mehr vollständig ist.

Lit.: GV 1700-1910 Bd 68, S. 76; KATALOG LB KIEL Bd I, S. 705.
Sign.: Gha 224

B 242. Jensen, Christian:

Die Nordfriesischen Inseln Sylt, Föhr, Amrum und die Halligen vormals und jetzt. Mit besonderer Berücksichtigung der Sitten und Gebräuche der Bewohner. Mit 61 Abbildungen, einer Karte und 7 farbigen Trachtentafeln.
Hamburg: Verlagsanstalt und Druckerei Actiengesellschaft (vormals J. F. Richter), 1891. 8°

Während die farbigen Trachtentafeln vorhanden sind, fehlt die Karte der nordfriesischen Inseln.

Lit.: GV 1700-1910 Bd 68, S. 250; KATALOG LB KIEL Bd I, S. 729.
Sign.: Ghb 808 a

B 243. Jensen, Hans Nicolai Andreas:

Versuch einer kirchlichen Statistik des Herzogthums Schleswig. 4 Lieferungen, in 2 Bden (durchgehend paginiert).
Flensburg: A. S. Kastrup, 1840/41. 8°

In den beiden Bänden findet sich am Schluß je eine Karte:
1. Das alte Nordstrand vor der Fluth vom 11./12. October 1634. Steindruck von J. H. Möller in Flensburg.
2. Das Herzogthum Schleswig. Nach der kirchlichen Eintheilung. Steindruck von T. Petersen in Flensburg.

Lit.: BIBLIOTHECA DANICA 1831-1840, Sp. 994; ENGELMANN S. 900; GV 1700-1910 Bd 68, S. 252; KATALOG LB KIEL Bd I, S. 503; zu den Karten vgl. GEERZ S. 178f. u. 204.
Sign.: Tk 79

B 244. Jungmann, Eduard:

Eckernförde und der 5. April 1849. Eine artilleristische Episode aus dem Deutsch-Dänischen Kriege. Aktenmäßig dargestellt. (Mit 2 Plänen).
Hamburg: Perthes-Besser & Mauke, 1852. 8°

Am Schluß finden sich die beiden Pläne:
1. Charte des Eckernförder Hafens nebst Umgebungen.
2. Befestigung bei Eckernförde am 5ten April 1849. Lith. v. Speckter & Co. Hamburg.

Lit.: GV 1700-1910 Bd 71, S. 87; KATALOG LB KIEL Bd I, S. 705; zu den Plänen vgl. GEERZ S. 136.
Sign.: Gha 174

B 245.

Der Kampf bei Eckernförde am 5. April 1849. Nach den besten Quellen geschildert. Nebst einem Plan.
Hamburg: Hoffmann und Campe, 1849. 8°

Lose beiliegend findet sich in dem Heft der Plan:
Plan von Eckernförde, gez. von Blandowski II Lieut. a/D Gefecht a. 5. April 1849. Hamburg, bei Hoffmann & Campe.

Lit.: GV 1700-1910 Bd 72, S. 210; KATALOG LB KIEL Bd II, S. 1464; zum Plan vgl. GEERZ S. 192.
Sign.: Gha 135

B 246. Kappe, G. v.:

Preußens Antheil an dem deutsch-dänischen Streit im Jahre 1848. Mit zwei Karten.
Leipzig: Verlag von Otto Wigand, 1861. 8°

Abb. 53:
„Karte von Schottland." – Die großformatige Karte findet sich in „Herrn Robert Jameson's mineralogische Reisen durch Schottland und die Schottischen Inseln" (Leipzig 1802). Der Schotte Jameson (1774-1854) war Geologe (B 240).

Am Schluß finden sich 2 Karten:
1. Croquis des Schlachtfeldes von Schleswig.
2. Croquis vom Sundewitt.

Lit.: GV 1700-1910 Bd 72, S. 312; KATALOG LB KIEL Bd II, S. 1457.
Sign.: Gha 406

B 247. Kier, Otto:

Der Hafenbau der Stadt Hadersleben, unter Berücksichtigung seines gegenwärtigen und künftigen Einflusses auf den städtischen Handelsverkehr.
Altona: Joh. Fr. Hammerich, 1854. 4°

Am Schluß finden sich u. a. eine Karte und eine Ansicht:
1. Titellose Karte über die Haderslebener Förde
2. Die Haderslebener Schiffbrücke von der Südseite. F. Wurzbach Altona.

Beiliegend findet sich auch ein Plan, der keine Beziehung zu dem Werk hat:
Grundriss der Stadt Hadersleben nach Danckwerth 1651

Lit.: GV 1700-1910 Bd 75, S. 46; KATALOG LB KIEL Bd II, S. 1514.
Sign.: Gnl 133

B 248. Kier, Otto:

Ueber die Hafenbildung an der Westküste der Herzogthümer Schleswig und Holstein, mit besonderer Berücksichtigung des Lister Tiefs und der Widau.
Altona: Gedruckt auf Kosten des Verfassers, 1857. 8°

Am Schluß findet sich eine titellose Karte zu Sylt (Lister Tief) und Widaumündung (Hoyer).

Lit.: GV 1700-1910 Bd 75, S. 46.
Sign.: Ghb 801

B 249. Klebe, Albert:

Gotha und die umliegende Gegend.
Gotha: Ettinger, 1796. 8°

Der Plan von Gotha befindet sich heute in der Jordtschen Kartensammlung (Nr. 226 a).

Lit.: GV 1700-1910 Bd 76, S. 92.
Sign.: Ee 8 (Jordtsche Bücher B 65; Angeb.: 1. B 512)

B 250. Klenze, Karl Friedrich Hermann:

Versuch eines Plans der neuen Districtseintheilung Schleswig-Holsteins, als Grundlage der in Gemäßheit des Staatsgrundgesetzes zu erlassenden organischen Gesetze. Mit einer Charte.
Schleswig: M. Bruhn, 1849. 8°

Am Schluß findet sich die Karte:
Schleswig-Holstein, nach einer projectirten neuen Districtseintheilung. Entworfen u. gezeichnet von Carl Gräf d. Z.

Feldwebel b. d. 2. Gnpd. 1. Inf. B. Lithogr. u. gedruckt in der Lithogr. Anstalt v. R. von Dehn in Elmshorn. [vgl. Farbtafel 10]

Lit.: GV 1700-1910 Bd 76, S. 249; KATALOG LB KIEL Bd I, S. 580. Zur Karte vgl. GEERZ S. 203f.
Sign.: Ghc 68

B 251. Klose, Heinrich:

Togo unter deutscher Flagge. Reisebilder und Betrachtungen. Mit 23 Lichtdruck-Tafeln und 69 Text-Illustrationen, hauptsächlich nach Original-Photographien.
Berlin: Dietrich Reimer, 1899. 4°

Beiliegend am Schluß findet sich eine Karte:
H. Klose's Reisen in Togo und seinen Hinterländern 1894-1898. Red. v. P. Sprigade.

Lit.: GV 1700-1910 Bd 76, S. 378.
Sign.: Ec 106

B 252. Knowles, James D.:

Memoiren der Mrs. Anna H. Judson, Missionarin in Burmah. Zur Geschichte der Burmanischen Mission. Zusammengetragen von James D. Knowles. Nach der zehnten Auflage. Aus dem Englischen.
Hamburg: Bei J. G. Oncken, o. J. 8°

Vor S. 1 findet sich die Karte:
Burmah. Stich v. A. Schmidt. Ch. F. Grün.

Lit.: GV 1700-1910 Bd 77, S. 170.
Sign.: Bb 374

B 253. (Knudsen, Johan Frederik Christian):

Danmarks Kamp for Slesvig i Aarene 1848 og 1849 (i Aaret 1850). Efter nogle Frivilliges Papirer, beskreven af F. K. Kortene af Capt. Lumholtz, Lærer ved Landcadetacademiet. Illustrationerne af Lieutenant Dalgas, Elev af Kunstacademiet. Chemitypierne af Kittendorff & Aagaard. 3 Teile (in 1 Bd).
Kjøbenhavn: F. H. Eibe, 1851-(ca. 1853). 4°

Neben vielen Illustrationen finden sich in den drei Teilen auch folgende Karten:
1. Kort over Jylland, Slesvig og Fyen med hosliggende Öer. (I, vor Titelblatt)
2. Kort over Bov og Omegn. Udkastet af Capt. Lumholtz. Chemityperet af Kittendorff & Aagaard. Trykt hos Sally B. Salomon, Brünnichs Efterfølger. (I, p. 44)
3. Kort over Sundevit og Halvöen Ulkeböl. W. L. A. Hansen's lith. Inst. (I, Schluß)
4. Kaart over Fredericia og Omegn. Udarbeidet efter Armeecorps's Kaart 1849. W. L. A. Hansen's lith. Inst. (II, p. XXXX)
5. Kaart over Valpladsen ved Idsted og Armeestillingen ved Dannevirke, udarbeidet efter Armeens Topographers Kaart 1850, af Capitain W. D. v. Lumholtz 1853. Til „Danmarks Kamp for Slesvig". 3die Bd. Andr. Fred. Höst.s Forlag. Em. Bærentzen & Co. lith. Inst. (III, p. 112)

Unter der Signatur Gha 159 b und c findet sich eine zweite Fassung des Werkes in drei Bänden mit densel-

175

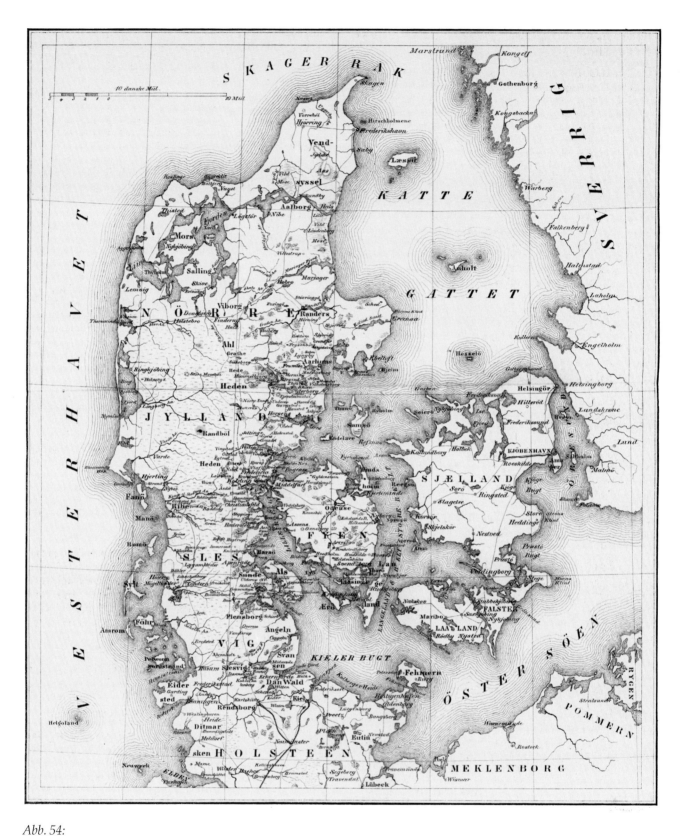

Abb. 54:
„Kort over Jylland, Slesvig og Fyen med hosliggende Öer." – Die Karte, die von dem dänischen Kartographen Capitain W. D. v. Lumholtz, Lehrer an der Landkadettenakademie, gezeichnet wurde, findet sich im ersten Teil von Johan Frederik Knudsens Darstellung der Schleswigschen Kriege „Danmarks Kamp for Slesvig i Aarene 1848 og 1849" (Kjøbenhavn 1851). Sie bietet am Anfang des Werkes einen Überblick über den Kriegsschauplatz in Jütland und Schleswig (B 253, Nr. 1).

ben Karten, wobei die Karten 1-4 in den Teilen I u. II am Schluß zu finden sind.

Lit.: KATALOG LB KIEL Bd I, S. 695 u. Bd II, S. 1459; zu den Karten Nr. 2 u. 3 vgl. GEERZ S. 205.
Sign.: Gha 159

B 254. Köhler, Johann David:

Kurtze und gründliche Anleitung zu der Alten und Mittlern Geographie, nebst XII Land-Kärtgen. (Kupfertitel: Compendium Geographiae antiquae et modernae).
Nürnberg: Bey Christoph Weigels des Aeltern Kunsthändlers seel. Wittwe; Gedruckt bey Lorenz Bieling, 1730 [ND Leipzig: Reprint Verlag, o.D.]. 8°

In dem Werk finden sich 12 Karten:
 1. EVROPA (vor p. 1)
 2. GERMANIA (vor p. 5)
 3. ITALIA (vor p. 15)
 4. P[ars] I[tali]Æ ROMANA (vor p. 19)
 5. ROMA VICTRIX (p. 32)
 6. GRAECIA (p. 38)
 7. ASIA (vor p. 59)
 8. IVDAEA CAPTA (p. 62)
 9. AFRICA (vor p. 63)
 10. FACIES | GALLIAE IN | SECVLO V | P. C. N. (p. 76)
 11. GERMA[-] | NIA | IN | SECVLO | V. | P. C. N. (vor p. 83)
 12. ITALIA | LONGOBARDICA | et | GRÆCA | SEC. VI. VII. VIII. (p. 90)

Lit.: zur Nürnberger Ausgabe von 1745 vgl. GV 1700-1910 Bd 78, S. 75.
Sign.: Eb 155

B 255. Körber, Philipp:

Nürnberg. Ein Führer durch die Stadt und ihre Umgebungen. Mit 42 Abbildungen und einem Plane. (Weber's illustirte Reisebibliothek, Nr. 14).
Leipzig: J. J. Weber, 1858. 8°

Am Schluß findet sich ein Plan:
Plan von Nürnberg.

Lit.: GV 1700-1910 Bd 154, S. 181.
Sign.: Ee 44

B 256. (Korn, Christoph Heinrich):

Geschichte der Kriege in und außer Europa. Vom Anfange des Aufstandes der Brittischen Kolonien in Nordamerika an. 30 Theile, in 3 Bänden.
Nürnberg: Gabriel Nicolaus Raspe, 1776-1784. 4°

Das Werk enthält diverse, zum Teil „illuminierte" [farbige] Pläne und Karten:
Bd I (Teile 1 – 10):
Teil 1 (1776):
 1. Plan de Boston (Frontispiz)
Teil 2 (1776):
 2. Karte von der Insel Montreal und den Gegenden umher, nach den Manuscripten der Karten, Grundrisse und Ta-

gebücher bey der Marine entworfen, von N. Bellin Ingenieur und Hidrographen der Marine. ward von den Engländern erobert im August 1760. No. 135. (p. 44)
Teil 3 (1777):
 3. Karte von Neu England Neu Yorck und Pensilvanien (p. 1) [vgl. Farbtafel 11]
Teil 4 (1777):
 4. Crown-Point sonst Fort St. Frederic, am See Champlain in Neu England. (Frontispiz)
Teil 5 (1777):
 5. Grundriss des nördlichen Theils der Neujorks Insel nebst den am 16. Novbr. 1776 eroberten Fort Washington nun das Fort Knyphausen genannt und dem Fort Lee (p. 62)
Teil 7 (1777):
Plan sämtlicher Kriegsoperationen von 1776 (von Großbrit. Admiralität approbiert) – fehlt
Teil 8 (1777):
 6. Plan von den Operationen der Koeniglichen Armee unter dem General Sir William Howe in Neuyorck und Ost-Neujersey gegen die Americaner unter Comando des Generals Washington, vom 12. October bis 22. November 1776, wobey vorzüglich die Affaire bey White Plains am 28. October vorgestellt wird. (p. 1)
Teil 10 (1778):
 7. Plan der Gegend und Stadt Philadelphia (p. 1)
Bd II (Teile 11 -20):
Teil 15 (1778):
 8. Kriegs-Carte von den Einmarch Se. Maj. des Königs in Preussen in Böhmen 1778. (p. 1)
 9. Kriegs-Carte von den Königl. Preuss. und Chur-Sächsischen Einmarch in Böhmen unter Comando Sr. K. H. des Prinzen Heinrichs d. 28. July 1778. (p. 1)
Teil 16 (1778):
 10. Carte von Boehmen Maehren Schlesien und Lausitz. Nürnberg auf Kosten der Raspischen Handlung. (mit Operationen) (p. 1)
Teil 18 (1779):
 11. Kriegs-Charte von den Kaiserlichen und Königlichen Überfall und Wegnahme des Blokhauses bei Nieder Schwedeldorff und Städtigen Habelschwert in der Graffschafft Glaz unter den General Lieutnant Wurmser, wo an beeden Orten die daselbst befindl. König: Preuss: Besazungen zu Kriegsgefangenen gemacht worden d. 18. Jan. Ao. 1779. (p. 1)
Teil 19 (1779):
 12. Karte von der Insel St. Lucia von M. B. [= Bellin] Ing. de la Marine 1758. (p. 1)
Bd III (Teile 21 – 30):
Teil 21 (1780):
 13. Karte von der Insel Grenada und den Grenadillen in Nord America ... Gezeichnet von M. Bellin Ing. de la Marine 1758. (p. 1)
Teil 22 (1781):
 14. Die Meerenge von Gibraltar. J. Kellner sc. Norib. (p. 1)
Teil 23 (1781):
 15. Plan von den Inseln Jersey und Guernsey (ohne Titel) (p. 1)
Teil 24 (1781):
 16. Die Insel Minorca. Kellner sc. (p. 1)
Teil 25 (1782):
 17. Westindien. Samuel Vitus Dorn sc. (p. 1)
Teil 26 (1782):
 18. Karte von dem Eyland Jamaica. Durch den Herrn Bellin Ingr. de la Marine 1758. (p. 1)
Teil 27/28 (1783):
Plan von Gibraltar – fehlt

Teil 29 (1783):
19. Carte von der Insel Terre-Neuve [= Neufundland] entworfen von Bellin. Nürnberg in der Raspischen Handlung (p. 1)

Lit.: GV 1700-1910 Bd 46, S. 223; HEINSIUS Bd II, S. 109.
Sign.: Gaß 3

B 257. Kotzebue, Otto von:

A Voyage of discovery, into the South Sea and Bering's Straits, for the purpose of exploring a North-East Passage, undertaken in the years 1815-1818, at the expense of His Highness The Chancellor of the Empire, Count Romanzoff, in the ship Rurick. Illustrated with numerous plates and maps. Vol. II – III.
London: Longman, Hurst, Rees, Orme, and Brown, 1821. 8°

Am Schluß der Bände II u. III finden sich insgesamt fünf Karten:
Vol. II:
1. Plan of the Group called Romanzoff's Islands ... January 1817.
2. Chart of the Islands of Radack and Ralick... November 1817
3. Chart of the Caroline Islands, after the Statement of Edock.
Vol. III:
4. Chart of the Caroline Islands, after I. A. Cantova.
5. Chart of the Caroline Islands, after Den Luis de Torres.

Lit.: LOC Bd 82, S. 255; zur deutschen Ausgabe von 1821 vgl. ENGELMANN S. 98; GRIEB Bd 1, S. 371 (Nr. 729).
Sign.: Ec 25

B 258. Kriegk, Georg Ludwig:

Das thessalische Tempe, in geographischer und antiquarischer Hinsicht dargestellt. Mit 1 lithographirten Karte (Beiträge zur Geographie von Hellas mit besonderer Beziehung auf antiquarische Verhältnisse, Heft 1).
Leipzig: Wilhelm Engelmann, 1835. 8°

Am Schluß findet sich die Karte:
Das Tempe. Weber in Leipzig

Lit.: ENGELMANN S. 533f.; GV 1700-1910 Bd 81, S. 84.
Sign.: Aag 22

B 259. Kruse, Friedrich Carl Hermann:

Archiv für alte Geographie, Geschichte und Alterthümer insonderheit der Germanischen Völkerstämme. 3 Hefte (in 1 Bd).
Breslau: Grass, Barth und Comp. [Heft I]; Leipzig: P. G. Kummer [Heft II u. III], 1821/22. 8°

Am Schluß des Bandes findet sich eine Karte:
Germaniae Magnae Pars orientalis In primis secundum Tacitum et Ptolemaeum itinerum dimensionibus restitutis accurate delineata a F. C. H. Kruse, Halae Sax. 1822. Tab. I. Zu Krusis Archiv gehörig Heft III. [mit Nebenkarte: Itinerarium durch den östl. Theil von Germania Magna nach Art der Tab. Peuting. und den auf Entfernungen reducirten Angaben des Ptolemaeus entworfen von F. Kruse 1822.]

Lit.: GV 1700-1921 Bd 81, S. 334.
Sign.: Dk 3/1

B 260. Kruse, Friedrich (Carl Hermann):

Deutsche Alterthümer oder Archiv für alte und mittlere Geschichte, Geographie und Alterthümer insonderheit der germanischen Völkerstämme. 3 Bde (jeweils in Heften).
Halle: Friedrich Ruff, 1824-1829. 8°

Am Schluß des ersten Heftes von Band II (1826) findet sich eine Karte:
Charte zu den vier letzten Feldzügen des Nero Claudius Drusus, entworfen von Aug. Bened. Wilhelm, 1825. Lythogr. v. C. Dathe. Steindr. des F. A. v. Fielitz in Leipzig. [vgl. B 571]

Lit.: GV 1700-1910 Bd 81, S. 334.
Sign.: Dk 3 / 2-4

B 261. (Küttner, Carl Gottlob):

Reise durch Deutschland, Dänemark, Schweden, Norwegen und einem Theil von Italien, in den Jahren 1797, 1798, 1799. Zweyter u. Dritter Theil.
Leipzig: Georg Joachim Göschen, 1801. 8°

Am Schluß des zweiten Teils findet sich neben einem titellosen „Plan von dem Canal und der Gegend um Trollhättan" die Karte:
Charte von Stockholm und der umliegenden Gegend.

Lit.: BIBLIOTHECA DANICA Bd II, Sp. 590; GV 1700-1910 Bd 116, S. 34; zur Ausgabe von 1804 vgl. ENGELMANN S. 255; KATALOG LB KIEL Bd I, S. 40.
Sign.: Ed 61

B 262. Kutzen, Josef:

Das deutsche Land in seinen charakteristischen Zügen und seinen Beziehungen zu Geschichte und Leben der Menschen. Vierte Auflage, gänzlich umgearbeitet von Dr. Viktor Steinecke. Mit 116 Karten und Abbildungen in Schwarzdruck, sowie 5 Karten und 4 Tafeln in vielfachem Farbendruck.
Breslau: Ferdinand Hirt, 1900. 4°

In dem Werk finden sich 5 größere Karten:
1. Deutschland, Sprachen & Mundarten. (p. 12)
2. Geognostische Karte von Mitteleuropa. Nach H. v. Decken. Geogr. Anst. v. Wagner & Debes, Leipzig. (p. 53)
3. Deutschlands wichtigste Strassenzüge. Entwurf von Dr. Steinecke. Geogr. Inst. v. G. Steinkopf Halle/S. (p. 184)
4. Deutschlands wichtigste Bodenschätze. Entwurf von Dr. Steinecke. Geogr. Anst. v. Wagner & Debes, Leipzig. (p. 324)
5. Die Vergletscherung von Norddeutschland. Geograph. Anst. von Wagner & Debes, Leipzig. (p. 416)

Lit.: GV 1700-1910 Bd 83, S. 127.
Sign.: Ee 58

B 263. Lahde, Gerh. Ludv.:

Topographisk-historisk Udsigt over Kjøbenhavns Belejring 1807. Med 2 Kobbere. / Topographisch-historische Ansicht der Belagerung Kopenhagens 1807. Mit 2 Kupfern.

(Kopenhagen): Andreas Seidelin, o. J. (1807). 4°

In dem Werk finden sich 2 Pläne:
1. Titelloser Plan zu Kopenhagen und Umgebung. Lahde sc.
2. Kiøbenhavn. Lahde sc.

Lit.: BIBLIOTHECA DANICA Bd III, Sp. 539; ENGELMANN S. 617.
Sign.: Gna 50

B 264. Laing, Samuel:

Observations on the social and political State of Denmark, and the Duchies of Sleswick and Holstein, in 1851; being the third Series of the „Notes of a Traveller on the social and political State of the European People".
London: Longman, Brown, Green, and Longmans, 1852. 4°

In dem Werk findet sich vor dem Titelblatt eine Karte: Battle of Idstedt – Position of the Armies at its Commencement. London: Longman & Co. 1852.

Lit.: KATALOG LB KIEL Bd III, S. 2206.
Sign.: Gha 169

B 265. Lamartine, Alphonse de:

Souvenirs, Impressions, Pensées et Passages pendant un Voyage en Orient. Tome premier (- Tome quatrième).
Bruxelles: Société Belge de Librairie, etc. Hauman et Comp., 1838. 8°

Am Schluß des vierten Bandes findet sich eine Karte:
Carte de la Syrie, pour servir à la Lecture du Voyage en Orient par Md. Alphonse de Lamartine, dressée par Pierre Tardieu 1835.

Sign.: Ff II 233 c

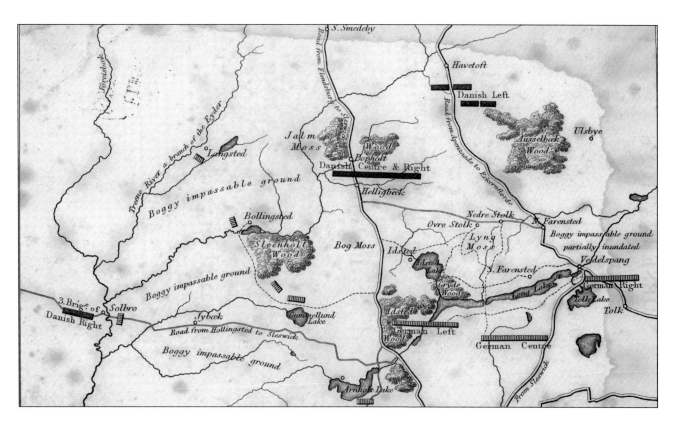

Abb. 55:
„Battle of Idstedt – Position of the Armies at its Commencement." – Die Karte, die sich auf die entscheidende Niederlage der schleswig-holsteinischen Armee in den Schleswigschen Kriegen in der Schlacht bei Idstedt nördlich der Stadt Schleswig (1850) bezieht und die Position der „dänischen" und die der „deutschen" Armee vor Beginn der Schlacht zeigt, findet sich in Samuel Laing's „Observations on the social and political State of Denmarck and the Duchies of Sleswick and Holstein in 1851" (London 1852) (B 264)

B 266. Lamy, Bernard:

De Tabernaculo Foederis, de sancta civitate Jerusalem, et de templo eius, libri septem.
Paris: Jean-Baptiste Delespine, 1720. 2°

Unter den vielen großformatigen Kupferstichen finden sich auch vier Pläne:
1. Forma Castrorum Israel secundum Samuelem Reyherum Col. 338 / Castra Israel, ex nostra opinione. Col. 333.
2. DESCRIPTIO | SEU | ICHNOGRAPHIA VETERIS URBIS | HIERUSALEM | ET | LOCORUM ADIACENTIUM. | | Tab. VIII. | | Col. 593 et 755.
3. DELINEATIO SEU PROSPECTUS OMNIUM ÆDIFICIORUM TEMPLI EX PARTE URBIS AUSTRALI, NEC NON ET DOMORUM CIRCUM-ADIACENTIUM. | | Delamonce del. | | Tab. X p 752.
4. Ichnographia sive Vestigium | TEMPLI HIEROSOLYMITANI | | Tab. XII (p. 768)

Lit.: LOC Bd 84, S. 17.
Sign.: Ta 256

B 267. (Lang, Joseph Gregor):

Reise auf dem Rhein (von Mainz nach Andernach u. von Andernach nach Düsseldorf). 2 Theile (in 1 Bd).
Koblenz: auf Kosten des Verf. in Komm. der Andraeischen Buchhandlung Frankfurt, 1789/90. 8°

Am Schluß der beiden Teile findet sich eine titellose Karte zum Verlauf des Rheins von Mainz bis Andernach bzw. von Andernach bis Düsseldorf (H. Cöntgen Sc. Mog.).

Lit.: ENGELMANN S. 815; GV 1700-1910 Bd 116, S. 52; HEINSIUS Bd III, S. 331.
Sign.: Ee 7 (Jordtsche Bücher B 70)

B 268. (Lange, Pieter de):

Sweetse Wapenen, Gevoert (door Carolus Gustavus der Sweeden, Gotten en Wenden Koninck) In Poolen, Pruysen en Denemarcken, van den dag Sijner Krooninge, tot des selfs Doodt. Door P. S. Den laatsten Druk. Van veel fouten en misuagen gecorrigeert en verbetert. (Kupfertitel: Sweedsche Wapenen Gevoert (door Carolus Gustavus, Coninck van Sweeden, etc.) in Polen en Denemarcken).
Amsterdam: Ernestus Back, 1660. 16°

In dem Werk findet sich eine Schlachtendarstellung:
ZEE-SLACH TUSSE D. E. HEER OBDAM EN WRANGEL, | Voor Gevallen In den Orisondt den 8. Novemb. 1658. (p. 260)

Sign.: Gns 19

B 269. Langebek, Jacob (Hrsg.):

Scriptores rerum danicarum medii aevi, partim hactenus inediti. Tomus I-IX (Tomus VI u. VII hrsg. v. Peter Friedrich Suhm; Tomus VIII hrsg. v. L. Engelstoft u. E. C. Werlauff (1834); Tomus IX (Register) hrsg. v. Legati Hjelmstjerne-Rosencroniani Curatores).
Hafniæ: Godiche (u. a.), 1772-1878. 2°

In Tomus VII (1792) finden sich vier Karten:
1. REGNVM | DANIAE | ET | SLAVIAE, | ESTHIA | DOMINIUM NORDALBINGIÆ | REGE | WALDEMARO II. | Impensis Regiis, curante J. L. [= Jacob Langebek] 1760. (Titelkartusche unten rechts). (p. 517)
2. IUTIA, | sive | NORDJUTLAND, | ex Monumentis | Ævi Waldemariani | descripta. | Impensis Regiis, curante I. L. [= Jacob Langebek] 1761 | et P. F. Suhm 1787. (Titelkartusche oben links). Muller sculpsit (unten links außen). Fridrich scripsit. (unten rechts außen). (p. 520)
3. IUTIÆ DUCATUS | DOMINIIQUE | NORDALBINGIÆ | DESCRIPTIO, | MONUMENTORUM | ÆVI WALDEMARIANI | FIDE ASSERTA. | Impensis Regiis, curante J. L. [= Jacob Langebek] 1761. (Titelkartusche unten rechts) (p. 522) [IUTIÆ DUCATUS = späteres Herzogtum Schleswig]
4. SELANDIÆ | FIONIÆ | DUCATUUMVE | SAMSØ FALSTER | LALAND | LANGELAND | TERRÆ YMBRIÆ | Ad An. usque 1300 | MAPPA | ex Documentis eruta | per Langebekium (Titelkartusche unten links). Muller sc. (unten links außen). Fridrich scripsit (unten rechts außen). (p. 528) [Nebenkarte von Fehmarn (TERRA YMBRIÆ) oben links]

Lit.: BIBLIOTHECA DANICA Bd III, Sp. 37; BRUNET Bd III, Sp. 818 (Nr. 27553); KATALOG LB KIEL Bd I, S. 369; zu den Karten vgl. GEERZ S. 177f.
Sign.: Gnq 11

B 270. Leake, W. Martin:

Die Demen von Attika. Aus dem Englischen übersetzt von Anton Westermann. Mit Karten und Plänen.
Braunschweig: George Westermann, 1840. 8°

Am Schluß finden sich lose beiliegend 5 Tafeln (W. M. Leake del. Lithographie von B. Harder in Freiburg im Breisg.):
1. Karte von Attika.
2. Plan der Bucht und Ebene von Marathon.
3. Plan der heiligen Gebäude von Eleusis.
4. Salamis nebst der benachbarten Küste von Attika u. Megaris.
5. Vierteiliges Blatt u. a. mit Castell Phyle u. Theil des Hellespontos nebst den Brücken des Xerxes.

Lit.: GV 1700-1910 Bd 85, S. 139.
Sign.: Gg 14

B 271. Lechevalier, Jean-Baptiste:

Beschreibung der Ebene von Troja mit einer auf der Stelle aufgenommenen Charte. Der Kön. Societät zu Edinburg im Febr. und März 1791 vorgelegt von ihrem Mitgliede, Herrn Lechevalier ... Mit Anmerkungen und Erläuterungen von Herrn Andreas Dalzet. Aus dem Englischen übersetzt und mit Vorrede, Anmerkungen und Zusätzen des Herrn Hofrath Heyne begleitet. Mit 4 Charten.
Leipzig: Weidmannsche Buchhandlung, 1792. 8°

In dem Werk finden sich 4 Karten:
1. Carte de la Plaine de Troye. levée en 1785, et 1786, par M. Chevalier. Gravé par Frentzel à Leipzig (vor p. 1)
2. Carte der Ebne von Troia nach Pope (p. 99)
3. Wood's Ansicht des alten Troias zugleich mit dem Scamander und Berg Ida wie er sie hatte 1750. (p. 108)

Abb. 56:
„Zee-Slach ..., voor gevallen in den Orisondt 1658." – Das Bild zeigt die Seeschlacht am Ausgang des Öresunds zwischen einer schwedischen und einer holländischen Flotte am 8. 11. 1658. Es findet sich in Pieter de Langes Werk „Sweetse Wapenen" (Amsterdam 1660) über den schwedischen König Karl X. Gustav und seine Kriege von 1654 bis 1660. Von Norden aus sieht man in den Öresund hinein und erkennt rechts Schloß Kronborg und Helsingör und auf der gegenüberliegenden Seite links Helsingborg mit seinem alten Festungsturm. (B 268).

4. Carte de l'ancienne Troie et de ses Environs (p. 169)

Lit.: GV 1700-1910 Bd 85, S. 300; HEINSIUS Bd II, S. 445.
Sign.: Aag 3

B 272. Lehmann, Max:

Scharnhorst. Erster Theil. Bis zum Tilsiter Frieden. Mit einem Bildnisse und drei Karten.
Leipzig: Verlag von S. Hirzel, 1886. 8°

Am Schluß finden sich drei Karten:
1. Plan der Stadt Menin und ihrer Befestigung im April 1794.
2. Schlacht bey Auerstaedt den 14.ten October 1806.
3. Ein Theil der Stadt Lübeck.

Lit.: GV 1700-1910 Bd 86, S. 56.
Sign.: Bb 685 / 1

B 273. Lelewel, Joachim:

Die Entdeckungen der Carthager und Griechen auf dem atlantischen Ocean. Aus dem Polnischen übersetzt. Mit einem Vorworte von Professor Ritter. Nebst 2 Karten.
Berlin: Schlesinger, 1831. 8°

Am Schluß finden sich die beiden Karten:
1. Die Kentniss u. Vorstellung von der Erde zur Zeit des Aristoteles und der Züge Alexanders d. G. i. Jahre 340-333.
2. Darstellung der Griechischen u. Karthagischen Kentniss vom Westen und den Atlantischen Gestaden zur Zeit der Blüthe der Karth. Macht i. J. 400.

Lit.: GV 1700-1910 Bd 86, S. 322.
Sign.: Gg 11

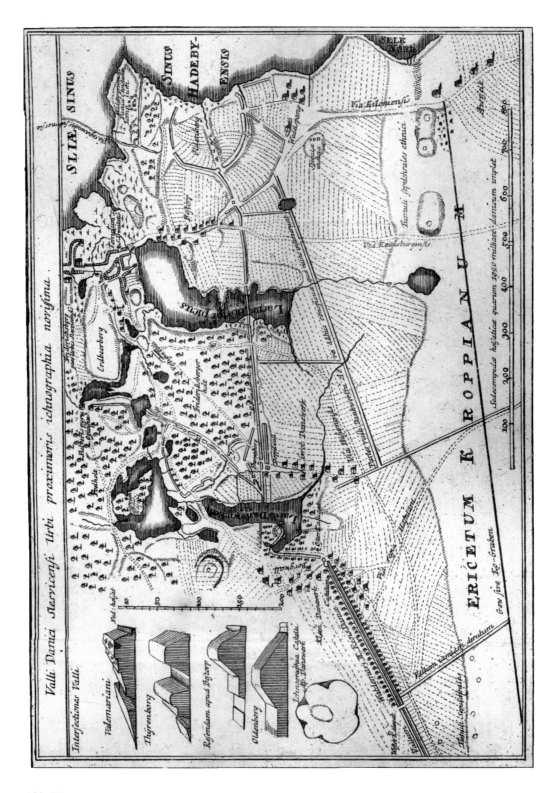

Abb. 57:
"Valli Danici Slesvicensi urbi proximioris ichnographia novissima." – Die Karte, eine Nebenkarte zur großformatigen Darstellung des Herzogtums Schleswig und Nordalbingiens in der Zeit des dänischen Königs Waldemar II. (Jutiae Ducatus Dominiique Nordalbingiae descriptio), zeigt die östlichen Teile des Danewerks in der Nähe der Stadt Schleswig. Deutlich zu erkennen sind die einzelnen Bestandteile des uralten Befestigungswalles, der sich von der Schlei bis an die Treene bei Hollingstedt erstreckte. Links am Rand sind die Profile der einzelnen Wallabschnitte wiedergegeben. Die im Jahre 1761 von dem dänischen Historiker Jacob Langebek entworfene Karte findet sich im Tomus VII der von Langebek begründeten und von Peter Frederik Suhm weitergeführten "Scriptores rerum danicarum medii aevi" (Kopenhagen 1792) (B 269, Nr. 3).

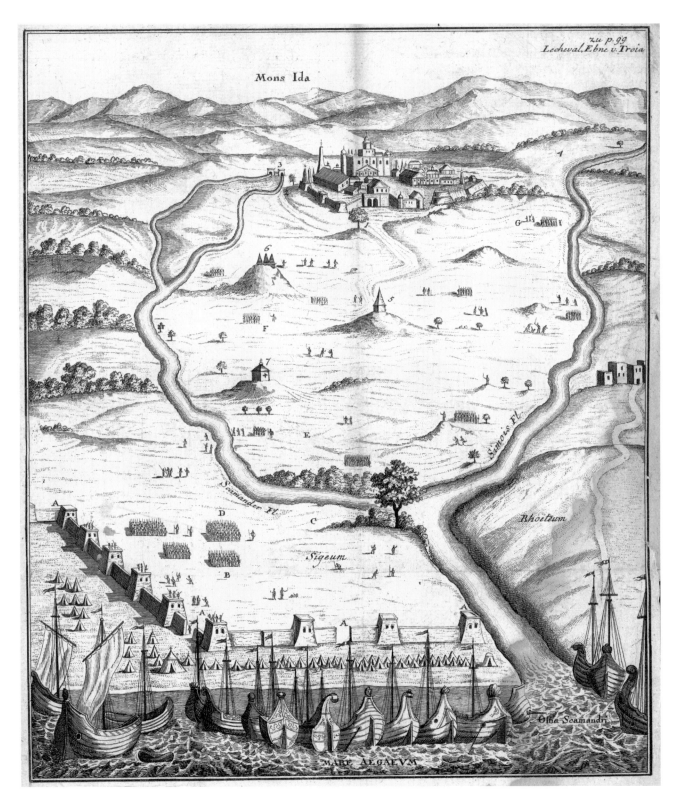

Abb. 58:
„Carte der Ebne von Troia nach Pope." – Die phantastische Darstellung der Ebene mit der alten Stadt Troja und dem Schiffslager der Griechen im Vordergrund, die zunächst in einer englischen Ausgabe von Homers Ilias in der Übersetzung des englischen Dichters Alexander Pope (1688-1744) veröffentlicht wurde, findet sich in Jean-Baptiste Lechevaliers „Beschreibung der Ebene von Troja" (Leipzig 1792) (B 271, Nr. 2).

B 274. Lelewel, Joachim:

Pytheas und die Geographie seiner Zeit. Hrsg. v. Joseph Straszéwicz. Nebst A. J. Letronne's Untersuchungen über die Erdmessungen der Alten und dessen Beurtheilung der Ansicht des Hipparchos über die südliche Verbindung Afrika's mit Asien. Aus dem Französischen übersetzt und mit einigen Anmerkungen vermehrt von Dr. S. F. W. Hoffmann. Mit drei Karten und Münzabbildungen.
Leipzig: C. L. Fritzsche, 1838. 8°

Am Schluß finden sich drei Karten:
1. West-Europa zur Erläuterung der Reise des Pytheas.
2. Carte des Pytheas mit Bezeichnung von dessen Reisen und Entdeckungen. 7. (auf dem Blatt befinden sich insgesamt 11 kleine Karten zur Sicht der Griechen)
3. Ovales Erdbild nach der Ansicht der Zeitgenossen des Aristoteles.

Lit.: GV 1700-1910 Bd 86, S. 322.
Sign.: Ag II 958

B 275. Lessing, Chr. Fr.:

Reise durch Norwegen nach den Loffoden durch Lappland und Schweden. Nebst einem botanisch-geographischem Anhange und einer Karte.
Berlin: Mylius'sche Buchhandlung. 1831. 8°

Am Schluß finden sich drei Karten, von denen die beiden letzten Karten aus einem anderen Werk stammen und extra eingeklebt wurden:
1. Karte von den Loffoden in Nordland.
2. SCHWEDEN | UND | NORWEGEN | Braunschweig | bei I. P. Spehr (Titelkartusche oben links). 24. (oben rechts außen zur querliegenden Karte). (handschriftlich unter Titel: H. Nathusius).
3. DAENEMARK | BRAUNSCHWEIG | bei I. P. Spehr. (Titelkartusche oben rechts). 23. (oben rechts außen).

Lit.: BRUNET Nr. 20381; ENGELMANN S. 643; GV 1700-1910 Bd 87, S. 256.
Sign.: Ed 56

B 276. Lettow-Vorbeck, Oscar von:

Der Krieg von 1806 und 1807. 4 Bde.
Berlin: Ernst Siegfried Mittler u. Sohn, 1891-1896. 4°

In den vier Bänden finden sich diverse Pläne und Karten zu dem Krieg von 1806/07.

Lit.: GV 1700-1910 Bd 87, S. 301; KATALOG LB KIEL Bd I, S. 197.
Sign.: Gde 39

B 277. Lettow-Vorbeck, Oscar von:

Geschichte des Krieges von 1866 in Deutschland. 3 Bde.
Berlin: Ernst Siegfried Mittler u. Sohn, 1896-1902. 8°

Die vielen zu dem Werk gehörenden Karten zum Krieg von 1866 finden sich in einer besonderen Kassette.

Lit.: GV 1700-1910 Bd 87, S. 301.
Sign.: Gde 49

B 278. Levaillant, François:

Reisen in das Innere von Afrika, während der Jahre 1780 bis 1785. Aus dem Französischen übersetzt. Mit Anmerkungen von Johann Reinhold Forster. 3 Bde. Mit Kupfern (und einer Karte).
Berlin: Christian Friedrich Voß u. Sohn, 1790-1796. 8°

Neben diversen Kupferstichen findet sich auch eine Karte (im dritten Band):
Die südliche Spitze von Afrika zu le Vaillant's Reisen während der Jahre 1780 bis 1785. nach le Vaillant's und Spaarmans Karten entworfen, und aus nie gebrauchten handschriftlichen Karten vermehrt und verbessert von D. I. R. Forster, neu gezeichnet von D. F. Sotzmann. Franz sc. 1796. (Bd III, p. 442 – nur noch oberer Teil vorhanden)

Lit.: ENGELMANN S. 164; GV 1700-1910 Bd 88, S. 1.
Sign.: Ec 17

B 279. Lichtenstädt, Jeremias Rudolf:

Die asiatische Cholera in Russland in den Jahren 1829 und 1830. Nach russischen amtlichen Quellen bearbeitet. Nebst einer Karte. Zweite (unveränderte) Auflage.
Berlin: In der Haude und Spenerschen Buchhandlung (S. J. Josephy), 1831. 8°

Am Schluß findet sich eine größere Karte:
Karte zur Bezeichnung des Gangs der asiatischen Cholera im Orenburgschen Gouvernement in den Jahren 1829 und 1830. Berlin, 1831. In der Haude und Spenerschen Buchhandlung.

Lit.: GV 1700-1910 Bd 88, S. 136.
Sign.: L 222

B 280. Liebetrut, Friedrich:

Reise nach dem Morgenlande, insonderheit nach Jerusalem und dem heiligen Lande. Erster Theil. Mit einer Ansicht von Bethlehem und einer Karte des heiligen Landes. Acc.: Zweiter Theil. Mit einer Ansicht von Jerusalem und einem Grundriss der heil. Stadt.
Hamburg: Agentur des Rauhen Hauses, 1858. 8°

Das Werk enthält vier Darstellungen:
Erster Theil:
1. [Ansicht von Bethlehem]. Nach E. Hildebrandt lith. v. F. A. Borckel. Lith. Inst. v. L. Sachse & Co. in Berlin. [Frontispiz].
2. Karte des Heil. Landes. Lith. Anst. v. H. Odendahl. Verlag der Agentur des Rauhen Hauses. [Schluß].
Zweiter Theil:
3. [Ansicht von Jerusalem]. Nach E. Hildebrandt lith. v. F. A. Borckel. Lith. Inst. v. L. Sachse & Co. in Berlin. [Frontispiz].
4. Plan von Jerusalem. Verlag der Agentur des Rauhen Hauses. [Schluß].

Lit.: GV 1700-1910 Bd 88, S. 218.
Sign.: Tb 61

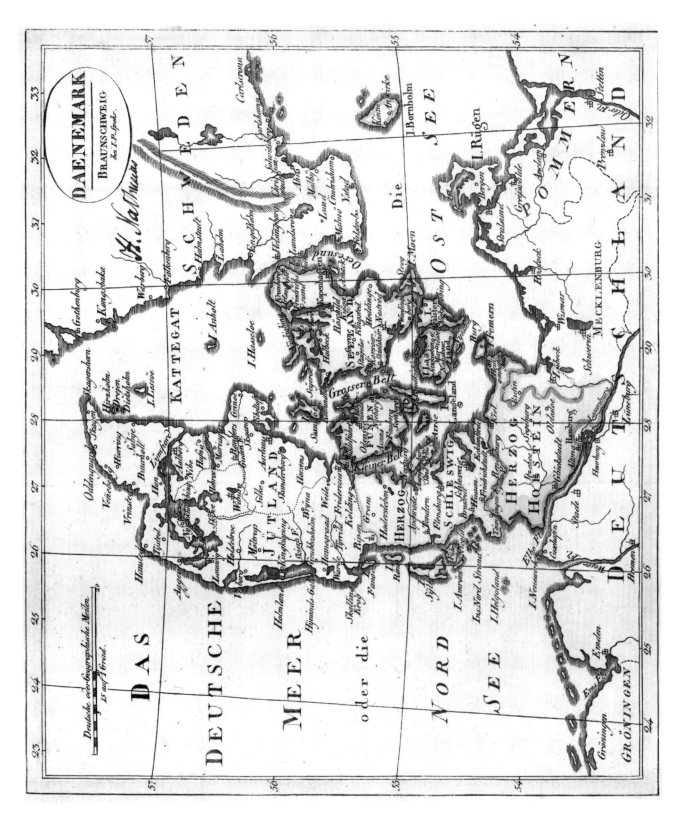

Abb. 59
„Daenemark." – Die Karte, die das Königreich Dänemark zeigt, ist wahrscheinlich aus einem Atlas (darauf deutet die Nummer oben rechts hin) herausgetrennt, der bei I. P. Spehr in Braunschweig in den zwanziger Jahren des 19. Jahrhunderts erschien. Die Karte wurde später in Lessings „Reise durch Norwegen" (Berlin 1831) eingeklebt. Der handschriftliche Zusatz „Nathusius" dürfte sich auf einen ehemaligen Besitzer der Karte beziehen (B 275, Nr. 3).

B 281. Lindau, Wilhelm Adolf:

Dalmatien und Montenegro. Mit einem Ausfluge nach der Herzegowina und einer geschichtlichen Uebersicht der Schicksale Dalmatiens und Ragusa's. Nach Sir J. Gardner Wilkinson. 2 Bände (in 1 Bd).
Leipzig: Gustav Mayer, 1849. 8°

Am Schluß des zweiten Bandes findet sich eine Karte: Dalmatien und Montenegro nach den Östreichischen Vermessungen, mit Verbesserungen von Sir Gardner Wilkinson. Verlag v. Gustav Mayer in Leipzig. Lith. Anst. von L. Steinmetz in Meissen.

Lit.: ENGELMANN S. 401; GV 1700-1910 Bd 89, S. 21.
Sign.: Ed 77

B 282. Lindemann, Christoph Friedrich Heinrich:

Geographische und Statistische Beschreibung der Insel Minorka. Bei einem langen Aufenthalte daselbst aufgezeichnet. Mit sieben Kupfern und einer Landcharte.
Leipzig: Weygandsche Buchhandlung, 1786. 8°

Am Schluß findet sich die Karte:
Die Insel Minorca aufgenommen von Lempriere. Liebe sc.

Lit.: ENGELMANN S. 676; GV 1700-1910 Bd 89, S. 34; HEINSIUS Bd II, S. 475; vgl. auch GRIEB Bd 1, S. 415 (Nr. 817) [andere Ausgabe von 1786].
Sign.: Ed 26 (Jordtsche Bücher B 73; Angeb.: B 488)

B 283. Lindner, Theodor:

Der Krieg gegen Frankreich und die Einigung Deutschlands. Zur 25jährigen Wiederkehr der Gedenktage von 1870/71. Mit zwanzig Vollbildern, zahlreichen Abbildungen im Text und fünf Karten-Tafeln.
Berlin: A. Asher & Co., 1895. 4°

Die fünf Karten-Tafeln mit diversen Schlachtenplänen und der Karte „Der Kriegsschauplatz von 1870/71 und die wesentlichsten kriegerischen Begebenheiten. Tafel V. Entworfen von v. d. Lochau Major a. D. Geogr. lith. Anst. u. Steindr. v. C. L. Keller, Berlin S" befinden sich am Schluß.

Lit.: GV 1700-1910 Bd 89, S. 93.
Sign.: Gde 48 (2. Ex. unter der Sign.: Gde 48 b)

B 284. Lipsius, Adolf:

Helgoland. Beschreibung der Insel und des Badelebens. Mit 48 Abbildungen nach Naturaufnahmen und einer Karte.
Leipzig: Verlag von Adolf Titze, (1892). [ND Leer: Verlag Schuster, 1977]. 8°

In dem Werk findet sich die Karte [nach Mejer]:
Helgolandt in anno Christi 800, 1300 & 1640.

Lit.: zur Erstausgabe vgl. GV 1700-1910 Bd 89, S. 187; KATALOG LB KIEL Bd III, S. 2525.
Sign.: LZB, SH 1341

B 285. Lipsius, Justus:

Opera omnia, postremum ab ipso aucta et recensita. Nunc primum copioso rerum indice illustrata. Tomus III.
Antwerpen: Ex Officina Plantiniana, 1637. 2°

Im 3. Teil sind u. a. vereint die Schriften:
A. De amphitheatro liber. In quo forma ipsa loci expressa, et ratio spectandi. Cum aeneis figuris.
In dieser Schrift finden sich zwei Kupferstiche:
1. (Darstellung des Colosseum in Rom) (p. 558)
2. Amphitheatri interior facies, qualem eam fuisse cum omnibus membris suspicamur. (Rekonstruktion des Colosseum in Rom). (p. 572)
B. De amphitheatris quae extra Romam libellus. In quo formae eorum aliquot et typi.
In dieser Schrift finden sich 5 Kupferstiche zu Gebäuden:
3. AMPHITHEAT. VERONENSE. [= Amphitheater von Verona] (p. 590)
4. AMPH. POLAN. [= Grundriß des Amphitheaters von Pola (Istrien)] (p. 592)
5. AMPH. NEMAVS. [= Außenfront des Amphitheaters von Nimes] (p. 592)
6. LES ARENES A DOVE EN POICTOV. LÆVINVS F. AN. 1584. [= Reste des Amphitheaters von Doueana an der Loire] (p. 595)
7. AMPHIT. DOVEON. [= Amphitheater von Doueana] (p. 596)
C. Lovanium, id est: oppidi et academiae eius descriptio. Libri tres.
In dieser Schrift finden sich zwei große Ortsansichten:
8. LOVANIUM. [= Stadtansicht von Löwen mit Erläuterungen unten: A – F u. 1 – 86] (zwischen p. 754/55)
9. HEVERLEA (Wappen 1605) [Ansicht von Schloß Heverlee bei Löwen mit seiner Umgebung, mit Erläuterungen unten: 1 – 66] (zwischen p. 796/97)

Lit.: BRUNET Bd III, Sp. 1092.
Sign.: Al III 218 / 3

B 286. Livingstone, David:

Reise i Syd-Afrika. Oversat efter den engelske Original af M. Th. Wøldike. Med Portrait, Kaart og mange Billeder. 2 Bde (in 1 Bd).
Kjøbenhavn: Fr. Wøldike, 1858/59. 4°

Am Schluß des Bandes finden sich 2 Karten:
1. Kaart over Sydafrika angivende Dr. Livingstones Reiser mellem 1849 og 1856. Ved John Arrowsmith 1857. Carl Otto.s lith. Inst. Fr. Wøldike.s Forlag.
2. Udførligt Kaart over Dr. Livingstone's Reise igjennem Africa udkastet efter hans astronomiske Observationer, Gisninger, Skizzer etc. af J. Arrowsmith 1857. Carl Otto.s lith. Inst. Fr. Wøldike.s Forlag.

Sign.: Ec 56

B 287. Löhr, Johann Andreas Christian:

Die Länder und Völker der Erde oder vollständige Beschreibung aller fünf Erdtheile und deren Bewohner. Dritte nach dem jetzigen politischen Stand der Dinge neu umgearbeitete Auflage. 4 Bände.

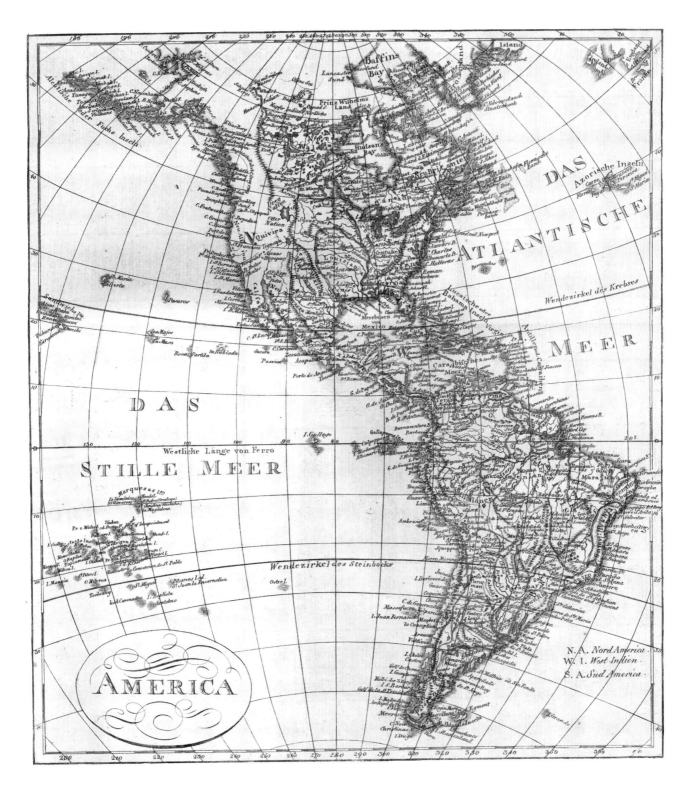

Abb. 60:
„America." – Die Karte, die den amerikanischen Kontinent in seinen Teilen Nord-America, West-Indien und Süd-America zeigt, findet sich im vierten Band von Johann Andreas Christian Löhrs „Die Länder und Völker der Erde oder vollständige Beschreibung aller fünf Erdtheile und deren Bewohner" (Leipzig 1819) (B 287, Nr. 3).

Leipzig: Gerhard Fleischer d. J., 1818/19. 8°

Neben diversen Abbildungen im Kupferstich finden sich am Schluß der Bände Karten:
1. Karte von Europa. (Bd I)
– Asien (Bd II) – fehlt
2. Africa (Bd III)
3. America (Bd IV)
4. Australien oder Polynesien (Bd IV)

Lit.: ENGELMANN, S. 27; GV 1700-1910 Bd 90, S. 83.
Sign.: Eb 15

B 288. (Loenboom, Samuel):

Den Kongelige Svenske Rigsraad og Feldtmarskalk Greve Magnus Stenbocks Levnets-Historie. Oversat af Svensk. 3 Teile.
Kjøbenhavn: Malling, 1789/90. 8°

In den drei Bänden finden sich vier Karten und Pläne:
1. Plan af Slaget ved Helsingborg den 28. Febr. 1710. Fridrich sc. (I, p. 246)
2. Plan over Slaget ved Gadebusk den 9./20. Dec. 1712. Stukket af Fridrich. (II, p. 356)
3. Kort over den Svenske Armees Bevægelser omkring Tönningen i Aaret 1713. Fridrich sc. (II, p. 484)
4. Grundtegning af Tönningen tilligemed Egnen der omkring. Fridrich sc. (III, p. 92)

Lit.: BIBLIOTHECA DANIVA Bd II, Sp. 498; GVK.
Sign.: Gns 73

B 289. Loewenberg, Julius:

Schweizer Bilder. Mit Kupfern und Karten.
Berlin: J. G. Hasselberg, 1834. 8°

In dem Werk finden sich neben anderen Abbildungen zwei Karten:
1. Die Europäischen Alpen. Eine orographische Skizze. [mit: Profil der Alpen] (p. 1)
2. Schlacht bei Murten den 22ten Juni 1476. Terrain gest. v. F. W. Voss. (p. 178)

Lit.: ENGELMANN S. 920; GV 1700-1910 Bd 90, S. 355.
Sign.: Ee 15

B 290. Löwenberg, Julius:

Geschichte der Geographie. Mit zwei chronologischen Uebersichtstabellen und neun Erdansichten (in einer Karte).
Berlin: Haude- und Spener'sche Buchhandlung, 1860. 8°

Am Schluß findet sich neben den Übersichtstabellen auch die großformatige Karte:
Erdansichten zur anschaulichen Uebersicht der wichtigsten geographischen Systeme (Homer, Herodot, Eratosthenes, Ptolemaeus, Mela, Edrisi, Fra Mauro, Sanudo u. Bianco)

Lit.: GV 1700-1910 Bd 90, S. 356.
Sign.: Ea 42

B 291. Lohr, Ernst Emil:

I. Die schleswig-holsteinische Frage, ihre Vorgeschichte und Entwickelung bis zur Erhebung der Herzogtümer gegen Dänemark. II. Der Kampf bei Eckernförde und die koburgische Legende. (Am 5. April 1849). Mit einer Textskizze. (Gießener Studien auf dem Gebiete der Geschichte, VII).
Gießen: J. Ricker'sche Buchhandlung, 1895. 8°

Im 2. Teil findet sich eine Skizze zum Kampf bei Eckernförde 1849 (p. 99).

Lit.: GV 1700-1910 Bd 90, S. 77; KATALOG LB KIEL Bd II, S. 1438.
Sign.: Gha 413

B 292. Lossing, Benson John:

Seventeen Hundred and Seventy-six, or the War of Independence; A History of the Anglo-Americans, from the Period of the Union of the Colonies against the French, to the Inauguration of Washington, the first President of the United States of America. Illustrated with numerous Engravings of Plans of Battles. ...
New York: Edward Walker, 1847. 8°

Der Band enthält viele Schlachtenpläne zum Amerikanischen Unabhängigkeitskrieg.

Lit.: LOC Bd 90, S. 282.
Sign.: Gff 27

B 293. Lüdeke, Christoph Wilhelm:

Beschreibung des Türkischen Reiches nach seiner Religions- und Staatsverfassung in der letzten Hälfte des achtzehnten Jahrhunderts. Mit Kupfern. 2 Theile.
Leipzig: Johann Friedrich Junius, 1771/78. 8°

Im ersten Teil findet sich je eine Karte, eine Ansicht und ein Plan:
1. Der Archipelagus / Vorstellung des Canals bey den Dardanellen (p. 24)
2. Prospect der Stadt und des Hafens von Constantinopel. (p. 78)
3. Grundriss von Constantinopel dessen Vorstädten und dem Hafen (p. 102)

Lit.: vgl. auch ENGELMANN S. 991 [Ausgabe von 1778/79]; GV 1700-1910 Bd 91, S. 3 [Ausgabe von 1780/89].
Sign.: Gfd 6 (Jordtsches Buch; im Katalog nicht erfaßt [G 3240])

B 294. (Lüders, Theodor Hermann Johannes):

Generallieutenant von Willisen und seine Zeit. Acht Kriegsmonate in Schleswig-Holstein. Von einem Schleswig-Holstein'schen Offizier a. D. Mit einer Karte des Schlachtfeldes von Idstedt, nach der Karte des General-Quartiermeisteramtes gezeichnet.
Stuttgart: J. B. Metzler, 1851. 8°

Am Schluß findet sich die Karte:

Karte über die Gegend von Idstedt nach der amtlichen Karte des Schleswig-Holstein'schen Generalquartiermeisteramtes [unter Franz Geerz] gezeichnet. Verlag der J. B. Metzler'schen Buchhandlung in Stuttgart 1852. Lithographie v. F. Malté.

Lit.: GV 1700-1910 Bd 157, S. 50; KATALOG LB KIEL Bd I, S. 713; zur Karte vgl. GEERZ S. 205.
Sign.: Gha 154 a-d (4 Exemplare [in a fehlt die Karte])

B 295. Lütgen, A.:

Feldzug der Schleswig-Holsteinischen Armee und Marine im Jahre 1850. Mit 3 Karten von G.-Q.-M. Geerz.
Kiel: Carl Schröder & Comp. 1852. 8°

Die drei Karten fehlen in der vorliegenden Ausgabe wie auch in einer zweiten Fassung unter der Signatur Gha 141 b.

Lit.: GV 1700-1910 Bd 91, S. 195; KATALOG LB KIEL Bd I, S. 713; zu den Karten vgl. GEERZ S. 133.
Sign.: Gha 141

B 296. Lund, Fred. Christ.:

Beskrivelse over Øen Thorseng. Med et steentrykket Kort over Thorseng og dens Omegn.
Odense: S. Hempel, 1823. 4°

Vorne findet sich die Karte der dänischen Insel Taasinge: Speciel Kort over Thorseng med omliggende Øer og Kyster, saaledes som Landet fra 1786 til indeværende Aar 1822, af ... F. v. Juel oeconomisk er udskiftet og inddeelt. Forfattet og tegnet af C. A. Theill. Kongl. Steentryk A. Dir. Mansa lith.

Lit.: BIBLIOTHECA DANICA Bd II, Sp. 699.
Sign.: Gnl 111

B 297. Lupus, Bernhard:

Die Stadt Syrakus im Alterthum. Autorisierte deutsche Bearbeitung der Cavallari-Holm'schen Topografia archeologica di Siracusa.
Straßburg: J. H. Ed. Heitz, 1887. 4°

Am Schluß finden sich 2 Karten:
1. Syrakus. Mit 2 Nebenkarten. Gez. v. B. Lupus. Lithographie und Druck von C. Flemming in Glogau.
2. Syrakus und Umgegend. A. Bis zum Athenerkrieg. B. Von Dionys I. an. (2 Teilkarten). Gez. v. B. Lupus. Lithographie und Druck von C. Flemming in Glogau.

Lit.: GV 1700-1910 Bd 91, S. 172.
Sign.: Aa 118

B 298. Magini, Giovanni Antonio:

Geographiae universae tum veteris, tum novae absolutissimum opus duobus voluminibus distinctum, in quorum priore habentur Cl. Ptolemaei Pelusiensis Geographicae enarrationis Libri octo. In secundo volumine ipsius Cl. Ptolemaei antiquae orbis tabulae XXVII, ad priscas historias intelligendas summe necessariae. Et tabulae XXXVII [!] recentiores, quibus universi orbis pictura ac facies singularumque eius partium, regionum ac provinciarum ob oculos patet nostro saeculo congruens. 2 Teile.
o. O. (Köln) 1608. 4°

Im zweiten Teil, der ein besonderes Titelblatt hat (Geographiae Cl. Ptolemaei pars secunda, continens praeter antiquas ipsius Ptol. recentiores etiam tabulas, quae universae terrae faciem nostro aevo cognitam exhibent, a Hieronymo Porro Pat. incisas), finden sich die 27 Ptolemaeus-Karten sowie 36 Karten der um 1600 bekannten Welt zusammen mit Erläuterungen:

A. Ptolemaeus-Karten:
1. PTOLEMÆI TYPVS (p. 2) [= Weltkarte]
2. TABVLA EVROPÆ PRIMA (p. 3) [= Britische Inseln]
3. TABVLA EVROPAE II. (p. 4) [= Hispanien]
4. TABVLA EVROPAE III. (p. 5) [= Gallien]
5. TABVLA EVROPAE IIII. (p. 6) [= Germanien]
6. TABVLA EVROPAE QVINTA (p. 7) [= Rhaetia, Vindelicia, Noricum, Pannonia, Illyricum]
7. TABVLA EVROPAE VI. (p. 8) [= Italien, Korsika]
8. TABVLA EVROPAE VII (p. 9) [= Sardinien, Sizilien]
9. TABVLA EVROPAE VIII (p. 10) [= Sarmatien]
10. TABVLA EVROPAE IX. (p. 11) [= Thracia, Dacia, Dalmatia]
11. TABVLA EVROPAE X. (p. 12) [= Griechenland]
12. TABVLA APHRICAE I. (p. 13) [= Mauretanien]
13. TABVLA APHRICAE II. (p. 14) [= Africa minor]
14. TABVLA APHRICAE III. (p. 15) [Ägypten, Cyrenaica]
15. TABVLA APHRICAE IIII. (p. 16) [= Libya interior]
16. TABVLA ASIAE I. (p. 17) [= Kleinasien]
17. TABVLA ASIAE II. (p. 18) [= Sarmatia Asiatica]
18. TABVLA ASIAE III (p. 19) [= Kolchis, Armenia]
19. TABVLA ASIAE IIII (p. 20) [= Syria, Arabia Petraea, Mesopotamia]
20. TABVLA ASIAE V. (p. 21) [= Persien]
21. TABVLA ASIAE VI. (p. 22) [= Arabia Felix]
22. TABVLA ASIAE VII (p. 23) [= Hyrcania, Bactriana]
23. TABVLA ASIAE VIII (p. 24) [= Scythia, Serica]
24. TABVLA ASIAE IX. (p. 25) [= Aria, Arachosia, Gedrosia]
25. TABVLA ASIAE X. (p. 26) [= India intra Gangem]
26. TABVLA ASIAE XI. (p. 27) [= India extra Gangem]
27. TABVLA ASIAE XII (p. 28) [= Taprobana]

B. Karten der Welt um 1600 (3 doppelt):
(28.) 1. VNIVERSI ORBIS DESCRIPTIO (p. 30)
(29.) 2. EVROPA (p. 38)
(30.) 3. BRITANICÆ INSVLAE (p. 35 ?)
(31.) 4. HISPANIÆ REGNVM (p. 50)
(32.) 5. PORTVGALLIÆ REGNVM (p. 57)
(33.) 6. GALLIÆ REGNVM (p. 59)
(34.) 7. BELGIVM SEV GERMANIA INFERIOR (p. 68)
(35.) 8. GERMANIA (p. 76)
(36.) 9. HELVETIA (p. 93)
(37.) 10. SCANDIA SIVE REGIONES SEPTRENTRIONALES (p. 96)
(38.) 11. ITALIA (p. 102)
(39.) 12. PEDEMONTIVM MONSFERRATVS ET LIGVRIA (p. 107)
(40.) 13. TVSCIA (p. 111)
(41.) 14. MARCA ANCONÆ OLIM PICENVM (p. 115) [statt Latium]
(42.) 15. HELVETIA (p. 119) [= doppelt; statt Süditalien]
(43.) 16. MARCA ANCONÆ OLIM PICENVM (p. 129) [= doppelt]

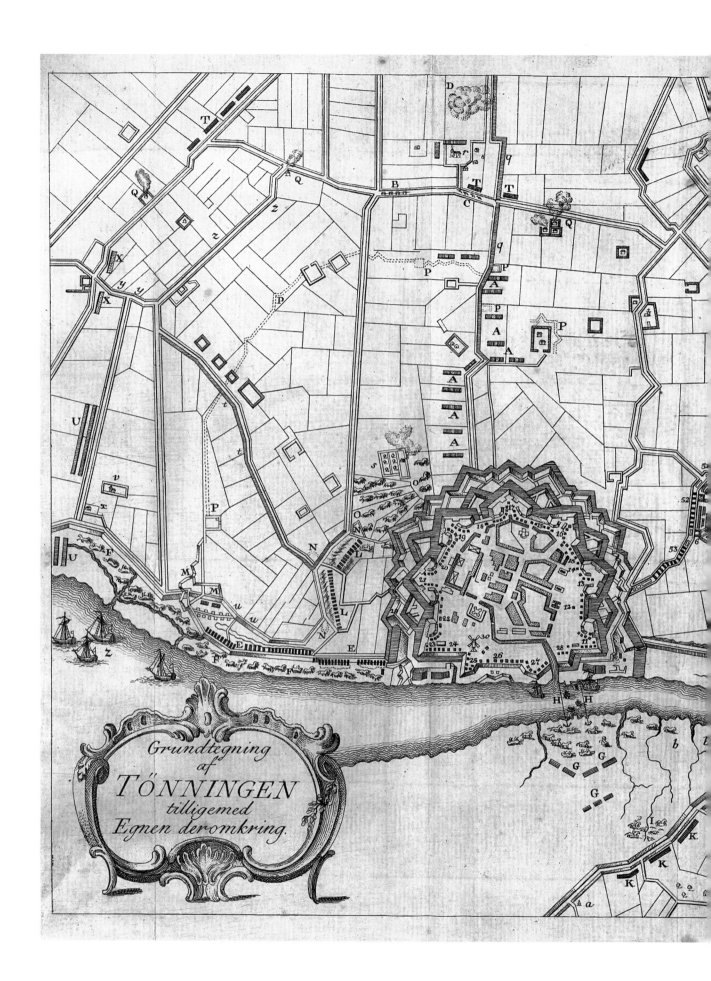

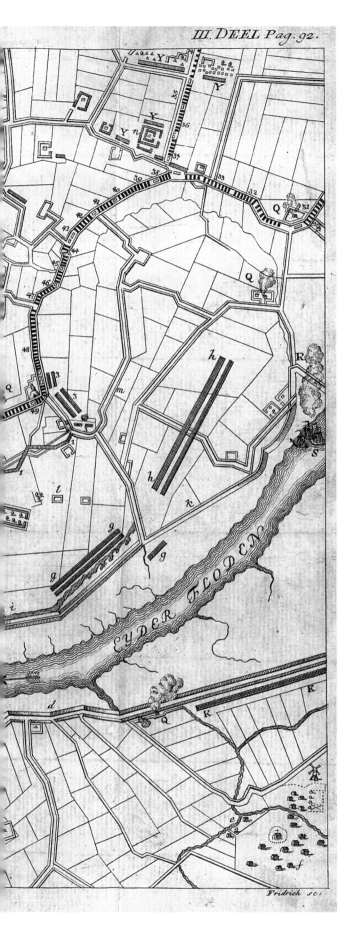

(44.) 17. LOMBARDIA ET MARCHIA TARVISINA (p. 131)
(45.) 18. FORVM IVLII ET HISTRIA (p. 142)
(46.) 19. FORVM IVLII ET HISTRIA (p. 145) [= doppelt; statt Sizilien u. Sardinien)
(47.) 20. POLONIAE REGNVM (p. 150)
(48.) 21. HVNGARIA ET TRANSYLVANIA (p. 158)
(49.) 22. GRÆCIA (p. 163)
(50.) 23. CANDIA INSVLA OLIM CRETA (p. 182)
(51.) 24. AFRICA (p. 181 ?)
(52.) 25. Ægyptvs (p. 203)
(53.) 26. ASIA (p. 211)
(54.) 27. NATOLIA olim ASIA MINOR (p. 214)
(55.) 28. MOSCOVIÆ IMPERIVM (p. 224)
(56.) 29. TARTARIAE IMPERIVM (p. 230)
(57.) 30. CYPRI INSVLA (p. 237)
(58.) 31. PALÆSTINA, VEL TERRA SANCTA (p. 241)
(59.) 32. PERSIÆ REGNVM SIVE SOPHORVM IMPERIVM (p. 246)
(60.) 33. INDIA ORIENTALIS. (p. 252)
(61.) 34. TVRCICI IMPERII DESCRIPTIO (p. 270)
(62.) 35. AMERICA (p. 279)
(63.) 36. UNIVERSI ORBIS DESCRIPTIO AD VSVM NAVIGANTIVM (p. 292)

Lit.: LEXIKON Bd II, S. 650 (3. Auflage der zuerst in Venedig 1596 erschienenen Ausgabe).
Sign.: Al III 231

B 299. Magnus, Olaus:

Historia de gentium septentrionalium variis conditionibus statibusve. ... Opus ... expressis figuris pictis illustratum.
Basel: Henricpetrina, 1572. 2°

Der Folioband enthält die große Skandinavien-Karte von Olaus Magnus (ohne Titel, vor p. 1), einen Holzschnitt von „THW 1567" (unten rechts).

Lit.: zur Baseler Ausgabe von 1567 vgl. BRUNET Bd III, Sp. 1302.
Sign.: Gns 147

Abb. 61:
„Grundtegning af Tönningen tilligemed Egnen der omkring." – Die Karte zeigt die gottorfische Festung Tönning mit ihrer Umgebung. Der schwedische Feldherr Magnus Graf Stenbock zog sich im Nordischen Krieg in die Festung zurück und mußte noch im Jahre 1713 vor der Übermacht der Gegner aus Dänemark, Rußland und Sachsen kapitulieren. Die in Kopenhagen von Johann Gottlieb Fridrich gestochene Karte findet sich im dritten Band von Samuel Loenbooms „Den Kongelige Svenske Rigsraad og Feldtmarskalk Greve Magnus Stenbocks Levnets-Historie" (Kopenhagen 1790) (B 288. Nr.4).

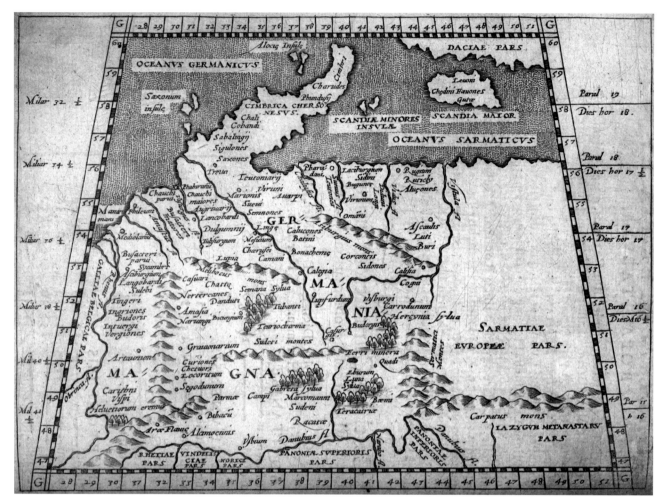

Abb. 62:
„Tabula Europae IV." – Diese Karte des alten Germanien (östlich vom Rhein und nördlich von der Donau) aus der Sicht des griechischen Geographen Claudius Ptolemaeus (2. Jh. n. Chr.) zeigt im Norden die „Kimbrische Halbinsel" (Cimbrica Chersonesus) und einige dänische Inseln (Scandia); die Beschriftung verweist auf Völkerschaften und Flüsse, erwähnenswerte Städte und Ortschaften scheint es noch nicht gegeben zu haben. Die Darstellung ist eine der 27 alten Ptolemaeus-Karten am Anfang des zweiten Teils der dritten Auflage von Giovanni Antonio Maginis „Geographiae universae tum veteris, tum novae absolutissimum opus" (Köln 1608). Das Werk des italienischen Geographen erschien zuerst 1596 in Venedig, die Karten gestaltete der italienische Kupferstecher Girolamo Porro (B 298, Nr. 5).

B 300. (Maier, Johann Christoph):

Beschreibung von Venedig. Mit zween Grundrissen (Zweiter Theil) u. mit Landkarten und Kupfern (Dritter Theil) 3 Theile (in 2 Bden).
Frankfurt u. Leipzig: Christian Gottlieb Hertel, 1787-(1791). 8°

Am Ende des zweiten Teils finden sich 2 Pläne von Venedig und am Ende des dritten Teils 2 Karten:
1. Plan von Venedig
2. Plan von Venedig (ohne Titel)
3. Charte von Dalmazien, Albanien und der Levante. 1790.
4. Charte von den Inseln des Quarnaro 1790.

Lit.: ENGELMANN S. 1011; GV 1700-1910 Bd 14, S. 150; HEINSIUS Bd I, S. 138; zur Ausgabe von 1795 vgl. ENGELMANN S. 1012; GRIEB Bd 1, S. 429 (Nr. 847).
Sign.: Ed 28 (Jordtsche Bücher B 74/75)

B 301. Mallet, Paul Henri de:

Introduction a l'Histoire de Dannemarc, ou l'on Traite de la Religion, des Loix, des Moeurs & des Usages des Anciens Danois. 2 Teile (in 1 Bd).
Copenhague: H. Lillie, 1755. 4°

Am Schluß des ersten Teils findet sich die Karte:
Carte du Royaume de Dannemarc et des Provinces voisines Pour servir à l'intelligence de l'histoire de ce Royaume. O. H. de Lode Chalcogr. Reg. Soc. Dan. Sculps. Haffn. 1755.

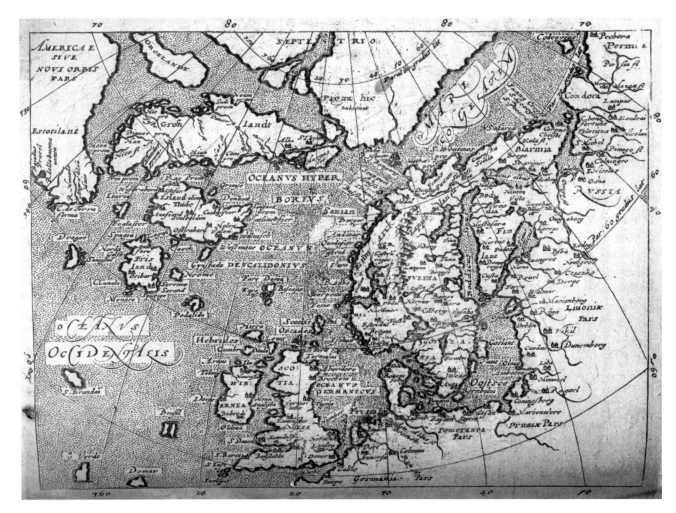

Abb. 63:
"Scandia sive regiones septentrionales." – Unter der Bezeichnung "Scandia" ist auf der vorliegenden Karte das nördliche Europa bis hin nach Grönland und die angrenzenden Bereiche Nordamerikas dargestellt. Grönland besteht aus zwei Teilen, Island wird noch als "Thule" bezeichnet, und südlich davon befindet sich eine Insel namens "Frislant". Im Mittelpunkt der Karte steht die phantastische Darstellung Skandinaviens. Die Karte gehört zu den 36 Karten der um 1600 bekannten Welt, die sich an die Ptolemaeus-Karten in der dritten Auflage von Maginis "Geographiae universae ... absolutissimum opus" (Köln 1608) anschließen (B 298, Nr. 37).

Unter der Signatur Gna 70 b findet sich die zweibändige "Second Edition revue & corrigée" (Genf 1763. 8°) ohne die Karte.

Lit.: BIBLIOTHECA DANICA Bd III, Sp. 16f.; BRUNET Bd III, Sp. 1344 (Nr. 27592).
Sign.: Gna 70

B 302. Mallet, Paul Henri de:

Histoire de Dannemarc. Troisieme Edition. Tome premier – novieme.
Geneve: Barde, Manget & Compagnie, et Paris: Buisson. 1787/88. 8°

Vorne im ersten Band findet sich die Karte:

CARTE DES COURONNES DU NORD Pour servir à l'Histoire DE DANNEMARC Par M. Mallet 1787.

Lit.: BIBLIOTHECA DANICA Bd III, Sp. 17; BRUNET Bd III, Sp. 1344; vgl. auch KATALOG LB KIEL Bd II, S. 1165 [2. Ausgabe 1763].
Sign.: Gna 135

B 303. Mannert, Konrad:

Geographie der Griechen und Römer, aus ihren Schriften dargestellt. 6 Theile in 10 Bänden.
Nürnberg: Ernst Christoph Grattenauer, 1788-1802. 8°

In dem Werk finden sich insgesamt 12 Karten:
Theil I: (Einleitung). Mit zwey Kärtchen (am Schluß) (1788):

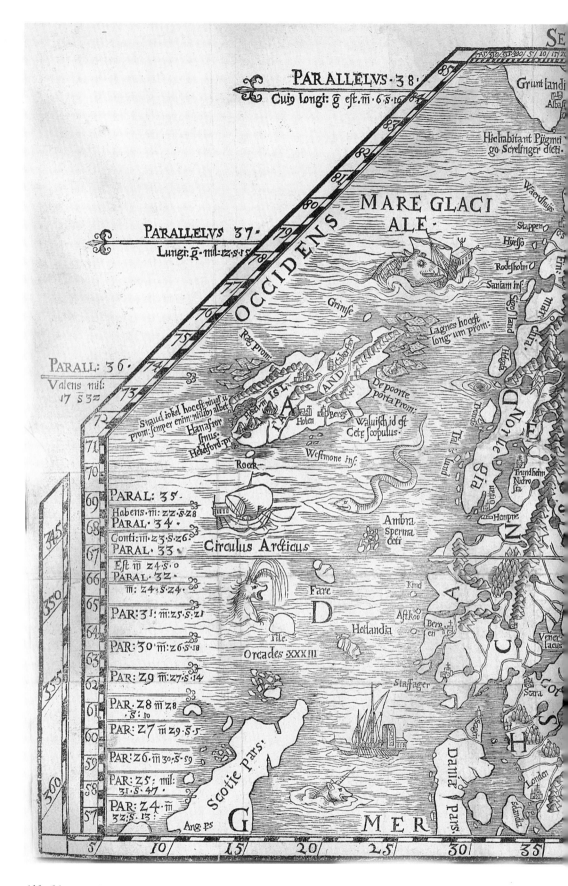

Abb. 64:
Großformatige Skandinavienkarte (ohne Titel), in Holz geschnitten von einem „THW" im Jahre 1567. Die Karte findet sich in Olaus Magnus' „Historia de gentium septentrionalium variis conditionibus statibusve" (Basel 1572) und ist nach der auf neun Blättern gefertigten, in Venedig 1539 erschienenen „Car-

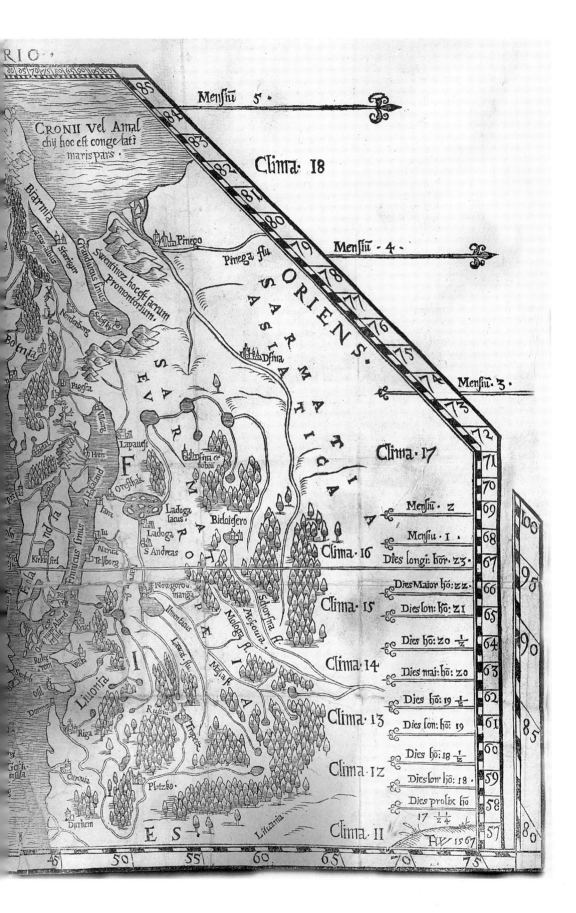

ta marina" des schwedischen Geistlichen, Historikers und Geographen Olaus Magnus (1490-1557), der nach der Reformation in Venedig und Rom lebte, gestaltet worden. Sie bietet ein interessantes Bild Skandinaviens mit vielen Hinweisen zur Topographie bis hin zur Darstellung von Meeresungeheuern (B 299).

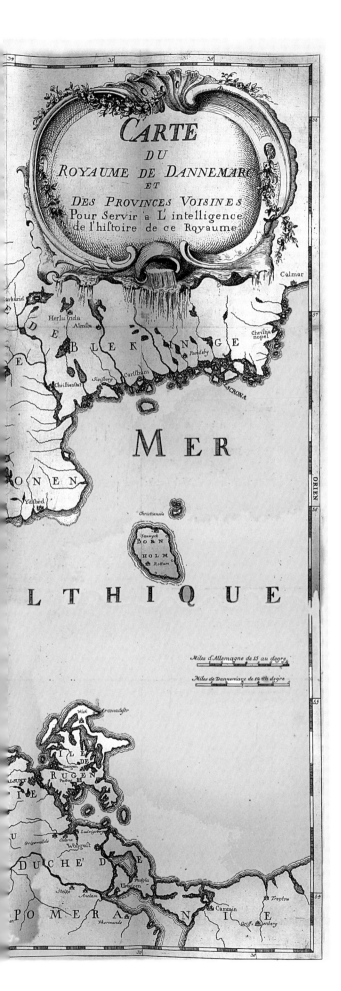

1. Tabula omnis terrae habitatae, ad mentem Eratosthenis et Strabonis expressa. pag. 114. I. Rausch sc. Nürnb.
2. Terrae habitatae delineatio ad mentem Ptolemaei expressa. pag. 150. I. Rausch sc.

Theil II, 1: Das transalpinische Gallien (1789)
Theil II, 2: Britannien (mit 1 Karte, vorne) (1795):
3. Insulae Britannicae ad mentem Ptolemaei delineatae. Rausch sc.

Theil III: Germania, Rhaetia, Noricum, Pannonia, nach den Begriffen der Griechen und Römer. Mit zwey Karten (vorne) (1792):
4. Germania Romanis cognita. I. L. J. Rausch sc. Nürnberg.
5. Germania Ptolemaei. I. L. I. Rausch sc. Nürnberg.

Theil IV: Der Norden der Erde von der Weichsel bis China (mit 2 Karten, vor p. 1) (1795):
6. Skythien östlich vom Kaspischen Meer (ohne Titel).
7. Sarmatien zwischen Ostsee und Kaspischem Meer (ohne Titel).

Theil V, 1: Indien und die Persische Monarchie bis zum Euphrat (mit 1 Karte, am Schluß) (1797):
8. India Ptolemaei. Rausch sc.

Theil V, 2: Die Persische Monarchie bis Euphrat (mit 1 Karte, am Schluß) (1797):
9. Imperium Persarum usque ad Euphratem delineatum ad mentem Ptolemaei. I. Rausch sc. Nürnb.

Theil VI, 1: Arabien, Palästina, Phönicien, Syrien, Cypern (mit 1 Karte, am Schluß) (1799):
10. Arabia ad mentem Ptolemaei delineata. I. Rausch sc.

Theil VI, 2: Kleinasien. Mit 2 Landkarten (am Schluß) (1801):
11. Asia Minor, Syria, Mesopotamia, ope notitiae, quam veteres dederunt adhibitis nostri aevi astronomicis subsidiis, elaborata tabula, studio C. Mannert 1801.
12. Asia Minor ad mentem Ptolemaei delineata.

Theil VI, 3: Kleinasien (1802)

Lit.: BRUNET Bd III, Sp. 1370 (Nr. 19581); GV 1700-1910 Bd 92, S. 340; HEINSIUS Bd III, S. 13.
Sign.: Aa 2

B 304. Mannert, Konrad:

Geographie der Griechen und Römer, aus ihren Schriften dargestellt. Zweite oder dritte verbesserte und vermehrte Auflage. 10 Theile in 12 Bänden.

Abb. 65:
„Carte du Royaume de Dannemarc et des Provinces voisines." – Die großformatige Karte zeigt den dänischen Gesamtstaat von Altona bis Kopenhagen und die ehemaligen dänischen Provinzen im südlichen Schweden; auffällig sind vor allem die nicht mehr aktuellen Darstellungen der Insel Nordstrand in Nordfriesland und der Jammerbucht im Norden Jütlands. Die Karte findet sich in dem Geschichtswerk „Introduction a l'Histoire de Dannemarc" (Copenhague 1755), verfaßt von dem Schweizer Paul Henri de Mallet, der längere Zeit in Kopenhagen gelebt hatte; gestochen wurde sie von dem Kopenhagener Kupferstecher Odvardt Helmoldt de Lode (B 301).

Nürnberg: Ernst Christoph Grattenauer; Landshut: Philipp Krüll; Leipzig: Hahn'sche Verlags-Buchhandlung, 1804-1831. 8°

In dem Werk finden sich insgesamt 15 Karten:
Theil I: Allgemeine Einleitung. Hispanien. Dritte verbesserte und vermehrte Auflage Mit zwey Karten. Leipzig 1829.
1. Terrae habitatae delineatio ad mentem Ptolemaei expressa. pag. 142. I. Rausch sc.
2. Tabula omnis terrae habitatae, ad mentem Eratosthenis et Strabonis expressa. I. Rausch sc. Nürnb. (am Schluß)
Theil II, 1: Das transalpinische Gallien. Zweite verbesserte Auflage. Mit einer Charte. Nürnberg 1804.
3. Hispania et Gallia ad mentem Ptolemaei delineatae. Rausch sc. (am Schluß)
Theil II, 2 (angeb. an Theil II, 1): Britannia. Zweite, umgearbeitete Auflage. Mit einer Charte. Leipzig 1822.
4. Insulae Britannicae ad mentem Ptolemaei delineatae. Rausch sc. (am Schluß)
Theil III: Germania, Rhaetia, Noricum, Pannonia. Zweite ganz umgearbeitete Auflage. Mit zwey Karten (eine fehlt). Leipzig 1820.
5. Germania Romanis cognita. I. L. J. Rausch sc. Nürnberg. (am Schluß)
Theil IV: Der Norden der Erde von der Weichsel bis nach China. Zweite ganz umgearbeitete Auflage. Mit zwey Karten. Leipzig: 1820.
6. Sarmatien zwischen Ostsee und Kaspischem Meer (ohne Titel) (am Schluß)
7. Skythien östlich vom Kaspischen Meer (ohne Titel)
Teil V, 1 u. 2: – Indien und die Persische Monarchie bis zum Euphrat. Zweite verbesserte und vermehrte Auflage. Mit zwey Karten. Leipzig 1829
8. Imperium Persarum usque ad Euphratem, delineatum ad mentem Ptolemaei. I. Rausch sc. Nürnb. (am Schluß)
9. India Ptolemaei. Rausch sc. (am Schluß)
Teil VI, 1:- Arabien, Palästina, Phönicien, Syrien, Cypern. Zweite, verbesserte und vermehrte Auflage. Mit einer Karte. Leipzig 1831.
10. Arabia ad mentem Ptolemaei delineata. I. Rausch sc. (am Schluß)
Theil VII: Thracien, Illyrien, Macedonien, Thessalien, Epirus. Landshut 1812.
11. Macedoniae, Thraciae et Moesiae delineatio accuratior. Nro I.
Theil VIII: Das nördliche Griechenland. Der Peloponnesus. Die Inseln des Archipelagus. Mit einer Karte. Leipzig 1822.
12. Graeciae antiquae delineatio accuratior. (am Schluß)
Theil IX, 1 (Buch 1 – 7): Italia nebst den Inseln, Sicilia, Sardinia, Corsica etc. Mit einer Karte (fehlt). Leipzig 1823.
Theil IX, 2 (Buch 8 – 10): Italia nebst den Inseln, Sicilia, Sardinia, Corsica etc. Leipzig 1823.
Theil X, 1: Afrika. Ostküste von Afrika, Aethiopia, Aegyptus. Mit einer Charte (fehlt). Leipzig 1825.
Theil X, 2: Afrika. Marmarika, Kyrene, die Syrten, Karthago, Numidia, Mauritania, die Westküste von Afrika, das innere Afrika, die westlichen Inseln. Mit drey Charten (eine fehlt) und einem Chärtchen. Leipzig 1825.
13. Golf von Neapel (Chärtchen ohne Titel). H. Leutemann sc. (am Schluß)
14. Mauretaniae Tingitanae, Caesariensis, Sitifensis delineatio accuratior. Tab. II. (am Schluß)
15. Africa interior ad mentem Ptolemaei. Tab. III. (am Schluß)

Lit.: BRUNET Bd III, Sp. 1370; GV 1700-1910 Bd 92, S. 340.
Sign.: Aa 2 b

B 305. Marckmann, J. W.:

Danskhedens Skjæbne i Slesvig, udarbeidet efter Prof. Allens Værk „Det danske Sprogs Historie i Hertugdømmet Slesvig eller Sønderjylland". Med et Forord af Prof. Allen og et Sprogkort.
Haderslev: Godske Nielsen, 1860. 8°

Am Schluß findet sich die Karte:
Kaart over Kirke og Skole Sprogene i Hertugdömmet Slesvig eller Sönderjylland 1857. [vgl. B 7, Karte 2]

Lit.: KATALOG LB KIEL Bd II, S. 1491.
Sign.: Ghd 19 (2. Ex. unter der Sign.: Ghd 19 b [Angeb.: B 5])

B 306. Marlianus, Bartholomaeus:

Urbis Romae topographia, ad Franciscum Gallorum Regem eiusdem urbis liberatorem invictum, libris quinque comprehensa.
Basel: Ex officina Joannis Oporini, Aug 1550. 2°

In dem Werk findet sich eine große Holzschnittkarte:
SITVS VRBIS ROMÆ (Titelleiste oben in der Mitte). CVM CAESAREAE | MAIESTATIS GRA- | TIA ET PRIVILE- | GIO, AD QVIN- | QVENNIVM. | 1551. (unten links). IOANNES OPO | RINVS TYPO | GRAPHVS BA | SILIENSIS | EXCUDE | BAT. (unten rechts).

Lit.: vgl. GRIEB S. 435 (Nr. 858) (Ausgabe Rom 1544).
Sign.: Al III 239

B 307. Marperger, Paul Jacob:

Schwedischer Kauffmann, in sich haltend eine kurtze Geographische und Historische Beschreibung deß Königreichs Schweden, und aller dessen incorporirten Länder und Provincien, sonderlich aber der vornehmsten Kriegs- und Friedens-Begebenheiten, welche sich in Demselben von so vielen Seculis her, biß auff den anjetzo Glorwürdigst-regierenden König Carl den XII. zugetragen.
Wismar u. Leipzig: Johann Christian Schmidt, 1706. 8°

Als Frontispiz findet sich eine kleine Karte:
SVECIA.

Lit.: GV 1700-1910 Bd 93, S. 44; HEINSIUS Bd III, S. 20.
Sign.: Ed 8

B 308. Marquardt, Joachim:

Cyzicus und sein Gebiet. Drei Bücher. Mit einer Charte.
Berlin: Theod. Chr. Friedr. Enslin, 1836. 8°

Am Schluß findet sich eine titellose Karte vom Lithogr. Inst. v. L. Sachse & Co, auf der der Nordwesten Kleinasiens mit der Äolis dargestellt ist.

Lit.: GV 1700-1910 Bd 93, S. 51.
Sign.: Gg 12

B 309. Martens, Gustav Ludolph:

Tagebuch eines Freiwilligen des v. d. Tann'schen Corps. Mit 4 erläuternden Plänen, einem lith. Titelblatte und dem Portrait des Oberstlieutenants v. d. Tann.
Hamburg: Auf Kosten des Herausgebers, 1848. 4°

Am Schluß finden sich 4 Karten:
1. Karte von Eckernförde und Altenhof mit besonderer Berücksichtigung des Gefechtes bei Altenhof. No. 1. Aufgenommen und radirt mit Benutzung vorhandener Karten v. G. Martens.
2. Special-Karte des Gefechtes bei Altenhof nach den Buchstaben a, b, c, d in der Karte No. 1. No. 2. Angenommen u. radirt v. G. Martens.
3. Karte des Gefechtes zwischen Hoptrup und Hadersleben am 7. Juni 1848. No. 3. Aufgenommen u. radirt v. G. Martens.
4. Verschanzung der Dänen bei Törningmühle in der Höhe von Hadersleben. No. 4. Aufgenommen u. radirt v. G. Martens.

Lit.: GV 1700-1910 Bd 93, S. 97; KATALOG LB KIEL Bd I, S. 704; zu den Karten vgl. GEERZ S. 136.
Sign.: Gha 410

B 310. Marti, Karl (Hrsg.):

Kurzer Hand-Commentar zum Alten Testament. Abteilung IX: Die Bücher der Könige. Erklärt von I. Benzinger. Mit neun Abbildungen im Text, einem Plan des alten Jerusalem und einer Geschichtstabelle.
Freiburg i. B., Leipzig u. Tübingen: Verlag von J. C. B. Mohr (Paul Siebeck), 1899. 4°

Am Schluß findet sich ein Plan:
Plan des alten Jerusalem. Geogr. Anst. v. Wagner & Debes, Leipzig.

Lit.: GV 1700-1910 Bd 55, S. 185.
Sign.: Flensburger Propstei-Bibliothek, Exegetische Theologie II a, 1

B 311. Martin, Robert Montgomery:

The British Colonial Library, comprising a popular and authentic Description of all the Colonies of the British Empire. In ten Volumes.
London: Henry G. Bohn, 1844. 8°

Das Werk enthält in den einzelnen Bänden insgesamt 20 Karten zum britischen Kolonialbesitz:
Vol. I (Upper and Lower Canada, 1838):
  1. British Possessions in North America (p. 1)
  2. Lower Canada (p. 206)
  3. Map of Upper Canada (p. 264)
  4. Map of the Eastern Townships of Lower Canada (p. 343)
Vol. II (Austral-Asia, 1839):
  5. New South Wales, Eastern Coast of Terra Australis or New Holland. (p. 1)
  6. Van Diemen's Island [= Tasmanien] (p. 252)
Vol. III (Southern Africa, 1843):
  7. Cape of Good Hope (p. 1)
  8. Mauritius or Isle of France (p. 348)
Vol. IV (West Indies I, 1836):
  9. Jamaica (p. 1)
  10. Trinidad (p. 171)
Vol. V (West Indies II, 1837):
  11. Guyana (p. 1)
  12. West Indies (p. 185)
Vol. VI (Nova Scotia, 1837):
  13. Nova Scotia – New Brunswick, Cape Breton – Prince Edward Island (p. 1)
  14. Newfoundland (p. 236)
Vol. VII (British Possessions in the Meditarranean, 1837):
  15. Gibraltar (p. 1)
  16. Malta and Gozo (p. 112)
  17. The Ionian Islands (p. 297)
Vol. VIII (The Possessions of the East India Company I, 1837):
  18. British Possessions in Asia (p. 1)
Vol. IX (The Possessions of the East India Company II, 1837)
Vol. X (British Possessions in the Indian and Atlantic Oceans, 1837):
  19. Ceylon (p. 1)
  20. British Possessions in Western Africa (p. 213)

Lit.: LOC Bd 96, S. 33.
Sign.: Ec 34

B 312. Masius, Hermann:

Naturstudien. Zweiter Band. Zweite Auflage. Mit Illustrationen nach Zeichnungen von Wilh. Georgy und einer Karte des Nils.
Leipzig: Friedrich Brandstetter, 1877. 8°

In dem Werk finden sich zwei Karten (nach p. 162):
1. Karte von AEGYPTEN und NUBIEN. F. A. Brockhaus Geogr.-artist. Anstalt Leipzig.
2. Karte des NIL-DELTA und der LANDENGE von SUES.

Lit.: GV 1700-1910 Bd 93, S. 249.
Sign.: Na 102

B 313. Mazochius, Alexius Symmachus:

Commentariorum in Regii Herculanensis Musei Aeneas Tabulas Heracleenses Pars I. (Acc. Pars II).
Neapel: Ex Officina Benedicti Gessari, 1754. 2°

Neben diversen Abbildungen zu den Tafeln enthält das Werk eine Karte zu Unteritalien in römischer Zeit:
DESCRIPTIO | Illius Italiæ partis | cujus oram maritimam | GRAECI olim incoluerunt | expressa ad effigiem Italiæ veteris | quam | DOMINVS ISLAEVS | in aes incisam vulgaverat: | nunc tamen locis aliquot | ad auctorum veterum | fidem castigata. (Titelkartusche oben rechts). Fran. Sesone Sculpsit (unten rechts). Ad pag. 46. (oben links außen).

Lit.: BRUNET Bd III, Sp. 1561.
Sign.: Al II 942

B 314. Meitzen, August:

Siedelung und Agrarwesen der Westgermanen und Ostgermanen, der Kelten, Römer, Finnen und Slawen. 3 Bde.
Berlin: Wilhelm Hertz, 1895. 4°

Abb. 66:
„Situs Urbis Romae." – Der großformatige Holzschnitt des Baseler Buchdruckers Johannes Oporinus zeigt einen nach Osten ausgerichteten Plan der Stadt Rom. Er findet sich in Bartholomaeus Marlianus' „Urbis Romae topographia" (Basel 1550) (B 306).

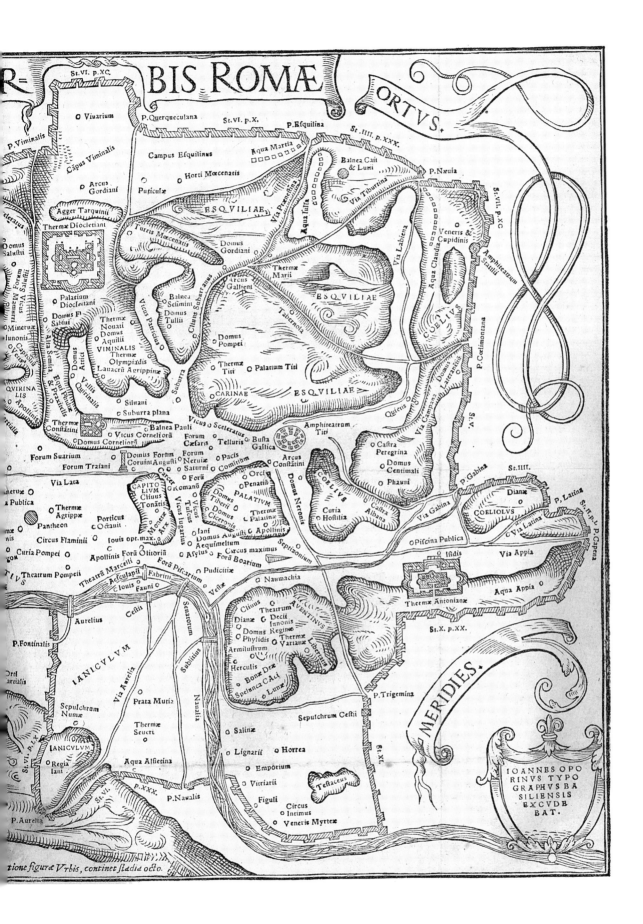

Abb. 67:
„Malta and Gozo." – Die Karte der beiden Inseln im Mittelmeer findet sich im 7. Band von Robert Montgomery Martins „The British Colonial Library, comprising a popular and authentic Description of all the Colonies of the British Empire" (London 1844). In dem Werk werden in 10 Bänden mit 20 Karten die britischen Kolonien dargestellt (B 311, Nr. 16).

Der dritte Band enthält unter 39 Abbildungen auch mehrere kleinere Karten. Zu diesem Band liegt auch ein besonderer Atlasband mit 125 Karten und Zeichnungen vor.

Lit.: GV 1700-1910 Bd 94, S. 275; KATALOG LB KIEL Bd I, S. 112.
Sign.: Gda 73

B 315. Melchior, Hans Bøchman:

Historisk Efterretning om den frie adelige Skole Herlufsholm.
Kiøbenhavn: J. H. Schubothe, 1822. 8°

Am Schluß finden sich unter den sechs Kupferstichtafeln zwei Pläne:
1. Grundtegning af Herlufsholm 1804. H. P. Topp del. O. O. Bagge sc. Tab. I.
2. Grundtegning af Herlufsholm 1818. H. P. Topp del. O. O. Bagge sc. Tab. II.

Lit.: BIBLIOTHECA DANICA Bd II, Sp. 948.
Sign.: Gnl 38

B 316. Merian, Matthaeus:

Topographia Saxoniae Inferioris, das ist: Beschreibung der Vornehmsten Stätte unnd Plätz in dem hochl. Nider Sachß. Crayß.
Frankfurt: Bey Matth. Merians Erben, 1653 [ND o. O. u. o.J.]. 2°

In dem Werk finden sich 4 Karten und 36 Blätter mit Stadt- und Gebäudeansichten:
1. DVCATVS | HOLSATIÆ, | NOVA TABVLA (Titelkartusche oben rechts). (p. 20 I).
2. MEKLENBVRG | DVCATVS (Titelkartusche oben rechts). (p. 20 II).
3. [Blatt mit zwei Stadtansichten], Alßleben / Statt Calbe An der Saal (p. 22)
4. BREMA. (p. 42)
5. NOBILIS SAXONIÆ FL.[uvius] | VISVRGIS [= Weser] | cum Terris adjacentib. | Ab Inclyta BREMA | ad Ostium Maris (Titelkartusche unten rechts). (p. 50).
6. Marckt in Bremmen (p. 62 I)
7. Abbildung Caroli Magni imp. uff den Marckt Platz zu Bremen zu sehen (p. 62 II)
8. Prospect der Vestung Christian Preis | Im Hertzogthumb Holstein. [= Christianspries] (p. 74)
9. [Blatt mit zwei Ansichten], Dömitz / Newen Closter [= Neukloster] (p. 76)

10. [Blatt mit zwei Stadtansichten], Stättlein Frohsa [= Frohse] / Stättlein und Ambt Hatmersleben (p. 84/96 I)
11. [Blatt mit zwei Ansichten], Closter Rühnen [= Rühn] / Gadebusch (p. 84/96 II)
12. Giebichenstein. Casp. Merian fecit (p. 98)
13. Goßlar. (p. 100)
14. [Blatt mit 2 Stadtansichten], Bützow / Fürstl. Mechlenb. Residentz Statt Güsterow (p. 108 I)
15. Grundrieß der Fürstlichen | Meckelburgischen Residentz | Statt Güsterow | Carl Henr. à Osten Delin (Titelkartusche unten links). (p. 108 II)
16. [Blatt mit zwei Stadtansichten], Hall in Sachsen [= Halle (Saale)] | Gegen Morgen / Hall in Sachsen | Gegen Abend. (p. 110 I)
17. [Blatt mit zwei Stadtansichten], Hall in Sachsen | Gegen Mitternacht. / Hall in Sachsen | Gegen Mittag. (p. 110 II)
18. [Blatt mit zwei Stadtplänen], Statt Plauwen [= Plau] / Halberstatt (p. 118)
19. [Blatt mit zwei Ansichten], Steurwaldt Churfürstl: Ambthauß | Im Stifft Hildesheim / Sthörlinburg Closter | im Stifft Halberstatt [= Stötterlingenburg] (p. 120)
20. HAMBVRGVM. (p. 124)
21. HILDESIA. Hildesheim. [Stadtgrundriß] (p. 138 I)
22. HILDESIA Hildesheim [Stadtansicht] (p. 138 II)
23. EPISCOPATVS | HILDESIENSIS | DESCRIPTIO NOVISSIMA (p. 140)
24. Stättlein Borelem Im Stifft Hildesheim [= Bockenem] (p. 142 I)
25. Closter und Flecken Lamspring | Im Stifft Hildesheim (p. 142 II)
26. LVBECCA. Lübeck (p. 154)
27. MAGDEBVRGVM in flore. (p. 166)
28. [Blatt mit drei Ansichten], obere Hälfte: Neustatt Magdeburgk, unten links: Rothenburgk An der Saale, unten rechts: Hauß Trebnitz An der Saale (p. 168)
29. [Blatt mit drei Ansichten übereinander], Closter Bergen [= Berge] / Das Hauß Behsen [= Beesen] / Das Closter unserer Lieben Frauen | In Magdeburg (p. 170)
30. [Blatt mit zwei Ansichten), Sarstedt Stättleim im Stifft Hildesheim, wie | solches nach dem Brandt aussehet / Marienburg Ambthauß | Im Stifft Hildesheim (p. 180)
31. Prospect der Statt Rostock (p. 202)
32. [Blatt mit zwei Stadtansichten], Stättlein Saltza. [= Salzelmen] | Casp. Merian fecit / Statt Staßfurth | Casp. Merian fecit (p. 208)
33. [Blatt mit zwei Stadtansichten], Statt und Ambtt Wantzleben / Statt Schenebeck [= Schönebeck] (p. 214)
34. Prospect der Fürstl. Mecklenb: Resid: Statt | Schwerin / Casp. Merian fecit (p. 216)
35. STADA. [= Stade] (p. 220)
36. Statt Verden (p. 232 I)
37. Eigentliche Abbildung des Grefl. Hauses | und Vestung Bremer Förde [= Bremervörde] (oben rechts) / Dem Hochgebornen Graffen | und Herrn, Herrn Carolo Gustavo | Wrangeln, Graffen zu Salis, Freyherrn | zu Schokloster und Bremer Förde ... | Dediciret und Offeriret dieses Kupffer | Untertänigst | Mattheus Merian | Erich Jonson Delineavit (Kartusche unten rechts) (p. 232 II)
38. Stättlein Wettien | An der Saale (p. 234)
39. [Blatt mit zwei Stadtansichten], WISMARIA. / ROSTOCHIVM. (p. 236)
40. Grundriß der Statt und | Vestung Wismar (p. 238)

Lit.: zur Erstausgabe vgl. GRIEB S. 451 (Nr. 892); KATALOG LB KIEL Bd II, S. 1087.
Sign.: LZB, Erd 301 T

B 317. (Meyer Ludwig Beatus):

Seeland im Sommer 1807. In vertrauten Briefen an einen Freund in Berlin. Von einem Augenzeugen. Nebst dem Grundrisse von Kopenhagen und den Actenstükken.
Germanien (= Leipzig) 1808. 8°

Am Schluß findet sich der Plan:
Grundriss der Stadt und Festung KOPENHAGEN und der umliegenden Gegend.

Unter derselben Signatur findet sich ein weiteres Exemplar des Werks.

Lit.: BIBLIOTHECA DANICA Bd III, Sp. 540; ENGELMANN S. 942; GV 1700-1910 Bd 133, S. 45; KATALOG LB KIEL Bd III, S. 2203.
Sign.: Gna 183

B 318.

Meyer's Universum, oder Abbildung und Beschreibung des Sehenswerthesten und Merkwürdigsten der Natur und Kunst auf der ganzen Erde. Zweiter (- Sechster) Band.
Hildburghausen, (Amsterdam [ab Bd 3]) und New-York (Philadephia [Bd 6]): Druck und Verlag vom Bibliographischen Institut. 1835-1839. obl. 4°

Unter den zahlreichen Ansichten und Beschreibungen finden sich 119 Stadt- und Ortsansichten (jeweils mit dem Zusatz: Aus der Kunstanst. des Bibliogr. Inst. in Hildbhsn. Eigenthum der Verleger):

Zweiter Band (Sechste Auflage, 1835 [insgesamt 47 Ansichten]):
1. Lissabon, vom Fort Almeida jenseits des Tajo. Grünwold sc. (Nr. XLVII, p. 3)
2. Heidelberg. Chr. Daumerlang sc. (Nr. LI, p. 13)
3. Newcastle upon Tyne, England (Nr. LII, p. 16)
4. Mont St. Michel (Nr. LIII, p. 18)
5. Santa Maura [= Leukas] und die Griechische Küste (Nr. LV, p. 21)
6. Gotha (Nr. LIX, p. 29)
7. Haag (Nr. LXV, p. 42)
8. New-York. Dupré del. F. Geissler sc. (Nr. LXVIII, p. 49)
9. Neapel (Nr. LXIX, p. 53)
10. Brügge (in Flandern) (Nr. LXXII, p. 66)
11. London, von der Waterloo-Brücke aus (Nr. LXXIII, p. 66)
12. Honfleur (und die Seinemündung) (Nr. LXXIV, p. 73)
13. Durham (und seine Cathedrale) (Nr. LXXVI, p. 76)
14. Bonn (Nr. LXXVII, p. 79)
15. Interlaken in der Schweiz (Nr. LXXVIII, p. 81)
16. Madras. Stahlstich von I. G. Martini Rudolstadt 1834 (Nr. LXXXI, p. 87)
17. Ithaka (Nr. LXXXII, p. 89)
18. Die Tempel-Ruinen zu Phylae (Phul) in Aegypten (Nr. LXXXIV, p. 92)
19. Nantes (Nr. LXXXV, p. 95)
20. Ruinen von Palmyra (Tadmor) in der Wüste. Drawn by Stanfield. Eng.d by W. W.kns London. (Nr. LXXXVII, p. 99)
21. Oporto [= Porto]. Ansicht vom Kay in Villa Nova. Stahlstich von J. G. Martini Rudolstadt 1835. (Nr. LXXXVIII, p. 102)

Abb. 68:
„Benares in Bengalen, die heilige Stadt der Hindus." – Die Ansicht, die die Stadt am Ganges mit ihren Tempeln und der großen Treppenanlage zum Fluß hin zeigt, findet sich im vierten Band von „Meyer's Universum" (Hildburghausen 1837). Das nach Joseph Meyer, dem Begründer des Bibliographischen Instituts, benannte Sammelwerk enthält viele interessante Ansichten von Städten, Landschaften und Gebäuden der ganzen Welt in der neuen Technik des Stahlstichs (B 318, Nr. 58).

22. Jerusalem. Innere Ansicht vom jetzt verschütteten Teiche Bethesda (Nr. LXXXXIII, p. 110)

Dritter Band (1836 [insgesamt 48 Ansichten]):
23. Syracus (Siragosa) (Nr. LXXXXVI, p. 6)
24. Innspruck in Tyrol (Nr. LXXXXIX, p. 19)
25. Negroponte [= Euböa] (Nr. C, p. 22)
26. Theben in Aegypten (Nr. CIII, p. 27)
27. Blenheim (in Oxfordshire in England) (Nr. CVI, p. 39)
28. Damascus (Nr. CVIII, p. 41)
29. Ruinen von Selah (Petraa) in Arabien. Graf de Laborde del. Grünewald sc. (Nr. CX, p. 49)
30. Madrid (Nr. CXI, p. 50)
31. Smyrna in Kleinasien (Nr. CXII, p. 53)
32. Pisa (Nr. CXIII, p. 56)
33. Ruinen von Tyrus (Tor) in Syrien (Nr. CXIV, p. 61)
34. Rouen (Nr. CXVII, p. 66)
35. Dowlutabad [= Daulatabad] (Ostindien) (Nr. CXXII, p. 84)
36. Verona (Nr. CXXVII, p. 98)
37. Bonn (Nr. CXXVIII, p. 101)
38. Cordova (Pallast und Gefaengnisse der Inquisition) (Nr. CXXIX, p. 101)
39. Die Wartburg, von der Nordwestseite (Nr. CXXXI, p. 109)
40. Der Kreml in Moskau. H. Herzer sculpsit. (Nr. CXXXIII, p. 114)

41. Die Alexandersäule in St. Petersburg (Nr. CXXXIV, p. 123)
42. Nazareth (Nr. CXXXV, p. 129)
43. Bethlehem (Nr. CXXXVIII, p. 137)
44. Bamberg (Nr. CXXXIX, p. 140)
45. Corinth (Nr. CXL, p. 143)
46. Würzburg (Nr. CXLI, p. 144)

Vierter Band (1837 [insgesamt 47 Ansichten]):
47. Hurduwar [= Haridwar] in Ostindien (Nr. CXXXXIV, p. 12)
48. Seida (Das Alte Sidon) in Syrien (Nr. CXXXXV, p. 15)
49. Carrick-a-Rede (Nr. CXXXXVII, p. 20)
50. Leipzig. Stahlstich v. I. G. Martini 1836. (Nr. CXXXXVIII, p. 21)
51. Roveredo. L. Daut sc. Nbg. (Nr. CXXXXIX, p. 26)
52. Mytilene. L. Deisel sc. Nbg. 1836. (Nr. CL, p. 27)
53. Havre [= Le Havre] (Nr. CLII, p. 31)
54. Jericho (Nr. CLIV, p. 37)
55. Thun am Thuner See. Stahlstich v. I. G. Martini Rudolstadt 1836. (Nr. CLV, p. 37)
56. Der Dogenpallast in Venedig (Nr. CLVIII, p. 47)
57. Trient in Tirol (Nr. CLX, p. 59)
58. Benares in Bengalen, die heilige Stadt der Hindus (Nr. CLXI, p. 63)
59. Dublin (Nr. CLXII, p. 69)
60. Odessa (Nr. CLXIV, p. 71)

61. Dresden (Nr. CLXV, p. 75)
62. Der Goldne Thurm in Sevilla. H. Herzer sculp. (Nr. CLXVII, p. 85)
63. Chateau Chillon am Genfer See (Nr. CLXX, p. 90)
64. Constantinopel, (vom Todtenacker Pera's). Philadelphia: N. A. Bibliographic Institution. (Nr. CLXXI, p. 93)
65. Burg in Nürnberg (Nr. CLXXII, p. 94)
66. Cordova in Spanien (Nr. CLXXIII, p. 99)
67. Coburg von der Südseite (Nr. CLXXVII, p. 111)
68. Brüssel. A. Marx sculp. (Nr. CLXXIX, p. 118)
69. Die Cathedrale in Antwerpen (Nr. CLXXXV, p. 131)
70. Festung Peterwardein an der Donau in Sirmien (Nr. CLXXXVIII, p. 139)

Fünfter Band (1838 [insgesamt 47 Ansichten]):
71. Capstadt, Cap der Guten Hoffnung (Nr. CLXXXXI, p. 11)
72. Quebeck in Canada (Nr. CLXXXXIII, p. 17)
73. Benedictiner-Abtei Moelk [= Melk] an der Donau in Oesterreich (Nr. CLXXXXVII, p. 29)
74. Cyprus, Hauptstadt der Insel Cypern (Nr. CLXXXXVIII, p. 31)
75. Hebron und Abrahams Grab (Palestina) (Nr. CC, p. 35)
76. Ansicht von Burgos in Spanien (Nr. CCI, p. 37)
77. Ruinen von Djerasch [= Jerash] in Syrien. Gest. u. Dir. v. Poppel. (Nr. CCIII, p. 41)
78. St. Malo. L. Daut sc. Nbg. (Nr. CCIV, p. 44)
79. Genua. Ch. Daumerlang sc. Nbg. (Nr. CCV, p. 45)
80. Falmouth Harbour. gez. v. F. Allom. gest. v. I. G. Martini Rudolstadt (Nr. CCVIII, p. 53)
81. Antiochia (Nr. CCX, p. 58)
82. Marocco [= Marrakesch] (Nr. CCXI, p. 60)
83. Constantine (Nr. CCXIII, p. 65)
84. Alameda und das Kloster der Heil. Jungfrau in Cadix [= Cadiz]. L. Daut sc. Nbg. (Nr. CCXIV, p. 71)
85. Die Cathedrale Wassili Blagenoi in Moskau (Nr. CCXC, p. 73)
86. Die Universitaet in Göttingen (Nr. CCXVII, p. 77)
87. Segovia in Spanien (Nr. CCXXII, p. 91)
88. Die Ferdinand's-Brücke in Wien (Nr. CCXXVI, p. 105)
89. Sevilla (Nr. CCXXIX, p. 116)
90. Schloss Neuhaus an der Donau in Ober-Oesterreich [= Passau] (Nr. CCXXX, p. 118)
91. Belgrad. J. Poppel direx. (Nr. CCXXXI, p. 119)
92. Grätz [= Graz] (in Steyermark) (Nr. CCXXXIII, p. 129)
93. Neuburg in Bayern (Nr. CCXXXV, p. 136)

Sechster Band (1839 [insgesamt 47 Ansichten]):
94. Gothenburg in Schweden [= Göteborg] (Nr. CCXXXVI, p. 3)
95. Olmütz, die Hauptveste Mährens (Nr. CCXXXVIII, p. 11)
96. Semlin (Nr. CCXXX, p. 17)
97. Madrid von der Anhöhe beim Thore Foncarral (Nr. CCXXXXI, p. 18)
98. Xeres in Spanien [= Jerez de la Frontera] (Nr. CCXXXXIV, p. 27)
99. Constanz und das Panorama der Alpen (Nr. CCXXXXVI, p. 32)
100. Schloss Banz in Franken, Viezehnheiligen in der Ferne (Nr. CCXXXXVII, p. 37)
101. Monea [= Mathura ?] in Indien. P. Borniger sc. (Nr. CCXXXXVIII, p. 39)
102. Das Zeughaus in Moscau (Nr. CCLIV, p. 52)
103. Berchtsgaden. Alex. Marx Nbg. (Nr. CCLV, p. 53)
104. Gripsholm (Nr. CCLVI, p. 57)
105. Carlsruhe (Nr. CCLVIII, p. 67)
106. Valencia in Spanien (Nr. CCLIX, p. 69)
107. Chateau de Puy [= Le Puy]. L. Daut sc. Nbg. (Nr. CCLX, p. 72)
108. Carlscrona (Nr. CCLXII, p. 76)
109. Das Escurial (Nr. CCLXIV, p. 82)
110. Bombay (Nr. CCLXVI, p. 87)
111. Lyon (Nr. CCLXVII, p. 89)
112. Nossen (Nr. CCLXIX, p. 93)
113. Salzburg (Nr. CCLXXIV, p. 105)
114. Upsala in Schweden (Nr. CCLXXV, p. 109)
115. Stockholm, Innere Ansicht bey der Nord-Brücke (Nr. CCLXXVIII, p. 113)
116. Calcutta (Nr. CCLXXIX, p. 119)
117. Der Markt in Darmstadt (Nr. CCLXXX, p. 125)
118. Danzig. J. H. Vickers del. C. Heuth sc. (Nr. CCLXXXI, p. 127)
119. Der Dom zu Cöln (Nr. CCLXXXII, p. 129)

Lit.: GV 1700-1910 Bd 149, S. 153.
Sign.: Eb 152

B 319.

Militairt Repertorium, udgivet ved en Forening af Officerer. Bd 2 – 4.
Kjøbenhavn: Poppske Officin, 1837-1838. 8°

In dem Werk finden sich diverse Kriegskarten:
Bd II (1837):
1. Oversigtskaart over en Deel af Sverrig. (p. 112)
2. Oversigtskaart til Feldtoget 1809 i Baiern. (p. 344)
Bd III:
3. Valpladsen ved Aspern og Wagram
Bd IV (1838):
4. Constantine beleiret og stormet i October 1837. (p. 83)
5. Kaart over Kaukasus. (p. 265)

Lit.: BIBLIOTHECA DANICA 1831-1840, Sp. 250.
Sign.: Gav 29

B 320. Möllhausen, Balduin:

Reisen in die Felsengebirge Nord-Amerikas bis zum Hoch-Plateau von Neu-Mexico, unternommen als Mitglied der im Auftrage der Regierung der Vereinigten Staaten ausgesandten Colorado-Expedition. Mit 12 vom Verfasser nach der Natur aufgenommenen Landschaften und Abbildungen von Indianer-Stämmen, Thier- und Pflanzen-Bildern in Farbendruck, nebst 1. Karte. 2 Bde.
Leipzig: Hermann Costenoble, 1861. 4°

Im zweiten Band findet sich die Karte:
Karte der Völkerwanderung im Colorado-Gebiete nebst Angaben der Route der Colorado-Expedition ... (p. 145)

Lit.: GV 1700-1910 Bd 98, S. 177.
Sign.: Ec 61

B 321. Mørk Hansen, Mourits:

Folkelæsning. Sønderjydernes Kamp for Modersmaalet. Med Kaart, Portræter o. s. v. Ved Udvalget for Folkeoplysnings Fremme.
Kjøbenhavn; In Commission hos G. E. C. Gad, Thieles Bogtrykkeri, 1868. 8°

Lose beiliegend findet sich die Karte:
Sprog-Kort over Hertugdömmet Slesvig eller Sönderjylland. Efter Kochs Sprogkort. Em. Bærentzen & Co. lith. Inst. C. A. Reitzels Forlag. [vgl. B 5]

Lit.: KATALOG LB KIEL Bd I, S. 721.
Sign.: Ghd 101

B 322. Moltke, Helmuth von:

Briefe über Zustände und Begebenheiten in der Türkei aus den Jahren 1835 bis 1839. Zweite Auflage. Mit einer Karte.
Berlin: Ernst Siegfried Mittler und Sohn, 1876. 8°

Am Schluß findet sich die Karte:
v. Moltkes Reisen in Klein-Asien. Lith. Institut v. Wilh. Greve, Berlin. Verlag d. Kgl. Hofbuchh. v. E. S. Mittler & Sohn, Berlin.

Lit.: GRIEB S. 473 (Nr. 935); GV 1700-1910 Bd 98, S. 191.
Sign.: Gde 45 b

B 323. Moltke, Helmuth von:

Moltkes Militärische Korrespondenz. Krieg 1864. Herausgegeben vom Großen Generalstabe, Abtheilung für Kriegsgeschichte. Mit einer Uebersichtskarte und zwei Handzeichnungen des Generals v. Moltke. (Moltkes Militärische Werke. I. Militärische Korrespondenz. Erster Theil).
Berlin: Ernst Siegfried Mittler und Sohn, 1892. 4°

Im Werk finden sich 2 Handzeichnungen und 1 Übersichtskarte:
1. Vormarsch auf Schleswig, nach einer Handzeichnung des Generals von Moltke. (p. 10)
2. Küste des Kleinen Belts südlich Fredericia, nach einer Handzeichnung des Generals von Moltke. (p. 104)
3. Uebersichts-Karte zum Deutsch-Dänischen Kriege 1864. Uebersichtskarte 1. Geogr. lith. Inst. u. Steindr. v. Wilhelm Greve, Kgl. Hoflith., Berlin. Verlag der Kgl. Hofbuchh. v. E. S. Mittler & Sohn, Berlin. (am Schluß, lose in Hülle)

Lit.: GV 1700-1910 Bd 98, S. 192; KATALOG LB KIEL Bd I, S. 721.
Sign.: LZB, SH 73 M (2. Ex. unter der Sign.: Gha 250 c)

B 324. Moltke, Helmuth von:

Briefe über Zustände und Begebenheiten in der Türkei aus den Jahren 1835 bis 1839. Mit einem Bildniß des Verfassers aus dem Jahre 1851, elf Abbildungen, drei Karten und Plänen und einer Uebersichtskarte der Reisewege in Kleinasien nach des Verfassers eigenhändigen Eintragungen. Sechste Auflage. (Gesammelte Schriften und Denkwürdigkeiten des General-Feldmarschalls Grafen Helmuth von Moltke. Bd 8).
Berlin: Ernst Siegfried Mittler u. Sohn, 1893. 8°

Im Werk finden sich vier Karten und Pläne:
1. Constantinopel und der Bosporus. Reduction nach der Aufnahme des Freiherrn v. Moltke. Geogr. lith. Anst. u. Steindr. v. C. L. Keller, Berlin. (p. 193)

2. Sayd-Bey-Kalessi. gez. im Mai 1838 v. Helmuth v. Moltke [Handzeichnung] (p. 273)
3. Plan der Stellung bei Biradschik und der Schlacht von Nisib zur Uebersicht der Begebenheiten vom 1.ten Mai bis 24.ten Juni 1839. aufgenommen von v. Moltke Hauptmann im Generalstab. Photolith. d. lith. Anst. v. C. L. Keller Berlin. (p. 399)
4. v. Moltke's Reisen in Klein-Asien. [Übersichtskarte]. Lith. Institut v. Wilh. Greve, Berlin. (am Schluß)

Lit.: vgl. GV 1700-1910 Bd 98, S. 191 [5. Aufl., 1891].
Sign.: Gde 45

B 325. Moltke, Helmuth von:

Moltkes Kriegsgeschichtliche Arbeiten. Geschichte des Krieges gegen Dänemark 1848/49. Herausgegeben vom Großen Generalstabe, Abtheilung für Kriegsgeschichte. Mit einer Uebersichtskarte, 6 Plänen und 4 Textskizzen. (Moltkes Militärische Werke. III. Kriegsgeschichtliche Arbeiten, Erster Theil).
Berlin: Ernst Siegfried Mittler und Sohn, 1893. 4°

Im Werk finden sich 3 Skizzen sowie am Schluß lose beiliegend in einer Hülle 8 Karten, jeweils mit dem Zusatz: Geogr. Inst. v. Wilhelm Greve, Berlin. Verlag der Kgl. Hofbuchh. v. E. S. Mittler & Sohn, Berlin:
1. Skizze zum Gefecht bei Bau am 9. 4. 1848, zu Seite 29 (p. 29)
2. Skizze zum Gefecht bei Altenhof am 21. April 1848, zu Seite 81. (p. 61)
3. Skizze zum Gefecht bei Översee und Bilschau am 24. 4. 1848, zu Seite 107. (p. 107)
4. Uebersichtskarte zur Geschichte des Krieges gegen Dänemark 1848/49
5. Skizze des Geländes bei Hadersleben. zu Seite 209.
6. Plan der Schlacht bei Schleswig am 23. April 1848. Plan 1.
7. Plan zu dem Gefecht bei Düppel und Nübel-Mühle am 28. Mai 1848. Plan 2.
8. Plan zu dem Treffen bei Nübel und Düppel am 5. Juni 1849. Plan 3.
9. Plan zum Gefecht bei Kolding-Eistrup am 23. April 1849. Plan 4.
10. Plan der auf dem Düppel-Berge erbauten Batterien u. Verschanzungen von April bis Juni 1849. Plan 5.
11. Plan der Schlacht bei Fredericia am 6. Juli 1849. Plan 6.

Lit.: GV 1700-1910 Bd 98, S. 193; KATALOG LB KIEL Bd I, S. 703.
Sign.: Gha 250 b (2. Ex unter Sign.: Gha 250 [Unter der Signatur Gha 244 [vgl. B 128] finden sich in einer der beiden Mappen die Pläne 1, 2, 4 u. 5 aus dem vorliegenden Werk.])

B 326. Montgomery, Gust.:

Historia over Kriget emellan Sverige och Ryssland Aaren 1808 och 1809. 2 Teile.
Örebro: N. M. Lindh, 1842. 8°

In den beiden Bänden finden sich am Schluß vier bzw. drei Karten:
Bd I:
1. Situations Charta öfver Affairerne vid Revolaks den 27de April 1808 emellan Kongl. Svenska och Kejs. Ryska Trupperne.

2. Slaget vid Lappo den 14de Juli 1808 emellan Svenska och Ryska Arméerne.
3. Affairen vid Alavo den 17. Augusti 1808.
4. Belägenheten af Sveaborg.
Bd II:
5. Affairen vid Ruona den 1. September 1808.
6. Fält-Slaget vid Oravais, emellan Kongl. Svenska och Kejsl. Ryska Arméerne den 14. September 1808.
7. Finland 1808. Gen. Stab Lith. Inv.

Sign.: Gns 106

B 327.

Monumenta Historica Britannica, or Materials for the History of Britain, from the earliest Period to the End of the Reign of King Henry VII. Published by Command of Her Majesty. Volume I (Extending to the Norman Conquest).
(London) 1848. 2°

Das Werk enthält am Anfang eine Fülle von Kupferstichtafeln und eine Karte:
Britannia Romana. By W. Hughes, F. R. G. S. MDCCCXLVIII.

Lit.: BRUNET Bd III, Sp. 1876 (Nr. 26824).
Sign.: Gfb 49

B 328. Mosch, Karl Friedrich:

Das Riesengebirge, seine Thäler und Vorberge und das Isergebirge. Reise-Führer. Mit 36 Abbildungen und einer Karte. (Weber's illustrirte Reisebibliothek, Nr. 15).
Leipzig: J. J. Weber, 1858. 8°

Am Schluß findet sich eine Karte:
Das Riesengebirge, entw. & gez. v. Th. v. Bomsdorff. Leipzig, Verlag von J. J. Weber. Chemitypie aus F. A. Brockhaus geogr. art. Anstalt in Leipzig.

Lit.: GV 1700-1910 Bd 154, S. 181.
Sign.: Ee 46

B 329. Müller, Carl (Hrsg.):

Geographi Graeci minores. Tabulae in Geographos Graecos minores a Carolo Mullero instructae. Pars prima.
Paris: Ambrosius Firmin, Didot, 1855. 4°

Im Tafelband finden sich insgesamt 29 Karten (C. Müller descr.):
1. Hannonis Navigatio.
2. Africae orae a Freto Gaditano usque ad desertum delineatio accuratior in Hannonis Periplum.
3. Scylacis Periplus.
4. Scylacis Periplus.
5. Scylacis Periplus.
6. Sinus Arabici pars borealis secundum Agatharchidem, Artemidorum, Plinium, Ptolemaeum.
7. Sinus Arabici pars media secundum Agatharchidem, Artemidorum, Plinium, Ptolemaeum.
8. Sinus Arabici pars meridionalis secundum Agatharchidem, Artemidorum, Plinium, Ptolemaeum.
9. Isidori Mansiones Parthicae a Zeugmate ad Seleuciam / Euphratis Cursus a Sura ad Fossam Semiramidis.
10. Isidori Mansiones Parthicae a Seleucia ad Alexandropolin Arachosiae.
11. Anonymi Auctoris Periplus Maris Erythraei.
12. Libyae ora orientalis secundum Periplus Maris Erythraei.
13. Arabiae ora australis secundum Periplus Maris Erythraei.
14. Dachinabadae ora maritima secundum Anonymi Periplus Maris Erythraei.
15. Nearchi Navigatio ab Indo ad Euphratem, secundum Arriani Historiam Indicam.
16. Ponti Euxini Periplus secundum Arrianum.
17. Ponti Euxini ora meridionalis (australis) secundum Periplos Arriani et Anonymi et Menippe.
18. Ponti Euxini ora meridionalis (orientalis) secundum Periplos Arriani et Anonymi et Menippi.
19. Libyae ora maritima ab Alexandria ad Naustathmum, secundum Stadiasmum Maris Magni.
20. Libyae ora maritima a Naustathmo usque ad Cephalas secundum Stadiasmum Maris Magni.
21. Libyae ora maritima a Caphalis ad Macar-oeam secundum Stadiasmum Maris Magni.
22. Libyae ora maritima a Macar-oea ad Tacapen secundum Stadiasmum Maris Magni.
23. Libyae ora maritima a Neapoli ad Uticam secundum Stadiasmum Maris Magni.
24. Asiae ora maritima a Carno ad Cibyram secundum Stadiasmum Maris Magni.
25. Ora Asiae Minoris a Cibyra ad Miletum secundum Stadiasmum Maris Magni.
26. Cyprus insula ad Stadiasmum Maris Magni.
27. Creta insula sec. Stadiasmum Maris Magni.
28. Marciani Heracleensis Periplus Oceani Orientalis secundum Ptolemaei Systema Geographicum.
29. Marciani Heracleensis Periplus Oceani Occidentalis Septentrionalisque.

Der Tafelband gehört zum ersten Band des zweibändigen Werkes (Sign.: Ag II 434):
Müller, Carl (Ed.): Geographi Graeci minores. Volumen primum (- secundum).
Paris: Ambrosius Firmin Didot, 1855/61. 4°

Sign.: Ag II 435

B 330. Müller, H. J.:

Fremstilling af Søkrigshistoriens vigtigste Begivenheder. Med tolv lithographerede Plancher.
Christiania: B. M. Benzen, 1863. 4°

In dem Werk finden sich 12 Tafeln zu Seeschlachten:
1. Söslaget ved Cap St. Vincent. 1ste Stilling. Pl. I. Lith. L. Fehr & Co. Christiania. (p. 336)
2. Söslaget ved Cap St. Vincent. 2den Stilling. Pl. II. Lith. L. Fehr & Co. Christiania. (p. 336)
3. Söslaget ved Cap St. Vincent. 3die Stilling. Pl. III. Lith. L. Fehr & Co. Christiania. (p. 336)
4. Söslaget ved Abukir. Pl. IV. Lith. L. Fehr & Co. Christiania (p. 336)
5. Plan over Slaget paa Kjöbenhavns Red den 2den April 1801. Pl. V. L. Fehr & Co. Christiania (p. 336)
6. Söslaget ved Trafalgar. 1ste Stilling. Pl. VI. Lith. L. Fehr & Co. Christiania (Schluß)

7. Söslaget ved Trafalgar. 2den Stilling. Pl. VII. L. Fehr & Co. Christiania. (Schluß)
8. Söslaget ved Trafalgar. 3die Stilling. Pl. VIII. Lith. L. Fehr & Co. Christiania. (Schluß)
9. Shannon og Chesapeak 1ste Juni 1813. Pl. IX. [= Seegefecht der britischen u. amerikanischen Fregatte vor Boston] (Schluß)
10. Najadens Ødelæggelse i Lyngöers Havn den 6ste Juli 1812. Pl. X. Lith. L. Fehr & Co. Christiania. [= Verlust der dänischen Fregatte in Norwegen] (Schluß)
11. Affairen ved Eckernförde 15ste April 1849. Pl. XI. Lith. L. Fehr & Co. Christiania. (Schluß)
12. Sötræfningen ved Sinope 30te November 1853. Pl. XII. Lith. L. Fehr & Co. Christiania. (Schluß)

Sign.: Gna 336

B 331. Müller, Johann August:

Versuch einer vollständigen Geschichte der Chursächsischen Fürsten- und Landschule zu Meissen, aus Urkunden und glaubwürdigen Nachrichten. 2 Bände. Leipzig: bey Siegfried Lebrecht Crusius, 1787/89. 8°

Am Schluß des ersten Bandes finden sich drei Pläne:
1. Grundriss der Churfürstl. Saechs. Landschule St. Afra in Meissen, aufgenomen durch Ernst Gottlieb Kraemer, Alumnus Oct. 1786. G. Vogel sculp. Nürnb. 1787
2. Erklaerung I.te Etage der Thorwaerter Wohnung. G. Vogel sc.
3. Erklaerung II.te Etage. G. Vogel sc. N.

Am Schluß des zweiten Bandes findet sich eine Ansicht:
4. Ansicht der Churf. Saechs. Land-Schule St. Afra in Meissen, aus dem Erker der Pastor Wohnung aufgenommen von E. B. Kræmer, aus Dresden 1787.

Lit.: GV 1700-1910 Bd 100, S. 238.
Sign.: Pb 4

B 332. (Müller, Johann Ulrich [?]):

Pannoniens Kriegs- und Friedens-Begebnüsse, Das ist: Eine Kern-reiche Erörterung und Beschreibung aller derer blutigen Schlachten und Treffen, Scharmützeln, Streiffereyen, Eroberungen und Bestürmungen verschiedener Plätze und Vestungen in Ungarn, Siebenbürgen, Moldau, Croatien, und andern angräntzenden Ländern und Königreichen, was sich nemlichen hin und wider so Christlich- als Türckischer Seiten denck- und merckwürdiges zugetragen, gantz unpartheilich entworffen. Aller Orthen mit nöthigen Abbildungen der Christlich- und Türckischen Vestungen und Feldschlachten nebst einer richtigen Ungarischen Land-Carte, bis nach Constantinopel, versehen, und biß auf A. 1686 continuiret von J. U. M.
Nürnberg: Johann Hoffmann, 1686. 8°

Neben vielen Stadt- und Festungsansichten und Belagerungsdarstellungen findet sich eine Karte:
1. HUNGARIA, TRANSYLVANIA, | WALLACHIA, MOLDAVIA, CROATIA, | DALMATIA, BOSNIA, SERVIA & THRA- | CIA. (Titelkartusche oben in der Mitte). pag. 1. (oben rechts).
2. SABAZ. / GRICHISCH WEISENBVRG. [= Belgrad] (p. 34)
3. Belagerung WIEN 1529 (p. 42)
4. TEMESWAR. / ZOLNOK [= Szolnok]. (p. 66)
5. ERLA [= Erlau]. / ZATMAR. (p. 72)
6. SACMAR. / TOKAY. (p. 88)
7. MVNKATSCH. / MEDLING [= Mödling]. (p. 92)
8. GYVLA. / SIGETH [= Szigetvár]. (p. 98)
9. WIHITSCH. / SISECK. (p. 114)
10. Schlagt bey SISECK so die christen gegen die dürcken erhalten 1593 (p. 122)
11. PALOTTA. / VESPRIN [= Veszprém]. (p. 126)
12. RAAB. / COMORA. (p. 140)
13. Treffen bey KRAN [= Gran] 1595 (p. 160)
14. VICEGRAD [= Visegrád]. / PETRINIA. (p. 162)
15. SCHAMBOCK. / HATWAN. (p. 178)
16. Treffen bey PETRINA [= Petrinja] 1596 (p. 184)
17. 1596 | Eroberung ERLA [= Erlau] (p. 186)
18. DOTIS [= Tata]. / PAPA. (p. 196)
19. S. MARTINSBERG. / CANISCHA [= Kanizsa]. (p. 204)
20. GROS WARADEIN. / STVL WEISSENBVRG. (p. 224)
21. PRESBURG. / BRINN. [= Brünn] (p. 350)
22. NEVSTADT [= Wiener Neustadt]. / NEVTRA. (p. 560)
23. WEITZEN [= Vác]. / SCHLOS ZV PRESPVRG. (p. 566)
24. LEWENTZ. / PRESNITZ. (p. 568)
25. BABOTZ. [= Babocsa] / FVNFF KIRCHEN. (p. 582)
26. Schlagt bey S. GOTTHART 1664 (p. 652)
27. Schlagt bey LÖBENS [= Lewentz] 1664 (p. 676)
28. LEOPOLDSTADT. / SIXO. (p. 740)
29. Schlagt bey CRAN [= Gran] 1685 (p. 864)
30. Der strangulirte GROSVEZIER. / PRESNIZ. (p. 882)
31. ADRIANOPEL (p. 884)
32. SCHLOS ZV OFFEN. [= Ofen] / S. NICOLAVS. (p. 904)
33. ESSECK. / NOVIGRAD. (p. 970)

Sign.: Gw 48

B 333. (Müller, Karl Otfried):

Karl Otfried Müller's kleine deutsche Schriften über Religion, Kunst, Sprache und Literatur, Leben und Geschichte des Alterthums, gesammelt und herausgegeben von Eduard Müller. Erster Band. Nebst Erinnerungen aus dem Leben des Verfassers. Mit einer Karte. Breslau: im Verlage bei Josef Max und Komp., 1847. 8°

Am Schluß findet sich die Karte:
Hetruria (Etruria) (Tuscia). K. O. Müller's kleine Schriften 1.ter Band.

Lit.: GV 1700-1910 Bd 100, S. 317.
Sign.: Ap 61

B 334. Müller, Karl Otfried:

Geschichte Hellenischer Stämme und Städte. Bd I: Orchomenos und die Minyer. Mit einer Karte. Breslau: Josef Max, 1820. 8°

Am Schluß findet sich die Karte:
Karte der Thaeler des Kephissos und Asopos.

Lit.: GV 1700-1910 Bd 100, S. 316.
Sign.: Gg 7

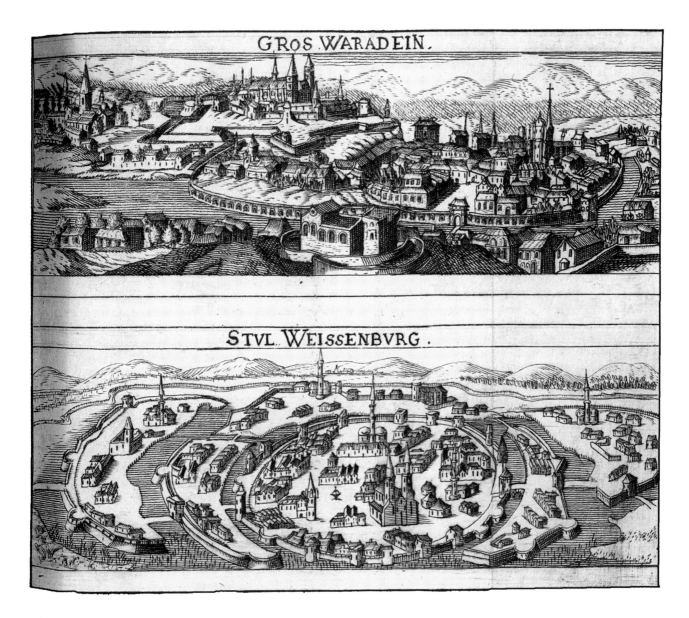

Abb. 69:
„Groswaradein / Stulweissenburg." – Die beiden Stadtansichten von Großwardein (heute Oradea in Rumänien) und Stuhlweißenburg (heute Székesfehérvár in Ungarn) befinden sich auf einem Blatt übereinander in dem Werk „Pannoniens Kriegs- und Friedens-Begebnüsse" (Nürnberg 1686), das von den Auseinandersetzungen mit den Türken im ungarischen Raum vom Beginn des 16. Jahrhunderts bis 1686 handelt. Außer einer Ungarn-Karte sind in dem Werk, das von einem gewissen J. U. M. (wahrscheinlich Johann Ulrich Müller) verfaßt wurde, mehr als 30 Schlachtendarstellungen und Stadt- und Festungsansichten enthalten (B 332, Nr. 20).

B 335. Müller, Sophus:

Nordische Altertumskunde nach Funden und Denkmälern aus Dänemark und Schleswig. Deutsche Ausgabe unter Mitwirkung des Verfassers besorgt von Dr. Otto Luitpold Jiriczek. 2 Bde.
Straßburg: Karl J. Trübner, 1897/98. 8°

Am Ende des ersten Bandes findet sich eine Karte:
Karte zur Nordischen Altertumskunde von Dr. Sophus Müller [= Dänemark u. Schleswig]. Geograph. Anstalt von Wagner & Debes Leipzig. Verlag von Karl Trübner in Strassburg.

Lit.: GV 1700-1910 Bd 100, S. 384; KATALOG LB KIEL Bd I, S. 330.
Sign.: Dk 25

B 336. Münster, Sebastian:

Cosmographiae universalis libri VI.
Basel: Henricus Petri, März 1550. 2°

Im Anschluß an 14 großformatige Karten folgen im eigentlichen Textteil 52 Karten und neben kleineren, hier zumeist nicht berücksichtigten, auch 40 großformatige Stadtansichten:

1. TYPVS ORBIS VNIVERSALIS. [KD] (*1)
2. ALTER GENERALIS TAB. SECVNDVM PTOL. (*2)
3. MODERNA EVROPAE DESCRIPTIO. (*3)
4. HISPANICAE REGIONIS NOVA DESCRIPTIO. (*5)
5. GALLIAE REGIONIS NOVA DESCRIPTIO. (*6)
6. GERMANICAE NATIONIS DESCRIPTIO. (*7)
7. HELVETIAE MODERNA DESCRIPTIO. (*8)
8. SVEVIAE ET BAVARIAE DESCRIPTIO. (*11)
9. Bohemiæ descriptio iuxta insigniores eius civitates & oppida. (*14)
10. POLONIAE ET VNGARIAE NOVA DESCRIPTIO. (*15)
11. Nova Græcia secundum omnes eius regiones & provincias citra & ultra Hellespontum. (*20)
12. Tabula orientalis regionis, Asiæ scilicet extremas complectens terras & regna. (*24)
13. Totius Africæ tabula & descriptio universalis etiam ultra Ptolemæi limites extensa. (*25)
14. Tabula novarum insularum, quas diversis respectibus Occidentales & Indianas vocant. (*26)
15. (Europa) (p. 40) (*27)
16. (Britische Inseln) (p. 42) (*28)
17. (Spanien) (p. 56) (*30)
18. (Frankreich) (p. 75) (*31)
19. Situs & figura antiquissimæ & præcipuæ Mediomatricum ciuitatis Treuirensis [= Trier] (p. 82/83) (*32)
20. Lutetia Parisiorum urbs, toto orbe celeberrima notissimaque, caput regni Franciæ. [HR MD] (p. 88/89) (*34)
21. Clarissimæ ciuitatis Geneuensis situs & figuratio, latusque eius meridianum. [= Genf] (p. 98/99) (*41)
22. (Flandern) (p. 115) (*45)
23. (Amsterdam) (p. 129) (*50)
24. (Italien) (p. 137) (*52)
25. (Norditalien) (p. 138) (*53)
26. Figura areæ Romanæ atque portarum eius, quas habuit olim cum in summo esset flore & fastigio. [HH] (p. 146/147) (*54)
27. Romanæ urbis situs, quem hoc Christi anno 1549 habuit. (p. 150/151) (*55)
28. Venetiarum amplissima & maritima urbs cum multis circumiacentibus insulis. (p. 158/519) (*56)
29. Figura theatri Veronensis, quum adhuc integrum & perfectum esset. Hodie eius ruinæ extant. [THEATRVM VERONENSE: 1549 C. S.] (p. 184/185) (*58)
30. Florentia nobilissima Hetruriæ civitas, deformata ad nostra tempora. (p. 192/193) (*57)
31. (Unteritalien, Regnum Neapolit.) (p. 233) (*67)
32. (Sardinien; SARDINIA INSVLA) (p. 243) (*68)
33. CALARIS SARDINIÆ CAPVT. [= Cagliari] (p. 244) (*69)
34. (Sizilien) (p. 252) (*70)
35. (Deutschland) (p. 261) (*72)
36. (Wallis; Walliser land) (p. 331) (*73)
37. Sedunensis civitas cum duabus arcibus & Valeria cathedrali ecclesia. [= Sion (Sitten)] (p. 338/339) (*74)
38. (Genfer See und Umgebung) (p. 351) (*75)
39. Solothurensis ciuitatis effigies ad uiuum pro nostro tempore depicta. (p. 372/373) (*76)
40. Vrsina civitas, uulgo Bernensis, ad hunc Christi annum 1549 exarata. [ANNO DOMINI MDXLVIIII BERNA HELVETIÆ HVNC HABVIT SITVM RMD] (p. 378/379) (*77)
41. (Gegend zwischen Neuenburger und Lausanner See; Wifelspurger Gau) (p. 382) (*78)
42. Designatio civitatis Badensis Helueticæ, una cum oppidulo thermarum. (p. 390/391) (*79)
43. Basiliensis civitatis contrefactura, adumbrata ad genuinum eius situm, quem anno 1549 habuit. [C. S.] (p. 402/403) (*80)
44. (Oberelsaß u. südliches Baden) (p. 428) (*81)
45. (Lebertal im Elsaß) (p. 433) (*82)
46. Rubeaquum cum arce Isenburgo moenibus incluto ad nostræ ætatis habitudinem ad uiuum expressum. [C. S. Rubeaquum / Rufach. 1548.] (p. 442/443) (*83)
47. Colmariensis ciuitatis & circumiacentis agri pictura ad uiuum expressa. [1548] (p. 450/451) (*84)
48. Selestadium uulgo Schletstat, ciuitas imperialis, in medio Alsatiæ optimo loco sita. [Schletzstat. RMD] (p. 454/455) (*85)
49. (Niederelsaß u. Rheinlande bis Bingen) (p. 461) (*86)
50. Wyssenburgum ciuitas imperialis cum circumiacente terra, ad uiuum expressa. [C. S.] (p. 466/467) (*87)
51. Landoia ciuitas imperialis, depicta ad effigiem quam nostro habet æuo. [Die Stat Landaw.] (p. 470/471) (*89)
52. Nemetum ciuitatis vetustissimæ pictura, quam hodie uulgo Spiram appellant. [Die Stat Spira] [= Speyer] (nach p. 474) (*90)
53. Vetustissima Vangionum ciuitas, quam hodie Wormaciam uocant, sita ad Rhenum in littore Gallico, expressa hic iuxta formam quam nostro habet æuo. [= Worms] (nach p. 480, ausklappbar) (*91)
54. (Gegenden am Rhein zwischen Hunsrück, Eifel und Westerwald) (p. 495) (*93)
55. Situs ciuitatis Confluentinæ, ubi scilicet Mosella fluuius Rheno miscetur. [IOHAN. EXCOM. AB ISENBVRG ARCH. TREVIR. PRINCEPS ELECTOR AN 1549 RMD] [= Koblenz] (p. 498/499) (*94)
56. Colonia Agrippina ciuitas amplissima, olim Vbiorum caput, ad modernum situm deformata. [C. S. 1548] (p. 502/503) (*95)
57. (Brabant) (p. 507) (*97)
58. (Holland) (p. 513) (*103)
59. Curiensis ciuitas, Rhetorum sive (ut hodie vocantur) Grisonum metropolis. [= Chur] (p. 522/523) (*104)
60. (Feldkirch) (p. 525) (*105)
61. (Bodensee und Umgebung) (p. 528) (*106)
62. Lindoiæ ciuitas insularis, undique aqua lacunari circumfusa. [= Lindau] (p. 532/533) (*107)
63. (Hegau und Umgebung) (p. 538) (*—)
64. Friburgum Brisgoiæ præclara ciuitas, deformata secundum omnem eius habitudinem. [RMD FRIBVRG BRISGEW 1549] (p. 548/549) (*108)
65. (Algau) (p. 556) (*109)
66. (Schwaben) (p. 567) (*111)
67. Nördlinga ciuitas imperialis, sita in Rhetia inferiori transdanubiana, uulgo Ries dicta. [DIE STAT NÖRDLINGEN RMD MDXLIX] (p. 576/577) (*114)
68. Ciuitas Augustana olim Vindelica, hodie Rhetica, toto orbe terrarum notissima. [= Augsburg] (p. 610/611) (*116)
69. Florentissimæ ciuitatis Heidelbergensis situs & genuina pictura, tam arcem quam reliqua illius loci insigniora ædificia pulchre intuenti ob oculos statuens. (p. 616-618, ausklappbar) (*117)
70. (Bayern) (p. 627) (*118)
71. Frisingensis episcopalis ciuitatis icon, per D. Sebast. Pem-

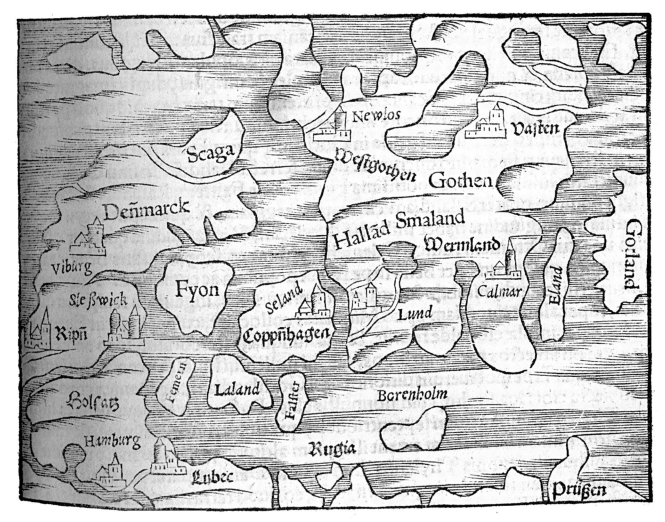

Abb. 70:
Karte von Dänemark (ohne Titel). Die Karte findet sich in Sebastian Münsters „Cosmographiae universalis libri VI" (Basel 1550). In diesem Werk des Baseler Humanisten, das auch in einer deutschsprachigen Fassung von 1578 in der Landeszentralbibliothek vorliegt (B 337), sind zahlreiche Holzschnittdarstellungen von Ländern und Städten der ganzen Welt enthalten. Die Darstellung Dänemarks ist noch recht ungenau (B 336, Nr. 93).

merlinum obtentus & huic operi insertus. [= Freising] (p. 644/645) (* 120)
72. (Nordgau) (p. 647) (* 122)
73. (Franken) (p. 650) (* 124)
74. RMD Herbipolis / Wirtzpurg. [= Würzburg] (p. 662/663) (* 126)
75. Franckofordianæ ciuitatis situs & figura, qualem hoc Christianno 1549 habet. [= Frankfurt/Main] (p. 674/675) (* 127)
76. (Österreich) (p. 678) (* 128)
77. Vienna Austriæ metropolis, urbs toto orbe notissima celebratissimaque, unicum hodie in Oriente contra sævissimum Turcam invictum propugnaculum & fortalicium, expressa ad nostri æui quam habet figuram. [ANNO DOMINI 1548 VIENNA AVSTRIÆ HVNC HABVIT SITVM] (p. 682-684, ausklappbar) (* 129)
78. (Istrien) (p. 693) (* 130)
79. (Hessen) (p. 701) (* 131)
80. Marcpurg [= Marburg] (p. 702) (* 132)

81. Erdfordia magnifica atque celeberrima Thuringorum urbs, utcunque hic in præcipuis eius ædificiis expressa. [= Erfurt] / Fuldensis ciuitatis & celeberrimæ abbatiæ eius imago, hodiernum situm & figuram articulatim exprimens. [RMD] [= Fulda] (p. 710/711) (* 133)
82. (Thüringen und Meißen) (p. 713) (* 134)
83. (Norddeutschland) (p. 717) (* 140)
84. Ciuitas Lunæburgensis, quam uerius hoc tempore Slinæburgensem appellare posses. [C. S.] (p. 730/731) (* 142)
85. Lubecum, una ex præclarioribus maritimis ciuitatibus, ad uiuum depicta. (p. 734/735) (* 143)
86. (Friesland) (p. 752) (* 148)
87. Franckfordiæ ad Oderam imago, quam misit eiusdem ciuitatis prudentiss. senatus. [Franckfurt an der Oder ANNO 1548 RMD] (p. 756/757) (* 150)
88. Tabula Pomeraniæ secundum omnes principatus & insigniores ciuitates, oppida & arces eius. (p. 768/769) (* 151)
89. (Preußen) (p. 776) (* 152)
90. Riga (p. 788) (* 153)

91. (Böhmen) (p. 789) (* 154)
92. Egrana ciuitas, olim de imperio Romanorum, hodie uero regno Bohemiæ subiecta. [IK] [= Eger] (p. 796/797) (* 156)
93. (Dänemark) (p. 813) (* 157)
94. (Skandinavien) (p. 830) (* 158)
95. (Ungarn) (p. 856) (* 159)
96. Kriechisch Wyssenburg [= Belgrad] (p. 869) (* 160)
97. (Polen) (p. 886) (* 164)
98. (Polen und Umgebung) (p. 887) (* 163)
99. (Rußland) (p. 910) (* 165)
100. (Siebenbürgen) (p. 918) (* 167)
101. (Griechenland) (p. 921) (* 168)
102. Candia seu Creta insula (p. 933) (* 169)
103. Constantinopolitanæ urbis effigies, quam hodie sub Turcæ inhabitatione habet. [C. S. DK] (p. 940/(941) (* 170)
104. (Kleinasien) (p. 980) (* 171)
105. (Südrussische Gebiete und Kaukasus) (p. 994) (* 172)
106. (Zypern; Cyprus) (p. 997) (* 173)
107. (Syrien und Umgebung) (p. 1001) (* —)
108. (Naher Osten) (p. 1002) (ähnlich wie * 175)
109. Ierusalem ciuitas sancta, olim metropolis regni Iudaici, hodie vero colonia Turcæ. [IC] (p. 1016/1017) (* 176)
110. (Afrika) (p. 1113) (* 179)
111. (Ägypten) (p. 1127) (* 182)

Mit * gekennzeichnete Nummern (in Klammern am Schluß) beziehen sich auf identische bzw. sehr ähnliche Abbildungen in der nachfolgenden Ausgabe der Münsterschen Kosmographie von 1578 (vgl. B 337).

Lit.: ADAMS M 1908; BMSTC G 632; RITTER BM 1515; vgl. auch GRIEB Bd 2, S. 485 (Ausgabe von 1559].
Sign.: St.-Nikolai-Bibliothek B 321

B 337. Münster, Sebastian:

Cosmographey oder Beschreibung aller Länder, Herrschafften und fürnembsten Stetten des gantzen Erdbodens etc.
Basel: Henricpetrina, 1578. 2°

Im Anschluß an 26 großformatige Karten folgen im eigentlichen Textteil 54 Karten und neben vielen kleineren, hier zumeist nicht berücksichtigten, auch 57 großformatige Stadtansichten.
1. Das Erst General, innhaltend die beschreibung und den Circkel des gantzen Erdtrichs und Möre. [KD] (* 1)
2. Ptolemaisch General Tafel, begreiffend die halbe Kugel der Welt. (*2)
3. Europa, das ist ein Drittheil der Erden, nach gelegenheit unsern zeiten. (* 3)
4. Das Engelland, mit dem anstossenden Reich Schottland, so vorzeiten Albion und Britannia, haben geheissen.
5. Hispania nach aller seiner gelegenheit, in Bergen, Wässern, Stetten, Völckern, Königreichen und Inseln. (* 4)
6. Das gantz Franckreich, so vorzeiten Narbonensis, Lugdunensis, Belgica, und Celtica, ist genennt worden. (* 5)
7. Teutschland, mit seinem gantzen begriff und eingeschloßnen Landschafften. (ähnlich wie * 6)
8. Die Eydgnoschafft oder das Schwytzerland, mit den anstossenden Ländern. [= 1. Tafel des Rheinstroms] (* 7)
9. Die ander Tafel des Rheinstroms, begreiffend die Pfaltz, Westereich, Eyfel etc.
10. Die dritt Tafel des Rheinstroms, innhaltend das Nider Teutschlandt.
11. Schwaben und Beyerlandt, darbey auch begriffen werden Schwartzwald, Otenwald, und Nordgow. (*8)
12. Franckenland an Main, beschriben nach aller gelegenheit in Stetten, Wässern, Bergen, Wäldern, und anstossenden Ländern.
13. Schlesia nach aller gelegenheit in Stetten, Wässern, Bergen, mit sampt andern anstossenden Ländern.
14. Behemer Künigreich [= Böhmen], mit Bergen und Wäldern, gerings umb beschlossen. (* 9)
15. Landtafel des Ungerlands, Polands, Reussen, Littaw, Walachei, Bulgarei. (*10)
16. Die Siebenburg, so man sunst auch Transsyluaniam nennt.
17. Sclauonia oder Windisch Marck, Bossen [= Bosnien], Crabaten [= Kroatien] etc.
18. Italia mit dreien fürnemsten Inseln, Corsica, Sardinia und Sicilia.
19. Gemeine beschreibung aller Mittnächtigen Länder, Schweden, Gothen, Nordwegien, Dennmarck etc.
20. Neüw Griechenlandt, mit andern anstossenden Ländern, wie es zu unsern zeiten beschriben ist. (*11)
21. Cyria [= Syria], Cypern, Palestina, Mesopotamia, Babylonia, Chaldea, und zwey Arabia, mit Bergen, Wässern und Stetten.
22. Das Heilig Jüdischlandt, mit außtheilung der zwölff Geschlechter.
23. Sumatra ein grosse Insel, so von den alten Geographen Taprobana, ist genennt worden.
24. Die Länder Asie nach ihrer gelegenheit biß in India, werden in dieser Tafeln verzeichnet. (* 12)
25. Africa, Lybia, Mörenland, mit allen Königreichen, so zu unsern zeiten darinn gefunden werden. (* 13)
26. Die Neüwen Inseln, so hinder Hispanien gegen Orient, bey dem Landt Indie ligen. [= Amerika] (* 14)
27. (Europa) (p. 42) (*15)
28. (Britische Inseln) (p. 44) (* 16)
29. (England und Schottland) (p. 54)
30. (Spanien) (p. 63) (* 17)
31. (Frankreich) (p. 87) (* 18)
32. Contrafehtung der vralten Statt Trier, sampt des umbligenden Bodens und fürfliessenden Wassers Mosel genannt. (p. 94/95) (* 19)
33. Der Statt Metz circkel, Mauren und porten, und fürnemste beliw, sampt der belägerung, hienach verzeichnet durch büchstaben. (p. 97)
34. Die Statt Paris etlicher maß figuriert und contrafehtet nach ietziger gelegenheit. (p. 100/101) (* 20)
35. Der alten und Herrlichen Statt Puttier [= Poitiers] contrafactur. (p. 106/107)
36. Die abcontrafactur der schönen und Edlen Statt Tours. (p. 110/111)
37. Der Mächtigen und Vesten Statt Roschell [= La Rochelle] warhafftige abcontrafactur. (p. 114/115)
38. Warhaffte contrafehtung der Statt Bourdeaux. (p. 118/119)
39. Die Statt Mompellier [= Montpellier] mit ihrer gelegenheit. (p. 122/123)
40. Abcontrafehtung der Schönen und weitberümpten Statt Leon [= Lyon]. (p. 126/127)
41. Beyde Stett Genff groß und klein, mit einer Brucken zusammen gehenckt. (p. 132/133) (* 21)
42. (Frankreich) (p. 134)
43. Warhafftige abcontrafehtung der Herrlichen und berhümpten Statt Bisantz [= Besançon]. [RMD] (p. 162/163)

44. SALINE [= Salins-les-Bains]. (p. 165)
45. (Flandern) (p. 169) (*22)
46. Contrafehtung der Statt Brugk [= Brügge]. (p. 172)
47. Arras. (p. 173)
48. Cales [= Calais] (p. 174)
49. THIONVILLE (p. 186)
50. (Amsterdam) (p. 187) (*23)
51. Warhaffte contrafehtung der Statt Haerlem, mit ihrer jüngsten belägerung. (p. 189)
52. (Italien) (p. 199) (*24)
53. (Norditalien) (p. 200) (*25)
54. Der Statt Rom boden und circkel sampt thor und porten, wie sie gestanden ist vorzeiten, do sie noch in ihrer Herrlichkeit was. [HH] (p. 222/223) (*26)
55. Der Statt Rom in aller Welt bekante contrafehtung nach jetziger gelegenheit. (p. 226/227) (*27)
56. Contrafehtung der fürnemmen Statt Venedig, sampt den umbligenden Inseln. (p. 248/249) (*28)
57. (Mailand) (p. 253)
58. Der Schönen und Weitberhümbten Statt Genua abcontrafactur. (p. 268/269)
59. Papia [= Pavia] (p. 272)
60. Beschreibung der Herrlichen und weitberhümbten Statt Mirandula. (p. 278/279)
61. Der Statt Parma abcontrafactur nach jhrer gelegenheit. (p. 282/283)
62. Figur und gelegenheit der Edlen und hochberhümbten Statt Florentz. (p. 286/287) (*30)
63. Figur und gestalt des Theatri oder Spilhauß, so vorzeiten zu Veron ist gewesen. [THEATRUM VERONENSE: 1549 C. S.] (p. 294/295) (*29)
64. TILOI [= Tivoli] (p. 299)
65. Neapolis (p. 300)
66. Der Königlichen Statt Neapels Abcontrafehtung. (p. 338/339)
67. (Unteritalien) (p. 340) (*31)
68. (Sardinien) (p. 348) (*32)
69. CALARIS SARDINIÆ CAPVT [= Cagliari] (p. 352) (*33)
70. (Sizilien) (p. 358) (*34)
71. (Malta) (p. 372)
72. (Deutschland) (p. 381) (*35)
73. (Wallis; Walliser land) (p. 475) (*36)
74. Die Statt Sitten sampt zweyen Schlössern und Bischöfflichen Kirchen Valeria genant. (p. 480/481) (*37)
75. (Genfer See und Umgebung) (p. 493) (*38)
76. Wahre abcontrafehtung der Löblichen und alten Statt Solothurn, gelegen in der Eydtgnoschafft an der Aar. (p. 530/531) (*39)
77. Bern in der Eydtgnoschafft, an dem Wasser Aar gelegen, figuriert nach jhrer gelegenheit. [ANNO DOMINI MDXLVIII BERNA HELVETIÆ HVNC HABVIT SITVM RMD] (p. 536/537) (*40)
78. (Gegenden zwischen Lausanner See und Neuenburger See; Wifelsburger Gow) (p. 544) (*41)
79. Obern Baden, Statt und Bäder nach ihrer gelegenheit auff das aller fleissigest Contrafehtet. [C. S.] (p. 554/555) (*42)
80. Beyde Stett Basel mit dem fürfliessenden Rhein und allen fürnemmen Gebeüwen. [RMD] (p. 582/583) (*43)
81. (Oberelsaß und südliches Baden) (p. 613) (*44)
82. (Lebertal im Elsaß) (p. 619) (*45)
83. Die Statt Rufach mit sampt dem Schloß Isenburg, auffs fleissigest nach jetziger gelegenheit contrafethet. [RMD] (p. 630/631) (*46)
84. Die Statt Colmar contrafehtet nach aller jhrer gelegenheit, sampt umbligender Landtschafft. (p. 634/635) (*47)
85. Schletstatt etwan ein Dorff des Heyligen Römischen Reichs, jetzund ein zierliche Statt. [RMD] (p. 640/641) (*48)
86. (Niederelsaß und Rheinlande bis Bingen) (p. 649) (*49)
87. Weissenburg mit umbligender Landtschafft auff das aller fleissigest nach aller gelegenheit Contrafehtet. [C. S.] (p. 652/653) (*50)
88. Die Statt Siemern [= Simmern] mit aller jhrer gelegenheit, wie sie zu unsern zeiten im wesen steht, gantz artlich nach aller form und gestalt abcontrafehtet. (p. 658/659)
89. Ware contrafehtung der Reichstatt Landaw [= Landau], wie sie zu unsern zeiten in der Mauren steht. [1547] (p. 662/663) (*51)
90. Die Reichstatt Speier, so vor zeiten Ciuitas Nemetum, das ist Nemeter Statt hat geheissen. (p. 616/617) (*52)
91. Ware contrafactur der Loblichen, alten, und des Heyligen Reichs Freystatt Wormbs am Rhein gelegen, bey den alten Urbs Vangionum genannt. (p. 674/675, ausklappbar) (*53)
92. (Mainz) (p. 682)
93. (Gegenden am Rhein zwischen Hunsrück, Eifel und Westerwald) (p. 694) (*54)
94. Die Statt Cobolentz [= Koblenz] am Rhein und an der Mosel gelegen, wahre Contrafehtung, sampt umbligender Landtschafft. [IOHAN. EXCOM. AB ISENBVRG ARCH. TREVIR. PRINCEPS ELECTOR AN 1549 RMD] (p. 696/697) (*55)
95. Colonia Agrippina, das ist Cöln, bey den alten und zu unsern zeiten ein mächtige Reichstatt. [C. S.] (p. 702/703) (*56)
96. LIEGE [= Lüttich] (p. 706)
97. (Brabant) (p. 707) (*57)
98. (Aachen) (p. 708)
99. Contrafehtung der Statt Löuen [= Löwen]. (p. 709)
100. Mechel [= Mechelen]. (p. 711)
101. Contrafehtung der Statt Hertzogen Bosch [= s' Hertogenbosch]. (p. 712)
102. (Antwerpen) (p. 713)
103. (Holland) (p. 717) (*58)
104. Die Statt Chur im Schweytzergebürge in der Grauwenbündter Land, unfern vom Rhein gelegen. (p. 740/741) (*59)
105. (Feldkirch) (p. 750) (*60)
106. (Bodensee und Umgebung) (p. 755) (*61)
107. Die Statt Lindaw [= Lindau] im Bodensee auff einer freyen Inseln gelegen, gerings umb mit Wasser umbgeben. (p. 760/761) (*62)
108. Friburg [= Freiburg] im Brissgow, ein neuwe Statt, an einem Edlen und Fruchtbaren orth gelegen … [RMD FRIBVRG IM BRISSGEW 1549] (p. 776/(777) (*64)
109. (Algau) (p. 785) (*65)
110. Kempten mit jrer abcontrafehtung. [KEMPTEN 1569] (p. 792)
111. (Schwaben) (p. 801) (*66)
112. andtaffel etlicher Göwen des Schwabenlands, darinnen die neüwen nammen, aller Stetten und Fläcken Dörffer und Wässer wie sie zu unsern zeiten genennt, verzeichnet werden. (p. 804/805)
113. (Ellwangen) [Heinrich Pfaltzgrave, Bischoff zu Wormbs unnd Probst zu Elbwangen. Anno 1549] (p. 810)
114. Nördlingen die fürnembst Reichstatt im Riess contrafehtet, nach der gelegenheit so sie jetzundt hat. [DIE STAT NÖRDLINGEN RMD MDXLIX] (p. 818/819) (*67)
115. Warhaffte Contrafehtung der Reichstatt Ulm, wie sie zu unser zeit im wesen ist. (p. 844/845)

213

116. Augspurg die hochberümpte und weitbekante Statt, artlich in Grund gelegt. (p. 852/853) (* 68)
117. Der löblichen und weitbekannten Statt Heidelberg, am Wasser Neccar gelegen, eigentliche Contrafehtung sampt dem fürstlichen Schloß, Brucken, Vorstetten, nammhafftigen Gebeüwen, und aller gelegenheit. (p. 866/867, ausklappbar) (* 69)
118. (Bayern) (p. 882) (* 70)
119. SALTZBVRG (p. 892)
120. Die Bischoffliche Statt Freißingen [= Freising] im Beyerland zwischen Landßhut unnd München gelegen. (p. 898/899) (* 71)
121. MVNCHEN (p. 901)
122. (Nordgau) (p. 902) (* 72)
123. NVRNBERG. (p. 903)
124. (Franken) (p. 906) (* 73)
125. WINDSHEIM 1576 (p. 909)
126. Beschreibung der Statt Wirtzburg [= Würzburg] sampt dem Fürstlichen Schloß. [Herbipolis / Wirtzpurg] (p. 916/917) (* 74)
127. Franckfurt am Mäyn die fürnembst und gemeinest Gewerbstatt Teutscher Nation. (p. 926/927) (* 75)
128. (Österreich) (p. 931) (* 76)
129. Wien die Hauptstatt im Ertzhertzogthumb Oestereich, aller Welt wol bekant, des gewaltigen widerstands halb, so sie zu unsern zeiten hat wider den grimmigen Feind der Christenheit gethan. [ANNO DOMINI 1548 VIENNA AVSTRIÆ HVNC HABVIT SITVM] (p. 934/935, ausklappbar) (* 77)
130. (Istrien) (p. 947) (* 78)
131. (Hessen) (p. 954) (* 79)
132. Marcpurg [= Marburg] (p. 955) (* 80)
133. Erdfurt [= Erfurt] die Hauptstatt in Thüringen nach eusserlichem ansehen auffs fleissigest Contrafehtet. / Die Statt Fulda in der Büchen, auch das Fürstlich Closter zimlicher massen Contrafehtet, aber nicht in Grundt gelegt. [RMD] (p. 960/961) (* 81)
134. (Thüringen und Meißen) (p. 962) (* 82)
135. Abcontrafehtung der Statt Gotha. (p. 963)
136. Contrafactur der Statt Leiptzig. [LEIBSIGK] (p. 965)
137. (Dresden) (p. 969)
138. Der Herrlichen und berhümbten Statt Meissen abcontrafehtung. [MISENA HERMVNDORVM VRBS.] (p. 972/973)
139. Die Statt Freiberg in Meissen gantz künstlich und schön abcontrafehtet. (p. 978/979)
140. (Norddeutschland) (p. 980) (* 83)
141. BRAVNSCHWEICH (p. 991)
142. Die Statt Lünenburg nach jhrer gelegenheit auff das aller fleissigest contrafehtet. [C. S.] (p. 994/995) (* 84)
143. Die Statt Lübeck, eine auß den fürnembsten Stetten am Möre gelegen, contrafehtet. (p. 1000/1001) (* 85)
144. Abcontrafehtung der Statt Oldenburg oder Aldenburg. [ALDENBVRG.] (p. 1005)
145. HAMBVRG (p. 1007)
146. WITTENBVRG [= Wittenberg]. (p 1009)
147. MVNSTER [= Münster] (p. 1080)
148. (Friesland) (p. 1082) (* 86)
149. GROENINGA MDLXXIII. (p. 1083)
150. Die Statt Franckfurt an der Oder in Brandenburger Marck gelegen. [Franckfurt an der Oder ANNO DNI 1548 RMD] (p. 1086/1087) (* 87)
151. Beschreibung des Landes Pomern, sampt allen Hertzogthumben, Grauenschafften und fürnemmen Stetten darin gelegen. (p. 1102/1103) (* 88)
152. (Preußen) (p. 1108) (* 89)

153. Die Statt Riga (p. 1123) (* 90)
154. (Böhmen) (p. 1125) (* 91)
155. Beschreibung der Statt Prag mit sampt jhrer Contrafehtung [PRAGA 1574] (p. 1128)
156. Die Statt Eger vor dem Böhemer Wald gelegen, contrafehtet nach jetziger gelegenheit. [IK] (p. 1136/1137) (* 92)
157. (Dänemark) (p. 1147) (* 93)
158. (Skandinavien) (p. 1163) (* 94)
159. (Ungarn und Umgebung) (p. 1182) (* 95)
160. Kriechisch Wyssenburg [= Belgrad] (p. 1189) (* 96)
161. Contrafehtung der Vestung Tokay. (p. 1191)
162. Contrafehtung der Vestung Jula [=Alba Julia]. (p. 1192)
163. (Polen und Umgebung) (p. 1197) (* 98)
164. (Polen) (p. 1203) (* 97)
165. (Rußland) (p. 1219) (* 99)
166. Wahre Abcontrafhetung der Statt Zara [= Zadar]. (p. 1224)
167. (Siebenbürgen) (p. 1227) (* 100)
168. (Griechenland) (p. 1230) (* 101)
169. Candia seu Creta insula (p. 1239) (* 102)
170. Constantinopel des Griechischen Keyserthumbs Hauptstatt, im Land Thracia am Möre gelegen. [C. S. DK] (p. 1246/1247) (* 103)
171. (Kleinasien) (p. 1271) (* 104)
172. (Südrussische Gebiete und Kaukasus) (p. 1282) (* 105)
173. (Zypern) (p. 1286) (* 106)
174. Contrafehtung der Statt Famagusta. (p. 1288)
175. (Naher Osten) (p. 1291) (ähnlich wie * 108)
176. Die Heylige Statt Hierusalem contrafethet nach form und gestalt wie sie zu unsern zeiten erbauwen ist. [IC] (p. 1296/1297) (* 109)
177. Die Statt Cusco, so die fürnembste im Land Peru ist. [IL CVSCHO CITTA PRINCIPALI DELLA PROVINCIA DEL PERV] (p. 1366/1367)
178. Der Statt Themistitan in den Neüwen Inseln gelegen, Figurierung. (p. 1368)
179. (Afrika) (p. 1372) (* 110)
180. Algier (p. 1378)
181. (Tunis) [RMD] (p. 1382)
182. (Ägypten) (p. 1386) (* 111)
183. Warhafftige abcontrafehtung der Mechtigen und Vesten Statt Alcair [= Kairo]. [D. R.] (p. 1390/1391)

Mit * gekennzeichnete Nummern (in Klammern am Schluß) beziehen sich auf identische bzw. sehr ähnliche Abbildungen in der Ausgabe der Münsterschen Kosmographie von 1550 (vgl. B 336).

Lit.: BMSTC G 632; RITTER BM 1518.
Sign.: St.-Nikolai-Bibliothek B 322

B 338. Munch, Peter Andreas:

Det norske Folks Historie. 4 Teile (in 6 Bden).
Christiania: Chr. Tønsberg, 1852-1859. 8°

In drei Bänden finden sich am Schluß Karten:
1. Oversigts-Kart over Norden strax efter den germaniske Invandring. J. Finnes lith. Off. A. Storm lith. (I, 1 [1852])
2. Hálogaland og en Deel af Finmarken. (I, 2 [1853])
3. Island i Tiden mellem 1000 og 1400 e. Chr. F. Chr. Tönsbergs Forlag 1859. Em. Bærentzen & Co. lith. Inst. (IV, 2 [1859])

Lit.: LOC Bd 104, S. 394.
Sign.: Gnn 27

B 339. Munch, Peter Andreas:

Die nordisch-germanischen Völker, ihre ältesten Heimath-Sitze, Wanderzüge und Zustände. Eine Übersetzung der beiden ersten Abschnitte von P. A. Munch „Det norske Folks Historie" von Georg Friedrich Claussen. Mit einer Übersichtskarte über den Norden gleich nach der germanischen Einwanderung. (Bd I).
Lübeck: A. Dittmer, 1853. 8°

Am Schluß findet sich die Karte:
Uebersichts-Karte über den Norden gleich nach der germanischen Einwanderung. L. A. Gbr. Borchers Lübeck. E. Hansen lith.

Unter der Signatur Gna 310 findet sich auch Bd II mit der Übersetzung des 3. und 4. Teils.

Lit.: GV 1700-1910 Bd 101, S. 5; KATALOG LB KIEL Bd I, S. 185.
Sign.: Gna 310

B 340. (Napoleon III.):

Geschichte Julius Cäsars. Vom Verfasser autorisirte Uebersetzung (von F. Ritschl). 2 Bde.
Wien: Carl Gerold's Sohn. 1865/66. 4°

Der zum Werk gehörende Atlas-Band fehlt.

Lit.: GV 1700-1910 Bd 101, S. 523.
Sign.: Al II 60

B 341. Napp, Richard:

Die Argentinische Republik. Im Auftrage des Argentin. Central Comite's für die Philadelphia-Ausstellung. Mit 6 Karten.
Buenos Aires 1876. 8°

Am Schluß finden sich 5 Karten:
1. Carta topografica de la Pampa y de la Linea de Defensa ... contra los Indios. Construida ... F. L. Melchert 1875. Litogr. de Alberto Larsch, Buenos Aires.
2. Vias terrestres de Communicacion de la Republica Argentina.
3. Mapa fitogeografico de la Republica Argentina.
4. Mapa fitogeografico de la parte Noruoeste de la Republica Argentina.
5. Mapa de la Republica Argentina Construido por A. de Seelstrang y A. Tourmente.

Lit.: GRIEB Bd 2, S. 493 (Nr. 979); GV 1700-1910 Bd 101, S. 527.
Sign.: Gff 21

B 342. Nardini, Famiano:

Roma antica alla Santita di N. S. Alessandro VII.
Roma: per il Falco, 1666. 4°

In dem Werk finden sich diverse, zumeist ausklappbare Kupferstichtafeln mit Gebäudeansichten zum alten Rom und folgenden Plänen ohne Titel:
1. Plan der frühen Stadt Rom mit Palatin und Kapitol (p. 14)
2. Gesamtplan des alten Rom (p. 50)
3. Umgebung der Porta Capena im Süden Roms (p. 85)
4. Das Zentrum Roms um das Forum Romanum (p. 122)
5. Der nordwestliche Bereich der alten Stadt Rom (p. 193)
6. Der Kapitolhügel aus der Vogelperspektive (p. 282)
7. Das Marsfeld (p. 339)

Lit.: BRUNET Bd IV, Sp. 12.
Sign.: Aal 49

B 343. Necker, Jacques:

Compte rendu au Roy. Au Mois de Janvier 1781. Imprimé sur l'Original.
Hamburg: Virchaux & Compagnie, 1781. 8°

Am Schluß finden sich zwei Karten Frankreichs:
1. Carte des Traites. A. Stodrup sc.
2. Carte des Gabelles. Pingeling sc. [vgl. Farbtafel 12]

Lit.: vgl. auch GV 1700-1910 Bd 102, S. 171 [Ausgaben Basel, Quedlinburg und Wien von 1781]
Sign.: Gfa 42

B 344. Nehlsen, Rudolf:

Dithmarscher Geschichte nach Quellen und Urkunden. Mit einem Vollbild, einer Karte des alten Dithmarschen und einer Wappentafel.
Hamburg: Verlagsanstalt und Druckerei AG, o.J. (1894). 8°

Am Schluß findet sich die Karte:
Dat Land tho Ditmerschen wo it in dem Jahre 1500 na Christo gewesen. Zu Nehlsen, Dithmarscher Geschichte.

Lit.: GV 1700-1910 Bd 102, S. 197; KATALOG LB KIEL Bd I, S. 760.
Sign.: Ghb 194

B 345. Nepos, Cornelius:

De vita excellentium imperatorum, recte tandem captui puerorum accomodatus, Oder: Deutliche und nach dem Begriff der Jugend endlich recht eingerichtete Erklärung des Cornelius Nepotis, nebst dreyfachen Register, accuraten Land-Charten. ... Dritte Auflage ... durch Emanuel Sincerum.
Augsburg; bey Paul Kühtzens seel. Witwen, 1721. 8°

In dem Werk finden sich vor S. 1 vier Karten:
1. HISTORIARVM | GRAEC. et LATIN. | GEOGRAPHIA CONTRACTA | Tab. I (oben rechts) [Darstellung der Mittelmeeranrainer]
2. TABVLA II | GRAECIAE | ANTIQVAE (oben links)
3. TABVLA III | ASIAE | MINORIS (unten links)
4. TABVLA IV | ITALIAE | INSVLARVMQVE | ADIACENTIVM (unten links)

Sign.: Al II 562

215

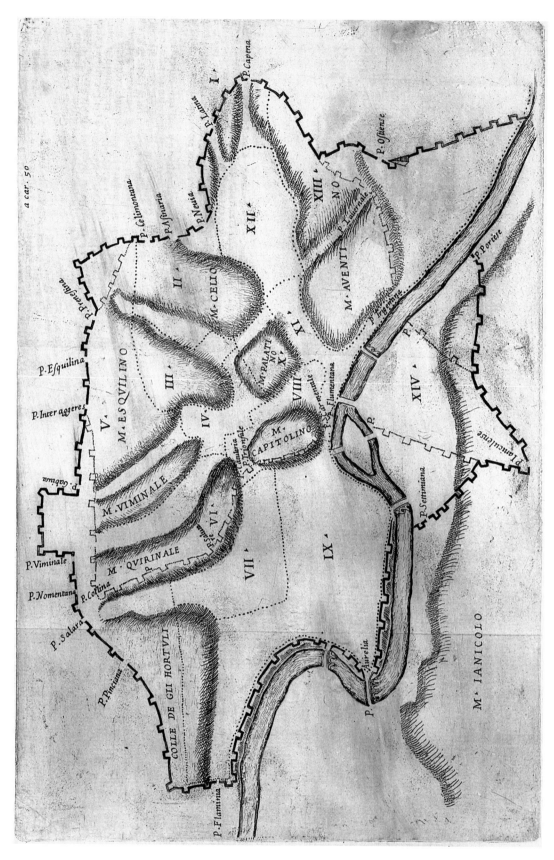

Abb. 71:
Gesamtplan des alten Rom (ohne Titel). Der nach Osten ausgerichtete Plan zeigt das alte Rom mit seinen 14 Stadtteilen während der römischen Kaiserzeit; zusammen mit sechs weiteren Plänen findet er sich in dem Papst Alexander VII. gewidmeten Werk des römischen Archäologen Famiano Nardini „Roma antica" (Rom 1666) (B 342, Nr. 2).

B 346. Nerong, Ocke Christian:

Führer in dem Nordseebad Wyk auf Föhr. Für Kurgäste geschrieben.

o. O. (Dollerup): Im Selbstverlag des Verfassers, 1886. 8°

Am Schluß finden sich 2 Karten:
1. Die nordfriesischen Inseln. gez. O. C. N.
2. Karte der Insel Föhr. gez. v. O. C. Nerong. Lith. v. D. Winter Flensburg.

Lit.: GV 1700-1910 Bd 102, S. 263; KATALOG LB KIEL Bd II, S. 1482.
Sign.: Ghb 802

B 347. (Nettelbeck, Joachim):

Joachim Nettelbeck, Bürger zu Colberg. Eine Lebensbeschreibung, von ihm selbst aufgezeichnet und herausgegeben von J. C. L. Haken. (Volks-Bibliothek. Erster Band). Zweite Auflage. Mit dem Bildnisse Nettelbeck's und einem Plane der Gegend um Colberg.
Leipzig: F. A. Brockhaus, 1845. 8°

Am Schluß findet sich die Karte:
Colberg und seine Umgegend. F. Haken gez. H. Leutemann gest.

Lit.: GV 1700-1910 Bd 102, S. 290.
Sign.: Bb 537

B 348. Neumann, Karl:

Die Hellenen im Skythenlande. Ein Beitrag zur alten Geographie, Ethnographie und Handelsgeschichte. Erster Band. Mit zwei Karten.
Berlin: Georg Reimer, 1855. 8°

In dem Band finden sich zwei Karten:
1. Die Herakleotische Halbinsel. Nach Clarke und Dubois. Lith. Anst. v. L. Kraatz in Berlin. (p. 387) [= Halbinsel auf der Krim, bei Sewastopol]
2. Griechische Colonien am Nordgestade des Pontos Euxeinos. Entworfen und gezeichnet von Dr. K. Neumann. Lith. Anst. v. L. Kraatz in Berlin. (Schluß) [= Norden des Schwarzen Meeres mit der Krim]

Lit.: GV 1700-1910 Bd 102, S. 448.
Sign.: Gg 24

B 349. Neumayr, Melchior:

Erdgeschichte. Zweite Auflage, bearbeitet von Viktor Uhlig. 2 Bde.
Leipzig u. Wien: Bibliographisches Institut, 1895 (Bd I, Neuer Abdruck 1897). 4°

In jedem Band sind neben vielen Abbildungen auch 2 Karten enthalten:
1. Verteilung der Vulkane auf der Erde (I, p. 195)
2. Vergletscherung des Tegernsee-Gebietes während der Eiszeit (I, p. 566)
3. Tiergeographische Reiche nach Wallace (II, p. 9)
4. Geologische Karte der Alpen (II, p. 488)

Lit.: GV 1700-1910 Bd 102, S. 489 [1895].
Sign.: Ea 29

B 350. Niebuhr, Carsten:

Beschreibung von Arabien. Aus eigenen Beobachtungen und im Lande selbst gesammelten Nachrichten abgefasset.
Kopenhagen: Nicolaus Möller, 1772. 4°

Das Werk enthält auf unterschiedlichen Kupferstichtafeln insgesamt 7 Karten:
1. Le Havre de Keschin. Defehrt s. (Tab. XVII) (p. 288)
2. TERRÆ | OMAN | delineatio | Auctore | C. Niebuhr (Titelkartusche oben rechts). DeFehrt Sc. (unten links außen). Tab. XVIII. (oben rechts außen). (p. 296)
3. SINUS PERSICUS | maximam partem | ad observationes proprias | A. MDCCLXV institutas | delineatus | a | C. Niebuhr. (Titelkartusche oben rechts). Martin Sc. (unten rechts außen). Tab. XIX. (oben rechts außen) (p. 310)
4. MARE RUBRUM | seu | SINUS ARABICUS | ad observationes | maximam partem ab Auctore | Annis MDCCLXII et MDCCLXIII institutas | delineatus | a | C. Niebuhr. (Titelkartusche oben rechts). Defehrt Sc: Hafniæ 1772. (unten links außen). Tab. XX. (unten rechts außen). (p. 358)
5. TABULA ITINERARIA | a SUES usque ad | DSJABBEL EL MOKATTEB | et Montem SINAI. (Titelkartusche oben links). DeFehrt S. (unten links außen). Tab. XXIII (oben rechts außen).
6. Plan de la Partie septentrionale du Golfe arabique et de la ville de Suès. (unten in der Mitte außen). DeFehrt Sc. (unten links außen). Tab. XXIV. (oben rechts außen). (p. 410)
7. TERRÆ | YEMEN | maxima Pars seu | IMPERII IMAMI, | PRINCIPATUS KAUKEBAN, | nec non ditionum | HASCHID U BEKIL, NEHHM, CHAULAN, | ABU ARISCH ET ADEN, | TABULA | ex observationibus astronomicis et hodometricia | jussu et sumtibus Potentissimor: | DANIÆ REGUM | FRIDERICI V ET CHRISTIANI VII. | institutis, delineata. | Auctore C. Niebuhr. (Titelkartusche oben rechts). Defehrt Sculps. Hafniæ 1771. (unten links außen). Martin Scripsit. (unten rechts außen). (am Schluß)

Lit.: BIBLIOTHECA DANICA Bd II, Sp. 555; BRUNET Bd IV, Sp. 74; ENGELMANN S. 127; GRIEB Bd 2, S. 509 (Nr. 1009); GV 1700-1910 Bd 103, S. 92; KATALOG LB KIEL Bd II, S. 1071.
Sign.: Ec 118

B 351. Ninck, C.:

Auf biblischen Pfaden. Reisebilder aus Aegypten, Palästina, Syrien, Kleinasien, Griechenland und der Türkei.
Hamburg 1885. 4°

Am Schluß finden sich zwei Karten und eine Panorama-Ansicht:
1. Palästina. Entw. u. gez. v. Brandrupp. Lith. u. Druck v. C. Flemming in Glogau. Verlag von Wolf Lothar Oemler in Hamburg.
2. Unsere Reiseroute. Lith. u. Druck v. C. Flemming in Glogau. Verlag von Wolf Lothar Oemler in Hamburg.
3. Panorama von Jerusalem, vom Ölberg aus.

Lit.: GV 1700-1910 Bd 103, S. 239.
Sign.: Tc 35

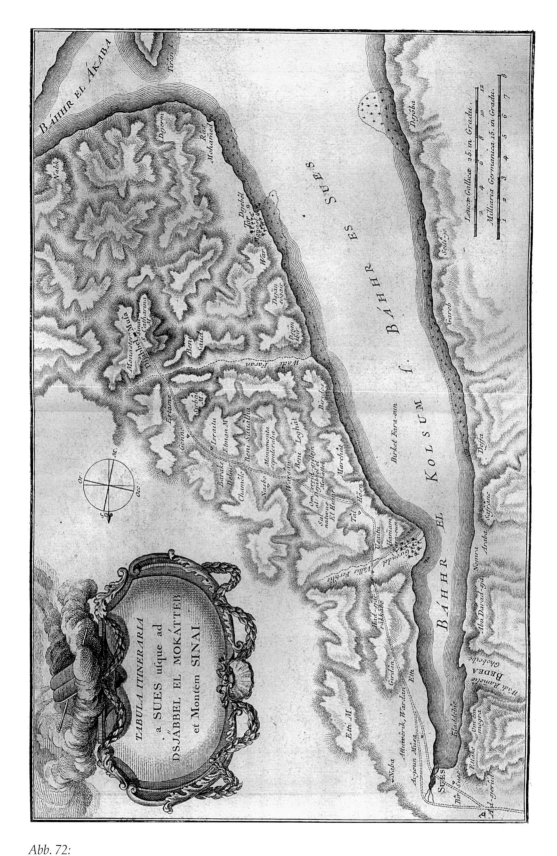

Abb. 72:

"Tabula itineraria a Sues usque ad ... Montem Sinai." – Die nach Osten ausgerichtete Karte, die den Weg von der Stadt Suez zum Berg Sinai zeigt, findet sich in Carsten Niebuhrs "Beschreibung von Arabien" (Kopenhagen 1772). Während seiner Forschungsreise nach Arabien im Auftrag des dänischen Königs besuchte der spätere Meldorfer Landschreiber auch die Sinai-Halbinsel und das Katharinenkloster. Gestochen wurde die Karte von dem in Kopenhagen tätigen französischen Kupferstecher Carl Defehrt (B 350, Nr. 5).

B 352. (Nordberg, Georg):

Leben Carl des Zwölften Königs in Schweden mit Münzen und Kupfern. Hrsg. u. übersetzt von Johann Heinrich Heubel. 3 Teile.
Hamburg: Johann Georg Trausold, 1745-1752. 2°

Unter den vielen großformatigen Abbildungen der beiden ersten Bände des Werks finden sich auch 23 Karten und Pläne:

Erster Theil (1745):
1. Blatt mit Plänen und Darstellungen von 5 Schanzen bei Friedrichstadt: DIE RAMSTEDTER | SCHANZE / DIE HOLMER SCHANZE / Die alte | HOLMER SCHANZE / Die SORCKER | SCHANZE / DIE HUSUMER SCHANZ || Gezeichnet von ZACHARIAS WOLF. || Gestochen von J. C. Fritzsch. (p. 102)
2. TÖNNINGEN | wie es von der Osterseite belagert worden. / TÖNNINGEN | wie es von der Westerseite belagert worden. / (Plan von Tönning) || Gezeichnet von dem Commandanten in Tönningen. ZACHARIAS WOLF. || Gestochen von Jonas Haas, Hamb: (p. 163)
3. MARSCHROUTE | der | ALLIIRTEN ARMEE | in | HOLSTEIN | im Jahr 1700. || Gestochen von Jonas Haas in Hamburg 1743. (p. 171)
4. LAGE | der SCHANZEN in HOLSTEIN | welche im Aprilmonat 1700 | von den Dänen eingenommen worden | gezeichnet von ZACH: WOLFF. | zur 162 Seite. / Der hohen Bundsgenossen | LAGER | bey SEGEBERG und um den IHLENSEE | im Julius 1700. / LAGER | der vereinigten Armee | bey | OLDESLO | im Monate Julius 1700. | Zur 176. Seite. / FORTSETZUNG | der | MARSCHROUTE | der hohen Bundsgenossen | in | HOLSTEIN | im Majmonate des Jahres | 1700. || gestochen von Jonas Haas. (p. 172)
5. ABBILDUNG | der Landung des Königs in Schweden | auf Seland | den 25. Julius 1700. || Gezeichnet von ZACHARIAS WOLFF. || gestochen von Jonas Haas (p. 184)
6. ENTSATZ der Stadt NARVA UND DER MOSCOWITER grosse NIEDERLAGE den 20. 21. des Novembermonats 1700. Gezeichnet von ZACHARIAS WOLF. || Gestochen von C. Fritzsch. (p. 221)
7. Die ÜBERFAHRT der SCHWEDEN über die DÜNA | und die Niederlage der Sachsen und Russen den 9. Julius Ao. 1701. (p. 257)
8. SCHLACHT bey CLISSOW. | in welcher der König August mit seinen Völckern | von dem Könige in Schweden den 9/19 Julius | des 1702 Jahrs geschlagen worden. | gezeichnet von Zacharias Wolf || Gestochen von G. C. Pingeling Hamburg 1744. (p. 349)
9. VORSTELLUNG der BELAGERUNG | der Stadt THORN, | welche den 4/14 October 1703 | von dem Könige in Schweden erobert worden. || gestochen von G. C. Pingeling Hamburg 1744. (p. 449)
10. VORSTELLUNG der SCHLACHTORDNUNG | in dem TREFFEN bey WARSCHAU, | wo die SACHSEN von den SCHWEDEN | DEN 21/31 Julius 1705 geschlagen worden. || gezeichnet von Zacharias Wolff. || gestochen von G. C. Pingeling Hamburg 1744. (p. 607)
11. ABRISS der SCHLACHT bey FRAUSTADT | wo die Sachsen und Moscowiter den 3. Februar 1706 geschlagen worden. || gestochen von Jonas Haas. (p. 650)
12. SCHLACHT bey KALISCH, | welche den 19/29 October 1706 vorgefallen. || gezeichnet von Zacharias Wolff. || gestochen von G. C. Pingeling Hamburg 1744. (p. 684)

Zweter Theil (1746):
13. LAGER der Schweden und Russen bey MOHILOW | am Ende des Monats Julius und beym Anfange des Augustmonats 1708. || Gezeichnet v. ZACH. WOLF. / VORSTELLUNG der SCHLACHT bey HOLOFZIN | zwischen den Schweden und Russen den 3. Jul: 1708. || Gezeichnet von B. ADLERFELD. / GRUNDRISS der SCHLACHT bey HOLOFZIN. || Gezeichnet von ZACH. WOLF. || gestochen von J. Haas. (p. 79)
14. SCHLACHT bey PULTAWA, | welche den 27. Jun./8. Jul. 1709 zum Nachtheile der Schweden vorgefallen. ||. gestochen von J. Haas (p. 147)
15. Eigentliche Abbildung des HAVSES. welches der König CARL der zwölfte, bey dem Dorfe Warnitza, ohnweit BENDER, im November | und Decembermonate des 1711. Jahrs, erbauen lassen und bewohnet hat; nebst einer Vorstellung des dreyfachen SCHWEDISCHEN LAGERS, | in dieser Gegend, wie solches in den Jahren 1709 bis 1713 gewesen ist. || gestochen von J. Haas Hamb. 1745 (p. 161)
16. SCHLACHT bey HELSINGBURG, | wo die Dänen von den Schweden | den 28. Februarii/10. Martii 1710 | geschlagen worden. || Gezeichnet von einem Ungenannten. || Gestochen von G. C. Pingeling, Hamburg 1745. (p. 203)
17. SCHLACHT bey GADEBUSCH, | den 9./20. December 1712, | wo die Dänen und Sachsen von den Schweden geschlagen | worden. || gestochen von J. Haas. (p. 381)
18. GRUNDRISS von TÖNNINGEN, | wie solches nebst der Gegend daherum, im Jahr 1713, | von den Schweden besetzt und wieder verlassen worden. || gezeichnet von dem Herzogl. Holstein. Generalmajor und damaligen Commandanten in Tönningen ZACHARIAS WOLFF. || gestochen von Jonas Haas (p. 438)
19. VORSTELLUNG dessen, was bey EROBERUNG der | PENEMÜNDER SCHANZE und bey dem SEGEFECHTE im NEUENTIEF, | in den Monaten August und September 1715 vorgefallen ist. || gezeichnet von J. H. D. d. H.C.A.Z.S.H.B.Z.L. || gestochen von F. Rolfsen. (p. 602)
20. BELAGERUNG der Stadt STRALSUND, | welche den 24. Decemb. 1715 | von den nordischen Bundsgenossen eingenommen worden. || gestochen von J. Haas (p. 612)
21. TREFFEN, | welches bey STRESOU auf RÜGEN | Zwischen den Schweden, Dänen und Preussen | den 4/15 November 1715 | vorgefallen. | Gezeichnet von dem Herzogl. Holstein. Gener. Leut: | Gerhard Grafen von der Natte. || Gestochen von G. C. Pingeling, Hamburg 1745. (p. 613)
22. VORSTELLUNG der FELDZÜGE, | welche der König CARL XII. in den letzteren Jahren | in einem Theile des Königreichs | NORWEGEN | gethan. || gezeichnet von dem General JOHANN STENFLYCHT. || gestochen von J. Haas. (p. 643)
23. BELAGERUNG von FRIEDERICHSHALL, | wo der König CARL der ZWÖLFTE den 30. Nov./11. Dec. 1718 ist erschossen worden. || gestochen von J. Haas (p. 748)

Unter derselben Signatur findet sich auch eine zweite Fassung des Werkes (Jordtsche Bücher B 79 – B 81).

Lit.: GV 1700-1910 Bd 103, S. 387; HEINSIUS Bd II, S. 435; KATALOG LB KIEL Bd III, S. 2219; zu den Karten u. Plänen Nr. 1 – 4 u. 18 vgl. GEERZ S. 188f. u. 190.

Sign.: Gns 57

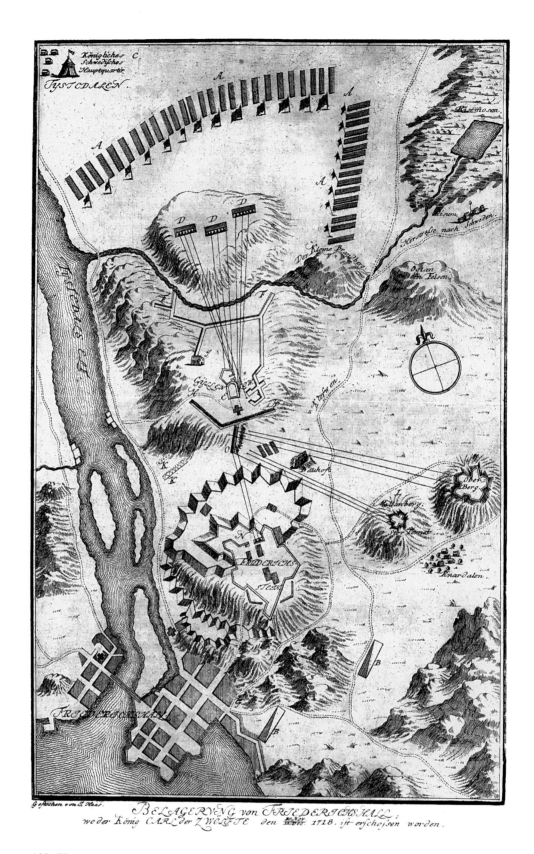

Abb. 73:
„Belagerung von Friederichshall, wo der König Carl der Zwölfte den 30. Nov./11. Dec. 1718 ist erschossen worden." – Die Karte, gestochen von dem in Hamburg tätigen Kupferstecher Jonas Haas, findet sich im zweiten Band von Georg Nordbergs „Leben Carl des Zwölften Königs in Schweden" (Hamburg 1746). Sie zeigt die Umgebung der norwegischen Grenzfestung Friedrichshall (Halden), bei deren Belagerung der schwedische König Karl XII. während des Nordischen Krieges erschossen wurde (an der Stelle des Buchstabens „o") (B 252, Nr. 23).

B 353.

Der Nord-Ostsee-Kanal und die elektrische Beleuchtung desselben. Zur Eröffnungsfeier des Kanals im Juni 1895 herausgegeben von Helios, Actien-Gesellschaft für elektrisches Licht Köln-Ehrenfried.
Köln: DuMont-Schauberg, (1895) [ND St. Peter-Ording: Verlag H. Lühr & Dircks, 1980]. 4°

Im Werk findet sich neben diversen Abbildungen am Schluß eine mehrfach gefaltete Karte zum Verlauf des Nord-Ostsee-Kanals:
Electrische Beleuchtung des Nord-Ostsee-Kanals ausgeführt von Helios, Act. Ges. zu Köln-Ehrenfeld. Aubeldruck-Anstalt C. H. Kaiser, Köln-Lindenhöhe.

Lit.: GV 1700-1910 Bd 103, S. 410; KATALOG LB KIEL Bd I, S. 663.
Sign.: LZB, SH 742 N

B 354. Noris, Henricus:

Annus et epochae Syromacedonum in vetustis urbium Syriae nummis praesertim Mediceis expositae. Additis Fastis Consularibus anonymi omnium optimis. Accesserunt nuper dissertationes Paschali Latinorum Cyclo annorum LXXXIV, ac Ravennate annorum XCV.
Leipzig: Apud Thomam Fritsch, 1696. 4°

Vor dem Titelblatt findet sich in Verbindung mit dem Kupfertitel (De anno et epochis Syromacedonum) eine Karte Syriens.

Lit.: BRUNET Bd IV, Sp. 102.
Sign.: Al III 282

B 355.

Notitia utraque cum orientis tum occidentis ultra Arcadii Honoriique Caesarum tempora, illustre vetustatis monumentum, imo thesaurus prorsum incomparabilis. Praecedit autem Andreae Alciati libellus De magistratibus civilibusque ac militaribus officiis, partim ex hac ipsa Notitia, partim aliunde desumptus. Cui succedit descriptio urbis Romae, quae sub titulo Pub. Victoris circumfertur et altera urbis Constantinopolitanae incerto auctore, nunquam antehac typis excusa, Imperialium videlicet ac primariarum sedium utriusque Reipub. Subiungitur Notitiis vetustus liber De rebus bellicis ad Theodosium Aug. et filios eius Arcadium atque Honorium, ut videtur, scriptus incerto autore. Item, ne quid de antiquo exemplari omitteretur, Disputatio Adriani Aug. et Epicteti philosophi. Ed. Sig. Gelenius.
Basel: apud Hieronymum Frobenium et Nicolaum Episcopium, 1552. 2°

Das Werk enthält eine Fülle von Holzschnittillustrationen, darunter:
1. (Konstantinopel) (Imperium Orientale), f. 3'
2. Roma (Imperium Occidentale), f. 4
3. Imperium Constantinopolitanum (zwischen Pontus Euxinus u. Mare Aegaeum), f. a 4

Lit.: BRUNET Bd IV, Sp. 111.
Sign.: Al III 153 (Angeb.: Notitia. Lyon 1608)

B 356.

Notitia utraque Dignitatum, cum orientis, tum occidentis, ultra Arcadii Honoriique tempora, et in eam Guidi Panciroli commentarium. Eiusdem authoris De magistratibus municipalibus liber; necnon seiunctus etiam a prioribus De quatuordecim utriusque, tam veteris, quam novae urbis regionibus libellus, nunc novissime Francisci Rhuardesii commentariis illustratum. Item huic editioni adiunximus Tractatum de rebus bellicis. Ultima editio auctior et copiosior. Ed. G. Pancirolus.
Lyon: ex officina Hug. a Porta, apud Jo. de Gabiano, 1608. 2°

In dem Werk finden sich viele Holzschnittillustrationen, die denen in der Baseler Ausgabe von 1552 ähneln, darunter:
1. (Constantinopel) (Imperium Orientale), f. b
2. Roma (Imperium Occidentale), f. b'
3. Imperium Constantinopolitanum (zwischen Pontus Euxinus u. Mare Aegeum), f. b 5'

Lit.: BRUNET Bd IV, Sp. 111.
Sign.: Al III 153 (an Notitia. Basel 1552)

B 357. Nyerup, Rasmus:

Vollständige Beschreibung der Stadt Kopenhagen. Neue Deutsch umgearbeitete, bis auf jetzige Zeit fortgeführte Ausgabe von E. F. Fischer. Mit Plan und Kupfer.
Kopenhagen: Gerhard Bonnier, 1815. 8°

Der auf dem Titelblatt genannte Plan fehlt.

Lit.: BIBLIOTHECA DANICA Bd II, Sp. 607; ENGELMANN S. 617; GV 1700-1910 Bd 104, S. 163.
Sign.: Gnl 50

B 358.

Die österreichische Kaiserstadt. Illustrirter Führer durch Wien und seine Umgebungen. Mit 87 Abbildungen und einem Plan. (Weber's illustrirte Reisebibliothek, Nr. 18).
Leipzig: J. J. Weber, 1858. 8°

Am Schluß findet sich der Plan:
Orientirungs-Plan der Plätze Hauptstrassen, Sehenswürdigkeiten, der öffentl. Gebäude u. Gärten in Wien. Eigenthum und Verlag v. J. J. Weber in Leipzig 1858. Druck von Eduard Kretzschmer in Leipzig.

Lit.: GV 1700-1910 Bd 154, S. 181.
Sign.: Ed 90

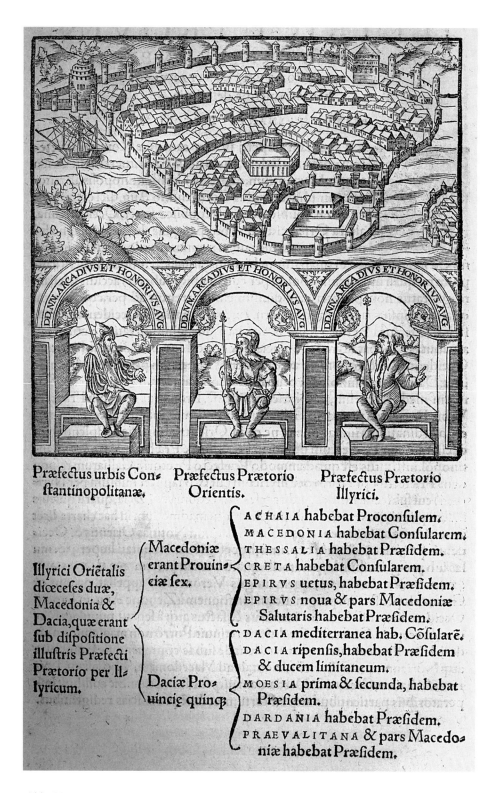

Abb. 74:
Stadtansicht von Konstantinopel (ohne Titel). Der Holzschnitt zeigt die Stadt Konstantinopel, auf einer Halbinsel zwischen dem Goldenen Horn (rechts) und dem Marmarameer (links) gelegen, in spätrömischer Zeit. Der kaiserliche Palast ist von einer eigenen Mauer umgeben, besonders hervorgehoben wird die im 6. Jahrhundert errichtete Hagia Sophia, deutlich zu erkennen ist weiterhin die Festungsanlage bei der Landmauer. Die Ansicht, unter der drei Amtsträger des Oströmischen Reiches dargestellt sind, findet sich im anonymen staatlichen Handbuch aller zivilen und militärischen Ämter im damaligen Römischen Reich „Notitia utraque (dignitatum) cum orientis tum occidentis ultra Arcadii Honoriique Caesarum tempora" (Basel 1552). (B 355, Nr. 1).

B 359. Oldendorp, Christian Georg Andreas:

Geschichte der Mission der evangelischen Brüder auf den caraibischen Inseln S. Thomas, S. Croix und S. Jan. Hrsg. durch Johann Jakob Bossart. Erster Theil. Mit sieben Kupfertafeln.
Barby: bei Christian Friedrich Laux, und in Leipzig in Commission bey Weidmanns Erben und Reich, 1777. 8°

Am Schluß finden sich die sieben Kupfertafeln:
1. Caraibische Inseln. Paul Küffner sc. Norimberga.
2. Die Insel Sanct Thomas mit den mehrersten Plantagen 1767. Paul Küffner sc. Norimberga.
3. Die Insel Saint Croix mit den Namen der Plantagen die beständig sind. 1767. Paul Küffner sc. Norimberga.
4. Ansicht von Neu-Herrnhut auf St. Thomas von der Ostseite. J. G. Sturm sc. Nbg.
5. Ansicht von Friedensthal von der Westseite. C. G. a. O. 1768. G. P. Nußbiegel sc. Nor.
6. Friedensthal in St. Croix an einem Bettage. C. G. a. O. pinx. G. P. Nußbiegel sc. Nor.
7. Bethanien in St. Jan. J. G. Sturm sculps. Nürnbg.

Lit.: GV 1700-1910 Bd 104, S. 399; KATALOG LB KIEL Bd III, S. 2176.
Sign.: Tm 307

B 360. Olearius, Adam:

Außführliche Beschreibung der Kundbaren Reyse nach Muscow und Persien (vorgeklebter Kupfertitel: Vermehrte Moscowitische und Persianische Reisebeschreibung. Zum andern mahl herauß gegeben. 1665). Schleswig: Johan Holwein, 1671. 2°

Der Band enthält neben einer Fülle von kleineren Abbildungen im Text auch 27 großformatige Kupfertafeln, darunter folgende Stadtansichten und -pläne und Karten:
1. Ansichten von GAMA [= Kama] fol. 13 / KAPVRGA
2. Ansichten von TWERE fol. 27 / TORSCHOCK
3. REUALIA IN LIUONIA fol. 100
4. Die Stadt NARVA wie sie | von der Ingermanländischen seiten anzusehen | | J. Stahl inu. | C. Rothgießer f. | | fol. 115
5. WELIKI NOVOGORD | ODER | GROS-NAVGARD | | fol. 121 [= Nowgorod]
6. KREMELIN Das Schloß in Muscau | | Chr. Rothgießer Husum fecit (p. 133)
7. MOSCVA | Des grossen Saars Residentz | Stadt in Rußlandt (Plan, p. 144)
8. Ansichten von Colomna [= Kolomna] / Cassimogorod [= Kasimow] / MORVMA Mordwinorum [= Murom] | | OK [=Koch] fecit (p. 336)
9. NISEN-NAVGOROD [= Nischni Nowgorod] (p. 338)
10. Accurata delineatio | Nobiliss. toti[us] Europæ fluminis | WOLGÆ | olim RHA dictæ | per | Adamum Olearium (Titelkartusche unten links). Christ. Rothgießer Husum sculps. (unten in Titelkartusche). (in zwei Teilen, p. 340)
11. Casan Tartarorum | | O. Koch fecit Sles [= Kasan] (p. 348)
12. Ansichten von TETVS / SAMARA / SORATOF [= Saratow] / ZARIZA [= Wolgograd] / TZORIGOR / KYSMA-MUDIANSKI [= Kozmodemjansk] (p. 352)
13. ARDEBIL fol. 332 (p. 461)
14. Ansichten von KOM / KASCHAN (p. 492)
15. Vera Delineatio | Provinciæ Fertilissimæ | KILAN olim HYRCANIÆ | ad Mare Caspium sitæ | Per Ad Olearium. (Titelkartusche unten links). Chr. Rothgießer fec. (unten rechts). [= Gilan] (p. 543)
16. ISFAHAN (p. 552)
17. Derbendt an der Persischen | Grentze (p. 720)
18. TARKU | Urbs Tartaroum in Dagestan | ad mare Caspium [= Terki] (p. 729)
19. Nova Delineatio | PERSIÆ | ET CONFINIORVM | Veteri longe accuratior | edita Anno 1655 (Titelkartusche unten links). Illustrissimo ac Celsissimo | Domino Dno FRIEDERICO | Hæredi Norwegiæ Duci | Sleswicensi. Holsatiæ ... | ... Tabulam | dedicat Autor Adamus Olearius | Christian Simon fecit (Widmungskartusche rechts unten). (in zwei Teilen, am Schluß)

Lit.: vgl. zur Ausgabe von 1663 GRIEB Bd 2, S. 521 (Nr. 1033); KATALOG LB KIEL Bd II, S. 1044.
Sign.: Ec 1

B 361. Olearius, Adam:

Colligirte und viel vermehrte Reise-Beschreibungen Bestehend in der nach Muskau und Persien, wie auch Johann Albrechts von Mandelslo Morgenländischen und Jürg: Andersens und Volq: Yversens Orientalischen Reise: Mit angehängter Chinesischen Revolution ... Nebenst beygefügtem Persianischem Rosen-Thal und Baum-Garten (Kupfertitel: Viel Vermehrte Moscowitische und Persianische Reisebeschreibung wie auch Mandelslo u. Anderßen nebenst andern von Adam Olearius außgegebene Schriften) [Die umfangreiche Ausgabe umfaßt sieben getrennt paginierte Teile, von denen zwei Anhänge sind.]
Hamburg: Zacharias Hertel u. Thomas von Wiering, 1696. 2°

In der Moskowitischen und Persianischen Reisebeschreibung von Olearius finden sich neben vielen kleinen Abbildungen folgende großformatige Karten und Stadtansichten bzw. -pläne:
1. Land- und See-Charte | von | Schleßwig biß nach Mußkau | Woraus zu sehen, wie die Hoch-Fürstl. | Gesandtschafft ihre Reise dahin | genommen hat. (Titelkartusche unten links). (p. 2)
2. REUALIA IN LIUONIA (p. 50)
3. Die Stadt NARVA, wie sie | von der Ingermanländischen seiten anzusehen | | J. Stahl inu. | C. Rothgießer f. (p. 58)
4. WELIKI NOVOGORD | ODER | GROS NAVGARD [= Nowgorod] (p. 60)
5. KREMELIN Das Schloß in Muskau | | Chr. Rothgießer Husum fecit (p. 66)
6. MOSCVA | Des grossen Saars Residentz | Stadt in Rußlandt (p. 72)
7. Colomna [= Kolomna] / Cassimogorod [= Kasimow] / MORVMA Mordwinorum [= Murom] | | OK [=Koch] fecit. (p. 174)
8. NISEN-NAVGOROD [= Nischni Nowgorod] (p. 176)
9. Accurata delineatio | Nobilißimi toti[us] Europæ fluminis | WOLGÆ | olim RHA dictæ | per | Adamum Olearium (Titelkartusche unten links). Christ. Rothgießer Husum sculps. (unten in Titelkartusche). (p. 180)
10. Casan Tartarorum | | O. Koch fecit Sles. [= Kasan] (p. 180)
11. TETVS / SAMARA / SORATOF [= Saratow] / ZARIZA

[= Wolgograd] / TZORNOGAR / KYSMAMEDIANSKI [= Kozmodemjansk] (p. 188)
12. Nova Delineatio | PERSIÆ | ET CONFINIORVM | ... (unterer Teil der Karte mit Teilen der Titelkartusche fehlt) (p. 212)
13. ARDEBIL (p. 242)
14. KOM / KASCHAN (p. 258)
15. Vera Delineatio | Provinciæ Fertilissimæ | KILAN olim HYRCANIÆ | ad Mare Caspium sitæ | Per Ad Olearium. (Titelkartusche unten links). Chr. Rothgießer fec. (unten rechts). [= Gilan] (p. 284)
16. ISFASHAN (p. 290)
17. Derbendt an der Persischen | Grentze (p. 376)
18. TARKU | Urbs Tartaroum in Dagestan | ad mare Caspium [= Terki] (p. 382)
    In der Morgenländischen Reise-Beschreibung von Mandelslo findet sich die Karte:
19. Tabula | INDIÆ | ORIENTALIS. (Titelkartusche unten links). A. d. Winter scul: (unten links). (p. 28)
    In der Orientalischen Reise-Beschreibung von Andersen und Iversen findet sich die Karte:
20. IMPERII | SINARVM | Nova Descriptio (Titelkartusche oben links). A. d. Winter scul: (unten rechts). (p. 2)

Lit.: BIBLIOTHECA DANICA Bd II, Sp. 411; GRIEB Bd 2, S. 523 (Nr. 1034).
Sign.: Ec 3 (Jordtsche Bücher B 82)

B 362. Olearius, Adam:

Voyages très-curieux et très-renommez faits en Moscovie, Tartarie et Perse. Traduits de l'Original et augmentez par le Sr. de Wicquefort. Divisez en deux Parties. A quoi on a joint des Cartes Geographiques, des Représentations des Villes, et autres Taille-douces très-belles et très-exactes. (davor gesetztes Titelblatt: Les Voyages. Leiden: Pierre vander Aa, 1719).
Amsterdam: Michel Charles le Ce'ne, 1727. 2°

In dem Werk finden sich neben einer Fülle von kleineren und größeren Abbildungen auch folgende großformatige Karten und Stadtansichten bzw. -pläne:
1. LE ROYAUME DE | DANEMARK, | Avec une Partie de la Suede, | Pomeranie, les Duchez de Meklenbourg, | Lunebourg et Breme, | dressé sur les Cartes les plus exactes et | sur plusieurs Mémoires, | nouvellement rendu publie par | PIERRE VANDER AA, | Marchand Libraire A LEIDE, Avec Privilege. (Titelkartusche oben rechts). (p. 1)
2. RIGA. (p. 7)
3. La Ville de | TORSOCK | en Moscovie. | | Nicolaus Witsen Delineavit. a Leide, Chez Pierre vander Aa (p. 33)
4. Tweer BEWALT en | ONBEWALT. | | TWER, | Ville Capitale du Duché de meme nom, en Moscovie. | | a Leide, Chez Pierre vander Aa. Nicolaes Witsen Delineavit. (p. 34)
5. GRANDE POLOGNE | et | PRUSSE | avec les frontieres de la | Misnie, Lusace, Moravie | et | Lithuanie | ... | publiée tout recomment Par | PIERRE VANDER AA | ... (Titelkartusche unten links). (p. 72)
6. Les trois Iles, | appellées en Allemand Werders,, ou | sont les Territoires de | DANTZIC, MARIENBOURG et ELBING | dans la | PRUSSE ROYALE, | avec les Côtes de la | MER BALTIQUE, suivant la description de | Olaus Jean Gotho, | ... | ...Publie par | PIERRE VANDER AA | ... (Titelkartusche oben rechts). (p. 73)
7. ELBING, | Ville de la Prusse Royale. | | a Leide, Chez Pierre vander Aa. (p. 74)
8. La Ville de | DANTZIC, | dans la Prusse Royale. (p. 75)
9. LA | LIVONIE | Avec les frontieres de | COURLANDE | et de | FINLANDE | ... | rendue publique par | PIERRE VANDER AA | ... (Titelkartusche unten links). (p. 102)
10. NOVOGOROD, | Ville de la Moscovie, Capitale | de la Principauté de mème nom. | | N. Witsen Delineavit. | a Leide, Chez Pierre vander Aa. (p. 123)
11. Chateau Kremelin, dans la Ville de Moscou, avec la celebration de la Fète de Paques Fleurics. | | a Leide, Chez Pierre vander Aa. (p. 136)
12. MOSCOU, | Capitale de la Moscovie | Suivant Olearius. | | a Leide, Chez Pierre vander Aa. (p. 146)
13. La Ville de | MOSCOU, | Capitale de la Moscovie. | | A Leide, Chez Pierre vander Aa. (nach hinterer Auflistung von Witsen). (p. 147)
14. LA | MOSCOVIE | SEPTENTRIONALE | ... | A LEIDE | Chez PIERRE VANDER AA | Avec Privilege (Titelkartusche oben rechts). (p. 155)
15. LA | MOSCOVIE | MERIDIONALE | ... | A LEIDE | Chez PIERRE VANDER AA | Avec Privilege. (Titelkartusche unten rechts). (p. 156)
16. COLOMNA, | Ville de la Russie. | | N. Witsen Delineavit. | a Leide, Chez Pierre van der Aa. [= Kolomna] (p. 386)
17. CASSIMOGOROD, | Ville de la Tartarie Moscovite. | | N. Witsen Delineavit. | a Leide, Chez Pierre vander Aa. [= Kasimow] (p. 389)
18. MORUMA, | Ville de la Tartarie Moscovite. | | N. Witsen Delineavit. | a Leide, Chez Pierre vander Aa. [= Murom] (p. 391)
19. NISEN-NAVGOROD, | Ville de la Moscovie, Capitale | du Duché de meme nom. | | N. Witsen Delineavit. | a Leide, Chez Pierre vander Aa. [= Nishnij Novgorod (Gorki)] (p. 393)
20. LE | COURS DE LA RIVIERE | DE | WOLGA, | Anciennement appellée | RHA, | Selon la Relation | D'OLEARIUS, | A LEIDE, | Chez PIERRE VANDER AA, | Marchand Libraire (Titelkartusche unten links). (p. 397)
21. LA GRANDE | TARTARIE | ... | A LEIDE, | Chez PIERRE VANDER AA | Avec Privilege. (Titelkartusche unten links). (p. 401)
22. SAMARA, | Ville de la Russie, pres du Wolga. | | a Leide, Chez Pierre vander Aa. (p. 429)
23. SORATOF, | Ville de la Tartarie Moscovite. | | a Leide, Chez Pierre vander Aa. [= Saratov] (p. 433)
24. ZARIZA, | Petite Ville des Moscovites, | dans le Royaume d'Astracan, sur | le bord du Wolga. | | a Leide, Chez Pierre vander Aa. [= Wolgograd] (p. 442)
25. ASTRAKAN, | Ville Capitale du Royaume | du meme nom en Moscovie. | | a Leide, Chez Pierre vander Aa. (p. 453)
26. NOUVELLE CARTE | de la Province de | KILAN en PERSE | ... | A LEIDE | Chez PIERRE VANDER AA. (Titelkartusche unten links). [= Gilan] (p. 479)
27. TERKI, | Ville de la Circassie, dans l'Asie. | | a Leide, Chez Pierre vander Aa. (p. 486)
28. CARTE | la plus-nouvelle & plus-exacte du | ROYAUME DE PERSE | ... | Publie à LEIDE Chez PIERRE VANDER AA. (Titelkartusche unten links). (p. 517)
29. La Ville de BAGDAD, dans la Turquie. | | a Leide, Chez Pierre vander Aa. (p. 530)
30. La Ville de | SCHAMACHIE, | en Perse. | | A LEIDE, Chez PIERRE VANDER AA. [= Schemacha] (p. 593)
31. La belle et grande | Ville de ARDEBIL, dans la Royaume de PERSE. | | a Leide, Chez Pierre vander Aa (p. 629)

32. SOLTANIE, | Ville de la Perse, en Arabie. | A LEIDE, Chez PIERRE VANDER AA [= Sultania] (p. 657)
33. SABA, | Ville en Perse. | | A LEIDE, Chez PIERRE VANDER AA. [= Sawah] (p. 678)
34. KOM, | Ville de la Province d'Yerack, en Perse. | | A LEIDE, Chez Pierre vander Aa. (p. 680)
35. La grande et belle Ville | de KASCHAN, en | Perse. | | A LEIDE, Chez Pierre vander Aa. (p. 683)
36. ISPAHAN, | Capitale du Royaume de Perse. | | A Leide, Chez Pierre van der Aa. [= Isfahan] (p. 752)
37. La Ville de DERBENDT, en Perse. | | A LEIDE, Chez PIERRE VANDER AA. (p. 1039)

Lit.: BIBLIOTHECA DANICA Bd II, Sp. 412; BRUNET Bd IV, Sp. 178 (Nr. 19985).
Sign.: Ec 4

B 363. Olsen, O. N.:

Generallieutenant Albert Borgaards Levnet og Bedrifter, tilligemed en kort Oversigt af de nærmest hermed i Forbindelse staaende Krigsbegivenheder. (Særskilt aftrykt af Militært Repertorium).
Kjøbenhavn: Trykt i Bianco Lunos Bogtrykkeri, 1839. 8°

Am Schluß findet sich die Karte:
Den Pyrenæiske Halvø, alene med Hensyn til de Krigsbegivenheder hvori General.lnt A. Borgaard har deltaget. Ved O. N. Olsen. 1839. Klæding og Holm sc.

Sign.: Bb 51

B 364. Oncken, Wilhelm (Hrsg.):

Allgemeine Geschichte in Einzeldarstellungen. (9 Bde).
Berlin: G. Grote'sche Verlagsbuchhandlung, 1879-1893. 4°

Vorhanden sind die Bände:
II, 9: Sophus Ruge: Geschichte des Zeitalters der Entdekkungen. Berlin 1881. [doppelt vorhanden]
III, 2: Martin Philippson: Westeuropa im Zeitalter von Philipp II, Elisabeth und Heinrich IV. Berlin 1882.
III, 5: Martin Philippson: Das Zeitalter Ludwigs des Vierzehnten. Berlin 1879.
III, 6: Alexander Brückner: Peter der Große. Berlin 1879.
III, 7: Bernhard Erdmannsdörffer: Deutsche Geschichte vom Westfälischen Frieden bis zum Regierungsantritt Friedrich's des Großen. 2 Bde. Berlin 1892/93.
IV, 2: Theodor Flathe: Das Zeitalter der Restauration und Revolution 1815-1851. Berlin 1883.
IV, 5: Felix Bamberg: Geschichte der orientalischen Angelegenheiten im Zeitraume des Pariser und des Berliner Friedens. Berlin 1888.

In den meisten Bänden der Reihe finden sich diverse, zum Teil kleinere Karten.

Lit.: GV 1700-1910 Bd 46, S. 150-152.
Sign.: Gab 3

B 365. Overbeck, J.:

Pompeji in seinen Gebäuden, Alterthümern und Kunstwerken für Kunst- und Alterthumsfreunde. Dritte, abermals durchgearbeitete und vermehrte Auflage. Mit 27 grösseren, zum Theil farbigen Ansichten und 315 Holzschnitten im Texte, sowie einem grossen Plane.
Leipzig: Wilhelm Engelmann, 1875. 4°

Am Schluß ist in einer Hülle der Plan beigefügt:
Plan der Stadt Pompeji. Resultat der Ausgrabungen von 1748-1872. Lith. Anst. v. J. G. Bach, Leipzig.

Lit.: GV 1700-1910 Bd 105, S. 503.
Sign.: Aal 27

B 366. Overbeke, Bonaventure de:

Les restes de l'ancient Rome, recherchez avec soin, mesurez, dessinez sur les lieux, & gravez par feu Bonaventure d'Overbeke. Sous les Pontificats d'Innocent XI., d'Alexandre VIII., & d'Innocent XII. Imprimé aux dépens de Michel d'Overbeke. Tome I (- Tome III).
Amsterdam: De l'Imprimerie de Jean Crellius, 1709. 2°

In dem ungebundenen Werk finden sich insgesamt 146 großformatige Kupferstichtafeln mit Gebäudedarstellungen vom alten Rom.

Lit.: BRUNET Bd IV, Sp. 264.
Sign.: Aag 110

B 367.

Oversigt over Nordpolarreiserne og M'Clintocks Expedition. Efter engelske og tydske Skrifter.
Kjøbenhavn: Jacob Erslev, 1860. 8°

Am Schluß findet sich die Karte:
Kaart til Nordpolarreiserne (Inseln im Norden Kanadas).

Sign.: Ec 60

B 368. Pabst, Carl-Theodor:

Eclogae Tacitinae, gesammelt zum Gebrauch der Schulen, vorzüglich zum Privatstudium. Mit zwei Charten.
Leipzig: Friedrich Fleischer, 1831. 8°

Am Schluß finden sich die beiden Karten:
1. Pars Germaniae antiquae. Stdr. v. Aug. Kneisel in Leipzig.
2. Kriegs-Schauplatz des Civilis. (Nach Max de Choiseul d'Aillecourt.) St.dr. v. Aug. Kneisel in Leipzig.

Lit.: GV 1700-1910 Bd 106, S. 17.
Sign.: Al II 821

B 369. Paludan, Johan:

Forsøg til en antiquarisk, historisk, statistisk og geographisk Beskrivelse over Møen. Med Kort og Kobbere. 2 Teile.

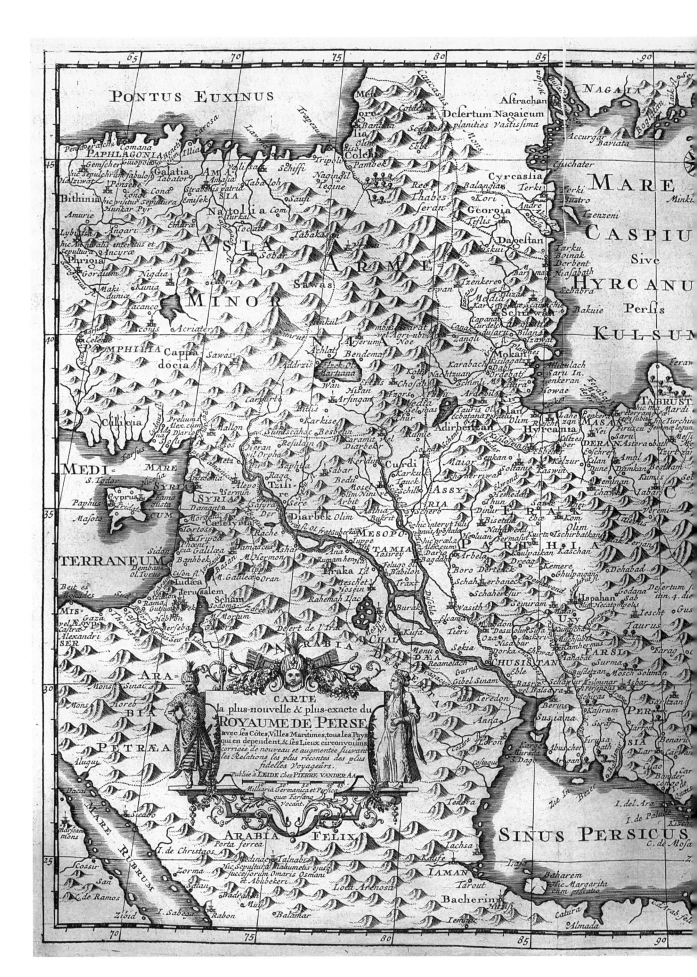

Kjøbenhavn, Thiele, 1822/24. 8°

Neben vielen Kupferstichtafeln finden sich auch folgende Karten und Pläne:
1. Ichnographia Stekæ [=Stege] MDCLIX. (I, p. 6)
2. Kort over Möen 1810. Stukket af G. N. Angelo (I, p. 36)
3. Grundrids af Stege 1822. Kongl. Steentr. A. Dir. (II, p. 103)
4. Kort over Møen samt de mindre til Møenboe Herred hörende Øer og Holme. Reduceret efter Herredskortet i det Kongl. Matriculerings contoir i Aaret 1824 af H. J. Paludan. Kongl. Steentrykkeri A. Dir. Hartwieg lith. (II, Schluß)

Lit.: BIBLIOTHECA DANICA Bd II, Sp. 693.
Sign.: Gnl 71

B 370. Paludan, Ped.:

Beskrivelse over Staden Kallundborg tilligemed Hans Jakob Paludans Levnetsbeskrivelse med Kobbere.
Kiøbenhavn: Sebastian Popp, 1788. 8°

Am Schluß findet sich ein Plan:
Grundtegning af Callundborg Bye saaledes som den var i Aaret 1787. optagen og tegnet af Ct. Lönborg. Fridrich sc.

Lit.: BIBLIOTHECA DANICA Bd II, Sp. 681.
Sign.: Gnl. 45

B 371. Pantaleon, Henricus:

Militaris Ordinis Johannitarum, Rhodiorum aut Melitensium equitum rerum memorabilium terra marique a sescentis fere annis pro republica Christiana in Asia, Africa et Europa contra Barbaros, Saracenos, Arabes et Turcas fortiter gestarum ad praesentem usque 1581 annum historia nova, libris duodecim comprehensa, omnibus Christianis lectu iucundissima.
Basel: (Thomas Guarinus), 1581. 2°

Eingefügt in den Text sind neben Personen- und Kampfdarstellungen diverse Holzschnittabbildungen mit Stadtansichten und Landkarten, einige in mehrfacher Wiedergabe:
1. HIERVSALEM (Stadtansicht) (p. 1)
2. (Nicaea) (Stadtansicht zur Eroberung) (p. 10)
3. ANTIOCHIA (Stadtansicht) (p. 13)
4. (Tyrus) (Stadtansicht zur Eroberung) (p. 25)

Abb. 75:
„Carte ... du Royaume de Perse." – Die von dem Leidener Verleger und Kupferstecher Pieter van der Aa bearbeitete Karte des Königreichs Persien findet sich zusammen mit zahlreichen anderen Karten und Stadtansichten in Adam Olearius' „Voyages très-curieux et très-renommez faits en Moscovie, Tartarie et Perse" (Amsterdam 1727). Die Landeszentralbibliothek verfügt außerdem über zwei deutschsprachige, bebilderte Versionen der von dem Gottorfer Hofbibliothekar verfaßten „Moscowitischen und Persianischen Reise" aus dem 17. Jahrhundert (B 362, Nr. 28).

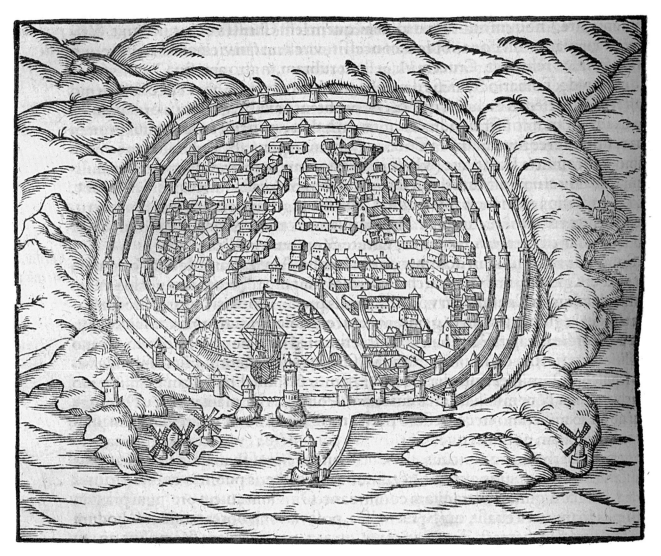

Abb. 76:
Stadtansicht von Rhodos (ohne Titel). Der dreifache Mauerring und der stark gesicherte Hafen mit seinen Mühlen und seinem Leuchtturm sind die besonderen Kennzeichen der Stadt Rhodos; die Darstellung ist als Holzschnitt in Henricus Pantaleons „Militaris Ordinis Johannitarum, Rhodiorum aut Melitensium equitum ... historia nova" (Basel 1581) enthalten. In dem Werk geht es um die Geschichte des Johanniter- und späteren Malteserordens, der drei Jahrhunderte lang auf der griechischen Insel Rhodos seinen Sitz hatte (B 371, Nr. 13).

5. (Damaskus) (Stadtansicht zur Belagerung) (p. 33)
6. (Aschalon) (Stadtansicht zur Belagerung) (p. 35)
7. (Karte von Syrien, Palästina und umliegenden Gebieten) (p. 37)
8. Cyprus (Karte von Zypern) (p. 62)
9. (Karte von Unterägypten mit dem Nildelta) (p. 67)
10. HIERVSALEM (Stadtansicht) (p. 73; wie Nr. 1)
11. (Damaskus) (Stadtansicht zur Eroberung durch die Tartaren) (p. 81; wie Nr. 5)
12. (Tyrus) (Stadtansicht zum Verlust von Tripolis u. Tyrus) (p. 86; wie Nr. 4)
13. (Stadt Rhodos) (Stadtansicht) (p. 96)
14. Cyprus (Karte von Zypern) (p. 105; wie Nr. 8)
15. (Damaskus) (Stadtansicht zur Zerstörung der Stadt) (p. 113; wie Nr. 5)
16. CONSTANTINOPEL (Stadtansicht zur Eroberung durch die Türken) (p. 121)
17. Kriechisch Wyssenburg (Stadtansicht zur Eroberung von Belgrad) (p. 113)
18. Cyprus (Karte von Zypern) (p. 125; wie Nr. 8)
19. (Karte von Griechenland) (p. 128)
20. (Stadt Rhodos) (Stadtansicht) (p. 134; wie Nr. 13)
21. (Karte von Italien mit umliegenden Gebieten) (p. 147)
22. CONSTANTINOPEL (Stadtansicht) (p. 156; wie Nr. 16)
23. HIERVSALEM (Stadtansicht) (p. 177; wie Nr. 1)
24. (Karte von Unterägypten mit Nildelta) (p. 183; wie Nr. 9)
25. (Stadt Rhodos) (Stadtansicht) (p. 189; wie Nr. 13)
26. (Stadt Rhodos) (Stadtansicht) (p. 195; wie Nr. 13)
27. (Tyrus ?) (Stadtansicht zur Einnahme von Budapest) (p. 204; wie Nr. 4)
28. (Karte von Malta und Gozo) (p. 210)
29. (Karte der Balkan-Halbinsel mit Ungarn) (p. 218)
30. (Karte von Griechenland) (p. 219; wie Nr. 19)

31. (Tunis und Umgebung) (p. 247)
32. VENEDIG (Stadtansicht) (p. 255)
33. (Aschalon?) (Ansicht einer befestigten Stadt am Meer) (p. 286; wie Nr. 5)
34. (Karte der Balkan-Halbinsel mit Ungarn) (p. 291; wie Nr. 29)
35. ROM (Stadtansicht) (p. 319)
36. (Karte von Malta und Gozo) (p. 329; wie Nr. 28)
37. (Karte der Balkan-Halbinsel mit Ungarn) (p. 350; wie Nr. 29)
38. Cyprus (Karte von Zypern) (p. 357; wie Nr. 8)
39. (Tunis und Umgebung) (p. 380; wie Nr. 31)

Lit.: ADAMS P 178; BMSTC G 672.
Sign.: Gw 5 (St.-Nikolai-Bibliothek B 338; angebunden)

B 372. Parrot, (Georg) Friedrich (von):

Reise zum Ararat. Mit vier (u. drei) Kupfertafeln und einer Karte. Zwei Theile (in einem Band).
Berlin: Haude und Spener, 1834. 4°

Am Anfang des Buches findet sich die Karte:
Länder Zwischen dem Schwarzen und Kaspischen Meere.

Lit.: ENGELMANN S. 128; GRIEB Bd 2, S. 533 (Nr. 1053); GV 1700-1910 Bd 106, S. 262.
Sign.: Ec 29

B 373. Parthey, Gustav:

De Philis Insula eiusque monumentis commentatio. Accedunt duae tabulae aeri incisae.
Berlin: Fr. Nicolai, 1830. 8°

Am Schluß finden sich zwei Kupferstichtafeln zur Nil-Insel bei Assuan, darunter eine Landkarte:
Philarum insulae tabula veterum monumentorum vestigia indicans. Tab. I. C. Brügnerus sculpt Berolini 1830.

Lit.: ENGELMANN S. 168; GV 1700-1910 Bd 106, S. 273.
Sign.: Aa 17

B 374. Parthey, Gustav:

Das Alexandrinische Museum. Eine von der Königl. Akademie der Wissenschaften zu Berlin im Juli 1837 gekrönte Preisschrift. Mit einem Plan von Alexandria.
Berlin: Nicolaische Buchhandlung, 1838. 8°

Am Schluß findet sich der Plan:
Alexandrien, zur Zeit als es römische Provinzialstadt wurde. G. Magenhöfer sc.

Lit.: GV 1700-1910 Bd 106, S. 272.
Sign.: Aag 23

B 375. Patterson, William:

Reisen in das Land der Hottentotten und der Kaffern, während der Jahre 1777, 1778 und 1779. Aus dem Englischen übersetzt und mit Anmerkungen begleitet von Johann Reinhold Forster. Mit vielen Kupfern und einer Landkarte.
Berlin: Christian Friedrich Voß u. Sohn, 1790. 8°

Am Schluß findet sich die Karte:
Carte der südlichen Spitze von Africa, zu Paterson's Reisen in den Jahren 1777, 1778 und 1779. Petermann sc. Lips. Tafel 10 am Ende des Buchs.

Lit.: ENGELMANN S. 175; GV 1700-1910 Bd 106, S. 366; KATALOG LB KIEL Bd I, S. 105.
Sign.: Ec 16

B 376. Pausanias:

Des Pausanias ausführliche Reisebeschreibung von Griechenland, aus dem Griechischen übersetzt und mit Anmerkungen erläutert von Johann Eustachius Goldhagen. Zweyte verbesserte Ausgabe. 4 Bände.
Berlin: C. G. Schöne, 1798/99. 8°

Am Schluß des dritten Bandes (1799) findet sich:
Carte vom alten Griechenland.

Lit.: GV 1700-1910 Bd 107, S. 90; vgl. auch GRIEB Bd 2, S. 533 (Nr. 1055) [Ausgabe von 1766].
Sign.: Ag II 788

B 377. Pawlowski, Josef Nikodemus:

Populäre Geschichte und Beschreibung des Danziger Landkreises, mit einem Anhange: Culturhistorische, meteorologische und andere Notizen in chronologischer Folge, und einer Karte des Kreises.
Danzig: Druck und Verlag der Wedel'schen Hofbuchdruckerei, 1886. 8°

Am Schluß findet sich die Karte:
Karte vom Danziger Stadt- und Land-Kreise. Nach zuverlässigen Hilfsquellen entworfen und gezeichnet von I. N. Pawlowski, Hauptlehrer. Im Anschluss an des Verfassers „Populäre Geschichte und Beschreibung des Danziger Landkreises" und „Populäre Geschichte Danzigs".

Lit.: GV 1700-1910 Bd 107, S. 102.
Sign.: LZB, Gesch 553 Dan

B 378. Pedersen, P.:

Almeenfattelig Veirlære. Med Træsnit og 2 Kort. (Naturvidenskabelige Folkeskrifter, No. 2).
Kjøbenhavn: Trykt hos S. Trier for E. L. Thaarup, 1854. 8°

Am Schluß finden sich 2 Karten:
1. Kaart over Isothermer og Strömninger.
2. De dyrkede Planter, som levere Hovednæringsmidlerne. (Mit Nebenkarte: Træernes udbredelse paa Alperne og Pyrenæerne).

Sign.: Nf 83

B 379. Peringskiöld, Johan:

Monumentorum Sveo-Gothicorum liber primus Uplandiae partem primariam Thiundiam continens, cum antiquitatibus ac inscriptionibus.
Stockholm: Olavus Enæus, 1710. 2°

Das Werk enthält eine Fülle von Abbildungen, darunter eine Karte und einen Plan:
1. Upland | med sina Härad | och Soknar | af | J. Peringskiöld (p. 1)
2. Gamla Upsala Högar och hedniska ättebackar i sin belägenhet afritade åhr 1709. Colles paganorum sepulchrales circa Vpsaliam Veterem graphice delineati. | | ad pag. 216.

Lit.: BRUNET Bd IV, Sp. 499 (Nr. 27642).
Sign.: Gns 41 (Angeb.: B 380)

B 380. Peringskiöld, Johan:

Monumenta Ullerakerensia cum Upsalia Nova illustrata.
Stockholm: Joh. L. Horrn, 1719. 2°

Das Werk enthält ebenfalls eine Fülle von Abbildungen, darunter einen Stadtplan:
NOVA VPSAL | | Dio Padt Brygge fec. (p. 11)

Lit.: BRUNET Bd IV, Sp. 500.
Sign.: Gns 41 (an: B 379)

B 381. Peschel, Oscar:

Geschichte der Erdkunde bis auf A. v. Humboldt und Carl Ritter (Geschichte der Wissenschaften in Deutschland. Neuere Zeit. Vierter Band).
München: J. G. Cotta, 1865. 4°

Eingebunden finden sich vier großformatige Karten:
1. Weltbild des Edrisi [= Idrisi] 1154 n. Chr. (p. 132)
2. Africa nach der Florentiner Seekarte vom Jahre 1551 (aus Graf Baldelli Boni's Marco Polo) (p. 177)
3. Marino Sanuto 1320 nach Lelewel (p. 191)
4. Gebiet der britischen Nordwestfahrten nach drei Zeiträumen der Entdeckungen abgeschieden (p. 261)

Lit.: GV 1700-1910 Bd 107, S. 319.
Sign.: Ea 44

B 382. Petermann's Geographische Mittheilungen.

Mittheilungen aus Justus Perthes' Geographischer Anstalt über wichtige neue Erforschungen auf dem Gesammtgebiete der Geographie von Dr. A. Petermann. 1855-1878 (ab 25. Band [1879] Titel: Dr. A. Petermann's Mittheilungen aus Justus Perthes' Geographischer Anstalt. Herausgegeben von Dr. E. Behm und Dr. M. Lindeman [ab 26. Band nur Dr. E. Behm]; ab 29. Band [1883] Titel: Dr. A. Petermanns Mitteilungen aus Justus Perthes' Geographischer Anstalt. Herausgegeben von Dr. E. Behm [ab 31. Band von Prof. Dr. A. Supan].
Gotha: Justus Perthes, 1855-1898. 4°

Am Schluß der Bände finden sich jeweils zumeist vollständige Tafelsätze mit vielen (hier nicht im einzelnen aufgeführten) Karten der ganzen Welt. Vorhanden sind die Jahrgänge:
[1] (1855) – Tafel 1 – 18, 20 – 23
[2] (1856) – Tafel 1 – 3, 6 – 34, 36
[3] (1857) – Tafel 1 – 25
[6] (1860) – Tafel 1 – 19 (u. 4 andere aus Ergänzungsheften)
[7] (1861) – Tafel 2 – 16
[8] (1862) – Tafel 1 – 17
[9] (1863) – Tafel 1 – 15 (u. Probeblatt der „Chart of the World von Hrm. Berghaus in 8 Sectionen")
[10] (1864) – Tafel 1 – 16
[11] (1865) – Tafel 1 – 15
[12] (1866) – Tafel 1 – 18
[13] (1867) – Tafel 1 – 10, 10 a, 11 – 18
[14] (1868) – Tafel 1 – 21
15 (1869) – Tafel 1 – 8, 10, 9, 11 – 21, 23, 22
16 (1870) – Tafel 1 – 22
17 (1871) – Tafel 1 – 22
18 (1872) – Tafel 1 – 9, 12 – 23
19 (1873) – Tafel 1 – 15, 17 – 24
20 (1874) – Tafel 1 – 24
21 (1875) – Tafel 1 – 24
22 (1876) – Tafel 1 – 25
23 (1877) – Tafel 1 – 16, 16 a, 17 – 23
24 (1878) – Tafel 1 – 11, 11 a, 12 – 25
25 (1879) – Tafel 1 – 23
26 (1880) – Tafel 1 – 21
27 (1881) – Tafel 1 – 21
28 (1882) – Tafel 1 – 19
29 (1883) – Tafel 1 – 13
30 (1884) – Tafel 1 – 16
31 (1885) – Tafel 1 – 20
32 (1886) – Tafel 1 – 19
33 (1887) – Tafel 1 – 8, 13 – 16, 9 – 12, 20, 18, 19, 17
34 (1888) – Tafel 1 – 21
35 (1889) – Tafel 1 – 18
36 (1890) – Tafel 1 – 4, 6, 5, 8, 7, 9 – 12, 16, 15, 14, 13, 17 – 21
37 (1891) – Tafel 1 – 20
38 (1892) – Tafel 1 – 21
39 (1893) – Tafel 1 – 20
40 (1894) – Tafel 1 – 19
41 (1895) – Tafel 1 – 17, 19, 18
42 (1896) – Tafel 1 – 20
43 (1897) – Tafel 15 – 19, 5, 7, 8, 4, 6, 20, 1 – 3, 9 – 14
44 (1898) – Tafel 1 – 20

Außerdem liegen einige in einem Band zusammengebundene Ergänzungshefte zu Petermann's „Geographischen Mittheilungen" vor:

Wagner, Moritz:
Beiträge zu einer Physisch-geographischen Skizze des Isthmus von Panama. Mit einer Karte.
Gotha: Justus Perthes, 1861. 4°

Ost-Afrika zwischen Chartum und dem Rothen Meere bis Suakin und Massaua. Eine vornehmlich zum Verfolg der v. Heurlinschen Expedition bestimmte Karte, unter Dr. A. Petermann's Anleitung ausgeführt und mit einem Mémoire begleitet von Bruno Hassenstein.
Gotha: Justus Perthes, 1861. 4°

Inner-Afrika nach dem Stande der geographischen Kenntniss im Jahre 1861. Nach den Quellen bearbeitet von A. Petermann und B. Hassenstein. Erste Abtheilung. (Ergänzungsheft Nr. 7).
Gotha: Justus Perthes, 1862. 4°

Inner-Afrika nach dem Stande der geographischen Kenntniss im Jahre 1861. Nach den Quellen bearbeitet von A. Petermann und B. Hassenstein. Zweite Abtheilung. (Ergänzungsheft Nr. 8).
Gotha: Justus Perthes, 1862. 4°

Die Brasilianische Provinz Minas Geraes. Originalkarte nach den offiziellen Aufnahmen des Civil-Ingenieurs H. G. F. Halfeld, 1836-1855, unter Benutzung älterer Vermessungen und Karten gezeichnet von Friedrich Wagner. Beschreibender Text von J. J. von Tschudi, 1862. (Ergänzungsheft Nr. 9).
Gotha: Justus Perthes, 1862. 4°

Inner-Afrika nach dem Stande der geographischen Kenntniss in den Jahren 1861 u. 1862. Nach den Quellen bearbeitet von A. Petermann und B. Hassenstein. Dritte Abtheilung. (Ergänzungsheft Nr. 10).
Gotha: Justus Perthes, 1862. 4°

Die Adamello-Pressanella-Alpen nach den Forschungen und Aufnahmen von Julius Payer, K. K. Lieut. im 36. Linien-Infanterie-Reg., Venedig. (Ergänzungsheft Nr. 17).
Gotha: Justus Perthes, 1865. 4°

Am Schluß des Sammelbandes finden sich folgende Karten:
1. Der Isthmus von Panama. Nach der grossen Aufnahme von G. M. Totten, 1857, ... und nach den Forschungen, Messungen und handschriftlichen Croquis von Dr. Moritz Wagner, 1858. B. Hassenstein del.
2. Entwurf einer Karte von Ost-Afrika zwischen Chartum & dem Rothem Meere bis Sauakin und Massaua. Nach allen vorhandenen Quellen entworfen von A. Petermann. B. Hassenstein del.
3. Petermann & Hassenstein: Karte von Inner-Afrika. Blatt 4 (Nubien). Autographiert von E. Debes & A. Welcker. (Nr. 7)
4. Petermann & Hassenstein: Karte von Inner-Afrika. Blatt 6 (Dar-Fur und Kordofán). Autographiert von E. Debes. (Nr. 7)
5. Petermann & Hassenstein: Karte von Inner-Afrika. Blatt 1 (Fessan). Autographiert von E. Debes & A. Welcker. (Nr. 8)
6. Petermann & Hassenstein: Karte von Inner-Afrika. Blatt 2 (Ägypten). Autographiert von E. Debes & A. Welcker. (Nr. 8)
7. Petermann & Hassenstein: Karte von Inner.-Afrika. Blatt 3 (Tébu-Land). Autographiert von E. Debes. (Nr. 8)
8. Karte der Brasilian. Provinz Minas Geraes, aufgenommen auf Befehl der Provinzialregierung in den Jahren 1836-1855, mit Benutzung älterer Karten u. neuerer Vermessungen u. Beobachtungen, unter specieller Leitung des Civil-Ingenieurs H. G. F. Halfeld entworfen u. gezeichnet von Friedrich Wagner. A. Petermann dir. (Nr. 9)
9. Petermann & Hassenstein: Karte von Inner-Afrika. Blatt 5 (Bagirmi & Wadai). Autographiert von Ernst Debes. (Nr. 10)
10. Petermann & Hassenstein: Karte von Inner-Afrika. Blatt 7 (Dar- Banda). Autographiert von E. Debes. (Nr. 10)
11. Petermann & Hassenstein: Karte von Inner-Afrika. Blatt 9 (Kongo). Autographiert von Ernst Debes. (Nr. 10)
12. Originalkarte der Adamello-Presanella Alpen. Von Julius Payer. A. Petermann dir. (Nr. 17)
13. Blatt u.a. mit Originalkarte von M. v. Beurmann's Reise von Bengasi nach Mursuk & Wau, 13. Februar bis 6. Juni 1862. ... Von A. Petermann. B. Hassenstein. (Nr. 10)

Weiterhin finden sich folgende Registerbände:
Inhaltsverzeichniss von Petermann's „Geographischen Mittheilungen" 1855-1864. (10 Jahresbände und 3 Ergänzungsbände). Nebst Übersichtskarte der in denselben enthaltenen 350 einzelnen Karten und Pläne.
Gotha: Justus Perthes, 1865. 4°

Inhaltsverzeichniss von Petermann's „Geographischen Mittheilungen" 1865-1874. (10 Jahresbände und 5 Ergänzungsbände). Nebst 2 Karten zur Übersicht der in diesen Bänden enthaltenen 380 einzelnen Karten und Pläne.
Gotha: Justus Perthes, 1877. 4°

Inhaltsverzeichnis von Petermann's „Geogrpahischen Mitteilungen" 1875-1884. (10 Jahresbände und 8 Ergänzungsbände). Nebst 4 Karten zur Übersicht der in diesen Bänden enthaltenen 587 einzelnen Karten, Pläne, Profile etc.
Gotha: Justus Perthes, 1886. 4°

Inhaltsverzeichnis von Petermanns „Geographischen Mitteilungen" 1885-1894. (10 Jahresbände und 9 Ergänzungsbände). Nebst 5 Karten zur Übersicht der in diesen Bänden enthaltenen 901 einzelnen Karten, Pläne, Profile, Ansichten etc.
Gotha: Justus Perthes, 1897. 4°

Lit.: GV 1700-1910 Bd 97, S. 58ff.
Sign.: Ez 6

B 383. Petersen, Th. E.:

Et Besög i Jerusalem og Omegn i Februar 1856. Med en Plan af Jerusalem.
Kjöbenhavn: G. E. C. Gad, 1857. 4°

Am Schluß findet sich der Plan:
Plan af Jerusalem. Allenburger sc.

Sign.: Ec 54

B 384. Pinelli, Ferdinand:

Piemont's Militair-Geschichte vom Frieden von Aachen bis auf unsere Tage. Mit Karten und Plänen. Aus dem Italienischen von August Riese. 4 Bde (in 2 Bden).
Leipzig: Otto Wigand, 1856/57. 8°

Am Schluß der einzelnen Bände finden sich diverse Karten und Pläne:
Bd I (1856):
1. Karte eines Theils der Grafschaft Nizza zum Verständniss für die Operationen des Feldzuges vom Jahre 1793. Plan I. Lith. Inst. v. J. G. Bach in Leipzig.
2. Karte eines Theils der Provinz Mondovi zur Erläuterung der Bewegungen in den Feldzügen 1795-96. Plan II. Lith. Inst. v. J. G. Bach, Leipzig.
Bd II (1856): Karten fehlen.
Bd III (1857):
3. Plan der Umgegend von Goito. Plan I.
4. Schlacht von S. Lucia am 6. Mai 1848. Plan II. Lith. Inst. v. J. G. Bach, Leipzig.
5. Plan von Vicenza. Plan III. Lith. Inst. v. J. G. Bach, Leipzig.
6. Gefechte am 24 und 25ten Juli 1848. Plan IV. Lith. Inst. v. J. G. Bach, Leipzig.
7. Karte der Umgebung von Mailand. Plan V. Lith. Inst. v. J. G. Bach, Leipzig.
Bd IV (1857):
8. Gegend zwischen Mortara und Vigevano für die Gefechte am 21. März 1849. / Schlachtfeld von Novara. Plan. I. Lith. Inst. v. J. G. Bach, Leipzig.

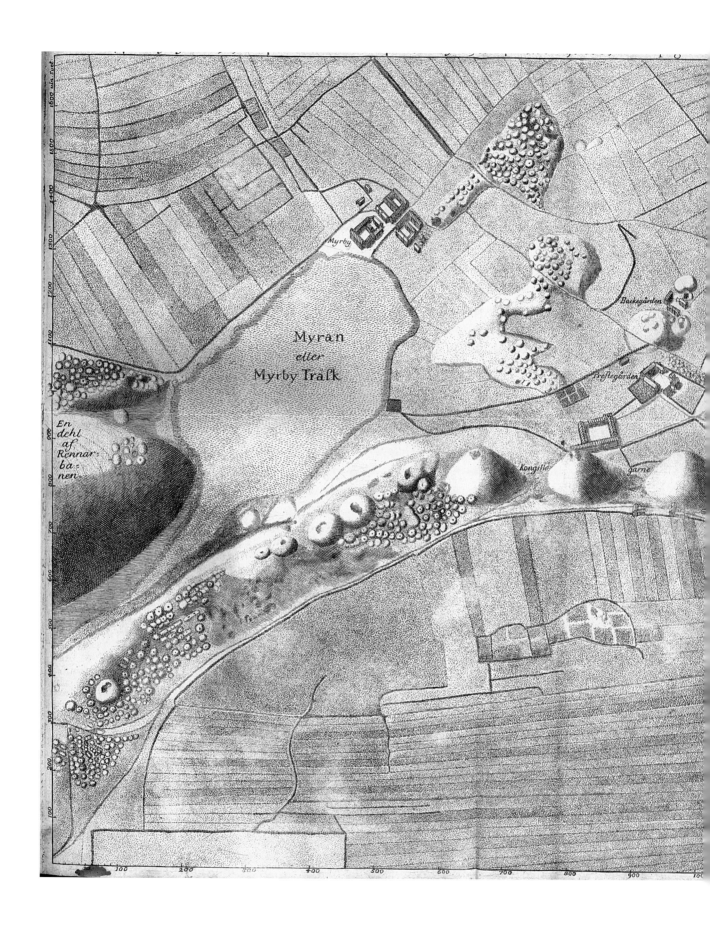

Lit.: GV 1700-1910 Bd 109, S. 134.
Sign.: Gfe 10

B 385. Plehn, Severus Lucianus:

Lesbiacorum liber. Accessit tabula geographica aeri incisa, quae lectori insulae exhibet figuram.
Berlin: Friedrich Nicolai, 1826. 8°

Am Schluß findet sich die Karte:
Lesbus cum ora vicina.

Lit.: GV 1700-1910 Bd 109, S. 355.
Sign.: Gg 45

B 386. Pomponius Mela:

De orbis situ libri III et C. Julii Solini Polyhistor. ... Authores ut politissimi, ita Geographiae studiosis utilissimi, in quorum gratia Mela scholiis, uterque vero Tabulis elegantibus illustratus est. Ed. Christian Vurstisius.
Basel: officina Henricpetrina, April 1576. 8°

In dem Werk finden sich insgesamt 35 weitgehend durchnumerierte Karten, bis Nr. 19 zu Pomponius Mela (zweiseitig, nach Ptolemaeus), ab Nr. 20 zu Solinus (einseitig):

1. AFRICA. fol. 8
2. MAVRITANIA. fol. 10
3. NVMIDIA. fol. 11
4. CYRENAICA. fol. 14
5. AEGYPTVS. fol. 17
6. SYRIA. fol. 21
7. PAMPHILIA. fol. 26 [= Kleinasien]
8. SCYTHIA EVROPAEA. fol. 38
9. THRACIA. fol. 43
10. MACEDONIA. fol. 48
11. ITALIA. fol. 54
12. GALLIA NARBONENSIS. fol. 58
—. Hispania – fehlt
13. GERMANIA. fol. 79
14. SCYTHIA. fol. 81
15. INDIA. fol. 89
16. SINVS PERSICVS. fol. 93

Abb. 77:
„Gamla Upsala Högar och hedniska ättebackar i sin belägenhet 1709." – Im „Monumentorum Sveo-Gothicorum liber primus" (Stockholm 1710) des schwedischen Altertumsforschers Johan Peringskiöld findet sich die Ansicht von Gamla Uppsala, der ersten schwedischen Hauptstadt, mit ihren (auch heute noch) gewaltigen Grabhügeln (B 379, Nr. 2).

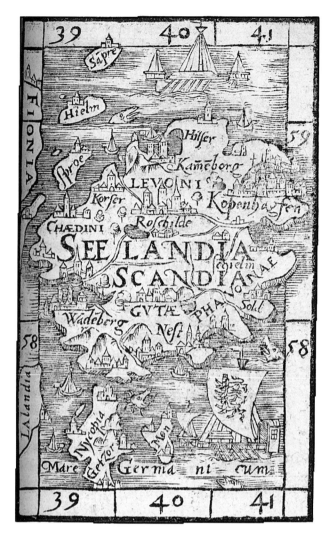

Abb. 78:
Karte der dänischen Insel Seeland (ohne Titel). Die Karte, die die dänische Hauptinsel (Seelandia / Scandia) mit kleineren Inseln in der Umgebung zeigt, findet sich zusammen mit 31 anderen Karten in der in Basel 1576 erschienenen Ausgabe der Schriften der beiden römischen Geographen Pomponius Mela und C. Julius Solinus (B 386, Nr. 26).

17. SINVS ARABICVS. fol. 94
18. AETHIOPIA. fol. 96
19. ATLANTICI MARIS ORA ET INSVLAE. fol. 99
20. CORSICA. fol. 190
21. SARDINIA. 192
22. SICILIA. fol. 194
23. CRETA. fol. 219
24. EVBOEA. fol. 223
25. CARPATHVS, RHODVS, ET LEMNVS. fol. 225 (3 Karten auf einem gefalteten Blatt nebeneinander)
26. SEELANDIA/SCANDIA. fol. 248
27. BRITANIA. fol. 251
28. HYBERNIA. fol. 251
29. THYLE. fol. 253
30. ORCADES. fol. 254

31. TAPROBANA. (p. 351)
32. FORTVNATARVM INSVLARVM DVAE, MAEDERA. ET FORTEVENTVRA. (2 Karten nebeneinander, p. 364f.)

Lit.: LOC Bd 98, S. 215.

Sign.: Al II w 181

B 387. Pontanus, Joh. Isacius:

Rerum Danicarum Historia Libris X unoque Tomo ad Domum usque Oldenburgicam deducta. Accedit Chorographia Regni Daniæ tractusque eius universi borealis Urbiumque Descriptio.
Amsterdam: Sumptibus Ioannis Ianßonii (Harderwijk: excudebat Nicolaus a Wieringen), 1631. 2°

Fünf Karten zum skandinavischen Raum, die in Amsterdam im Hause Janssonius zu Beginn der dreißiger Jahre des 17. Jahrhunderts erschienen sind, finden sich eingebunden am Schluß des Bandes:

1. Totius | DANIÆ | nova | Descriptio. (Titelkartusche oben rechts). Per Gerardum Merca: | torem Cum privilegio (unten links). ohne Maßstabsangabe.
(Amsterdam: Joannes Janssonius, ca. 1638).
Karte; ca. 43,5 x 37 cm; Maßstab ca. 1:1.700.000.
Die Karte entspricht der Dänemarkkarte, die 1595 von Mercator mit dem Titel „DANI- | AE | REGNUM" herausgegeben worden war (vgl. Atlas A 36, Nr. 10). Lediglich der Titel ist verändert worden. Die Karte entspricht nicht der Dänemarkkarte in der Pontanus-Ausgabe der LB Kiel (zw. S. 638/39) u. der Kgl. Bibliothek Kopenhagen (vgl. BRAMSEN, Abb. 56 [S. 69]).

Lit.: KDB 1a. Kart. G 5540 u. 7.2 GEOGR 161,27.

2. DUCATUS HOLSATIÆ NOVA TABULA (Titelleiste innen). AMSTELODAMI. | Sumptibus et typis eneis | Ioannis Ianssonii. (Kartusche unten rechts). Maßstabsangabe in Milliaria Germanica communia u. Milliaria Gallica communia (Kartusche unten links).
Amsterdam: Joannes Janssonius, ca. 1633.
Karte mit 2 Nebenkarten; ca. 51 x 38 cm; Maßstab ca. 1:580.000.
Oben links findet sich die Nebenkarte (ca. 12,5 x 10,5 cm):
Alluvies propè Detzbul, Incolis Inferioris Germaniæ a Duce Holsatiæ conceßa aggeribus cingi. / Aenwas by Detzbul den Nederlanders geconsenteert te bedycken van den Hartogh van Holsteyn.
Oben rechts findet sich die Nebenkarte (ca. 12,5 x 10,5 cm):
Tabula Barmerensis, Meggerensis, et Noortstaeplerensis maris: Incolis Inferioris Germaniæ conceßum hæc maria aggeribus cingere, et desiccare.
Die Karte entspricht bis auf den veränderten Hinweis zum Kartenmacher in der Kartusche unten rechts der Holsteinkarte in der Pontanus-Ausgabe der LB Kiel (zw. S. 664/65) u. der Kgl. Bibliothek Kopenhagen; dort findet sich der Hinweis „Amstelodami | Sumptibus et typis eneis | Henrici Hondij" (vgl. BRAMSEN, Abb. 57 [S. 71]).

Lit.: KATALOG LB KIEL Bd II, S. 1230; KDB 7.2 GEOGR 161,30 u. 12.2 Mapp. 117-19; GEERZ S. 21f.

3. TABULA | ISLANDIÆ | Auctore | Georgio Carolo | Flandro. (Titelkartusche unten links). Maßstabsangabe in Milliaria Germanica communia u. Milliaria Gallica communia (Kartusche unten rechts).

(Amsterdam: Joannes Janssonius, ca. 1633).
Karte; ca. 49,5 x 38 cm: Maßstab ca. 1:1.600.000.
Die Karte entspricht der Island-Karte der Pontanus-Ausgabe der LB Kiel (zw. S. 756/57).

Lit.: KDB 1a. Kart. B 186-6, 7.2 GEOGR 163:1,3 u. 12.2 Mapp. 117-6.

4. FIONIÆ | Nova et | Acvrata Descriptio (Titelkartusche unten links). Maßstabsangabe in Milliaria Germanica Communia (Kartusche unten in der Mitte).
(Amsterdam: Joannes Janssonius, ca. 1638).
Karte; ca. 40 x 36 cm; Maßstab ca. 1:400.000.
Die Fünen-Karte der Pontanus-Ausgabe der LB Kiel (zw. S. 720/21) stammt noch von Mercator (vgl. BRAMSEN Nr. 53 [S. 65]).

Lit.: KDB 1a. Kart. G 7480 u. 7.2 GEOGR 163:1,23.

5. Tabula exactissima Regnorum | SUECIÆ et NORVEGIÆ, | nec non | MARIS UNIVERSI ORIENTALIS | Terrarumq[ue] adjacentium, summo studio | et accurata observatione | in lucem edita noviter seria cura singu- | lariq[ue] zelo, dedicatur humillime | GUSTAVO ADOLPHO D. G. | Suecorum Gothorum, Vandalorumq[ue] Regi Magno | Duci Finlandiæ, Duci Esthoniæ, ac Care- | liæ, Ingriæq[ue] Domino, etc. (Titelkartusche oben links). Maßstabsangabe in Milliaria Suecica, Milliaria Germanica u. Leucæ Gallicæ (unten rechts).
(Amsterdam: Joannes Janssonius, ca. 1633).
Karte; ca. 55 x 44,5 cm; Maßstab ca. 1:4.600.000.
Die Karte zeigt den gesamten skandinavischen Raum. Sie ist identisch mit der Karte in der Pontanus-Ausgabe der LB Kiel (zw. S. 686/87).

Lit.: KDB 12.2 Mapp. 117-16.
Lit.: BIBLIOTHECA DANICA Bd III, Sp. 13 (mit 3 Karten); BRUNET Nr. 27588; KATALOG LB KIEL Bd I, S. 369.
Sign.: Gnq 1

B 388. Pontoppidan, Erik:

Theatrum Daniæ veteris et modernae, Oder: Schau-Bühne des alten und jetzigen Dännemarcks. 2 Theile (in 1 Bd).
Bremen: Hermann Jäger, 1730. 4°

Von den ursprünglich 35 Tafeln des Ersten Teils, bestehend aus einer Dänemark-Karte und diversen Stadtplänen und Stadtansichten, sind heute nur noch 3 vorhanden:
1. FRIDERICIA (Plan, Nr. 26) (p. 340)
2. TYSTÆD [=Thisted]. (Plan, Nr. 34) (p. 436)
3. HIÖRING. (Plan, Nr. 35) (p. 446)

Lit.: BIBLIOTHECA DANICA Bd II, Sp. 600; GRIEB Bd 2, S. 555 (Nr. 1098); GV 1700-1910 Bd 110, S. 207; HEINSIUS Bd III, S. 209; KATALOG LB KIEL Bd I, S. 370.
Sign.: Gnl 4

B 389. Pontoppidan, Erik:

Origines Hafnienses, Eller: Den Kongelige Residentz Stad Kiøbenhavn, Forestillet i sin Oprindelige Tilstand, fra de ældste Tider af, indtil dette Seculi Begyndelse ... med nogle gamle og nye Aftegninger.
Kiøbenhavn: Andreas Hartvig Godiche, 1760. 4°

In dem Werk finden sich diverse Kupferstichtafeln zu Kopenhagen:
1. fehlt (p. 28)
2. Aliqualis Idea Topograph. Hafniæ Respondens Hist. Sec. XII. N. 2 (p. 46)
3. Topographia Hafniæ Ao. 1520. No. 3. (p. 132)
4. Hafnia ad Septembr. Ao. 1520. No. 4. I. Haas Chalg. Reg. Univ. Hafniæ del. et sc. (p. 134)
5. Vor Frue Kirke. N. 5. I. Haas sculps. (p. 146)
6. (Die beiden ersten Rathäuser). N. 6. I. Haas sculps. (p. 170)
7. Topographia Hafniæ Ao. 1590. No. 7. (p. 224)
8. Hafnia ad Occas. 1587. No. 8. I. Haas Chalg. Reg. Univ. del. et sculp. Hafn. (p. 226)
9. Hafnia ad Merid. 1587. No. 9. I. Haas Chalg. Reg. Univ. del. et sculp. Hafn. (p. 228)
10. Hafnia ad Orient. 1596. No. 10. I. Haas Chalg. Reg. Univ. del. et sculp. Hafn. (p. 230)
11. Kiöbenhavns Grundtegning kort for Beleiringen Ao. 1658. No. 11. (p. 236)
12. Kiöbenhafns Slot Ao. 1620. No. 12. I. Haas sc. (p. 268)
13. Hafnia Anno 1618. No. 13. I. Haas sc. (p. 336)
14. Kiöbenhavn 1674. No. 14. (p. 428)

Lit.: BIBLIOTHECA DANICA Bd II, Sp. 606.
Sign.: Gnl 48

B 390. Pontoppidan, Erik:

Den Danske Atlas eller Konge-Riget Dannemark, med dets Naturlige Egenskaber, Elementer, Indbyggere, Væxter, Dyr og andre Affødninger, dets gamle Tildragelser og Omstændigheder i alle Provintzer, Stæder, Kirker, Slotte og Herre-Gaarde. ... med dertil forfærdigede Land-Kort over enhver Provintz, samt ziret med Stædernes Prospecter, Grund-Ridser, og andre merkværdige Kaaber-Stykker. 7 Bde.
Kiøbenhavn: A. H. Godiche, 1763-1781. 4°

In dem Werk finden sich diverse Karten, Stadtpläne und Stadtansichten sowie im folgenden nicht berücksichtigte Gebäudeansichten und sonstige Abbildungen:

Tomus I (1763):
1. Dänemark-Karte (fehlt) [vgl. Jordtsche Kartensammlung Nr. 346]

Tomus II (1764):
(2.) 1. Generalem et prorsus Novam SIÆLANDIÆ Tabulam Geographicam ... Officiosissime inscribit E: P: [= Pontoppidan] D. C. Fester delineavit. H. Qvist sculpsit (p. 28)
(3.) 2. Septentrionalem SIAELANDIAE Partem Tabul: Geographic: expressam ... D.D.D. E. P. [= Pontoppidan] D. C. Fester delineavit. H. Qvist sc. (p. 58) [vgl. Jordtsche Kartensammlung Nr. 356]
(4.) 3. DEN KONGEL: RESIDENTZ STAD KIÖBENHAFN I GRUNDTEGNING Ao. MDCCLXIV. (p. 66)
(5.) 4. Kopenhagen-Prospekt von 1764 (p. 68) – fehlt
(6.) 5. HELSINGÖR (Plan) (p. 278)
(7.) 6. HELSINGÖR. J. Haas sc. (Prospekt) (p. 280)
(8.) 7. HILLERÖD ved Friderichsborg (Plan) (p. 312)
(9.) 8. SLANGERUP (Plan) (p. 316)
(10.) 9. SLANGERUP (Prospekt) (p. 316)
(11.) 10. ROESKILDE (Plan) (p. 322)

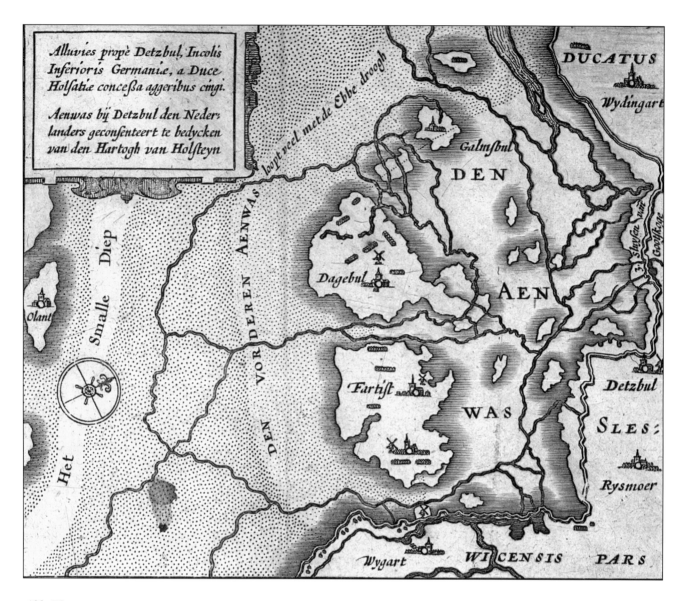

Abb. 79:
„Alluvies prope Detzbul, incolis Inferioris Germaniae a Duce Holsatiae concessa aggeribus cingi." – Der „Landzuwachs (in den Wattengebieten) bei Deezbüll (in Nordfriesland), der Bewohnern der Niederlande vom Herzog von Holstein zum Eindeichen überlassen wurde", ist auf einer Nebenkarte dargestellt, die oben links in Johannes Janssonius' großformatige Holstein-Karte (Ducatus Holsatiae nova tabula) eingefügt ist. Die Karte findet sich in dem Geschichtswerk „Rerum Danicarum Historia" (Amsterdam 1631), verfaßt von dem dänischen Historiker Johannes Isacius Pontanus (1571-1639). Während in der Flensburger Pontanus-Ausgabe von 1631 Janssonius als Kartenmacher genannt wird, steht auf der gleichen Karte der gleichen Ausgabe andernorts (z. B. Kiel u. Kopenhagen) der Name des Kartenmachers Henricus Hondius (B 387, Nr. 2, Nebenkarte 1).

(12.) 11. ROESKILDE (Prospekt) (p. 334) – fehlt (vorhanden in 2. Fassung)
(13.) 12. KÖGE (Plan) (p. 356)
(14.) 13. KIÖGE (Prospekt) (p. 358) – fehlt (vorhanden in 2. Fasssung)
(15.) 14. HOLBEK (Plan) (p. 382)
(16.) 15. HOLBEK (Prospekt) (p. 382)
(17.) 16. NYEKIÖBING i Ods Herret (Plan) (p. 398)
(18.) 17. KALLUNDBORG (Plan) (p. 408)

(19.) 18. KALLUNDBORG. (Prospekt) (p. 410) – fehlt (vorhanden in 2. Fassung)
(20.) 19. Samos Baltica vulgo SAMSÖE Aut: P: I: Resenio olim descripta Ao. MDCCLXIII Recusa. D. C. Fester delineavit. (p. 424)

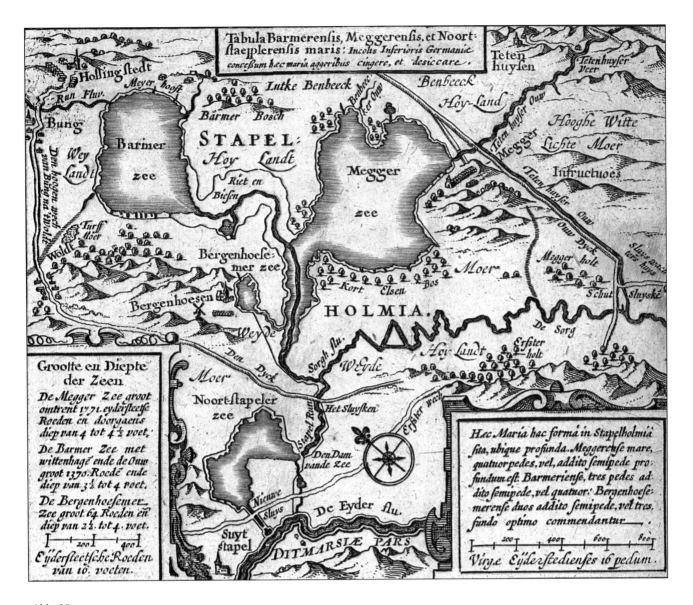

Abb. 80:
„Tabula Barmerensis, Meggerensis et Noortstaeplerensis maris: Incolis Inferioris Germaniae concessum haec maria aggeribus cingere et desiccare." – Als zweite Nebenkarte ist oben rechts in Janssonius' Holstein-Karte die „Karte des Börmer-, des Megger- und des Norderstapeler Sees" in der Landschaft Stapelholm eingefügt, mit dem Zusatz, daß „Bewohnern der Niederlande erlaubt wurde, diese Seen mit Deichen zu umgeben und trockenzulegen". Außer der Holstein-Karte finden sich in der Pontanus-Ausgabe von 1631 vier weitere großformatige Karten von Dänemark, Island, Fünen sowie Schweden und Norwegen (B 387, Nr. 2, Nebenkarte 2).

Tomus III (1767):
- (21.) 1. Meridionalis SIAELANDIAE Tab: Geograph: ... vovente E: P: [= Pontoppidan] Ao. MDCCLXIII. D. C. Fester delineavit. (p. 6) [vgl. Jordtsche Kartensammlung Nr. 357]
- (22.) 2. CORSÖR (Plan) (p. 10)
- (23.) 3. CORSÖER (Prospekt) (p. 12)
- (24.) 4. SLAGELSE (Plan) (p. 18)
- (25.) 5. SLAGELSE (Prospekt) (p. 18)
- (26.) 6. SKELSKÖR (Plan) (p. 26)
- (27.) 7. SKILSKIÖR (Prospekt) (p. 26)
- (28.) 8. RINGSTED (Plan) (p. 50)
- (29.) 9. RINGSTED (Prospekt) (p. 50)
- (30.) 10. SORÖE. D. C. Fester del. J. Haas sc. (Plan) (p. 60)
- (31.) 11. SORÖE (Prospekt) (p. 60)
- (32.) 12. NESTVED (Plan) (p. 92)
- (33.) 13. NESTVED (Prospekt) (p. 92)
- (34.) 14. VORDINGBORG (PLAN) (p. 100)

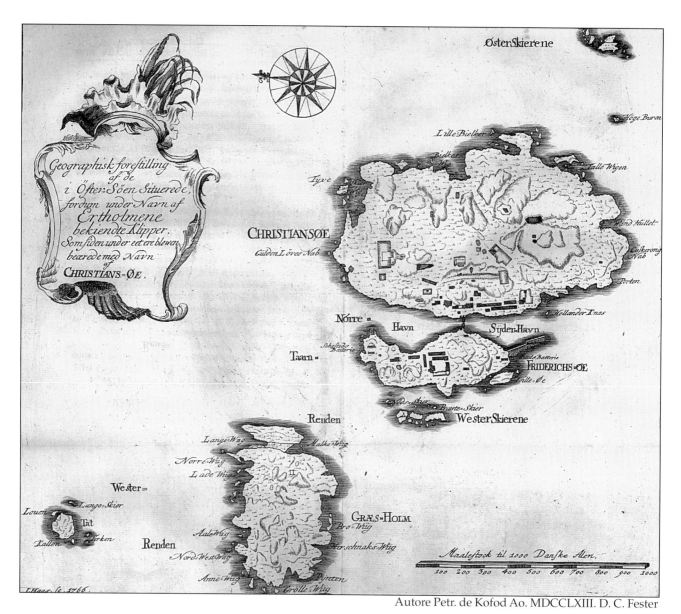

Autore Petr. de Kofod Ao. MDCCLXIII. D. C. Fester

Abb. 81:
„Geographisk forestilling af de i Öster Söen situerede ... Ertholmene ... beærede med Navn af Christians-Øe." – Die von dem in Kopenhagen tätigen Kupferstecher Jonas Haas im Jahre 1766 gestochene Karte zeigt die sogenannten „Erbseninseln" im äußersten Osten des Königreichs Dänemark nordöstlich von Bornholm. Sie findet sich im Tomus III von Erik Pontoppidans „Den Danske Atlas, eller Konge-Riget Dannemark" (Kiøbenhavn 1767). In diesem siebenbändigen topographischen Sammelwerk ist Dänemark in mehreren neuen, zumeist großformatigen Karten dargestellt worden (B 390, Nr. 53).

(35.) 15. WORDINGBORG (Prospekt) (p. 100)
(36.) 16. PRESTÖE (Plan) (p. 106)
(37.) 17. PRÆSTÖE (Prospekt) (p. 106)

(38.) 18. STORE HEDINGE (Plan) (p. 108)
(39.) 19. STORE HEDDINGE (Prospekt) (p. 108)
(40.) 20. Virginea Danica vulgo MÖEN Accuratius Expressa Ao. MDCCLXIII. D. C. Fester delineavit. (p. 142)
(41.) 21. STEGE (Plan) (p. 146)
(42.) 22. STEGE (Prospekt) (p. 146)
(43.) 23. Nova et Accuratior BORNHOLMIÆ ... Delineatio delineavit. (p. 162) [vgl. Jordtsche Kartensammlung Nr. 353 A]
(44.) 24. RÖNNE (Plan) (p. 204)

(45.) 25. RÖNNE (Prospekt) (p. 204)
(46.) 26. NEXÖE (Plan) (p. 208)
(47.) 27. NEXÖE (Prospekt) (p. 208)
(48.) 28. SVANIKE (Plan) (p. 212)
(49.) 29. SVANIKE (Prospekt) (p. 212)
(50.) 30. HASLE (Plan) (p. 214)

(51.) 31. HASLE. J. Haas sc. (Prospekt) (p. 214)
(52.) 32. Prospect af AAKIRKEBYE (p. 214)
(53.) 33. Geographisk forestilling af de i Öster Söen situerede ... Ertholmene ... beærede med Navn af CHRISTIANS-ØE. I. Haas sc. 1766. (p. 228)
(54.) 34. Nova LALANDIÆ, FALSTRIÆ, LANGELANDIÆ Tabula Geographica ... D. C. Fester delineavit. H. Qvist sculpsit. Bekostet af A. H. Godiche ... 1766 (p. 234) [vgl. Jordtsche Kartensammlung Nr. 353]
(55.) 35. NASCOV (Plan) (p. 278)
(56.) 36. NASKOW (Prospekt) (p. 278)
(57.) 37. MARIEBOE (Plan) (p. 292)
(58.) 38. MARIBOE. I. Bang del. I. Haas sc. (Prospekt) (p. 292)
(59.) 39. SAXKIÖBING (Plan) (p. 300)
(60.) 40. SAXKIØBING. I. Bang del. I. Haas sc. (Prospekt) (p. 300)
(61.) 41. NYESTAED (Plan) (p. 302)
(62.) 42. NYSTED I. Haas sc. (Prospekt) (p. 302)
(63.) 43. RÖDBYE (Plan) (p. 304)
(64.) 44. NYKIÖBING i Falster (Plan) (p. 354)
(65.) 45. NYKIÖBING I. Haas sc. (Prospekt) (p. 354)
(66.) 46. STUBBEKIÖBING (Plan) (p. 366)
(67.) 47. STUBBEKIÖBING I. Bang del. I. Haas sc. (Prospekt) (p. 366)
(68.) 48. Generalem hanc FIONIÆ Tabulam Geographicam ... officiosissime inscribit A. H. Godiche. D. C. Fester delineavit. J. Haas ... 1766. Bekostet af A. H. Godiche ... (p. 376) [vgl. Jordtsche Kartensammlung Nr. 352]
(69.) 49. ODENSE (Plan) (p. 426)
(70/71.) 50/51. ODENSE Alexia v. Lode sc. (2 Prospekte) (p. 426) – fehlen (vorhanden in 2. Fassung)
(72.) 52. KIERTEMINDE (Plan) (p. 460)
(73.) 53. KIERTEMINDE Alexia v. Lode sc. (Prospekt) (p. 460)
(74.) 54. BOGENSE (Plan) (p. 464)
(75.) 55. MEDELFART (Plan) (p. 488)
(76.) 56. MEDELFART (Prospekt) (p. 488)
(77.) 57. ASSENS (Plan) (p. 490)
(78.) 58. ASSENS Alexia v. Lode sc. (Prospekt) (p. 490)
(79.) 59. NYBORG (Plan) (p. 518)
(80.) 60. NYBORG (Prospekt von See) (p. 518) – fehlt (vorhanden in 2. Fassung)
(81.) 61. Nye Borg (von Land) Alexia v. Lode sc. (Prospekt) (p. 518)
(82.) 62. SVENDBORG (Plan) (p. 530)
(83.) 63. SVENBORG Alexia v. Lode sc. (Prospekt) (p. 530)
(84.) 64. FOBORG (Plan) (p. 538)
(85.) 65. FAABORG Alexia v. Lode sc. (Prospekt) (p. 538)
(86/87.) 66/67. RUDKIÖBING (Plan u. Prospekt) (p. 618) – fehlen (vorhanden in 2. Fassung)

Tomus IV (fortsat af Hans de Hofman, 1768):
(88.) 1. Tabula Generalis IUTIÆ SEPTENTRIONALIS ... DICATA AB A. H. GODICHE ANNO MDCCLXVII. D. C. Fester delineavit. Joh. Georg Schmid sculpsit. (p. 1) [vgl. Jordtsche Kartensammlung Nr. 362]
(89.) 2. Præfecturæ ARHUSIENSIS Tabulam Geograph. ... Humillime offert A. H. Godiche MDCCLXVII. D. C. Fester delineavit. I. Haas sc. 1767. (p. 62) [vgl. Jordtsche Kartensammlung Nr. 359 A]
(90.) 3. AARHUUS H. C. Cramer del. Schmid sculp Ao. 1767. (Plan) (p. 66)
(91/92.) 4/5. AARHUUS Alexia v. Lode sc. (2 Prospekte) (p. 66)
(93.) 6. HORSENS D. C. Fester del. I. Haas sc. 1767 (Plan) (p. 122)
(94.) 7. HORSENS Alexia v. Lode sc. (Prospekt) (p. 122)

(95.) 8. SKANDERBORG SLOT og BYE I. Haas sc. (Plan) (p. 182)
(96.) 9. SKANDERBORG I. Haas sc. 1767 (Prospekt) (p. 182)
(97.) 10. GREENAAE Risom delineavit. Schmid sc. Ao. 1767. (Plan) (p. 266)
(98.) 11. GREENAAE Bang del. I. Haas sc. 1767. (Prospekt) (p. 266)
(99.) 12. EBELTOFT Ao. 1767 (Plan) (p. 272)
(100.) 13. EBELTOFT Ao. 1767 (Prospekt) (p. 272)
(101.) 14. RANDERS Borgemester Simon Sörensen del. I. Haas sc. 1767 (Plan) (p. 358)
(102.) 15. RANDERS Alexia v. Lode sc. 1767. (Prospekt) (p. 358)
(103.) 16. MARIAGER J. Haas sc. 1767 (Plan) (p. 518)
(104.) 17. MARIAGER Ao. 1767 (Prospekt) (p. 518)
(105.) 18. HOBROE J. L. Schiöth delin. Schmid sc. Ao. 1767. (Plan) (p. 532)
(106.) 19. HOBROE Ao. 1767 (Prospekt) (p. 532)
(107.) 20. Præfecturæ VIBURGENSIS Tabulam Geographicam ... submisse dedicat A. H. Godiche Hafniæ 1767. D. C. Fester delineavit. N. Abildgaard inv. I. Haas ... 1767. (p. 580) [vgl. Jordtsche Kartensammlung Nr. 360]
(108.) 21. VIBORG 1767 (Plan) (p. 594)
(109.) 22. WIBORG Alexia v. Lode sc. (Prospekt) (p. 594)
(110.) 23. SKIVE A. Grolau del. I. Haas sc. 1767 (Prospekt) (p. 722)

Tomus V (fortsat af Hans de Hofmann, 1769):
(111.) 1. Karte Aalborg Stift (p. 104) – fehlt
(112.) 2. AALBORG D. C. Fester delineavit. I. G. Schmid sculps. 1768. (Plan) (p. 108)
(113.) 3. AALBORG I. Haas sc. 1768 (Prospekt) (p. 108)
(114.) 4. HIÖRING (Plan) (p. 200)
(115.) 5. HIÖRING. I. Haas sc. 1768 (Prospekt) (p. 200)
(116.) 6. SKAGENS KIØBSTED Alexia v. Lode sc. (Prospekt) (p. 210)
(117.) 7. SÆBYE. I. Schmid sc. 1768. (Plan) (p. 232)
(118.) 8. SÆBYE (Prospekt) (p. 232)
(119.) 9. FLADSTRANDT (Plan) (p. 244)
(120.) 10. FLADSTRAND (Prospekt) (p. 244)
(121.) 11. THISTÆD. J. N. Schavenius delin. I. G. Schmid sculp: 1768. (Plan) (p. 414)
(122.) 12. THISTED I. Brorson del. I. Haas sc. 1768. (Prospekt) (p. 414)
(123.) 13. NYEKIØBING paa Mors-Öe. (Plan) (p. 534)
(124.) 14. NYEKIÖBING paa Mors-ØE. I. G. Schmid sc. 1768. (Prospekt) (p. 534)
(125.) 15. Karte Ribe Stift (p. 598) – fehlt [vgl. Jordtsche Kartensammlung Nr. 359]
(126.) 16. RIBE Grönlund delin. I. G. Schmid sc. 1768. (Plan) (p. 602) – fehlt (vorhanden in 2. Fassung)
(127.) 17. RIBE I. Haas sc. 1768 (Prospekt) (p. 602)
(128.) 18. WARDE 1768. Frausing del. I. G. Schmid sc. (Plan) (p. 676)
(129.) 19. VARDE (Prospekt) (p. 676)
(130.) 20. HIERTING I. Haas sc. (Prospekt) (p. 686)
(131.) 21. SCHACKENBORG H. H. Eegberg del. I. Haas sculps. 1768. [= Mögeltondern] (Prospekt) (p. 712)
(132.) 22. LEMVIG. M. R. Dam delin: Schmid sc. 1768. (Plan) (p. 786)
(133.) 23. LEMVIG I. Bang delI .... I. Haas sc. 1767. (Prospekt) (p. 786)
(134.) 24. HOLSTEBROE C. Kynde delineavit. Schmid sc. 1767. (Plan) (p. 794)

(135.) 25. HOLSTEBROE I. Bang del. I. Haas sculps. 1768. (Prospekt) (p. 794)
(136.) 26. RINGKIÖBING. Bierk ... delin. I. Haas sc. 1768. (Plan) (p. 804)
(137.) 27. RINGKIÖBING (Prospekt) (p. 804)
(138.) 28. COLDING Sonnin del. I. Haas sc. 1768 (Plan) (p. 878) – fehlt (vorhanden in 2. Fassung)
(139/140.) 29/30. COLDING Alexia v. Lode sc. (2. 1767) (2 Prospekte) (p. 878)
(141.) 31. Grund-Tegning over FRIDERICIA A. C. Schuchardt Lieutnant del. I. Haas sc. 1768. (Plan) (p. 910) – fehlt (vorhanden in 2. Fassung)
(142/143.) 32/33. FRIDERICIA H. H. Eegberg del. I. Haas sc. 1768 (1767) (2 Prospekte) (p. 910)
(144.) 34. VEILE J. Brosböll del. Schmid sc. Ao. 1767. (Plan) (p. 934) – fehlt (vorhanden in 2. Fassung)
(145.) 35. VEILE Alexia v. Lode sc. (Prospekt) (p. 934)

Tomus VI (Supplement, forfattet af Hans de Hoffman, 1774):

Tomus VII (fortsat af Hans de Hofman, 1781):
(146.) 1. REGIAE CELSITUDINI ... FRIDERICI ... NOVAM HANC DUCATUS SLESVICENSIS TABULAM HUMILLIME SACRARUNT GODICHIANI HÆREDES. D. C. Fester delineavit 1766. I. G. Fridrich sculpsit 1781. (p. 500 [eigentlich p. 1]) [vgl. Jordtsche Kartensammlung Nr. 364)
(147.) 2. KORT OVER DANNEVERK VED SLESVIG ... 1757. J. G. Fridrich sculpsit Hafniæ (p. 30)
(148.) 3. Grund Teigning af Staden Hadersleben Tegnet af H. Mickelsen Stukk. af O. N. Flint 1780. (Plan) (p. 123)
(149) 4. HADERSLEV Syndre Side, optaget 1768 af H. Michelsen. Optaget og tegnet af H. Michelsen. I. G. Schmid sc. 1769. (Prospekt) (p. 123)
(150.) 5. CHRISTIANSFELD O. N. Flint Sculps. Hafniæ 1782 (Prospekt) (p. 208)
(151.) 6. LÜGUM KLOSTER I. C. Colp. teg. C. F. Müller sc. (Prospekt) (p. 224)
(152.) 7. APENRADE optaget af H. Michelsen 1769. I. G. Schmid sculpsit. (Plan) (p. 230)
(153.) 8. AABENRAAE fra den Syndre Side, 1768. I. G. Schmid sc. 1769. (Prospekt) (p. 230)
(154.) 9. TONDERN H. F. Schlegel delin: J. G. Fridrich sculps. (Plan) (p. 252)
(155.) 10. TONDERN O. I. Weyse fecit. (Prospekt) (p. 252)
(156.) 11. Grundteigning af Staden Flensborg Hans Ioach. Jürgensen del. O. N. Flint Sc. Hafniæ 1779. (p. 364)
(157.) 12. FLENSBORG H. I. Jürgensen delin. I. G. Fridrich sculpsit. (Prospekt) (p. 364)
(158.) 13. Novam hanc ALSIÆ tabulam officiosissime dedicat A. M. b. Godichii vidua MDCCLXXIX. Hans Iörgensen Foogt Fecit 1772. O. N. Flint Sc. Hafniæ 1779. (p. 425)
(159.) 14. SÖNDERBORG paa Alsen optagen 1769, af H. Michelsen. I. G. Schmid sculp. (Plan) (p. 428)
(160.) 15. SÖNDERBORG I. G. Fridrich sculp. (Prospekt) (p. 428)
(161.) 16. NORBORG I. G. Fridrich sc. H. 1779 (Plan) (p. 438)
(162.) 17. NORBORG f. Weise (Prospekt) (p. 438)
(163.) 18. Novam hanc ARROÆ & FEMARIÆ Tabulam ... submisse dedicant Godichiani Hæredes MDCCLXXX. D. C. Fester delineavit 1766. Grav. af O. N. Flint. (p. 443)
(164.) 19. AROESKIÖBING (Plan) (p. 446)
(165/166.) 20/21. Schleswig-Plan u. Prospekt) (p. 501) – fehlen
(167.) 22. Grund Tegning af FRIDERICHSTAD. Stukken af O. N. Flint (p. 700)
(168.) 23. FRIDRICHSTAD (Prospekt) (p. 700)
(169.) 24. EKERNFÖRDE C. F. von Woisolofsky del. Stukken af O. N. Flint. (Plan) (p. 722)
(170.) 25. HUSUM (Plan) (. 772)
(171.) 26. HUSUM (Prospekt) (p. 772)
(172.) 27. Tönningen Stukken af O. N. Flint. (Plan) (p. 822)
(173.) 28. TÖNNINGEN I. G. Fridrich sculps. Hafn. (Prospekt) (p. 822)
(174.) 29. GARDING. I. G. Schmid sc. 1780. (Prospekt) (p. 828)

Die Bände I – VI finden sich in einer 2. Fassung unter derselben Signatur (Jordtsche Bücher B 84 – B 89); die meisten Karten sind diesen Bänden entnommen und der Jordtschen Kartensammlung zugeordnet worden; vgl. Jordtsche Kartensammlung Nr. 346, 352, 353, 353 A, 356, 357, 359, 359 A, 360, 362. Vorhanden sind die Karten von Samsö (II, p. 424), Mön (III, p. 142) und Christiansö (III, p. 228).

Lit.: BIBLIOTHECA DANICA Bd II, Sp. 600; BRUNET Bd IV, Sp. 815 (Nr. 27559); KATALOG LB KIEL Bd I, S. 336f.; zu den Karten vgl. BRAMSEN S. 138 – 140.
Sign.: Gnl 5

B 391. Porbeck, Heinrich Philipp Reinhard von:

Kritische Geschichte der Operationen, welche die Englisch-combinirte Armee zur Vertheidigung von Holland in den Jahren 1794 und 1795 ausgeführt hat. Mit Karten und Plans. 2 Theile.
Braunschweig: Friedrich Bernhard Culemann, 1802; Königslutter: Carl Wilhelm Hahn, 1804. 8°

Die Pläne und Karten des ersten Teils fehlen; im zweiten Teil findet sich am Schluß die Karte:
Neue Charte der VII. vereinigten Provinzen

Lit.: GV 1700-1910 Bd 110, S. 240.
Sign.: Gfv 3

B 392. Prahl, Friedrich:

Gemeinnütziger Wegweiser im Postwesen für die Herzogthümer Schleswig, Holstein und Lauenburg, enthaltend eine kurze Darstellung der bestehenden Postgesetze und Posteinrichtungen, mit Hinweisung auf die desfälligen Verordnungen.
Kiel: B. Bünsow, 1831. 8°

Am Schluß findet sich eine Karte:
Post-Meilenzeiger für die Herzogthümer Schleswig, Holstein und Lauenburg nach den desfälligen Bestimmungen entworfen von Fr. Prahl. Gestochen von Gesner in Kiel.

Lit.: GV 1700-1910 Bd 111, S. 22; KATALOG LB KIEL Bd I, S. 668.
Sign.: Ghc 36

B 393.

Die preußische Expedition nach Ost-Asien. Nach amtlichen Quellen. 4 Bde.
Berlin 1864-1873. 4°

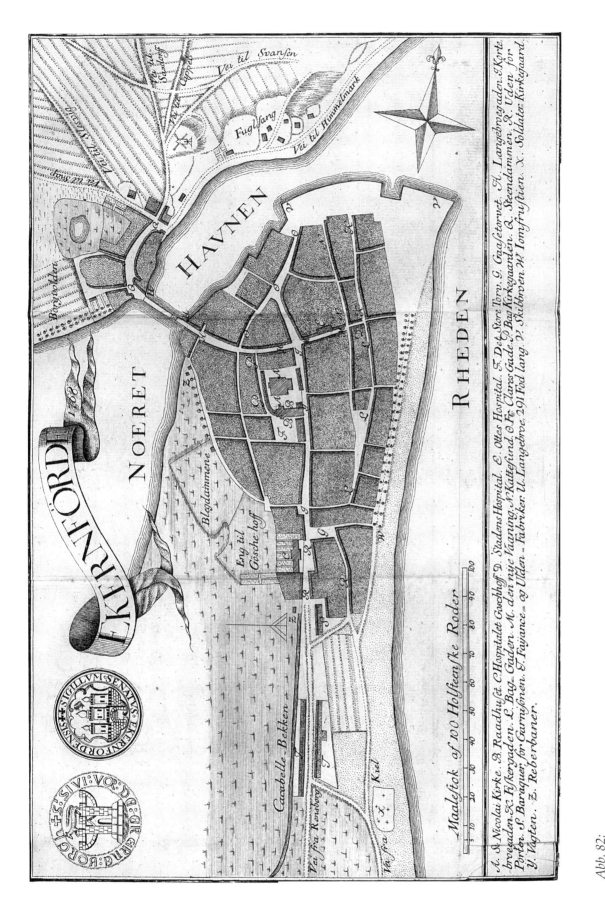

Abb. 82:
„Eckernförde." – Der nach Westen ausgerichtete Plan der Stadt Eckernförde, der von einem gewissen C. F. v. Woisolofsky gezeichnet und von dem Kopenhagener Kupferstecher Ole Nielsen Flint gestochen wurde, enthält oben links zwei Darstellungen des Stadtwappens. Der Plan findet sich im Tomus VII von Pontoppidans „Den Danske Atlas" (Kiøbenhavn 1781), in dem das Herzogtum Schleswig behandelt wird. Alle Städte und Flecken des Königreichs Dänemark und des Herzogtums Schleswig sind in dem Sammelwerk in Ansichten und/oder Plänen dargestellt (B 390, Nr. 169).

241

Die einzelnen Bände enthalten am Schluß neben verschiedenen Illustrationen auch folgende Karten, die am Anfang des Titels jeweils auf „Die preußische Expedition in Ost-Asien" hinweisen:
Bd I (1864):
1. Japan. Kalligraphie von Albert Schütze. Photolith. Inst. v. W. Korn.
2. Fahrten des Königlichen Geschwaders 1860-1862.
Bd III (1873):
3. Die achtzehn Provinzen des eigentlichen China.
Bd IV (1873):
4. Das eigentliche Siam. Lith. Anst. v. Leopold Kraatz in Berlin.

Lit.: GV 1700-1910 Bd 35, S. 301.
Sign.: Gff 29

B 394. Prideaux, Humphrey:

Alt- und Neues Testament, in eine Connexion mit der Juden und benachbarten Völcker Geschichte gebracht, von Verfall der Reiche Israel und Juda an, biß auf Christi Himmelfahrt. Aus dem Englischen ins Hochteutsche übersetzt. Erster Theil. Acc.: Anderer Theil.
Berlin: Bey Johann Andreas Rüdiger, 1725. 4°

Am Anfang des Anderen Theils findet sich die Karte: Delineatio und Beschreibung des Gelobten Landes sampt der Kinder Israel Viertzig Jæhrigen Reise in der Wüsten. Michael Kauffer Sculpsit Augusta Vindelicorum.

Lit.: vgl. zu den Ausgaben von 1771 u. 1796 GV 1700-1910 Bd 111, S. 248.
Sign.: Ta 261

B 395. Pritius, Johann Georg:

Introductio in lectionem Novi Testamenti, in qua, quae ad rem criticam, historiam, chronologiam, geographiam, alias antiquitates, tam sacras quam profanas pertinent, breviter et perspicue exponuntur. ... Nunc autem uberius eam digessit ... Carl Gottlob Hofmann.
Leipzig: Jo. Friedr. Gleditsch, 1737. 8°

In dem Werk finden sich sechs Karten und Pläne:
1. GRAECIAE | ANTIQVAE | ET INSVLARVM | CONSPECTVS. pag.260.
2. PALAESTINA | SEV | TERRA SANCTA. pag. 481.
3. ASIA MINOR. pag. 500.
4. Urbs | HIEROSOLY- | MA. pag. 506.
5. NOVA DELINEATIO VRBIS ET TEMPLI HIEROSOLYMARVM. Richter Conduct del. ad pag. 528.
6. TEMPLI HIEROSOLYMITANI DELINEATIO SECVNDVM C. G. HOFMANN. Richter Cond del. M. Bernigerothi filius sc. ad pag. 528.

Lit.: GV 1700-1910 Bd 111, S. 284.
Sign.: Tf 1

B 396.

Prospectus betreffend die Flensburg-Husumer Eisenbahn, dargelegt von der zur Förderung der Eisenbahn-Anlage erwählten Commité in Flensburg.
Flensburg: A. S. Kastrup, 1841. 4°

In dem Werk finden sich lose beiliegend zwei Karten (vgl. auch B 397):
1. Uebersichts-Charte mit Beziehung auf die neue Handelsstrasse zur Verbindung der Ost- und Nordsee. Diese Charte ist genau nach der im Jahre 1836 in München herausgegebenen grossen Charte von Europa entworfen. Steindruck von J. H. Möller in Flensburg.
2. Blatt mit drei Teilkarten: Husum [Stadtplan] / Flensburg [Stadtplan] / Plan über die Richtung der Eisenbahn. [von Flensburg bis Tönning] Steindruck von J. H. Möller in Flensburg.

Lit.: KATALOG LB KIEL Bd II, S. 1388.
Sign.: Ghe 31 a

B 397.

Prospectus angaaende den Flensborg-Husumske Jernbane, fremlagt af den til hiint Anlægs Fremme valgte Comité i Flensborg.
Flensborg: A. S. Kastrup, 1841. 4°

In dem Werk finden sich am Schluß zwei Karten (vgl. auch B 396):
1. Uebersichts-Charte mit Beziehung auf die neue Handelsstrasse zur Verbindung der Ost- und Nordsee. Diese Charte ist genau nach der im Jahre 1836 in München herausgegebenen grossen Charte von Europa entworfen. Steindruck von J. H. Möller in Flensburg.
2. Blatt mit drei Teilkarten: Husum [Stadtplan] / Flensburg [Stadtplan] / Plan über die Richtung der Eisenbahn. [von Flensburg bis Tönning] Steindruck von J. H. Möller in Flensburg.

Sign.: Ghe 31 b

B 398.

Provinzial-Handbuch für Schleswig-Holstein und das Herzogthum Lauenburg. Herausgegeben mit amtlicher Unterstützung des Königlichen Ober-Präsidium. Erster Jahrgang. 1868.
Kiel: Ernst Homann, 1868. 4°

Am Schluß findet sich eine Karte:
Karte der Herzogthümer Schleswig-Holstein u. Lauenburg. Gez. v. L. Friederichsen. 1867. Maasstab 1:700.000. Druck v. C. F. Mohr, Kiel.

Lit.: GV 1700-1910 Bd 111, S. 516; KATALOG LB KIEL Bd I, S. 589.
Sign.: Ghc 92 c

B 399. Ptolemaius, Claudius:

Geographia. Edidit Carolus Fridericus Augustus Nobbe. Editio stereotypa. Tom. III. Insunt indices et tabula.
Leipzig: Sumptibus et typis Caroli Tauchnitii, 1845. 12°

Am Schluß findet sich die Karte:
Universus terrarum orbis Ptolemaeus.

Lit.: GV 1700-1910 Bd 112, S. 21.
Sign.: Ag II 956

B 400. Pufendorf, Samuel Freiherr von:

De rebus a Carolo Gustavo Sueciae Rege gestis commentariorum libri septem elegantissimis tabulis aeneis exornati. (Kupfertitel: Caroli Gustavi Suecorum Gothorum et Vandalorum Regis vita et res gestae).
Nürnberg: Christoph Riegel, 1696. 2°

Zu den Abbildungen vgl. B 401.

Lit.: BRUNET Bd IV, Sp. 950.
Sign.: Gns 30 (Jordtsche Bücher B 90) (2. Ex. unter Sign.: Gns 148)

B 401. Pufendorf, Samuel Freiherr von:

Sieben Bücher von denen Thaten Carl Gustavs Königs in Schweden. Mit vortrefflichen Kupffern ausgezieret und ... aus dem Lateinischen ins Hoch-Teutsche übersetzet von S. R.
Nürnberg: Christoph Riegel, 1697. 2°

In der lateinischen und der deutschen Ausgabe von Pufendorfs Werk über den schwedischen König Carl Gustav (zur lateinischen Ausgabe vgl. B 400) finden sich neben anderen identischen Abbildungen auch folgende großformatige Karten, Stadtansichten, Belagerungsszenen und Schlachtendarstellungen mit den angegebenen Nummern (I – Gns 30; II – Gns 148; III – Gns 38):

N. 4 – BREMA cum situatione circumjacente [Bremen] (I/II, p. 14; III p. 14)
N. 5 – Auctior et Correctior Tabula Chorographica REGNI POLONIÆ ... per ... Dahlberg [Polen, mit Karl Gustavs Marschroute] (I/II, p. 62; III p. 70)
N. 6 – Repræsentatio Difficiliarum Viarum circa oppidum Ousztie ... 1655 [Auseinandersetzungen bei Ujscie] (I/II, p. 64; III,p. 71)
N. 7 – Ichnographia POSNANIÆ ... 1655. LAP [= Lapointe] S. [Eroberung der Stadt Posen] (I/II, p. 65; III, p. 73)
N. 8 – Tabula Geographica exhibens districtum inter Weichselmundam et promontorium Reesehöeft ... D. Lapointe sculp. (I/II, p. 66; III, p. 74)
N. 9 – Situs oppidi COLO in Polonia maiori ... .1655. L. Le Potre sculp. [Karl Gustavs Lager bei Kolo] (I/II, p. 68; III, p. 76)
N. 10 – Ichnographia operum ... Louitzium ... 1655 [Eroberung des Schlosses Lowicz] (I/II, p. 70; III, p. 80)
N. 11 – URBS WARSAVIA ... 1655 [Eroberung der Stadt Warschau] (I/II, p. 71; III, p. 80)
N. 12 – DELINEATIO Camporum et Silvarum prope oppidum Czarnova ... 1655 [Schlacht bei Czarnowa] (I, p. 73; II, p. 72; III, p. 81)
N. 13 – Conflictus apud novam ... 1655. Dalb. [= Dahlberg] delin. [Schlacht bei Krakau] (I, p. 72; II, p. 73; III – fehlt)
N. 14 – ARX WISCHNIZENSIS ... 1655. LaP [= Lapointe] S. [Eroberung des Schlosses Wisznice] (I/II, p. 73; III, p. 82)
N. 15 – Ichnographia Arcis munitissimæ TINZCHINENSIS [Eroberung des Schlosses Tenczyn] (I/II, p. 73; III, p. 82)
N. 16 – CRACOVIA ... 1655. W. Swidde sculp. [Eroberung der Stadt Krakau] (2 Kupfertafeln) (I/II, p. 74; III, p. 83)
N. 18 – Elegantissima et bene munita CHRZISTOPORA ... 1655. Lapointe s. [Eroberung des Schlosses Chrizstopor] ((I, p. 88; II, p. 90; III, p. 86)
N. 19 – [Eroberung des Schlosses Pinczów] (I, p. 256; II, p. 254; III, p. 87)
N. 20 – VERA DELINEATIO Castrorum Suecicorum prope Nowodwor ... 1655. [Schlacht bei Novodwor] (I/II, S. 80; III, p. 88)
N. 21 – Ichnographia Castri SCHWETZ ... 1655 / SCHENOGRAPHIA CASTRI SCHWETZ. [Eroberung des Schlosses Schwetz] (I/II, p. 81; III, p. 90)
N. 22 – Delineatio Geometrica Vrbis et Arcis Duneburgh ... 1655. [Eroberung der Festung Dünaburg] (I/II, p. 81; III, p. 91)
N. 23 – Oppidum NEUMARCK ad fluvium Drebnitz in Borussia a Suecis occupatum ... 1655. / Oppidum et Arx GOLLUP ad fluvium Drebnitz in Borussia a Suecis occupatum ... 1655. [Eroberung von Neumark u. Gollub] (I/II, p. 98; III p. 110)
N. 24 – THORUNIUM ... 1655. E. I. Dahlberg del. [Carl Gustavs Einzug in Thorn] (I/II, p. 99; III p. 111)
N. 25 – Delineatio Geometrica Ciuitatis ELBINGENSIS ... 1655. D. Lapointe fecit. [Übergabe der Stadt Elbing] (I/II, p. 99; III, p. 112)
N. 26 – Delineatio et Situs MONTOWER SPITZE ... Exquisita Delineatio FLVUII NOGAT ... 1656. [Montauer Spitze] (I/II, p. 100; III, p. 113)
N. 27 – Ichnographia Oppidi MEVÆ ... 1655. / SRAZBURGUM Oppidum Prußiæ ... 1655. LaP [= Lapointe] fe. [Eroberung von Mewe u. Strasburg] (I/II, p. 101; III, p. 113)
N. 28 – REGIOMONTIS Borußiæ Urbis Novæ munitiones. F. Lapointe sculp. [Schwedische Armee vor Königsberg] (I/II, p. 101; III, p. 114)
N. 30 – Delineatio Geometrica Arcis et Ciuitatis MARIENBURGENSIS in Borussia ... 1656. F. de Lapointe sc. [Belagerung der Stadt Marienburg] (I/II, p. 134; III, p. 150)
N. 31 – Obsidio Ciuitatis et Arcis GRAVDENSIS ... 1656. / Munita Arx KRVSEWIX ... 1655. W. Swidde Holmiæ A. 1696. [Belagerung von Graudenz u. Kruszwica] (I/II, p. 588; III, p. 152)
N. 32 – Ichnographia Castelli ad Caput Vistulæ vulgo HOFT SCHANTZ ... 1656. [Lager bei Danziger Haupt] (I/II, p. 136; III, p. 153)
N. 33 – PVGNA prope pagum Golumbo ... 1656. [Schlacht bei Golumbo] (I/II, p. 137; III, p. 153)
N. 34 – Gesta ad Sandomiriam ... 1656. [Sprengung des Schlosses Sandomierz] (2 Kupfertafeln) ((I/II, p. 142; III, p. 160)
N. 35 – Conflictus inter SVECOS et LITHVANOS dimidio ab Urbe Sandomiria milliari ... 1656. [Übergang Karl Gustavs über den San] (2 Kupfertafeln) (I/II, p. 144; III, p. 160)
N. 36 – Prælium ad GNESNAM ... 1656. [Schlacht bei Gnesen] (I, p. 147; II, p. 146; III, p. 164)
N. 37 – Ichnographia Castelli PILLAV et adiacentium locorum Anno 1656. [Festung Pillau] (I/II, p. 150; III, p. 166)
N. 38 – Delineatio Regionis Vbi Wistula et Bugus confluunt ... 1656. [Lager am Zusammenfluß von Weichsel und Bug] (I/II, p. 151; III, p. 168)
N. 39 – Ichnographia Urbi Gedani et Castelli ad ostium Vistulæ vulgo Weichselmunde. F. d. Lapointe sculp. [Danzig u. Weichselmünde] (I/II, p. 154; III, p. 172)
N. 40 – Prælii ad WARSAVIAM DIES PRIMUS: (2 Kupfertafeln) [Schlacht bei Warschau] (I/II, p. 158; III, p. 176)
N. 41 – PRÆLII ad WARSAVIAM dies Secundus ... 1656. Willem Swidde Sculp. Holmiæ 1696. (2 Kupfertafeln) (I, p. 159; II – fehlt; III, p. 178)

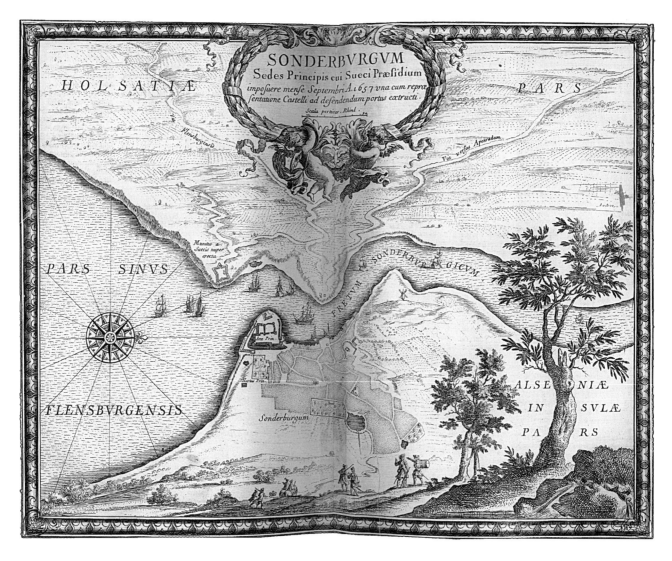

Abb. 83:
„Sonderburgum, Sedes Principis, cui Sueci Praesidium imposuere mense Sept. 1657." – Die nach Westen ausgerichtete Karte zeigt die Umgebung der Stadt Sonderburg am Nordausgang der Flensburger Förde. Die Schweden hatten die Stadt mit ihrer alten Burg auf ihrem Kriegszug gegen Dänemark im September 1657 besetzt und am Alsensund unterhalb der Düppeler Höhen zur Sicherung des Hafens eine Befestigungsanlage errichtet. Die Karte findet sich zusammen mit vielen anderen Darstellungen zu dem Krieg, der zur Zeit Karls X. Gustav (1654-1660) Nordeuropa erschütterte, in Samuel Freiherr von Pufendorfs „Sieben Bücher von denen Thaten Carl Gustavs Königs in Schweden" (Nürnberg 1697). (B 401, Nr. 67).

N. 42 – Prælium ad Warsauiam dies Tertius 20. Julij 1656. (2 Kupfertafeln) (I/II, p. 160; III, p. 180)

N. 43 – YLTZE [Eroberung des Schlosses Ilzen] (I/II, p. 162; III p. 181)

N. 44 – Prælium ad Oppidum Philippoua ... 1656. [Schlacht bei Philippowa] (I, p. 165; II, p. 164; III, p. 184)

N. 45 – Delineatio Regiæ Urbis RIGÆ ... 1656 [Belagerung von Riga] (2 Kupfertafeln) (I, p. 183; II, p. 180; III – fehlt)

N. 46 – (Belagerung von Kruszwica) = N. 31

N. 47 – Urbs Briestzie in Cuiauia ... 1657. [Brest in Kujawien u. Pinczów] (I, p. 257; II, p. 255; III, p. 282)

N. 48 – Urbs PIOTRICOVIA ... 1657. / Arx IANOWICZ ... 1657. [Eroberung von Piotrków u. Janowiec] (I, p. 257; II, p. 255; III p. 283)

N. 51 – Prospectus Oppidi SAVICHOST ... 1657. [Zavichost] (I, p. 257; II, p. 354; III, p. 286)

N. 52 – Urbs et Castellum BRESTZIE LITEWSKI ... 1657. [Eroberung von Brest in Litauen] (2 Kupfertafeln) (I, p. 257; II, p. 258; III, p. 288)

N. 53 – Prospectus oppidi SACROZIN ... 1657. E. Dahlbergh delineavit. [Zakroczym bei Warschau] (I/II, p. 262; III, p. 290)

N. 54 – URBS WARSOVIA ... 1656. (2 Kupfertafeln) [Warschau] (I/II, p. 263; III, p. 292)

N. 55 – Situs Oppidi et Arcis POLTOWSKO ... 1657. E. I. D. [= Dahlberg] B. Del. / Situs Oppidi BROMBERGÆ ... 1657. E. I. D. [= Dahlberg] B. del. [Pultusk u. Bromberg] (I, p. 265; II, p. 264; III, p. 294)

N. 56 – FLATOU Pomerelliæ Arx ... 1657. / Arx Draheim (I, p. 264; II, p. 265; III, p. 295)

N. 57 – REGNUM DANIÆ CUM INSULIS ET CONTERMIN. TERRIS, ... 1660. Per Erricum I: DAHLBERG. [Dänemark, mit Karl Gustavs Marschroute] (I/II, p. 332; III, p. 368)

N. 58 – Delineatio Arcis Bremerfoerdæ ... 1657. [Belagerung von Bremervörde] (I/II, p. 333; III, p. 369)

N. 59 – Ordinatio Exercitus Suedici, d. 20. Julij An. 1657 ... prope Oppidum Mölln. [Schwedisches Heer auf dem Marsch bei Mölln] (I/II, p. 333; III, p. 369)

N. 60 – Castellum ad Pagum Lehe ... 1657. [Eroberung der Leher Schanze] (I/II, p. 333; III, p. 369)

N. 61 – Conflictus prope DIRSCHAVIAM ... 1657. [Schlacht bei Dirschau] (I/II, p. 286; III, p. 318)

N. 62 – Castellum ad BUTZFLIET ... 1657. / Castellum vulgo KRUCK SCHANZ ad Oppidum Elmeshoorn ... 1657. [Eroberung von Bützfleth u. der Schanze bei Elmshorn] (I/II, p. 333; III, p. 370)

N. 63 (1) – Ichnographia Oppidi ITZEHOÆ ... 1657. E. I. Dahlbergh del. [Lager bei Itzehoe] (I – fehlt; II, p. 330; III, p. 371)

N. 63 (2) – Tabula Geographica ostendens situm Castrorum Suedicorum in Iutia Septentrionali vt et Oppidorum Coldingæ, Medelfarthi, Friderici-uddæ, et Sophia-uddæ A. 1657. Opera E. I. Dahlberghi [Schwedische Lager im Süden Jütlands] (I/II, p. 333; III, p. 371)

N. 64 – Accurata Delineatio Geometrica ... FRIDERICI ODDÆ ... 1657. E. I. D. [= Dahlberg] B. delin. D. Lapointe scul. [Festung Frederiksodde beim heutigen Fredericia] (I/II, p. 333; III. p. 371)

N. 65 – Castra Suedica ad FRIDERICI UDDAM ...1657. E. I. Dahlb. delin. N. Perelle sc: [Schwedisches Lager bei Frederiksodde] (I/II, p. 334; III, p. 371)

N. 66 – Situs Ahlborger fiordt ... 1657. D. Lapointe sc. [Hals Schanze in Wendsyssel] (I/II, p. 335; III, p. 371)

N. 67 – SONDERBVRGVM ... 1657 [Umgebung von Sonderburg] (I/II, p. 338; III, p. 374)

N. 68 – Repræsentatio Op- et Expugnationis ... FRIDERICI-UDDE ... 1657 [Belagerung u. Eroberung von Frederiksodde] (2 Kupfertafeln) (I/II, p. 335; III – fehlt)

N. 69 – Acies Seu Phalanx Pugnæ ... ad Pontem Genewadt inter Halmstadiam et Laholmiam ... 1657. E. D. [= Dahlberg] delin. [Schlacht bei Knäred in Halland] (I/II, p. 336; III, p. 372)

N. 70 – Repræsentatio prælii (Fünen) d. 30. Ianua. An. 1658 ... [Schlacht auf Fünen] (2 Kupfertafeln) (I/II, p. 368; III, p. 410)

N. 71 – Tabula exibens situm locorum ... Fionia ... 1658 [Bestürmung der Schiffe bei Nyborg] (I/II, p. 370; III, p. 411)

N. 72 – Expeditio Gloriosa ... in Laalandiam ... 1658. W. Swidde Sculp. Holmiæ 1659. [Marsch über das Eis von Langeland nach Lolland] (2 Kupfertafeln) (I – fehlt; II, p. 371; III, p. 412)

N. 73 – NACKSCHOUIA ... 1658 [Eroberung von Nakskov] (I/II, p. 372; III, p. 413)

N. 74 – Delineatio Pompæ ... 1658 / Arx Fridericsburgum [Schloß Frederiksborg] (I, p. 381; II, p. 380; III, p. 422)

N. 76 – PVGNA NAVALIS ... ÖRESVND ... 1658 [Seeschlacht im Öresund] (2 Kupfertafeln) (I, p. 485; II, p. 484; III, p. 536)

N. 77 – [Bestürmung des Hafens von Landskrona 1658] (I/II, p. 456; III, p. 597)

N. 78 – Ichnographia ... CHRISTIANSTAD ... 1660. E. I. Dahlberg delin. (I, p. 378; II, p. 379; III, p. 423)

N. 79 – Ichnographia Oppidi et Monumenti CHRISTIANOPOLIS ... 1658. [Kristianopel (Blekinge)] (I, p. 381; II, p. 385; III, p. 423)

N. 80 – BAHVSIA [Bohus] (I, p. 380; II, p. 385; III – fehlt)

N. 81 – Ichnographia Urbis NIDROSIÆ ... 1658 [Trondheim (Norwegen)] (I – fehlt; II, p. 385; III, p. 423)

N. 82 – Delineatio Fortalitij Polonorum ad Lysouiam ... 1658. [Eroberung der Lissauer Schanze an der Weichsel] (I, p. 469; II, p. 468; III, p. 518)

N. 83 – Accurata Delineatio Castrorum Suecicorum, ut et HAFFNIÆ [Grundriß der Stadt Kopenhagen] (I/II, p. 476; III, p. 526)

N. 84 – Ichnographia HELSINGORÆ et Arcis CRONENBURGENSIS ... 1658. La Pointe fe: [Helsingör u. Schloß Kronborg] (I, p. 479; II, p. 478; III, p. 528)

N. 85 – Repræsentatio Scenographica Arcis CRONENBURG ... 1658 [Eroberung von Kronborg] (2 Kupfertafeln) (I, p. 478; II, p. 479; III – fehlt)

N. 86 – OBSIDIUM HAFFNIENSE Ao. 1658.[Belagerung von Kopenhagen] (3 Kupfertafeln) (I/II, p. 479; III – fehlt)

N. 87 – (Abschied Karl Gustavs aus Seeland) / Oppidum Helsingburgum (I/II – fehlt; III, p. 498)

N. 88 – Delineatio Geometrica URBIS HAFFNIÆ ... 1658 [Kopenhagen] (I/II, p. 479; III, p. 531)

N. 89 – Castra Suedica ad HAFFNIAM ... 1658 [Schwedisches Lager vor Kopenhagen] (I/II, p. 624; III, p. 530)

N. 90 – (Carl Gustavs Einzug in Landskrona u. Malmö 1658) E. Dahlberg ad vivum del. Willem Swidde Sculp. Holmiæ Ao. 1689 (I, p. 379; II, p. 378: III – fehlt)

N. 91 – Delineatio Urbis Nidrosiæ vulgo DRONHEEM ... 1658. [Trondheim (Norwegen)] (I/II, p. 486; III, p. 538)

N. 92 – Delineatio Schenographica Urbis Thoruniensis ... 1658 [Belagerung von Thorn] (2 Kupfertafeln) (I/II, p. 500; III, p. 552)

N. 93 – Urbs et Arx MITOVIA / DOBBLEENA ... 1659 [Mitau u. Doblen (Kurland)] (I/II, p. 506; III, p. 558)

N. 94 – Delineatio Schenographica ... Urbis HAFNIÆ ... 1659. [Nächtlicher Sturm auf Kopenhagen] (2 Kupfertafeln) (I/II, p. 516; III, p. 568)

N. 95 – Ichnographia RUTCOPIÆ ... 1659 [Rudköbing (Langeland)] (I/II, p. 568; III, p. 572)

N. 96 – Ichnographia Arcis et Oppidi NICOPIÆ ... 1659 [Nyköbing (Falster)] (I/II, p. 520; III, p. 573)

N. 97 (1) – Ichnographia NAKSCOVIÆ ... 1659 (I/II, p. 521; III, p. 573)

N. 97 (2) – Ichnographia STÆKÆ In Insula Moenia ... 1659. [Stege (Mön)] (I/II, p. 521; III, p. 573)

N. 98 – Situs locorum circa NEOBURGUM in Fionia ... 1659 [Befestigung von Nyborg (Fünen)] (I/II, p. 521; III, p. 574)

N. 99 – Accurata delineatio oppugnatæ ... Fioniæ ... 1659. Dahlbergh delin. [Angriff auf Fünen] (I/II, p. 522; III, p. 575)

N. 100 – Delineatio Oppidi KÖEG / Delineatio Geometrica Oppidi KÖEG ... 1660. [Köge] (I/II, p. 569; III, p. 626)

N. 101 – Ichnographi Delineatio CORSORÆ ... 1659. [Korsör] (I/II, p. 569; III, p. 627)

N. 102 – NEOBURGUM Fioniæ oppidum / NEOBURGUM [Situation bei Nyborg (Fünen)] (I/II, p. 564; III, p. 624)

N. 103 – Accurata delineatio Regionis circa Nieburgum Fioniæ ... 1659 [Schlacht auf Fünen] (2 Kupfertafeln) (I/II, p. 566; III, p. 625)

N. 104 – Delineatio Oppidi GRIJPSWALDÆ ... 1659. Willem

245

Swidde Sculp. Holmiæ Ao. 1689. [Belagerung von Greifswald] (I/II, p. 582; III – fehlt)
N. 105 – DEMMINVM ... 1659 [Belagerung der Stadt Demmin] (I/II, p. 583; III, p. 640)
N. 106 – Delineatio Obsidionis Urbis STETINI ... 1659. E. I. D. [= Dahlberg] B. delinea. [Belagerung der Stadt Stettin] (I/II, p. 583; III, p. 641)
N. 107 – Geometrica Delineatio Munitionis DANTZIGER HOEFT: W. S. [= Swidde] Sculp. [Schanze Danziger Haupt an der Weichselmündung] (I/II, p. 589; III, p. 648)
N. 108 – Delineatio Oppidi Halldæ ... 1660 [Belagerung der Stadt Halden] (I/II, p. 600; III, p. 660)
N. 110 – (Leichenzug Carl Gustavs in Stockholm 1660) (10 Kupfertafeln) (I/II – fehlt; III – am Schluß)
N. 112 – Delineatio Arcis CRONENBURGENSIS [Kronborgs neue Befestigungsanlagen] (I – fehlt; II, p. 569; III – fehlt)
(113.) N. A. – Situs loci (an Weichsel) ... 1658: LaP [= Lapointe] Sc. (Gegend bei Mesolenz u. Montauer Spitze] (I, p. 468; II, p. 469; III, p. 519)
(114.) N. B. – Ichnographia Oppidi et Castri MARIEBURGI in Prussia Regali ... 1659 [Belagerung von Marienburg] (I, p. 135; II, p. 379; III p. 668)

Lit.: Zu den Karten u. Plänen Nr. 57, 59, 62, 63, 67 vgl. GEERZ S. 186f.

Sign.: Gns 38 (Jordtsche Bücher B 91)

B 402. Quehl, R.:

Aus Dänemark. Bornholm und die Bornholmer. Dr. Sören Kierkegaard: Wider die dänische Staatskirche; mit einem Hinblick auf Preußen.
Berlin: Decker, 1856. 4°

Am Schluß findet sich eine Karte:
BORNHOLM. Lith. Anst. v. F. E. Feller in Berlin.

Lit.: GV 1700-1910 Bd 112, S. 204.
Sign.: Gnl 19

B 403. Ræder, Jakob von:

Danmarks Krigs- og Politiske Historie, fra Krigens Udbrud 1807 til Freden til Jönkjöping den 10de December 1809. 3 Bde.
Kjöbenhavn: C. A. Reitzel, 1845-1852. 8°

In den drei Bänden finden sich am Schluß diverse Karten:
Bd I (1845):
1. Oversigtskort til Krigsbegivenhederne i Sjælland i Aaret 1807. Grav af A. Bull. Trykt i Em. Bærentzen & Co. lith. Inst.
2. Fæstningen Kjöbenhavn og den nærmeste Omegn med Hensyn til Beleiringen i Aaret 1807. Grav af A. Bull. Trykt i Em. Bærentzen & Co. lith. Inst.
3. Kort over Slaget ved Kjöge den 29de August 1807. Stukket af C. Elskring.
Bd II (1847):
4. Oversigtskort til Krigen imellem Danmark, Norge og Sverrig i Aarene 1808-1809.
5. Kort over Hoved-Bataille-Pladserne i Norge i Krigen 1808-1809.
Bd III (1852):
6. Plan af Stralsund den 31te Mai 1809. F. C. Holm sc.

Lit.: KATALOG LB KIEL Bd III, S. 2203.
Sign.: Gna 266

B 404. (Rafn, Carl Chr. [Ed.]):

Antiquitates americanæ sive scriptores septentrionales rerum ante-columbianarum in America. Samling af de i Nordens Oldskrifter indeholdte Efterretninger om de gamle Nordboers Opdagelsesreiser til America fra det 10de til de 14de Aarhundrede. Edidit Societas Regia Antiquariorum Septentrionalium.

Hafniæ (= Kopenhagen): Schultz, 1837. 4°

Am Schluß findet sich ein Tafelanhang, u. a. mit folgenden Karten:
1. ISLAND á ofanverdri tiundu öld eptir Krists burd ok um aldamótin ár 1000. (Tab. XIV.)
2. JULIANESHAABS DISTRICT sandsynligviis indbefattende ÖSTERBYGDEN efter Capt. Lieut. Graahs Opmaaling 1836. (Tab. XV.)
3. General Chart exhibiting the DISCOVERIES OF THE NORTHMEN in the ARCTIC REGIONS AND AMERICA during the 10th, 11th, 12th, 13th an 14th centuries. (Tab. XVI.)
4. A MAP OF VINLAND from accounts contained in Old-Northern MSS. P. Seehusen sc. (Tab. XVII.)

Lit.: BIBLIOTHECA DANICA 1831-1840, Sp. 12; BRUNET Bd I, Sp. 321 (Nr. 28470); GV 1700-1910 Bd 4, S. 543.
Sign.: Gff 31 (2 Exemplare)

B 405.

Rapport over Fægtningen ved Midsunde den 12.te September 1850. Med Krigsministeriens Tilladelse udgivet af Bestyrelsen for det ved Armeen opsamlede Invalidefond til Fordeel for dette Fond, tilligemed et Kaart over Eckernfördes Omegn i 1:40.000 af den sande Störrelse.
Kjöbenhavn: Trykt hos Kgl. Bogtrykker Bianco Luno, (1851). 8°

Die Karte fehlt.

Lit.: KATALOG LB KIEL Bd I, S. 712.
Sign.: Gha 405 (1 an: B 406)

B 406.

Rapport over Slaget ved Idsted den 24de og 25de Juli 1850. Med Krigsministeriens Tilladelse. ... tilligemed et Kaart over Valpladsen ved Helligbæk, Idsted og Slesvig i 1:40.000 af den sande Störrelse. Pris med Oversigtskaart: 3 Mk. Valpladskaartet i 1:40.000: 1 Rbd. 4 Mk.
Kjöbenhavn: Bianco Luno, o. J. (1851). 8°

Am Schluß findet sich die Karte:
Oversigtskaart over Egnen mellem Flensborg og Slesvig, med Generalstabens Tilladelse overtrykt fra Videnskabernes Selskabs Generalkaart. 1:240.000.

Lit.: vgl. auch KATALOG LB KIEL Bd I, S. 711 [deutsche Ausgabe]; zur deutschen Fassung der Karte vgl. GEERZ S. 205.
Sign.: Gha 334, S 6 (2. Ex. unter Sign.: Gha 405 [Angeb.: 1. B 405; 2. B 199])

B 407. Rask, Rasm.:

Den ældste hebraiske Tidsregning indtil Moses, efter Kilderne på ny bearbejdet og forsynet med et Kårt over Paradis.
København: Trykt hos Direktør Jens Hostrup Schultz, 1828. 8°

Am Schluß findet sich die Karte:
Kårt over Paradis og omliggende Lande.

Lit.: BIBLIOTHECA DANICA Bd II, Sp. 426,
Sign.: Td 18

B 408. Rasmussen, P.:

Oplysninger betræffende Rudkjøbing Kjøbstad, med Bemærkninger om de danske Kjøbstæder i Almindelighed og Øen Langeland, samt med Grundtegning over Rudkjøbing i 1640 og 1849 ...
Rudkjøbing: Gislason, 1849. 8°

Am Schluß finden sich die beiden Pläne:
1. Rudkjöbing Kjöbstad 1640.
2. Rudkjöbing 1849.

Lit.: ERSLEW Bd II, S. 757.
Sign.: Gnl 97

B 409. (Ravennas Anonymus):

Ravennatis Anonymi Cosmographia et Guidonis Geographica. Ex libris manu scriptis ediderunt M. Pinder et G. Parthey. Accedit tabula.
Berlin: Friedrich Nicolai, 1860. 8°

Am Schluß findet sich die Karte:
Descriptio orbis terrarum secundum Geographum Ravennatem. Henricus Kiepert delineavit. L. Kraatz sculpsit.

Lit.: GV 1700-1910 Bd 113, S. 347.
Sign.: Al II 691

B 410. Recke, Ditlew:

Insurgenternes Angreb paa den kongelige danske Armees Fløistillinger i September og October 1850. Med 3 Kort.
Kjøbenhavn: C. A. Reitzel, 1852. 8°

Am Schluß finden sich die drei Karten:
1. Kort over Angrebet paa Midsunde. C. A. Reitzels Forlag. Em. Bærentzen & Co. lith. Inst.
2. Kort over Stormen paa Frederiksstad. C. A. Reitzels Forlag. Em. Bærentzen & Co. lith. Inst.
3. Kort over Landskabet Stapelholm. C. A. Reitzels Forlag. Em. Bærentzen & Co. lith. Inst.

Lit.: KATALOG LB KIEL Bd II, S. 1468; zu den Karten vgl. GEERZ S. 193.
Sign.: Gha 177

B 411. Reineggs, Jacob:

Allgemeine historisch-topographische Beschreibung des Kaukasus. Aus dessen nachgelassenen Papieren gesammelt und herausgegeben von Friedrich Enoch Schröder. 2 Theile.
Gotha (Hildesheim) u. St. Petersburg: Gerstenberg und Dittmar, 1796/97. 8°

Die „illuminirte Landcharte" des Bandes II fehlt.

Lit.: ENGELMANN S. 145; GV 1700-1910 Bd 115, S. 245.
Sign.: Ec 20

B 412. Repholtz, Matth. Geo. Pet.:

Beskrivelse over Baroniet Stampenborg.
Kiøbenhavn: Schultz, 1820. 4°

Am Schluß findet sich eine Karte der Baronie ohne Titel. Tegnet af M. G. P. Repholtz. Stukket af O. O. Bagge.

Lit.: BIBLIOTHECA DANICA Bd II, Sp. 692.
Sign.: Gnl 109

B 413.

Report of the Superintendent of the U. S. Coast Survey, showing the Progress of the Survey during the Year 1856 (u. 1857). 2 Bde.
Washington: A. O. P. Nicholson, 1856 (u. 1858). 2°

Die beiden Bände weisen jeweils im hinteren Teil eine Fülle von großformatigen Karten zu den Küstengewässern der USA auf.

Lit.: zum U. S. Coast (and Geodetic) Survey vgl. LEXIKON Bd II, S. 845f.
Sign.: Ea 41

B 414. Reventlow, Arthur Graf:

Om Marskdannelsen paa Vestkysten af Hertugdømmet Sleswig og Midlerne til dens Fremme. Med ni Kort.
Kjøbenhavn: Gyldendal, 1863. 4°

Am Schluß finden sich 9 Karten:
1. Kaart over de i Löbet af dette Aarhundrede ved Frederikskoogs Forland (nu den nye Frederikskoog) indtraadte Forandringer.
2. Kaart over de i Löbet af dette Aarhundrede indtraadte Forandringer ved Forlandet udfor Vidingherred.
3. Kaart over de i Löbet af dette Aarhundrede ved Forlandene udfor Blumen-Koog, Fahretofter-Koog, Juliane-Marie-Koog, Dagebüller-Koog og den sydlige Deel af Marie-Koog indtraadte Forandringer.
4. Kaart over de i Löbet af dette Aarhundrede indtraadte Forandringer ved Forlandene udfor Reussiske Kooge.
5. Kaart over de udfor Sognene Uelvesbüll, Tetenbüll og

Osterhever beliggende Forland med det foran de to sidstnævnte Sogne i Aaret 1861/62 anlagte Lahningssystem, samt over den nyinddigede Süderhever-Koog.
6. Kaart over de siden 1804 indtraadte Forandringer ved Forlandet udfor Øen Nordstrand samt over den nyinddigede Simonsberger-Koog.
7. Kaart med Nivellement over Blumen-Koog.
8. Titellose Karte zu den nordfriesischen Küstengebieten von Hoyer bis Bredstedt. Em. Bærentzen & Co. lith. Inst.
9. Carton af de i Aaret 1633 hos Henricus Hondius i Amsterdam udkomne Kortvaerk. Em Bærentzen & Co. lith. Inst.

Lit.: vgl. KATALOG LB KIEL Bd I, S. 435 [deutsche Ausgabe von 1863].
Sign.: Ghb 345

B 415. Reventlow-Farve, Ernst Graf zu; Warnstedt, Hans Adolf von:

Festgabe für die Mitglieder der elften Versammlung Deutscher Land- und Forstwirthe. Beiträge zur land- und forstwirthschaftlichen Statistik der Herzogthümer Schleswig und Holstein, gesammelt vom Vorstande der elften Versammlung deutscher Land- und Forstwirthe, dem Grafen Ernst Reventlow-Farve und dem Kammerherrn, Forst- und Jägermeister H. A. v. Warnstedt in Plön. Mit einer Titel-Vignette, 27 Tafeln und einer Karte.
Altona 1847. 4°

Am Schluß findet sich in einer Hülle die Karte, die auf den Kopenhagener Professor J. G. Forchhammer zurückgeht:
Geognostische Karte der Herzogthümer Schleswig und Holstein 1847. Lith. Anst. v. H. Delius Berlin. [vgl. Farbtafel 13]

Lit.: GV 1700-1910 Bd 37, S. 201; KATALOG LB KIEL Bd I, S. 639; zur Karte vgl. GEERZ S. 1 – 4, 144.
Sign.: Ghb 17

B 416. Richardson, James:

Bericht über eine Sendung nach Centralafrica in den Jahren 1850 und 1851, auf Befehl und Kosten der Regierung Ihrer Majestät von Großbritannien. Aus dem Englischen. Nebst einer Karte.
Leipzig: Dyk'sche Buchhandlung, o.J. (1853). 8°

Am Schluß findet sich die Karte:
Karte vom Damaralande und den anliegenden Ländern nach den Untersuchungen und Messungen von Fr. Galton. Gedr. v. J. G. Fritzsche, Leipzig.

Lit.: ENGELMANN S. 165; GV 1700-1910 Bd 117, S. 167.
Sign.: Ec 43

B 417. Richter, Heinrich; Richter, Wilhelm:

Erklärte Haus-Bibel oder Auslegung der ganzen heiligen Schrift alten und neuen Testaments, bearbeitet vom Inspektor Heinr. Richter, Vorsteher der Rheinischen Missions-Anstalt zu Barmen, unter Mithülfe des zweiten Lehrers an derselben, Wilhelm Richter. 6 Bde.

Barmen u. Schwelm: Falkenberg'sche Buchhandlung, 1835-1840. 8°

In vier Bänden, die sich mit Teilen des Alten Testaments und dem Neuen Testament befassen, finden sich insgesamt fünf Karten:
Bd I (Zweite Auflage, 1835)
1. Charte der alten Welt in Beziehung auf die wahrscheinliche Ansiedlung der Nachkommen Noah's und das Hauptgebiet des alten Testaments. gez. v. Mink. Lith. v. Severin Dödert. Verlag der Falkenberg'schen Buchhandlung. Tab. I. (p. 576)
2. Charte von Palästina zur Zeit des alten Testaments. Verlag der Falkenberg'schen Buchhandl. Gez. v. F. Kappe. Tab. III (ad. Tom. II). (Schluß)
Bd II (1835)
3. Charte von Palästina, Petraea und Gosen zur Zeit des alten Testaments. Gez. v. F. Kappe. Lith. v. Severin Dödert. Verlag der Falkenberg'schen Buchhandl. Tab. II (ad Tom. I). (Schluß)
Bd IV (1837)
4. Charte zu den Propheten des alten Testaments, namentlich zu den vier Welt-Monarchien. Gez. v. Kappe. Lith. v. W. Severin. Düsseldorf. Verlag der Falkenberg'schen Buchhandlung. (Schluß)
Bd VI (1840)
5. Charte zur Uebersicht der Ausbreitung der verschiedenen Religionen. (Schluß)

Lit.: GV 1700-1910 Bd 117, S. 231.
Sign.: Tc 18

B 418. Riese, August:

Carl X. Gustav's von Schweden Kriegszug über das Eis gegen Kopenhagen im Jahre 1658 mit einem Rückblick auf die damalige Kriegs-Verfassung Schweden's. Eine Episode aus der früheren Kriegs-Geschichte. Mit einer Karte, einem Plane und sechs Beilagen.
Berlin: Voss, 1861. 8°

Am Schluß finden sich eine Karte und ein Plan:
1. Uebersichtskarte der dänischen Inseln.
2. Skizze des Treffens bei Iversnäs am 9t. Februar 1658. (nach Pufendorf's Vita Caroli Gustavi)

Lit.: GV 1700-1910 Bd 117, S. 432.
Sign.: Gns 133

B 419. Rink, Hinrich (Johannes):

De danske Handelsdistricter i Nordgrønland, deres geographiske Beskaffenhed og produktive Erhvervskilder. 2 Teile.
Kjøbenhavn: Andr. Fred. Høst, 1852/55. 8°

Am Ende des ersten Teils findet sich die Karte:
Kaart over danske Handelsdistrikter i Nord Grönland. Udkastet efter Iagttagelser paa en i Aarene 1848-51, i geognostisk og mineralogisk Öiemed foretagen Reise, og grundet paa de af Capt. Graah ved astronomiske Observationer bestemte Punkters Beliggenhed af H. Rink. Udgivet af de kongelige Videnskabernes Selskab 1852. Stukket af H. Chr. Møller.

Unter derselben Signatur findet sich auch eine zweite Fassung des Werks, in der beide Teile in einem Band zusammengebunden sind; in dieser Fassung fehlt die Karte.

Lit.: ERSLEW Bd II, S. 810.
Sign.: Gnl 33

B 420. Robinson, Eduard:

Neuere Biblische Forschungen in Palästina und in den angränzenden Ländern. Tagebuch einer Reise im Jahre 1852. Von E. Robinson, E. Smith und Andern. Nach den Original-Papieren und historischen Erläuterungen herausgegeben. Mit einer Karte von Palästina von H. Kiepert.
Berlin: Georg Reimer, 1857. 8°

Am Schluß findet sich die Karte:
Übersichts-Karte von Palästina und Phönicien, vorzüglich nach den Messungen und Beobachtungen von Ed. Robinson und Ely Smith, und mit Benutzung aller bis jetzt erschienenen Reisewerke. neu construirt von H. Kiepert zur Erläuterung von Prof. Ed. Robinson's zweiter Reise in Palästina. Verlag von G. Reimer Berlin 1857.

Lit.: GV 1700-1910 Bd 118, S. 208.
Sign.: Tc 30

B 421. Röhr, Johann Friedrich:

Historisch-geographische Beschreibung des jüdischen Landes zur Zeit Jesu, zur Beförderung einer anschaulichen Kenntniß der evangelischen Geschichte, zunächst für Volksschullehrer. Nebst einer Karte von Palästina.
Zeitz: Webelsche Buchhandlung, 1816. 8°

Am Schluß findet sich die Karte:
PALÆSTINA zur Zeit Jesu.

Lit.: GRIEB Bd 2, S. 599 (Nr. 1183); GV 1700-1910 Bd 118, S. 360.
Sign.: Tf 20

B 422. Rollin, Charles; Crevier, Jean Baptiste Louis:

Histoire Romaine, depuis la Fondation de Rome jusqu'a la Bataille d'Actium. (ab Tome Dixieme von Jean Baptiste Louis Crevier) Tome premier-quinzieme (ohne Tom. 14). Nouvelle Edition très-exactement corrigée.
Paris: Freres Etienne, 1782. 8°

In den ersten acht Bänden finden sich diverse Karten:
Tome Premier:
1. Les Environs de Rome. Pour l'intelligence de l'Histoire Romaine de Mr. Rollin. Par le Sr. d'Anville, Geographe ord.re du Roy Avril 1738. Tome I Page 1. (p. 3)
2. Plan de Rome Ancienne. Dressée pour l'intelligence de l'Histoire Romaine de Mr. Rollin. Sur les recherches de Pirro Ligorio Alessandro Donati et Famiano Nardini. Le tout assujetti à un plan exact de la ville de Rome publié par Domenico de Rossi sous le Pontificat d'Innocent XII. Par le Sr. d'Anville ... Mai 1738. Tome I Pag. 20. (p. 18)

Tome Second:
3. L'Italie proprement dite. Pour l'intelligence de l'Histoire Romaine de Mr. Rollin. Par le Sr. d'Anville ... Decembre 1738. Tome II Page 3. (p. 27)

Tome Troisieme:
4. Carte de l'Italie proprement dite ou l'object principal a été de tracer les Voyes Romaines. Pour l'intelligence de l'Histoire Romaine de Mr. Rollin. Par le Sr. d'Anville ... Juillet 1739. Tome III Page 3. (p. 27)

Tome Quatrieme:
5. Plan du Combat naval d'Ecome. (p. 97)
6. Carte pour Expedition d'Annibal ... pour l'intelligence de l'Histoire Romaine de Mr. Rollin. Par le Sr. d'Anville ... Avril 1739. (p. 291)

Tome Cinque:
7. Carte de la Province Romaine dans la Gaule. Pour la continuation de l'Histoire Romaine de Mr. Rollin par Mr. Crevier. Par le Sr. d'Anville ... Mai 1743. (p. 214)
8. La Sicile. Pour l'Histoire Romaine de Mr. Rollin. Par le Sr. d'Anville ... Dec. 1740. (p. 218)
9. Plan de la Ville de Syracuse (p. 266)
10. L'Espagne. Pour l'Histoire Romaine de Mr. Rollin. Par le Sr. d'Anville ... Juin 1741. (p. 392)

Tome Sixieme:
11. La Grece proprement dite. Pour l'Hist. Romaine de Mr. Rollin. Par le Sieur d'Anville ... Aout 1741. (p. 395)

Tome Septieme:
12. La Gaule Cisalpine. Pour l'Histoire Romaine de Mr. Rollin. Par le Sr. d'Anville ... De. 1741. (p. 26)

Tome Huitieme:
13. La Numidie. Pour l'Histoire Romaine de Mr. Rollin. Par le Sr. d'Anville ... Mai 1742. (p. 247)

Lit.: BRUNET Bd IV, Sp. 1360.
Sign.: Gr 60

B 423. Rosen, D(avid):

Erindringer fra mit Ophold paa de Nikobarske Øer, med et kort Skildring af Øernes naturlige Beskaffenhed, og deres Indbyggeres Eiendommelighed. Ledsaget af 15 lithographerede Afbildninger.
Kjøbenhavn: Bianco Luno, 1839. 8°

Unter den Abbildungen am Schluß finden sich folgende Karten:
1. Kaart over de Nikobarske Öer 1839. (II)
2. Kaart over Nangcovri Havnen (III)
3. Kaart over Etablissement Frederikshöi September 1831 (VII)

Lit.: BIBLIOTHECA DANICA 1831-1840, Sp. 314f.
Sign.: Ec 31

B 424. Ross, Ludwig:

Reisen des Königs Otto und der Königin Amalia in Griechenland. 2 Bände (in 1 Bd).
Halle: C. A. Schwetschke u. Sohn, 1848. 8°

Am Schluß des zweiten Bandes findet sich eine Karte:
Übersichts-Karte des Königreichs Griechenland zu L. Ross Griechischen Königsreisen.

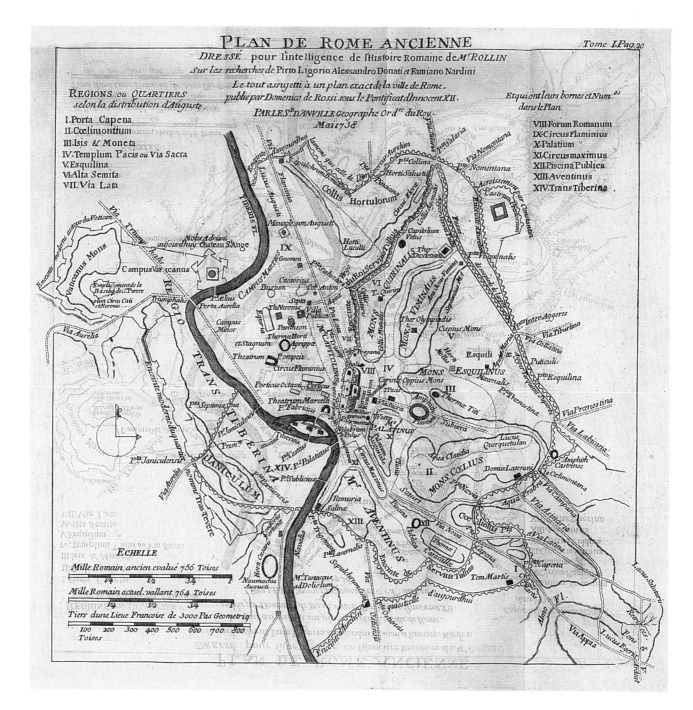

Abb. 84:
„Plan de Rome ancienne. ... Par le Sr. d'Anville 1738." – Der Plan des alten Rom, in dem oben links und rechts die 14 Quartiere der Stadt zur römischen Kaiserzeit aufgelistet sind, basiert auf Arbeiten italienischer Kartenzeichner und wurde von dem bedeutenden Pariser Kartographen Jean-Baptiste Bourgignon d'Anville (1697-1782) im Jahre 1738 gestaltet. Er findet sich in der Neuauflage des ersten Teils von Charles Rollins „Histoire Romaine" (Paris 1782). (B 422, Nr. 2).

Das Werk findet sich unter derselben Signatur auch in einer Fassung in zwei Bänden.
Lit.: ENGELMANN S. 537; GV 1700-1910 Bd 119, S. 329.
Sign.: Ed 73

B 425. Ross, Ludwig:

Reisen nach Kos, Halikarnassos, Rhodos und der Insel Cypern. Auch als vierter Band der Reisen auf den griechischen Inseln. Mit Lithographien und Holzschnitten.
Halle: C. A. Schwetschke u. Sohn (M. Bruhn in Schleswig), 1852. 8°

Im Werk findet sich ein Plan:
Plan von Budrum oder Halicarnassos. Zu S. 39 (p. 36)

Lit.: ENGELMANN S. 537; GRIEB Bd 2, S. 607 (Nr. 1196); GV 1700-1910 Bd 119, S. 329.
Sign.: Ed 74

B 426. Rothenburg, Friedrich Rudolf von:

Das Treffen bei Schleswig, am 23sten April 1848.
Berlin: Brandes & Schultze, o.J. obl. 4°

Am Schluß des 20 Seiten umfassenden Textes findet sich eine Karte:
Plan des Treffens bei Schleswig am 23. April 1848.

Lit.: Zur Karte vgl. GEERZ S. 136.
Sign.: Gha 122 (an: B 429)

B 427. Rothenburg, Friedrich Rudolf von:

Die Schlacht bei Schleswig, am 23sten April 1848. Nach den besten und ausführlichsten Quellen: dienstlichen Berichten, Mittheilungen von Augenzeugen etc. Mit einem Plane des Schlachtfeldes. Vierte Auflage.
Berlin: Selbstverlag, 1850. 8°

Am Schluß findet sich der Plan:
Plan des Treffens bei Schleswig am 23. April 1848.

Lit.: GV 1700-1910 Bd 120, S. 77; vgl. auch KATALOG LB KIEL Bd I, S. 701.
Sign.: Gha 142 (Angeb.: 1. B 430; 2. B 428; 3. B 431; 4. B 432; 5. B 433; 6. B 434; 7. B 435)

B 428. Rothenburg, Friedrich Rudolf von:

Das Gefecht bei Miloslaw, am 30. April 1848. Nach den besten und ausführlichsten Quellen (dienstlichen Berichten, Mittheilungen von Augenzeugen etc.). Mit einem Plane des Schlachtfeldes. Zweite Auflage.
Berlin: Selbstverlag, 1850. 8°

Am Schluß findet sich der Plan:
Gefecht bei Miloslaw, am 30. April 1848.

Lit.: GV 1700-1910 Bd 120, S. 77.
Sign.: Gha 142 (2 an: B 427)

B 429. Rothenburg, Friedrich Rudolf von:

Gefecht bei Nübbel, Stenderup und Düppel, am 5. Juni 1848.
Berlin: Brandes & Schultze, o.J. obl. 4°

Am Schluß des 16 Seiten umfassenden Textes findet sich eine Karte:
Plan des Gefechts bei Nübbel, Stenderup u. Düppel am 5ten Juni 1848.

Sign.: Gha 122 (Angeb.: B 426)

B 430. Rothenburg, Friedrich Rudolf von:

Das Treffen bei Nübbel und Düppel, am 5ten Juni 1848. Nach den besten Quellen: (Mittheilungen von Augenzeugen, dienstlichen Berichten etc.). Mit einem Plane des Schlachtfeldes. Vierte Auflage.
Berlin: Selbstverlag, 1851. 8°

Am Schluß findet sich der Plan:
Plan des Gefechts bei Nübbel, Stenderup u. Düppel, am 5ten Juni 1848.

Lit.: GV 1700-1910 Bd 120, S. 77; vgl. auch KATALOG LB KIEL Bd I, S. 701 [dritte Auflage]; zur Karte vgl. GEERZ S. 136.
Sign.: Gha 142 (1 an: B 427)

B 431. Rothenburg, Friedrich Rudolf von:

Die Schlacht bei Kolding, am 23sten April 1849. Nach den besten und ausführlichsten Quellen: dienstlichen Berichten, Mittheilungen von Augenzeugen etc. Mit einem Plane des Schlachtfeldes. Vierte Auflage.
Berlin: Selbstverlag, 1851. 8°

Am Schluß findet sich der Plan:
Schlacht bei Kolding am 23. April 1849.

Lit.: GV 1700-1910 Bd 120, S. 77; vgl. auch KATALOG LB KIEL Bd I, S. 706 [Ausgabe von 1849]; zur Karte vgl. GEERZ S. 136.
Sign.: Gha 142 (3 an: B 427)

B 432. Rothenburg, Friedrich Rudolf von:

Das Treffen bei Gudsoe und Taulow-Kirche am 7ten Mai 1849. Nach den besten Quellen (Mittheilungen von Augenzeugen etc.). Mit einem Plane des Schlachtfeldes.
Berlin: Selbstverlag, 1850. 8°

Am Schluß findet sich der Plan:
Treffen bei Gudsoe und Taulow am 7. Mai 1849.

Lit.: GV 1700-1910 Bd 120, S. 77; KATALOG LB KIEL Bd I, S. 706.
Sign.: Gha 142 (4 an: B 427) (2. Ex unter Sign.: Gha 334, S 7)

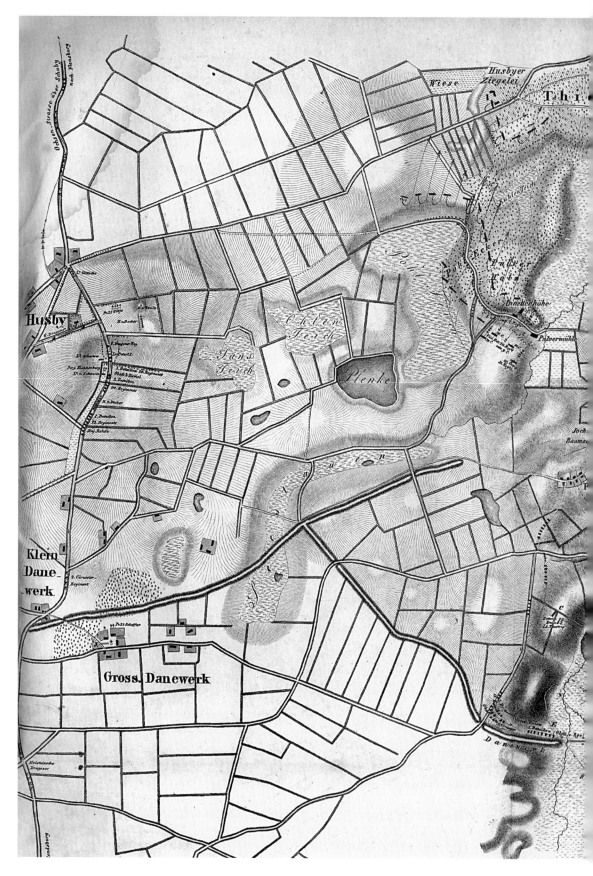

Abb. 85:
„Plan des Treffens bei Schleswig am 23. April 1848." – Die Darstellung der Schlacht bei Schleswig, in der die verbündeten Truppen einen ersten Sieg über das dänische Heer während der Schleswigschen Kriege erzielen konnten, gehört zu den vielen Plänen von Schlachten und Gefechten, die der Berliner Kupferstecher

Friedrich Rudolph von Rothenburg (1796-1851) zusammen mit kurzen Beschreibungen zum Kriegsgeschehen in den Revolutionsjahren um 1850 veröffentlichte. (B 426).

B 433. Rothenburg, Friedrich Rudolf von:

Die Gefechte bei Alminde, Viuf, Dons, am 7ten Mai 1849. Nach den besten Quellen (dienstlichen Berichten, Mittheilungen von Augenzeugen etc.). Mit einem Plane des Schlachtfeldes.
Berlin: Selbstverlag, 1851. 8°

Am Schluß findet sich der Plan:
Gefechte bei Alminde, Viuf und Dons, am 7. Mai 1849.

Lit.: GV 1700-1910 Bd 120, S. 77; KATALOG LB KIEL Bd I, S. 706.
Sign.: Gha 142 (5 an: B 427)

B 434. Rothenburg, Friedrich Rudolf von:

Die Gefechte bei Veile und Aarhuus, am 8ten und 31sten Mai 1849. Nach den besten Quellen (dienstlichen Berichten, Mittheilungen von Augenzeugen etc.). Mit zwei Schlachtplänen.
Berlin: Selbstverlag, 1851. 8°

Am Schluß finden sich die beiden Pläne:
1. Gefecht bei Veile, am 8. Mai 1849.
2. Gefecht bei Aarhuus, am 31. Mai 1849.

Lit.: GV 1700-1910 Bd 120, S. 77; KATALOG LB KIEL Bd I, S. 706.
Sign.: Gha 142 (6 an: B 427)

B 435. Rothenburg, Friedrich Rudolf von:

Die Schlacht bei Friedericia, am 6ten Juli 1849. Nach den besten Quellen (Mittheilungen von Augenzeugen, dienstlichen Berichten etc.). Mit einem Plane des Schlachtfeldes.
Berlin: Selbstverlag, 1850. 8°

Am Schluß findet sich der Plan:
Schlacht bei Friedericia, am 6. Juli 1849.

In einer zweiten Fassung (Sign.: Gha 334, S 5) fehlt der Plan.

Lit.: GV 1700-1910 Bd 120, S. 77; KATALOG LB KIEL Bd I, S. 707.
Sign.: Gha 142 (7 an: B 427) (2. Ex. unter der Sign.: Gha 407)

B 436. Rüstow, Wilhelm:

Der deutsch-dänische Krieg 1864, politisch-militärisch beschrieben. Mit Kriegskarten und Plänen.
Zürich: Friedrich Schultheß, 1864. 8°

In dem Werk finden sich vier Karten:
1. Die Dannewerkstellung. (p. 160)
2. Die Düppelstellung (p. 320)
3. Der Angriff auf die Düppeler Stellung. (p. 480)
4. Plan der Gegend von Friedericia. (Schluß)

Lit.: GV 1700-1910 Bd 121, S. 129; KATALOG LB KIEL Bd I, S. 720.
Sign.: Gha 214 (2. Ex. unter Sign.: Gha 214 b [mit 4 Karten am Schluß])

B 437. Rüstow, Wilhelm; Köchly, H.:

Geschichte des griechischen Kriegswesens. Nach den Quellen bearbeitet. Mit 134 in den Text eingedruckten Holzschnitten und 6 lithographirten Tafeln.
Aarau: Verlags-Comptoir, 1852. 4°

Am Schluß finden sich 2 Blätter mit 6 mehrteiligen Tafeln zu Schlachten der griechischen Geschichte:
1. Schlacht bei Plataeae 479 / Treffen bei Thermopylae
2. Die Schlacht am Granikos / Die Schlacht bei Issos / Der Aufmarsch zur Schlacht bei Issos
3. Die Schlachtordnungen Alexanders 1. Am Granikos, 2. Bei Issos, 3. Bei Gaugamela / Uebergang über den Hydaspes
4. Die Schlacht bei Korinth 394 / Die Schlacht bei Mantinea 362
5. Die Schlacht bei Gaugamela 331 (2 Phasen)
6. Belagerung von Halikarnassos / Sturm von Tyros / Belagerung von Aornos

Lit.: GV 1700-1910 Bd 121, S. 129.
Sign.: Aag 38

B 438. Ruperti, G. F. F.:

Handbuch der Römischen Alterthümer. 2 Theile.
Hannover: Hahn'sche Hof-Buchhandlung, 1841/42. 8°

Am Schluß von Theil I findet sich eine Karte:
Tabula Romae antiquae. E. T. Grotefend fec. 1840. R. Schwab lithgr. Hann. Steind. v. J. G. Schwab.

Lit.: GV 1700-1910 Bd 121, S. 70.
Sign.: Aal 9

B 439. Sach, August:

Geschichte der Stadt Schleswig nach urkundlichen Quellen. Mit zwei Plänen und einer Ansicht.
Schleswig: Julius Bergas, 1875. 4°

Zu dem Werk gehören zwei großformatige Blätter mit Plänen u. einer Ansicht:
1. Plan der Stadt Schleswig Anno 1871, theils neu aufgenommen theils nach älteren revidirten Karten bearbeitet und gezeichnet von P. Lorenzen. Eigenthum des Verlegers Julius Bergas (Dr. Heiberg's Buchhandlung) Schleswig. Stich u. Druck des geogr. lith. Inst. v. Jul. Straube, Berlin. 1:6000.
2. [Blatt mit Ansicht u. Plan übereinander]; Ansicht v. Schleswig a. 1585. Nach dem Kupferstich bei Westphal. mon. III. / Schleswig im XII. – XIII. Jahrhundert. Entworfen v. A. S. lith. v. F. Eckener, Schleswig. Verlag v. Julius Bergas.

Lit.: GV 1700-1910 Bd 121, S. 203; KATALOG LB KIEL Bd I, S. 752.
Sign.: Ghb 423 b (mit beiden Blättern in besonderer Mappe) (weitere Exemplare unter Sign.: Ghb 423 [nur Nr. 1] und LZB, SH 147 Schle [nur Nr. 1])

B 440. Sandberger, Guido:

Der Erdkörper, ein kosmisches Ganzes. Für Gebildete in allgemeinfaßlichen Umrissen geschildert. Mit 29 naturgetreuen Holzschnitten von Franz Querbach und 5 angehängten Täfelchen.

Hannover: Hahn'sche Hofbuchhandlung, 1856. 8°

Am Schluß finden sich 5 kleine Tafeln mit Kartendarstellungen:
1. Weltkarte: See-Strömungen.
2. 2 Polkarten: Isothermen.
3. Weltkarte: Luftströmungen.
4. Weltkarte: Regenkarte.
5. Karte zur Umgebung von Friedberg (Hessen): Geognostische Karte. Lith. v. Grischwitz, Wiesbaden.

Lit.: GV 1700-1910 Bd 123, S. 13.
Sign.: Nk 69

B 441. Sander, Heinrich:

Athen und Umgebung mit einem kurzen Ueberblicke seiner Geschichte und mit Berücksichtigung seiner Alterthümer und darauf bezüglichen Mythologie. Mit einem Plane von Athen.
Mainz: Victor von Zabern, 1841. 8°

Als Frontispiz findet sich der Plan:
Plan von Athen.

Lit.: GV 1700-1910 Bd 123, S. 23.
Sign.: Ed 62

B 442. Saxe:

Krieger-Gräber und Denksteine auf Sundewitt und Alsen. Mit einer Karte.
Flensburg: Huwald, 1890. 4°

Am Schluß findet sich die Karte:
Karte der Kriegergräber von 1848/49 u. 1864 auf Alsen u. Sundewitt. Entw. v. Saxe, Lt. im Fsl. Regt. No. 80. Lith. v. Rudolph Senf, Hoflithograph Hamburg.

Sign.: Gha 248, Gha 248 b

B 443. Scheel, Heinrich Otto:

Almindelig Udkast af Krigens Skueplads, eller geographisk, topographisk og historisk Beskrivelse over Kongerigerne: Danmark, Norge og Sverrig samt deres Tydske Provindser, som Indledning til Kong Frederik IV Krigs-Historie, skrevet og forsynet med et Landkort. Fordansket ved Thomas Thaarup.
Kiøbenhavn: August Friderik Stein, 1785. 4°

Am Schluß findet sich die Karte, gezeichnet von Christian Jochum Pontoppidan:
Scandinaviæ et Germaniæ pars historiam bellorum inter Danos et Svecos illustrans. Gravé par Guill. De la Haye.

Lit.: BIBLIOTHECA DANICA Bd III, Sp. 277; KATALOG LB KIEL Bd I, S. 330; zur Karte vgl. GEERZ S. 186.
Sign.: Gna 107, 107 b

B 444. Scheffer, Johannes:

Lappland, Das ist: Neue und wahrhafftige Beschreibung von Lappland und dessen Einwohnern, worin viel bißhero unbekandte Sachen von der Lappen Ankunfft, Aberglauben, Zauberkünsten, Nahrung, Kleidern, Geschäfften, wie auch von den Thieren und Metallen so es in ihrem Lande giebet, erzählet, und mit unterschiedlichen Figuren fürgestellet worden. (Kupfertitel: Lapponia).
Frankfurt/M u. Leipzig: In Verlegung Martin Hallervorden, Buchhändlern zu Königsberg in Preußen, gedruckt bey Johann Andreä, 1675. 8°

In dem Werk findet sich eine Karte von Lappland (ohne Titel) (p. 1).

Lit.: GRIEB Bd 2, S. 627 (Nr. 1238).
Sign.: Ed 7

B 445. Schiller, Hermann:

Weltgeschichte. Von den ältesten Zeiten bis zum Anfang des 20. Jahrhunderts. 4 Bde.
Berlin u. Stuttgart: W. Spemann, 1900/01. 4°

Am Schluß der vier Bände finden sich jeweils mehrere Geschichtskarten.

Lit.: GV 1700-1910 Bd 125, S. 300.
Sign.: Ga 61

B 446. Schlegel, Johann Heinrich:

Sammlung zur Dänischen Geschichte, Münzkenntniß, Oekonomie und Sprache. 2 Bde (in je 4 Stücken).
Kopenhagen: Nicolaus Møller, 1771-1776. 8°

In dem Werk findet sich eine Karte:
Neue Gränzcharte zwischen Norwegen und Schweden von der südlichsten Spitze an bis in die Gegend von Iemtland. (I, 3, p. 2)

Lit.: BIBLIOTHECA DANICA Bd III, Sp. 6; HEINSIUS Bd IV, S. 59; KATALOG LB KIEL Bd II, S. 1163.
Sign.: Gnq 29

B 447.

Schleswig-Holstein. Übersicht des Wissenswerthen über die nordalbingischen Herzogthümer. Mit den Portraits des Herzogs Friedrich von Schleswig-Holstein, des Generals von Hake und des General-Feldmarschalls Freiherrn von Wrangel, einer Ansicht des Dannewerks, einem Plane der Stadt Rendsburg und einer Karte der Herzogthümer Schleswig-Holstein und Lauenburg. Zweite, verbesserte Auflage.
Leipzig: Verlagsbuchhandlung von J. J. Weber, 1864. 8°

Während die Karte fehlt, findet sich am Schluß der Plan:
Plan der Stadt Rendsburg in Holstein.

Lit.: GV 1700-1910 Bd 126, S. 205; KATALOG LB KIEL Bd III, S. 2489.
Sign.: Ghb 803

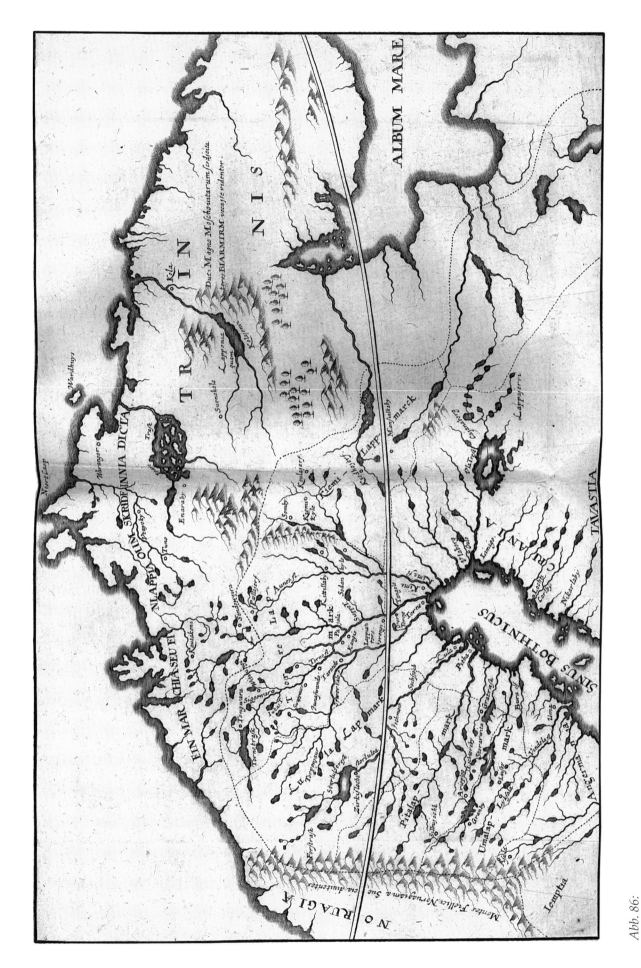

Abb. 86:
Karte von Lappland (ohne Titel). Die Karte der Wohngebiete der Lappen im Norden Norwegens, Schwedens, Finnlands und Rußlands findet sich im Werk des schwedischen Professors Johannes Scheffer: „Lappland, das ist: Neue und wahrhafftige Beschreibung von Lappland und dessen Einwohnern" (Frankfurt/M u. Leipzig 1675) (B 444).

B 448. Schliemann, Heinrich:

Mykenae. Bericht über meine Forschungen und Entdeckungen in Mykenae und Tiryns. Nebst zahlreichen Abbildungen, Plänen und Farbendrucktafeln.
Leipzig: F. A. Brockhaus, 1878. 4°

Am Schluß finden sich mehrere Pläne zu Mykene und Tiryns.

Lit.: GV 1700-1910 Bd 126, S. 248.
Sign.: Aag 70

B 449. Schliemann, Heinrich:

Ilios. Stadt und Land der Trojaner. Forschungen und Entdeckungen in der Troas. Mit circa 1800 Abbildungen, Karten und Plänen in Holzschnitt und Lithographie.
Leipzig: F. A. Brockhaus, 1881. 4°

Am Schluß finden sich mehrere Pläne zu Troja.

Lit.: GV 1700-1910 Bd 126, S. 248.
Sign.: Aag 74

B 450. Schliemann, Heinrich:

Tiryns. Der prähistorische Palast der Könige von Tiryns. Ergebnisse der neuesten Ausgrabungen. Mit 188 Abbildungen, 24 Tafeln in Chromolithographie, 1 Karte und 4 Plänen.
Leipzig: F. A. Brockhaus, 1886. 4°

Am Schluß findet sich neben 27 Tafeln auch folgende Karte: Argolis. Edw. Weller.

Lit.: GV 1700-1910 Bd 126, S. 248.
Sign.: Aag 78

B 451. Schlözer, August Ludwig (Hrsg.):

Allgemeine Nordische Geschichte. Aus den neuesten und besten Nordischen Schriftstellern und nach eigenen Untersuchungen beschrieben, und als eine Geographische und Historische Einleitung zur richtigern Kenntniß aller Skandinavischen, Finnischen, Slavischen, Lettischen, und Sibirischen Völker, besonders in alten und mittleren Zeiten.
Halle: Johann Justinus Gebauer, 1771. 4°

Am Schluß finden sich vier Karten:
1. Facies EUROPÆ, potissimum BOREALIS, ad mentem Veterum Græcorum, eorum præcipue quibus Melæ Pliniique nituntur testimonia Expressa a G. Schöning Nidros. A. 1763. A. A. H. XXXI. N. H. XIII. ad pag. 101.
2. Facies ORBIS SEPTENTRIONALIS ad mentem Ptolemæi expressa a G. Schöning Nidros. A. 1763. A. H. XXXI. N. H. XIII. ad pag. 176.
3. Nouvelle Carte des Decouvertes faites par des Vaisseaux Russiens aux Cotes inconnues de l'Amerique Septentrionale Avec les Pais adiacents. ... 17()8. C. A. H. XXXI. Th. N. H. XIII. Th.
4. Tabula Geographica RVSSIAE vicinarumque Regionum circiter A. C. MCCCCXLIX. D. A. W. H. XXXI. Th. N. H. XIII. Th.

Der Band stimmt bis auf das Titelblatt überein mit dem 31. Band der „Allgemeinen Welt-Historie" (vgl. B 8).

Lit.: GV 1700-1910 Bd 126, S. 309; HEINSIUS Bd IV, S. 63.
Sign.: Gna 84

B 452. Schneider, Arthur:

Das alte Rom. Entwicklung seines Grundrisses und Geschichte seiner Bauten auf 12 Karten und 14 Tafeln dargestellt und mit einem Plane der heutigen Stadt sowie einer stadtgeschichtlichen Einleitung.
Leipzig: B. G. Teubner, 1896. obl. 2°

Am Schluß finden sich neben den Tafeln 12 Pläne auf durchsichtigem Papier (A. Schneider del.) zusammen mit dem lose beiliegenden Plan der derzeitigen Stadt Rom mit dem Titel „Roma":
1. Roma Quadrata
2. Septimontium
3. Roma IV Regionum
4. Roma Servii Regis
5. Roma liberae Rei Publicae tempore I (510 – 80 a. Chr. n.)
6. Roma urbs liberae Rei Publicae tempore II (80 – 50 a. Chr. n.)
7. Roma Caesaris tempore (50 – 44 a. Chr. n.)
8. Roma Caesaris Augusti aetatis (44 a. Chr. n. – 14 p. Chr. n.)
9. Roma urbs gentis Iuliae Claudiae aetate (14 – 69 p. Chr. n.)
10. Roma gentis Flaviae tempore (69 – 96 p. Chr. n.)
11. Roma inde a Nerva usque ad Commodum (96 – 192 p. Chr. n.)
12. Roma saeculis III et IV

Lit.: GV 1700-1910 Bd 128, S. 149.
Sign.: Aag 109

B 453. Schöning. Gerhard:

Norges Riiges Historie. 3 Teile.
Sorøe 1771/73 u. Kiøbenhavn: Gyldendal, 1781. 4°

Im ersten Teil findet sich die Karte:
Det gamle NORGE. Med dets Grændser og Lande, forestillet af G. Schöning 1771. (p. 68)

Lit.: BIBLIOTHECA DANICA Bd III, Sp. 910.
Sign.: Gnn 6 b

B 454. Schomburgk, Richard:

Reisen in Britisch-Guiana in den Jahren 1840-1844. Im Auftrag Sr. Majestät des Königs von Preußen. Mit Abbildungen und einer Karte von Britisch-Guiana aufgenommen von Sir Robert Schomburgk. 3 Theile.
Leipzig: J. J. Weber, 1847/48. 4°

Im Ersten Theil finden sich zwei Karten:
1. Das Mündungsland des Essequibo, Demerara und Berbice. Berlin 1847. Geo-lithograph. Anst. v. H. Mahlmann. (vorne)
2. Karte von Britisch-Guyana, nebst dem Quelllande des Parima (Rio Branco) und Orinoco. Vornehmlich nach den in den Jahren 1835-44 veranstalteten, im Colonial-Office in London befindlichen Aufnahmen des Sir Robert H.

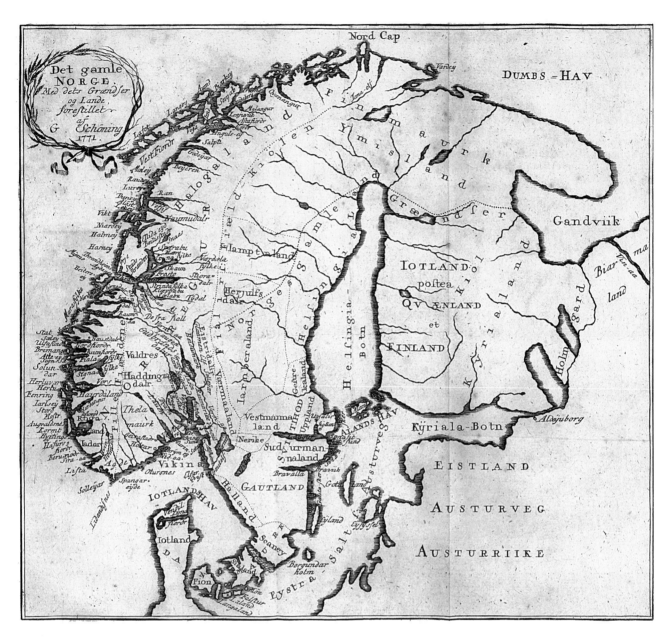

Abb. 87:
„Det gamle Norge, med dets Grændser og Lande." – Im ersten Band von Gerhard Schönings „Norges Riiges Historie" (Sorøe 1771) findet sich eine Karte des alten Norwegen mit den Grenzen des alten Landes und den altnorwegischen Ortsnamen (B 453).

Schomburgk 1846. Berlin Geo-lithogr. Anst. v. H. Mahlmann. (am Schluß)

Lit.: ENGELMANN S. 205; GV 1700-1910 Bd 128, S. 396.
Sign.: Ec 37

B 455. Schröder, Johannes von:

Darstellung von Schlössern und Herrenhäusern der Herzogthümer Schleswig, Holstein und Lauenburg, vorzugsweise aus dem (15. und) 16. Jahrhundert.
Hamburg: Perthes-Besser & Mauke, 1862. 4°

In dem Werk finden sich die Darstellungen der Schlösser und Herrenhäuser nach der Rantzauschen Tafel, gestaltet im Lithograph. Institut von J. Köhler und Noisternick in Hamburg.

Lit.: GV 1700-1910 Bd 130, S. 38; KATALOG LB KIEL Bd I, S. 431.
Sign.: Ghb 21 und LZB, SH 488 S

B 456. Schulze, Johann Michael Friedrich:

Die Erde auf eine populäre Art als Weltkörper betrachtet. Oder Versuch einer Mathematischen Geographie für das gemeine Leben in sechs Vorlesungen. Nebst einem Kartennetz.
Halle: Johann Jacob Gebauer, 1785. 8°

Am Schluß findet sich:
Mathematischer Entwurf eines Kartennezes zur historisch-geographischen Verzeichnung des grössten Theils der obern Hemisphäre. In Verbindung mit einer in I. M. F. Schulzens Versuch einer mathematischen Geographie für das gemeine Leben enthaltenen Anleitung zum nützlichen Gebrauch desselben beim geographischen Unterricht.

Lit.: GV 1700-1910 Bd 131, S. 101; HEINSIUS Bd IV, S. 107.
Sign.: Ea 4

B 457. Schwahn, Paul:

Die Nordsee-Insel Helgoland. Nach einem Vortrag, gehalten in der Urania in Berlin. Mit Illustrationen. (Sammlung populärer Schriften, hrsg. v. der Gesellschaft Urania zu Berlin, Nr. 29).
Berlin: Verlag von Hermann Paetel, 1894. 4°

Unter den Illustrationen findet sich eine Karte:
Meyersche Karte von Helgoland. Fig. 5. (p. 20)

Lit.: GV 1700-1910 Bd 132, S. 40; KATALOG LB KIEL Bd I, S. 733.
Sign.: Ghb 800

B 458.

Die schwedischen Expeditionen nach Spitzbergen und Bären-Eiland ausgeführt in den Jahren 1861, 1864 und 1868 unter Leitung von O. Torell und A. E. Nordenskiöld. Aus dem Schwedischen übersetzt von L. Passarge. Nebst 9 großen Ansichten in Tondruck, 27 Illustrationen in Holzschnitt und einer Karte von Spitzbergen in Farbendruck. (Bibliothek geographischer Reisen und Entdeckungen älterer und neuerer Zeit. Fünfter Band).
Jena: Hermann Costenoble, 1869. 8°

Die Karte von Spitzbergen fehlt.

Lit.: GV 1700-1910 Bd 15, S. 207.
Sign.: Ed 201

B 459. Schythe, E. D.:

Hekla og dens sidste Udbrud den 2den September 1845. En Monographi. Med 10 Plader lithographerede Tegninger og Kort.
Kjøbenhavn: Bianco Luno, 1847. 4°

Am Schluß des Tafelteils hinten finden sich zwei Karten:
1. Heklas Kratere. Tegnet af E. D. Schythe. sc. af Ad. Bull.
2. Hekla med Omegn. Tegnet af E. D. Schythe. sc. af Ad. Bull. Em. Bærentzen & Co. lith. Inst.

Lit.: ENGELMANN S. 573.
Sign.: Ed 69

B 460. Segl, Fr.:

Vom Kentrites bis Trapezus. Eine Bestimmung des Weges der Zehntausend durch Armenien. Mit einer Streckenübersicht.
Erlangen: Buchdruckerei Karl Döres (zu beziehen durch U. Büttner), o.J. 8°

Am Schluß findet sich die Karte, die nach Xenophons Anabasis gestaltet wurde:
Weg der 10.000 durch Armenien.

Sign.: Ag II 1210

B 461. Seidelin, Klaus Henrik:

Events of the War between Denmark and England from the 30th of March 1801 til the cassation of hostilities on the 2d April s. y. From official reports and ocular witnesses. With a Map of the Sound.
Copenhagen: K. H. Seidelin, o.J. (ca. 1801). 8°

Vorne findet sich die Karte des Öresund:
Map of the Sound

Lit.: BIBLIOTHECA DANICA Bd III, Sp. 524.
Sign.: Gna 161

B 462. (Seyfart, Johann Friedrich):

J. F. S. Geschichte des seit 1756 in Deutschland und dessen angränzenden Ländern geführten Krieges, in welchem nicht allein alle im Jahr 1759 vorgefallene Kriegsbegebenheiten mit unpartheyischer Feder beschrieben, und durch beygefügte richtige Abrisse der Belagerungen und Schlachten erläutert ... werden. Dritter Theil (mit Register über alle drey Theile).
Frankfurt u. Leipzig 1762. 4°

In dem Band finden sich diverse Pläne zu den kriegerischen Ereignissen des Jahres 1759 im Siebenjährigen Krieg:
1. Plan der Bataille ... bei Züllichau (23. 7. 1759) (No. 38) (p. 78)
2. Plan der Bataille ... unweit Frankfurt an der Oder (Kunersdorf) (12. 8. 1759) (No. 40) (p. 108) [vgl. Farbtafel 17]
3. Plan der Preussischen Expedition auf die Österreichischen Magazin in Böhmen (14.-20. 4. 1759) (Nr. 36) (p. 213)
4. Plan der Action ... bey Hoyerswerda (25. 9. 1759) (Nr. 42) (p. 259)
5. Einrückung einer Preussischen Armee ... in Francken (Mai 1759) (No. 37) (p. 294)
6. Plan der Action ... bei Asch (8. 5. 1759 (nach No. 37) (p. 298)
7. Plan der Action ... bey Dresden (4. 9. 1759) (No. 41) (p. 386)
8. Plan der Action ... bey Torgau (8. 9. 1759) (No. 42) (p. 390)
9. Plan der Action ... bey Meissen (21. 9. 1759) (No. 42) (p. 400)
10. Plan der Actionen ... bey Pretsch (Okt. 1759) (No. 43) (p. 422)
11. Plan der Gegend von Dresden (Nov. 1759) (No. 45) (p. 436)
12. Plan der Action bey Dohna (21. 11. 1759) (No. 44) (p. 436)
13. Plan der Action bey Cölln (3. 12. 1759) (No. 47) (p. 510)

14. Plan der Bataille bei Bergen (13. 4. 1759) (No. 33) (p. 592)
15. Plan der Expedition bey Grimbergen (April 1759) (No. 35) (p. 616)
16. Plan der Bataille bey Minden (1. 8. 1759) (No. 39) (p. 664)
17. Plan der Action bey Fulda (30. 9. 1759) (No. 46) (p. 711)
18. Plan der Belagerung der Stadt und Vestung Münster (Nov. 1759) (nach No. 43) (p. 752)

Lit.: GV 1700-1910 Bd 134, S. 103; HEINSIUS Bd II, S. 108.
Sign.: Gaß 4

B 463. Sharpe, Samuel:

Geschichte Egyptens von der ältesten Zeit bis zur Eroberung durch die Araber 640 (641) n. Chr. Nach der dritten verbesserten Originalauflage deutsch bearbeitet von Dr. H. Jolowicz. Revidiert und berichtigt von Alfred von Gutschmid. Zweite Ausgabe. Zwei Bände (in 1 Bd).
Leipzig: B. G. Teubner, 1862. 8°

Im ersten Band finden sich vier Karten:
1. Alexandrien, zur Zeit als es römische Provinzialstadt wurde. G. Magenhöfer sc.
2. Egypten, Nubien und Aethiopien. H. Lange dir. Brockhaus' Geogr. artist. Anstalt, Leipzig. (am Schluß)
3. Memphis und die Pyramiden. H. Lange dir. Brockhaus' Geogr. artist. Anstalt, Leipzig.
4. Theben. H. Lange dir. Brockhaus' Geogr. artist. Anstalt, Leipzig.

Lit.: GV 1700-1910 Bd 134, S. 167.
Sign.: Gff 20

B 464. Shaw, Thomas:

Reisen oder Anmerkungen verschiedene Theile der Barbarey und der Levante betreffend. Nach der zweyten engländischen Ausgabe ins Deutsche übersetzt und mit vielen Landcharten und andern Kupfern erläutert.
Leipzig: Bernh. Christoph Breitkopf u. Sohn, 1765. 4°

Unter den 32 Kupferstichtafeln finden sich insgesamt 13 Karten:
1. Karte der Provinz Tlemsan oder der westlichen Provinz des Koenigreichs Algier. Tab. I. 1. Seite
2. Lage der Stadt und des Hafens Warran oder Oran. Tab. II. Seite 14.
3. Karte von der Suder Provinz oder Prov. Titterie des Koenigreichs Algier. Tab. III. 31. Seite (p. 30)
4. Lage der Stadt Algier und der umliegenden Gegend. Tab. IV. Seite 31.
5. Karte von der Provinz Constantina oder der Ostlichen Provinz des Koenigreichs Algier. Tab. V. 40. Seite
6. Karte vom Koenigreiche Tunis. Tab. VII. 65. Seite (p. 64)
7. Karte von der ehemaligen Lage der Städte Carthago, Utica und den Carthaginensischen Meerbusen. Tab VIII. Seite 69. (p. 68)
8. Karte der Küste von Syrien Phoenicien und den Gelobten Lande. Tab. XIII. 227 S. (p. 226)
9. Grundriss der Stadt Jerusalem und der umliegenden Gegend. Tab XIV. Seite 242.
10. Karte eines Theils des Mittellændischen Meeres samt den Graenzen des Gelobten Landes. Tab. XV. 253 S. (p. 252)
11. Stücke der Pocockischen und Chrisantinischen Karten von Heroopolitanischen Busen des Rothen Meeres. Tab. XVI. Seite 261. (p. 260)
12. Karte von den Winden und der Fahrt welche das Schiff des Ap. Paulus gehalten. Tab. XVIII. 287 S. (p. 286)
13. Ein Stuck der Peutingerischen Charte von der Africanischen Küste. Tab. XXXII. 422 S.

Lit.: ENGELMANN S. 121; GV 1700-1910 Bd 134, S. 168; HEINSIUS Bd IV, S. 145.
Sign.: Ec 10

B 465. Sichart, L. v.:

Tagebuch des zehnten Deutschen Bundes-Armee-Corps unter dem Befehle des Königlich Hannoverschen Generals Halkett während des Feldzuges in Schleswig-Holstein im Jahre 1848. Mit 5 Karten und Plänen.
Hannover: Hahn'sche Hofbuchhandlung, 1851. 8°

Am Schluß finden sich die 4 Karten und Pläne (Es fehlt die Karte der Umgegend von Flensburg):
1. Croquis vom Sundewitt No. I. nach Papen. Hof-Steindr. d. gebr. Jänecke, Hannover.
2. Croquis vom Sundewitt No. II. nach Papen. Hof-Steindr. d. Gebr. Jänecke, Hannover.
3. Übersichts-Karte von Schleswig. Hof-Steindr. d. Gebr. Jänecke, Hannover.
4. Plan des Gefechtes bei Bilschau am 24. April 1848. Hof-Steindr. d. Gebr. Jänecke, Hannover.

Lit.: GV 1700-1910 Bd 134, S. 187; KATALOG LB KIEL Bd II, S. 1463; zu den Karten vgl. GEERZ S. 134.
Sign.: Gha 151

B 466. Sickler, Friedrich Karl Ludwig:

Handbuch der alten Geographie für Gymnasien und zum Selbstunterricht. ... Nebst fünf lithographierten Kärtchen. Zweite sehr vermehrte und berichtigte Ausgabe. 2 Bde.
Kassel: J. J. Bohne, 1832. 8°

Am Schluß des zweiten Bandes finden sich auf fünf Blättern insgesamt 7 Karten:
1. Homerische Welttafel. Nro. I.
2. Hesiodische Welttafel. Nro. II. / Welttafel nach Aeschylos. Nro. III.
3. Welttafel des Herodotos. Nro. IV.
4. Welttafel des Eratosthenes. Nro. V a. / Welttafel des Strabo. Nro. V b. Lith. v. J. C. Arnold in Cassel.
5. Welttafel des Ptolemaeus. Nro. V c.

Lit.: GRIEB Bd 2, S. 657 (Nr. 1295); GV 1700-1910 Bd 134, S. 201.
Sign.: Aa 19

B 467. Sievers, Wilhelm:

Afrika. Eine allgemeine Landeskunde. Mit 154 Abbildungen im Text, 12 Karten und 16 Tafeln in Holzschnitt und Chromodruck.
Leipzig u. Wien: Bibliographisches Institut. 1891. 4°

In dem Werk finden sich 12 Karten:
 1. Entwickelung des Kartenbildes von Afrika (p. 6)
 2. Die wichtigsten Forschungsreisen in Afrika bis 1890 (p. 12)
 3. Geologische Karte von Afrika (p. 50)
 4. Afrika. Fluß- und Gebirgssysteme (p. 55)
 5. Meteorologische Karten von Afrika (p. 148)
 6. Florenkarte von Afrika (p. 168)
 7. Heimat der Nutzpflanzen. Kulturregionen (p. 195)
 8. Tiergeographische Übersicht von Afrika (p. 199)
 9. Völkerkarte von Afrika (p. 226) [vgl. Farbtafel 15]
 10. Kulturkarte von Afrika (p. 230)
 11. Afrika. Politische Übersicht (p. 275)
 12. Verkehrskarte von Afrika (p. 442)

Lit.: GV 1700-1910 Bd 134, S. 326.
Sign.: Ec 67

B 468. Sievers, Wilhelm:

Asien. Eine allgemeine Landeskunde. Mit 156 Abbildungen im Text, 14 Karten und 22 Tafeln in Schwarz- und Farbendruck.
Leipzig u. Wien: Bibliographisches Institut, 1893. 4°

In dem Werk finden sich 14 Karten:
 1. Entwickelung des Kartenbildes von Asien (p. 5)
 2. Forschungsreisen in Asien. Mittelalter und Neuzeit (p. 10)
 3. Forschungsreisen in Zentralsien seit 1856 (p. 30)
 4. Geologische Karte von Asien (p. 50)
 5. Tektonische Karte von Asien (p. 53)
 6. Asien. Fluß- und Gebirgssysteme (p. 60)
 7. Karte der Isothermen und Isobaren von Asien (p. 261)
 8. Regenkarte von Asien (p. 263)
 9. Florenkarte von Asien (p. 288)
 10. Verbreitung der Tiere in Asien (p. 323)
 11. Völkerkarte von Asien (p. 348)
 12. Kulturkarte von Asien (p. 351)
 13. Asien. Politische Übersicht (p. 448)
 14. Verkehrskarte von Asien (p. 636)

Lit.: GV 1700-1910 Bd 134, S. 326.
Sign.: Ec 68

B 469. Sievers, Wilhelm:

Amerika. Eine allgemeine Landeskunde. Mit 201 Abbildungen im Text, 13 Karten und 20 Tafeln in Schwarz- und Farbendruck.
Leipzig u. Wien: Bibliographisches Institut, 1894. 4°

In dem Werk finden sich 13 Karten:
 1. Entwickelung des Kartenbildes von Amerika (p. 4)
 2. Die wichtigsten Entdeckungs- und Forschungsreisen in Amerika bis zur Gegenwart (p. 14)
 3. Geologische Karte von Amerika (p. 49)
 4. Süd-Amerika. Fluß- und Gebirgssysteme (p. 60)
 5. Karte der Isothermen und Isobaren von Amerika (p. 159)
 6. Regenkarte von Amerika (p 168)
 7. Florenkarte von Amerika (p. 184)
 8. Süd-Amerika. Politische Übersicht (p. 258)
 9. Nord-Amerika. Fluß- und Gebirgssysteme (p. 365)
 10. Verbreitung der Tiere in Amerika (p. 483)
 11. Völker- und Kulturkarte von Amerika (p. 499)
 12. Nord-Amerika. Politische Übersicht (p. 529)
 13. Verkehrskarte von Amerika (p. 546)

Lit.: GV 1700-1910 Bd 134, S. 326.
Sign.: Ec 69

B 470. Sievers, Wilhelm (Hrsg.):

Europa. Eine allgemeine Landeskunde, von Alfred Philippson u. L. Neumann, herausgegeben von Wilhelm Sievers. Mit 166 Abbildungen im Text, 14 Kartenbeilagen und 28 Tafeln in Holzschnitt und Farben.
Leipzig u. Wien: Bibliographisches Institut, 1894. 4°

In dem Werk finden sich 14 Karten:
 1. Geologische Karte von Europa (p. 17)
 2. Europa. Fluß- und Gebirgssysteme (p. 23)
 3. Profile aus den Alpen und dem Schweizer Jura (p. 26)
 4. Isobaren- und Regenkarte von Europa (p. 272)
 5. Isothermen- und Wärmekarte von Europa (p. 279)
 6. Florenkarte von Europa (p. 306)
 7. Bevölkerungsdichtigkeit von Europa (p. 329)
 8. Europa. Politische Übersicht (p. 353)
 9. Verteilung der Konfessionen im Deutschen Reich (p. 457)
 10. Bevölkerungs-Dichtigkeit im Deutschen Reich (1890) (p. 459)
 11. Landwirtschaft in Deutschland (p. 462)
 12. Deutsches Reich (p. 472)
 13. Ethnographische Karte von Österreich-Ungarn (p. 516)
 14. Verkehrskarte von Europa (p. 593)

Lit.: GV 1700-1910 Bd 108, S. 350.
Sign.: Ec 71

B 471. Sievers, Wilhelm:

Australien und Ozeanien. Eine allgemeine Landeskunde. Mit 137 Abbildungen im Text, 12 Kartenbeilagen und 20 Tafeln in Holzschnitt und Farben.
Leipzig u. Wien: Bibliographisches Institut, 1895. 4°

In dem Werk finden sich 12 Karten:
 1. Entwickelung des Kartenbildes von Australien (p. 4)
 2. Karte der Entdeckungsreisen in Australien (p. 21)
 3. Karte der Entdeckungsreisen in Ozeanien (p. 33)
 4. Geologische Karte von Australien und Ozeanien (p. 42)
 5. Fluß- und Gebirgssysteme von Australien (p. 48)
 6. Karte der Isothermen und Isobaren von Australien u. Ozeanien (p. 182)
 7. Florenkarte von Australien und Ozeanien (p. 204)
 8. Verbreitung der Tiere in Australien und Ozeanien (p. 242)
 9. Völkerkarte von Ozeanien und Australasien (p. 270)
 10. Politische Übersichtskarte von Australien und Ozeanien (p. 351)
 11. Karte des deutschen Schutzgebietes in der Südsee (p. 429)
 12. Verkehrskarte von Australien und Ozeanien (p. 462)

Lit.: GV 1700-1910 Bd 134, S. 326.
Sign.: Ec 70

B 472. Silius Italicus, C.:

De Bello Punico secundo libri XVII. Christophorus Cellarius recensuit, et notis et tabulis geographicis, ac gemino indice, rerum et latinitatis, illustravit.

261

Abb. 88:
„Karte eines Theils des Mittellændischen Meeres samt den Graenzen des Gelobten Landes." – Die Karte aus dem Bericht des Orientreisenden Thomas Shaw „Reisen oder Anmerkungen verschiedene Theile der Barbarey und der Levante betreffend" (Leipzig 1765) zeigt im Zentrum die Sinai-

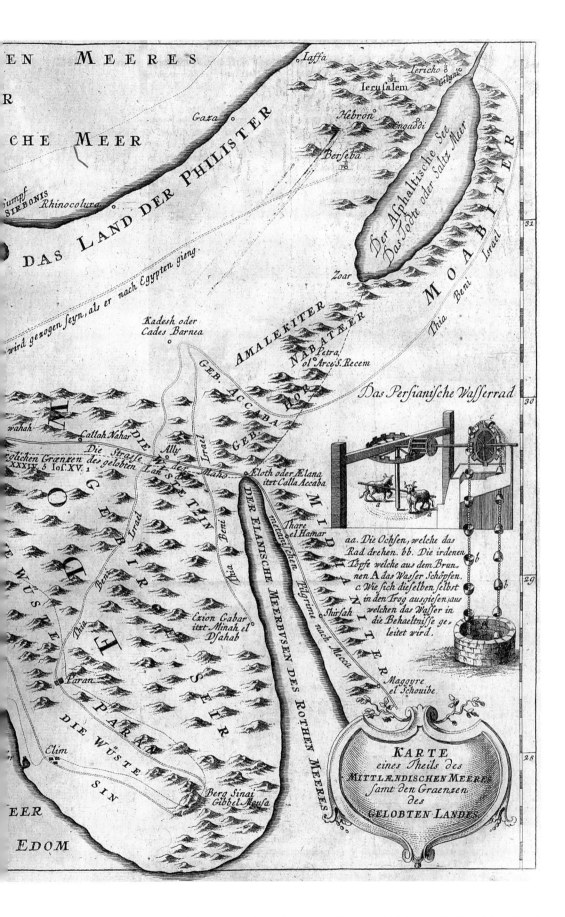

Halbinsel, sie reicht westlich davon bis an das Nil-Delta und nordöstlich bis an das Tote Meer. Zwei bildliche Darstellungen, links die eines ägyptischen Dorfes am Nil und rechts die eines durch Ochsen angetriebenen Brunnen, ergänzen die Karte (B 464, Nr. 10).

Leipzig: Apud J. Thomam Fritsch, 1695. 8°

Im Band finden sich 6 Karten:
1. CONSPECTVS GEOGRAPHIAE SILIANAE (ad pag. 1)
2. HISPANIA | ET | TRANSITVS ANNI- | BALIS IN | ITALIAM (pag. 16)
3. CONSPECTVS | GALLIAE CISALPINAE | sive | CIRCVMPADANAE | ITALIAE (pag. 109)
4. ITALIA | PROPRIA | sive | MEDIA EIVS ET PRAE- | CIPVA PARS (pag. 274)
5. ITALIA IN- | FERIOR | sive | GRAECIA MAGNA (pag. 293)
6. TABVLA SICILIAE INSVLAE (pag. 460)

Sign.: Al II w 194

B 473.

Slaget ved Fredericia den 6te Juli 1849. Fremstillet hovedsageligen efter den gjensidige officielle Rapporter ved en dansk Officerer. (Med et Kaart over Terrainafsnittet ved Fredericia.)
Kjøbenhavn: C. A. Reitzel, 1849. 8°

Am Schluß findet sich die Karte:
Terrainafsnittet ved Fredericia, den 6te Juli 1849. F. Seyer. Em. Bærentzen & Co. lith. Inst.

Lit.: vgl. auch KATALOG LB KIEL Bd I, S. 707 [deutsche Fassung].
Sign.: Gha 334, S 4 (3. Ex. unter Sign.: Gha 402)

B 474.

Slaget ved Kolding, fortalt af en Infanteriofficerer. Med et Kaart over Omegnen af Kolding.
Kjøbenhavn: C. A. Reitzel, 1852. 8°

Am Schluß findet sich die Karte:
Omegn af Kolding. Em. Bærentzen & Co. lith. Inst. C. A. Reitzels Forlag 1852.

Lit.: KATALOG LB KIEL Bd I, S. 706; zur Karte vgl. GEERZ S. 206.
Sign.: Gha 334, S 8

B 475.

Slesvigske Provindsialefterretninger. Udgivne af (C. Juel og [Bd III]) Fr. Knudsen. Bd I – III.
Flensborg: I Commission hos Sundby & Jespersen. Trykt hos G. A. F. Ponton (Haderslev: Hovedcommissionair Boghandler G. E. C. Gad i Kjøbenhavn. Trykt i „Dannevirkes" Bogtrykkeri (Godske Nielsen) [Bd III]), 1860, 1862 u. 1862. 8°

In der Zeitschrift finden sich in den Bänden I u. III insgesamt drei Karten:
Bd I (1860) (zu Grimur Thomsen: C. F. Allen. Det danske Sprogs Historie i Hertugdømmet Slesvig eller Sønderjylland. I-II (p. 3-40).)
1. Kaart over Folkesprogene i Hertugdömmet Slesvig eller Sönderjylland 1857. Em. Bærentzen & Co. lith Inst. No. I. [vgl. B 7, Nr. 1] (nach p. 96).

2. Kaart over Kirke og Skole Sprogene i Hertugdömmet Slesvig eller Sönderjylland 1857. Em. Bærentzen & Co. lith. Inst. No. II. [vgl. B 7, Nr. 2] (nach p. 96).
Bd III (1862) (zu C. Bruun: De slesvigske Halligers Aftagen, oplyst ved Exempel fra Habel) (p. 200-209).
3. Kaart over Halligen Habel opmaalt i Aarene 1802 og 1859. Steentr. af C. Neuhausen i Haderslev. (am Schluß).

Lit.: KATALOG LB KIEL Bd I, S. 733.
Sign.: Ghz 31

B 476. Snorre Sturleson:

Heimskringla edr Noregs Kongs-Sögor af Snorra Sturlusyni. / Snorre Sturlesons Norske Kongers Historie. / Historia regum Norvegicorum conscripta a Snorrio Sturlæ filio. Qvæ sumptibus Sereniss. Princ. Daniæ Norvegiæqve hæredis Friderici, magni regis Friderici filii, nova, emendata et aucta editione in lucem prodit, opera Gerhardi Schöning (u. a.). 6 Bde.
Havniae (Kopenhagen) 1777-1826. 2°

In den Bänden I – III findet sich je eine Karte:
Tom. I (Heimskringla edr Noregs Konunga-Sögor, Kop. 1777):
1. FACIES TRIUM REGNORUM BOREALIUM EUROPÆ Ad normam veterum Scriptorum expressa à G. Schöning Ao. 1777. Grav af O. N. Flint Kiöbenh. 1777 (am Schluß)
Tom. II (Heimskringla edr Noregs Konunga-Sögor, Kop. 1778):
2. NORVEGIA ANTIQVA A fluvio Gotelf ad Halogalandiam delineata à G. Schöning Ao. 1778. Grav af O. N. Flint Kiöbenh. 1779 (am Schluß)
Tom. III (Heimskringla edr Noregs Konunga-Sögor, ed. Skulius Theodori Thorlacius. Kop. 1783):
3. Facies EUROPÆ et FINITIMARUM REGIONUM ad mentem et nomina veterum Norvegicorum s: Islandicorum Scriptorum expressa à G. Schöning 1779. Grav. af O. N. Flint Kiöbenh. 1779 (p. 1)

In einer zweiten Fassung des Werks (Sign.: Gnn 15) fehlen die Karten.

Lit.: BIBLIOTHECA DANICA Bd III, Sp. 908; KATALOG LB KIEL Bd I, S. 394.
Sign.: Gnn 7

B 477. Sørensen, Carl:

Krigen i Norditalien 1859. Med et Oversigtskort og Planer over Valdpladsene ved Magenta og Solferino. Udgivet af Folkeskriftselskabet.
Haderslev: Godske Nielsen, 1861. 8°

Am Schluß findet sich die Karte:
Oversigtskaart over Krigsskuepladsen i Nord-Italien. Tegnet af Premierlieutenant Clausen. Lithogr. af Jul. Werner. Tryk fra F. Albers lithogr. Inst. i Rendsborg.

Sign.: Gfe 14

B 478. Sørensen, Carl:

Krigen i Syditalien 1860. Med et Oversigtskaart og Planer over Valdpladsene ved Volturno, Ancona, Gaëta m. fl. Udgivet af Folkeskriftselskabet.
Haderslev: Godske Nielsen, 1862. 8°

Am Schluß findet sich die Karte:
Oversigtskaart over Krigsskuepladsen i Syd-Italien. Tegnet af Premierlieutenant Clausen. Lithogr. af Jul. Werner. Tryk fra F. Albers Lithogr. Inst. i Rendsborg.

Sign.: Gfe 15

B 479. Solinus, Caius Julius:

Polyhistor, rerum toto orbe memorabilium thesaurus locupletissimus. acc.: Pomponius Mela: De situ orbis libri III.
Basel: Michael Isengrin u. Henricus Petri, 1538. 2°

In dem Werk finden sich 20 von Sebastian Münster gestaltete Holzschnittkarten, die zum Teil in den Text integriert sind:
 1. (Plan von Rom, gesüdet) (p. 6)
 2. (Italien, gesüdet). (p. 23)
 3. Morea (Peloponnes). (p. 30)

Abb. 89:
„Typus Graeciae." – Der Holzschnitt des Baseler Humanisten Sebastian Münster zeigt nicht nur Griechenland, sondern darüber hinaus große Teile der Balkanhalbinsel und Kleinasiens und reicht im Nordosten bis an das Nordufer des Schwarzen und des Asowschen Meeres, im Süden bis zur Insel Kreta. Die Darstellung findet sich in der Baseler Ausgabe der Werke der römischen Schriftsteller C. Julius Solinus und Pomponius Mela von 1538 (B 479, Nr. 4).

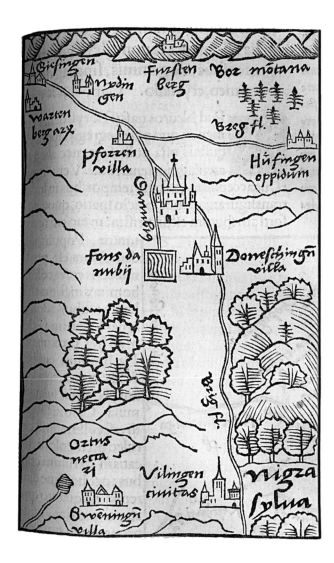

Abb. 90: „Nigra sylva." – Der nach Süden ausgerichtete schlichte Holzschnitt, der sich in Sebastian Münsters Baseler Ausgabe der Werke von C. Julius Solinus und Pomponius Mela von 1538 (vgl. Abb. 89) findet, zeigt Teile des Schwarzwaldes mit den Quellen von Donau und Neckar (B 479, Nr. 6).

4. TYPUS GRÆCIÆ (nach p. 38)
5. Figura Rhodi insulæ (p. 45)
6. Nigra sylva (Teile des Schwarzwaldes mit Donauquellen) (p. 47)
7. (Teile von Rußland) (p. 48)
8. (Das Kaspische Meer mit seiner Umgebung) (p. 54)
9. (Das Mittelmeer mit seiner Umgebung) (p. 55)
10. Descriptio Rhetiæ & Helvetiæ (p. 61)
11. Angliæ triquetra descriptio (p. 63)
12. (Afrika, querliegend) (p. 83)
13. IVDAEA (p. 105)
14. (Kleinasien und Syrien) (p. 113)
15. ASIA MAIOR (nach p. 150)
16. (Das Mittelmeer mit seiner Umgebung) (p. 154; wie Nr. 8)
17. EVROPA (p. 158, querliegend)
18. (Das Asowsche Meer mit seiner Umgebung) (p. 180)
19. (Griechenland) (p. 189)
20. (Sizilien mit seiner Umgebung) (p. 195)

Lit.: BMSTC G 818; PENNINK 2093.
Sign: St.-Nikolai-Bibliothek B 389 (angebunden)

B 480. Spon, Jacob; Wheler, George:

Voyage d'Italie, de Dalmatie, de Grece, et du Levant, Fait és années 1675 & 1676. Tome II.
Amsterdam: Henry & Theodore Boom, 1679. 12°

In dem Band finden sich neben diversen anderen Abbildungen auch 5 Karten und Ansichten aus der Vogelschau:
1. LEPANTHE / GOLFE DE LEPANTHE. Pag. 25 Tom. II.
2. Umgebung von Delphi (ohne Titel). Pag. 42 Tom. II.
3. ATTICA. Pag. 79 Tom. II
4. ATHENES. Pag. 210 Tom. II
5. Plan von Megara (ohne Titel). Pag. 218 Tom. II

Lit.: BRUNET Bd V, Sp. 498 (Nr. 20436); GRIEB Bd 2, S. 669 (Nr. 1319).
Sign.: Ed 135

B 481. Spon, Jacob; Wheler, George:

Italiänische, Dalmatische, Griechische und Orientalische Reise-Beschreibung. Worinn allerhand merkwürdige, vormals in Europa unbekannte Antiquitäten enthalten, welche Jacob Spon, Med. Doctor, und Georgius Wheler, Englischer von Adel, als sie obbenannte Lande im Jahr 1675 und 1676 durchreißet, fleißig zusammen getragen, und der Welt zu nützlicher Nachricht in den Druck befördert. Anjetzo aber aus dem Französischen ins Teutsche übersetzt durch J. Menudier. 2 Theile.
Nürnberg: In Verlegung Johann Hofmanns, Buch- und Kunsthändlers, gedruckt bey Andreas Knortzen seel. Wittib., 1690. 2°

In dem Werk finden sich neben vielen anderen Abbildungen (vor allem Gebäudeansichten aus Griechenland) auch 6 Karten und Pläne:
1. ILE DE | RHENÆA | ou la Grande | DELOS | | Spon: 1. Theil. | pag. 37.
2. LEPANTHE | | GOLFE DE LEPANTHE | | p. 7 (Theil 2)
3. Delphi und der Parnass (ohne Titel). p. 7. (Theil 2, p. 11)
4. Halbinsel Attika (ohne Titel). 2. Theil. | p. 21
5. ATHENES (Abriß der Stadt Athen) | | Spon 2. Theil | pag. 52
6. Umgebung von Megara (ohne Titel). pag. 54 (auf demselben Blatt wie Nr. 5)

Lit.: GRIEB Bd 2, S. 669 (Nr. 1320).
Sign.: Ec 2 (an: B 508)

B 482. Springer, Robert:

Berlin. Ein Führer durch die Stadt und ihre Umgebungen. Mit 110 in den Text gebrachten Abbildungen, einem Grundriß der königlichen Museen und einem Plane von Berlin. (Weber's illustrirte Reisebibliothek, Nr. 26).
Leipzig: J. J. Weber, 1861. 8°

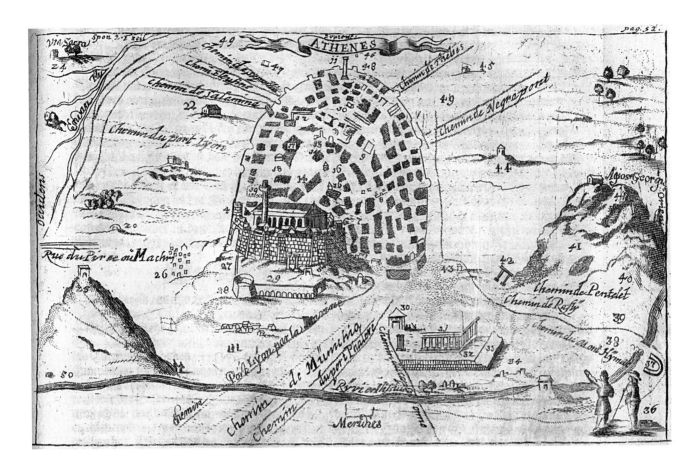

Abb. 91:
„Athenes." – Der Plan der Stadt Athen mit ihrer Umgebung findet sich in dem Bericht, den Jacob Spon und George Wheler über ihre Reise in den Orient (1675/76) verfaßten: „Italiänische, Dalmatische, Griechische und Orientalische Reise-Beschreibung" (Nürnberg 1690). Im Mittelpunkt der Darstellung stehen die vielen Ruinen der Stadt mit dem noch intakten Parthenon-Tempel auf der Akropolis (B 481, Nr. 5).

Am Schluß findet sich der Plan:
Berlin. F. A. Brockhaus' Geogr. artist. Anstalt, Leipzig. Verlag von J. J. Weber in Leipzig.

Lit.: GV 1700-1910 Bd 154, S. 181.
Sign.: Ee 52

B 483. Squier, E. G.:

Der centralamericanische Staat Nicaragua in Bezug auf sein Volk, seine Natur und seine Denkmäler, nebst einer ausführlichen Abhandlung über den projectirten interoceanischen Kanal. Ins Deutsche übertragen von Eduard Höpfner und mit einem Vorworte begleitet von Carl Ritter. Mit zahlreichen Illustrationen und mehren Karten.
Leipzig: Dyk'sche Buchhandlung, 1854. 4°

In dem Werk finden sich folgende Karten:
1. Karte des Flusses San Juan de Nicaragua (mit Nebenkarten). Der Fluß nach W. H. Allens Originalzeichnung. Die Karten und Sectionen von E. G. Squier. Gedr. v. J. G. Fritzsche, Leipzig. (p. 409)
2. Die Ebene von Leon oder die Section Nicaragua's zwischen dem Managua-See und der Fonseca-Bai. Von E. G. Squier. (p. 423)
3. Karte von Nicaragua mit seinen Departements und den projectirten interoceanischen Verbindungsrouten. Von E. G. Squier. 1851. Gedr. v. J. G. Fritzsche, Leipzig. (am Schluß).

Lit.: ENGELMANN S. 211; GV 1700-1910 Bd 137, S. 346.
Sign.: Ec 48

B 484. Stacke, Ludwig:

(Erzählungen aus der Griechischen Geschichte in biographischer Form) [Titelblatt fehlt] (Erzählungen aus der alten Geschichte. I. Theil. Griechische Geschichten). 12. Aufl.
Oldenburg: Druck und Verlag von Gerhard Stalling, 1875. 8°

Am Schluß findet sich eine Karte:
Graecia. Zu Stacke, Griechische Geschichten.

Lit.: GV 1700-1910 Bd 138, S. 66.
Sign.: Gg 100 (Angeb.: B 485)

267

B 485. Stacke, Ludwig:

Erzählungen aus der Römischen Geschichte in biographischer Form. Mit zwei Karten. 11. Auflage. (Erzählungen aus der alten Geschichte. II. Theil. Römische Geschichten).
Oldenburg: Druck und Verlag von Gerhard Stalling, 1875. 8°

Am Schluß finden sich zwei Karten:
1. Italia a. Chr. n. Karte I. Zu Stacke, Römische Geschichten. Verlag von Gerh. Stalling, Oldenburg.
2. Imperium Romanum tempore Augusti imp. Karte II. Zu Stacke, Römische Geschichten. Verlag von Gerh. Stalling, Oldenburg.

Lit.: GV 1700-1910 Bd 138, S. 66.
Sign.: Gg 100 (an: B 484)

B 486. Stade, Bernhard:

Geschichte des Volkes Israel. Mit Illustrationen und Karten (Allgemeine Geschichte in Einzeldarstellungen, hrsg. von Wilhelm Oncken, I 6). 2 Bde.
Berlin 1888. 8°

In den beiden Bänden befinden sich je zwei Karten (entworfen von B. Stade. G. Grote'sche Verlagsbuchhandlung in Berlin):
1. Ethnographische Karte von Palaestina für die Zeit vor Entstehung des Königthums. (I, p. 141)
2. Ethnographische Karte des Ost-Jordanlandes u. Hypsometrische Karte von Palaestina. (I, p. 149)
3. Der Besitz der jüdischen Gemeinde in der Zeit von 537-445. F. A. Brockhaus' Geogr.-artist. Anstalt Leipzig. (II, vorne)
4. Das Heiligthum und seine Umgebung im messianischen Reich nach Ezechiel. F. A. Brockhaus' Geogr.-artist. Anstalt Leipzig. (II, vorne)

Lit.: GV 1700-1910 Bd 138, S. 70.
Sign.: Td 56

B 487. Stadfeldt, Snæbiørn Asgeyrsen:

Chorographisk og Oeconomisk Beskrivelse over Randers Kiøbsted i Nørre Jylland.
Kiøbenhavn: Andreas Seidelin, 1804. 4°

Am Anfang finden sich vor dem Inhaltsverzeichnis eine Stadtansicht und ein Plan:
1. Prospect Fra den Söndre Side af Randers tilligemed Nörre Jyllands Provincial Töyhuus. Optaget og tegnet af H. A. Hielmcrone. Stukket af A. Flint.
2. Grund Tegning over Randers Kiöbstæd opmaalt 1795 af N. Tidemann og copieret af C. Brammer. Stukket af G. N. Angelo 1804.

Eine zweite Fassung des Werks mit Stadtansicht (vorne) und Plan (hinten) findet sich unter der Signatur Gnl 78.

Lit.: BIBLIOTHECA DANICA Bd II, Sp. 705.
Sign.: Ed 44

B 488.

Stadt-Hamburgische Anzeige und Anmerckungen über die zu Copenhagen durch den Druck publicirte Nachricht, wegen eines auf dem Hamburger Berge, als besagter Stadt Gebiete, am 16ten Jun. dieses Jahrs entstandenen Tumults, samt dazu gehörigem Riß von bemerckter Gegend, publicirt auf Befehl E. E. Raths daselbst.
Hamburg: Conrad König, November 1734. 4°

Am Schluß findet sich der Plan:
Vorstellung | der Gegend des | Hamburger Bergs | in welcher im Monat Junij 1734 | von dem Altonaischen Pöbel | ein Wirthshaus spoliiret | worden. | | J. C. Hasenbanck del.

Lit.: GV 1700-1910 Bd 5, S. 72; KATALOG LB KIEL Bd I, S. 234; zum Plan vgl. GEERZ S. 185.
Sign.: Ghb 611 (an: B 141)

B 489. Stark, Karl Bernhard:

Nach dem Griechischen Orient. Reise-Studien. Nebst einer Karte der Umgegend von Troja und einer photographischen Abbildung eines athenischen Grabdenkmals.
Heidelberg: Carl Winter, 1874. 8°

In dem Werk findet sich eine Karte:
Karte der Umgebung von Troja. Heidelberg, C. Winter's Universitätsbuchhdlg. Stark, nach dem griech. Orient. Lith. geogr. Anst. v. E. Wagner, Darmstadt. (p. 148)

Lit.: GV 1700-1910 Bd 138, S. 265.
Sign.: Ed 108

B 490.

Statistisches Hand- und allgemeines Adreßbuch für das Herzogthum Lauenburg mit Einschluß der Lübeck'schen, Hamburg-Lübeck'schen und Mecklenburg-Strelitzischen Enclaven. Nach officiellen und authentischen Quellen bearbeitet. 1861. Mit einer Specialkarte des Herzogthums Lauenburg.
Ratzeburg: Verlag der Buchhandlung von H. Linsen, 1861. 8°

Am Schluß findet sich die Karte:
Karte vom Herzogthum Lauenburg. Druckerei v. H. G. Rahtgens in Lübeck. Verlag der Buchhandlung von H. Linsen in Ratzeburg.

Lit.: GV 1700-1910 Bd 55, S. 43; KATALOG LB KIEL Bd I, S. 797.
Sign.: Ghc 200

B 491. Steger, Friedrich:

Allgemeine Weltgeschichte für das deutsche Volk. 3 Bde.
Leipzig: Mayer u. Wigand, 1843-1844. 8°

Am Schluß der drei Bände finden sich je vier Karten (vgl. auch Atlas A 33):

Bd I (1843):
1. Übersichts-Karte der Alten Welt zur Zeit Alexanders d. Gr. No. 2. Lith. Anst. v. Goedsche u. Steinmetz.
2. Übersichts-Karte der Alten Welt zur Zeit des Cyrus. No. 1. Lith. Anst. v. Goedsche u. Steinmetz in Meissen.
3. Übersichts-Karte der nach der Völkerwanderung entstandenen neuen Reiche. Goedsche u. Steinmetz Meissen.
4. Das Römische Reich unter Traianus. Goedsche u. Steinmetz Meissen.

Bd II (1844):
5. Die Reiche der Carolinger nach der Theilung durch den Vertrag zu Verdun im I. 843. No. 5. Lith. Anst. v. Goedsche u. Steinmetz in Meissen.
6. Deutschland unter den Hohenstaufen. No. 6. Goedsche & Steinmetz Meissen.
7. Deutschland zur Zeit der Reformation. No. 7. Lith. Anst. v. Goedsche & Steinmetz in Meissen.
8. Europa zur Zeit Carl's V. No. 8. Lith. Anst. v. Goedsche & Steinmetz in Meissen.

Bd III (1844):
9. Deutschland nach dem 30jährigen Kriege. No. 9. Lithogr. Anst. v. Goedsche u. Steinmetz in Meissen.
10. Europa zur Zeit Ludwig's XIV. um's J. 1700. No. 10. Lith. Anst. v. Goedsche & Steinmetz in Meissen.
11. Europa zur Zeit Napoleon's 1812. No. 11. Lith. Anst. v. Goedsche & Steinmetz in Meissen.
12. Europa nach dem zweiten Pariser Frieden im J. 1815. No. 12. Lithogr. Anst. v. Goedsche & Steinmetz in Meissen.

Lit.: GV 1700-1910 Bd 139, S. 58.
Sign.: Ga 20

B 492. Steinhard, S.:

Deutschland und sein Volk. Ein Lese- und Hausbuch für Jung und Alt zur Förderung und Belebung vaterländischen Sinnes und Wissens. 2 Bde.
Leipzig: Friedrich Brandstetter, 1856. 8°

Am Schluß des zweiten Bandes findet sich eine Karte: Süd-Deutschland. Beigabe zu Steinhard Deutschland und sein Volk. R. v. Sydow's methodischer Hand-Atlas No. XVIII u. XIX. Gotha, bei Justus Perthes.

Lit.: GV 1700-1910 Bd 139, S. 222.
Sign.: Ee 32

B 493. Stephens, John L.:

Reiseerlebnisse in Centralamerica, Chiapas und Yucatan. Nach der zwölften Auflage ins Deutsche übertragen von Eduard Höpfner. Mit einer Karte, Plänen und zahlreichen Illustrationen.
Leipzig: Dyk'sche Buchhandlung, 1854. 4°

Am Schluß findet sich die Karte:
Reisekarte durch Centralamerica, Chiapas & Yucatan. Stich J. G. Fritzsche, Lpzg.

Lit.: ENGELMANN S. 236; GV 1700-1910 Bd 139, S. 366.
Sign.: Ec 46

B 494. Sterm, Søren:

Statistisk-Topographisk Beskrivelse over Hoved- og Residentsstaden Kjøbenhavn, tildeels efter meddeelte Efterretninger fra vedkommende Embedsmænd. 3 Hefte (durchpaginiert).
Kjøbenhavn: H. G. Brill, 1839-1841. 8°

In jedem Heft findet sich am Schluß eine Karte:
1. Kaart over Kjöbenhavn 1839. Sterms Topographie over Danmark.
2. Kaart over Kjöbenhavns Vester Quarteer 1840. A. Bull gr. (Sterms Topographie)
3. Kaart over Kjöbenhavns Kjöbmager Quarteer 1841. (Sterms Topographie).

Lit.: BIBLIOTHECA DANICA 1831-1840, Sp. 362.
Sign.: Gnl 53

B 495. Stolberg, Friedrich Leopold Graf zu:

Reise in Deutschland, der Schweiz, Italien und Sicilien in den Jahren 1791-92. Band I – IV. Mit Kupfern und Charten. (in: Gesammelte Werke der Brüder Christian und Friedrich Leopold Grafen zu Stolberg. Sechster (- Neunter) Band).
Hamburg: bei Perthes und Besser, 1822. 8°

Im Ersten Band finden sich 5 Ansichten:
1. (Ansicht vom Zürcher See). n. d. Nat. gez. v. Bendixen. C. G. Hammer sculp. Dresd. (p. 106).
2. (Ansicht vom engen Weg bei Küßnacht). n. d. Nat. gez. v. Bendixen. C. G. Hammer sculp. Dresd. (p. 148).
3. (Ansicht vom Wasserfall bei Reichenbach). n. d. Nat. gez. v. Bendixen. C. G. Hammer sculp. Dresd. (p. 172).
4. (Ansicht vom Genfer See). n. d. Nat. gez. v. Bendixen. C. G. Hammer sculp. Dresd. (p. 262).
5. Genua, von der Höhe Madonna del Monte. Lithogr. v. F. Stock. Hamb. Steindruck. (Schluß).
Im Zweiten Band findet sich 1 Ansicht:
6. (Ansicht vom Golf von Neapel mit Vesuv). (p. 340).
Im Dritten Band findet sich 1 Ansicht:
7. (Ansicht römischer Ruinen in Nola). (am Schluß; eigentlich p. 122).
Im Vierten Band finden sich 2 Ansichten und 1 Karte:
8. (Tafel mit 2 Ansichten zur Umgebung von Sorrent). gez. n. d. N. v. G. H. L. Nicolovius. (p. 320).
9. (Ansicht vom Wasserfall bei Tivoli). S. Bendixen del. Hamb. J. Axmann sc. Vinahe. (p. 370).
10. Charte von Italien und Sicilien. Zur Uebersicht der Reise des Grafen F. L. zu Stolberg. Hamburg 1822. Hamb. Steindruck. [mit 2 Nebenkarten: Rom mit seinen Umgebungen; Neapel mit seinen Umgebungen]. (am Schluß).

Lit.: GV 1700-1910 Bd 140, S. 248.
Sign.: Dl II 250, 1

B 496. Strabo:

Rerum geographicarum libri XVIII. Guilelmo Xylandro Augustano interprete. Graece et Latine.
Basel: officina Henricpetrina, Aug. 1571. 2°

In dem Werk finden sich 27 Holzschnittkarten (davon 4 doppelt), die jeweils 2 Seiten umfassen und nach Ptolemaeus gestaltet sind:

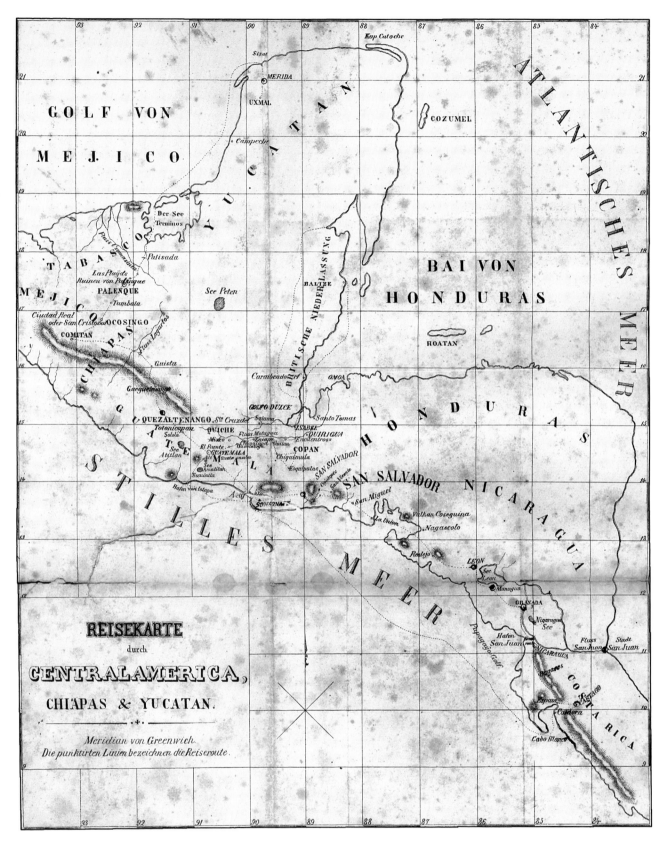

Abb. 92:
„Reisekarte durch Centralamerica, Chiapas & Yucatan." – Die Karte zeigt große Teile Mittelamerikas von Costa Rica bis zur mexikanischen Provinz Chiapas; sie findet sich in John Lloyd Stephens' „Reiseerlebnisse in Centralamerica, Chiapas und Yucatan" (Leipzig 1854). Der aus England stammende Forschungsreisende und Archäologe Stephens (1805-1852) war der eigentliche Begründer der Maya-Forschung (B 493).

1. TABVLA HISPANIAE (p. 80/81)
2. TABVLA GALLIAE (p. 106/107)
3. TABVLA BRITANNIAE (p. 120/121)
4. TABVLA ITALIAE (p. 156/157)
5. TABVLA SICILIAE ET SARDINIAE (p. 146/147, statt p. 166/167)
6. TABVLA GERMANIAE (p. 184/185)
7. TABVLA SARMATIAE (p. 194/195)
8. TABVLA THRACIAE (p. 198/199)
9. TABVLA RHAETIAE ET VINDELICIAE (p. 208/209)
10. TABVLA GRAECIAE (p. 222/223)
11. TABVLA GRAECIAE (p. 256/257) (doppelt)
12. TABULA ASIAE II. (Sarmatia Asiatica) (p. 320/321)
13. TABVLA ASIAE III. (Colchis, Armenia) (p. 326/327)
14. TABVLA ASIAE VII. (Baktrien, Skythien) (p. 334/335)
15. TABVLA ASIAE V. (Babylonia – Persis) (p. 340/341)
16. TABVLA ASIAE IX. (Aria – India) (p. 348/349)
17. TABVLA ASIAE IIII. (Syria – Arabia P.) (p. 356/357)
18. TABVLA ASIAE I. (Kleinasien) (p. 366/367)
19. TABVLA ASIAE X. (India) (p. 452/453)
20. TABVLA ASIAE IX. (Aria – India) (p. 472/473) (doppelt)
21. TABVLA ASIAE VI. (Arabia felix) (p. 478/479)
22. TABVLA ASIAE V. (Babylonien – Persien) (p. 484/485) (doppelt)
23. TABVLA ASIAE IIII. (Syrien – Arabien) (p. 498/499) (doppelt)
24. APHRICAE TABVLA III. (Ägypten u. Cyrenaica) (p. 514/515)
25. APHRICAE TABVLA IIII. (ganz Afrika) (p. 518/519)
26. APHRICAE TABVLA I. (Mauretania) (p. 548/549)
27. APHRICAE TABVLA II. (Africa minor) (p. 554/555)

Lit.: ADAMS S 1907; BMSTC G 834; BRUNET Bd V, Sp. 554; RITTER BM 1984.
Sign.: Ag I w 96 (St.-Nikolai-Bibliothek B 395)

B 497. Strabo:

De situ orbis libri XVII. Editi quidem in eorum gratiam, qui Geographiae studiosi sunt, olim (ut putatur) a Guarino Veronensi et Gregorio Trifernate latinitate donati. Editio prioribus multo emendatior. Tomus primus (- secundus).
Amsterdam: Joannes Janssonius iunior. 1652. 16°

Vorne im ersten Band findet sich eine Karte:
GALLIÆ VETERIS Typus. (p. 1)

Sign.: Al II w 200

B 498. Strauß, Friedrich Adolph; Strauß, Otto:

Die Länder und Stätten der Heiligen Schrift. In ausgewählten Bildern mit erläuterndem Texte. Mit hundert Bildern und Karten.
Stuttgart u. München: J. G. Cotta, 1861. 4°

In dem Werk finden sich ein Plan und 2 Karten (Entworfen und gezeichnet von Dr. Lionnet. Lith. Anst. v. Leopold Kraatz in Berlin):
1. Jerusalem. (p. 24)
2. Das Heilige Land. (Schluß)
3. Die Länder der Heiligen Schrift (Schluß)

Lit.: GV 1700-1910 Bd 141, S. 129.
Sign.: Tc 32

B 499. Sturch, John:

Nachricht von der Insel Wight, in vier Briefen an einen Freund; enthaltend eine Beschreibung von deren Gestalt und vornehmsten Producten, wie auch die glaubwürdigsten und wichtigsten Stücke von deren Staats-, Handels- und Natur-Geschichte. Aus dem Englischen übersetzt (von Christian August Wichmann), und mit einer Land-Charte der Insel versehen.
Leipzig: Johann Gottlob Immanuel Breitkopf, 1781. 8°

Im Anschluß an das Titelblatt findet sich die Karte:
Neue Charte der Insel Wight nach den besten Zeugnissen gezeichnet von Thom. Kitchin.

Lit.: ENGELMANN S. 1046; GV 1700-1910 Bd 142, S. 122; HEINSIUS Bd IV, S. 215.
Sign.: Ed 26 (Jordtsche Bücher B 98; 1 an: B 282)

B 500. (Suchau, W. von):

Illustrirter Pariser-Führer. Ein vollständiges Gemälde der Seinestadt und ihrer Umgebungen. Mit 160 in den Text gedruckten Abbildungen, den Plänen von Paris, des Friedhofs Père Lachaise, Jardin des Plantes und von Versailles, den Karten der Umgebungen von Paris und der Eisenbahnlinien über Brüssel, Metz und Straßburg. Zweite verbesserte und vermehrte Auflage.
Leipzig: J. J. Weber, 1855. 8°

In dem Werk finden sich mehrere Pläne u. Karten:
1. G. Heck's Neuester Orientirungsplan von Paris. G. Heck dir. R. Schmidt sculp. (p. 32)
2. Grundriss vom Jardin des Plantes. (p. 104)
3. Grundriss des Friedhofes Père-La-Chaise. (p. 268)
4. Karte der Umgegend von Paris. G. Heck dir. R. Schmidt sc. (p. 316)
5. Grundriss von Versailles (p. 340)
6. Karte der Köln-Aachen-Brüssel-Pariser Eisenbahnlinie (in 2 Teilen). (p. 421)
7. Karte der Mannheim-Forbach-Pariser und der Straßburg-Pariser Eisenbahnlinie (2 Teile). (p. 426)

Lit.: ENGELMANN S. 755; GV 1700-1910 Bd 106, S. 239.
Sign.: Ed 80/1

B 501. Suhm, Peter Friderich:

Historie om de fra Norden Udvandrede Folk. 2 Bde.
Kiøbenhavn: Brødrene Berling, 1772/73. 4°

Im zweiten Band finden sich vor S. 1 zwei Karten:
1. CHART over EUROPÆ förste bebyggelse og Folke vandringerne för Christi födsel, hvorved det Chart over Europa er lagt til Grund som findes i de l'Isle Atlas noveau Amsterdam f. 1733 dog efter en reduceret Maalestav. I. Haas Chalg. Reg. Univ. Hafniæ sculps.
2. CHART over Folkenes vandringerne efter Christi födsel i de 8 förste Sæculis hvorved de Chart over Europa er lagt til Grund som findes i de l'Isle Atlas noveau Amsterdam f. 1733, dog efter en reduceret Maalestav.

Unter der Signatur Gna 91 b findet sich eine zweite Fassung des Werks mit denselben Karten.

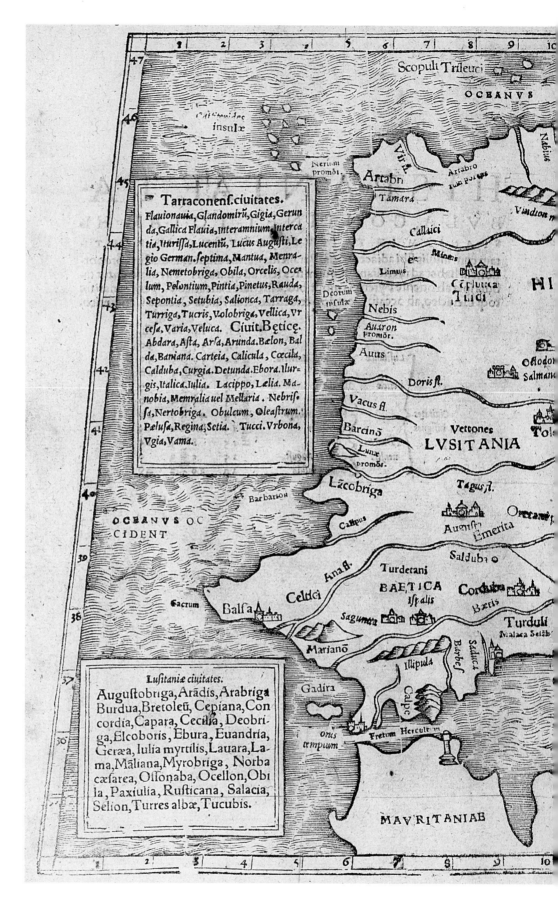

Abb. 93:
„Tabula Hispaniae." – Die Karte des alten Spanien gehört zu den 27 großformatigen Ptolemaeus-Karten von Europa, Asien und Afrika in der Baseler Ausgabe der Erdbeschreibung des griechischen

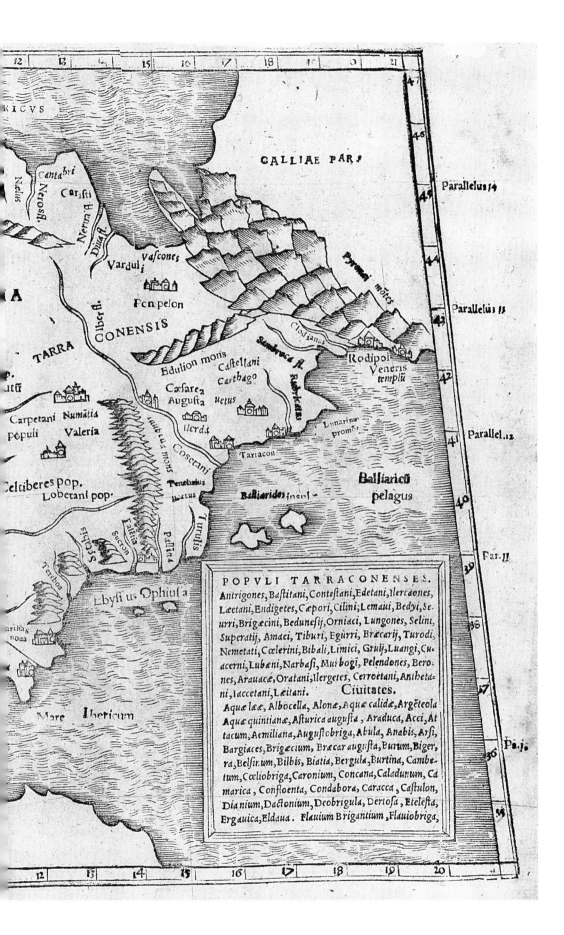

Geographen Strabo von 1571. Auf der Karte sind viele Ortschaften in der römischen Provinz zur Kaiserzeit eingezeichnet (B 496, Nr. 1).

Lit.: BIBLIOTHECA DANICA Bd III, Sp. 30; KATALOG LB KIEL Bd III, S. 2160.
Sign.: Gna 91

B 502. Supan, Alexander:

Österreich-Ungarn. Mit 3 Karten in Farbendruck, 60 Vollbildern und 121 Textabbildungen. Sonderdruck aus der Länderkunde von Europa, herausgegeben von Alfred Kirchhoff.
Wien: F. Tempsky u. Leipzig: G. Freytag, 1889, 4°

In dem Werk finden sich 4 Karten:
1. Die Stoßlinien der Südl. Kalkalpen u. des Karstes in Beziehung zu auswärtigen Erdbeben. Nach H. Höher, Die Erdbeben Kärntens. 1879. (p. 16)
2. Ethnographische Karte der Ost-Alpen. Verlag von F. Tempsky in Prag & G. Freytag in Leipzig. Geograph. Anst. v. Wagner & Debes, Leipzig. (p. 73). [vgl. Farbtafel 16]
3. Umgebung von Wien. Verlag von F. Tempsky in Prag. Geograph. Anstalt von Wagner & Debes, Leipzig. (p. 102)
4. Hydrographische Karte des Karstes. Verlag von F. Tempsky in Prag & G. Freytag in Leipzig. Geograph. Anstalt von Wagner & Debes, Leipzig. (p. 305)

Lit.: GV 1700-1910 Bd 142, S. 271.
Sign.: Ed 109

B 503. Tacitus, Cornelius:

The Works of Cornelius Tacitus; with an Essay on his Life and Genius, Notes, Supplements etc. by Arthur Murphy. A new Edition. 8 Bde.
London: John Stockdale, 1805. 8°

In dem Werk finden sich insgesamt fünf Karten:
1. The Ancient World, as Known to the Romans, Designed for the Works of Tacitus, By Robert de Vaugondy, Royal Geographer, and Fellow of the Royal Academy at Nantz. Cook sculp. (I, p. 97)
2. Asia, Designed for the Works of Tacitus, By Robert de Vaugondy, Royal Geographer, and Fellow of the Royal Academy at Nantz. Cook sculp. (III, p. 5)
3. Italy, Designed for the Works of Tacitus, By Robert de Vaugondy, Royal Geographer, and Fellow of the Royal Academy at Nantz. (V, p. 7)
4. Plan of Jerusalem, according to d'Anville. Cook sculp. (VI, p. 459)
5. Germany, Designed for the Works of Tacitus, By Robert de Vaugondy, Royal Geographer, and Fellow of the Royal Academy at Nantz. Cook sculp. (VII), p. 7)

Lit.: BRUNET Bd V, Sp. 640.
Sign.: Al II 786

B 504. Tacitus, Cornelius:

Die Germania des Tacitus. Uebersetzt und in volksthümlicher, deutschrechtlicher und geographisch-historischer Hinsicht erläutert. Für Gelehrte und denkende Freunde des Alterthums aus gebildeten Ständen, von F. Bülau, J. Weiske und K. von Leutsch. Nebst einer Charte von Germanien nach Tacitus.

Leipzig: C. H. F. Hartmann, 1828. 8°

Am Schluß findet sich die Karte:
Germanien nach Tacitus. gez. v. K. Ch. v. Leutsch. Graesel lith. St. v. Rud. Weber Leipz.

Lit.: GV 1700-1910 Bd 143, S. 151.
Sign.: Al II 818

B 505. Tacitus, Cornelius:

Germania. Lateinisch und Deutsch von Ludwig Doederlein.
Erlangen: Ferdinand Enke, 1850. 4°

Am Schluß findet sich eine Karte:
Germanien nach Tacitus.

Lit.: GV 1700-1910 Bd 143, S. 151.
Sign.: Al II 817

B 506. Tacitus, Cornelius:

Germania. Erklärt von U. Zernial. Mit einer Karte von H. Kiepert. Zweite verbesserte Auflage.
Berlin: Weidmann, 1897. 8°

Im Werk findet sich eine Karte:
Karte zu Tacitus' Germania, erklärt von U. Zernial. Entw. v. H. Kiepert. C. L. Ohmann lith. Geogr. lith. Anst. u. Steindr. v. C. L. Keller in Berlin.

Lit.: GV 1700-1910 Bd 143, S. 152.
Sign.: Al II 814

B 507. Tanera, Carl:

Die Deutschen Einigungskriege. Erster Teil. Schleswig-Holstein meerumschlungen (1848-1864). Mit Übersichtskarte von Schleswig-Holstein und Jütland, einem Plane des Sundewitt und Alsen und einem Kärtchen zum italienischen Feldzug von 1859. (Deutschlands Kriege von Fehrbellin bis Königgrätz. Eine vaterländische Bibliothek für das deutsche Volk. Achter Band).
München: C. H. Beck'sche Verlagsbuchhandlung Oskar Beck, 1894. 8°

Am Schluß finden sich 2 Karten:
1. Karte zu den Schleswig-Holstein'schen Kriegen. [mit 3 Nebenkarten: Jütland. / Die Danewerk-Stellung. / Düppel & Alsen.]. Geograph. Anstalt von Debes & Wagner, Leipzig. C. H. Beck'sche Verlagsbuchhandlung, München.
2. Uebersichts-Karte des italienischen Kriegsschauplatzes von 1859. C. H. Beck'sche Verlagsbuchhandlung, München.

Lit.: GV 1700-1910 Bd 143, S. 277.
Sign Gha 403 a-b (2 Ex.)

B 508. Tavernier, Jean Baptiste:

Beschreibung der sechs Reisen, welche Johan Baptista Tavernier, Ritter und Freyherr von Aubonne, in Türkkey, Persien und Indien, innerhalb viertzig Jahren durch alle Wege, die man nach diesen Länderen neh-

men kan, verrichtet. ... Anfangs Frantzösisch beschrieben, und in drey Theil abgetheilt, anjetzo aber nebenst der Beschreibung des Türckischen Serrails und der Krönung des jetzt Regierenden Königs in Persien, in der Hoch-Teutschen Sprach ans Liecht gestellt durch Johann Herman Widerhold. 5 Teile.
Genf: Johann Herman Widerhold, 1681. 2°

In dem Werk finden sich neben diversen anderen Abbildungen auch vier Tafeln mit 3 Karten und 4 Stadtansichten:
1. Die Stadt Erivan nebst den umbligenden orten. / Der Grundriß der Stadt | Bagdat oder Babylon. | | I No. 1. [2 Stadtansichten übereinander auf 1 Blatt] (I, p. 14)
2. Der Grundriß des dorffes Comoucks. / Die Festung Candahar. / Ausführlicher Grundriß von Gomoron oder Bandar Abassi nebst den Umbligenden Inseln. | | I No. 2 [2 Stadtansichten u. 1 Karte übereinander auf 1 Blatt] (I, p. 144)
3. Delineatio Insularum Iaponicarum, in quibus desi= | gnatur via terra marique, quam sequuntur Bataui, cum ab urbe | Nangasaqui, ad urbem Iedo sedem Regiam volunt proficisci. (III, p. 1)
4. Tunquini | Regni Delineatio facta | à Daniele Tauernier | in ipsissimis locis ad | quæ sæpius accessit (III, p. 72)

Lit.: GRIEB Bd 2, S. 699 (Nr. 1378).
Sign.: Ec 2 (Angeb.: B 481)

B 509. Tetens, Johann Nicolaus:

Reisen in die Marschländer an der Nordsee zur Beobachtung des Deichbaus in Briefen. Mit Kupfern.
Leipzig: Weidmann, 1788. 8°

Unter den Kupferstichen am Schluß findet sich eine titellose Karte von dem Elbufer zu Ritzebüttel.

Lit.: BIBLIOTHECA DANICA Bd III, Sp. 685; ENGELMANN S. 901; GV 1700-1910 Bd 144, S. 411; HEINSIUS Bd IV, S. 244; KATALOG LB KIEL Bd I, S. 637.
Sign.: Ghb 342

B 510. Tettau, Wilhelm Joh. Alb. Freiherr von:

Erfurt in seiner Vergangenheit und Gegenwart. Historisch-topographisch-statistischer Führer durch die Stadt. Zweite umgearbeitete Auflage. Mit einer photographischen Ansicht ... und einem Plane.
Erfurt: Carl Villaret. 1880. 8°

Am Schluß findet sich der Plan:
Plan der Stadt Erfurt. Nach Amtlichen Quellen gezeichnet von Otto 1880. Druck u. Verlag von: Gerhardt & Schreiber in Erfurt.

Lit.: GV 1700-1910 Bd 144, S. 416.
Sign.: Ee 100

B 511. Thaarup, Frederik:

Bornholms Amt samt Christiansø. Beskrevet efter Opfordring fra det Kongl. Landhuusholdnings-Selskab. Med 4 lithographerede Kaarter (Bidrag til Kundskab om de danske Provindsers nærværende Tilstand i oekonomisk Henseende. Tiende Stykke).
Kjøbenhavn: Jens Hostrup Schultz, 1839. 4°

Am Schluß finden sich 4 Karten:
1. Idealkaart til Oplysning om de bornholmske Udmarksjorder.
2. Kaart over den bearbeidede Deel af Kulflötserne Haslerrænderne paa Bornholm 1836.
3. Kaart over den bearbeidede Deel af Kulflötserne Sorthatsrænderne paa Bornholm 1836.
4. Kaart over Frederiks Steenbrud paa Bornholm 1836.

Lit.: BIBLIOTHECA DANICA 1831-1840, Sp. 40.
Sign.: Gnl 18

B 512. (Thon, Johann Carl Salomo):

Schloß Wartburg. Ein Beytrag zur Kunde der Vorzeit. Zweite vermehrte und verbesserte Auflage.
Gotha: Carl Wilhelm Ettinger, 1795. 8°

Vorne findet sich ein Plan:
Grundriß der Wartburg.

Lit.: GV 1700-1910 Bd 154, S. 53; vgl. auch ENGELMANN S. 1019 [3. Auflage von 1815].
Sign.: Ee 8 (Jordtsche Bücher B 103; 1 an: B 249)

B 513. Thorup, P(et). N(ic).:

Efterretninger angaaende Byen Ribe, udgivne som Indbydelsesskrift til den offentlige Examen i Ribe Cathedralskole 1839. Syvende Samling.
Ribe: Chr. Sal. Hyphoff, 1839. 8°

Am Schluß findet sich ein Plan:
Grundtegning af Ribe 1839.

Lit.: BIBLIOTHECA DANICA 1831-1840, Sp. 99.
Sign.: Gnl 91

B 514. Thucydides:

De Bello Peloponnesiaco libri octo. Ed. Ernestus Fridericus Poppo. Pars I, Vol. 1-2 u. Pars II, Vol. 1-4 (6 Bde).
Leipzig: Gerhard Fleischer, 1821-1828. 8°

Im abschließenden Band (P. II vol. IV) findet sich am Schluß ein Plan der Stadt Syracus ohne Titel (H. Leutemann sc.).

Lit.: GV 1700-1910 Bd 145, S. 373.
Sign.: Ag II 1110

B 515. Thucydides:

De Bello Peloponnesiaco libri octo. Ed Franciscus Goeller. 2 Bde.
Leipzig: Carl Cnobloch, 1826. 8°

Am Schluß des ersten Bandes findet sich ein Plan der Stadt Syracus ohne Titel (Gest. von C. More, in Berlin).

Lit.: GV 1700-1910 Bd 145, S. 373.
Sign.: Ag II 1113

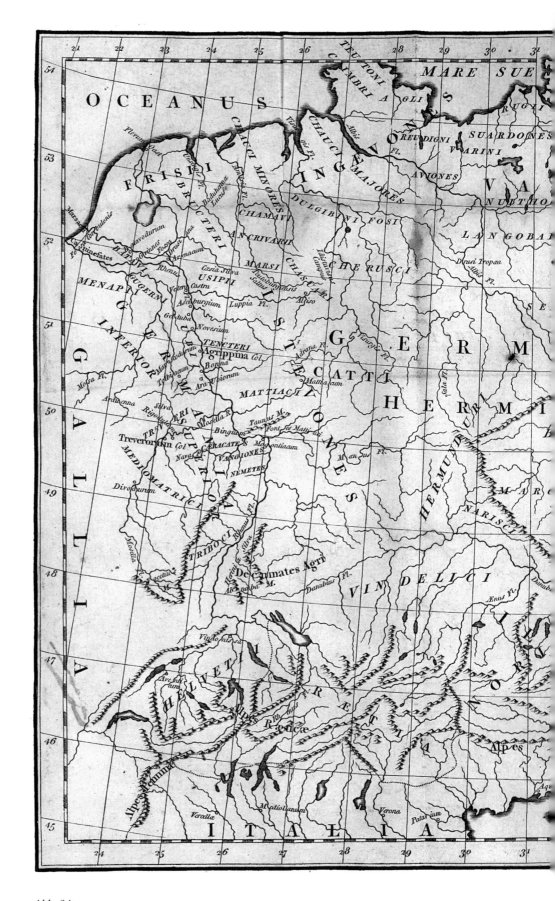

Abb. 94:
„Germany." – Die Karte des alten Germanien, gezeichnet von dem französischen Kartographen Didier Robert de Vaugondy (1723-1786), findet sich im 7. Band der Neuausgabe von „The Works

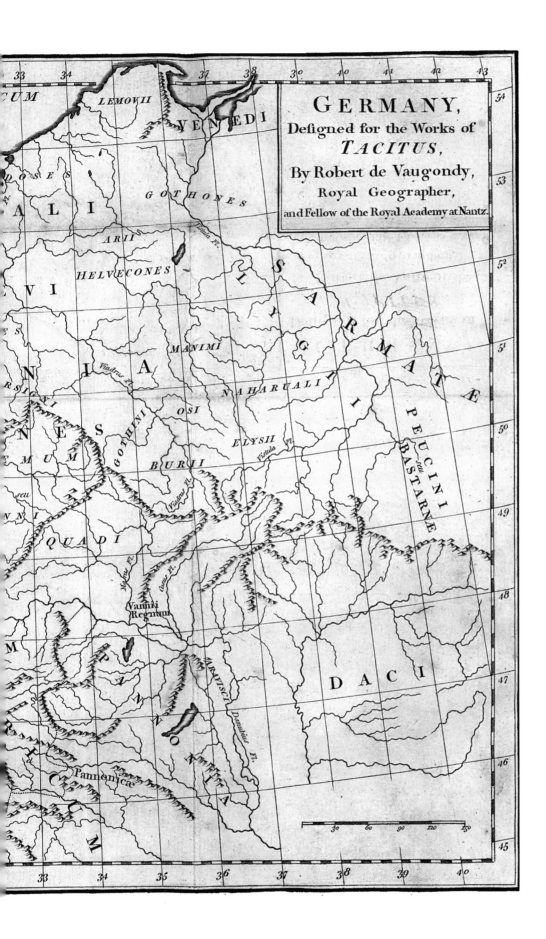

of Cornelius Tacitus" (London 1805). Der römische Historiker hatte sich in seiner „Germania" mit dem Leben und den Völkern östlich vom Rhein und nördlich von der Donau befaßt (B 503, Nr. 5).

Abb. 95:
„Delineatio insularum Japonicarum." – Die Karte zeigt Teile der japanischen Inseln, mit der Bucht von Nagasaki, wo die Holländer bereits im 17. Jahrhundert eine Niederlassung hatten. Sie findet sich in der Genfer Aus-

gabe der „Beschreibung der sechs Reisen" (1681), die Jean-Baptiste Baron d'Aubonne Tavernier (1605-1659) von Frankreich aus durch die Türkei, durch Persien und durch Indien unternahm (B 508, Nr. 3).

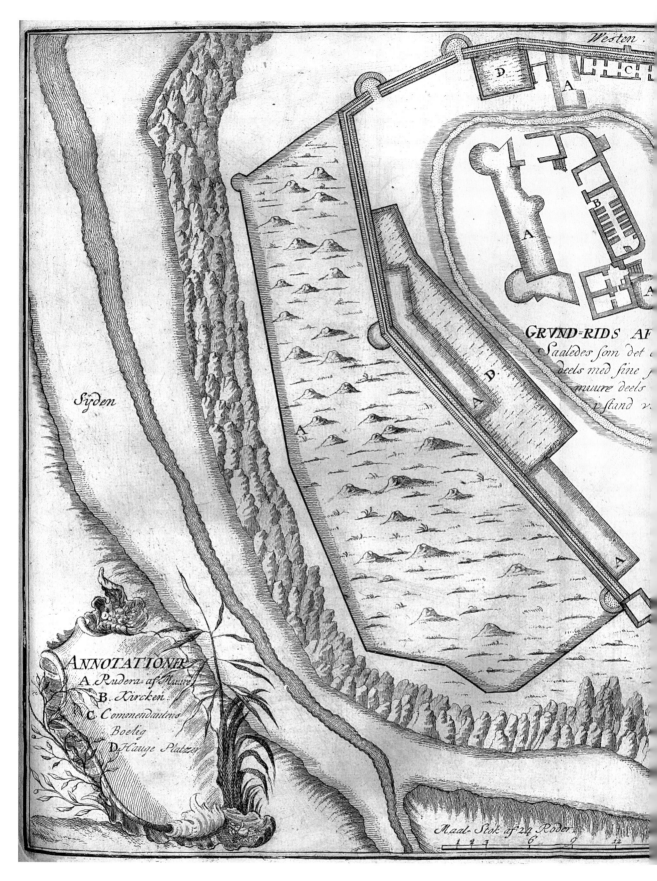

Abb. 96:
„Grund-Rids af Hammers Huus." – Der von dem Kopenhagener Kupferstecher Jonas Haas gestochene Plan zeigt die alte Festung Hammershus im Nordwesten der dänischen Insel Bornholm, so wie sie im Jahre 1736 mit ihren bereits verfallenen Gebäuden und Mauern und ihren noch genutzten Gebäuden aussah. Die Darstellung findet sich unter ins-

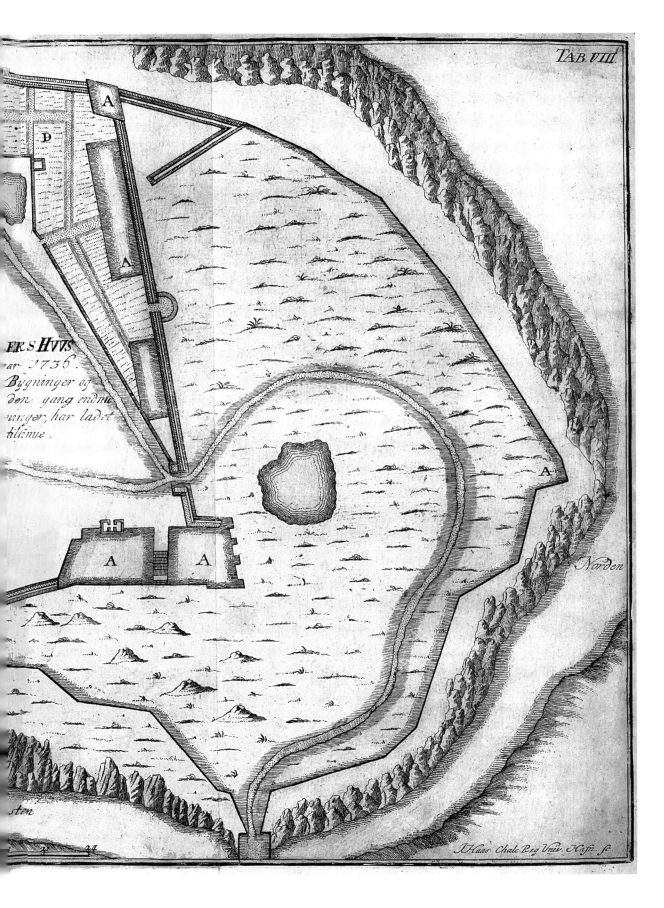

gesamt 16 großformatigen Kupferstichen in der Beschreibung der Insel, die der dänische Architekt Lauritz de Thurah 1756 in Kopenhagen vorlegte (B 517, Nr. 2).

B 516. (Thurah, Lauritz de):

Den Danske Vitruvius Indeholder Grundtegninger, Opstalter, og Giennemsnitter af de merkværdigste Bygninger i Kongeriget Dannemark, samt de Kongelige Tydske Provintzer, Tilligemed en kort Beskrivelse over hver Bygning i sær. 2 Teile.
Kiøbenhavn: Ernst Henrich Berling, 1746-1749. 2°

Die beiden Bände enthalten viele Gebäudeansichten und Gebäudeaufrisse aus dem Königreich Dänemark und den Herzogtümern Schleswig und Holstein.

Lit.: BIBLIOTHECA DANICA Bd II, Sp. 602; BRUNET Bd V, Sp. 851 (Nr. 10024); KATALOG LB KIEL Bd II, S. 1146.
Sign.: Gnl 131

B 517. (Thurah, Lauritz de):

Omstændelig og tilforladelig Beskrivelse, over den i Øster-Søen liggende, under Det Kongelige Danske Herredømme blomstrende navnkundige Øe Bornholm, og den ej langt derfra anlagde fortreffelige Fæstning Christinsøe.
Kiøbenhavn: Nicolaus Møller, 1756. 4°

Eingebunden finden sich am Schluß 30 Tafeln, darunter eine Karte und mehrere Stadtansichten:
1. KORT over ÖEN BORNHOLM Beliggende i Öster-Söen og henhörende under Siælland i Kongerige Dannemark. (TAB. I)
2. GRVND-RIDS AF HAMMERS HVVS ... I. Haas ... sc. (TAB. VIII)
3. Stand Riß af HAMMERS HUUS ... J. Haas sculps. (TAB. IX)
4. Prospect af det gamle HAMMERSHUUS-Slott paa Bornholm ... 1754 (TAB. IX)
5. Grund-Tegning af RÖNNE Kiöbstæd paa Bornholm (TAB. X)
6. Prospect af RÖNNE-Kiöbstæd paa Bornholm 1754 (TAB. XI)
7. HASLE I. Haas sc. (Plan) (TAB. XVI)
8. Prospect af HASLE ... 1754 J. Haas sculps. (TAB. XVII)
9. SVANIKE. I. Haas sc. (Plan) (TAB. XIX)
10. Prospect af Svanike Kiöbstæd ... 1754. I. Haas sc. (TAB. XX)
11. NEXÖE I. Haas sc. (Plan) (TAB. XXII)
12. Prospect af NEXÖE ... 1754. (TAB. XXIII)
13. AAKIRKE-BYE I. Haas sc. (Plan) TAB. XXV)
14. Prospect af AAKIRKEBYE ... 1754. (TAB. XXVI)
15. Geographisk forestilling af de i Öster-Söen situerede ... Erteholmene ... beærede med Navn CHRISTIANSØE I. Haas sc. (TAB. XXVIII)
16. Prospect af CHRISTIANSÖE ... 1754 (TAB. XXIX)

Lit.: BIBLIOTHECA DANICA Bd II, Sp. 693.
Sign.: Gnl 17 (Angeb.: 1. B 518; 2. B 519)

B 518. (Thurah, Lauritz de):

Omstændelig og Tilforladelige Beksrivelse af Øen Samsøe, ... med hosføiede accurate Charte over Samsøe og andre ... Kobber-Stykker.
Kiøbenhavn: Nicolaus Møller, 1758. 2°

Im Werk finden sich insgesamt 5 Tafeln, darunter vorne eine Karte:
Nye og tilforladelig accurat GEOGRAPHISK CHARTE over ÖEN SAMSOE af Aar 1755. I. Haas sc.

Lit.: BIBLIOTHECA DANICA Bd II, Sp. 711.
Sign.: Gnl 17 (1 an: B 517)

B 519. (Thurah, Lauritz de):

Omstændelig og Tilforladelig Beskrivelse over den liden Øe Amager, og den, ei langt derfra situerede endnu mindre Øe Saltholm. ... Med hosføiede accurate Charte over Amager og andre ... Kobber-Stykker.
Kiøbenhavn: Nicolaus Møller, 1758. 2°

In dem Werk finden sich insgesamt 5 Tafeln, darunter 1 Karte:
Geographisk Charte over den Øe Amager I. Haas sc. (Tab. I, p. 4)

Lit.: BIBLIOTHECA DANICA Bd II, Sp. 693.
Sign.: Gnl. 17 (2 an: B 517)

B 520.

To hundrede Træsnit. Tegninger fra Krigen i Danmark 1864, af C. Baagøe, Otto Bache, Carl Bøgh, Oscar Carlson, G. Christensen, A. Dorph, B. Fauerholdt, V. Holsøe, H. C. Ley, F. C. Lund, A. Ray, C, Reumann, H. Olrik, B. Olsen, J. E. Petersen, A. Plum, V. Rosenstand, Fr. Visbye. Andet Oplag.
Kjøbenhavn: Thieles Bogtrykkeri, 1865. 2°

Neben Zeichnungen zum Kriegsgeschehen finden sich 14 Stadt- und Ortsansichten:
1. af Slesvig og Haddeby, seet fra Skandserne vestfor Frederiksberg (p. 17)
2. Gottorp Slot i Slesvig (p. 19)
3. Nørretorvet i Flensborg (p. 31)
4. Prospect af Sønderborg, tilvenstre Foden af Dybbølbanken (p. 39)
5. Slottet ved Sønderborg, seet fra Havnen (p. 39)
6. Parti af Sassnitz paa Rügens Østkyst (p. 42)
7. Prospect af Broager (p. 45)
8. Storgaden i Sønderborg (p. 46)
9. Frederik VII's Bro over Alssund, seet fra den nordlige Møllebanke [mit Ansicht Sonderburg] (p. 47)
10. Udsigt fra Kongebroskoven over Snoghøi til Fredericia (p. 75)
11. Snoghøi (p. 76)
12. Parti af Middelfart (p. 77)
13. Fæstningen Salzburg (p. 79)
14. Prospect af Brünn (p. 79)

Lit.: KATALOG LB KIEL Bd II, S. 1473.
Sign.: Gha 412

B 521. Traeger, Eugen:

Die Halligen der Nordsee. Mit 3 Karten und 19 Textillustrationen. (Forschungen zur deutschen Landes- und Volkskunde. Bd 6, Heft 3).
Stuttgart: J. Engelhorn, 1892. 4°

Abb. 97:
"Nørretorvet i Flensborg." – Die von dem dänischen Zeichner H. C. Ley stammende Ansicht des Nordermarktes in Flensburg findet sich in der zweiten Auflage des Bildwerkes "To hundrede Træsnit. Tegninger fra Krigen i Danmark 1864" (Kjøbenhavn 1865) unter den 200 dänischen Zeichnungen zum Deutsch-Dänischen Krieg von 1864 (B 520, Nr. 3).

Am Schluß finden sich drei Karten:
1. Ducatus Slesvicensis ... Nova Tabula edita a Joh. Baptista Homanno Norimbergae. Die Friesischen Utlande bei Schleswig vor der Sturmflut des Jahres 1634. Nach der Homannschen Karte skizziert von Eugen Traeger. Forschungen zur deutschen Landes- und Volkskunde, Band VI, Heft 3. Geograph. Anst. von Wagner & Debes, Leipzig. Verlag von J. Engelhorn in Stuttgart.
2. Hooge. Nach der Messtischplatte gezeichnet von Premier-Lieutenant Traeger.
3. Die Halligen. Nach den Seekarten der Kaiserl. Deutschen Marine und Angaben von Dr. Traeger gezeichnet von Dr. Eugen Würzburger.

Lit.: GV 1700-1910 Bd 146, S. 318; KATALOG LB KIEL Bd I, S. 730.
Sign.: Ee 57

B 522. Trap, Jens Peter:

Statistisk-topographisk Beskrivelse af Kongeriget Danmark. Almindelig Deel, Speciel Deel (2 Teile) u. Supplement (in 4 Bden).
Kjøbenhavn: G. E. C. Gad, 1858-1860. 4°

Die Abbildungen zu dem Werk, die aus Karten, Stadtansichten und Stadtplänen sowie Gebäudeabbildungen und Gebäudegrundrissen bestehen, finden sich in 2 Extrabänden mit dem Rückentitel "Tegninger til J. P. Trap, Statistisk-Topographisk Beskrivelse af Danmark" (Signatur Ed 96). Im folgenden sind daraus die Karten sowie die Stadtpläne und Stadtansichten erfaßt:
Bd I:
1. Kjøbenhavn paa Frederik den Tredies Tid. Grundtegnin-

gen omtrent fra 1660, meddeelt af afdøde G. F. Lassen. Em. Bærentzen & Co. lith. Inst.
2. Kjöbenhavn paa Frederik den Femtes Tid. ca. 1750.
3. Kjöbenhavn 1860.
4. Plan til Gammelholms Bebyggelse deels saaledes som forelagt i Rigsraadet 1859 og deels efter de i Raadet tagne Beslutninger udarbeidet af Prof. F. Meldahl. Em. Bærentzen & Co. lith Inst.
5. Kort over Kjöbenhavns Forstæder og nærmeste Omegn 1860. E. Bærentzen & Co. lith. Inst.
6. Kort over Helsingör 1859. F. Christiani lith. Em. Bærentzen & Co. lith. Inst.
7. Kort over Helsingör Kjöbstads Jorder 1859. Em. Bærentzen & Co. lith. Inst.
8. Kort over Hilleröd Kjöbstad 1859. Em. Bærentzen & Co. lith. Inst.
9. Kort over Frederikssund Kjöbstad 1859. Em. Bærentzen & Co. lith. Inst.
10. Frederiksborg efter Resen
11. Frederiksborg og Hilleröd med nærmeste Omegn. 1859. Efter Generalstabens Opmaalinger. J. H. Mansa lith. Em. Bærentzen & Co. lith. Inst.
12. Roeskilde 1859. Em. Bærentzen & Co. lith. Inst.
13. Kort over Roeskilde Kjöbstads Jorder. 1859. Em. Bærentzen & Co. lith. Inst.
14. Kort over Kjöge 1859 [mit Nebenkarte: Kjöge Kjöbstads Jorder 1859.]. Em. Bærentzen & Co. lith. Inst.
15. Kjöbenhavns Omegn mod Nord. Em. Bærentzen & Co. lith. Inst.
16. Holbæk. 1859. Em. Bærentzen & Co. lith. Inst.
17. Kort over Holbæk Kjöbstads Jorder. 1859. Em. Bærentzen & Co. lith. Inst.
18. Kallundborg. 1859. Em. Bærentzen & Co. lith. Inst.
19. Kort over Kallundborg Kjöbstads Jorder. 1859. Em. Bærentzen & Co. lith. Inst.
20. Kallundborg efter Resen
21. Kort over Nykjöbing Kjöbstad (paa Sjælland) 1859. Em. Bærentzen & Co. lith. Inst.
22. Nykjöbing (paa Sjælland) Kjöbstads Jorder 1859. Em. Bærentzen & Co. lith. Inst.
23. Sorö Kjöbstad og Academi 1858. Em. Bærentzen & Co. lith. Inst.
24. Kort over Sorö Kjöbstad og Academi med tilliggende Bymarker og L. Ladegaards Marker. 1858. Em. Bærentzen & Co. lith. Inst.
25. Slagelse 1858. Em. Bærentzen & Co. lith. Inst.
26. Kort over Slagelse Kjöbstads Jorder. 1858. Em. Bærentzen & Co. lith. Inst.
27. Kort over Korsör Kjöbstad 1858. Em. Bærentzen & Co. lith. Inst.
28. Kort over Korsör Kjöbstads Jorder 1858. Em. Bærentzen & Co. lith. Inst.
29. Kort over Skjelskör Kjöbstad 1858. Em. Bærentzen & Co. lith. Inst.
30. Kort over Skjelskör Kjöbstads Jorder. 1858. Em. Bærentzen & Co. lith. Inst.
31. Kort over Ringsted Kjöbstad 1858. Em. Bærentzen & Co. lith. Inst.
32. Kort over Ringsted Kjöbstads Jorder 1858. Em. Bærentzen & Co. lith. Inst.
33. Kort over Præstö Kjöbstad 1860. [mit Nebenkarte zum Stadtfeld ohne Titel]. Em. Bærentzen & Co. lith. Inst.
34. Vordingborg 1860 [mit 2 Nebenkarten: Kort over Vordingborg Kjöbstads Jorder. 1860; Kort over Nyraad 1860]. Em. Bærentzen & Co. lith. Inst.
35. Kort over Nestved 1859. Em. Bærentzen & Co. lith. Inst.
36. Kort over Nestved Kjöbstads Jorder og Herlufsholm 1859. Em. Bærentzen & Co. lith. Inst.
37. Kort over Store Heddinge 1859. Em. Bærentzen & Co. lith. Inst.
38. Kort over Store Heddinge Kjöbstads Jorder. Em. Bærentzen & Co. lith. Inst.
39. Kort over Stege Kjöbstad 1859. Em. Bærentzen & Co. lith. Inst.
40. Kort over Stege Kjöbstads Jorder 1859. Em. Bærentzen & Co. lith. Inst.
41. Kort over Rönne Kjöbstad 1858. Em. Bærentzen & Co. lith. Inst.
42. Kort over Rönne Kjöbstads Jorder. 1858. Em. Bærentzen & Co. lith. Inst.
43. Kort over Hasle Kjöbstad 1858. Em. Bærentzen & Co. lith. Inst.
44. Kort over Svaneke Kjöbstads Jorder 1858. Em. Bærentzen & Co. lith. Inst.
45. Kort over Allinge Kjöbstad 1858. Em. Bærentzen & Co. lith. Inst.
46. Kort over Allinge og Sandvig Kjöbstæders Jorder1858. Em. Bærentzen & Co. lith. Inst.
47. Kort over Sandvig Kjöbstad 1858. Em. Bærentzen & Co. lith. Inst.
48. Kort over Svaneke Kjöbstad 1858. Em. Bærentzen & Co. lith. Inst.
49. Kort over Nexö Kjöbstads Jorder. 1858. Em. Bærentzen & Co. lith. Inst.
50. Kort over Nexö Kjöbstad 1858. Em. Bærentzen & Co. lith. Inst.
51. Kort over Aakirkeby Kjöbstad 1858. Em. Bærentzen & Co. lith. Inst.
52. Kort over Aakirkeby Kjöbstads Jorder 1858. Em. Bærentzen & Co. lith. Inst. [doppelt]
53. Christiansö. C. F. Sörensen del. Eg. Ruschke lith. Em. Bærentzen & Co. lith. Inst.
54. Odense 1860. Em. Bærentzen & Co. lith. Inst.
55. Kort over Odense Kjöbstads Jorder 1860. Em. Bærentzen & Co. lith. Inst.
56. Kort over Kjerteminde Kjöbstad 1859 [mit Nebenkarte: Kort over Kjerteminde Kjöbstads Jorder 1859.]. Em. Bærentzen & Co. lith. Inst.
57. Kort over Bogense 1860 [mit Nebenkarte: Kort over Bogense Kjöbstads Jorder 1860.]. Em. Bærentzen & Co. lith. Inst.
58. Kort over Middelfart Kjöbstad 1858. Em. Bærentzen & Co. lith. Inst.
59. Kort over Middelfart Kjöbstads Jorder 1858. Em. Bærentzen & Co. lith. Inst.
60. Kort over Assens 1858 [mit Nebenkarte: Assens Kjöbstads Jorder 1858.]. Em. Bærentzen & Co. lith. Inst.
61. Assens efter Resen
62. Svendborg. 1860. Em. Bærentzen & Co. lith. Inst.
63. Kort over Svendborg Kjöbstads Jorder 1860. Em. Bærentzen & Co. lith. Inst.
64. Nyborg 1860. [mit Nebenkarte: Kort over Nyborg Kjöbstads Jorder 1860]. Em. Bærentzen & Co. lith. Inst.
65. Faaborg 1859. [mit Nebenkarte: Kort over Faaborg Kjöbstads Jorder 1859]. Em. Bærentzen & Co. lith. Inst.
66. Rudkjöbing Kjöbstad 1859 [mit Nebenkarte: Kort over Rudkjöbing Kjöbstads Jorder 1859] Em. Bærentzen & Co. lith. Inst.
67. Rudkjöbing efter Resen
68. Kort over Maribo Kjöbstad 1859 [mit Nebenkarte: Kort over Maribo Kjöbstads Jorder 1859]. Em. Bærentzen & Co. lith. Inst.

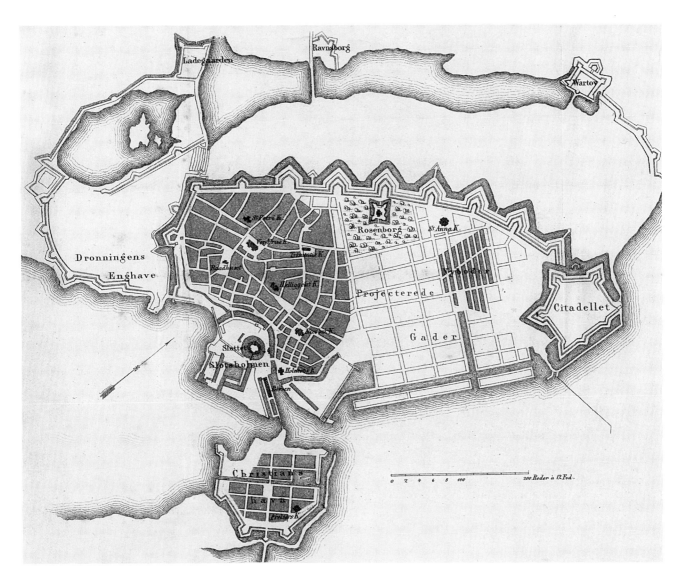

Abb. 98:
„Kjöbenhavn paa Frederik den Tredies Tid." – Der Plan, der Kopenhagen zur Zeit des dänischen Königs Frederik III. in der zweiten Hälfte des 17. Jahrhunderts zeigt, findet sich in der Mitte eines großformatigen Blattes und ist von acht Gebäudedarstellungen umgeben. Das Blatt, das im Lithographischen Institut von Em. Bærentzen & Co. gefertigt wurde, gehört zu den zahlreichen Plänen und Gebäudeansichten in der „Statistisk-topographisk Beskrivelse af Kongeriget Danmark" (Kjøbenhavn 1858-1860) des dänischen Topographen Jens Peter Trap (1810-1885). Trap hatte den Kopenhagen-Plan von dem historischen Sammler Gotthilf Ferdinand Lassen erhalten (B 522, Nr. 1, Ausschnitt).

69. Nakskov 1860 [mit Nebenkarte: Kort over Nakskov Kjöbstads Jorder 1860]. Em. Bærentzen & Co. lith. Inst.
70. Nakskow efter Resen
71. Kort over Saxkjöbing Kjöbstad 1859 [mit Nebenkarte: Kort over Saxkjöbing Kjöbstads Jorder 1859]. Em Bærentzen & Co. lith. Inst.
72. Kort over Rödby Kjöbstad 1860. Em. Bærentzen & Co. lith. Inst.
73. Kort over Rödby Kjöbstads Jorder 1860. Em. Bærentzen & Co. lith. Inst.
74. Kort over Nysted Kjöbstad 1859. Em. Bærentzen & Co. lith. Inst.
75. Kort over Nysted Kjöbstads Jorder 1859. Em. Bærentzen & Co. lith. Inst.

76. Nykjöbing paa Falster 1860 [mit Nebenkarte: Kort over Jorderne ut Nykjöbing Kjöbstad paa Falster 1860]. Em. Bærentzen & Co. lith. Inst.
77. Nykjöbing efter Resen
78. Kort over Stubbekjöbing Kjöbstad 1860 [mit Nebenkarte: Kort over Stubbekjöbing Kjöbstads Jorder 1860]

Bd II:
79. Kort over Hjörring Kjöbstad 1859. Em. Bærentzen & Co. lith. Inst.
80. Kort over Hjörring Kjöbstads Jorder 1859. Em. Bærentzen & Co. lith. Inst.
81. Sæby Kjöbstad 1859. [mit Nebenkarte: Sæby Kjöbstads Jorder 1859.]. Em. Bærentzen & Co. lith. Inst.
82. Kort over Frederikshavn og Citadellet Fladstrand 1859

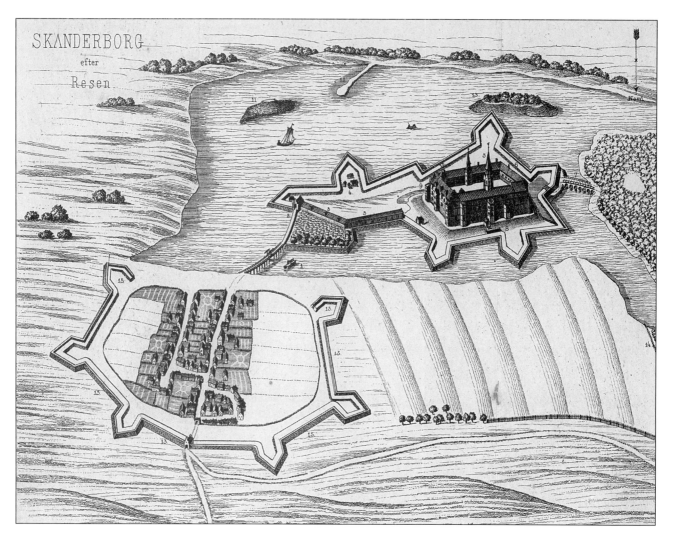

Abb. 99:
„Skanderborg efter Resen." – Der Plan der Stadt Skanderborg in Jütland mit seinem königlichen Schloß findet sich in Traps topographischem Werk zum Königreich Dänemark. Er wurde in Bærentzens Lithographischem Institut gefertigt und stammt aus der zweiten Hälfte des 17. Jahrhunderts von dem bedeutenden Präsidenten von Kopenhagen, dem dänischen Historiker und Geographen Peder Hansen Resen (1625-1688) (B 522, Nr. 113).

[mit Nebenkarte: Frederikshavn Kjöbstads Jorder 1859]. Em. Bærentzen & Co. lith. Inst.
83. Kort over Skagen By & Jorder 1858.
84. Kort over Thisted 1859. F. Christiani lith. Em. Bærentzen & Co. lith. Inst.
85. Kort over Thisted Kjöbstads Jorder 1859. Em. Bærentzen & Co. lith. Inst.
86. Kort over Nykjöbing Kjöbstad paa Mors 1860 [mit Nebenkarte: Kort over Jorderne ut Nykjöbing Kjöbstad paa Mors 1860]. Em. Bærentzen & Co. lith. Inst.
87. Aalborg 1859.
88. Kort over Aalborg Kjöbstads Jorder. Em. Bærentzen & Co. lith. Inst.
89. Nibe Kjöbstad 1859. Em. Bærentzen & Co. lith. Inst.
90. Kort over Nibe Kjöbstads Jorder 1859. Em. Bærentzen & Co. lith. Inst.
91. Kort over Viborg 1858. F. Christiani lith. Em. Bærentzen & Co. lith. Inst.
92. Kort over Viborg Kjöbstads Jorder 1858. F.C. Em. Bærentzen & Co. lith. Inst.
93. Kort over Skive Kjöbstad 1859 [mit Nebenkarte: Kort over Skive Kjöbstads Jorder 1859]. Em. Bærentzen & Co. lith. Inst.
94. Hald. (Efter Reesen).
95. Randers. 1858. Em. Bærentzen & Co. lith. Inst.
96. Randers efter Resen
97. Kort over Randers Kjöbstads Jorder. Em. Bærentzen & Co. lith. Inst.
98. Kort over Hobro Kjöbstad 1858. Em. Bærentzen & Co. lith. Inst.
99. Kort over Hobro Kjöbstads Jorder. Em. Bærentzen & Co. lith. Inst.
100. Kort over Mariager Kjöbstad 1858. Em. Bærentzen & Co. lith. Inst.
101. Kort over Mariager Kjöbstads Jorder. Em. Bærentzen & Co. lith. Inst.

102. Kort over Grenaa Kjöbstad 1858. Em. Bærentzen & Co. lith. Inst.
103. Kort over Grenaa Kjöbstads Jorder. Em. Bærentzen & Co. lith. Inst.
104. Kort over Ebeltoft Kjöbstad 1858. Em. Bærentzen & Co. lith. Inst.
105. Kort over Ebeltoft Kjöbstads Jorder. Em. Bærentzen & Co. lith. Inst.
106. Aarhus. 1858. Em. Bærentzen & Co. lith. Inst.
107. Kort over Aarhus Kjöbstads Jorder. Em. Bærentzen & Co. lith. Inst.
108. Horsens 1858. Em. Bærentzen & Co. lith. Inst.
109. Kort over Horsens Kjöbstads Jorder. Em. Bærentzen & Co. lith. Inst.
110. Horsens efter Resen
111. Kort over Skanderborg Kjöbstad. Em. Bærentzen & Co. lith. Inst.
112. Kort over Skanderborg Kjöbstads Jorder 1859. Em. Bærentzen & Co. lith. Inst.
113. Skanderborg efter Resen. Em. Bærentzen & Co. lith. Inst.
114. Kort over Ringkjöbing Kjöbstad 1858. Em. Bærentzen & Co. lith. Inst.
115. Kort over Ringkjöbing Kjöbstads Jorder 1858. Em. Bærentzen & Co. lith. Inst.
116. Kort over Holstebro Kjöbstads Jorder 1858. Em. Bærentzen & Co. lith. Inst.
117. Kort over Holstebro Kjöbstad 1858. Em. Bærentzen & Co. lith. Inst.
118. Kort over Lemvig Kjöbstads Jorder. Em. Bærentzen & Co. lith. Inst.
119. Kort over Lemvig Kjöbstad 1858. Em. Bærentzen & Co. lith. Inst.
120. Kort over Veile Kjöbstads Jorder 1859. Em. Bærentzen & Co. lith. Inst.
121. Kort over Veile 1859. Em. Bærentzen & Co. lith. Inst.
122. Fredericia efter Resen.
123. Kort over Fredericia 1858. Em. Bærentzen & Co. lith. Inst.
124. Kort over Fredericia Kjöbstads Jorder 1858. Em. Bærentzen & Co. lith. Inst.
125. Kolding. 1858. Em. Bærentzen & Co. lith. Inst.
126. Kort over Kolding Kjöbstads Jorder. Em. Bærentzen & Co. lith. Inst.
127. Ribe 1858. Em. Bærentzen & Co. lith. Inst.
128. Kort over Ribe Kjöbstads Jorder. 1859. Em. Bærentzen & Co. lith. Inst.
129. Kort over Varde Kjöbstad. 1858. Em. Bærentzen & Co. lith. Inst.
130. Kort over Varde Kjöbstads Jorder 1858. Em. Bærentzen & Co. lith. Inst.
131. Grosserer Andersens Plan til Udvidelse af Havnen mod Syd ved Kjøbenhavn og Udgravning af et Skibsløb gjennem Kallebodstrand til Kjøgebugt. Thieles Bogtrykkeri.

Lit.: KATALOG LB KIEL Bd I, S. 338.
Sign.: Gnl 11 (Ed 96)

B 523. Trap, Jens Peter:

Statistisk-topographisk Beskrivelse af Hertugdømmet Slesvig.
Kjøbenhavn: I Commission hos Boghandler G. E. C. Gad, Berlingske Bogtrykkeri ved L. N. Kalckar, 1864. 4°

Am Schluß finden sich neben Gebäudedarstellungen und Gebäudeplänen folgende Karten und Pläne:
1. Husum. 1862. Em. Bærentzen & Co. lith. Inst. [nur im 2. Ex]
2. Husum efter Theatrum urbium. [Ansicht aus dem Werk von Braun-Hogenberg mit Hinweis auf Heinrich Rantzau] [nur im 2. Ex.]
3. Tönning 1862. Opmaalt af Boyens. Em. Bærentzen & Co. lith. Inst. [nur im 2. Ex.]
4. Tönning efter Theatrum urbium. [nur im 2. Ex.]
5. Grundriss der Fehstung Tonninge Anno 1651 [nur im 2. Ex.]
6. Garding 1862. Opmaalt af Boyens. Em. Bærentzen & Co. lith. Inst.
7. Aabenraa 1862. Opmaalt af W. Lumholtz. Em. Bærentzen & Co. lith. Inst.
8. Sönderborg med tilhörende Kjöbstadgrund 1862. Opmaalt af F. C. Mayböll. Em. Bærentzen & Co. lith. Inst. [nur im 2. Ex.]
9. Æröskjöbing 1862. Opmaalt af W. Lumholtz. Em. Bærentzen & Co. lith. Inst. [nur im 2. Ex.]
10. Haderslev. 1862. Opmaalt af Fangel. Em. Bærentzen & Co. lith. Inst.
11. Haderslev efter Theatrum urbium.
12. Tönder. 1862. Opmaalt af W. Lumholtz. Em. Bærentzen & Co. lith. Inst.
13. Tönder og Omegn efter Theatrum urbium.
14. Flensborg 1863. Udarbeidet af W. Lumholtz. Em. Bærentzen & Co. lith. Inst. [nur im 2. Ex.]
15. Kort over Flensborg Kjöbstads Jorder. 1863. Em. Bærentzen & Co. lith. Inst. [nur im 2. Ex.]
16. Ekernförde 1864. Em. Bærentzen & Co. lith. Inst. [nicht im 2. Ex.]
17. Kort over Ekernförde Kjöbstads Jorder 1864. Em. Bærentzen & Co. lith. Inst. [nicht im 2. Ex.]
18. Kort over Burg Kjöbstads Jorder med en skizeret Angivelse af Byens Gader. Em. Bærentzen & Co. lith. Inst. [nicht im 2. Ex.]
19. Kort over Tönder Kjöbstads Jorder 1862. [nicht im 2. Ex.]

Lit.: KATALOG LB KIEL Bd I, S. 441.
Sign.: Ghb 47 b (2. Ex. [unvollständig] unter der Sign.: Ghb 47 – von dem Werk finden sich in der vorliegenden Fassung nur Teile des speziellen Teils [Seite 1-586] mit einem provisorischen Titelblatt; die Abbildungen zu diesem Teil des Werks, die Gebäudedarstellungen und Gebäudepläne sowie Stadtpläne und Karten betreffen, sind in einem besonderen Band zusammengefaßt unter dem gedruckten Titel „Grundtegninger af Kjøbstæderne, Kort over disses Jorder, Afbildninger af Bygninger fra For- og Nutid, m. m. udgivne som skildrende Bilag til statistisk-topographisk Bekrivelse af Hertugdømmet Slesvig ved J. P. Trap"; dazu gehören die Nrn 1-15)

B 524. (Traphagen, Christian Gottlieb):

Handbuch zur Kenntniß der Griechischen Alterthümer in Rücksicht auf Genealogie, Geographie, Mythologie, Kunst und Geschichte, bearbeitet zum Gebrauch für die Jugend beym Lesen der Alten. Mit 2 Charten. Wohlfeilere Ausgabe.
Leipzig: Fr. Chr. Wilh. Vogel, 1819. 8°

Am Schluß finden sich die beiden Karten:
1. Der Peloponnesus und Hellas, nebst dem grösten Theile von Epirus und Thessalien, und den naheherumliegenden Inseln. J. F. Lange del. Petermann sculps.
2. Das alte Griechenland nebst Kleinasien, Grosgriechenland, Cyrenaica und den herumliegenden Inseln. Lange del.

Lit.: GV 1700-1910 Bd 55, S. 106.
Sign.: Aag 9

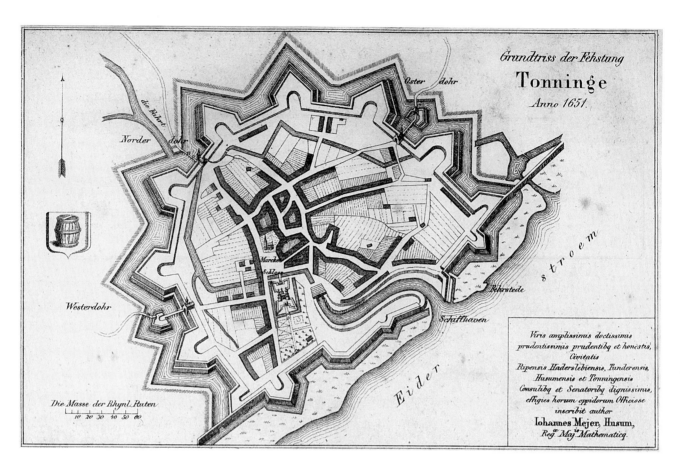

Abb. 100:
„Grundtriss der Fehstung Tonninge Anno 1651." – Der von Johannes Mejer gezeichnete Plan der gottorfischen Festung Tönning, der für Caspar Danckwerths Landesbeschreibung (vgl. B 119, Nr. 104) gezeichnet war, findet sich in Jens Peter Traps „Statistisk-topographisk Beskrivelse af Hertugdømmet Slesvig" (Kjøbenhavn 1864) (B 523, Nr. 5).

B 525.

Travel through Denmark and some Parts of Germany: By way of Journal in the Retinue of the English Envoy, in 1702. ... Including ... A Map of the Isle of Huen, & c. Done into English from the French Original.
London: J. Taylor, 1707. 8°

Im Werk findet sich eine Karte:
A MAP of the Isle of Huen, by William Blaeu, when he Studied | Astronomy under Tychobrahe. (p. 161)

Lit.: BIBLIOTHECA DANICA Bd II, Sp. 595.
Sign.: Gna 49

B 526. Tyrwhitt Brooks, J.:

Vier Monate unter den Goldfindern in Ober-Kalifornien. Tagebuch einer Reise von San Francisco nach den Golddistrikten. Aus dem Englischen von Friedrich Gerstäcker. Mit einer Karte von Ober-Kalifornien.
Leipzig: J. J. Weber, 1849. 8°

Vorne findet sich die Karte:
Karte von Ober-Kalifornien. Stich R. Schmidt Leipzig.

Lit.: ENGELMANN S. 200; GV 1700-1910 Bd 147, S. 337.
Sign.: Ec 39

B 527. Uhl, Friedrich:

Aus dem Banate. Landschaften mit Staffagen. Mit einer Ansicht der Herkulesbäder und einer Karte des Banats.
Leipzig: J. J. Weber, 1848. 8°

Am Schluß findet sich die Karte:
Karte des Banates und der benachbarten Ländertheile. Stich v. R. Schmidt in Leipzig.

Lit.: ENGELMANN S. 307; GV 1700-1910 Bd 148, S. 252.
Sign.: Ed 72

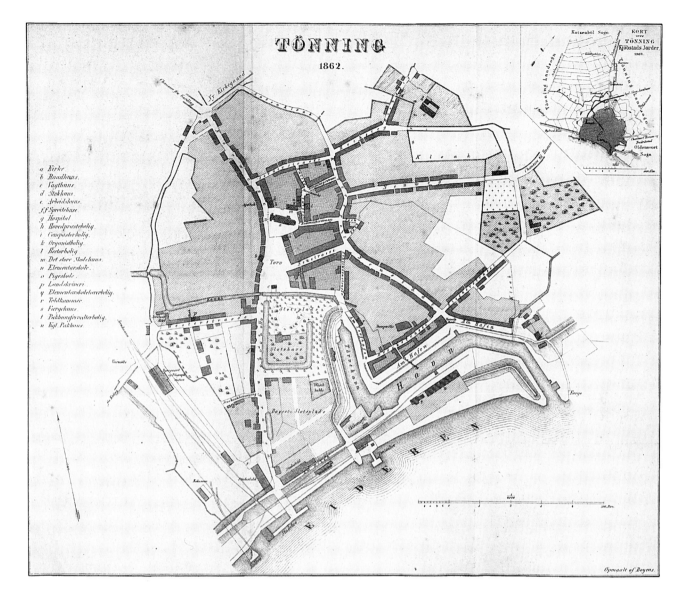

Abb. 101:
„Tönning 1862." – Der von dem Eiderstedter Landmesser Knud Boyens gezeichnete Plan der Stadt Tönning findet sich in Jens Peter Traps „Statistisk-topografisk Beskrivelse af Hertugdømmet Slesvig" (Kjøbenhavn 1864) zusammen mit Plänen der anderen Städte des Herzogtums Schleswig. Nur an wenigen Merkmalen läßt sich auf dem in Bærentzens Lithographischem Institut in Kopenhagen gestalteten Plan erkennen, daß Tönning bis 1714 eine Festung war (B 523, Nr. 3).

B 528. Ukert, Friedrich August:

Geographie der Griechen und Römer von den frühesten Zeiten bis auf Ptolemäus. Mit Charten. 3 Theile in 5 Bänden, und 1 Mappe.
Weimar: Verlag des Geographischen Instituts (1846 des Landes-Industrie-Comptoirs), 1816-1846. 8°

Im Werk finden sich insgesamt 12 Karten:
Theil I, 1 u. 2: Einleitung. Mit Charten. Weimar 1816.
Die Karten zum Ersten Theil finden sich in einer besonderen Mappe im Folioformat mit dem Titel: Charten zu Uckert's Geographie d. Griechen u. Römer:

1. Taf. I – Homerische Welttafel. / Weltcharte des Herodotos.
2. Taf. II – Erdtafel des Eratosthenes. / Charte zum Strabo.
3. Taf. III – Charte des Ptolemaeus.
4. Taf. IV – Fünf Figuren zu Formen der Projektion.
Theil II, 1: Physische Geographie. Iberien. Mit Charten. Weimar 1821.
5. Taf. VI – Hispania. J. C. Gerrich sc. (am Schluß)
6. Taf. V – 5 Karten zu Spanien auf einem Blatt: Hispania ad mentem Strabonis delineata; Hispania Avieni; Hispania ad mentem Ptolemaei delineata 1820; Hispania Strabonis; Hispania Plinii. Gez. v. F. U. Ukert. (am Schluß).

Theil II, 2: Gallien. Mit zwey Charten. Weimar 1832.
7. Gallia. (am Schluß)
8. 2 Karten zu Gallien auf einem Blatt: Gallia ad mentem Ptolemaei delineata; Gallia Caesaris. (am Schluß)

Theil III, 1: Germania. Mit zwei Karten. Weimar 1843.
9. 4 Karten zu Germanien auf einem Blatt: Germania Caesaris.; Germania Strabonis.; Germania Plinii.; Germania Taciti. (am Schluß)
10. Germania ad mentem Ptolemaei delineata. (am Schluß)

Theil III, 2: Nordöstl. Europa u. Nördl. Asien. Mit zwei Karten. Weimar 1846.
11. Scythia et Serica cum terris adjacentibus secundum Ptolemaeum. H. Kiepert del. W. Hensgen sc. Weimar Verlag des Geographischen Instituts 1846. (am Schluß)
12. Sarmatia et Dacia cum Ponto Euxino et Caucaso secundum Ptolemaeum. H. Kiepert del. F. Eulenstein sc. Weimar Verlag des Geographischen Instituts 1846. (am Schluß)

Lit.: BRUNET Bd V, Sp. 1003 (Nr. 19581); GRIEB Bd 2, S. 717 (Nr. 1418); GV 1700-1910 Bd 148, S. 297f.
Sign.: Aa 8

B 529. Ulrichs, Heinrich Nikolaus:

Reisen und Forschungen in Griechenland. Zweiter Theil. Topographische und Archäologische Abhandlungen. Herausgegeben von G. Parthey. Mit 4 Tafeln.
Berlin: Weidmannsche Buchhandlung, 1863. 4°

Im Werk finden sich 4 Tafeln:
1. Das alte Theben von H. N. Ulrichs. Stich v. J. Sulzer (p. 3)
2. Bildwerke am Pronaos des Theseums. Stich v. J. Sulzer (p. 139)
3. Die Häfen und Langen Mauern von Athen von H. N. Ulrichs. Stich v. J. Sulzer (p. 156)
4. Weihgeschenk von Delos. Stich v. J. Sulzer (p. 260)

Lit.: GV 1700-1910 Bd 148, S. 352.
Sign.: Aag 56

B 530. Unger, Friedrich Wilhelm:

Wissenschaftliche Ergebnisse einer Reise in Griechenland und in den jonischen Inseln. Mit 45 Holzschnitten, 27 Abbildungen im Naturselbstdruck und mit einer Karte der Insel Corfu.
Wien: Wilhelm Braumüller, 1862. 4°

Am Schluß findet sich die Karte:
Geognostisch-topographische Karte der Insel Corfu. Zu Unger, Reise in Griechenland. Lith. u. Druck v. E. Hölzels Kunstanstalt, ausgeführt v. F. Köke.

Lit.: GV 1700-1910 Bd 149, S. 30.
Sign.: Ed 99

B 531. Ussing, Johan Louis:

Reisebilleder fra Syden.
Kjøbenhavn: C. A. Reitzel (Bianco Luno), 1847. 8°

Am Schluß des Werks, das unter der Signatur Ed 70 b 1 auch noch in einer etwas anderen Version vorhanden ist, findet sich eine titellose Karte von Thessalien.

Lit.: ERSLEW Bd III, S. 515.
Sign.: Ed 70

B 532. Valentiner, Fr.:

Das Heilige Land, „wie es war" und „wie es ist". Für Kirche, Schule und Haus. Mit einer neuen Charte von Palästina.
Kiel: In Commission bei Carl Schröder, 1868. 8°

Vor dem Titelblatt findet sich die Karte:
Charte von Palästina 1868. Lith. Anst. von F. Mohr, Kiel.

Lit.: GV 1700-1910 Bd 150, S. 36; KATALOG LB KIEL Bd III, S. 2013.
Sign.: Tc 201

B 533. Vasi, Mariano:

Itineraire instructif de Rome ancienne et moderne ou Description generale des Monumens antiques et modernes, et des Ouvrages les plus remarquables en Peinture, Sculpture et Architecture de cette celebre Ville et de ses Environs. Tome Premier (- Second).
Rom 1804. 8°

Im ersten Teil finden sich zwei Pläne:
1. Vetus planum urbis Romae (p. 6)
2. Planum novae urbis (p. 16)

Lit.: zur Ausgabe von 1800 vgl. BRUNET Bd V, Sp. 1098.
Sign.: Aal 4

B 534. Vaupell, Otto:

Kampen for Sønderjylland 1848-50. Første Del. Med 9 lithographerede Kort.
Kjøbenhavn: Bianco Luno, 1863. 8°

In dem Werk finden sich 9 Karten (alle von Em. Bærentzen & Co. lith. Inst.):
1. Rendsborg 1848. (p. 10)
2. Træfningen ved Bov den 9de April 1848. (p. 32)
3. Træfning ved Altenhof. (p. 92)
4. Slaget ved Slesvig 25. April 1848. (p. 107)
5. Fægtningen ved Mysunde den 23de April 1848. (p. 168)
6. Træfning ved Oversö. (p. 178)
7. Træfningen i Sundeved 28. Mai og 5. Juni. (p. 238)
8. Overfald ved Hoptrup. (p. 310)
9. Overfaldet ved Steppinge den 8de August 1848. (p. 364)

Lit.: KATALOG LB KIEL Bd II, S. 1460.
Sign.: Gha 207

B 535. Vaupell, Otto:

Slaget ved Isted, samt Schleppegrells og Læssøes Levnetsløb. Med et stentrykt Kaart og to Potrætter.
Kjøbenhavn: G. E. C. Gad, 1875. 8°

Am Schluß findet sich ein titelloser Plan zur Schlacht bei Idstedt. Th. Berg.s lith. Inst.

Lit.: vgl. KATALOG LB KIEL Bd III, S. 2512 [Ausgabe von 1868].
Sign.: Gha 232

B 536. Vedel Simonsen, Laur. Schebye:

Fyens Vilkaar i den saa kaldte Grevens Feide. Med et Chart over Valpladsen paa Øxnebjerget.
Kjøbenhavn: C. Græbe, 1813. 8°

Vorne findet sich die titellose Karte zur Schlacht am Ochsenberg in Fünen.

Lit.: BIBLIOTHECA DANICA Bd III, Sp. 53.
Sign.: Gna 193

B 537. Venedey, Jakob:

Schleswig-Holstein im Jahre 1850. Ein Tagebuch. Erster Theil. (Zweiter Theil).
Leipzig: Avenarius & Mendelssohn, 1851. 8°

Im Ersten Theil finden sich 2 Karten:
1. Schlacht bei Idstedt. – Stellung zu Anfang der Schlacht. (p. 122)
2. Schlacht bei Idstedt. – Stellung um 11 Uhr Vormittags. (p. 138)

Lit.: GV 1700-1910 Bd 150, S. 182; KATALOG LB KIEL Bd I, S. 713.
Sign.: Gha 408 a-b

B 538.

Das vereinigte Groß-Britannien oder Engelland und Schottland, nach dem neuesten Zustande aller Provintzen, Städte, See-Häven ... Wobey insonderheit eine umständliche Nachricht von der Weltberühmten Haupt-Stadt London ... Aus den bewährtesten Scribenten und neuesten Nachrichten zusammen getragen; mit einer Land-Charte und verschiedenen Portraits gezieret, auch curieusen Beylagen zur Erleuterung der Englischen Staats-Historie versehen.
Hamburg: Thomas von Wierings Erben, 1716. 8°

In dem Werk findet sich eine Karte und eine Stadtansicht:
1. GROSBRITAN- | NIEN, | oder | ENGLAND u. SCHOT- | Land | Samt den K. Irland. (p. 1)
2. Die Stadt LONDON. (p. 104)

Sign.: Gfb 1 (vgl. Jordtsche Bücher B 106)

B 539.

Verhandlungen der physikalisch-medicinischen Gesellschaft zu Königsberg über die Cholera. Erster Band. Mit 1 Plane und 2 Lithographien.
Königsberg: Im Verlage der Gebrüder Bornträger, 1832. 8°

Am Schluß findet sich in einem Kreisrund der Plan: Königsberg nach den Polizei-Bezirken.

Lit.: GV 1700-1910 Bd 150, S. 384.
Sign.: L 225

B 540. Vialart, Charles:

Geographia sacra sive notitia antiqua episcopatuum ecclesiae universae. Ex conciliis, patribus, historia ecclesiastica et geographis antiquis excerpta.
Paris: Melchior Tavernier, 1641. 2°

In dem Werk finden sich 10 großformatige Karten:
1. PATRIARCHATUS | ROMANUS | PARISIIS aput M. TAVERNIER Sculptorem | REGIVM & Excusorem Tabularum | Geographicarum Hydrographicarum | jn Insula Palatij ad insigne | Sphæræ Regio | | A. de la plaetsen fecit (nach p. 10)
2. ANTIQUORUM | ITALIÆ & ILLYRICI | Occidentalis Episcopatuum | Geographica Descriptio | PARISIIS Apud M. TAVERNIER | ... Ao. 1640 | | Abraham de la plaetsen fecit. (nach p. 28)
3. ANTIQUORUM | AFRICÆ EPISCOPA- | TUUM GEOGRAPHICA | DESCRIPTIO | | PARISIIS Aput M. TAVERNIER | ... | Anno 1640 | Cum Privilegio Regis (nach p. 78)
4. ANTIQUORUM | GALLIÆ EPISCOPATUUM | GEOGRAPHICA DESCRIPTIO | PARISIIS Apud M. TAVERNIER Sculptorem | ... Ao. 1640 | Cum Privilegio Regis (mit Nebenkarte unten links: ANTIQUI MAGNÆ BRITANNIÆ EPISCOPATUS) (nach p. 116)
5. ANTIQUORUM | HISPANIÆ EPISCOPATUUM | GEOGRAPHICA | DESCRIPTIO | | PARISIIS Aput M. TAVERNIER Sculptorem | ... Ao. 1640 | Cum Privilegio Regio (nach p. 170)
6. ANTIQUORUM | ILLYRICI ORIENTALIS | EPISCOPATUUM GEOGRAPHICA | DESCRIPTIO | PARISIIS Aput M. TAVERNIER | ... | ... 1640 | Cum Privilegio Regis (nach p. 190)
7. PATRIARCHATUS | CONSTANTINOPOLITANI | Geographica descriptio | PARISIIS Aput M. TAVERNIER | ... | Cum Privilegio Regis (nach p. 212)
8. PATRIARCHATUS | ALEXANDRINI | Geographica descriptio | | PARISIIS Aput M. TAVERNIER | ... | Anno 1640 | Cum Privilegio Regis (nach p. 262)
9. PATRIARCHATUS | ANTIOCHENI | Geographica descriptio | PARISIIS Aput M. TAVERNIER Sculptorem | ... | ... Anno 1640 | Cum Privilegio Regis (nach p. 294)
10. PATRIARCHATUS | HIEROSOLYMITANI | Geographica descriptio | PARISIIS Aput M. TAVERNIER Sculptorem | ... | ... Anno 1640 | Cum Privilegio Regis (nach p. 306)

Lit.: BMGC Bd 248, Sp. 270; BRUNET Bd IV, Sp. 447.
Sign.: Eb 1 (St.-Nikolai-Bibliothek B 421)

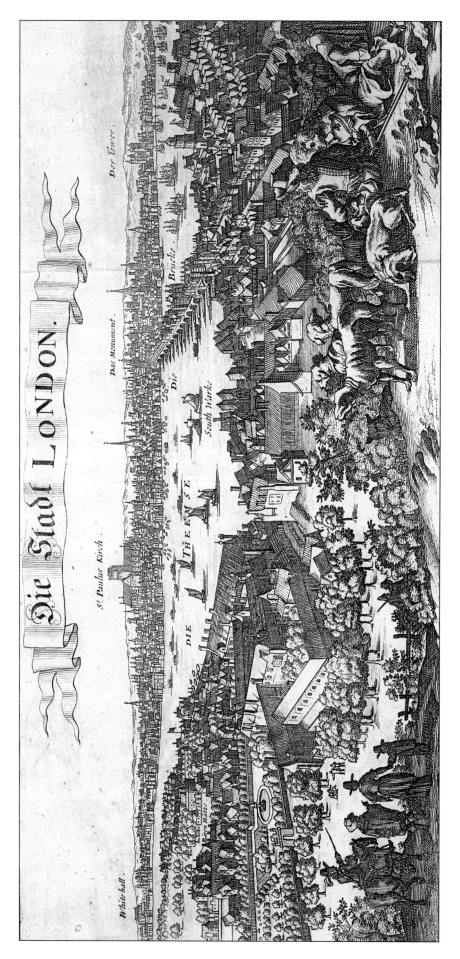

Abb. 102:
„Die Stadt London." – Die Stadtansicht findet sich in dem Werk „Das vereinigte Groß-Britannien oder Engelland und Schottland nach dem neuesten Zustande aller Provintzen, Städte, See-Häven" (Hamburg 1716). Wiedergegeben ist das Panorama der Stadt an der Themse mit ihrem großen Hafen von Whitehall bis zum Tower (B 538, Nr. 2).

B 541. Vieth, Anton:

Beschreibung und Geschichte des Landes Dithmarschen, oder Geographische, Politische und Historische Nachricht vom bemeldten Lande. Aus bewehrten gedruckten und ungedruckten Urkunden verfasset, nebst einer Special-Carte, unterschiedlichen Kupferstichen, und einer Vorrede Hn. Jo. Alberti Fabricii.

Hamburg: Thomas von Wierings Erben, 1733. 8°

Im Band finden sich eine große Karte und vier kleinere Pläne:
1. Beschreibung vom Land zu Ditmers nach aller gelegenhz wies Konigl. Mai. zu Denemarck samt die Herrn von Holsten erobert haben Anno 1559. (nach Westen ausgerichtet. Nach Peter Böckels Karte von 1559, in Ortelius' Antwerpener Atlas von 1595) (vor S. 1; größtenteils herausgerissen und lose beiliegend)
2. Plan der Stellerburg (ohne Titel). pag. 478.
3. Plan der Hammer Schanze (ohne Titel). (p. 478)
4. Plan der Tielenbrueger Schanze (ohne Titel). (p. 478)
5. Plan der Aubrücker Schanze (ohne Titel). (p. 478)

Lit.: BIBLIOTHECA DANICA Bd III, Sp. 689; GRIEB Bd 2, S. 725 (Nr. 1435); GV 1700-1910 Bd 151, S. 354; HEINSIUS Bd IV, S. 329; KATALOG LB KIEL Bd I, S. 759f.; zur Karte und zu den Plänen vgl. GEERZ S. 24, 182f.

Sign.: Ghb 183

B 542. Virgilius Maro, Publius:

Ländliche Gedichte. Übersezt und erklärt von Johann Heinrich Voss. Vier Bände. Mit erläuternden Kupfern. Erster Band. (I. – V. Idylle. Mit der Erdtafel des Eratosthenes). Acc.: Zweiter Band. (VI. – X. Idylle).

Altona: bey Johann Friedrich Hammerich, 1797. 8°

Am Schluß des ersten Bandes findet sich:
ERATOSTHENISCHE ERDTAFEL. | größtentheils nach Strabo entworfen von Hellwag 1797. [mit: GEMEINE ERDTAFEL NACH GEMINUS (oben links) u. GEMEINE ERDTAFEL NACH DIONYSIUS (oben rechts)]. C. Jäck Sculp. Berlin 1797.

Lit.: GV 1700-1910 Bd 150, S. 314; vgl. KATALOG LB KIEL Bd III, S. 2961 (2. Auflage).

Sign.: Al II 910 b

B 543. Volger, Wilhelm Friedrich:

Handbuch der allgemeinen Weltgeschichte. 2 Bde in je 2 Abtheilungen (3 Bde).

Hannover: Hahn'sche Hofbuchhandlung, 1835-1839. 8°

In dem Werk finden sich diverse Karten:
Bd I, erste Abtheilung (1835):
1. Das Römische Reich in seiner weitesten Ausdehnung. H. Leutemann sc. (am Schluß)
Bd I, zweite Abtheilung (1836, angebunden an erste Abtheilung):
Die auf dem Titelblatt erwähnten 4 Karten fehlen (dazu vgl. B 544).
Bd II, erste Abtheilung (1837):
2. Europa in der Mitte des sechzehnten Jahrhunderts. No. I. gest. v. W. Hunnemann in Hannover (am Schluß)
3. Deutschland nach seinen Kreisen am Ende des sechzehnten Jahrhunderts. No. II. W. Hunnemann sc. Hannover (am Schluß)
Bd II, zweite Abtheilung (1839):
4. Europa ums Jahr 1725. No. 1. (am Schluß)
5. Europa im Jahre 1814. No. 2. (am Schluß)

Lit.: GV 1700-1910 Bd 152, S. 37.

Sign.: Ga 18

B 544. Volger, Wilhelm Friedrich:

Abriß der allgemeinen Weltgeschichte für die mittleren Klassen der Gymnasien. Dritte verbesserte Auflage. (Lehrbuch der Geschichte, Teil 2).

Hannover: Hahn'sche Hofbuchhandlung, 1845. 8°

Am Schluß finden sich 4 Karten (vgl. B 543):
1. Europa zur Zeit Karls des Grossen. Zu Volger's Handbuch der Geschichte I. 2. No. I.
2. Deutschland um die Mitte des zehnten Jahrhunderts. Zu Volger's Handbuch der Geschichte I. 2. No. II.
3. Europa am Ende des zwölften Jahrhunderts. Zu Volger's Handbuch der Geschichte I. 2. No. III.
4. Europa am Ende des vierzhenten Jahrhunderts. Zu Volger's Handbuch der Geschichte I. 2. No. IV.

Lit.: GV 17800-1910 Bd 152, S. 38.

Sign.: Ga 45

B 545. Volkmann, Johann Jacob:

Neueste Reisen durch England, vorzüglich in Absicht auf die Kunstsammlungen, Naturgeschichte, Oekonomie, Manufakturen und Landsitze der Großen. Aus den besten Nachrichten und neuern Schriften zusammengetragen. 4 Theile.

Leipzig: Caspar Fritsch, 1781-1782. 8°

Am Schluß des ersten Teils findet sich die Karte:
Neue Charte von England und Wales. Berndt sculp.

Lit.: ENGELMANN S. 373; GV 1700-1910 Bd 152, S. 66; HEINSIUS Bd IV, S. 341.

Sign.: Ed 19

B 546. Volkmann, Johann Jacob:

Neueste Reisen durch Spanien vorzüglich in Ansehung der Künste, Handlung, Oekonomie und Manufakturen aus den besten Nachrichten und neuern Schriften zusammengetragen. 2 Theile.

Leipzig: Caspar Fritsch, 1785. 8°

Am Schluß des ersten Teils findet sich die Karte:
Neue Reise Charte durch Spanien. Liebe sc.

Lit.: ENGELMANN S. 958; GV 1700-1910 Bd 152, S. 66; HEINSIUS Bd IV, S. 341.

Sign.: Ed 23

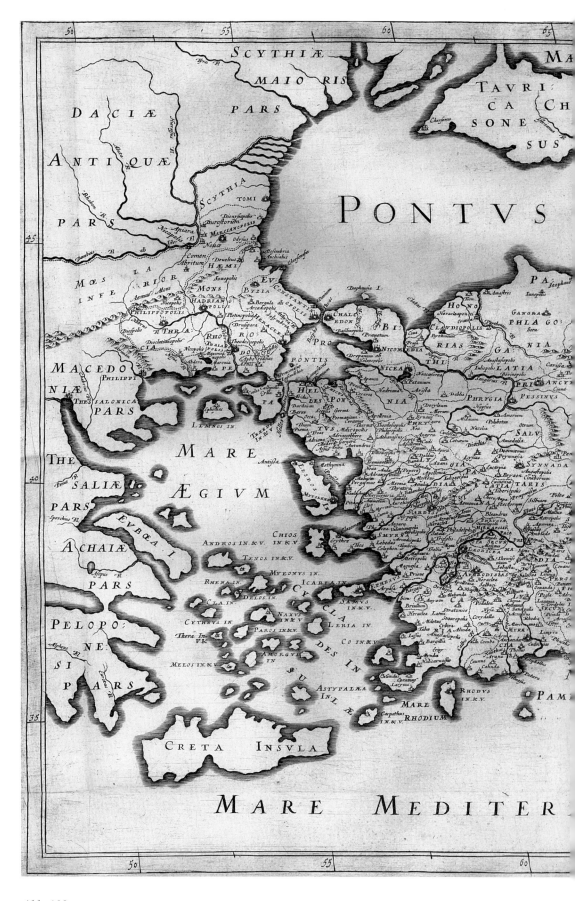

Abb. 103:
„Patriarchatus Constantinopolitani geographica descriptio." – Dargestellt ist auf der Karte, die sich in Charles Vialarts „Geographia sacra" (Paris 1641) findet, die alte Kirchenprovinz von Konstantinopel, die Klein-

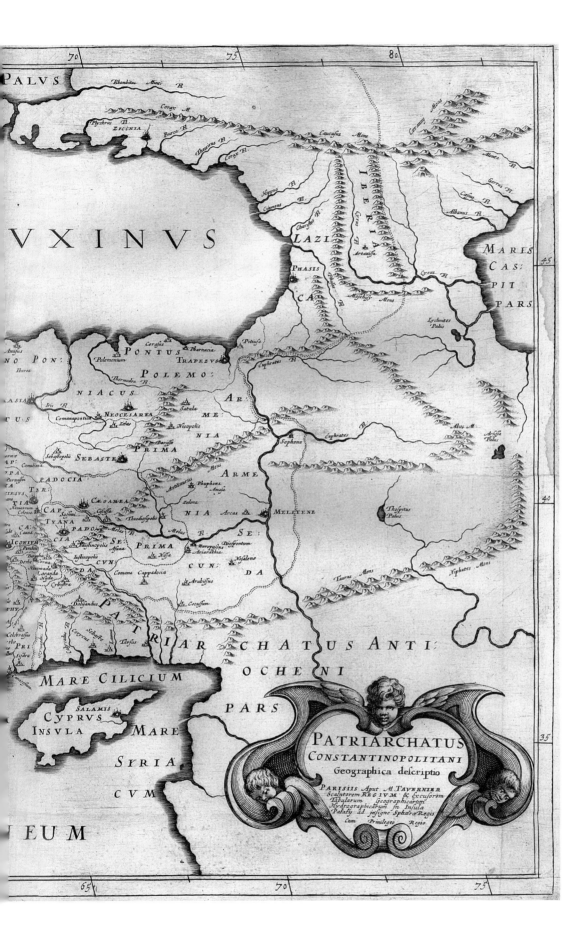

asien und Teile der Balkanhalbinsel umfaßte. Herausgegeben wurde der Band, der zehn großformatige Karten zur Einteilung der frühen Kirche aufweist, von dem Pariser Verleger Melchior Tavernier (B 540, Nr. 7).

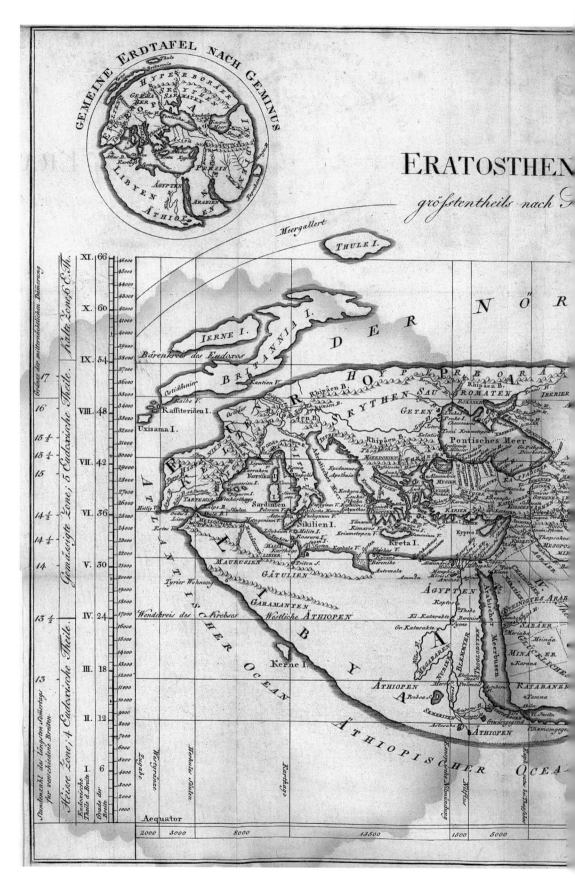

Abb. 104:
„Eratosthenische Erdtafel, größtentheils nach Strabo entworfen." – Das von dem Kartenzeichner Hellwag entworfene und von dem Berliner Kupferstecher Carl Jäck gestochene Blatt enthält im Zentrum eine ovale Darstellung zum Weltbild des griechischen Geographen und Bibliothekars von Alexandria Eratosthenes

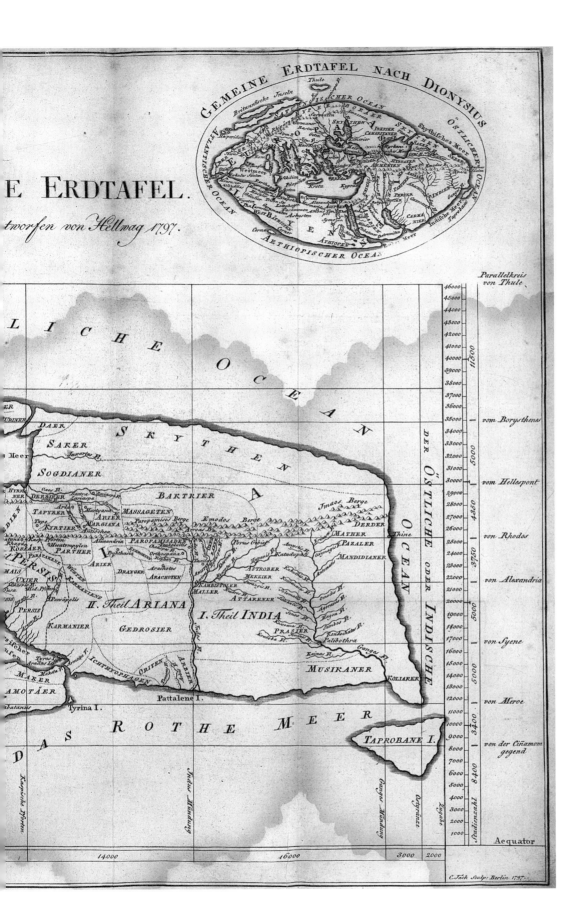

(um 275-195). Oben links und rechts sind kleinere Darstellungen zum Weltbild von Geminos (1. Jh. v. Chr.) und Dionysios von Halikarnassos (um Christi Geburt) eingefügt. Das Blatt findet sich im ersten Band von Vergils „Ländliche Gedichte. Übersetzt und erklärt von Johann Heinrich Voss" (Altona 1797) (B 542).

B 547. Volkmar, Wilhelm:

Geschichte des Landes Dithmarschen bis zum Untergange des Freistaates. Mit einer Karte und einer Tafel Abbildungen.
Braunschweig: Friedr. Vieweg u. Sohn, 1851. 8°

Die auf dem Titelblatt genannte Karte fehlt.

Lit.: GV 1700-1910 Bd 152, S. 75; KATALOG LB KIEL Bd I, S. 760; zur Karte vgl. GEERZ S. 182.
Sign.: Ghb 193

B 548. Vollbrecht, Ferdinand:

Wörterbuch zu Xenophons Anabasis. Für den Schulgebrauch bearbeitet von Ferdinand Vollbrecht. Mit 75 in den Text eingedruckten Holzschnitten, drei lithographierten Tafeln und mit einer Übersichtskarte. Fünfte verbesserte und vermehrte Auflage.
Leipzig: B. G. Teubner, 1883. 8°

Am Schluß findet sich die Übersichtskarte:
Karte zu Xenophons Anabasis. Schulausgabe von F. Vollbrecht. Ent. u. gez. v. Henry Lange. Druck v. Eschebach & Schäfer, Leipzig. H. Lange dir.

Lit.: GV 1700-1910 Bd 152, S. 284.
Sign.: Ag II 1172 d (2 Exemplare)

B 549. (Voltaire):

La Henriade, avec les variantes. Nouvelle Édition, ornée de Figures. Tome premier (Tome second).
Caen: Chez G. le Roy, 1787. 8°

Im zweiten Band finden sich 2 Schlachtenpläne:
1. Plan de la Bataille de Fontenoy, remporté le 11 May 1745 par l'Armée Françoise, commandé par le Roy. Tom. II pag. 199.
2. Plan de la Bataille de Lawfeldt, gagnée par le Roy le 2.e Juillet 1747. Tom. II pag. 215.

Sign.: Ff II 460

B 550. Voss, Johann Heinrich:

Kritische Blätter nebst geografischen Abhandlungen. Zweiter Band.
Stuttgart: in der J. B. Metzler'schen Buchhandlung, 1828. 8°

Am Schluß findet sich eine Karte:
Hesiodische Welt-Tafel von I. H. Voss. Lith. von F. Hengstenberg.

Lit.: GV 1700-1910 Bd 153, S. 14; KATALOG LB KIEL Bd III, S. 2962.
Sign.: Ap 88

B 551. Voß, Johannes:

Chronikartige Beschreibung der Insel Fehmarn.
Burg a. F.: Commissions-Verlag von N. Dose, 1889 [ND Burg: Buchhandlung Niederlechner, 1978]. 4°

Am Schluß findet sich eine Karte:
Insel Fehmarn, bearbeitet und gezeichnet von K. Jessel, Lehrer in Landkirchen a. F. Verlag N. Dose, Burg a. F.

Lit.: GV 1700-1910 Bd 153, S. 13; KATALOG LBN KIEL Bd I, S. 761.
Sign.: LZB, SH 128 V

B 552. Voss, Johannes; Jessel, K.:

Die Insel Fehmarn. Ein Beitrag zur Heimatskunde für Schule und Haus.
Burg a. F.: Verlag von N. Dose, 1898. 8°

Am Schluß findet sich eine Karte:
Insel Fehmarn, bearbeitet und gezeichnet von K. Jessel, Lehrer in Landkirchen a. F. Lith. v. Otto Blunck, Kiel. Verlag N. Dose, Burg a. F.

Lit.: GV 1700-1910 Bd 153, S. 13; KATALOG LB KIEL Bd II, S. 1525.
Sign.: Ghb 804

B 553. Wachsmuth, Curt:

Die Stadt Athen im Alterthum. Bd I, mit 2 lithographirten Tafeln.
Leipzig: B. G. Teubner, 1874. 4°

Am Schluß finden sich 2 Pläne:
1. Plan der Stadt Athen. Lith. Eschebach & Schaefer Leipzig.
2. Plan von dem Peiraieus. Eschebach & Schaefer Leipzig.

Unter derselben Signatur findet sich ebenfalls die erste Abtheilung des zweiten Bandes (Leipzig 1890).

Lit.: GV 1700-1910 Bd 153, S. 101.
Sign.: Aag 68

B 554. Wägner, Wilhelm:

Hellas. Das Land und Volk der alten Griechen. Bearbeitet für Freunde des klassischen Alterthums, insbesondere für die deutsche Jugend. (Otto Spamer's Illustrirte Jugend- und Hausbibliothek. III. Serie. Erster und zweiter Band). 2 Bde.
Leipzig: Otto Spamer, 1859. 8°

Die Karte zum alten Griechenland (vom Ende des zweiten Bandes) fehlt.

Lit.: GV 1700-1910 Bd 70, S. 318.
Sign.: Gg 58

B 555. Wagner, Friedrich August:

Ägypten in Deutschland oder die germanisch-slavischen wo nicht rein germanischen Alterthümer an der schwarzen Elster. Mit sechs Steintafeln und einer Charte.
Leipzig: C. H. F. Hartmann, 1833. 8°

Am Schluß findet sich eine titellose Karte über sächsische Gebiete östlich der Elbe bei Torgau.

Lit.: GV 1700-1910 Bd 153, S. 201.
Sign.: Dk 9

B 556. Wagner, Moritz:

Atlas zu Moritz Wagner's Reisen in der Regentschaft Algier in den Jahren 1836, 1837 und 1838.
Leipzig: Verlag von Leopold Voss, 1841. 2°

Am Schluß des Bandes, in dem sich vor allem Tierabbildungen finden, erscheint die Karte:
Karte der Regentschaft Algier zu Dr. Moritz Wagner's Reise. Leipzig, Verlag von Leopold Voss. 1840. Gez. v. Al. Schmid. Steindr. v. Aug. Kneisel.

Unter derselben Signatur findet sich auch:
Wagner, Moritz: Reisen in der Regentschaft Algier in den Jahren 1836, 1837 und 1838. Nebst einem naturhistorischen Anhang und und einem Kupferatlas. 3 Bde.
Leipzig: Verlag von Leopold Voss, 1841. 4°

Lit.: GRIEB Bd II, S. 757 (Nr. 1454); GV 1700-1910 Bd 153, S. 257.
Sign.: Ec 32

B 557. Walcher, Salomon:

Touristenführer durch die Schweiz. Mit den Panoramen vom Rigi-Kulm, der Berner- und Walliser-Alpen, der Montblanckette und der Appenzeller Berge, und einer Uebersichtskarte der Schweiz.
Leipzig: J. J. Weber, 1856. 8°

Neben mehreren Panoramen findet sich am Schluß die Karte: Uebersichtskarte der Schweiz.

Lit.: ENGELMANN S. 923; GV 1700-1910 Bd 153, S. 369.
Sign.: Ee 34

B 558. (Waldersee, Georg Graf von):

Der Krieg gegen Dänemark im Jahre 1864. Bearbeitet von G. Gr. W. Mit Beilagen, Karten und Plänen.
Berlin: Verlag von Alexander Duncker, 1865. 8°

Am Schluß finden sich unter den Beilagen 3 Pläne:
1. Croquis der Dannewerk-Schanzen. Beilage No. VI. Geo.-lith. Anstalt von A. Meyer.
2. Belagerungs-Plan der Düppler Schanzen. Beilage No. VIII. Geo.-lith. Anstalt von A. Meyer.
3. Plan zum Übergange nach der Insel Alsen. Beilage No. X. Geo.-lith. Anstalt von A. Meyer.

Lit.: GV 1700-1910 Bd 153, S. 404; KATALOG LB KIEL Bd I, S. 720.
Sign.: Gha 401

B 559. Warnstedt, Adolf von:

Rendsburg, eine holsteinische Stadt und Festung. Eine historisch-staatsrechtliche Untersuchung.
Kiel: Carl Schröder & Comp., 1850. 8°

Am Schluß finden sich zwei Karten (nach Johannes Mejer):
1. Grundriss der Stadt Rendsburg Anno 1649.
2. Grundriss der Stadt Rendsburg mit seinen belägerung und Wercken Anno 1645.

Lit.: GV 1700-1910 Bd 154, S. 41; KATALOG LB KIEL Bd I, S. 793; zu Karte Nr. 2 vgl. GEERZ S. 186.
Sign.: Ghb 406 (2. Ex. unter der Sign.: Gha 140 [angebunden]; 3. Ex. unter der Sign.: Stiftung Arbs 1860)

B 560. Warnstedt, Friedrich von:

Die Insel Föhr und das Wilhelminen See-Bad 1824; mit 2 Charten und 5 Zeichnungen.
Schleswig: Königl. Taubstummen-Institut, 1824. 8°

In dem Werk finden sich 1 Stadtansicht und 2 Karten:
1. Wyck auf Föhr. Kongeligt Steentryk A Dir. Mansa lith. (vor Titelblatt)
2. Westküste von Schleswig Anno 1651 nach Meyer. Kongl. Steentrykkeri A. Dir. Harthwieg lith. (vor p. 1)
3. Karte der Insel Føhr 1823. Kongl. Steentr. A. Dir. I. Fenckel sc. (vor p. 21)

Lit.: ENGELMANN S. 492; BIBLIOTHECA DANICA Bd III, Sp. 686; GEERZ S. 91; GV 1700-1910 Bd 154, S. 41; KATALOG LB KIEL Bd I, S. 730.
Sign.: Ghb 234 (auch ND Leer: Verlag Schuster, 1979; Sign.: LZB, SH 121 Föh)

B 561. Wartensleben, Hermann Graf:

Feldzug 1870-71. Die Operationen der 1. Armee unter General von Manteuffel. Von der Capitulation von Metz bis zum Fall von Peronne. Mit zwei Karten.
Berlin: Ernst Siegfried Mittler u. Sohn, 1872. 8°

Am Schluß finden sich die beiden Karten (ohne Titel) mit dem Hinweis: Zu: Graf v. Wartensleben, Operationen der 1. Armee unter General v. Manteuffel. Karte I (II), des Lith. Inst. v. Wilh. Greve in Berlin.

Lit.: GV 1700-1910 Bd 154, S. 62.
Sign.: Gde 27

B 562. Wartensleben, Hermann Graf:

Feldzug 1870-71. Die Operationen der Südarmee im Januar und Februar 1871. Mit zwei Karten.
Berlin: Ernst Siegfried Mittler u. Sohn, 1872. 8°

Am Schluß finden sich die beiden Karten (ohne Titel) mit dem oberen Hinweis: Graf von Wartensleben, Operationen der Südarmee. Karte I (II.). und dem unteren Hinweis: Lith. Anst. v. Wilh. Greve in Berlin.

Lit.: GV 1700-1910 Bd 154, S. 62.
Sign.: Gde 28

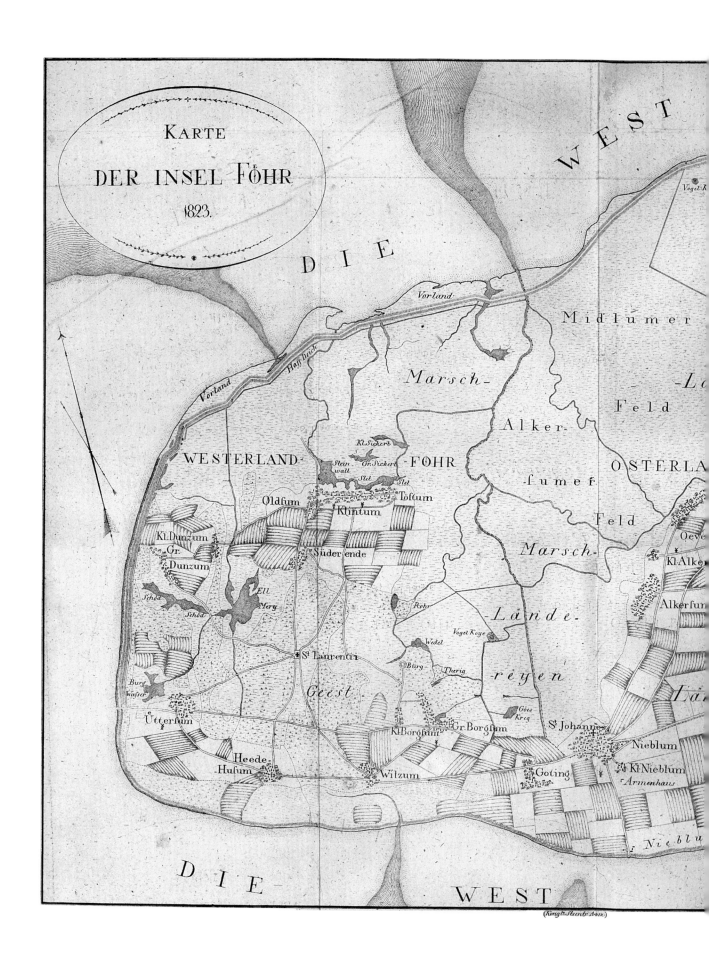

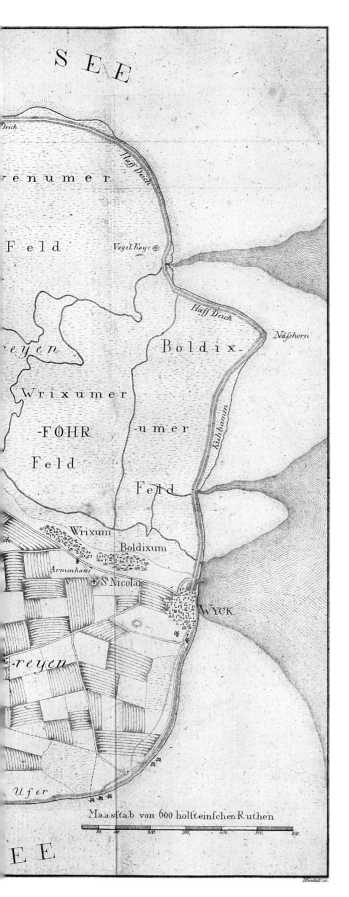

B 563. W(edel)-J(arlsberg), F(redrik) W(ilhelm) Freiherr von:

Afhandling over den ældre Skandinaviske Historie om Cimbrerne og de Skandinaviske Gother. Ved F. W. Fhr. af W. J. Oversat af J(oh). H(erm). M(eier).
Kiøbenhavn: Nicolaus Møller, 1781. 8°

Vor S. 1 findet sich die Karte:
Pars Europae septentrionalis Secundum Pytheam Melam Plinium et Tacitum. O. N. Flint Sc. Hafniæ 1780

Lit.: BIBLIOTHECA DANICA Bd III, Sp. 34.
Sign.: Gna 102

B 564. Wegener, Caspar Frederik:

Von der Landeshoheit über das alte Rendsburg auf der Eiderinsel. Mit einer früher ungedruckten Chronik von der Anlegung des neuen Rendsburg.
Kopenhagen: Universitätsbuchhändler C. A. Reitzels Verlag. Gedruckt bei Bianco Luno, 1850. 8°

Das Werk enthält 5 kleinere eingefügte Karten zu Rendsburg auf der Eiderinsel.

Lit.: GV 1700-1910 Bd 154, S. 403; KATALOG LB KIEL Bd I, S. 793; zu den Karten vgl. GEERZ S. 182f.
Sign.: Ghb 809

B 565. Weidinger, Carl:

Leipzig. Ein Führer durch die Stadt und ihre Umgebungen. Mit 72 in den Text gebrachten Abbildungen, einem Orientirungsplane und einer Karte der Umgebungen von Leipzig. (Weber's illustrirte Reisebibliothek, Nr. 23).
Leipzig: J. J. Weber, 1860. 8°

In dem Werk finden sich ein Plan u. eine Karte:
1. Orientirungsplan von Leipzig. (p. 258)
2. Die Umgegend von Leipzig. gez. v. Th. v. Bomsdorff. Leipzig. Verlag von J. J. Weber. F. A. Brockhaus' Geogr. artist. Anstalt Leipzig.

Lit.: GV 1700-1910 Bd 154, S. 181.
Sign.: Ee 49

Abb. 105:
„Karte der Insel Föhr 1823." Friedrich von Warnstedt ließ für sein Werk „Die Insel Föhr und das Wilhelminen See-Bad" (Schleswig 1824) in der Königlichen Steindruckerei in Kopenhagen die vorliegende Karte stechen, die die Insel Föhr zeigt; staatsrechtlich gehörte der Westen der Insel seit dem Spätmittelalter zum Königreich Dänemark. (B 560, Nr. 3).

B 566. Welcker, Friedrich Gottlieb:

Kleine Schriften zur griechischen Literaturgeschichte. Zweyter Theil.
Bonn: bey Eduard Weber, 1845. 8°

Am Schluß findet sich die Karte:
Topographical Survey of the Plan of Troy by Capt.n Graves, T. A. B. Spratt Esq.re and other Officers of the R.l Navy, with the ancient Sites as determined on the Spot, by Dr. P. W. Forchhammer. Drawn by John Arrowsmith. Lithograph.t von F. C. Witte in Köln.

Lit.: GV 1700-1910 Bd 155, S. 246.
Sign.: Ap 89

B 567. Wendland, Hermann:

Die Königlichen Gärten in Herrenhausen bei Hannover. Ein Führer durch dieselben. Mit 2 Plänen.
Hannover: Hahn'sche Hofbuchhandlung, 1852. 8°

Am Schluß finden sich zwei titellose Pläne zu den Parkanlagen von Schloß Herrenhausen.

Lit.: GV 1700-1910 Bd 155, S. 356.
Sign.: Ee 28

B 568. Wersebe, August von:

Beschreibung der Gaue zwischen Elbe, Saale und Unstrut, Weser und Werra, in sofern solche zu Ostfalen mit Nord-Thüringen und zu Ost-Engern gehört haben, und wie sie im 10ten und 11ten Jahrhunderte befunden sind. Eine von der Königlichen Societät der Wissenschaften zu Göttingen am 10ten November 1821 gekrönte Preisschrift. Mit einer Charte.
Hannover: Hahn'sche Hof-Buchhandlung, 1829. 4°

Am Schluß findet sich die Karte:
Darstellung der ehemaligen Gauen zwischen Elbe Saale und Unstrut Weser und Werra und der Bischöflichen Diöcesen in denen selbige belegen gewesen sind. Lülves sc. Hannover.

Lit.: GV 1700-1910 Bd 155, S. 564.
Sign.: Ee 14

B 569. Westphalen, Ernst Joachim von (Hrsg.):

Monumenta inedita rerum Germanicarum praecipue Cimbricarum et Megapolensium. Tomus I – IV.
Leipzig: Jo. Christian Martin, 1739-1745. 2°

Das Werk enthält diverse Kupferstichtafeln, darunter folgende Karten und Stadtansichten:
Tomus I (1739; am Schluß):
1. TYPUS CHERSONESI CIMBRICÆ | | Brühl sc. Lips. | | B.
2. TYPUS PARVÆ ANGLIÆ INTER IVTIAM ET HOLSATIAM. | | F.
Tomus III (1743; am Schluß):
3. ROSTOCHIVM VRBS VANDALICA ANSEATICA MEGAPOLITANA | DELINEATIO LINDEBERGII | MDXCVII. | | Ee. | | ad Tom. III. pag. 782.
4. SLESVICVM Ao: MDLXXXVI. / SLESVICVM Ao: MDCCXII. | | 1712 C. Fritzsch sculps. | | H | | ad Tom. III. pag. 322.
5. M MERIANI | Ichnographia Sverini delineata A. 1640. | | Brühl sc. Lipsiae. | | Lll. | | ad Tom. III. pag. 1645.

Lit.: BIBLIOTHECA DANICA Bd III, Sp. 37; BRUNET Bd V, Sp. 1436 (Nr. 26649); GV 1700-1910 Bd 99, S. 54; HEINSIUS Bd IV, S. 399; KATALOG LB KIEL Bd I, S. 180; zu den Karten Nr. 1, 2 u. 4 vgl. GEERZ S. 178 u. 184.
Sign.: Gq 8

B 570. Wiese, Hartwig Friedrich:

Nachrichten von dem Kirchspiel Schönkirchen, insbesondere von dem Kirchdorf selbst. Mit Bildern und Karten.
Schönkirchen: Im Selbstverlage des Verfassers. Gedruckt bei H. Ehlers in Neustadt i. H., 1886. 8°

Im Werk finden sich 5 Karten:
1. Die Umgegend von Schönkirchen im 14. Jahrhundert. (p. 19)
2. Die Feldmark Schönkirchen im Jahre 1760. (zw. p. 122/123)
3. Die Feldmark Schönkirchen im Jahre 1860. (zw. p. 200/201)
4. Das Kirchdorf Schönkirchen 1860. (zw. p. 270/271)
5. Die Adeligen Güter Oppendorf und Schönhorst Anno 1780. (zw. p. 352/353)

Lit.: GV 1700-1910 Bd 156, S. 417; KATALOG LB KIEL Bd I, S. 765.
Sign.: Ghb 805

B 571. Wilhelm, August Benedict:

Die Feldzüge des Nero Claudius Drusus in dem nördlichen Deutschland. Nebst einer Charte und mehreren Steindrucktafeln.
Halle: Friedrich Ruff, 1826. 8°

Am Schluß findet sich die Karte:
Charte zu den vier letzten Feldzügen des Nero Claudius Drusus, entworfen von Aug. Bened. Wilhelm, 1825. Lithogr. v. C. Dathe. Steindr. des F. A. v. Fielitz in Leipzig.

Lit.: GV 1700-1910 Bd 156, S. 556f.
Sign.: Gr 6

B 572. Wilse, Jac. Nic.:

Fuldstændig Beskrivelse af Stapel-Staden Fridericia.
Kiøbenhavn: Kanneworff, 1767. 8°

Am Schluß findet sich ein titelloser Plan von Fredericia und Umgebung (sic secundum Originales del. I. N. Wilse 1766.).

Lit.: BIBLIOTHECA DANICA Bd II, Sp. 704.
Sign.: Gnl 24

B 573. Winkelmann, Johann Just:

Oldenburgische Friedens- und der benachbarten Örter Kriegs-Handlungen. ... Mit schönen kunstreichen Kupferstücken.
Oldenburg: Johann Erich Zimmern, 1671. 2°

Neben diversen Personen- und Gebäudeabbildungen finden sich in dem Werk auch folgende Karten und Stadtansichten:
1. DIE STATT IHEVER [= Jever] (p. 9)
2. Tabula nova Comitatus Oldenburgici & Delmenhorstani cum Dynastijs Ieverense & Kniphusana ... Gerhart Müntinck pinxit Johann Nützhorn Sculps. (p. 38)
3. Eigentliche Abbildung der Hochgräflichen Residenz Statt und Festung Oldenburg. (p. 60)
4. Die Statt Delmenhorst / Das Hochgräfl. Schloß Delmenhorst (p. 363)
5. Das Schloß und der Flecken Harpstett (p. 364)

Sign.: Gq 2 (1 an: vgl. B 182 [nicht Bestandteil der Jordtschen Büchersammlung]; 2. Ex unter der Sign.: Gdv 2)

B 574. Winkler, Gustav Georg:

Island. Seine Bewohner, Landesbildung und vulcanische Natur. Nach eigener Anschauung. Mit Holzschnitten und einer Karte von Island.
Braunschweig: George Westermann, 1861. 8°

Am Schluß findet sich die Karte:
Eisland. Entw. v. Dr. G. G. Winkler. Braunschweig, Verlag v. G. Westermann.

Lit.: GV 1700-1910 Bd 157, S. 187.
Sign.: Ed 97

B 575. Woide, Karl:

Die Ursachen der Siege und Niederlagen im Kriege 1870. Versuch einer kritischen Darstellung des deutsch-französischen Krieges bis zur Schlacht bei Sedan. Aus dem Russischen übersetzt von Klingender. Zweite Auflage. 2 Bde (in 1 Bd).
Berlin: Ernst Siegfried Mittler u. Sohn, 1897-1899. 8°

Die zu dem Werk gehörende Übersichtskarte und diverse Skizzen finden sich am Schluß.

Lit.: GV 1700-1910 Bd 157, S. 591.
Sign.: Gde 53

B 576. Worsaae, Jens Jacob Asmussen:

Minder om de Danske og Nordmændene i England, Skotland og Irland. Med tre Kort.
Kjøbenhavn: C. A. Reitzel, 1851. 8°

In dem Werk finden sich drei Karten:
1. England (p. 240)
2. Skotland (p. 368)
3. Irland (p. 446)

Lit.: ERSLEW Bd III, S. 682.
Sign.: Gfb 42

B 577. Worsaae, Jens Jacob Asmussen:

Den danske Erobring af England og Normandiet.
Kjøbenhavn: Gyldendal, 1863. 8°

Vorne findet sich die Karte:
Danske og norske Riger i Vesterleden (ved Aar 900-950). Trykt i. Em. Bærentzen & Co. lith. Inst. J. H. Mansa.

Lit.: ERSLEW Bd III, S. 683.
Sign.: Gfb 17

B 578. Wright, Thomas:

The Celt, the Roman, and The Saxon: A History of the early Inhabitants of Britain, down to the Conversion of the Anglo-Saxons to Christianity.
London: Arthur Hall, Virtue, & Co., 1861. 8°

Vorne findet sich die Karte:
Britain under the Romans.

Sign.: Gfb 43

B 579. Xenophon:

Anabasis. Für den Schulgebrauch erklärt von Dr. Raphael Kühner. Mit einer Karte.
Leipzig: B. G. Teubner, (1852). 8°

Vorne findet sich die Karte:
Tabula Graecorum in Cyri Minoris expeditione et progredientium itinera exhibens.

Lit.: vgl. auch GV 1700-1910 Bd 159, S. 5 [Ausgabe Gotha von 1852].
Sign.: Ag II 1173

B 580. Xenophon:

Anabasis. Für den Schulgebrauch erklärt von Friedrich Vollbrecht. Erstes Bändchen. Buch I – III. Mit einem durch Holzschnitte und zwei Figurentafeln erläuterten Excurse über das Heerwesen der Söldner und mit einer Übersichtskarte.
Leipzig: B. G. Teubner, 1857. 8°

Am Schluß findet sich die Übersichtskarte:
Karte zu Xenophons Anabasis. Schulausgabe von F. Vollbrecht. Entw. u. gez. v. Henry Lange. Brockhaus' Geogr. artist. Anstalt Leipzig. H. Lange dir.

Dieselbe Übersichtskarte findet sich auch am Schluß von:
Xenophon: Anabasis. Für den Schulgebrauch erklärt von Ferdinand Vollbrecht. Zweites Bändchen. Bd IV – VIII. Leipzig: B. G. Teubner, 1858. 8°
Angeb.: Vollbrecht, Ferdinand: Wörterbuch zu Xenophons Anabasis. Für den Schulgebrauch bearbeitet von Ferdinand Vollbrecht. Mit 70 in den Text eingedruckten Holzschnitten, drei lithographierten Tafeln und mit einer Übersichtskarte. Leipzig: B. G. Teubner, 1866. 8°

Abb. 106:
„Die Statt Ihever." – In Johann Just Winckelmanns „Oldenburgische Friedens- und der benachbarten Örter Kriegs-Handlungen" (Oldenburg 1671) findet sich eine großformatige Ansicht der Stadt Jever (B 573, Nr. 1).

IHEVER

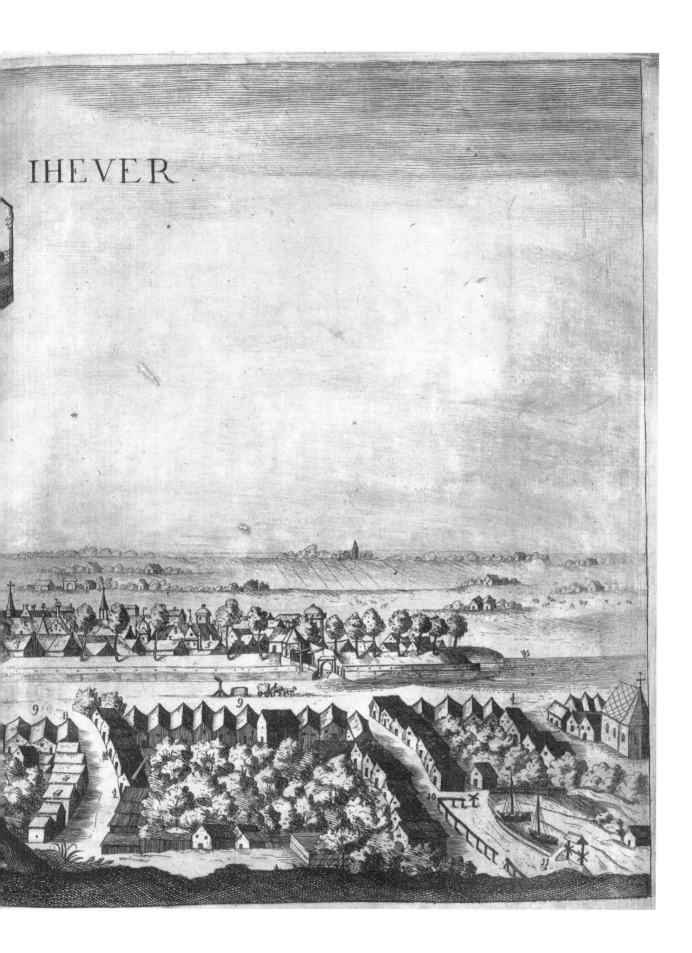

Lit.: GV 1700-1910 Bd 159, S. 5, u. Bd 152, S. 284
Sign.: Ag II 1172 d (2 Exemplare)

B 581. Xenophon:

Opera. Edidit Carolus Schenkl. Vol. I. Anabasis.
Berlin: Weidmann, 1869. 8°

Vorne findet sich die Karte:
Übersicht des Zuges der zehntausend Griechen. Zu Xenophons Anabasis, Ausgabe von C. Rehdantz u. C. Schenkl. Gez. v. H. Kiepert, Berlin, 1853. Berichtigt 1869. Gest. v. Schmidt & Eberhardt.

Lit.: GV 1700-1910 Bd 159, S. 18.
Sign.: Ag II 1178

B 582. Xenophon:

Anabasis. Auswahl für den Schulgebrauch, hrsg. v. Dr. Hans Windel. Text. Mit einer Karte.
Bielefeld u. Leipzig: Velhagen & Klasing, 1894. 8°

Am Schluß findet sich die Karte:
Karte zu Xenophons Anabasis. Geogr. Anstalt von Velhagen & Klasing in Leipzig.

Lit.: GV 1700-1910 Bd 159, S. 6.
Sign.: Ag II 1189

B 583. Xenophon:

Anabasis. Nach Text und Kommentar getrennte Ausgabe für den Schulgebrauch von Dr. Reimer Hansen. III. Bändchen, Buch VI und VII. Zwei Abtheilungen: Text u. Kommentar. Zweite, verbesserte Auflage. Mit einer Karte.
Gotha: Friedrich Andreas Perthes, 1895. 8°

Am Schluß des Textteils findet sich die Karte:
Karte zu Xenophons Anabasis. Lith. u. Druck von Hermann Keil, Gotha.

Dieselbe Karte findet sich auch am Schluß der folgenden Ausgabe unter derselben Signatur:
Xenophon:
Anabasis. Für den Schulgebrauch erklärt von Dr. Reimer Hansen. III. Bändchen, Buch VI und VII. Zweite, verbesserte Auflage. Mit einer Karte.
Gotha: Friedrich Andreas Perthes, 1895. 8°

Lit.: GV 1700-1910 Bd 159, S. 6.
Sign.: Ag II 1171 c

B 584. Xenophon:

Anabasis. Buch I- IV. Nach der Schulausgabe von Ferdinand Vollbrecht. Neunte bez. achte Auflage besorgt unter Mitwirkung von Prof. Dr. Wilhelm Vollbrecht. Text. Mit einer Übersichtskarte.
Leipzig: B. G. Teubner, 1896. 8°

Am Schluß findet sich die Karte:

Karte zu Xenophon's Anabasis. Geograph. Anstalt v. Wagner & Debes, Leipzig.

Lit.: GV 1700-1910 Bd 159, S. 6.
Sign.: Ag II 1172 d (3)

B 585. Yorck von Wartenburg, Maximilian Graf:

Kurze Uebersicht der Feldzüge Alexanders des Großen. Mit sechs Textskizzen und sechs Uebersichtskarten in Steindruck.
Berlin: Ernst Siegfried Mittler u. Sohn, 1897. 4°

Am Schluß finden sich die sechs Karten zum Zug Alexanders des Großen.

Lit.: GV 1700-1910 Bd 159, S. 31.
Sign.: Gg 40

B 586. Young, Arthur:

Reisen durch Frankreich und einen Teil von Italien, in den Jahren 1787 bis 1790, vorzüglich in Hinsicht auf die Landwirtschaft, die Kultur und den National-Wohlstand des ersteren Reiches unternommen. Aus dem Englischen. Mit einigen Anmerkungen begleitet von E. A. W. Zimmermann. Nebst einer von dem Herrn Geheimen Kriegssekretair Sotzmann gezeichneten Karte. Erster Band.
Berlin: Vossische Buchhandlung, 1793. 8°

Am Schluß findet sich die Karte:
Karte von Frankreich, welche die alte und neue Eintheilung, die verschiedene Beschaffenheit des Bodens, und die nördlichen Gränzen des Oel-, Mays- und Weinbaues darstellt. Zu Young's Reisen aus den drei Karten des Originals zusammengetragen und verschiedentlich berichtiget von D. F. Sotzmann 1793. C. F. Gürsch sc. [vgl. Farbtafel 14]

Lit.: ENGELMANN S. 506; GRIEB Bd 2, S. 765 (Nr. 1511); GV 1700-1910 Bd 159, S. 34.
Sign.: Ed 36

B 587. Zeilau, Th.:

Fox-Expeditionen i Aaret 1860 over Færøerne, Island og Grønland, med Oplysninger om Muligheden af et nordatlantisk Telegraf-Anlæg. Med Lithographier og Kort.
Kjøbenhavn: Wøldike, 1861. 8°

In dem Werk finden sich mehrere Karten:
1. De Nordatlantiske Telegrafs Expeditioner i 1859 og 1860. (p. 32)
2. Strömöe efter Kapt. Born. (p. 96)
3. Island. Reduceret efter Islands Kortet i 4 Plader af O. N. Olsen og Biarnar Gunnlaugsonar. Carl Ottos lith. Inst. (p. 176)
4. Mehrere Teilkarten zu Grönland auf 1 Blatt (hinten)

Sign.: Ed 98

B 588. Zeiller, Martin:

Regnorum Daniæ et Norwegiæ ut et Ducatuum Slesvici et Holsatiæ regionumque ad ea spectantium, Descriptio nova. Iconibus praecipuarum civitatum adornata. (Kupfertitel: Daniae Norwegiae ut et Slesvici et Holsatiæ Descriptio Nova). 2 Teile.
Amsterdam: Ægidius Janßonius Valkenier, 1655. 12°

Im ersten Teil, der sich mit den Königreichen Dänemark und Norwegen befaßt, finden sich 1 Karte und neun Stadtansichten:
1. SVECIA, | DANIA ET NOR- | VEGIA. (Titelkartusche oben links). (p. 1)
2. BERGÆ NORWEGIÆ. (p. 140)
3. KOLDINGA. (p. 152)
4. HELSHEBORCH. [= Helsingborg] (p. 170)
5. HELSINGOBURGUM [= Helsingör] (p. 182)
6. HAFNIA. [= Kopenhagen] (p. 188)
7. LANDESKRON. (p. 202)
8. LVNDEN. [= Lund (Schonen)] (p. 206)
9. OTTONIUM. [= Odense] (p. 218)
10. RIPEN [Plan] (p. 226)

Im zweiten Teil, der sich mit den Herzogtümern Schleswig und Holstein befaßt, finden sich 16 Stadtpläne:
(11.) 1. APENRODA (p. 32)
(12.) 2. KREMPA. (p. 33)
(13.) 3. Ichnographia | Urbis | EKERNFORDY. (p. 34)
(14.) 4. FLENSBURGUM (p. 38)
(15.) 5. GLUCKSTADIUM (p. 42)
(16.) 6. HADERSLEBIA (p. 46)
(17.) 7. HAMBVRGVM. (p. 48)
(18.) 8. Ichnographia | Urbis | HUSUMÆ [mit Ansicht] (p. 62)
(19.) 9. ITZEHOA. (p. 63)
(20.) 10. KILA (p. 64)
(21.) 11. LVBECK. [Ansicht] (p. 66)
(22.) 12. RENSBURGUM. (p. 84)
(23.) 13. Ichnographia | Urbis | SLESVICI | Anno 1655. (p. 88)
(24.) 14. SONDERBVRGUM (p. 92)
(25.) 15. TONNINGA (p. 93)
(26.) 16. TONDERA (p. 94)

In einer zweiten Fassung des Werkes, die unter derselben Signatur eingeordnet ist, fehlen die Abbildungen.
Lit.: BIBLIOTHECA DANICA Bd II, Sp. 597f.; GRIEB Bd 2, S. 771 (Nr. 1522); KATALOG LB KIEL Bd II, S. 1146 u. 1210.
Sign.: Gnl 3

B 589. Zeiller, Martin:

Regnorum Sueciæ, Gothiæ, magnique Ducatus Finlandiæ, ut & Livoniæ, Bremensis Ducatus, Partis Pomeraniæ ad Suecos pertinentis, & Urbis Wismariæ, Descriptio nova. Iconibus præcipuarum civitatum adornata. (Kupfertitel: Regnorum Sueciæ, Gothiæ, Magnique Ducatus Finlandiæ etc. Descriptio Nova).
Amsterdam: Ægidius Janssonius Valckenier, 1656. 16°

In dem Werk finden sich eine Karte und 13 Stadtansichten bzw. Stadtpläne:
1. SVECIA, | DANIA ET NOR- | VEGIA. (p. 1)
2. HOLMIA. [= Stockholm] (p. 130)
3. REVALIA. (p. 258)
4. RIGA. (p. 286)
5. BREMA. (p. 384)
6. BREMER FORDE. (p. 502)
7. STADA. (p. 504)
8. VERDEN. (p. 518)
9. Stadt und Vestung WISMAR. (p. 546)
10. BARDT. [= Barth (Pommern)] (p. 618)
11. STRALSVNDIA. (p. 626)
12. GRYPHISWALDIA. [= Greifswald] (p. 650)
13. STETINVM. (p. 736)
14. WOLLGAST. (p. 772)

Sign.: Gns 17

B 590.

Zeitschrift der Gesellschaft für die Geschichte der Herzogthümer Schleswig, Holstein und Lauenburg (ab Bd 5: Zeitschrift der Gesellschaft für Schleswig-Holstein-Lauenburgische Geschichte; ab Bd 28: Zeitschrift der Gesellschaft für Schleswig-Holsteinische Geschichte). Bd 1-30.
Kiel: Universitäts-Buchhandlung, 1870-1900. 8°

In der Zeitschrift finden sich bis 1900 folgende Karten:
Bd 20 (1890) [2. Ex.] – Die Karte zu: F. von Abercron: Die Schlacht bei Idstedt vom 24. und 25. Juli 1850. Mit besonderer Berücksichtigung der 2. Schleswig-Holsteinischen Infanterie-Brigade (S. 283-382), fehlt.
Bd 21 (1891) [2. Ex.] – Die beiden Karten zu: J. G. C. Adler: Die Volkssprache in dem Herzogthum Schleswig seit 1864 (S. 1-136), u. Eckermann: Die Eindeichungen von Husum bis Hoyer (S. 187-234), fehlen.
Bd 23 (1893) – Übersichtskarte über die Eindeichungen in Eiderstedt und Stapelholm von Bauinspector Eckermann (nach p. 120, zu: Eckermann: Die Eindeichungen südlich von Husum, in Eiderstedt und Stapelholm. S. 39-120).
Bd 24 (1894) – Die Karte zu Reimer Hansen: Beiträge zur Geschichte und Geographie Nordfrieslands im Mittelalter (S. 1-92), fehlt.
Bd 25 (1895) – 1. Die Reinfelder Abtei (nach p. 58, zu: Johann Johannsen: Die Reinfelder Gründungsurkunden. S. 1-58).
2. Nordstrand und Pellworm. (nach p. 160, zu: Eckermann: Die Eindeichungen auf Nordstrand und Pellworm. S. 119-160).
Bd 26 (1896) – Drei titellose Tafeln (nach p. 144, zu: Reimer Hansen: Iven Knutzens Karten von der Marsch zwischen Husum und der Eider. S. 131-143).
Bd 27 (1897) – Eine titellose Karte zur Umgebung von Hemmingstedt in Dithmarschen (nach p. 316, zu: Reimer Hansen: Zur Topographie und Geschichte Dithmarschens. S. 191-316).
Bd 30 (1900) – Übersicht der Bordesholmischen Besitzungen. Gez. v. Dr. J. Erichsen. Geogr. Anst. v. H. Wagner & E. Debes, Leipzig. (nach p. 168, zu: Jens Erichsen: Die Besitzungen des Klosters Neumünster von seiner Verlegung nach Bordesholm bis zu seiner Einziehung. S. 1-167).

Lit.: KATALOG LB KIEL Bd I, S. 408.
Sign.: Ghz 30 (2. Ex. unter der Sign.: LZB, SH 30 G)

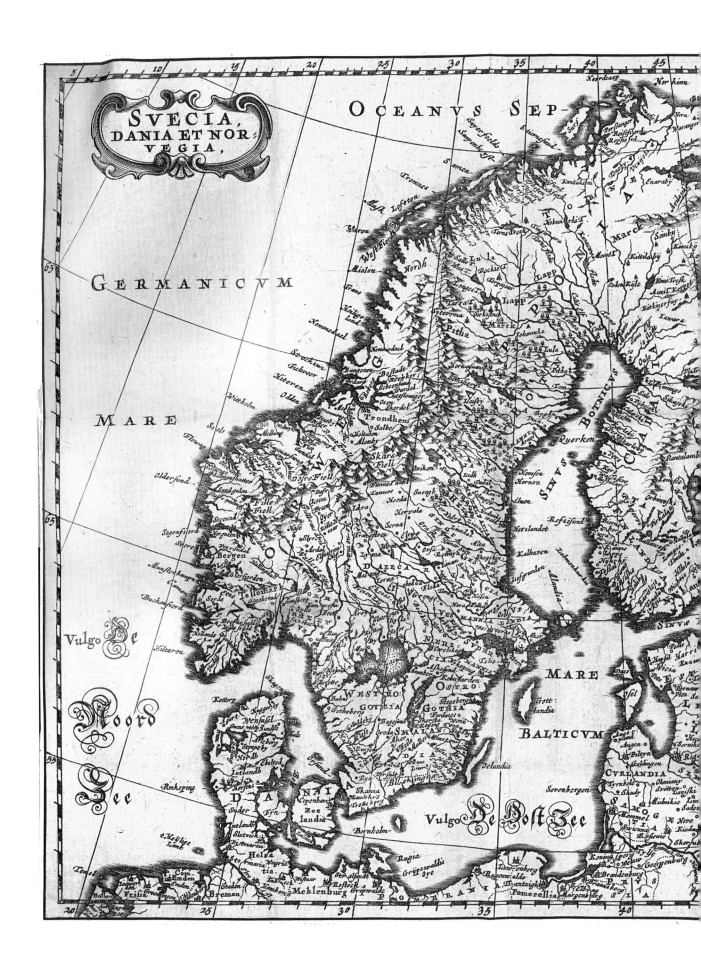

B 591. Zetterstedt, Johann Wilhelm:

Resa genom Umeå Lappmarker i Vesterbottens Län, förrättad år 1832. Med trenne lithografier.
Örebro: N. M. Lindh, 1833. 8°

Am Schluß finden sich zwei Karten:
1. Karta öfwer Lycksele Lappmark i Westerbottens Län. Hörande till J. W. Zetterstedts Lappska Resa 1832. ... ritad af Gustaf Dahlbom. Stentryck af M. Körner. Tab. 2.
2. Karta öfver Åsele Lappmark i Westerbottens Län. Hörande till J. W. Zetterstedts Lappska Resa 1832. ... ritad af Gustaf Dahlbom. Stentryck af M. Körner i Lund. Tab. 3.

Sign.: Ed 57

B 592. Zimmermann, Alfred:

Die Kolonialpolitik Portugals und Spaniens in ihrer Entwicklung von den Anfängen bis zur Gegenwart. Mit einer Karte in Steindruck. (Die Europäischen Kolonien. Schilderung ihrer Entstehung, Entwickelung, Erfolge und Aussichten von Dr. Alfred Zimmermann. Erster Band).
Berlin: Ernst Siegfried Mittler u. Sohn, 1896. 4°

Am Schluß findet sich die Karte (ohne Titel):
(Uebersicht des portugiesischen und spanischen Kolonialbesitzes gegen Mitte des 16. Jahrhunderts). Geogr. lith. Anst. u. Steindr. v. C. L. Keller, Berlin C.

Lit.: GV 1700-1910 Bd 160, S. 230.
Sign.: Ec 115

Abb. 107:
„Suecia, Dania et Norvegia." – Die Skandinavien-Karte, die nach der großen Karte des schwedischen Kartographen Andreas Buraeus gestaltet wurde, findet sich am Anfang von Martin Zeillers „Regnorum Daniae et Norwegiae ut et Ducatuum Slesvici et Holsatiae ... descriptio nova" (Amsterdam 1655). Auf die Karte folgen 25 Stadtansichten bzw. -pläne von Dänemark, Norwegen, Schleswig und Holstein, für die das Braun-Hogenbergsche Städtewerk, Matthäus Merians Topographie und die Mejer-Darstellungen in Caspar Danckwerths Landesbeschreibung als Vorlagen dienten (B 588, Nr. 1).

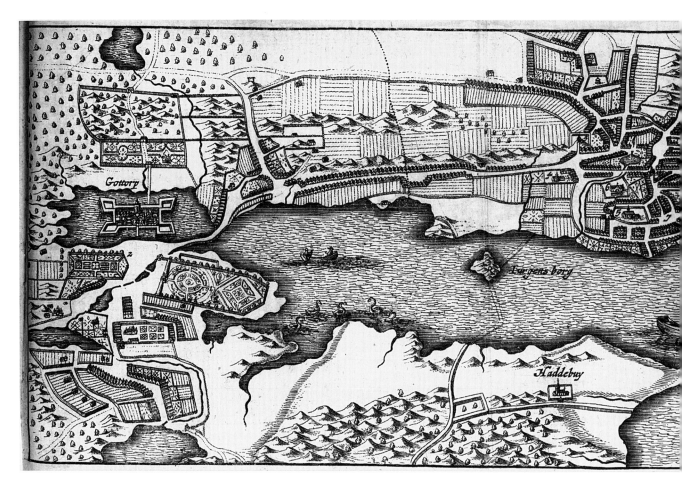

Abb. 108:
„Ichnographia Urbis Slesvici Anno 1655." – Die Ansicht der Stadt Schleswig findet sich in Martin Zeillers topographischem Werk von 1655 (vgl. Abb. 107) im zweiten Teil, der sich mit den Herzogtümern Schleswig und Holstein befaßt. Als Vorlage diente eine von Johannes Mejer 1649 gezeichnete Karte (vgl. B 119, Nr. 19 III) in Caspar Danckwerths Landesbeschreibung (B 588, Nr. 13).

Abb. 109:
„Holmia." – Die Ansicht der Stadt Stockholm findet sich mit 13 anderen Stadtansichten bzw. -plänen des schwedischen Reiches in Martin Zeillers „Regnorum Sueciae, Gothiae ... descriptio nova" (Amsterdam 1656). Am Anfang dieses Werkes ist ebenfalls die Skandinavien-Karte vorhanden, die bereits im Jahre 1655 in Zeillers dänischer Topographie (vgl. Abb. 107) erschienen war (B 589, Nr. 2).

B 593.

Die zweite deutsche Nordpolarfahrt in den Jahren 1869 und 1870 unter Führung des Kapitän Karl Koldewey. Herausgegeben von dem Verein für die deutsche Nordpolarfahrt in Bremen. Zweiter Band. Wissenschaftliche Ergebnisse (2 Teile, in 2 Bden).
Leipzig: F. A. Brockhaus, 1874. 4°

Die 3 lithographierten Karten des 1. Teilbandes fehlen. Im 2. Teilband findet sich die Karte:
Geologische Karten-Skizze von Ost-Grönland nach den Beobachtungen u. Sammlungen von Oberst Julius Payer u. Dr. Copeland. Entworfen von Dr. Ferdinand von Hochstetter. (p. 496)

Lit.: GRIEB Bd 2, S. 779 (Nr. 1539); GV 1700-1910 Bd 103, S. 410; KATALOG LB KIEL Bd I, S. 37f.
Sign.: Ec 66

REGISTER

VORBEMERKUNG

Das Personen- wie auch das Orts- und Sachregister sind kommentierende Register. Darin beziehen sich die Ziffern hinter dem Doppelpunkt auf die Katalognummern, denen der jeweilige Kennbuchstabe („K" für Katalog der Einzelkarten, „A" für Katalog der Atlanten und „B" für Katalog der Bücher mit Karten) vorangestellt ist. Die Ziffern in den runden Klammern bezeichnen die laufenden Nummern in den Atlanten (A) oder Büchern mit Karten (B).

Im Personenregister sind die mit der Herstellung von Karten und Ansichten befaßten Personen und Institutionen sowie die Verfasser und Herausgeber von Atlanten und Büchern mit Karten aufgeführt. Die Verleger und Drucker sind unter dem Druck- und Verlagsort miterfaßt und werden für den deutschen und dänischen Raum in runden Klammern genannt. Mit eigenem Eintrag werden nur die Verleger und Drucker berücksichtigt, die mindestens dreimal vertreten sind. Die Lebensdaten der genannten Personen sind, soweit möglich, erfaßt und durch stichwortartige Kennzeichnungen ergänzt worden. Die diesbezüglichen Angaben stützen sich auf die großen nationalen und internationalen biographischen Sammelwerke, im Bereich der Kartographie vor allem auf Leo Bagrow/R. A. Skelton: Meister der Kartographie. 4. Aufl., Berlin 1973; Wilhelm Bonacker: Kartenmacher aller Länder und Zeiten. Stuttgart 1966; und Ingrid Kretschmer, Johannes Dörflinger u. Franz Wawrik (Hrsg.): Lexikon zur Geschichte der Kartographie. Von den Anfängen bis zum Ersten Weltkrieg (Die Kartographie und ihre Randgebiete, Bde C/1 u. C/2). 2 Bde, Wien 1986. Zur Kennzeichnung der Nationalität werden allgemein gebräuchliche Abkürzungen benutzt.

Im Orts- und Sachregister sind die auf den Karten und Ansichten gezeigten bzw. im Titel genannten topographischen Bereiche (Territorien, Orte, Flüsse, Berge usw.) sowie die Art der Darstellung erfaßt. Die geographischen Begriffe sind um erläuternde Zusätze, die sich auf die Lage und die Benennung beziehen, ergänzt worden. Ausgangspunkt war die bis 1900 benutzte Bezeichnung. Bei Namensänderungen ist die derzeit gültige amtliche Bezeichnung hinzugefügt worden; diese findet sich auch als Eintrag im Register, mit einem Querverweis auf die ehemals benutzte Form. Abschließend wird in eckigen Klammern, soweit sinnvoll, mit den Kürzeln der internationalen Autokennzeichen auf die heutige Staatszugehörigkeit verwiesen. Nicht eindeutig zu bestimmende geographische Begriffe sind mit Anführungsstrichen versehen. Die in das Ortsregister integrierten Sachbegriffe beziehen sich auf die Art der Darstellung und auf besondere historische Ereignisse, die auf den Karten und Ansichten dargestellt sind. Bei solchen Ereignissen sind Jahresangaben, soweit möglich, in runden Klammern hinzugefügt.

PERSONENREGISTER

Aa, Pieter van der (1659-1733), Verleger u. Kupferstecher in Leiden: B 171, 362

Aarau (Schweiz), Druck- u. Verlagsort (Verlags-Comptoir): B 437

Abildgaard, Nicolai (1743-1809), dän. Maler: B 390 (107)

Abulfeda, Ismael (1273-1331), arab. Geschichtsschreiber u. Geograph: A 8 (5)

Adolfi, Johann (gen. Neocorus) (ca. 1555-ca. 1630), aus Dithmarschen, Pastor in Büsum u. Chronist: B 2

Adolph, Carl: B 3

Adrichomius/(Adrichem), Christian (1533-1585), Theologe in Köln u. Verfasser (Beschreibung des Heiligen Landes): B 44 (1)

Agatharchides (2. Jh. v. Chr.), griech. Historiker u. Geograph, beschrieb das Rote Meer u. die Küsten des Persischen Golfes: B 329 (6-8)

Aischylos (525/4-456/5), griech. Dramatiker: B 466 (2)

Alber, Johann Nepomuk (Mitte 18. Jh.), Kupferstecher in Nürnberg: B 8 (42)

Albers, F., Lithograph. Anstalt in Rendsburg: K 11; B 477, 478

Alexander der Große (356-323), König der Makedonen: K 6; B 8 (31), 17, 114-117, 273, 585

Allen, Carl Ferdinand (1811-1871), dän. Historiker: B 5-7, 305, 475 (1, 2)

Allenburger, Kartenstecher: B 383

Allens, W. H., amerikan. Kartenzeichner: B 483

Allom, F., Zeichner (für das Bibliograph. Institut): B 318 (80)

Alt, W., Kartenstecher in Ohrdruf (Thüringen), tätig für Perthes in Gotha: A 27 (3-5, 12, 16, 17, 21-23), 28 (3-5, 12, 16, 17, 21-23), A 29 (6, 7, 19, 26, 36, 39, 40, 45, 47, 49, 54, 56, 63, 68-70), 31 (74), 34 (8, 9, 11, 19, 23, 27-29, 33, 51, 55, 73, 74); B 212

Alten, Friedrich von: B 9

Alten, Georg von (1846-1912), Militärkartograph in Berlin: A 7 (3, 5, 7)

Altona, Druck- u. Verlagsort (K. Aue, Dircksen & Ingwersen, J. D. A. Eckhardt, J. F. Hammerich, A. C. Reher, Schlüter): K 67-72; B 75, 83, 138, 140, 164, 247, 248, 415, 542

Ambrosch, Julius Athanasius (1804-1856), Philologe u. Archäologe in Breslau: B 10

Amsterdam, Druck- u. Verlagsort: B 179, 268, 362, 366, 387, 480, 497, 588, 589

Anaximander (610 bis nach 547), griech. Philosoph u. Mathematiker: B 101 (2)

Andersen, Kaufmann in Kopenhagen: B 522 (131)

Andersen, Jürgen (um 1620-1679), aus Tondern, im Dienst der holländ. Ostindischen Kompagnie in Südostasien: B 361

Anderson, Johann (1674-1743), Bürgermeister von Hamburg, Rechtsgelehrter: B 11

Andree, Richard (1835-1912), aus Braunschweig, Geograph und Kartograph in Leipzig: A 1, 2
Angelin, Jöns Erik (1779-1807), schwed. Verfasser: B 12
Angelo, Gottfried Nicolai (1767-1816), dän. Kupferstecher: K 56-62, 64, 65; B 369 (2), 487 (2)
Angelus, Andreas (1561-1598), aus Straußberg, Theologe u. Historiker, Mitglied von Heinrich Rantzaus Humanistenkreis: B 13
Anson, George (1697-1762), engl. Admiral u. Weltumsegler (1740-1744): B 24
Anthon u. Mansa, Lithographen in Kopenhagen: B 33
Antwerpen, Druck- u. Verlagsort (C. Plantinus): B 47, 285
Anville, Jean-Baptiste Bourgignon de (1697-1782), Geograph u. Kartograph in Paris: B 8 (82, 89, 90), 27 (26), 28 (5, 7), 222, 422, 503 (4)
Apian, Peter (1495-1552), Mathematiker, Astronom u. Kartograph in Ingolstadt: B 14
Archenholtz, Johann Wilhelm von (1745-1812), dt. Historiker: B 15
Arents, L., Kartenstecher in Kopenhagen: K 2-6
Arias Montanus, Benito (1527-1598), span. Theologe u. Orientalist: B 45 (3), 47
Aristoteles (384-322), griech. Philosoph: B 273, 274
Arnold, J. C., Lithograph in Kassel: B 466 (4)
Arnoul, Kupferstecher in Paris: B 21
Arrianos [Flavius Arrianus] (um 95-175), griech. Schriftsteller, beschrieb den Indienzug Alexanders des Großen u. die Küsten des Schwarzen Meeres: B 17, 329 (15-18)
Arrowsmith, John (1790-1873), Geograph, Kartograph u. Verleger in London: B 286, 566
Artemidorus (um 100 v. Chr.), griech. Geograph: B 329 (6-8)
Augsburg, Druck- u. Verlagsort (Paul Kühtzens Witwe): A 38; B 345
Augustus (63 v. Chr.-14 n. Chr.), röm. Kaiser: B 171 (1)
Ausfeld, Johann Carl (1782-1851), Kartenstecher für Perthes in Gotha: A 27 (7), 29 (46, 51, 58), 34 (9); B 107
Aveelen, Johannes van den (1655-1722), niederländ. Kupferstecher u. Kartograph, tätig in Stockholm: B 118
Aventin(us) (= Turmair), Johannes (1477-1534), Historiker u. Kartograph in Wien u. Regensburg: A 37 (16)
Avienus, Rufius Festus (4. Jh. n. Chr.), röm. Dichter, in den „Ora maritima" Darstellung des Westens Europas: B 528 (6)
Axmann, Josef (1793-1873), Kupferstecher in Wien: B 495 (9)

Bach, J. G., Lithograph. Institut in Leipzig: B 384
Bachiene, Willem Albert (1712-1783), Prediger, Astronom u. Geograph in Maastricht: B 207-209
Baedeker, Karl (1801-1859), Buchhändler u. Verleger in Koblenz, Begründer der nach ihm benannten Reisehandbücher, Verlag seit 2. Hälfte des 19. Jh. in Leipzig: B 18, 19

Bär, Joseph Christoph (1789-1848), Kartograph bei Perthes in Gotha: K 85; A 34 (3); B 107
Bærentzen, Em(ilius) (1799-1868), (& Co.), Lithograph. Institut in Kopenhagen: K 1-6, 8-10; B 5, 6, 20, 53, 130, 199, 253 (5), 321, 338 (3), 403 (1, 2), 410, 414 (8, 9), 459, 473, 474, 475 (1, 2), 522, 523, 534, 577
Bagge, Oluf Olufsen (1780-1836), Kupferstecher in Kopenhagen: B 315, 412
Baggesen, August von (1795-1865), dän. Ingenieur-Offizier u. Kartograph: B 20
Balbi, Adriano (1782-1848), Statistiker u. Geograph in Wien u. Venedig: B 21
Baldamus, Alfred (1856-1908), Kartograph in Leipzig: A 18
Baldelli Boni, Giovanni Battista Graf (1766-1831), italien. Geograph: B 381 (2)
Bamberg, Felix (1820-1893), dt. Publizist u. Historiker: B 364
Bandurio, Anselmo (ca. 1670–1743): B 8 (58)
Bang, I., dän. Zeichner (tätig für Pontoppidan): B 390 (98, 133, 135)
Banks, Joseph (1743-1820), engl. Naturforscher: B 194
Baptist, Jacobus, niederländ. Kupferstecher (gen. 1696-1704): B 171 (11, 23)
Barbié du Bocage, Jean-Denis (1760-1825), frz. Geograph u. Kartograph: B 27, 28
Barby, Druck- u. Verlagsort (H. D. Ebers, C. F. Laux): B 109, 359
Bardenfleth, Frederik Løvenørn von (1781-1852), dän. Generalleutnant: B 22
Barfod, Frederik (1811-1896), dän. Schriftsteller u. Politiker: B 23
Barland, Adrian van (1488-1542), vielseitiger Gelehrter in Löwen: B 69 (12)
Barmen, u. Schwelm, Druck- u. Verlagsort (Falkenberg): B 417
Barrow, John: B 24
Bartels, Johann Heinrich (1761-1850), Bürgermeister von Hamburg, Reiseschriftsteller: B 25
Barth, F., Kartendrucker in Berlin: A 14 (6)
Barth, Heinrich (1821-1865), Geograph in Berlin, Afrikareisender: B 26
Barthélemy, Jean-Jacques (1716-1795), frz. Schriftsteller u. Altertumsforscher: B 27, 28
Basel, Druck- u. Verlagsort (N. Episcopius, H. Frobenius, T. Guarinus, Henricpetrina, M. Isengrin, J. Oporinus, H. Petri, T. Wolff): B 85, 299, 306, 336, 337, 355, 371, 386, 479, 496
Bast, Peter, Zeichner u. Kupferstecher: B 182
Baudissin, Adalbert Graf von (1820-1870), dt. Schriftsteller: B 29
Bauer, Georg, Lithograph in Darmstadt: B 177
Bauerkeller, Georg (1805-1886), Kartograph u. Verleger in Darmstadt: A 6
Baumgarten, Kartenstecher für Perthes in Gotha: K 85
Baumgarten, Siegmund Jacob (1706-1757), Theologe in Halle (Saale): B 8 (T. 1ff.)

Baur, Carl Friedrich (2. Hälfte 19. Jh.), Kartenzeichner: A 23 (2)

Beaufort, Louis de (1703-1795), Historiker: B 30

Becher, A. B., engl. Marineoffizier: B 16 (5)

Beck, August (1823-1872), schweizer. Maler u. Kriegsbilderzeichner: B 29, 231, 232

Beck, Charles (1817-1890), dän. Offizier: B 31

Becker, Wilhelm Adolph (1796-1846), Archäologe u. Altertumsforscher in Leipzig: B 32

Begtrup, Joachim (1767-1823), Pastor auf Fünen: B 33

Behm, Ernst (1830-1884), aus Gotha, Geograph bei Perthes: B 382

Behrens, W., Kartenstecher für Perthes in Gotha: A 27 (2, 8, 18, 25), 28 (2, 18, 25), 29 (9, 64-66), 34 (78, 79)

Behrmann, Henrik (1776-1836), aus Holstein, Lehrer u. Archivar in Dänemark: B 34

Beitzke, Heinrich (1798-1867), dt. Militärhistoriker: B 35-37

Bellin, Jacques-Nicolas (d. Ä.) (1703-1772), Ingenieur-Hydrograph der frz. Marine u. Kartograph: B 8 (83, 98), 157 (2), 256 (2, 12, 13, 18, 19)

Bénard, frz. Lithograph: B 21

Bendixen, Siegfried (1786-1864), dt. Maler: B 495

Benzinger, I., (1865-1935), Theologe: B 310

Berg, Carl (1812-1895), dän. Schulmann: K 1-6

Berghaus, Heinrich (1797-1884), aus Cleve, Geograph u. Kartograph in Potsdam u. Berlin: A 25, 26; B 72 (1, 3, 5), 186

Berghaus, Hermann (1828-1890), aus Herford, Neffe von Heinrich B., Geograph u. Kartograph bei Perthes in Gotha: A 34 (4, 6, 7, 10, 12, 16, 17, 27, 28, 33, 63, 66, 70, 87, 88)

Berlepsch, Hermann Alexander († 1883), Schriftsteller: B 40, 41

Berlin, Deutsche Kolonialgesellschaft: A 16

-, Druck- u. Verlagsort (J. Abelsdorff, A. Asher, Brandes & Schultze, R. v. Decken, Decker, A. Duncker, Dunker & Humblot, T. C. F. Enslin, G. Grote, M. Harrwitz, J. G. Hasselberg, Haude u. Spener, W. Hertz, Hoefer & Vohsen, A. G. Liebeskind, F. Luckardt, E. S. Mittler u. Sohn, A. Mylius, F. Nicolai, H. Paetel, Gebr. Pätel, M. Pasch, D. Reimer, G. Reimer, A. Rücker, J. A. Rüdiger, Schlesinger, C. G. Schöne, Schropp, O. Seehagen, W. Spemann, J. Springer, Voss, C. F. Voß, Weidmann): K 73-75, 77, 82, 83, 87, 88; A 7, 13-16, 32; B 15, 17, 35-37, 59, 61-63, 67, 82, 104, 106, 113, 117, 122, 125, 128, 129, 135, 142, 147, 150, 178, 190, 194, 201-203, 215-217, 225, 235, 237, 251, 273, 275-279, 283, 289, 290, 308, 314, 322-325, 348, 364, 372-376, 385, 393, 394, 402, 409, 418, 420, 426-435, 445, 457, 486, 506, 529, 558, 561, 562, 575, 581, 585, 586, 592

-, Lithograph. Institut: K 73; A 31 (84-91)

Berndt, Johann Christian (1748-1812), dt. Kupferstecher: B 80 (2), 545

Bernhardi, v., dt. Kartenzeichner: A 7 (16-18)

Bernhardt, L., Stecher in Berlin: B 17, 117

Bernigeroth, Johann Martin (1713-1767), Kupferstecher in Leipzig, Sohn von Martin B.: B 395 (6)

Bertouch, Ernst von: B 42

Betulius (Birken), Sigismund A. von (1626-1681), Dichter u. Gelehrter in Nürnberg: A 38 (71)

Beurmann, Moritz von (1835-1863), dt. Naturwissenschaftler u. Afrikareisender: B 382 (13)

Bianco, Andrea, Kartograph in Venedig (gen. 1436-1458): B 290

Bibliographisches Institut, Verlag, begründet von Joseph Meyer in Gotha, dann in Hildburghausen u. Leipzig: B 318, 349, 467-471

Bielefeld, Druck- u. Verlagsort (Velhagen & Klasing): A 1, 2, 18; B 582

Bierk, dän. Zeichner (tätig für Pontoppidan): B 390 (136)

Biernatzki, Hermann (1818-1895), Senator in Altona, Schriftsteller u. Topograph: B 7 (4), 51

Biller, Dominik (1812-1884), Stecher in Wien: B 1

Birk, C., Lithograph: B 36

Bischoff, C., Stecher für Reimer in Berlin: A 13 (1-26, 28-36); 237

Blaeu, Wilhelm (1571-1638), Kartograph, Kupferstecher u. Verleger in Amsterdam: B 525

Blandowski, Leutnant u. Kartenzeichner: B 245

Blom, Hans Jørgen (1792-1864), dän. Offizier u. Militärschriftsteller: B 52, 53

Blondeau, Alexandre, Kupferstecher in Paris (gen. 1799-1827): B 97

Blumhardt, Christian Gottlieb (1779-1838), Theologe, erster Inspektor der Basler Missionsgesellschaft: B 54

Blunck, Otto, Lithograph. Anstalt in Kiel: B 100, 552

Bobrik, Hermann (1814-1845), aus Königsberg, Geograph u. Kartenhistoriker: B 55

Bochart, Samuel (1599-1667), frz. reformierter Theologe u. Orientalist: B 56, 57

Bock, Leo: B 58

Bode, Johann Elert (1747-1826), aus Hamburg, Astronom in Berlin: B 59

Bodenehr, Gabriel d. J. (1664-1758), Kupferstecher u. Verleger in Augsburg: A 38 (36)

Böckel, Peter (um 1530-1599), aus Antwerpen, Maler u. Kartenzeichner: B 541 (1)

Böhm, Leonhard: B 60

Böhrlingk: B 73

Boesche, Th., Lithograph. Atelier in Berlin: B 83

Boetticher, Adolf (1842-1901), dt. Archäologe: B 61, 62

Bötticher, Wilhelm: B 63

Boettiger, Carl August (1760-1835), Schulmann in Weimar u. Dresden: B 64

Bohnert, Fr., Stecher in Stuttgart: A 23 (3-7, 9-15)

Bolten, Johann Adrian (1742-1807), Pastor in Stapelholm, Dithmarschen u. Altona, Heimatforscher: B 65, 66

Bomsdorff, Theodor v. († 1898/99), Kartograph in Leipzig (bei Brockhaus): B 213, 328, 565 (2)

Bonn, Druck- u. Verlagsort (E. Weber): B 566

Borbstaedt, Adolf (1803-1873), dt. Militärschriftsteller: B 67

Borchers, L. A. Gbr. (Lübeck): B 339
Borckel, F. A., Lithograph: B 280 (3)
Borgaard, Albert (1659-1751), dän. General: B 363
Born, Kapt.: B 587
Both, L., dän. Kartenzeichner u. Topograph: K 10
Boyens, Knud, Civilingenieur u. Landmesser in Eiderstedt: K 7; B 523 (3, 6)
Brackel, Adolf Friedrich von (1811-1873), aus Rendsburg, vor allem mit Eisenbahnen befaßt: B 68
Brahe, Tycho (1546-1601), dän. Astronom u. Gelehrter, seit 1599 in Prag am Kaiserhof: B 525
Brammer, C., dän. Zeichner: B 487 (2)
Brandrupp, A., Kartograph bei Flemming in Glogau (gen. 1870-1882): B 351
Braun, Georg (1541-1622), Domherr u. Verleger in Köln, Topograph, Herausgeber der „Civitates orbis terrarum": B 69, 523 (2, 4, 11, 13)
Braunschweig, Druck- u. Verlagsort (F. B. Culemann, F. Vieweg, G. Westermann): A 9; B 219, 270, 391, 547, 574
Bredsdorff, Jacob Hornemann (1790-1844), Kartograph in Kopenhagen: B 173 (2)
Breithaupt, G., Kartenzeichner bei Perthes in Gotha: A 12 (13), 30 (21, 22, 25-27, 31, 33, 34, 36, 37, 88)
Bremen, Druck- u. Verlagsort (H. Jäger): B 388
Breslau, Druck- u. Verlagsort (Grass, Barth und Comp., F. Hirt, J. Max, C. Mullerus): B 10, 114, 259, 262, 333, 334
Brets, Johann Friedrich le, dt. Historiker: B 8 (T. 40-46)
Brockhaus, F. A., Verlag in Leipzig (seit 1817/18), verbunden mit einer Geographisch-artistischen Anstalt bzw. einem Geograph. Institut: K 49; A 24; B 41, 60, 158, 213, 312 (1), 328, 347, 448-450, 463 (2-4), 482, 486 (3, 4), 565 (2), 580, 593
Brøndsted, Peter Oluf (1780-1842), dän. Archäologe: B 70, 71
Bronn, Henrich Georg (1800-1862), dt. Naturwissenschaftler: B 72, 73
Brorson, I., dän. Zeichner (tätig für Pontoppidan): B 390 (122)
Brosböll, J., dän. Zeichner (tätig für Pontoppidan): B 390 (144)
Brose, Erich, Stecher in Berlin: K 74
Brose, H., Stecher: B 201
Bruco, Giacomo, italien. Kartenzeichner: B 127
Brückner, Alexander (1834-1896), dt. Historiker: B 364
Brügner, C., Stecher: B 122 (5)
Brügner, I. C., Stecher in Berlin: B 373
Brühl, Johann Benjamin (1691-1763), Kupferstecher in Leipzig: B 224, 569 (1, 5)
Brüssel, Druck- u. Verlagsort: A 35; B 102, 265
Bruhn, M., Verlag in Schleswig: B 68, 250, 425
Bruhns, C., Kartenzeichner für Perthes in Gotha: A 34 (2, 3)
Bruppacher, Heinrich (1758-1835), Stecher in Wadenschweil (Schweiz): B 209
Bruun, C.: B 475 (3)
Bruun, Johann Jacob (1715-1789), dän. Maler: B 74

Bruyn, Georg (1735-1809), Etatsrat: B 75
Brydone, Patrick (1743-1818): B 76
Buache de la Neuville, Jean-Nicolas (1741-1825), frz. Geograph u. Kartograph: A 8 (1); B 126
Buek, Heinrich Wilhelm (* 1796), dt. Arzt: B 77
Buenos Aires (Argentinien), Druck- u. Verlagsort: B 341
Büsching, Anton Friedrich (1724-1793), Geograph, Lehrer u. Prediger (Oberkonsistorialrat) in Berlin, Verfasser einer Erdbeschreibung: B 78
Büsching, Wilhelm David, Kartenzeichner: B 78 (10)
Buffon, Georges Louis Leclerc Comte de (1707-1788), frz. Naturforscher: B 79, 80
Bugge, Thomas (1740-1815), aus Kopenhagen, Mathematiker, Astronom u. Kartograph: K 63-65; B 121 (22-24)
Buhrmann, Gerhard von (1653-1701), schwed. Ingenieur-Kapitän: B 146
Bull, Adolph (1813-1874), aus Aarhus, Kartenzeichner in Kopenhagen: K 1-6, 8-10; B 403 (1, 2), 459, 494
Bunsen, Christian Carl Josias Freiherr von (1791-1860), Gelehrter u. Staatsmann: B 81
Burg auf Fehmarn, Druck- u. Verlagsort (N. Dose): B 551, 552
Burmeister, Hermann (1807-1892), dt. Naturforscher u. Forschungsreisender: B 82
Burow, A.: B 83
Bursian, Conrad (1830-1883), dt. Archäologe u. Philologe: B 84
Burucker, Johann Michael (1763-1808), aus Nürnberg, Geograph u. Kupferstecher: B 76 (3)
Byron, John (1723-1786), engl. Weltumsegler: B 194

Caen, Druck- u. Verlagsort: B 549
Caesar, Caius Julius (100-44), röm. Feldherr, Staatsmann u. Schriftsteller: A 12, 23; B 85-88, 103 (3, 4, 7), 165-168, 340, 528 (8, 9)
Calw, Druck- u. Verlagsort (Vereinsbuchhandlung): A 10, 11; B 49, 50, 54
Camerer, Johann Friedrich (1720-1792), Kriegsrat im Herzogtum Schleswig: B 89
Campe, Joachim Heinrich (1746-1818), Theologe u. Pädagoge in Braunschweig: B 90
Canalis, Jo. Baptista: B 171 (25)
Cancrin, Franz Ludwig von (1738-1812), Berg- u. Hüttenfachmann: B 91
Cantel, Pierre Joseph (1645-1684): B 92
Cantova, Juan Antonio (1697-1731): B 257 (4)
Carl vom heil. Aloys, P.: B 93
Caro, Jakob (1836-1904), dt. Historiker: A 30 (68-70, 73, 74)
Carolus, Georg, aus Enkhuizen, Kartograph u. Kartenhändler (tätig 1614-1636): B 387 (3)
Carter, Francis († 1783): B 94
Carteret, Philipp (1733-1796), engl. Weltumsegler: B 194
Cassell, John (1817-1865): B 95
Castorius (um 340 n. Chr.), röm. Feldmesser: K 81
Catrou, François (1659-1737), frz. Historiker: B 96

Catteau-Calleville, Jean-Pierre Guillaume (1759-1819), frz. Theologe u. Schriftsteller: B 97

Cellarius, Christoph (1638-1707), Historiker u. Geograph in Halle (Saale): B 98, 99, 472

Chalybaeus, Robert (* 1828), Lehrer in Meldorf: B 100

Charton, Edouard (1807-1890), frz. Schriftsteller u. Politiker: B 101

Chateaubriand, François René Vicomte de (1768-1848), frz. Schriftsteller: B 102

Chlodwig (um 466-511), seit 482 fränk. König: B 8 (105, 106, 107)

Choiseul d'Allecourt, Max de: B 368 (2)

Choiseul-Gouffier, Marie-Gabriel-Florent-Auguste Comte de (1752-1817), frz. Diplomat u. Orientreisender: B 28 (2, 6, 8)

Christian V. (1646-1699), seit 1670 König von Dänemark: B 152

Christiani, F., dän. Lithograph: B 522 (6, 84, 91, 92)

Christiania (= Oslo), Druck- u. Verlagsort: B 330, 338

Civilis, C. Julius, Bataver, Anführer eines Aufstandes gegen das Römische Reich 69/70 n. Chr.: B 368 (2)

Clarke, Edward Daniel (1769-1822), engl. Altertumsforscher: B 348 (1)

Clausen, Premierlieutenant u. Kartenzeichner in Rendsburg: K 11; B 477, 478

Clausner, Jakob Joseph (1744-1797), Kupferstecher in Zug (Schweiz): B 208

Clüver, Philipp (1580-1623), aus Danzig, Geograph in Leiden: B 103

Cöntgen, Heinrich Hugo († 1799), Kupferstecher in Mainz: B 267

Cohausen, August von (1812-1894), Oberst, Prähistoriker: A 12 (6)

Colp, I. C., Zeichner (tätig für Pontoppidan): B 390 (151)

Conrady, Emil von (1827-1905), dt. Offizier: B 104

Constantin, M.: B 105

Cook, engl. Kupferstecher: B 503 (1, 2, 4, 5)

Cook, James (1728-1779), engl. Seefahrer u. Forschungsreisender: A 38 (2); B 106, 194

Copeland (Dr.): B 593

Coronelli, Vincenzo Maria (1650-1718), italien. Theologe, Kosmograph, Kartograph u. Globenmacher: B 8 (24)

Cotta, Bernhard von (1808-1879), dt. Geologe: B 107

Cotta, Christian Gottfried, Verlag in Tübingen u. München: B 46, 381

Cotta, Johann Georg, Verlag in Tübingen u. Stuttgart: B 46, B 153, 212, 222, 223, 498

Coxe, William (1747-1828), aus London, Theologe u. Historiker: B 108

Cramer, H. C., dän. Zeichner (tätig für Pontoppidan): B 390 (90)

Cranz, David (1723-1777), Prediger auf Grönland, im Dienst der Brüdergemeine: B 109

Crevier, Jean Baptiste Louis (1693-1765), frz. Historiker: B 422

Crichton, Andrew (1790-1855): B 110

Crusius, Siegfried Lebrecht, Verlag in Leipzig: B 94, 240, 331

Cruyl, Livinus (um 1640 bis um 1720), niederländ. Zeichner u. Kupferstecher, in Rom 1666: B 171 (12, 14, 17, 20, 21, 23, 24)

Curicke, Reinhold (1610-1667), Maler in Danzig: B 111

Curtius, Ernst (1814-1896), aus Lübeck, Historiker u. Archäologe in Berlin: A 7; B 112, 113

Curtius Rufus, Quintus, röm. Schriftsteller, verfaßte um 50 n. Chr. ein Werk über Alexander den Großen: B 114-117

Dahlberg, Erik (Jönsson) (1625-1703), schwed. Architekt, Historiker u. Militärkartograph: B 118, 146, 316 (37), 401 (5, 13, 24, 53, 55, 57, 63-65, 69, 78, 90, 99, 106)

Dahlbohm, Gustav (1806-1859), schwed. Naturwissenschaftler u. Kartenstecher: B 591

Dahlmann, Friedrich Christoph (1785-1859), aus Wismar, Historiker u. Politiker: B 2

Dam, M. R., dän. Zeichner (tätig für Pontoppidan): B 390 (132)

Dana, James Freeman (1793-1827): A 24 (1)

Danckwerth, Caspar (1605-1672), Bürgermeister von Husum, Arzt u. Historiograph, zusammen mit Johannes Mejer Herausgeber der „Landesbeschreibung" (1652): B 9, 119, 190, 247

Danilewski, N.: B 120

Danzig, Druck- u. Verlagsort (Wedel): B 377

Darmstadt, Druck- u. Verlagsort (Jonghaus u. Venator): A 6

Dathe, C., Lithograph: B 260, 571

Daumerlang, Christian, Stecher in Nürnberg: B 318 (2, 79)

Daut, L., Stecher in Nürnberg: B 318 (51, 78, 84, 107)

Debes, Ernst (1840-1923), Kartograph in Leipzig, Mitinhaber des Geograph. Instituts Wagner & Debes: A 34 (11, 45, 46, 64, 65, 74, 76, 77); B 382 (3-7, 9-11)

Decken, Friedrich Graf von der (1769-1840), dt. Offizier u. Historiker: B 123

Decken, H. v.: B 262 (2)

Defehrt, Carl († 1774), frz. Kupferstecher, tätig in Kopenhagen: B 350 (1, 2, 4-7)

Dehn, R. v., Lithograph. Anstalt in Elmshorn: B 250

Deisch, Matthäus (1718-1789), Maler in Danzig: B 124

Deisel, L., Stecher in Nürnberg: B 318 (52)

Delahaye, Guillaume Nicolas (1725-1802), frz. Kupferstecher: B 27, 443

Delamonce, frz. Zeichner: B 266 (3)

Delbrück, Hans (1848-1929), dt. Historiker: B 125

Delisle de Sales, Jean Baptiste Claude Izouard (1741-1816), frz. Naturforscher: A 8

Delisle, Guillaume (1675-1726), Geograph u. Kartograph in Paris: B 8 (31, 40, 43), 313, 501

Delius, Hermann, Lithograph. Anstalt in Berlin: B 235, 415

Dellbrück, N., Stecher: A 17 (1)

Demosthenes (384-322), griech. Redner u. Staatsmann: B 126

Deneke, dt. Kartenzeichner: A 7 (24-27)
Den Haag, Druck- u. Verlagsort: B 30, 116
Desbuissons, Stecher: B 21
Diercke, Carl (1848-1913), aus Kyritz, Seminardirektor in Stade, Schulgeograph, bei Westermann in Braunschweig: A 9
Dinesen, Adolph Wilhelm (1807-1876), dän. Offizier, Gutsbesitzer: B 130
Dionysios von Halikarnassos, lebte seit 30 v. Chr. als griech. Lehrer in Rom, Verfasser einer „Römischen Altertumskunde": B 542
Dödert, Severin, Lithograph: B 417 (1, 3)
Dörfer, Johann Friedrich August (1766-1827), Pastor in Preetz, schlesw.-holst. Topograph: B 131
Dollerup (bei Flensburg), Druck- u. Verlagsort: B 346
Donati, Alessandro (1584-1640), italien. Altertumsforscher: B 422 (2)
Dorn, Johann Martin († nach 1785), Rotgießer u. Kupferstecher in Nürnberg: B 8 (111)
Dorn, Samuel Vitus, Kupferstecher in Nürnberg: B 256 (17)
Dorn, Sebastian, Kupferstecher in Nürnberg (2. Hälfte 18. Jh.): B 8 (4, 32, 48), 109
Dove: A 24 (6-18)
Dreyer, W., Offizier: B 231 (7), 232 (6)
Drusus, Nero Claudius (38-9), röm. Feldherr, drang im Kampf gegen die Germanen bis zur Elbe vor: B 260, 571
Dubois de Montpéreux, Frédéric (1798-1850), schweizer. Forschungsreisender: B 348 (1)
Düsseldorf, Druck- u. Verlagsort (A. Bagel): A 21, 22
Dufour, Auguste-Henri (1798-1865), aus Paris, Geograph: B 21
Duisburg, Druck- u. Verlagsort: A 36
Duncker & Humblot, Verlag in Berlin u. Leipzig: B 35-37, 181
Dupré, Zeichner: B 318 (8)
Duruy, Victor (1811-1894), frz. Historiker: B 132
Dyk, Buchhandlung u. Verlag in Leipzig: B 174, 227, 416, 483, 493

Ebbesen, C., Stecher: B 144
Eberhardt, H., Kartenstecher für Perthes in Gotha: A 34 (10, 18, 24, 25, 30, 34-37, 39, 40, 42, 61, 65, 81-86)
Eccard, Johann Georg (1674-1730), dt. Historiker: B 133
Eckener, F., Lithograph in Schleswig: B 439 (2)
Eckermann, Christian Heinrich (* 1833), Bauinspektor in Husum: B 590 (Bd 23, Bd 25)
Edinburgh, Druck- u. Verlagsort; B 110, 170
Edler, E. G., Kartenstecher für Perthes in Gotha: K 85; A 27 (20), 29 (4, 32, 59)
Edock: B 257 (3)
Eegberg, Hans Heinrich (1723-1784), dän. Maler u. Zeichner (tätig für Pontoppidan): B 390 (131, 142, 143)
Egede, Hans (1686-1758), dän. Bischof, Missionar u. Kolonisator auf Grönland: B 134, 135
Egede, Niels (1710-1782), Kaufmann u. Missionar auf Grönland, Sohn von Hans E.: B 136

Egede, Paul (1708-1789), Prediger, Missionar u. Sprachgelehrter auf Grönland: B 136, 137
Eggers, Christian Ulrich Detlev Freiherr von (1758-1813), aus Itzehoe, im dän. Staatsdienst in Kopenhagen: B 138
Eggers, Hermann (* 1851), dt. Offizier, Nationalökonom: B 139
Eggert, N. H. (Flensburg): B 4
Egraud, C. A., Stecher in Neuhaldensleben: K 67-72
Ehlers, Jean, Lithograph: B 142
Ehrenberg, Richard (1857-1921), dt. Historiker u. Nationalökonom: B 140
Eichhorst, Bergassessor: K 78
Élie de Beaumont, Léonce-Louis (1798-1874), frz. Geologe: A 6 (10)
Elskring, C., Stecher: B 403 (3)
Eltzner, Adolf, Stahlstecher in Leipzig: K 12
Engelmann, Wilhelm (1808-1878), Verlag in Leipzig: B 55, 221, 258, 365
Eratosthenes (um 275-195), griech. Geograph u. Bibliothekar in Alexandria: B 101 (3), 148 (4), 290, 303 (1), 304 (2), 466 (4), 528 (2), 542
Erdmannsdörffer, Bernhard (1833-1901), dt. Historiker: B 364
Erfurt, Druck- u. Verlagsort (C. Villaret): B 510
Erichsen, Jens: B 590 (Bd 30)
Erichsen, Jon (1728-1787), aus Island, Verwaltungsbeamter u. Verfasser in Dänemark: B 121 (20)
Erlangen, Druck- u. Verlagsort (K. Döres, F. Enke): B 460, 505
Erman, Georg Adolf (1806-1877): B 73
Erslev, Edouard (1824-1892), dän. Geograph: B 143, 144
Eschebach u. Schäfer, Druckerei [Lith.] in Leipzig: B 84, 548, 553
Eschenburg, v., dt. Kartenzeichner: A 7 (20, 21)
Eulenstein, F., Kartenstecher für Perthes in Gotha: A 34 (57, 60); B 528 (12)
Ewald, Ludwig (1813-1881), dt. Geograph: A 6

Fabretti, Raphael (1618-1700), aus Urbino, italien. Altertumsforscher: B 171 (26-28)
Falckeisen, Theodor, Kupferstecher u. Buchdrucker in Frankfurt/Main (gen. 1665/67): B 43 (1)
Falda, Giovanni Batista (1648-1678), Zeichner u. Kupferstecher in Rom: B 171 (10)
Fangel, Zeichner (tätig für Trap): B 523 (10)
Faucherot/Foucherot, frz. Kartenzeichner: B 28 (2, 8)
Fehr, Louis, & Co., Lithograph in Christiania (= Oslo): B 330
Feller, F. E., Lithograph. Anstalt in Berlin: B 402
Fenckel, I., Stecher: B 560 (3)
Ferguson, James (1710-1776), Astronom u. Physiker in London: B 145
Fester, Diderich Christian (1732-1811), dän. Mathematiker u. Kartograph: B 8 (99), 121 (8), 157 (3), 390 (2, 3, 20, 21, 30, 40, 43, 54, 68, 88, 89, 93, 107, 112, 146, 163)
Fetter, I. F., Lithograph. Atelier in Berlin: B 32 (1)
Fielitz, Friedrich August v., Kupferstecher (bei Reimer)

in Berlin (gen. 1821-1825) u. Steindrucker in Leipzig: B 260, 571
Fikentscher, Otto (1831-1880), dt. Maler: B 29
Finne, J., Lithograph. Officin in Christiania (= Oslo): B 338 (1)
Fischer: B 131
Fischer, Abraham (1724-1775), schwed. Ingenieur-Offizier: B 146
Fischer, H., Stecher in Halle: B 148
Flathe, Theodor (1827-1900), dt. Historiker: B 364
Flemming, Carl (1806-1878), Verlag in Glogau: A 20, 25, 26; B 159, 186, 187, 297, 351
Flensburg, Druck- u. Verlagsort (O. Hollesen, Huwald, A. S. Kastrup, Korte, G. A. F. Ponton, Sundby & Jespersen): B 4, 66, 243, 396, 397, 442, 475
Flint, Andreas (1767-1824), Kupferstecher in Kopenhagen: B 487 (1)
Flint, Ole Nielsen (1739-1808), dän. Kupferstecher: K 51; B 121 (20, 21), 390 (148, 150, 156, 158, 163, 167, 169, 172), 476, 563
Fontane, Theodor (1819-1898), aus Neuruppin, Schriftsteller: B 147
Foogt, Hans Jörgensen, Zeichner (tätig für Pontoppidan): B 390 (158)
Forbiger, Albert (1798-1878), Philologe in Leipzig: B 148
Forchhammer, Johann Georg (1794-1865), aus Husum, Mineraloge u. Geologe in Kopenhagen: B 144, 415
Forchhammer, Peter Wilhelm (1803-1894), Altphilologe in Kiel: B 149, 174 (2), 566
Forster, (Johann) Georg (1754-1794), dt. Forschungsreisender, beteiligt an Cooks Weltumseglung, Länder- u. Völkerkundler: B 106
Forster, Johann Reinhold (1729-1798), dt. Naturforscher u. Forschungsreisender, Vater von Georg F.: B 278, 375
Foster, H., engl. Seefahrer: B 16 (5)
Frankfurt/Main, Druck- u. Verlagsort (Andrae, J. Andreä, T. Falckeisen, S. Feyerabend, C. G. Hertel, S. Hüter, M. Merian, Paltheniana, P. Schmidt, W. R. Stock, J. Wechel, B. C. Wustius, J. D. Zunner): B 43, 48, 56, 86, 88, 115, 160, 267, 300, 316, 444, 462
Fransecky, Eduard von (1807-1890), preuß. General: B 150
Franz, Kupferstecher in Berlin: B 278
Frausing, dän. Zeichner (tätig für Pontoppidan): B 390 (128)
Freeman, Edward Augustus (1823-1892), engl. Historiker: B 151
Freiburg i. B., Druck- u. Verlagsort (J. C. B. Mohr): B 310
Frentzel, Georg Friedrich Jonas (1754-1799), Kupferstecher in Leipzig: A 4; B 271
Fridrich, Johann Gottlieb (1742-1809), Kupferstecher aus Nürnberg, tätig in Kopenhagen: B 90, 138, 269 (2, 4), 288, 370, 390 (146, 147, 154, 157, 160, 161, 173)
Friedenreich, Mouritz (1732-1798), dän. Offizier: B 152
Friederichsen, L., Kartenstecher für Perthes in Gotha: A 34 (14); B 212, 398

Friedjung, Heinrich (1851-1920), dt. Schriftsteller: B 153
Friedrich II. der Große (1712-1786), seit 1740 König in Preußen: B 15
Friedrich IV. (1671-1730), seit 1699 König von Dänemark: B 443
Friedrich Wilhelm I. (1688-1740), seit 1713 König in Preußen: A 38 (32)
Friedrich Wilhelm (1771-1815), Herzog von Braunschweig-Oels, Führer eines Freikorps gegen Napoleon: B 22
Friedrich Wilhelm Paul Leopold (1785-1831), seit 1816 Herzog von Schleswig-Holstein-Sonderburg-Beck (seit 1825 zu Glücksburg): K 83
Fritzsch, Christian (1695-1759), aus Leipzig, Kupferstecher in Hamburg: B 141
Fritzsch, Johann Christian (um 1720-1802), Kupferstecher in Hamburg, Sohn von Christian F.: B 352 (1, 6)
Fritzsche, J. G., Drucker u. Stecher [Lithograph] in Leipzig: B 174, 416, 483, 493

Gad, G. E. C., Verlag in Kopenhagen: B 321, 383, 475, 522, 523, 535
Gaebler, Eduard (1842-1911), Kartograph u. Verleger in Leipzig: A 9
Gagern, August von, Offizier der schlesw.-holst. Armee: B 154
Gallois, Johann Gustav (* 1815), Advokat u. Historiker in Hamburg: B 155
Galton, Francis (1822-1911), engl. Naturforscher u. Afrikareisender: B 416
Garbs, F. A., Kantor u. Lehrer in Dannenberg: B 156
Garding, Druck- u. Verlagsort (H. Lühr & Dircks): 188
Gastaldi, Jacopo (1500-1565), Kartograph u. Kosmograph in Venedig: A 37 (18)
Gatterer, Johann Christoph (1727-1799), dt. Historiker: B 8 (T. 32-35)
Gauttier: B 214
Gavard, Stecher: B 21
Gebauer, Johann Justinus, Verlag in Halle (Fortsetzung: Johann Jacob G.): B 8, 157, 451, 456
Gebert & Weigel, Lithograph. Anstalt in Stuttgart: K 81
Gebhardi, Ludewig Albrecht (1735-1802), dt. Historiker: B 8 (T. 32, 33, 50), 157
Geelkerken, Nicolas van († 1656), Landmesser, Kupferstecher u. Verleger in Leiden: B 103
Geerz, Franz (Heinrich Julius) (1817-1888), aus Schleswig, Militärkartograph in Berlin: K 13; B 7 (3), 122 (4), 159, 189, 294, 295
Geissler, F., Stecher: B 318 (8)
Geissler, Robert (1819-1893), Maler u. Schriftsteller in Berlin: B 158
Gelenius, Sigmund (1497-1554), Philologe in Basel: B 355
Gell, William (1777-1836): B 174 (2)
Geminos (1. Jh. v. Chr.), griech. Geograph: B 542
Gemma Frisius, Reiner (1508-1555), Mathematiker u. Astronom in Löwen: B 14
Genf, Druck- u. Verlagsort: B 127, 302, 508

Gerhardt & Schreiber, Druckerei in Erfurt: B 510

Gerhardt, L. von, Offizier der schlesw.-holst. Armee: B 159

Gerrich, J. C., Stecher: B 528 (5)

Gesner, Stecher in Kiel: B 392

Geyer, V., Stecher: A 12 (4, 5, 10)

Gfrörer, August Friedrich (1803-1861), Historiker in Freiburg (Breisgau): B 161

Gießen, Druck- u. Verlagsort (J. Rickert): B 291

Gillespie, Edward T. W.: B 162

Giovio, Paolo (1483-1552), italien. Bischof u. Historiker: A 37 (19)

Gläser, Eduard: K 49

Glassbach, Kupferstecher in Berlin: B 194 (1)

Glasser, I. F., Kupferstecher: B 8 (43, 49, 63)

Gliemann, Theodor (1793-1828), aus Oldenburg, Topograph u. Kartograph in Kopenhagen: K 14-44

Glogau, Druck- u. Verlagsort (C. Flemming): A 20, 25, 26; B 159, 187

Gloy, Arthur (1867-1934), Philologe u. Heimatforscher in Kiel: B 163

Glückstadt, Druck- u. Verlagsort (Augustin): K 67-72

Gneisenau, August Wilhelm Anton Graf Neidhardt von (1760-1831), preuß. Heerführer: B 125

Godiche, Andreas Hartvig (1715-1769), Buchdrucker u. Verleger in Kopenhagen (Fortsetzung durch Godiche Erben): B 269, 389, 390

Godt, Christian (* 1853), aus Mannheim, Lehrer in Hadersleben: B 164

Goedsche u. Steinmetz, Lithograph. Anstalt in Meißen: A 33; B 491

Göler, August Freiherr von (1809-1862), dt. Offizier u. Historiker: B 165-168

Göttingen, Druck- u. Verlagsort (J. F. Dieterich, J. F. Röhwer, C. E. Rosenbusch, J. W. Schmidt): B 25, 133, 193, 214

Goettling, Carl Wilhelm (1793-1869), aus Jena, klassischer Philologe: B 169

Gordon, Thomas (1788-1841), brit. Historiker: B 170

Goeree, Jan (1670-1731), Maler u. Kupferstecher (bei Pieter van der Aa) in Leiden: B 171 (4, 7, 28)

Gotha, Druck- u. Verlagsort (C. W. Ettinger, Gerstenberg u. Dittmar, F. A. Perthes, J. Perthes): K 76, 85; A 12, 27-31, 34; B 26, 112, 249, 382, 411, 512, 583

Gotho, Olaus Johannes (1606-1644), schwed. Kartograph: B 362 (6)

Gottschalck, Ad., Kartenstecher bei Perthes in Gotha: A 29 (31)

Graah, Wilhelm August (1793-1863), Marinekartograph aus Kopenhagen: B 173 (7), 404 (2), 419

Gräf, Carl (1822-1902), aus Rudolstadt, Kartograph u. Buchhändler: B 250

Graesel, Lithograph: B 504

Graevius, Johann Georg (1632-1703), aus Naumburg, Philologe in den Niederlanden: B 171

Graves, brit. Marineoffizier (Capt.): B 566

Gregor VII. (1020-1085), seit 1073 Papst: B 93 (5), 161

Gressler, Friedrich Gustav Ludwig (* 1793), dt. Lehrer: B 172

Greve, Wilh., Lithograph. Institut u. Steindruckerei in Berlin: K 75; B 176, 178, 238, 322-325, 561, 562

Grischwitz, Lithograph in Wiesbaden: B 440 (5)

Grodecki, Waclaw († 1591), poln. Kartograph u. Kupferstecher: A 37 (21)

Grönlund, dän. Zeichner (tätig für Pontoppidan): B 390 (126)

Grolau, A., dän. Zeichner (tätig für Pontoppidan): B 390 (110)

Grolman, Carl von (1777-1843), preuß. General: B 104

Gross, C. H., Kartenzeichner: B 49, 50

Grote, George (1794-1871), engl. Historiker: K 2; B 174

Grotefend, E. T.: B 438

Grotefend, Georg Friedrich (1775-1853), dt. Philologe u. Orientalist: B 175

Grün, Ch. F.: B 252

Grünewald, Ernst Friedrich (1801-1848), Stecher in Darmstadt: B 318 (29)

Grünfeld, Hans Peter Hansen (* 1813), Lehrer in Schleswig: B 176

Grünwold, Stecher: B 318 (1)

Grundemann, Reinhold (1836-1924), dt. Kartenbearbeiter: A 10, 11

Grunert, Kartenstecher für Perthes in Gotha: A 34 (61)

Günnel (Baccalaureus): B 177

Gürsch, C. F., Stecher: B 586

Gußfeldt, Paul (1840-1920), dt. Forschungsreisender: B 178

Gütersloh, Druck- u. Verlagsort (C. Bertelsmann): B 236

Guicciardini, Ludovico (1523-1589), aus Florenz, Historiker u. Geograph in Antwerpen: B 179

Guido von Pisa, italien. Kartograph im 1. Viertel des 12. Jh.: B 409

Guinot, Eugen (1812-1861): B 180

Guiter, Claude-Alexandre (um 1756-1787), frz. Kupferstecher, tätig in Kopenhagen: K 51-55; B 121 (22-24)

Gunnlaugsson, Björn (1788-1876), isländ. Kartograph: K 45, 46; B 587 (3)

Gustav II. Adolf (1594-1632), seit 1611 König von Schweden: B 387 (5)

Gutsch, Fr., Lithograph. Anstalt in Karlsruhe: B 168

Gyldendal, Verlag in Kopenhagen: B 23, 228, 414, 453, 577

Haas/(Hase), Johann Matthias (1684-1742), Mathematiker, Geograph u. Kartograph in Wittenberg, tätig für Homanns Erben: A 38 (1, 41, 61, 62); B 8 (79, 82)

Haas, Jonas (1720-1775), Kupferstecher aus Nürnberg, tätig in Hamburg u. Kopenhagen: B 11, 121 (1, 11, 12, 13, 14, 16), 152, 220 (4), 352 (2-5, 11, 13-15, 17, 18, 20, 22, 23), 390 (7, 30, 53, 68, 89, 93, 95, 96, 98, 101, 103, 107, 110, 113, 115, 122, 127, 130, 131, 133, 135, 136, 138, 141-143), 501 (1), 517 (2, 3, 7-11, 13, 15), 518, 519

Haas, Peter (1754 bis nach 1804), Kupferstecher aus Kopenhagen, Sohn von Jonas H.: B 121 (17, 18)

Haase, Kartenstecher für Perthes in Gotha: K 85

Habenicht, H., Kartenstecher für Perthes in Gotha: A 34 (14, 15, 30, 31, 32, 49, 56, 57, 62, 64, 71, 72, 81-86)

Hadersleben, Druck- u. Verlagsort (G. Nielsen): B 305, 475, 477, 478

Hahn, Buchhandlung u. Verlag in Leipzig u. Hannover: K 80; B 123, 175, 200, 304, 438, 440, 465, 543, 544, 567, 568

Hahn, Eduard (1856-1928), dt. Ethnologe: B 181

Haken, F., Kartenzeichner: B 347

Halfeld, H. G. F., Civil-Ingenieur: B 382 (8)

Halkett, Hugh Freiherr von (1783-1863), hannover. General: B 465

Halle (Saale), Druck- u. Verlagsort (J. J. Curt, J. J. Gebauer, Waisenhaus, F. Ruff, C. A. Schwetschke): B 8, 78, 157, 204, 260, 424, 425, 451, 456, 571

Halma, Franz (1653-1722), Geograph, Drucker u. Buchhändler in Utrecht u. Amsterdam: B 171

Hamburg, Druck- u. Verlagsort (P. F. Fauche, G. C. Grund, Rauhes Haus, G. J. Herbst, Z. Hertel, Hoffmann und Campe, C. König, W. L. Oemler, J. G. Onkken, Perthes & Besser, Perthes-Besser & Mauke, J. F. Richter, F. C. Ritter, J. G. Trausold, Virchaux, T. v. Wiering): B 11, 77, 78, 141, 155, 226, 242, 244, 245, 252, 280, 309, 343, 344, 351, 352, 361, 455, 488, 495, 538, 541

-, Steindruckerei: B 495

Hamelmann, Hermann (1525-1595), Theologe u. Historiker, Generalsuperintendent in Oldenburg (Oldenburg): B 69 (19), 182

Hamm, Wilhelm: B 183

Hammer, Christian Gottlob (1779-1864), Zeichner u. Kupferstecher in Dresden: B 495

Hammerich, Frederik (1809-1877), dän. Theologe u. Historiker: B 184

Hammer-Purgstall, Joseph Freiherr von (1774-1856), aus Graz, Staatsmann, Orientalist u. vielseitiger Gelehrter in Wien: B 185

Handtke, Friedrich (1815-1879), dt. Kartograph bei Flemming in Glogau: A 25 (9, 15, 16, 19, 22, 24, 26, 32, 37, 40, 42, 47-50, 56-62, 68-70, 73-76), 26 (9, 15, 16, 19, 22, 24, 26, 32, 37, 40, 42, 47-50, 56-62, 68-70, 73-76, 87, 91, 92, 94-96, 99-102, 105-110, 114-118, 120-126)

Hanemann, A., Kartenstecher bei Perthes in Gotha: A 34 (31, 32, 44, 51, 59, 62)

Hannibal (247/46-183), karthagischer Feldherr: B 8 (49, 63), 422 (6), 472 (2)

Hanno (4. Jh. v. Chr.), aus Karthago, Seefahrer: B 329 (1, 2)

Hannover, Druck- u. Verlagsort (L. Ehlermann, Hahn): B 123, 156, 175, 438, 440, 465, 543, 544, 567, 568

Hansen, Christian Peter (1803-1879), aus Sylt, Lehrer u. Heimatforscher: B 187, 188

Hansen, E., Lithograph: B 339

Hansen, W. L. A., Lithograph. Institut in Kopenhagen: B 253 (3, 4)

Hansen, Reimer (* 1855), schlesw.-holst. Philologe u. Historiker: B 583, 590 (Bd 26, Bd 27)

Hanssen, Georg (1809-1894), aus Hamburg, Nationalökonom u. Agrarwissenschaftler: B 189

Harboe, P., dän. Kartenzeichner: K 58-62

Harder, B., Lithograph in Freiburg im Breisgau: B 270

Harderwijk (Niederlande), Druck- u. Verlagsort: B 387

Harenberg, Johann Christoph (1696-1774), Theologe, Historiker u. Orientalist im Herzogtum Braunschweig: A 38 (40, 42)

Harrwitz, Max (* 1860), Verleger in Berlin: B 190

Harthwieg/(Harthving), Stecher [Lithograph] in Kopenhagen, tätig bei „Det kgl. Steentrykkeri": K 15, 16, 18-27, 29-31, 39; B 369 (4), 560 (2)

Hartmann, E., dt. Zeichner: B 29

Hartnaccius, Daniel (1642-1708), dt. Schulmann u. Theologe: B 191

Hartz, C. J., schlesw.-holst. Kartenzeichner: K 67-72

Hasenbanck, J. C., Ingenieur-Offizier u. Kartograph in Hamburg Mitte des 18. Jh.: B 488

Hasse, Ernst: A 2 (17-20, 25)

Hassenstein, Bruno (1839-1902), Kartograph bei Perthes in Gotha: A 24 (1, 6, 8-13, 15-20, 39, 41, 43-50, 53-55, 57-62, 68-72), 34 (74); B 382 (1-7, 9-11, 13)

Hauck, Lithograph: B 77

Haude und Spener, Verlag in Berlin: B 15, 106, 194, 279, 290, 372

Haupt, Richard (* 1846), Lehrer in Schleswig-Holstein, erster Landeskonservator: B 192

Hausmann, Johann Friedrich Ludwig (1782-1859), dt. Mineraloge und Geologe: B 193

Hawkesworth, John (um 1715-1773), aus London, Schriftsteller, Direktor der Ostindischen Handelsgesellschaft: B 194

Hawkins, Richard (1560-1622), engl. Seefahrer: B 194 (2)

Heck, (Johann) Georg, dt. Kartograph: K 47; B 40, 41, 105, 500 (1, 4)

Heiberg, G., dän. Zeichner: B 33

Heidelberg, Druck- u. Verlagsort (J. C. S. Mohr, C. Winter): B 168, 489

Heidmann, Christoph († 1627), dt. Philologe: B 195

Heimreich, Anton (1626-1685), Pastor auf Nordstrandischmoor (Nordfriesland) u. Chronist: B 196

Hein, F., Kartenstecher für Perthes in Gotha: A 30 (3, 4, 7, 23-25, 29, 30, 32, 35, 38, 40, 42, 51, 52, 73, 74, 78-84, 86, 87)

Hekataios (um 550 bis um 480), griech. Geograph u. Geschichtsschreiber: B 148 (2)

Helbig, Wolfgang (1839-1915), dt. Archäologe: B 197

Held, Friedrich Wilhelm Alexander (1813-1872), dt. Historiker: B 198

Helgesen, Hans (1793-1858), dän. Offizier: B 199

Hellfarth, C., Druckerei in Gotha: A 34; B 212

Hellwag, dt. Kartenzeichner: B 222, 223, 542

Helmstedt, Druck- u. Verlagsort (H. Möller): B 195

Henckel, C., dän. Kartenzeichner: B 71

Hengstenberg, F., Lithograph: B 550

Henricpetrina, Officina, Verlag in Basel, siehe unter Petri, Henricus.

Hensgen, W., Stecher: B 528 (11)

Herkt, Otto, Geograph u. Kartograph bei Flemming in Glogau (gen. ab 1885): K 78, 79

Herodes der Große (73-4), Herrscher des jüdischen Staates: B 8 (37)

Herodot (um 490 bis um 420), aus Halikarnassos, griech. Geograph u. Historiker: K 1; B 101 (2), 148 (3), 201-203, 290, 466 (3), 528 (1)

Hertzberg, Gustav Friedrich (1826-1907), dt. Historiker u. Politiker: B 204

Herzer, H., Stecher: B 318 (40, 62)

Hesiod (um 700 v. Chr.), griech. Dichter: B 466 (2), 550

Hess, Johann Jakob (1741-1828), Theologe, Dichter u. Sprachwissenschaftler in Zürich: B 205-210

Hesse, E., Lithograph: A 25 (51), 26 (51)

Heuth, C., Stecher: B 318 (118)

Hielmcrone, A. H., dän. Zeichner: B 487 (1)

Hildburghausen, Druck- u. Verlagsort (Bibliographisches Institut): B 318

Hildebrandt, E., dt. Zeichner: B 280 (1, 3)

Hipparchos (180-125), griech. Astronom u. Geograph: B 274

Hipschmann, Sigmund Gabriel (1639 bis nach 1680), Kupferstecher in Nürnberg: B 56 (2)

Hirth, Georg (1841-1916), Kartograph bei Perthes in Gotha: A 34 (17)

Hochdanz, E., Artistische Anstalt in Stuttgart: A 23 (3-14)

Hochstein, Giovanne Nep. de: B 8 (119)

Hochstetter, Ferdinand von (1829-1884), dt. Geologe: B 212, 593

Hocker, Nikolaus: B 213

Hoeck, Karl (1794-1877), dt. klassischer Philologe: B 214

Hoefnagel, Georg/(Joris) (1542-1600), Landschaftszeichner u. Miniaturmaler, wirkte zunächst in Antwerpen, später in Wien: B 69 (43)

Höher, H.: B 502 (1)

Hölzel, Eduard (1817-1885), Verlag u. kartographische Anstalt [Kunstanstalt] in Wien: K 48; B 530

Hoenig, Fritz (* 1848), dt. Publizist: B 215-217

Hoffmann, Johann, Verlag in Nürnberg: B 191, 332, 481

Hoffmann, Karl Friedrich Vollrath (1796-1842), Geograph u. Kartenzeichner in Stuttgart: B 218

Hoffmeister, Werner (1819-1845): B 219

Hofman, Hans de (1713-1793), dän. Verwaltungsbeamter u. Topograph: B 390

Hofmann, Carl Gottlob: B 395

Hogenberg, Franz (1535-1590), aus Mechelen, Kartograph, Kupferstecher u. Verleger in Köln: A 37 (2); B 69, 523 (2, 4, 11, 13)

Holberg, Ludvig Baron von (1684-1754), dän. Dichter u. Historiker: B 220

Holm, Adolf (1830-1900), dt. Historiker: B 221

Holm, F. C., Stecher in Kopenhagen: K 45, 46; B 403 (6)

Homann, Ernst, Verlag in Kiel: B 139, 192, 241, 398

Homann, Johann Baptist (1664-1724), Kartograph u. Kupferst., Begründer des Nürnb. Kartenverlags: A 38 (4, 5, 6, 7, 9, 10, 11, 12, 13, 15, 16, 18, 19, 20, 22, 23, 24, 25, 27, 28, 29, 30, 31, 34, 35, 37, 38, 39, 43, 44, 45, 46, 48, 49, 50, 51, 52, 53, 54, 56, 57, 59, 60, 64, 66, 68); B 521 (1)

Homann, Johann Christoph (1703-1730), Mediziner, Kartograph u. Verleger in Nürnberg, Sohn von Johann Baptist H.: A 38 (3, 55)

Homann Erben, Kartenverlag in Nürnberg, tätig von 1730 bis zum Beginn des 19. Jh.: A 38 (1, 8, 14, 17, 21, 26, 33, 40, 41, 42, 47, 58, 61, 62, 65, 70)

Homer (8. Jh. v. Chr.), griech. Dichter: K 1; B 101 (1), 148 (1), 222, 223, 290, 466 (1), 528 (1)

Hondius, Henricus (1597-1651), Kartograph u. Verleger in Amsterdam: B 387 (2), 414 (9)

Hondius, Jodocus d. Ä. (1563-1612), Kartograph u. Verleger in Amsterdam, Vater von Henricus H.: A 36 (21)

Horn, v., Stecher: B 220 (7)

Horrebow, Niels (1712-1760), dän. Schriftsteller (topograph. Werk über Island): B 224

Horst, Ulrich Freiherr von der (1793-1867), schlesw.-holst. General: B 225

Houghton, Daniel († 1791), brit. Major, Afrikareisender: B 226

Huc, Evariste Regis (1812-1860), frz. Missionar in China: B 227

Hübertz, Jens Rasmussen (1794-1855), dän. Arzt u. Schriftsteller: B 228, 229

Hübner, F., Stecher bei Flemming in Glogau: A 25 (29, 57, 66), 26 (20, 29, 57, 66, 75)

Hübner, Johannes (1668-1731), Geograph u. Historiker, Rektor in Hamburg: A 38 (45)

Hülsen, von, dt. Kartenzeichner: A 7 (10)

Hughes, William (1817-1876), engl. Geograph u. Landmesser: B 327

Humboldt, Alexander von (1769-1859), aus Berlin, Naturforscher: A 6 (29); B 107, 381

Hunnemann, W., Stecher in Hannover: B 543 (2, 3)

Hupel, August Wilhelm (1737-1819), Prediger, Historiker u. Publizist in Estland: B 230

Idrisi (1100-1166), arab. Kartograph: B 290, 381 (1)

Isidoros von Charax (um Christi Geburt), griech. Geograph, beschrieb die parthische Königsstraße: B 329 (9, 10)

Iversen, Volquard, aus Husum, im Dienste der holländ. Ostindischen Kompagnie in der 2. Hälfte des 17. Jh. in Südostasien: B 361

Jäck, Carl (1763-1808), Kupferstecher in Berlin: K 74, 83; B 15, 59, 542

Jäger, Oskar (* 1830), dt. Philologe: B 237

Jähns, Max (1837-1900), dt. Offizier u. Militärhistoriker: B 238

Jänecke, Gebr., Steindruckerei in Hannover: B 465

Jättnig, Wilhelm, Zeichner u. Kartenstecher in Berlin: B 2

Jahn, Ferdinand Henrik (1789-1828), aus Neumünster, dän. Offizier u. Historiker: B 239

Jameson, Robert (1774-1854), schott. Geologe: B 240

Jansen, Karl (* 1823), Historiker in Kiel: B 241

Jansen, R., dän. Kartenzeichner: B 121 (13, 16, 17)

Janssonius, Joannes (1588-1664), Kartograph u. Verleger in Amsterdam, Schwager von Henricus Hondius: B 387, 497

Jena, Druck- u. Verlagsort (J. Bielckius, H. Costenoble, G. Sengenwald): B 99, 114, 458

Jenkinson, Anthony (1525-1611), engl. Rußlandreisender (1557-1560): A 37 (23)

Jensen, Christian (1839-1900), aus Nordfriesland, Pastor in Breklum (Begründer der Missionsanstalt) u. Heimatforscher: B 242

Jensen, Hans Nicolai Andreas (1802-1850), aus Flensburg, Pastor in Angeln u. Historiker: B 243

Jessel, K., Lehrer in Landkirchen (Fehmarn): B 551, 552

Jöntzen, W., Lithograph. Anstalt in Bremen: B 9

Johannsen, Johann: B 590 (Bd 25)

Jolivet, Jean, frz. Kartograph (Mitte 16. Jh.): A 37 (8)

Jonge, Nicolai (1727-1789), dän. geograph. Schriftsteller: B 220

Jonson, Erich: siehe unter Erik J. Dahlberg.

Josephus, Flavius (37/8 bis um 100), jüdischer Geschichtsschreiber: B 8 (36, 37)

Jürgensen, Hans Joachim, Zuckerbäcker in Flensburg u. Zeichner (tätig für Pontoppidan): B 390 (156, 157)

Jütte, H., Druckerei in Leipzig: B 132

Jungmann, C., Kartenstecher für Perthes in Gotha: A 34 (13, 14, 23, 27, 28, 29, 31, 32, 46-48, 50, 57, 60, 65, 71, 72, 76)

Jungmann, Eduard (1815-1862), Offizier der schlesw.-holst. Armee: B 244

Junius, Johann Friedrich, Verlag in Leipzig: B 24, 76, 293

Kaerius, Petrus [= Pieter van der Keere] (1571-1646), Kupferstecher u. Verleger in London u. Amsterdam: A 36 (21)

Kampen, Albert van (1842-1891), dt. Altphilologe u. Historiker: A 12

Kappe, F., dt. Kartenzeichner: B 417 (2-4)

Kappe, G. v.: B 246

Karl der Große (742-814), seit 768 fränk. König u. seit 800 Kaiser: B 8 (108)

Karl XII. (1682-1718), seit 1697 König von Schweden: B 352

Karl X. Gustav (1622-1660), seit 1654 König von Schweden: B 268, 400, 401, 418

Karlsruhe, Druck- u. Verlagsort (G. Braun, Chr. Fr. Müller): B 165, 167

Karras, Franz, Stecher in Budapest: B 185 (9)

Kassel, Druck- u. Verlagsort (J. J. Bohne, T. Fischer): K 84; B 466

Kauffer, Michael (1673-1756), Kupferstecher in Augsburg: B 394

Kauffer, Wilhelm (2. Hälfte 18. Jh.), Kupferstecher in Augsburg: B 28 (6), 185 (9)

Kaupert, Johann August (1822-1899), aus Kassel, Topograph u. Kartograph in Berlin: A 7; B 62

Kehse, B., u. Sohn, Lithograph in Magdeburg: B 55

Keil, Hermann, Lithograph u. Drucker in Gotha: B 583

Keinz, Friedrich, dt. Kartenzeichner: A 30 (5)

Keller, C. L., Lithograph. Anstalt in Berlin: B 62, 104 (4, 5, 9, 15, 17), 283, 324 (1, 3), 506, 592

Kellner, Joseph (1749-1814), Kupferstecher in Nürnberg: B 80 (1), 256 (14, 16)

Kellner u. Giesemann, Druckerei in Berlin: A 19

Kettler, Julius Iwan (1852-1921), aus Osnabrück, Geograph u. Kartograph in Weimar: A 2 (15, 16)

Kiel: Druck- u. Verlagsort (B. Bünsow, E. Homann, Kgl. Schulbuchdruckerei, Universitäts-Buchhandlung, Lipsius & Tischer, C. F. Mohr, C. Schröder, Schwer): K 13; B 2, 100, 139, 149, 154, 186, 189, 192, 241, 295, 392, 398, 532, 559, 590

Kiepert, Heinrich (1818-1899), Geograph u. Kartograph in Weimar u. Berlin: K 2, 86; A 13-15, 32; B 17, 117, 151 (5), 176, 201-204, 409, 420, 506, 528 (11, 12), 581

Kier, Otto (1823-1899), aus Hadersleben, Verwaltungsbeamter in Schleswig-Holstein: B 247, 248

Kitchin, Thomas (1718-1784), engl. Kupferstecher, Kartograph u. Verleger: B 108, 499

Kittendorff (Axel [1821-1868]) & Aagaard (Johan [1818-1879]), Xylograph. Werkstatt in Kopenhagen (gegründet 1849): B 143, 253

Klæding & Holm, Stecher in Kopenhagen: B 363

Klebe, Albert (1769-1842), dt. Geograph: B 249

Kleemann, I., dt. Zeichner: B 29

Kleiner, Salomon (1703-1761), aus Augsburg, Architekt u. Kupferstecher in Wien: K 80

Klenze, Karl Friedrich Hermann (1795-1878), Jurist, Syndicus des Klosters Uetersen: B 250

Kliewer, Friedrich Wilhelm, Kupferstecher in Berlin (gen. 1860-1871): K 13; B 201

Klincksieck, Fr.: K 49

Klingsey, Hans Christian (1792-1846), Kupferstecher u. Kartenzeichner in Kopenhagen: K 66

Klose, Heinrich: B 251

Kneisel, August, Steindruckerei in Leipzig: B 368, 556

Knowles, James Davis (1798-1838): B 252

Knudsen, Johan Frederik Christian (1823-1873), dän. Schriftsteller: B 253

Knutzen, Iven (1531/32-1612), Landmann bei Husum u. Chronist: B 590 (Bd 26)

Koblenz, Druck- u. Verlagsort (K. Baedeker): B 18, 267

Koch, O.: B 360 (8, 11), 361 (10)

Koch, Peter Christian (1807-1880), Redakteur in Hadersleben: B 5, 6, 321

Köchly, Hermann (1815-1876), dt. Philologe: B 437

Köhler, J., Geographisch-Lithograph. Institut [Lithograph. Anstalt] in Hamburg (später verbunden mit Noisternick): B 155, 164, 455

Köhler, Johann David (1684-1755), dt. Historiker u. Kartenbearbeiter: B 254

Köke, Friedrich (1823-1882), Lithograph. Anstalt in Wien: B 530

Köln, Druck- u. Verlagsort (A. Birckmann, G. von Kempen): B 14, 69, 298, 353

Königsberg, Druck- u. Verlagsort (Bornträger, M. Hallervorden): B 444, 539

Königslutter, Druck- u. Verlagsort (C. W. Hahn): B 391
Körber, Philipp (*1813), dt. Lehrer u. Schriftsteller: B 255
Körner, M., Steindruckerei: B 591
Koffmann, Otto (1851-1916), aus Warschau, Stecher u. Kartograph bei Perthes in Gotha: A 30 (67, 75)
Kofoed, Peder (1728-1760), dän. Kartograph: K 50; B 390 (43)
Kolb, C., dt. Zeichner: B 29
Kolbe, Karl (1792-1849), Kupferstecher in Berlin: A 17 (2, 4, 7)
Koldewey, Karl (1837-1908), dt. Polarforscher: B 593
Kopenhagen, Kongelige Videnskabernes Societet/ Selskab [Königliche Gesellschaft der Wissenschaften], gegründet 1742, seit 1757 kartographisch tätig: K 50-66; B 121, 406, 419
-, Det Kongelige Steentrykkeri [Königliche Steindrukkerei], unter der Leitung von Kapitän Abrahamson (A Dir), tätig bis 1843: K 15-44; B 16 (4-9, 11), 33, 296, 369 (3, 4), 560
-, Det Kgl. Matriculerings Kontor: B 369 (4)
-, Druck- u. Verlagsort (E. H. Berling, Berling Brødr., G. Bonnier, T. L. Borup, H. G. Brill, Brünnich, F. H. Eibe, F. A. Elbe, J. Erslev, G. E. C. Gad, A. H. Godiche, C. Græbe, J. C. Groth, Gyldendal, N. C. Høpffner, A. F. Høst, C. G. Iversen, Kanneworff, H. Lillie, C. C. Lose, J. Lund, B. Luno, Malling, N. Möller, S. L. Möller, S. Popp, C. A. Reitzel, H. C. Schrøder, J. H. Schubothe, J. H. Schultz, A. Seidelin, K. H. Seidelin, C. Steen, A. F. Stein, C. W. Stinck, L. Nielsen Svare, Fabritius de Tengnagel, E. L. Thaarup, Thiele, J. R. Thiele, S. Trier, F. Wøldike): K 1-10, 14-46, 50-66; B 5, 6, 16, 20, 22, 23, 31, 34, 39, 52, 53, 71, 74, 90, 95, 101, 121, 130, 134, 136, 137, 143, 144, 152, 173, 184, 199, 200, 228, 229, 239, 253, 262, 269, 286, 288, 301, 315, 319, 321, 350, 357, 363, 367, 369, 370, 378, 383, 389, 390, 403-407, 410, 412, 414, 419, 423, 443, 446, 453, 459, 461, 473-476, 487, 494, 501, 511, 516-520, 522, 523, 531, 534-536, 563, 564, 572, 576, 577, 587
Korbgeweit, C., Lithograph. Anstalt in Berlin: A 7 (5-8); B 84 (8)
Korn, Christoph Heinrich (1726-1783), dt. Jurist u. Leutnant: B 256
Korn, W., Lithograph. Institut in Berlin: B 393 (1)
Kotzebue, Otto von (1787-1846), aus Reval, russ. Seefahrer u. Naturforscher: B 257
Kraatz, Leopold, Lithograph. Anstalt in Berlin: K 77-80, A 7 (2, 9-19, 25), 13 (15, 18, 19, 22, 25-27, 30, 31, 35, 36), 14, 15, 32; B 348, 393 (4), 409, 498
Kraemer, Ernst Gottlieb, dt. Zeichner: B 331
Kramer, A., Kartenstecher für Perthes in Gotha: A 34 (10, 59, 66, 70, 81, 85)
Kratz, F., Kartenstecher für Perthes in Gotha: A 34 (19)
Kriegk, Georg Ludwig (1805-1878), dt. Historiker: B 258
Krümmel, Otto (1854-1912), Geograph u. Naturwissenschaftler in Kiel: A 2 (6-9, 13)
Kruse, Friedrich Karl Hermann (1790-1866), Historiker in Halle (Saale) u. Dorpat: A 17; B 259, 260

Küffner, Paul (1713-1786), Kupferstecher in Nürnberg: B 359 (1-3)
Kühn, F., Kartenstecher für Perthes in Gotha: A 34 (39, 40, 42, 59, 66, 70, 82-86)
Küttner, Carl Gottlob (1755-1805), dt. Reiseschriftsteller: B 261
Kunsch, H., Stecher, Geographisch-Lithograph. Anstalt in Leipzig: A 25 (16, 23. 26), 26 (16, 23, 26); B 156
Kunzer, F., Stecher: A 25 (73), 26 (73)
Kutzen, Josef (1800-1877), dt. Schriftsteller: B 262
Kynde, C., dän. Zeichner (tätig für Pontoppidan): B 390 (134)

Laborde, Graf de: B 318 (29)
Laevinus: B 285 (6)
Lahde, Gerhard Ludvig (1765-1833), aus Bremen, Kupferstecher in Kopenhagen: B 75, 263
Laing, Samuel: (1780-1868) B 264
Lamartine, Alphonse de (1790-1869): B 265
Lamy, Bernard (1640-1715): B 266
Landshut, Druck- u. Verlagsort (P. Krüll): B 304
Lang, Joseph Gregor (1755-1834), Lehrer in Koblenz u. Pfarrer bei Köln: B 267
Lange, Carl (Flensburg): B 4
Lange, Henry (1821-1893), Geograph u. Kartograph in Leipzig u. Berlin: B 84 (8), 463 (2-4), 548, 580
Lange, J. F., dt. Kartenzeichner: B 524
Lange, Pieter de: B 268
Langebek, Jacob (1710-1775), dän. Historiker: B 269
Langensalza: Druck- u. Verlagsort (Schulbuchhandlung d. Th. V. L.): B 172
Lapie, Pierre (1779-1850), frz. Geograph u. Militärkartograph: B 16 (3), 97
La Pointe, François de, Kupferstecher aus Paris, tätig in Schweden (gen. 1666-1690): B 401 (7, 8, 14, 18, 25, 28, 30, 39, 64, 66, 84, 113)
Larsch, Alberto, Lithograph in Buenos Aires: B 341 (1)
Lassen, Gotthilf Ferdinand (1803-1860), historischer Sammler in Kopenhagen: B 522 (1)
Lauremberg, Johann Wilhelm (1590-1658), aus Rostock, dän. Mathematiker, Kartograph u. Historiker: A 4 (8)
Lazius, Wolfgang (1514-1565), Historiograph, Kartograph u. Kupferstecher in Wien: A 37 (14, 20); B 69 (44)
Leake, William Martin (1777-1860): B 174 (2), 270
Lechevalier, Jean-Baptiste (1752-1836), Orientreisender: B 185 (9), 222, 271
Lehmann, Max (*1845), dt. Historiker: B 272
Leiden, Druck- u. Verlagsort (P. van der Aa, L. Elzevier): B 57, 103, 171, 362
Leidenfrost, Eduard, Kartenstecher in Hildburghausen, tätig für Perthes in Gotha (gen. 1822-1839): K 85
Leipoldt, Gustav (*1850), Geograph: A 2 (1)
Leipzig, Druck- u. Verlagsort (Avenarius & Mendelssohn, C. Axin, K. Baedeker, Bibliographisches Institut, F. Brandstetter, B. C. Breitkopf, J. G. I. Breitkopf, Breitkopf & Härtel, F. A. Brockhaus, C. Cnobloch, H.

Costenoble, S. L. Crusius, Duncker & Humblot, Dyk, W. Engelmann, F. Fleischer, G. Fleischer, G. Freytag, C. Fritsch, T. Fritsch, C. L. Fritzsche, J. F. Gleditsch, G. J. Göschen, H. Grossen, F. W. Grunow, Hahn, J. F. Hartknoch, C. H. F. Hartmann, C. G. Hertel, S. Hirzel, J. F. Junius, P. G. Kummer, J. C. Martin, Mayer & Wigand, G. Mayer, J. C. Meißner, F. C. Pelt, Reich, Schmidt & Günther, O. Spamer, C. Tauchnitz, B. G. Teubner, A. Titze, F. C. W. Vogel, L. Voss, J. J. Weber, Weidmann, T. O. Weigel, Weygand, O. Wigand): K 12, 47, 49, 80; A 17, 24, 33; B 13, 19, 24, 32, 38, 40, 41, 55, 58, 60, 76, 84, 89, 91, 94, 98, 105, 107, 120, 132, 148, 151, 158, 174, 180, 181, 183, 197, 198, 213, 221, 224, 227, 231-234, 238, 240, 246, 255, 258, 259, 261, 271, 272, 274, 281, 282, 287, 293, 304, 312, 317, 320, 328, 331, 347, 349, 354, 358, 359, 365, 368, 384, 395, 399, 416, 447-450, 452, 454, 463, 464, 467-472, 482, 483, 491-493, 499, 500, 502, 504, 509, 514, 515, 524, 526, 527, 537, 545, 546, 548, 553-557, 565, 569, 579, 580, 584, 593

Lelewel, Joachim (1786-1861), aus Warschau, Geograph, Kupferstecher u. Kartensammler in Paris u. Brüssel: B 101 (4), 273, 274, 381 (3)

Lemprière, C., engl. Schiffskapitän u. Kartenzeichner: B 282

Leonardis, Jacopo (1723 bis nach 1782), venezian. Zeichner u. Radierer: B 92

Le Potre, L., Kupferstecher: B 401 (9)

Lessing, Christian Friedrich (1809-1862), Botaniker (vor allem tätig in Rußland): B 275

Lettow-Vorbeck, Oscar von (1839-1904), dt. Militärhistoriker: B 276, 277

Leutemann, H., Stecher: A 17 (5, 6); B 304 (13), 347, 514, 543

Leutsch, K. Ch. v., Geograph u. Historiker: B 504

Levaillant, François (1753-1824), frz. Südafrikareisender: B 278

Lichtenstädt, Jeremias Rudolf (1792-1849), Arzt: B 279

Liebe, Gottlob August (1746-1819), Kupferstecher in Halle (Saale): B 282, 546

Liebetrut, Friedrich: B 280

Lieder: K 78

Ligorio, Pirro (1496-1583), italien. Architekt, Maler u. Altertumsforscher in Rom: B 69 (54, 55), 171 (1, 5), 422 (2)

Lindau, Wilhelm Adolf (1775-1849), dt. Schriftsteller: B 281

Lindeberg, Peter (1562-1596), aus Rostock, Dichter, Mitglied von Heinrich Rantzaus Humanistenkreis: B 569 (3)

Lindeman, M.: B 382

Lindemann, Christoph Friedrich Heinrich (1749-1816), Superintendent in Lüneburg: B 282

Lindley, William (1808-1900), Ingenieur in Hamburg: B 155

Lindner, Theodor (1843-1919), dt. Historiker: A 30 (38-41); B 283

Lionnet, Dr.: B 498

Lippoldt, F., Lithograph: B 174 (2)

Lipsius, Adolf: B 284

Lipsius, Justus (1547-1606), Altertumswissenschaftler in Löwen: B 285

Littrow, Karl Ludwig E. v. (1811-1877), aus Kasan, Mathematiker und Astronom in Wien: A 6 (1)

Livingstone, David (1813-1873), brit. Afrikaforscher: B 286

Lochau, v. d., Major, Kartenzeichner: B 283

Lode, Alexia de (1735-1765), Kupferstecherin in Kopenhagen (tätig für Pontoppidan): B 390 (70. 71, 73, 81, 83, 91, 92, 94, 102, 109, 116, 139, 140, 145)

Lode, Odvardt Helmoldt de (ca. 1726-1757), Kupferstecher in Kopenhagen, Bruder von Alexia de L.: B 301

Löhr, Johann Andreas Christian (1767-1823), dt. Pfarrer u. Schriftsteller: B 287

Loeillot, W., Lithograph. Anstalt in Berlin: B 147

Loenboom, Samuel (1725-1776), schwed. Historiker: B 288

Lønborg, Hans (1742-1802), dän. Ingenieur-Offizier (seit 1774 Kapitän): B 370

Löwenberg, Julius (1800-1893), Geograph u. Kartenhistoriker in Berlin: B 289, 290

Lohr, Ernst Emil: B 291

London, Druck- u. Verlagsort: B 81, 108, 145, 257, 264, 284, 311, 327, 503, 525, 578

Lorenzen, Andreas, Rothgießer, Kupferstecher in Husum Mitte des 17. Jh.: B 119

Lorenzen, Christian, Rothgießer, Kupferstecher in Husum Mitte des 17. Jh., Bruder von Andreas L.: B 119, 360 (4, 6, 10, 15), 361 (3, 5, 9, 15)

Lorenzen, P., Kartenzeichner in Schleswig: B 439 (1)

Lossing, Benson John (1813-1891) amerikan. Historiker: B 292

Lotter, Brüder (Georg Friedrich [1744-1801] u. Matthäus Albrecht [1741-1810]), Kupferstecher u. Kartographen in Augsburg, Söhne von Tobias Conrad L.: A 38 (2)

Lowitz, Georg Moritz (1722-1774), Mathematiker, Kartograph u. Globenmacher in Nürnberg, tätig für Homanns Erben: A 38 (1)

Ludwig XVI. (1754-1793), König von Frankreich (1774-1792): A 8 (10)

Lübeck, Druck- u. Verlagsort (A. Dittmer): B 339

Lübkert, Johann Heinrich Bernhard (1798-1858), Propst in Holstein: K 67-72

Lüdeke, Christoph Wilhelm (1737-1805), dt. Lehrer u. Prediger (u. a. tätig in Smyrna): B 293

Lüders, Theodor Hermann Johannes (1823-1858), dt. Jurist: B 294

Lülves, Stecher in Hannover: B 568

Lütgen, A., Hauptmann der schlesw.-holst. Armee: B 295

Lumholtz, W. D. v., dän. Ingenieur-Offizier u. Kartenzeichner (Capitän): B 253, 523 (7, 9, 12, 14)

Lund, Frederik Christian (1780-1854), aus Kopenhagen, Pastor auf Taasinge: B 296

Luno, Bianco, Druckerei u. Verlag in Kopenhagen: B 71, 199, 363, 405, 406, 423, 459, 531, 534, 564

Lupus, Bernhard: B 151 (5), 297
Luther, E., Kartenstecher für Perthes in Gotha: A 29 (18, 20, 27, 42)
Luther, Martin (1483-1546), Reformator u. Bibelübersetzer: B 43-46
Lykophron von Chalkis (3. Jh. v. Chr.), griech. Dichter u. Philologe: B 175 (2)
Lyon, Druck- u. Verlagsort (H. a Porta): B 356

M., J. H.: B 130 (1)
Maas, G. A., Kupferstecher in Cleve: B 208, 209
Mädel, August, Kupferstecher in Weimar, tätig für Perthes in Gotha (gen. 1827-1859): K 13; A 29 (21, 57), 31 (78, 79); B 189
Mädler, Johann Heinrich (1794-1874): A 6 (1)
Magenhöfer, G., Stecher: B 374, 463 (1)
Magini, Giovanni Antonio (1555-1617), italien. Mathematiker, Astronom u. Kartograph: B 298
Magnus, Olaus (1490-1557), schwed. Geistlicher u. Geschichtsschreiber, tätig in Venedig u. Rom: B 299
Mahlmann, H., Geo-lithograph. Anstalt in Berlin: B 82, 454 (1, 2)
Maier, Johann Christoph: B 300
Mainz, Druck- u. Verlagsort (V. von Zabern)): B 441
Mallet, Paul Henri de (1730-1807), schweizer. Historiker: B 301, 302
Malté, Fr., Artistische [Lithograph.] Anstalt in Stuttgart: B 161, 294
Mandelslo, Johann Albrecht von (1616-1644), reiste mit der Gottorfer Gesandtschaft nach Persien und dann weiter nach Indien: B 361
Mannert, Konrad (1756-1834), dt. Altertumsforscher: K 80; B 303, 304
Mansa, Jacob Henrik (1797-1885), dän. Lithograph u. Militärkartograph, zunächst tätig in „Det Kgl. Steentrykkeri": K 17, 28, 32-38, 40-44; B 16 (4, 5, 7, 9), 53, 296, 522 (11), 560 (1), 577
Manteuffel, Edwin Freiherr von (1809-1885), preuß. Heerführer: B 561
Marcellinus: B 103 (8)
Marckmann, Jörgen Wilhelm (1804-1861), Pastor in Nordschleswig: B 305
Markianos aus Herakleia Pontike (5. Jh. n. Chr.), griech. Geograph, beschrieb die Küstengebiete am Indischen Ozean: B 329 (28, 29)
Marliani, Giovanni Bartolommeo († ca. 1560), röm. Altertumsforscher: B 306
Marperger, Paul Jacob (1656-1730), Kameralist: B 307
Marquardt, Joachim (1812-1882), dt. Altphilologe: B 32, 308
Martens, Gustav Ludolph (1818-1872), Architekt, Stadtbaumeister in Kiel: B 309
Marti, Karl (1855-1925), schweizer. Theologe: B 310
Martin, Claude-Emanuel († 1774), frz. Kupferstecher, tätig in Kopenhagen: K 51; B 350 (3, 7)
Martin, Robert Montgomery (1802-1868): B 311
Martini, Joh. Georg (* um 1785), Kupferstecher in Rudolstadt: B 318 (16, 21, 50, 55, 80)

Marx, Alexander (* 1815), Kupferstecher in Nürnberg: B 318 (68, 103)
Masius, Hermann (1818-1893), dt. Pädagoge u. Schriftsteller: B 312
Mauro, Fra († 1459), italien. Kosmograph: B 290
Maury, Matthew Fontaine (1806-1873), amerikan. Naturwissenschaftler: A 24 (2-5)
Mayböll, F. C., dän. Kartenzeichner (für Trap): B 523 (8)
Mayer & Wigand, Verlag in Leipzig: B 148, 491
Mayer, Gustav, Verlag in Leipzig: A 33; B 281
Mayer, (Johannes) Tobias (d. Ä.) (1723-1762), Mathematiker, Astronom u. Kartograph in Göttingen, tätig für Homanns Erben: A 38 (33, 47)
Mayr, F., Kartenzeichner für Perthes in Gotha: A 30 (15-17, 19, 26-28, 53, 56, 64)
Mazzocchi, Alessio Simmaco (1684-1771): B 313
McClintock, Francis Leopold (1819-1907), brit. Polarforscher: B 367
Meitzen, August Friedrich (1822-1910), Statistiker, Nationalökonom u. Siedlungsgeograph in Berlin: B 314
Mejer, Johannes (1606-1674), Mathematiker, Landvermesser u. Kartograph aus Husum, zusammen mit Caspar Danckwerth Herausgeber der „Landesbeschreibung" (1652): B 119, 190, 284, 457, 523 (5), 559, 560 (2)
Mela, Pomponius, siehe unter Pomponius Mela.
Melchert, F. L., Kartenzeichner in Argentinien: B 341 (1)
Melchior, Hans Bøchmann (1773-1831), dän. Schulmann in Herlufsholm: B 315
Meldahl, Ferdinand (1827-1908), dän. Architekt: B 522 (4)
Menke, Theodor (1819-1892), aus Bremen, Geograph bei Perthes in Gotha: A 30
Mercator, Gerard (1512-1594), Kartograph, Kupferstecher u. Verleger aus Flandern, seit 1552 in Duisburg: A 36; B 387 (1, 4)
Mercator, Gerard d. J. († 1627), Geograph u. Kupferstecher, Enkel von Gerard M.: A 36 (3, 4)
Mercator, Michael (um 1567-1614), Kartenbearbeiter, Enkel von Gerard M.: A 36 (5)
Mercator, Rumold (um 1547-1599), Kartograph, Herausgeber des „Atlas" (1595), Sohn von Gerard M.: A 36
Merian, Caspar (1627-1688), Kupferstecher u. Verleger in Frankfurt/Main: B 316 (11, 32, 34)
Merian, Matthaeus (1593-1650), aus Basel, Topograph, Kupferstecher u. Verleger in Frankfurt/Main, Vater von Caspar M.: B 316, 569 (5)
Metzeroth, Carl, Kartenstecher für Perthes in Gotha (gen. 1829-1875): A 34 (38, 80-86)
Meusel, Johann Georg (1743-1820), dt. Historiker: B 8 (T. 35 II-39)
Meyer, A., Geo-lithograph. Anstalt in Berlin: B 558
Meyer, Joseph (1796-1856), Verleger, begründete 1826 in Gotha das Bibliographische Institut (später in Hildburghausen): B 318
Meyer, Ludwig Beatus (1780-1854), aus Bad Gandersheim, Schriftsteller in Dänemark: B 317

Meyn, Ludwig (1820-1878), aus Pinneberg, Mineraloge u. Geologe in Kiel: K 73
Michelsen, H., dän. Kartenzeichner (für Pontoppidan): B 390 (148, 149, 152, 159)
Milchhöfer: A 7 (4)
Miller, Konrad (1844-1933), dt. Altertumsforscher: K 81
Mink, dt. Kartenzeichner: B 417 (1)
Mittler, Ernst Siegfried, u. Sohn, Verlag in Berlin: B 67, 104, 122, 128, 129, 142, 150, 225, 276, 277, 322-325, 561, 562, 575, 585, 592
Möller, Hans Chr., Stecher in Kopenhagen: B 419
Möller, H. P. C., dän. Kartenzeichner: B 173 (8)
Möller, J. H., Steindruckerei in Flensburg: B 243 (1), 396
Möller, Nicolaus, Verlag in Kopenhagen: B 350, 446, 517-519, 563
Möllhausen, Balduin (1825-1905), dt. Schriftsteller u. Bibliothekar: B 320
Mørk Hansen, Mourits (1815-1895), dän. Pastor in Nordschleswig u. Politiker: B 321
Mohr, C. F., Druckerei, Verlag u. Lithograph. Anstalt in Kiel: B 149, 398, 532
Moltke, Helmuth Graf von (1800-1891), preuß. Generalfeldmarschall (seit 1871): K 74; B 128 (22-25), 215, 322-325
Mommsen, Theodor (1817-1903), aus Garding, Jurist u. Historiker: B 238 (24)
Montgomery, Gustav Adolph (1791-1861), schwed. Offizier: B 326
More, C., Stecher in Berlin: B 515
Mosch, Karl Friedrich (1785 bis nach 1855), dt. Geograph u. Schriftsteller: B 328
Müller, Carl: B 329
Müller, Christian Friderich (1744-1814), Kupferstecher in Kopenhagen: B 269 (2, 4), 390 (151)
Müller, Christian Friedrich, Lithograph. Anstalt in Karlsruhe: B 165
Müller, H., Stecher: A 25 (17, 42, 70), 26 (9, 17, 42, 70)
Müller, H. J.: B 330
Müller, Johann August (1731-1804), Rektor in Meißen: B 331
Müller, Johann Ulrich: B 332
Müller, Karl Otfried (1797-1840), dt. Literaturwissenschaftler: B 333, 334
Müller, Sophus (1846-1934), dän. Archäologe: B 335
München, Akademie der Wissenschaften: K 80
-, Druck- u. Verlagsort (C. H. Beck, F. Bruckmann, C. G. Cotta, R. Oldenbourg): K 77-79; B 51, 169, 381, 507
Münster, Sebastian (1488-1552), Hebraist u. Kosmograph in Basel: B 336, 337, 479
Müntinck, Gerhart, Kartenzeichner in Oldenburg: B 573 (2)
Munch, Peter Andreas (1810-1863), norweg. Historiker: B 338, 339
Munke: B 72 (5)
Mynde, J., Stecher: B 145

Napoleon III. Bonaparte (1808-1873), Kaiser der Franzosen (1852-1870): B 340

Napp, Richard: B 341
Nardini, Famiano, italien. Altertumsforscher in Rom: B 171 (8), 342, 422 (2)
Natte, Gerhard Graf von der: B 352 (21)
Neapel, Druck- u. Verlagsort: B 313
Nearchos (geb. um 360 v. Chr.), griech. Flottenadmiral Alexanders des Großen, fuhr vom Indus nach Babylon: B 101 (5), 329 (15)
Necker, Jacques (1732-1804), frz. Staatsmann (Finanzminister): B 343
Nehlsen, Rudolf: B 344
Nell von Nellenberg, Johann Peter (1672-1743), Oberpostmeister: A 38 (66)
Neocorus, siehe unter Adolfi, Johann.
Nepos, Cornelius (etwa 100-25), röm. Historiker: B 345
Nerong, Ocke Christian (1852-1909), Lehrer in Angeln (Dollerup): B 346
Nettelbeck, Joachim (1738-1824), aus Kolberg, Seemann u. preuß. Patriot: B 347
Neuhausen, C., Steindruckerei in Hadersleben: B 475 (3)
Neumann, Karl: B 348
Neumayr, Melchior (1845-1890): B 349
Neusalza, Druck- u. Verlagsort (H. Oeser): B 3
Newton, Isaac (1643-1727), engl. Physiker, Mathematiker u. Astronom: B 145
New York (USA), Druck- u. Verlagsort: B 292
Nicolai, Friedrich, Verlag in Berlin: K 87, 88; A 14; B 235, 373, 374, 385, 409
Nicolovius, Georg Heinrich Ludwig (1767-1839), aus Königsberg, Schrifsteller u. Beamter in preuß. Diensten: B 495 (8)
Niebuhr, Barthold Georg (1776-1831), dt. Historiker u. Politiker: B 200
Niebuhr, Carsten (1733-1815), Geograph u. Orientreisender (in dän. Diensten), Landschreiber in Dithmarschen, Vater von Barthold Georg N.: B 350
Nielsen, Godske, Druckerei u. Verlag in Hadersleben: B 305, 475, 477, 478
Ninck, C.: B 351
Nithard († 845), fränk. Geschichtsschreiber: B 8 (109)
Nordberg, Georg (1677-1744), schwed. Theologe u. Historiker: B 352
Nordenskiöld, Nils Adolf Erik (1832-1901), schwed. Polarforscher: B 458
Noris, Henricus (1631–1704), italien. Altertumsforscher: B 354
Nürnberg, Druck- u. Verlagsort (C. Endter, E. C. Grattenauer, J. Hoffmann, A. Knortzen, G. N. Raspe, C. Riegel, C. Weigels Witwe): A 38; B 44, 191, 254, 256, 303, 304, 332. 400, 401, 481
Nützhorn, Johann, Kupferstecher in Oldenburg: B 573 (2)
Nußbiegel, Georg Paul (1713-1776), Kupferstecher u. Zeichner in Nürnberg: B 359 (5, 6)
Nyerup, Rasmus (1759-1829), dän. Bibliothekar u. Literaturwissenschaftler: B 75, 357

Odendahl, Henry, Lithograph. Anstalt in Hamburg: B 280 (1, 2)
Odense, Druck- u. Verlagsort (S. Hempel): B 33, 296
Örebro (Schweden), Druck- u. Verlagsort (N. M. Lindh): B 326, 591
Ohmann, C. L., Lithograph in Berlin: K 86; A 14 (6); B 125, 203, 204, 506
Oldenburg (Oldenburg), Druck- u. Verlagsort (W. Berendts, Schulze, G. Stalling, J. E. Zimmern): B 9, 182, 484, 485, 573
Oldendorp, Christian Georg Andreas (1721-1787), Theologe u. Schriftsteller: B 359
Olearius, Adam (1599-1671), Schriftsteller und Hofbibliothekar auf Gottorf, an der gottorf. Gesandtschaftsreise nach Rußland und Persien beteiligt: B 360-362
Olsen, Oluf Nicolai (1794-1848), aus Köge, Kartograph in Kopenhagen: K 45, 46; B 9, 363, 587 (3)
Oncken, Wilhelm (1838-1905), dt. Historiker: B 364
Opitz, Carl, Geograph. Anstalt in Leipzig: B 132
Oporinus, Johannes, Verlag in Basel: B 306
Ortelius, Abraham (1527-1598), Kartograph in Antwerpen, 1570 Herausgabe des „Theatrum Orbis Terrarum": A 37; B 69 (8), 541 (1)
Osten, Carl Heinrich von († 1691), Ingenieur u. Militärkartograph: B 316 (15)
Otto (1815-1867), König von Griechenland (1832-1862) u. Prinz von Bayern: B 424
Otto, Kartenzeichner in Erfurt: B 510
Otto, Carl, Lithograph. Institut in Kopenhagen: B 23, 286, 587 (3)
Overbeck, Johannes (1826-1895), dt. Archäologe: B 365
Overbeke, Bonaventura de (um 1660-1706), niederländ. Maler u. Radierer, in Rom um 1688/92: B 366

P., J., udi Brügge, Kupferstecher in Stockholm: B 118 (8)
Pabst, Carl Theodor (1802-1866), dt. Lehrer: B 368
Padtbrugge, Dionysius, Kupferstecher in Amsterdam u. Stockholm (gen. 1652-1676): B 380
Palmer, William (ca. 1746-1805), Kupferstecher in London: B 108 (11)
Palmerston, Henry John Temple Viscount (1784-1865), brit. Premierminister: B 81
Paludan, Hans Jacob (1717-1782), Pastor in Kalundborg (Seeland): B 370
Paludan, Hans Jacob (1797-1830), dän. Offizier u. Maler, Sohn von Johan P.: B 369 (4)
Paludan, Johan (1756-1821), Pastor auf Mön (Dänemark), Sohn von Pastor Hans Jacob P.: B 369
Paludan, Peder (1755-1799), Pastor auf Seeland (Dänemark), Sohn von Pastor Hans Jacob P.: B 370
Pantaleon, Henricus (1522-1595), Humanist, Historiker u. Arzt: B 371
Panvinio, Onofrio (1529-1568), aus Verona, italien. Altertumsforscher u. Historiker: B 92, 171 (29-32, 34-36)
Pape, hannover. Ingenieur-Capitän: B 122 (2)
Papen, August († 1858), hannover. Ingenieur-Lieutnant u. Militärkartograph: B 123, 465 (1, 2)

Paris, Druck- u. Verlagsort: A 8; B 21, 27, 70, 79, 97, 126, 266, 302, 329, 422, 540
Park, Mungo (1771-1806), schott. Arzt u. Afrikareisender: B 226
Parrot, Friedrich (1791-1841), Naturwissenschaftler u. Forschungsreisender, Professor der Physik in Dorpat: B 372
Parthey, Gustav (1795-1872), aus Berlin, Altertumsforscher u. Buchhändler: B 235, 373, 374, 409, 529
Pasch, Max, Verlag u. Kartograph. Bureau in Berlin: K 75
Paterson, William (1755-1810), schott. Südafrikareisender: B 375
Paulus († Rom 60/62), Apostel: B 43 (2), 46 (2), 464 (12)
Pausanias, griech. Schriftsteller, schrieb zw. 160 u. 180 n. Chr. einen Reisebericht über Griechenland: B 112, 376
Pawlowski, Josef Nikodemus, Lehrer in Danzig: B 377
Payer, Julius (1841-1915), Polarforscher u. Militärkartograph in Wien: B 382 (12), 593
Pedersen, Peter (1806-1861), dän. Astronom: B 378
Perelle, Adam (1640-1695), aus Paris, Kupferstecher u. Zeichner in Stockholm: B 118 (4, 11), 401 (65)
Peringskiöld, Johan (1654-1720), schwed. Altertumsforscher: B 379, 380
Perrot, Aristide-Michel (1793-1879), frz. Geograph: A 35 (I, 1)
Perthes & Besser (dann Perthes-Besser & Mauke), Verlag in Hamburg: B 77, 244, 455, 495
Perthes, Friedrich Andreas, Verlag in Gotha: B 583
Perthes, Justus (1749-1816), Verleger in Gotha, Begründer der Geograph. Anstalt: K 76, 85; A 12, 27-31, 34; B 26, 107, 112, 212 (2), 382, 492
Peschel, Oscar (1826-1875), aus Dresden, Geograph in Leipzig: A 2; B 381
Pest (Teil von Budapest), Druck- u. Verlagsort (C. A. Hartleben): B 185
Peter I. der Große (1672-1725), seit 1699 Zar von Rußland: A 8 (6)
Petermann, August (1822-1878), Kartograph bei Perthes in Gotha: K 76; A 34 (11, 13, 14, 15, 30, 31, 32, 44-57, 59-65, 69-77, 81-86); B 26, 382
Petermann, Johann Christian, Kartenstecher in Leipzig (gen. 1788-1809): B 375, 524 (1)
Peters, Carl (1856-1918), dt. Kolonialpolitiker, tätig in Ostafrika: K 77-79
Petersen, Matthias († 1676), Goldschmied, Kupferstecher in Husum: B 119, 196
Petersen, Nicolaus (1620-1705), Goldschmied, Kupferstecher in Husum, Bruder von Matthias P.: B 119, 196
Petersen, T., Steindruckerei in Flensburg: B 243 (2)
Petersen, Th. E.: B 383
Petit, Guil., Kartograph: A 38 (13)
Petit, Jean de (1619-1694), frz. Militärkartograph: A 38 (8)
Petri, Henricus (Fortsetzung durch Officina Henricpetrina), Verlag in Basel: B 299, 336, 337, 386, 479, 496

Petters, Hugo (* 1843), Kartograph. Institut in Hildburghausen: A 32

Peutinger, Konrad (1465-1547), aus Augsburg, Humanist, im Besitz der nach ihm benannten Peutingerschen Tafel: K 80, 81

Philippson, Martin (* 1846), dt. Historiker: B 364

Pinder, Moritz (1807-1871), dt. Bibliothekar: B 235, 409

Pingeling, Gottfried Christian (1688-1769), Kupferstecher in Hamburg: B 65, 66, 343 (2), 352 (8-10, 12, 16, 21)

Pinelli, Ferdinand, italien. Historiker: B 384

Plaetsen, Abraham de la, Kartenzeichner: B 540

Plantinus, Christophorus, Verlag in Antwerpen: B 47, 285

Plehn, Severus Lucianus (* 1799), Philosoph u. Bibliothekar: B 385

Plinius der Ältere [Caius P. Secundus] (um 23-79), röm. Schriftsteller u. Naturforscher: B 8 (93), 57 (12), 329 (6-8), 451 (1), 528 (6, 9), 563

Pobuda, Wenzel (1797-1847), Kupferstecher in Stuttgart: B 218

Pococke, Richard (1704-1765): B 464 (11)

Polo, Marco (1254-1324), venezian. Kaufmann u. Reisender: B 381 (2)

Pomponius Mela (Mitte 1. Jh. n. Chr.), röm. Geograph: B 8 (93), 290, 386, 451 (1), 479, 563

Pontanus, Johannes Isacius (1571-1639), aus Helsingör, dän. Historiker: B 387

Pontoppidan, Christian Jochum (1739-1807), dän. Kartenzeichner: B 138, 220 (23), 443

Pontoppidan, Erik (1698-1764), dän. Bischof u. Hofprediger, Verfasser geographischer und historischer Werke: B 388-390

Pope, Alexander (1688-1744), engl. Dichter u. Homerübersetzer: B 271

Popp, Sebastian, Druckerei u. Verlag in Kopenhagen: B 239, 319, 370

Poppel, Johann Gabriel Friedrich (1807-1882), Maler u. Stecher in München (zusammen mit Georg Michael Kurz [1815-1883]): B 51, B 318 (77, 91)

Poppey, Carl, Kartenstecher bei Perthes in Gotha (gen. 1829-1875): A 27 (1, 11, 15, 24), 28 (1, 11, 15, 24), 29 (1, 5, 22, 29, 33, 37, 41, 61, 62, 67), 31 (81), 34 (13, 14, 45-48, 50, 70, 72)

Porbeck, Heinrich Philipp Reinhard von (1771-1809), dt. Offizier: B 391

Porro, Girolamo, italien. Kupferstecher u. Herausgeber (gen. 1574-1604): B 298

Prahl, Friedrich (* 1798), Posthalter in Kiel: B 392

Prideaux, Heinrich, Theologe: B 394

Pritius, Johann Georg (1662-1732), dt. Theologe u. Dichter: B 395

Ptolemaeus, Claudius (um 100 bis um 160), griech. Mathematiker, Astronom u. Naturforscher: K 1; A 8 (7), 14 (13, 14); B 8 (94), 57 (12), 148 (6-9), 259, 290, 298, 303 (2, 3, 5, 8, 9, 10, 12), 304 (1, 3, 4, 8, 9, 10, 15), 329 (6-8), 336 (2), 337 (2), 386, 399, 451 (2), 466 (5), 496, 528 (3, 6, 8, 10-12)

Pufendorf, Samuel Freiherr von (1632-1694), dt. Jurist u. Historiker, in schwed. Diensten 1677-1688: B 400, 401, 418

Putzger, Friedrich Wilhelm (1849-1913), dt. Lehrer: A 2 (2-5), 18

Pytheas von Massilia, griech. Geograph, Astronom u. Mathematiker, unternahm um 330 v. Chr. von Massilia (Marseille) eine Reise bis nach Thule: B 101 (4), 274, 563

Quehl, Ryno († 1864), dt. Publizist: B 402

Qvist, Hans (1733-1810), Kupferstecher in Kopenhagen: K 50; B 390 (2, 3, 54)

Raaz, C.: A 19

Ræder, Jacob Tode (1798-1853), dän. Offizier: B 403

Rafn, Carl Christian (1795-1864), dän. Historiker u. Altertumsforscher: B 404

Rahtgens, H. G., Druckerei in Lübeck: B 490

Rantzau, Heinrich (1526-1598), schlesw.-holst. Humanist, Staatsmann u. Politiker: B 13, 69, 455, 523 (2)

Rantzau, Johann (1492-1565), schlesw.-holst. Feldherr u. Staatsmann: B 69 (35)

Rask, Rasmus (1787-1832), dän. Sprachforscher u. Orientalist: B 407

Rasmussen, Peder (* 1790), Stadtschreiber in Rudkøbing (Langeland): B 408

Raspe, Gabriel Nicolaus (1712-1785), Verleger u. Buchhändler in Nürnberg: B 256

Ratzeburg, Druck- u. Verlagsort (H. Linsen): B 490

Rausch, I. L. J., Kupferstecher in Nürnberg: B 303, 304

Ravennas Anonymus (2. Hälfte 7. Jh.), Geograph aus Ravenna: B 409

Ravensburg, Druck- u. Verlagsort (Dorn, O. Maier): K 81

Recke, Johan Detlev Zepelin von der (1808-1855), dän. Offizier: B 410

Reeland, Adrian (1676-1718), Theologe u. Orientalist in Utrecht: B 8 (15)

Rees, J., Stecher in Stuttgart: B 218

Reichenbecher, A., Kartenstecher bei Perthes in Gotha: A 30 (89)

Reimer, Dietrich, Verlag in Berlin: K 77-79; A 7, 13, 15, 16, 32

Reimer, Georg, Verlag in Berlin: B 82, 125, 348, 420

Reineggs, Jacob (1743-1793), Arzt u. Reisender: B 411

Reitzel, C. A., Verlag in Kopenhagen: K 40-44; B 5, 6, 20, 130, 144, 321, 410, 473, 474, 531, 564, 576

Rendsburg, Druck- u. Verlagsort (P. Matthiesen): K 11

Rennell, James (1742-1830), engl. Militärkartograph (Major): B 226

Repholtz, Matthias Georg Peter (1791-1825), dän. Pastor: B 412

Resen, Peder Hansen (1625-1688), Präsident von Kopenhagen, Historiker u. Rechtsgelehrter: B 390 (20), 522 (10, 20, 61, 67, 70, 77, 94, 96, 110, 113, 122)

Reventlow, Arthur Graf (1817-1878), von Sandberg (Sundewitt), Gutsbesitzer, tätig in der Landesverwaltung: B 414

Reventlow-Farve, Ernst Graf von (1799-1873), schlesw.-holst. Gutsbesitzer, Kammerherr: B 415
Reyher, Samuel (1635-1714), Mathematiker u. Jurist in Kiel: B 266 (1)
Reymann, Gottlob Daniel (1739-1837), Militärkartograph in Berlin: B 187
Rhode, C. E.: A 20
Ribe, Druck- u. Verlagsort (C. S. Hyphoff): B 513
Richardson, James (1809-1851), engl. Afrikareisender: B 416
Richter, (Cond ?), Kartenzeichner: B 395 (5, 6)
Richter, Heinrich, Theologe, Vorsteher der Missionsanstalt Barmen: B 417
Richter, Wilhelm, Theologe: B 417
Riegel, Christoph (2. Hälfte 17. Jh.), Buchhändler u. Verleger in Nürnberg: B 400, 401
Riese, August: B 418
Riga, Druck- u. Verlagsort (J. F. Hartknoch): B 230
Ringmann Philesius, Matthias (1482-1511), Lehrer in Straßburg, erster Übersetzer der Werke Caesars: B 88
Rink, Hinrich (1819-1893), dän. Geograph u. Grönlandforscher: B 419
Risch, M., Kartenzeichner für Perthes in Gotha: A 34 (66)
Risom, Johann Lauritsen (1707-1781), Pastor in Grenaa (Jütland) u. Zeichner (für Pontoppidan): B 390 (97)
Ritter, Carl (1779-1859), aus Quedlinburg, seit 1820 Professor der Geographie in Berlin: B 77, 219, 273, 381, 483
Robert de Vaugondy, Gilles (1688-1766), frz. Geograph: B 8 (111)
Robert de Vaugondy, Didier (jun.) (1723-1786), frz. Geograph u. Kartograph, Sohn von Gilles R.: B 79, 503 (1-3, 5)
Robinson, Edward (1794-1863), amerikan. Bibelforscher, „Vater der bibl. Geographie": B 420
Röhr, Johann Friedrich (1777-1848), Generalsuperintendent in Weimar: B 421
Roelofs, Jacob (= Jacob van Deventer) (ca. 1505-1575), flämischer Kartograph: A 37 (11)
Römer, Guido, Stecher in Kopenhagen: K 7
Roesch, Kartenzeichner: B 87
Rolffsen, Franz Nicolaus (um 1719-1802), Zeichner u. Kupferstecher in Hamburg: B 76 (1, 2), 78 (4), 352 (19)
Rollin, Charles (1661-1741), frz. Historiker: B 422
Rom, Druck- u. Verlagsort: B 342, 533
Romanzow, Nikolai Graf (1754-1826), russ. Reichskanzler: B 257
Rosen, David (1791-1857), dän. Missionar in Ostindien, dann Pastor auf Seeland: B 423
Ross, Ludwig (1806-1859), dt. Archäologe: B 424, 425
Rossi, Domenico de (1647-1719), italien. Hersteller u. Verleger von Karten: B 422 (2)
Rothenburg, Friedrich Rudolph von (1796-1851), Kupferstecher in Berlin: B 426-435
Rothert, Eduard (1839-1916), dt. Historiker: A 21, 22
Rouen, Druck- u. Verlagsort: B 96
Rouillé, Pierre Julien, frz. Historiker: B 96

Rudkøbing (Langeland), Druck- u. Verlagsort (Gislason): B 408
Rue, Philippe de la (Mitte 17. Jh.), frz. Kartenbearbeiter: B 8 (37)
Rüstow, Wilhelm (1821-1878), Militärschriftsteller u. Kriegswissenschaftler: A 23; B 436, 437
Ruge, Sophus (1831-1903), Geograph in Dresden: B 364
Ruperti, Georg Friedrich Franz, dt. Schulmann: B 438
Ruschke, Egon, Lithograph in Kopenhagen: B 522 (53)
Rye, Olaf (1791-1849), dän. Generalmajor: B 31

Sach, August (1837-1929), Historiker u. Lehrer in Schleswig u. Hadersleben: B 439
Sachse, L., & Co., Lithograph. Institut in Berlin: B 280 (3), 308
Salomo (um 965-926), israelitischer König: B 45 (2)
Sandberger, Guido (1821-1880), dt. Geologe: B 440
Sander, Levin Christian (1756-1819), aus Itzehoe, Lehrer in Kopenhagen: B 74
Sander, Heinrich: B 441
Sandrart, Jacob von (1630-1708), Kupferstecher u. Kartenherausgeber in Nürnberg: A 38 (71)
St. Petersburg, Druck- u. Verlagsort (J. Z. Logau): B 80
Sanson, Nicolas (1600-1667), Begründer der frz. Kartographie in Paris; Fortführung durch Sohn Guillaume Sanson (1633-1703): B 171 (2, 3)
Sanudo, Marino (ca. 1270 bis ca. 1343), aus Venedig, Schriftsteller: B 290, 381 (3)
Saxe, Offizier: B 442
Schach, C., Lithograph. Anstalt: B 72 (2)
Schäfer, M., dt. Kartenzeichner: K 82
Schäffer, F., dt. Kartenzeichner: B 176
Schaffer, E., Kartenstecher bei Perthes in Gotha: A 30 (20, 67, 71, 72, 75, 77, 85, 90)
Schaffhausen, Druck- u. Verlagsort (F. Hurter): B 161
Scharnhorst, Gerhard Johann David von (1755-1813), preuß. General: B 272
Schavenius, J. N., dän. Zeichner (tätig für Pontoppidan): B 390 (121)
Scheel, Heinrich Otto (1745-1808), dän. Generalmajor: B 443
Scheffer, Johannes (1621-1679), Professor in Uppsala: B 444
Scherm, Lorenz, Zeichner u. Kupferstecher in Amsterdam (um 1700): B 171 (9, 29)
Scheyb, Franz Christoph von (1704-1777), Altertumsforscher in Göttingen: K 80
Schill, Ferdinand von (1776-1809), preuß. Major im Kampf gegen Napoleon: B 22
Schiller, Hermann (1839-1902), dt. Historiker: B 445
Schiöth, J. L., dän. Zeichner (tätig für Pontoppidan): B 390 (105)
Schlagintweit, Adolf (1829-1857), dt. Forschungsreisender: A 24 (19)
Schlagintweit, Hermann (1826-1882), dt. Forschungsreisender u. Naturforscher: A 24 (19)
Schlegel, Henrik Frederik, dän. Verwaltungsbeamter u. Kartenzeichner: B 121 (11), 390 (154)

Schlegel, Johann Heinrich (1724-1780), dän. Historiker: B 446

Schleswig, Druck- u. Verlagsort (J. Bergas, M. Bruhn, C. F. Christiani, J. Holwein, Taubstummen-Institut): B 7, 68, 119, 131, 176, 196, 250, 360, 425, 439, 560

Schleuen, Johann David (vor 1740 bis ca. 1774), Kupferstecher in Berlin: B 8 (36)

Schleuen, Johann Wilhelm, Kupferstecher in Berlin (gen. 1760-1798): B 78 (10, 11)

Schleuen, I. F. W., Kupferstecher in Berlin, Sohn von Johann Wilhelm S.: B 131

Schlicht, Rudi, Steindruckerei in Mannheim: B 200

Schliemann, Heinrich (1822-1890), aus Mecklenburg, Kaufmann u. Altertumsforscher: B 448-450

Schlözer, August Ludwig (1735-1809), dt. Historiker: B 8 (T. 31, 50), 451

Schmid, Al., dt. Kartenzeichner: B 556

Schmid, Ernst Erhard (1815-1885), dt. Geologe: A 24

Schmid, Johann Georg, Kupferstecher in Kopenhagen (für Pontoppidan) (gen. 1767-1773): B 390 (88, 90, 97, 105, 113, 121, 124, 126, 128, 132, 134, 144, 149, 152, 153, 159, 174)

Schmidt & Eberhardt, Stecher in Berlin: B 581

Schmidt & Klaunig, Druckerei in Kiel: B 139

Schmidt, A., Stecher: B 252

Schmidt, I. M., Kupferstecher in Nürnberg: B 24

Schmidt, Reinhold, Stecher in Leipzig: K 47; B 40, 105, 120, 500 (1, 4), 526, 527

Schmüser, G., dt. Kartenzeichner: B 142

Schnabel, M., dän. Kartenzeichner: B 121 (21)

Schneider, Arthur: B 452

Schöning, Gerhard (1722-1780), norweg. Historiker: B 8 (93, 94), 121 (20), 451 (1, 2), 453, 476

Schönkirchen (Holstein), Druck- u. Verlagsort: B 570

Schomburgk, Richard (1811-1891), dt. Botaniker: B 454

Schomburgk, Robert (1804-1865), Forschungsreisender, Bruder von Richard Sch.: B 454

Schröder, Kartenstecher bei Perthes in Gotha: A 34 (73)

Schröder, A., Stecher: A 25 (15), 26 (15)

Schröder, Carl, & Comp., Verlag in Kiel: B 154, 295, 532, 559

Schröder, Johannes von (1793-1862), schlesw.-holst. Offizier u. Topograph: K 83; B 455

Schuchardt, A. C., Leutnant, dän. Kartenzeichner (für Pontoppidan): B 390 (141)

Schütze, Albert, Kalligraph in Berlin: B 393 (1)

Schultz, Jens Hostrup, Druckerei u. Verlag in Kopenhagen: B 5, 6, 39, 53, 90, 404, 407, 412, 511

Schulze, Johann Michael Friedrich (* 1753), dt. Lehrer: B 456

Schunke, Th. H.: A 2 (21-24)

Schwab, J. G., Lithograph u. Steindrucker in Hannover: B 175 (1, 2), 438

Schwab, R., Lithograph in Hannover: B 175 (3, 4), 438

Schwabe, Fr., Druckerei in Berlin: B 125

Schwahn, Paul: B 457

Schythe, E. D.: B 459

Secznagel, Marcus, Autor einer Karte des Bistums Salzburg (1551): A 37 (15)

Seehusen, Peter Johann (1791-1863), dän. Kupferstecher: B 404 (4)

Seelstrang, Arthur de (1838-1896), Geograph u. Mathematiker: B 341 (5)

Sefström: B 73

Seger, F.: B 20

Segl, Fr.: B 460

Seidelin, Klaus Henrik (1761-1811), Buchdrucker in Kopenhagen: B 461

Seitz, J. D.: K 80

Semler, Johann Salomon (1725-1791), Theologe u. Historiker, seit 1752 Professor in Halle (Saale): B 8 (T. 17-30)

Senf, Rudolph, Lithograph in Hamburg: B 442

Serth, E., Lithograph: A 23 (1)

Sesone, Francesco (* Rom 1705), italien. Kupferstecher: B 313

Seutter, Matthäus (1678-1757), Kartograph, Kupferstecher u. Verleger in Augsburg: A 38 (32, 63, 67, 69)

Severin, W., Lithograph in Düsseldorf: B 417 (4)

Seyer, F.: B 473

Seyfart, Johann Friedrich (1727-1787), dt. Offizier, Jurist: B 462

Sharpe, Samuel (1799-1881): B 463

Shaw, Thomas (1694-1751), brit. Orientreisender: B 8 (65), 63, 464

Sichart, Louis von (1797-1882), hannover. Generalleutnant: B 465

Sickler, Friedrich Karl Ludwig (1773-1836), dt. Archäologe: B 466

Sieglin, Wilhelm, Kartenzeichner in Leipzig: B 132

Siemens, dt. Kartenzeichner: A 7 (8)

Sievers, Wilhelm (1860-1924), dt. Geograph: B 467-471

Silius Italicus, C. (26-101), röm. Schriftsteller (Epos über den Zweiten Punischen Krieg): B 472

Simon, Christian: B 360 (19)

Sintenis, Carl (1806-1867), dt. Altphilologe: B 17

Sivertzen, Joh. Ludv., Buch- u. Steindruckerei in Kopenhagen: B 95

Skanke, H., dän. Kartenzeichner: K 52, 53, 55

Skylax, griech. Seefahrer u. Geograph aus Karyanda (Karien), umsegelte 519/16 v. Chr. im Auftrag des persischen Königs Arabien: B 175 (1), 329 (3-5)

Sluyter, Peter, Kartenzeichner u. Kupferstecher aus Amsterdam (gen. 1692-1711): B 171 (14, 17)

Smith, Captain: B 16 (8)

Smith, Ely: B 420

Smith, John Calvin, amerikan. Kartenstecher (gen. 1839-1856): K 84

Snorre Sturleson (1178-1241), island. Geschichtsschreiber: B 476

Sørensen, Carl: B 477, 478

Sørensen, Carl Frederik (1818-1879), dän. Maler (tätig für Trap): B 522 (53)

Sørensen, Simon, dän. Zeichner (tätig für Pontoppidan): B 390 (101)

Sørøe, G. A., dän. Kartenzeichner: B 121 (12)

Sohr, Karl, fiktiver Name eines Kartographen bei Flemming in Glogau: A 25, 26; B 186
Solinus, Caius Julius (3. Jh. n. Chr.), röm. Schriftsteller (Sammlung von „Merkwürdigkeiten" nach Plinius): B 57 (12), 386, 479
Sonne, Jeppe (1771-1833), Kupferstecher in Kopenhagen: K 63
Sonnin, Zeichner (tätig für Pontoppidan): B 390 (138)
Sonnin, Ernst Georg (1713-1794), Architekt u. Kartenzeichner in Hamburg: B 11
Sorøe (Seeland), Druck- u. Verlagsort: B 453
Sotzmann, Daniel Friedrich (1754-1840), Kartograph in Berlin: B 15, 278, 586
Sparrman, Anders (1748-1820), schwed. Naturforscher u. Südafrikareisender: B 278
Speckter, Otto von, & Co., Steindruckerei in Hamburg: B 77, 244
Spehr, I. P., Verlag in Braunschweig: B 275 (2, 3)
Spon, Jacob (1647-1685), frz. Arzt u. Orientreisender: B 480, 481
Spratt, Thomas Abel (Mitte 19. Jh.), brit. Marineoffizier: B 566
Sprengel, Matthias Christian (1746-1803), dt. Historiker: B 8 (T. 47)
Sprigade, Paul (1863-1928), Kartograph in Berlin: B 251
Springer, Robert (1816-1885), dt. Schriftsteller: B 482
Spruner, Karl von (1803-1892), Historiker u. Kartograph in München: A 27-31
Squier, Ephraim George (1821-1888): B 483
Stacke, Ludwig (* 1817), dt. Historiker: B 484, 485
Stade, Bernhard (1848-1906), dt. Theologe u. Bibliothekar: B 486
Stade, Druck- u. Verlagsort (C. Hollwein): B 45
Stadtfeldt, Snæbiørn Asgeyrsen (1753-1840), aus Island, Stadtvogt u. Bürgermeister in Randers (Jütland): B 487
Stahl, B., Stadtbaurat in Altona: B 140
Stahl, J.: B 360 (4), 361 (3)
Stamford (USA), Druck- u. Verlagsort: B 162
Stammann, Friedrich (1807-1880), Architekt in Hamburg: B 155 (4)
Stanfield, Clarkson (1793-1867), engl. Maler u. Illustrator: B 318 (20)
Stark, Karl Bernhard (1824-1879), dt. Archäologe: B 489
Steen, Chr., (& Søn), Verlag in Kopenhagen: K 1-6, 8-10; B 34
Steenersen, Maler: B 76 (1, 2)
Steffen, dt. Kartenzeichner: A 7 (6), 32
Steger, Friedrich (1811-1874), dt. Historiker: A 33; B 491
Steinecke, Viktor, dt. Kartenzeichner: B 262
Steinhard, S.: B 492
Steinkopf, G., Geograph. Institut in Halle (Saale): B 262 (3)
Steinmetz, dt. Kartenzeichner: A 7 (9)
Steinmetz, L., Lithograph. Anstalt in Meißen: B 281
Stenbock, Magnus Graf (1665-1717), schwed. Feldherr: B 288

Stenflycht, Johan (1681-1758), schwed. General: B 352 (22)
Stephens, John Lloyd (1805-1852), Forschungsreisender u. Archäologe: B 493
Stephensen, M., aus Island: B 138
Sterm, Søren (1784-1853), dän. Topograph: B 494
Stieler, Adolf (1755-1836), aus Gotha, Kartograph bei Perthes: K 85; A 34; B 107
Stier, E. oder C., Kartenstecher für Perthes in Gotha: A 27 (26, 27), 28 (20, 26, 27), 29 (48, 50, 53, 73), 31 (83), 34 (30, 52, 71, 75-77, 88)
Stock, F., Lithograph in Hamburg: B 495 (5)
Stockholm, kgl. schwed. Landvermessungsamt (seit 1735 Herausgabe von Landkarten): B 8 (99), 157 (3)
-, Druck- u. Verlagsort: B 12, 118, 146, 379, 380
Stodrup, A., Stecher: B 343 (1)
Stolberg, Friedrich Leopold Graf von (1750-1819), dt. Dichter, Mitglied des Hain-Bundes: B 495
Storm, A., Lithograph: B 338 (1)
Strabo (um 64 v. Chr. bis um 20 n. Chr.), griech. Geograph u. Historiker: B 98 (1), 148 (5), 303 (1), 304 (2), 466 (4), 496, 497, 528 (2, 6, 9), 542
Straßburg, Druck- u. Verlagsort (J. H. E. Heitz, K. J. Trübner): B 297, 335
Straube, Jul., Lithograph. Institut in Berlin: B 439 (1)
Strauß, Friedrich Adolph (* 1817), dt. Theologe: B 498
Strauß, Otto: B 498
Stülpnagel, Friedrich von (1781-1865), Kartograph bei Perthes in Gotha: K 85; A 34 (8, 9, 58, 67-69, 78-80, 88, 89)
Sturch, John: B 499
Sturm, J. G., Kupferstecher in Nürnberg: B 359 (4, 7)
Stuttgart, Druck- u. Verlagsort (K. Aue, J. G. Cotta, J. Engelhorn, E. Hallberger, C. Hoffmann, J. B. Metzler, E. Schweizerbart, J. F. Steinkopf): A 23; B 29, 50, 54, 72, 73, 153, 163, 166, 212, 218, 222, 223, 294, 498, 521, 550
Suchart, Kartenstecher für Perthes in Gotha: A 34 (11, 45, 51, 55, 74, 75)
Suchau, W. von: B 500
Suhm, Peter Frederik (1728-1798), dän. Historiker: B 269, 501
Sulzbach, Druck- u. Verlagsort (I. E. v. Seidel): B 87
Sulzer, J., Lithograph: A 7 (4), 13 (1-12), 15 (1-6, 8-12); B 529
Supan, Alexander (1847-1920), dt. Geograph: B 382, 502
Swidde, Willem (um 1660-1697), Zeichner u. Kupferstecher aus Amsterdam, später in Stockholm: B 118 (3, 47), 401 (16, 31, 41, 72, 90, 104)
Sydow, Emil von (1812-1873), Militärkartograph in Berlin: B 492

Tacitus, Cornelius (um 55 bis nach 116), röm. Historiker: B 133, 259, 368, 503-506, 528 (9), 563
Tanera, Carl (* 1847), dt. Offizier u. Schriftsteller: B 507
Tann, Ludwig Freiherr von der (1815-1881), Oberstleutnant, Führer eines Freikorps: B 309
Tardieu, Pierre-Antoine-François (1757-1822), frz. Kupferstecher: B 265
Tavernier, Jean Baptiste Baron d'Aubonne (1605-1659), frz. Orientreisender: B 508

Tavernier, Melchior (1594-1665), Kartograph u. Kupferstecher in Paris, Bruder von Jean Baptiste T.: B 540
Tetens, Johann Nicolaus (1737-1807), Ökonom, Philosoph u. Mathematiker: B 509
Tettau, Wilhelm Johann Albert Freiherr von (* 1804), dt. Philologe: B 510
Teubner, B. G., Verlag in Leipzig: B 84, 151, 452, 463, 548, 553, 579, 580, 584
Thaarup, Frederik (1766-1845), dän. Verwaltungsbeamter: B 511
Theill, C. A., dän. Kartenzeichner: B 296
Theinert, A., Kartograph bei Flemming in Glogau: A 25 (10-12, 18, 20, 23, 29, 30, 31, 33, 43, 46, 51-55, 66, 67, 77, 78), 26 (10-12, 18, 20, 23, 29, 30, 31, 33, 43, 46, 51-55, 66, 67)
Thiel, Kartenstecher bei Perthes in Gotha: K 85
Thiele, Buchdruckerei in Kopenhagen: B 23, 31, 143, 144, 321, 369, 520, 522 (131)
Thiele, Johann Rudolph, Verlag in Kopenhagen: B 220
Thodal, Nils, dän. Premierleutnant u. Kartenzeichner: B 121 (21)
Thomas, Kartenstecher bei Flemming in Glogau: A 25 (43, 56, 62, 77), 26 (43, 56, 62)
Thomsen, Grimur, von Island, dänischer Verwaltungsbeamter: B 475 (1, 2)
Thon, Johann Carl Salomo (1752-1830), weimarischer Kammerrat zu Eisenach: B 512
Thorup, Peter Nicolai (1780-1846), Rektor in Ribe (Jütland): B 513
Thukydides (um 460 bis nach 400), griech. Historiker: B 514, 515
Thurah, Lauritz de (1706-1759), dän. Architekt: B 516-519
Tideman, N., dän. Zeichner: B 487 (2)
Topp, H. P., dän. Zeichner: B 315
Torell, Otto (1828-1900), schwed. Geologe u. Polarforscher: B 458
Torfaeus, Thormodus (1636-1719), aus Island, dän. Historiker: B 137
Torres, Luis de (Anfang 16. Jh.), span. Seefahrer: B 257 (5)
Totten, G. M., Kartograph: B 382 (1)
Tourmente, A., Kartograph in Argentinien: B 341 (5)
Toze, Eobald (1715-1789), dt. Historiker: B 8 (T. 34, 35 I)
Traeger, Eugen: B 521
Trajan (53-117), seit 98 röm. Kaiser: B 103 (4, 7, 8)
Trap, Jens Peter (1810-1885), dän. Topograph: B 522, 523
Traphagen, Christian Gottlieb (1769-1793), dt. Lehrer: B 524
Tschierschky, A., Kartenzeichner für Flemming in Glogau: A 25 (34), 26 (34)
Tschudi, Aegidius (1505-1572), schweizer. Kartograph: A 37 (17)
Tübingen, Druck- u. Verlagsort (J. G. u. C. G. Cotta): B 46
Turin, Druck- u. Verlagsort: B 211
Twardowski, dt. Kartenzeichner: A 7 (21)

Tyrrwhitt Brooks, J. (eigentlich Henry Vizetelly) (1820-1894): B 526

Uhl, Friedrich (1825-1906), österr. Journalist u. Schriftsteller: B 527
Ukert, Friedrich August (1780-1851), dt. Bibliothekar u. Geograph: B 528
Ulrichs, Heinrich Nikolaus (1807-1843), dt. Archäologe: B 529
Unger, Friedrich Wilhelm (1810-1876), Germanist u. Kunsthistoriker: B 530
U. S. Coast Survey, zur Küstenaufnahme der USA 1832 eingerichtete Behörde: B 413
Ussing, Johan Louis (1820-1905), dän. Philologe u. Archäologe: B 531
Utrecht, Druck- u. Verlagsort (F. Halma): B 57, 171

Valentiner, Friedrich Peter (1817-1894), schlesw.-holst. Pastor u. Geograph (u. a. tätig in Jerusalem): B 532
Valet, Paquier Jean, Stecher in Berlin: B 78 (6)
Vandermaelen, Philippe (1795-1869), aus Brüssel, Kartograph u. Globenmacher: A 35
Vasi, Mariano, italien. Altertumsforscher in Rom: B 533
Vaupell, Otto (1823-1900), dän. Offizier u. Historiker: B 534, 535
Vecht, L. v. d., Kartograph: B 178
Vedel Simonsen, Lauritz Schebye (1780-1858), dän. Altertumsforscher: B 536
Velhagen & Klasing, Verlag in Bielefeld u. Leipzig, verbunden mit Geograph. Anstalt in Leipzig: A 1, 2, 18; B 582
Venedey, Jakob (1808-1871), dt. Publizist u. Politiker: B 537
Venedig, Druck- u. Verlagsort: B 92
Verdun de la Crenne, J. R. (18. Jh.), Kartograph: B 138
Vergilius Maro, Publius (70-19), röm. Dichter: B 175 (3), 542
Vialart, Charles (1592-1644), frz. Bischof u. Kirchenhistoriker: B 540
Vianen, Jan van (um 1655 bis nach 1726), Kupferstecher u. Kartenzeichner in Utrecht: B 171 (28)
Vickers, J. H., Zeichner: B 318 (118)
Vico, Ambrosio de († 1623), Architekt in Granada (Spanien): B 78 (1)
Vieth, Anton, gottorf. Kammer-Assessor: B 541
Villalpando, Johannes Baptista: B 44 (2)
Visscher, Nicolaus (1649-1702), Kartograph u. Verleger in Amsterdam: A 38 (10, 12, 14)
Vitruvius (* um 84 v. Chr.), röm. Architekt: B 27 (7, 13), 28 (14)
Vogel, Carl (1795-1862), Geograph u. Kartograph in Leipzig: A 34 (18-21, 24, 25, 34-43)
Vogel, G., Kupferstecher in Nürnberg: B 331
Volger, Wilhelm Friedrich (1794-1879), dt. Bibliothekar u. Geograph: B 543, 544
Volkmann, Johann Jacob (1732-1803), dt. Publizist: B 545, 546
Volkmar, Wilhelm: B 547

Vollbrecht, Ferdinand (1812-1897), dt. Altphilologe: B 548, 580, 584
Vollbrecht, Wilhelm (*1848), dt. Altphilologe, Sohn von Ferdinand V.: B 584
Voltaire (eigentlich François-Marie Arouet) (1694-1778), frz. Schriftsteller u. Philosoph: B 549
Voss, F. W., Stecher: B 289 (2)
Voss, Johann Heinrich (1751-1826), dt. Dichter, Mitglied des Hain-Bundes: B 222, 223, 542, 550
Voss, Johannes: B 551, 552
Voss, Leopold, Verlag in Leipzig: A 17, 24; B 556

W., T. H.: B 299
Wachsmuth, Curt (1837-1905), dt. Althistoriker: B 553
Wägner, Wilhelm (1800-1886), dt. Schriftsteller: B 554
Wagner & Debes, Geograph. Anstalt in Leipzig: A 2, 10; B 19, 151 (5), 163, 181, 262 (2, 4, 5), 310, 335, 502 (2-4), 507 (1), 521, 584, 590 (Bd 30)
Wagner, Ed., Lithographisch-Geograph. Anstalt in Darmstadt: B 18, 489
Wagner, Friedrich, Kartenzeichner für Perthes in Gotha: B 382 (8)
Wagner, Friedrich August: B 555
Wagner, Moritz (1813-1887), dt. Forschungsreisender u. Botaniker: B 382 (1), 556
Walcher, Salomon: B 557
Waldemar II. (1170-1241), seit 1202 König von Dänemark: B 269
Waldersee, Georg Graf von, dt. Offizier: B 558
Wallace: B 349 (3)
Wallis, Samuel, engl. Kapitän: B 194
Wangensteen, Ove Andreas († 1763), norweg. Militärkartograph: B 8 (97), 157 (1)
Warberg, Ole (1759-1821), dän. Mathematiker u. Kartograph: K 56, 57
Warnstedt, Adolf von (1813-1894), schlesw.-holst. Publizist u. Verwaltungsbeamter: B 559
Warnstedt, Friedrich von (1785-1836), schlesw.-holst. Kammerherr: B 560
Warnstedt, Hans Adolf von (1791-1853), schlesw.-holst. Kammerherr u. Jägermeister: B 415
Wartensleben, Hermann Graf von (1826-1921), dt. Offizier: B 561, 562
Washington (USA), Druck- u. Verlagsort: B 413
Weber, Militärkartograph (Capitain): K 74
Weber (Leipzig): B 258
Weber, H., Kartenstecher für Flemming in Glogau: A 26 (121-126)
Weber, J. J., Verlag in Leipzig: K 12, 47, 49; B 38, 40, 41, 58, 105, 120, 158, 180, 183, 213, 231-234, 255, 328, 358, 454, 482, 500, 526, 527, 565
Weber, Rud., Steindruckerei in Leipzig: B 504
Weber, Theodor (1838-1907), dt. Maler: B 29
Weddig, v., dt. Kartenzeichner: A 7 (22)
Wedel-Jarlsberg, Frederik Wilhelm Freiherr von (1724-1790), dän. Verwaltungsbeamter: B 563
Wegener, Caspar Frederik (1802-1893), dän. Historiker: B 564

Weidinger, Carl, dt. Schriftsteller: B 565
Weidler, Johann Friedrich (1691-1755), Mathematiker u. Astronom in Wittenberg: A 38 (8)
Weidmann, Verlag in Leipzig u. Berlin: B 17, 32, 117, 201-203, 271, 506, 509, 529, 581
Weigel, Christoph (Witwe), Verlag in Nürnberg: B 254
Weiland, Carl Ferdinand (1782-1847), Kartograph am Geographischen Institut in Weimar: K 86
Weiler, Wilhelm, Kartenstecher für Perthes in Gotha: A 34 (24, 25, 33-40, 42, 82-84, 86); B 212
Weimar, Geographisches Institut, errichtet 1804 als Verlagsanstalt mit eigener Kartendruckerei: K 86; B 528 (11, 12)
-, Verlag des Industrie-Comptoirs: B 64, 528
-, Druck- u. Verlagsort (Jüngst, Kellner, Geographisches Institut, Industrie-Comptoir): K 86; A 19; B 64, 528
Welcker, Armin († 1888), Kartograph in Berlin (tätig für Perthes in Gotha): B 212, 382 (3, 5, 6)
Welcker, Friedrich Gottlieb (1784-1868), dt. Archäologe: B 566
Weller, Edw.: B 450
Wendland, Hermann: B 567
Werner, Jul., Lithograph in Rendsburg: B 477, 478
Wersebe, August von (1752-1831), dt. Verwaltungsbeamter u. Historiker: B 568
Wessel, Caspar (1745-1818), dän. Mathematiker u. Geometer, tätig für die Königliche Gesellschaft der Wissenschaften in Kopenhagen: K 51, 53, 54, 66
Wessel, Ole Christopher (1744-1794), dän. Kartenzeichner, Bruder von Caspar W.: K 50
Westermann, George, Verlag in Braunschweig: A 9; B 219, 270, 574
Westphal, Johann Heinrich (1794-1831), aus Schwerin, Lehrer u. Schriftsteller: K 87, 88
Westphalen, Ernst Joachim von (1700-1759), Beamter in gottorf. Diensten u. Historiker: B 439 (2), B 569
Weyse, Oluf Jepsen (1747-1796), Kupferstecher in Kopenhagen (tätig für Pontoppidan): B 390 (155, 162)
Wheeler, George (1650-1723), engl. Gelehrter u. Orientreisender: B 480, 481
Wichmann, Jochim, Stecher in Hamburg: B 45 (2)
Wien, Druck- u. Verlagsort (W. Braumüller, C. Gerold, F. Haas, E. Hölzel, F. Tempsky): K 48; B 1, 28, 340, 502, 530
Wiering, Thomas von (Erben), Verlag in Hamburg: B 361, 538, 541
Wiersbitzki, Otto Corvin von (* 1812), dt. Historiker: B 198
Wiese, Hartwig Friedrich (1840-1905), Baumeister u. Naturwissenschaftler in Schönkirchen (Holstein): B 570
Wigand, Otto, Verlag in Leipzig: B 60, 246, 384
Wilberg-Grashof, Friedrich Wilhelm (1798-1872): A 14 (13, 14)
Wilhelm II. (1859-1941), dt. Kaiser (1888-1918): B 178
Wilhelm, August Benedikt (1793-1832), dt. Lehrer u. Historiker: B 260, 571

Wilkinson, J. Gardner, Kartenzeichner: B 281

Wilkinson, W., Stecher in London: B 318 (20)

Willisen, Wilhelm von (1790-1879), Generalleutnant der schlesw.-holst. Armee: B 294

Wilse, Jacob Nicolai (1735-1801), dän. Pastor u. Topograph: B 572

Wilster, F., dän. Kartenzeichner: K 63-65

Wimpfen, von, schlesw.-holst. Leutnant u. Kartenzeichner: B 131

Winckelmann, Ed., Lithograph in Esslingen: B 54

Winckelmann, Johann Just (1620-1699), dt. Historiker, in hessischen u. oldenburgischen Diensten: B 573

Winkler, Gustav Georg (1820-1896), dt. Mineraloge: B 574

Winter, Adrian oder Anthoni de, Kupferstecher in Amsterdam (Ende 17. Jh.): B 171 (4), 361 (19, 20)

Winter, D., Lithograph. Anstalt in Flensburg: B 4, B 346

Winterberger, dt. Kartenzeichner: A 7 (25-28)

Wismar, Druck- u. Verlagsort (J. C. Schmidt): B 307

Witsen, Nicolaus (1641-1717), Amsterdamer Bürgermeister, Förderer von Kunst u. Kartographie: B 362 (3, 4, 10, 13, 16-19)

Witte, F. C., Lithograph in Köln: B 566

Wöhrden (Dithmarschen), Druck- u. Verlagsort: B 65

Woerl, Joseph Edmund (1803-1865), Kartograph bei Herder in Freiburg: B 9

Woide, Karl: B 575

Woisolofsky, C. F. von, Zeichner (tätig für Pontoppidan): B 390 (169)

Woldermann, G., dt. Kartenzeichner: A 19

Wolfenbüttel, Druck- u. Verlagsort (C. Buno): B 195

Wolff, Carl (1803-1869), Schulmeister in Stuttgart: A 13

Wolff, C. F., Kartenstecher in Berlin: K 87, 88

Wolff, R., dt. Kartenzeichner: A 7 (11-15)

Wolff, Zacharias (1667-1726), Ingenieuroffizier u. Kartenzeichner, Kommandant der Festung Tönning, nach 1713 in gottorf. Diensten in Kiel: B 352 (1, 2, 4-6, 8, 10, 12, 13, 18)

Wood, Robert (1716-1771): B 271

Worsaae, Jens Jacob Asmussen (1821-1885), dän. Archäologe: B 576, 577

Wright, Thomas (1810-1877): B 578

Würzburg, Druck- u. Verlagsort (Stahel): B 93

Würzburger, Eugen, dt. Kartenzeichner: B 521 (3)

Wurzbach, G. F., Stecher u. Lithograph in Altona: B 247 (2)

Xenophon (um 425 bis nach 355), griech. Historiker, beschrieb den Rückzug eines griech. Söldnerheeres von Mesopotamien zum Schwarzen Meer: B 8 (124), 174 (16), 204, 460, 548, 579-584

Xerxes (um 519-465), seit 486 persischer König: B 28 (2)

Yorck von Wartenburg, Maximilian Graf (1850-1900), Offizier u. Historiker: B 585

Young, Arthur (1741-1820), brit. Agrarwissenschaftler: B 586

Zeilau, Th.: B 587

Zeiller, Martin (1589-1661), Historiker, Geograph u. Landmesser in Ulm: B 588, 589

Zeitz, Druck- u. Verlagsort (Webel): B 421

Zeno, Antonio (2. Hälfte 16. Jh.), Zeichner in Venedig: B 173 (1)

Zeno, Niccolo (1515-1565), Mathematiker u. Geograph in Venedig: B 173 (1)

Zetterstedt, Johann Wilhelm (1785-1874), schwed. Naturforscher u. Landmesser: B 591

Zglinicki, v., dt. Kartenzeichner: A 7 (22-24)

Zieten, I., dt. Kartenzeichner: A 7 (19)

Zimmermann, Alfred (* 1859), dt. Historiker: B 592

Zittel, K.: A 2 (14)

Zollmann, Friedrich (1690-1762), sachsen-weimarischer Hofrat u. Archivar, tätig für Homanns Erben: A 39 (58)

Zürich, Druck- u. Verlagsort (Orell, Geßner, Füeßlin u. Comp., F. Schultheiß): B 205-210, 436

Zürner, Adam Friedrich (1679-1742), sächsischer Geograph u. Kartograph: A 38 (58)

Zwickau, Druck- u. Verlagsort (Verein zur Verbreitung guter und wohlfeiler Volksschriften): B 177

ORTS- UND SACHREGISTER

Aabenraa, siehe unter Apenrade.

Aachen, Stadt [D]: B 337 (98)

Aakirkeby, Stadt (Bornholm [DK]): B 390 (52), 517 (13, 14), 522 (51, 52)

Aalborg, Amt (Jütland [DK]): K 24, 57, 58, 60

-, Stadt: B 390 (112, 113), 522 (87, 88)

Aalst, Stadt [B]: B 69 (10), 179 (22)

Aargau, Kanton [CH]: A 36 (18)

Aarhus, Stiftsamt (Jütland [DK]): B 121 (4), 390 (89)

-, Amt: K 29

-, Stadt: B 390 (90-92), 522 (106, 107)

-, Gefecht (1849): B 434

Abukir (bei Alexandria [Ägypten]), Seeschlacht (1798): B 330 (4)

Achaia, Landschaft [GR]: B 27 (17), 28 (16)

Adamello-Presanello-Alpen: B 382 12)

Adrianopel, Stadt (Edirne [Türkei]): B 332 (31)

Ägäisches Meer (Archipelagus): A 4 (9); B 56 (2), 57 (6), 170 (5), 293 (1)

Ägypten (lat. Aegyptus): K 5, K 48; A 1 (109), 4 (11, 12), 37 (28); B 8 (3, 4, 33), 48 (1), 98 (30, 31), 202, 298 (14, 52), 312 (1), 336 (111), 337 (182), 386 (5), 463 (2), 496 (24)

Äolis, Landschaft [GR]: B 308

Äquatorial-Ostafrika: K 77

Ärrö, Insel in Schleswig (Ærø [DK]): K 55; B 119 (26), 121 (8), 228, 390 (163)

Ärrösköbing, Stadt auf Ärrö (Ærøskøbing [DK]): B 228, 390 (164), 523 (9)

Äthiopien (lat. Aethiopia): B 8 (69), 386 (18), 463 (2)

Afghanistan: A 1 (84), 34 (62)

Afrika (lat. Africa): A 1 (102, 103, 106-108, 110, 111, 114, 115, 121), 6 (30, 43, 70-72), 9 (36-45), 10 (2), 11 (2), 16 (2), 19 (4), 25 (75), 26 (75, 91, 92), 34 (68-72), 35 (III), 36 (3), 37 (4), 38 (4); B 8 (47, 48), 21 (17), 26, 98 (34), 148 (8), 226, 254 (9), 287 (2), 298 (51), 329 (2), 336 (13, 110), 337 (25, 179), 381 (2), 464 (13), 467, 479 (12), 496 (25)

Africa interior (vgl. auch Innerafrika): B 304 (15)

Africa minor bzw. propria (= römische Provinz Africa [Tunesien]): A 4 (5. 14); B 98 (32), 298 (13), 386 (1), 496 (27)

Alba Julia, Stadt [Rumänien]: B 337 (162)

Albanien (lat. Albania): A 38 (36); B 300 (3)

Albania, siehe auch unter Kaukasusländer.

Alesia, Ort (Gallien): B 85, 86, 167 (2)

Alexanderreich: B 17, 114, 115, 117, 174 (34), 585

Alexandria, Patriarchat: B 211, 540 (8)

-, Stadt [Ägypten]: B 374, 463 (1)

Algarve (lat. Algarbia), Region [P]: A 38 (6); B 220 (5)

Algau (Schwaben [D]): B 336 (65), 337 (109)

Algerien (Nordafrika) (vgl. auch Algier, Königreich): A 1 (101)

Algier (Königreich, Regentschaft [Algerien]): B 464 (1, 3, 5), 556

-, Stadt: B 337 (180)

-, Umgebung: A 26 (83); B 464 (4)

Alingsås, Ort [S]: B 118 (41)

Allinge, Ort (Bornholm [DK]): B 522 (45, 46)

Alminde (u. Viuf u. Dons) (Jütland), Gefecht (1849): B 433

Alpen: A 1 (52), 19 (15); B 40, 289 (1), 349 (4), 470 (3), 502 (1, 2)

Alpenländer: A 9 (109-112)

Alsatia, siehe unter Elsaß.

Alsen, Insel in Nordschleswig (Als [DK]): K 55; B 231 (11), 232 (21), 390 (158), 442, 507 (1)

-, Übergang (1864): B 128 (18), 147 (4), 558 (3)

Alsleben (Saale), Stadt [D]: B 316 (3)

Altenhof (bei Eckernförde), Gefecht (1848): B 9, 122 (4), 309 (1, 2), 325 (2), 534 (3)

Altona, Propstei (Holstein [D]): K 67

-, Stadt (heute Stadtteil von Hamburg [D]): B 51 (24), 140

Amager, Insel [DK]: B 519

Amerika: A 6 (31, 37, 44), 34 (78), 36 (5), 37 (3), 38 (5); B 90, 95, 102, 287 (3), 298 (62), 336 (14), 337 (26), 469

Amerikanischer Unabhängigkeitskrieg (1775-1783): B 256, 292

Amersfoort, Stadt [NL]: B 69 (15)

Amsterdam, Stadt [NL]: A 6 (79); B 336 (23), 337 (50)

Andalusien, Region [E]: A 38 (6); B 94

Angeln (lat. Anglia [parva]), Landschaft in Schleswig [D]: B 13 (2), 119 (20), 569 (2)

Anglia, siehe unter England.

Antillen, Inselgruppe (Mittelamerika): A 1 (100)

Antiochia, Patriarchat: B 540 (9)

-, Stadt (Antakya [Türkei]): B 318 (81), 371 (3)

Antwerpen, Stadt [B]: B 179 (4), 318 (69), 337 (102)

-, Belagerung (1584/85): B 238 (96)

Aornos (am Indus), Belagerung (326 v. Chr.): B 437 (6)

Apenrade, Amt in Nordschleswig (Aabenraa [DK]): K 40, 64; B 119 (15)

-, Stadt: B 51 (19), 119 (1, 15), 390 (152, 153), 523 (7), 588 (11)

Apenninen-Halbinsel: A 9 (88-91)

Appenzell, Kanton [CH]: B 41 (3)

Arabien (lat. Arabia): K 6; A 4 (12), 34 (70); B 8 (76), 98 (26), 298 (19, 21), 303 (10), 304 (10), 337 (21), 350, 496 (17, 21, 23)

Ararat (Berg) [Türkei]: B 8 (2), 372

Arboga, Ort [S]: B 118 (15)

Archipelagus, siehe unter Ägäisches Meer.

Ardebil, Stadt [Aserbeidschan]: B 360 (13), 361 (13), 362 (31)

Argentinien (Südamerika): B 341

Argolis, Landschaft [GR]: A 32; B 27 (23), 450

Argos, Stadt, Umgebung [GR]: B 170 (4)

Arkadien, Landschaft [GR]: B 27 (22), 28 (19)

Armenien (lat. Armenia): K 6; A 4 (10), 34 (60); B 8 (34), 460

Arnheim, Stadt (Arnhem [NL]): B 179 (34)

Arnsberg, Stadt [D]: B 69 (22)

Arras, Stadt [F]: B 179 (25), 337 (47)

Asch (Böhmen), Gefecht (1759): B 462 (6)

Aschaffenburg, Stadt [D]: B 19

Asien (lat. Asia): A 1 (82, 83), 6 (29, 36, 42), 9 (21-28, 32, 33), 10 (6)), 11 (13), 19 (3), 25 (68), 26 (68), 34 (58, 59), 35 (II), 36 (4), 38 (3); B 21 (14), 116 (3), 148 (7), 254 (7), 298 (53), 336 (12), 337 (24), 468, 479 (15), 503 (2)

Asia minor, siehe unter Kleinasien.

Askalon, Stadt [Israel]: B 371 (6, 33)

Askersund, Ort [S]: B 118 (20)

Asopos, Fluß [GR]: B 334

Asowsches Meer (lat. Palus Maeotidis): A 38 (41); B 27 (1), 28 (5), 98 (23), 479 (18)

Aspern (bei Wien), Schlacht (1809): B 319 (3)

Assens, Stadt (Fünen [DK]): B 390 (77, 78), 522 (60, 61)

Assyrien (lat. Assyria) [Teil des Irak]: A 4 (10); B 8 (18)

Astrachan, Provinz [Rußland]: B 78 (6)

-, Stadt: B 362 (25)

Athen, Stadt [GR]: K 1; A 7 (1, 2, 5, 6); B 8 (24, 25, 123), 27 (8), 28 (10), 62, 441, 480 (4), 481 (5), 529 (2, 3), 553 (1)

-, Umgebung: B 27 (4), 28 (8)

Atlantischer Ozean: A 1 (9), 9 (20), 34 (12); B 273, 386 (19)

Atlas zur Alten Welt: K 1-6; A 4, 14, 15, 17, 27, 28; B 98, 298

Atlas zur Meteorologie: A 24

Attika, Landschaft [GR]: A 4 (8), 7; B 27 (5), 270, 480 (3), 491 (4)

Auerstedt (bei Jena), Schlacht (1806): B 272 (2)

Augsburg, Stadt [D]: B 19, 336 (68), 337 (116)

Augustenburg (Schloß auf Alsen) (Augustenborg [DK]): B 51 (18), 231 (6), 232 (3)

Australien: K 76; A 1 (118, 119), 6 (45), 9 (48-52), 10 (12), 11 (32), 19 (7), 25 (81, 82), 26 (81, 82), 34 (73-75); B 287 (3), 311 (5), 471

Austria, siehe unter Österreich.
Avaricum, Ort (Gallien): B 85, 86
Avesta, Ort [S]: B 118 (17)

Baalbek, Ort (Libanon): B 8 (7)
„Babotz", Ort (Babocsa [Ungarn]): B 332 (25)
Babylon, Ort (Babylonien): B 8 (19), 116 (4, 5), 200 (2)
Babylonien (lat. Babylonia) [Teil des Irak]: A 4 (10); B 8 (18), 56 (1), 57 (3), 98 (27), 337 (21), 496 (15, 22)
Bactria, siehe unter Baktrien.
Baden, Markgrafschaft (dann Großherzogtum) [D]: A 1 (21), 25 (32), 26 (32), 38 (52); B 180, 336 (44), 337 (81)
-, Stadt (Baden [D]): B 19, 180
-, Stadt [CH]: B 336 (42), 337 (79)
Bagdad, Stadt (Türkei [Irak]): B 362 (29), 508 (1)
Baktrien (lat. Bactria) (vgl. auch Zentralasien): B 8 (34), 496 (14)
Balkanhalbinsel: A 1 (77-79), 9 (92-95), 19 (21); B 371 (29, 34)
Baltijsk, siehe unter Pillau.
Baltikum: A 6 (58), 34 (52)
Baltisch-Port, Stadt [Estland]: B 230 (2)
Bamberg, Stadt [D]: B 19, 318 (44)
Banat (von Temeswar), Landschaft in Südungarn [Rumänien]: B 60, 527
Banz, Schloß bei Bamberg [D]: B 318 (100)
Barbareskenstaaten (Nordafrika): B 464
Barth, Stadt (Pommern [D]): B 589 (10)
Basel, Provinz [CH]: A 36 (16)
-, Stadt: B 336 (42), 337 (80)
Batavia, Stadt (Djakarta [Indonesien]): A 38 (70); B 8 (85)
Bau (nördlich von Flensburg), Ort (Bov [DK]), Umgebung: B 253 (2)
-, Gefecht (1848): B 122 (1), 325 (1), 534 (2)
Bayerischer Erbfolgekrieg (1778/79): B 256 (8-11)
Bayern (lat. Bavaria), Herzogtum (dann Kurfürstentum u. Königreich) [D]: A 1 (26, 27), 25 (30), 26 (30), 36 (38), 37 (16); B 161 (3), 319 (2), 336 (8, 70), 337 (11, 118)
Bayreuth, Stadt [D]: B 19
Beesen a. d. Elster, Ort [D]: B 316 (29)
Belgien (lat. Belgia, Belgium, Belgica) (vgl. auch Niederlande): A 1 (44), 6 (56), 9 (116, 117), 19 (10), 25 (60), 26 (60), 34 (19, 43); B 8 (56, 75)
Belgrad (Griechisch Weißenburg), Stadt [Serbien]: B 318 (91), 332 (2), 336 (96), 337 (160), 371 (17)
Belutschistan [Teil Pakistans]: A 1 (84), 34 (62)
Benares, Stadt (Varanasi [Indien]): B 318 (58)
Bender, Stadt am Dnjestr (Bendery [Moldawien]): B 352 (15)
Bender Abbas, Stadt (Persien [Iran]): B 508 (2)
Berchtesgaden, Ort (Bayern [D]): B 318 (103)
Berg, Herzogtum [D]: A 36 (27), 38 (54)
Berge (Kloster), bei Magdeburg [D]: B 316 (29)
Bergen (Rügen), Schlacht (1759): B 462 (14)
Bergen, Stiftsamt [N]: B 121 (21)
-, Stadt: B 588 (2)
Bergen op Zoom, Stadt [NL]: B 179 (7)

Bergwerkskarte: B 91
Berlin, Stadt [D]: A 6 (79); B 18, 21 (7), 482
Bern, Stadt [CH]: K 47; B 336 (40), 337 (77)
Berner Oberland [CH]: B 41 (8)
Berzence, siehe unter Presnitz.
Besançon, Stadt [F]: B 337 (43)
Bessarabien, Landschaft östlich vom Pruth [weitgehend Moldawien]: A 38 (36, 37)
Bethanien, Herrenhuter-Siedlung auf St. Jan (Westindien): B 359 (7)
Bethlehem, Stadt (Palästina): B 280 (1), 318 (43)
Béthune, Stadt [F]: B 69 (7)
Bevölkerungskarte: B 470 (7, 10)
Biblische Karte: B 8 (1, 2, 5, 11-13, 15-17), 43-50, 56, 57, 93, 156, 191, 205-209, 266, 394, 395, 407, 417, 498
Bilschau (südlich von Flensburg), Gefecht (1848): B 9, 325 (3), 465 (4), 534 (6)
Bismarckarchipel: A 1 (117)
Björkön, Insel im Mälarsee [S]: B 118 (9)
Blenheim Palace, bei Oxford (England [GB]): B 318 (27)
Blomenburg, Herrenhhaus (Holstein [D]): B 51 (6)
Bockenem, Stadt (Stift Hildesheim [D]): B 316 (24)
Bodensee: B 41 (1, 2), 336 (61), 337 (106)
Böhmen (lat. Bohemia), Königreich [Teil Tschechiens]: A 1 (49), 25 (13), 26 (13), 34 (27), 36 (42), 38 (46); B 220 (19), 256 (8, 9, 10), 336 (9, 91), 337 (14, 154), 462 (3)
Böotien, Landschaft [GR]: B 27 (14), 28 (15)
Bogense, Stadt (Fünen [DK]): B 390 (74), 522 (57)
Bohus, Festung [S]: B 118 (55), 152 (2), 401 (80)
Bologna, Stadt [I]: B 69 (49)
Bolsward, Stadt [NL]: B 69 (17)
Bombay, Stadt [Indien]: B 318 (110)
„Bommel", Stadt (Zaltbommel [NL]): B 179 (32)
Bonn, Stadt [D]: B 318 (14, 37)
Borås, Ort [S]: B 118 (39)
Bordeaux, Stadt [F]: B 337 (38)
Bordesholm, Gebiet des Klosters (Holstein [D]): B 590 (Bd 30)
-, Amt: B 119 (28), 121 (19), 189
Bornholm, Insel [DK]: K 65; B 390 (43), 402, 511, 517
Borodino (Rußland), Schlacht (1812): B 35 (2)
Borussia, siehe unter Preußen.
Bosnien (lat. Bosnia): A 26 (120), 36 (54), 38 (23, 36); B 332 (1), 337 (17)
Bosporus, Meerenge zw. Europa u. Asien [Türkei]: B 8 (60), 27 (2), 28 (6), 98 (23), 355 (23), 356 (3)
Boston, Stadt [USA]: B 256 (1)
Bråvallehed, Schlachtfeld in Småland [S]: B 118 (47)
Brabant, Herzogtum [B bzw. NL]: B 336 (57), 337 (97)
Brandenburg, Markgrafschaft (Kurfürstentum, preußische Provinz) [D]: A 1 (28), 25 (21), 26 (21), 36 (41), 38 (60)
Brasilien (Südamerika): A 38 (6); B 82
Bratislava, siehe unter Pressburg.
Braunschweig, Herzogtum [D]: A 25 (35), 26 (35), 36 (34), 38 (57)
-, Stadt: B 18, 337 (141)
Breda, Stadt [NL]: B 179 (8)

Bredstedt, Amt in Schleswig [D]: K 43, 64
Breisach, Stadt [D]: A 38 (21)
Breitenburg, Herrenhaus (Holstein [D]): B 13 (3)
Bremen, Erzbistum (Herzogtum [D]): A 36 (25), 38 (68)
-, Hansestadt: A 25 (35), 26 (35); B 18, 316 (4, 6, 7), 401 (4), 589 (5)
Bremervörde, Stadt [D]: B 316 (37), 401 (58), 589 (6)
Breslau, Stadt in Schlesien (Wroclaw [PL]): B 18, 69 (42)
Brest in Kujawien, Stadt (Brzesc Kujawski [PL]): B 401 (47)
Brest Litowsk, Stadt (Litauen) (Brest [Weißrußland]): B 401 (52)
Britannien (lat. Britannia): B 327, 386 (27), 496 (3), 578
Britische Inseln: A 4 (3), 6 (60), 9 (96-99), 19 (12), 34 (45), 37 (6); B 21 (10), 98 (6), 161 (6), 195 (4), 298 (2, 30), 303 (3), 304 (4), 336 (16), 337 (28)
Brixen, Stadt (Südtirol [I]): B 69 (45)
Brno, siehe unter Brünn.
Broacker (nordöstlich von Flensburg), Ort in Nordschleswig (Broager [DK]): B 520 (7)
Brodnica, siehe unter Strasburg.
Bromberg, Stadt in Westpreußen (Bydgoszcz [PL]): B 401 (55)
Brügge, Stadt [B]: B 179 (15), 318 (10), 337 (46)
Brünn, Stadt (Mähren) (Brno [Tschechien]): B 332 (21), 520 (14)
Brüssel, Stadt [B]: A 6 (79); B 179 (3), 318 (68)
Brunsbüttel, Ort (Dithmarschen [D]): B 119 (39)
Bürgerkrieg (Caesars) (48-46 v. Chr.): B 85, 86, 165
Bützfleth, Ort (Holstein [D]): B 401 (62)
Bützow, Stadt (Mecklenburg [D]): B 316 (14)
Bukowina, Landschaft [Teil der Ukraine]: A 26 (18)
Bulgarien (lat. Bulgaria): A 36 (55), 38 (36, 37); B 337 (15)
Buren-Republiken (Südafrika): A 1 (113)
Burg auf Fehmarn, Stadt [D]: B 119 (26), 523 (18)
-, Umgebung: B 119 (26)
Burgos, Stadt [E]: B 318 (76)
Burma: B 252
Bydgoszcz, siehe unter Bromberg.

Cadiz, Stadt [E]: B 318 (84)
-, Umgebung: A 38 (8); B 104 (4)
Cagliari, Stadt (Sardinien [I]): B 336 (33), 337 (69)
Calais, Stadt [F]: B 337 (48)
Calbe (Saale), Stadt [D]: B 316 (3)
Candia, siehe unter Kreta.
Cappadocia, siehe unter Kappadokien.
Carniola, siehe unter Krain.
Carrick-a-rede, Stadt (Nordirland [GB]): B 318 (49)
Cartagena, Stadt [E]: B 24 (3)
Carthaea, Ort auf Keos [GR]: B 70 (1-3)
Ceylon (Taprobane) [Sri Lanka]: B 57 (12), B 298 (27), B 311 (19), B 386 (31)
Chaldäa (Teil Babyloniens): B 337 (21)
Chalon, Stadt [F]: B 69 (4)
Chamonix, Tal [CH]: B 41 (10)
Cheb, siehe unter Eger.
Cherbourg, Stadt [F]: B 16 (11)

Chiapas, Provinz [Mexiko]: B 493
Chillon, Schloß am Genfer See [CH]: B 318 (63)
China (lat. Serica): A 1 (85, 88), 10 (9), 11 (24, 25), 16 (8), 25 (74), 26 (74), 34 (65, 66); B 8 (23, 82), 28 (11), 78 (3), 98 (29), 227, 361 (20), 393 (3), 508 (4)
Chios, Insel [GR]: B 56 (2), 57 (7)
-, Stadt: B 69 (57)
Christiansfeld, Herrnhuter-Siedlung in Nordschleswig [DK]: B 390 (150)
Christiansø, Insel (bei Bornholm [DK]): B 390 (53), B 517 (15, 16), B 522 (53)
Christianspries, ehemalige Festung, heute Friedrichsort (Stadtteil von Kiel [D]): B 316 (8)
„Chrizstopor", Ort [PL]: B 401 (18)
Chur, Stadt [CH]: B 336 (59), 337 (104)
Cilicia, siehe unter Kilikien.
Cismar, Amt (Holstein [D]): B 119 (31)
Coburg, Stadt [D]: B 318 (67)
Cölln (= Neuköln, Stadtteil von Berlin), Gefecht (1759): B 462 (13)
Colmar, Stadt (Elsaß [F]): B 336 (47), 337 (84)
Colorado [USA]: B 320
Comer See [zw. Italien u. Schweiz]: A 37 (19); B 41 (15)
„Comora", Ort (Komárno [Slowakei]): B 332 (12)
„Comoucks", Ort (Persien ?): B 508 (2)
Constantine, Provinz [Algerien]: A 26 (74); B 464 (5)
-, Stadt: B 318 (83), B 319 (4)
Cordoba, Stadt [E]: B 318 (38, 66)
Corsica, siehe unter Korsika.
Croatia, siehe unter Kroatien.
Crown Point, siehe unter Fort St. Frédéric.
Cuxhaven, Stadt [D]: B 232 (15)
Cuzco, Stadt [Peru]: B 337 (177)
Cyprus, siehe unter Zypern.
Cyrenaica (Nordafrika) [Teil Libyens]: A 4 (14); B 8 (33), 98 (30), 298 (14), 386 (4), 496 (24), 524 (2)
„Czarnova", Ort [PL]: B 401 (12)

Dacia, siehe unter Dakien.
Dänemark (lat. Dania): K 8-10, 14; A 1 (40), 6 (61), 9 (100, 101), 19 (17), 25 (61), 26 (61), 34 (44), 36 (10), 37 (12); B 8 (99), 52, 97, 108 (12), 110, 143, 144, 157 (2, 3), 220 (22, 23), 231 (1), 232 (1), 264, 269, 275 (3), 301, 302, 335, 336 (93), 337 (19, 157), 362 (1), 387 (1), 388, 390, 401 (57), 418, 443, 516, 522, 525, 577, 588 (1), 589 (1)
-, Ämter: K 15-35
-, Kolonien: A 34 (44)
Dänische Halbinsel (vgl. auch Jütland): B 83
Dänisch-Englischer Krieg (1801): B 461
Dänisch-Englischer Krieg (1807): B 53, 403 (1-3)
Dänisch-Schwedischer Krieg (1675-1679): B 152
Dänisch-Schwedischer Krieg (1808/09): B 403 (4, 5)
Dänischer Wold, Landschaft in Schleswig [D]: B 119 (26)
Dagestan [Teil Rußlands]: B 78 (2)
Dakien (lat. Dacia), röm. Provinz nördlich der Donau [weitgehend Rumänien]: A 4 (7); B 8 (53), 98 (10) 195 (10), 298 (10), 528 (12)

Dalarna, Provinz [S]: B 23

Dalmatien (lat. Dalmatia), Landschaft an der Adria [Kroatien]: A 26 (97, 120), 36 (54), 38 (23); B 281, 298 (10), 300 (3), 332 (1)

Damaraland (Südwestafrika [Namibia]): B 416

Damaskus, Stadt [Syrien]: B 318 (28), 371 (5, 11, 15)

Danewerk, Grenzwall in Schleswig [D]: B 3, 119 (19), 231 (7), 232 (6, 7), 390 (147), 436 (1), 507 (1), 558 (1)

Dania, siehe unter Dänemark.

Dannenberg, Grafschaft [D]: A 38 (56)

Danubius, siehe unter Donau.

Danzig, Stadt (Gdansk [PL]): B 18, 111, 124, 318 (118), 362 (8), 377, 401 (39)

Danziger Haupt, Schanze a. d. Weichselmündung (Drewnica [PL]): B 401 (32, 107)

Danziger Werder, Landschaft bei Danzig [PL]: B 362 (6)

Dardanellen (vgl. auch Hellespont), Meeresstraße zw. Europa u. Asien: B 293 (1)

Daressalam, Stadt (Ostafrika [Tansania]): K 77

Darmstadt, Stadt [D]: B 19, 318 (117)

Daulatabad, Festung bei Aurangabad [Indien]: B 318 (35)

Davis-Straße, Meeresarm zw. Grönland u. Kanada: B 11

Deezbüll, Ort (Nordfriesland [D]): B 387 (2)

Delmenhorst, Grafschaft [D]: B 573 (2)

-, Stadt: B 573 (4)

Delos, Insel [GR]: B 481 (1), 529 (4)

Delphi, Ort, Umgebung [GR]: B 27 (12), 28 (13), 480 (2), 481 (3)

Demmin, Stadt (Pommern [D]): B 401 (105)

Den Haag, Stadt (amtlich s-Gravenhage [NL]): B 179 (11), B 318 (7)

Derbent, Stadt (Dagestan [Rußland]): B 360 (17), 361 (17), 362 (37)

Deutsch-Dänischer Krieg (1864): B 3, 29, 128, 147, 164, 231, 232, 323, 436, 507, 520, 558

Deutscher Bund: B 237

Deutscher Krieg (1866): B 217, 277

Deutsches Reich: A 9 (125-148), 38 (45); B 470 (9-12)

-, Bayerischer Reichskreis: A 38 (48); B 220 (16)

-, Fränkischer Reichskreis: A 38 (48, 51); B 220 (17)

-, Niedersächsischer Reichskreis: A 38 (59); B 316

-, Obersächsischer Reichskreis: A 38 (58, 60)

-, Österreichischer Reichskreis: A 38 (47); B 220 (12)

-, Schwäbischer Reichskreis: B 220 (15)

-, Westfälischer Reichskreis: A 36 (25-27)

Deutsch-Französischer Krieg (1870/71): B 67, 129, 215, 216, 283, 561, 562, 575

Deutschland (auch Germanien [lat. Germania]): K 75, 85; A 1 (16-20, 22, 23), 2, 4 (2), 6 (12, 32, 33, 38, 50-52, 58), 8 (11), 19 (9-11), 25 (10), 26 (10, 121-126), 34 (16-20, 22, 24, 25, 27, 28), 36 (22), 37 (9), 38 (65, 66); B 8 (55, 73), 18, 19, 21 (5), 98 (7), 103, 119 (3, 4), 133, 153, 161 (1, 2, 12), 195 (5, 6), 220 (1, 11), 237, 254 (2, 11), 259, 260, 262, 298 (5, 35), 303 (4, 5), 304 (5), 336 (6, 35), 337 (7, 72), 368, 386 (13), 496 (6), 503 (5), 504, 505, 528 (9, 10), 543 (3), 544 (2)

-, Kolonien: A 9 (44, 45, 48)

Deutsch-Ostafrika [Tansania]: K 77-79; A 1 (112, 122), 16 (6)

Deutsch-Südwest-Afrika (Lüderitzland) [Namibia]: A 1 (113), 11 (9), 16 (5)

Dirschau a. d. Weichsel, Stadt in Westpreußen (Tczew [PL]): B 401 (61)

Dithmarschen (Teil Holsteins [D]): B 2, 66, 100, 119 (38), 344, 541, 547

Diu, Stadt [Indien]: B 8 (86)

Djakarta, siehe unter Batavia.

Doblen, Stadt (Kurland) (Dobele [Lettland]): B 401 (93)

Dömitz, Stadt (Mecklenburg [D]): B 316 (9)

Dohna, Gefecht (1759): B 462 (12)

Dokkum, Stadt [NL]: B 69 (18)

Donau (lat. Danubius), Fluß: A 38 (23, 37, 71)

Donaueschingen, Stadt [D]: A 38 (71)

Doris, Landschaft [GR]: B 27 (11), 28 (12)

Dortmund, Stadt [D]: B 69 (20)

„Dotis", Stadt (Tata [Ungarn]): B 332 (18)

Douai, Stadt [F]: B 179 (21)

„Doueana", Ort an der Loire (Gallien): B 285 (6, 7)

Draheim, Stadt (Pomerellen) (Stare Drawsko [PL]): B 401 (56)

Dresden, Stadt [D]: A 38 (63); B 18, 233, 318 (61), 337 (137)

-, Umgebung: B 462 (11)

-, Gefecht (1759): B 462 (7)

Dublin, Stadt [Irland]: B 318 (59)

Düna, Fluß: B 352 (7)

Dünaburg, Stadt (Daugavpils [Lettland]): B 401 (22)

Dünkirchen, Stadt (Dunkerque [F]): B 179 (18)

Düppel, Schanzen in Nordschleswig (Dybbøl [DK]): B 325 (10), 436 (2), 507 (1), 558 (2)

-, Gefecht (1848): B 128 (23), 325 (7, 8), 429, 430

-, Sturm (1864): B 128 (5, 14-17), 164 (7), 231 (3, 9), 232 (11, 13), 436 (3)

Durham, Stadt (England [GB]): B 318 (13)

Dybbøl, siehe unter Düppel.

Dyrrhachium (Albanien), Schlacht (48 v. Chr.): B 165 (2)

Ebeltoft, Stadt (Jütland [DK]): B 390 (99, 100), 522 (104, 105)

Eckernförde, Stadt (Schleswig [D]): B 119 (1, 22), 232 (5), 390 (169), 523 (16, 17), 588 (13)

-, Umgebung: B 309 (1)

-, Gefecht (1849): B 241, 244, 245, 291, 330 (11)

Eden, Garten (vgl. auch Paradies): B 8 (1), 57 (1)

Edirne, siehe unter Adrianopel.

Eger, Stadt (Böhmen) (Cheb [Tschechien]): B 336 (92), 337 (156)

Eger, siehe auch unter Erlau.

Eiderkanal, zw. Eider u. Kieler Förde [D]: B 76

Eiderstedt, Landschaft in Schleswig [D]: K 7, 43; B 119 (24), 590 (Bd 23)

Eifel, Bergland [D]: A 38 (53); B 336 (54), 337 (9, 93)

Eisenbahnkarte: K 49, 75; B 18, 68, 213, 233, 396, 397, 500 (6, 7)

Eksjö, Stadt [S]: B 118 (44)

Elbing, Stadt (Elblag [PL]): B 362 (7), 401 (25)
Elbinger Werder [PL]: B 362 (6)
Elis, Landschaft [GR]: B 27 (17), 28 (17)
Ellwangen, Stadt [D]: B 337 (113)
Elmshorn (Ort an der Krückau), Schanze (Holstein [D]): B 401 (62)
El Roque, Hafen auf den Islas Los Roques [Venezuela]: B 16 (7)
Elsaß (lat. Alsatia), Landschaft (vgl. auch Nieder- u. Oberelsaß)[F]: A 36 (31, 32), 38 (52)
Elsaß-Lothringen (Deutsches Reich) [F]: A 1 (24)
Engadin [CH]: B 41 (6)
England: A 1 (70, 71), 25 (57), 26 (57), 34 (46, 47), 36 (8), 37 (6), 38 (10); B 220 (9), 337 (4, 29), 479 (11), 545, 576 (1)
Enköping, Stadt [S]: B 118 (5)
Epirus, Landschaft [GR]: A 4 (7); B 8 (30), 98 (19), 195 (10)
Erdgeschichtliche Karte: B 349
Erfurt, Stadt [D]: B 18, 336 (81), 337 (133), 510
Eriwan, Stadt (Jerewan [Armenien]): B 508 (1)
Erlau, Stadt (Eger [Ungarn]): B 332 (5, 17)
Escorial, Schloß bei Madrid [E]: B 318 (109)
Esseck, Stadt (Osijek [Kroatien]): B 332 (33)
Estland: B 230
Estremadura, Region [E]: A 38 (6)
Esztergom, siehe unter Gran.
Ethnographische Karte (vgl. auch Völkerkarte): B 470 (13), 486 (1, 2), 502 (2)
Etrurien, historische Landschaft (Mittelitalien): B 333
Euböa, Insel [GR]: B 318 (25), 386 (24)
Europa: A 1 (12-15), 6 (28, 35, 41), 9 (72-80), 19 (8), 25 (8), 26 (8), 34 (15), 35 (I), 36 (2), 37 (5), 38 (2); B 8 (22), 21 (2), 103 (2), 148 (9), 195 (1), 220 (4), 254 (1), 287 (1), 298 (29), 336 (3, 15), 337 (3, 27), 470, 476 (3), 479 (17), 501, 543 (2, 4, 5), 544 (1, 3, 4)
Eutin, Stadt (Holstein [D]): B 119 (32)

Faaborg, Stadt (Fünen [DK]): B 390 (84, 85), 522 (65)
Färöer, Inselgruppe zw. Schottland u. Island [DK]: B 173 (2), 587 (2)
Falklandinseln, Inselgruppe im Südatlantik [GB]: B 194 (2)
Falköping, Stadt [S]: B 118 (40)
Falmouth, Stadt (England [GB]): B 318 (80)
Falster, Insel [DK]: K 21, 52; B 121 (15), 269 (4), 390 (54)
Falun, Stadt [S]: B 118 (18)
Famagusta, Stadt (Zypern): B 337 (174)
Fehmarn, Insel in Schleswig [D]: K 44, 66; B 119 (26), 269 (4), 390 (163), 551, 552
Feldkirch, Stadt [A]: B 336 (60), 337 (105)
Festungsplan, siehe unter Stadtplan.
Filipstad, Stadt [S]: B 118 (23)
Finnland: A 34 (50); B 326 (7)
Fladstrand, Stadt (Jütland [DK]): B 390 (119, 120), 522 (82)
Flandern, Grafschaft: B 336 (22), 337 (45)
Flatow, Ort (Pomerellen) (Zlotów [PL]): B 401 (56)

Flensburg, Amt in Schleswig [weitgehend D]: K 38, 64; B 119 (17)
-, Stadt: B 4, 29 (3), 51 (15), 119 (1, 17), 232 (8), B 390 (156, 157), 396 (2), 397 (2), 520 (3), 523 (14, 15), 588 (14)
-, Umgebung: B 122 (2)
Florenz, Großfürstentum (= Toskana) [I]: A 38 (25)
-, Stadt: A 6 (79); B 336 (30), 337 (62)
Florida [USA]: K 84
Flutwellenkarte: B 72 (2)
Föhr, Insel (Nordfriesland [D]): B 29 (7), 346, 560 (3)
Fontenai (Frankreich), Schlacht (841): B 8 (109)
Fontenoy (Frankreich), Schlacht (1745): B 549 (1)
Fort Louis, ehemalige Festung am Rhein (Elsaß [F]): A 38 (21)
Fort St. Frédéric, Ort (Crown Point [USA]): B 256 (4)
Franken (lat. Franconia) [D]: A 36 (37); B 336 (73), 337 (12, 124), 462 (5)
Frankfurt/Main, Stadt [D]: A 25 (40), 26 (40); B 19, 336 (75), 337 (127)
Frankfurt/Oder, Stadt [D]: B 336 (87), B 337 (150)
Frankreich (lat. Francia; auch Gallien [lat. Gallia]): A 1 (53-57, 60, 61), 4 (2), 6 (55), 8 (10), 9 (84-87), 19 (16), 23 (2), 25 (46-50), 26 (46-50), 34 (33-37), 36 (14), 37 (8), 38 (9); B 8 (49, 51, 63, 72, 105, 106, 107, 111, 21 (3), 85, 86, 88, 98 (4), 161 (7), 195 (3), 220 (7), 254 (10), 298 (4, 33), 304 (3), 336 (5, 18), 337 (6, 31, 42), 343, 496 (2), 497, 528 (7, 8), 540 (4), 586
Fraustadt (Polen), Schlacht (1706): B 352 (11)
Fredericia, Stadt (Jütland [DK]): B 231 (4), 232 (18, 20), 388 (1), 390 (141-143), 522 (122-124), 572
-, Umgebung: B 9, 232 (19), 253 (4), 436 (4), 473, 520 (10)
-, Schlacht (1849): B 20, 142, 164 (3), 325 (11), 435, 473
-, Gefecht (1864): B 128 (6)
Frederiksborg, Amt (Seeland [DK]): K 15
-, Schloß bei Hilleröd: B 75 (3), 401 (74), 522 (10, 11)
Frederikshavn, Stadt (Jütland [DK]): B 522 (82)
Frederiksodde, ehemalige Festung bei Fredericia (Jütland [DK]): B 401 (64, 68)
Frederikssund, Stadt (Seeland [DK]): B 522 (9)
Freiberg, Stadt im Erzgebirge (Sachsen [D]): B 337 (139)
Freiburg im Breisgau, Stadt [D]: A 38 (21); B 19, 336 (64), 337 (108)
Freising, Stadt [D]: B 336 (71), 337 (120)
Friaul (lat. Forum Iulium), Region, [I]: A 36 (52), 37 (19); B 298 (45, 46)
Friedberg (Hessen), Stadt, Umgebung [D]: B 440 (5)
Friedensthal, Herrnhuter-Siedlung auf St. Croix (Westindien): B 359 (5, 6)
Friedrichshall (vgl. Halden [N]), Belagerung (1718): B 352 (23)
Friedrichstadt, Stadt in Schleswig [D]: B 83, 119 (22), 390 (167, 168)
-, Sturm (1850): B 154 (2), 184 (2), 199, 410 (2)
Friesland, Provinz [NL]: A 36 (23), 38 (17); B 336 (86), 337 (148)
Frohse, Stadt [D]: B 316 (10)
Fünen, Insel [DK]: K 8, 54, 55; A 26 (111); B 253 (1), 269 (4), 387 (4), 390 (68), 401 (99)

Fünfkirchen, Stadt (Pécs [Ungarn]): B 332 (25)
Fuerteventura, Kanarische Insel [E]: B 386 (32)
Fulda, Stadt [D]: B 336 (81), 337 (133)
-, Gefecht (1759): B 462 (17)

Gadebusch, Stadt (Mecklenburg [D]): B 316 (11)
-, Schlacht (1712): B 288 (2), 352 (17)
Gävle, Stadt [S]: B 118 (24)
Galicien, Region [E]: A 38 (6)
Galizien, historische Landschaft [zw. Polen u. Ukraine]: A 25 (18), 26 (18, 119)
Gallien (lat. Gallia), siehe unter Frankreich.
Gallia Belgica (Nordwestliches Gallien): B 98 (5)
Gallia Cisalpina (= Oberitalien): B 98 (12), 422 (12), 472 (3)
Gallia Narbonensis, römische Provinz vor Caesar: B 386 (12), 422 (7)
Gallia Togata (= Oberitalien): A 4 (4)
Gallischer Krieg Caesars (58-51 v. Chr.): A 12, 23; B 85-88, 166-168
Garding, Stadt in Schleswig [D]: B 390 (174), 523 (6)
Gaugamela (Mesopotamien), Schlacht (331 v. Chr.): B 437 (3, 5)
Gdansk, siehe unter Danzig.
Gelderland, Provinz [NL]: A 38 (17)
Gelobtes Land, siehe unter Palästina.
Gemona, Stadt im Friaul [I]: B 8 (43)
Genf, Stadt [CH]: K 47; B 127, 336 (21), 337 (41)
Genfer See: B 41 (9), B 336 (38), 337 (75)
Gent, Stadt [B]: B 179 (14)
Genua, Republik [I]: A 36 (51)
-, Stadt: B 318 (79), 337 (58), 495
-, Umgebung: B 8 (44)
Geologische Karte: K 73, 78; B 262 (2), 349 (4), 415, 440 (5), 467 (3), 468 (4), 469 (3), 470 (1), 471 (4)
Germanien (lat. Germania), siehe unter Deutschland.
Geschichtsatlas: A 13, 15, 18, 20, 21, 22, 23, 27, 28, 29, 30, 31, 33
Geschichtskarte: K 1-6, 88; A 12-14; B 8, 132, 151, 157, 161, 174, 185, 198, 221, 236, 269, 327, 338, 339, 344, 404, 422, 445, 453, 491, 501, 543, 544, 563, 577, 592
Ghom, siehe unter Kum.
Gibraltar, Festung [britische Kronkolonie]: B 94, 311 (15)
-, Straße von (zw. Europa u. Afrika): A 38 (8); B 256 (14)
Giebichenstein, Ort bei Halle (Saale) [D]: B 316 (12)
Gilan, Provinz (Persien [Iran]): B 360 (15), 361 (15), 362 (26)
Glatz, Grafschaft [PL]: B 256 (11)
Glückstadt, Stadt (Holstein [D]): B 51 (23), 119 (1, 37), 588 (15)
Gnesen (Gniezno [PL]), Schlacht (1656): B 401 (36)
Gniew, siehe unter Mewe.
Goa, Stadt [Indien]: B 8 (87)
Görz-Gradisca, österreichisches Kronland [Teil Italiens]: A 26 (15)
Göteborg, Stadt [S]: B 118 (36), 152 (2), 318 (94)
Göttingen, Stadt [D]: B 318 (86)

Goldküste (Westafrika): A 11 (5)
Gollub a. d. Drebnitz, Stadt (Preußen) (Golub-Dobrzyn [PL]): B 401 (23)
Golowtschin, siehe unter Holufzin.
„Golumbo", Ort [PL]: B 401 (33)
Goslar, Stadt [D]: B 316 (13)
Gotha, Stadt [D]: B 18, 249, 318 (6), 337 (135)
Gottorf, Amt in Schleswig [D]: K 42; B 119 (18, 22)
Gouda, Stadt [NL]: B 69 (14)
Graecia, siehe unter Griechenland.
Graecia Magna (bzw. Major) (= Unteritalien): A 4 (5); B 98 (15)
Gränna, Ort [S]: B 118 (44)
Grafenfehde (1534): B 536
Gran (Esztergom [Ungarn]): B 332 (13, 29)
Granada, Region [E]: A 38 (6)
-, Stadt: B 78 (1)
Granikos (Kleinasien), Schlacht (334 v. Chr.): B 437 (2, 3)
Granson, Schlacht (1476): B 238 (65)
Graubünden, Kanton [CH]: B 41 (4, 5)
Graudenz, Stadt in Westpreußen (Grudziadz [PL]): B 401 (31)
„Grave" (= s-Gravenhage), siehe unter Den Haag.
Gravenstein (Schloß in Nordschleswig) (Graasten [DK]): B 51 (16)
Graz, Stadt (Steiermark [A]): B 318 (92)
Greifswald, Stadt (Pommern [D]): B 401 (104), 589 (12)
Grenå, Stadt (Jütland [DK]): B 390 (97, 98), 522 (102, 103)
Grenada, Insel (Westindien): B 256 (13)
Grenzkarte: B 39, 78 (10), 446
Griechenland (griech. Hellas, lat. Graecia): K 2; A 1 (72), 4 (8), 6 (65), 14, 17, 19 (21), 25 (66, 67), 26 (66, 67), 34 (57), 36 (56), 38 (49); B 8 (23, 29), 14 (1), 27, 28, 55, 56 (2), 70, 71, 84, 98 (18, 20), 116 (1), 126, 170 (1), 174, 195 (10), 236, 254 (6), 298 (11, 49), 304 (12), 336 (11, 101), 337 (20, 168), 345 (2), 371 (19, 30), 376, 395 (1), 422 (11), 424, 479 (4, 19), 484, 496 (10,11), 524, 529, 554
Griechischer Unabhängigkeitskrieg (1821-1830): B 170
Griechisch Weißenburg, siehe unter Belgrad.
Grimbergen, Gefecht (1759): B 462 (15)
Gripsholm, Schloß [S]: B 318 (104)
Groeningen, Stadt [NL]: B 337 (149)
Grönland: B 11, 109, 134-137, 173, 404 (2), 419, 587 (4), 593
Großbritannien (vgl. auch Britannien u. Britische Inseln): A 1 (66, 67), 25 (56), 26 (56), 34 (46, 47), 38 (10, 12); B 220 (9), 538 (1), 540 (4)
-, Kolonien: B 311
Großer Belt, Meeresarm: B 401 (72), 418
Großer Ozean (vgl. auch Stiller Ozean u. Südsee): A 1 (8), 9 (46, 47), 11 (31)
Großwardein, Stadt (Oradea [Rumänien]): B 332 (20)
Grudziadz, siehe unter Graudenz.
Gudsøe (bei Fredericia), Gefecht (1849): B 432
Guernsey, Insel im Kanal [GB]: B 256 (15)
Güstrow, Stadt (Mecklenburg [D]): B 316 (14, 15)
Guinea (Westafrika): A 26 (104)

Guinegatte, Schlacht (1479): B 238 (66)
Guyana (Südamerika): A 11 (29); B 311 (11), 454
Győr, siehe unter Raab.
Gyula, Stadt [Ungarn]: B 332 (8)

Haarlem, Stadt [NL]: B 337 (51)
Habel, Hallig (Nordfriesland [D]): B 475 (3)
Hadeln, Land [D]: A 38 (55)
Hadersleben, Amt in Schleswig (Haderslev [DK]): K 36, 63, 64; B 119 (8, 9)
-, Stadt: B 51 (20), 119 (1, 10), 247, 390 (148, 149), 523 (10, 11), 588 (16)
-, Umgebung: B 309 (3, 4), 325 (5)
Haderslebener Förde: B 247 (1)
Hadmersleben, Ort bei Magdeburg [D]: B 316 (10)
Härnösand, Ort [S]: B 118 (27)
Halberstadt, Fürstentum [D]: A 38 (57)
-, Stadt: B 316 (18)
Hald, Ort (Jütland [DK]): B 522 (94)
Halden (vgl. auch Friedrichshall), Stadt [N]: B 401 (108)
Halikarnassos, Ort (Kleinasien): B 425
-, Belagerung (334 v. Chr.): B 437 (6)
Halle (Saale), Stadt [D]: B 316 (16, 17)
Halligen (Nordfriesland [D]): B 521
Halmstad, Stadt [S]: B 118 (50)
„Halogaland", Region (Helgeland [N]): B 338 (2)
Hals, Schanze am Limfjord (Jütland [DK]): B 401 (66)
Hamburg, Hansestadt [D]: K 13; A 25 (37), 26 (37); B 18, 119 (1, 35), 131, 141, 155, 158, 316 (20), 337 (145), 588 (17)
Hamburger Berg (St. Pauli, Stadtteil von Hamburg [D]): B 488
Hammerhus, ehemalige Festung (Bornholm [DK]): B 517 (2-4)
Hanau-Münzenberg, Grafschaft [D]: B 91
Hannover, Königreich (preußische Provinz) [D]: A 1 (34, 35), 25 (35), 26 (35)
-, Stadt: B 18
Hannoversch Münden, Stadt [D]: B 69 (39)
Harderwijk, Stadt [NL]: B 179 (35)
Haridwar, Stadt [Indien]: B 318 (47)
Harlingen, Stadt [NL]: B 69 (17)
Harpstedt, Ort bei Delmenhorst [D]: B 573 (5)
Harz, Bergland [D]: B 18
Hasle, Stadt (Bornholm [DK]): B 390 (50, 51), 517 (7, 8), 522 (43)
Haßberg, Bad (Holstein [D]): B 29 (14), 51 (8)
Hatvan, Ort [Ungarn]: B 332 (15)
Havanna, Stadt [Kuba]: B 24 (3)
Havre (Le), Stadt [F]: B 318 (53)
Hebron, Stadt (Palästina): B 318 (75)
Hedemora, Ort [S]: B 118 (18)
Hegau (Schwaben [D]): B 366 (63)
Heide (Dithmarschen), Stadt [D]: B 119 (40)
Heidelberg, Stadt [D]: B 19, 318 (2), 336 (69), 337 (117)
Heilbronn, Stadt [D]: B 19
Heiligenhafen, Stadt (Holstein [D]): B 119 (31)
Heiliges Land, siehe unter Palästina.

Hekla, Berg (Island): B 459
Helgeland, siehe unter Halogaland.
Helgoland, Insel [D]: B 119 (19), 123, 190, 232 (17), 284, 457
-, Seegefecht (1864): B 129 (20)
Hellas, siehe unter Griechenland.
Hellespont (vgl. auch Dardanellen), Meeresstraße zw. Europa u. Asien: B 27 (3), 28 (7)
Helsingborg, Stadt [S]: B 151, 152 (3), 401 (87), 588 (4)
-, Schlacht (1710): B 288 (1), 352 (16)
Helsingør, Stadt (Seeland [DK]): B 75 (1), 390 (5, 6), 401 (84), 522 (6, 7), 588 (5)
Helvetia, siehe unter Schweiz.
Hemisphärenkarte: A 1 (2, 3), 25 (3, 4), 26 (3, 4), 34 (8, 9), 38 (1); B 59, 172, 220 (2, 3), 456
Hemmingstedt, Ort (Dithmarschen [D]): B 590 (Bd 27)
Hercynia Silva, siehe unter Schwarzwald.
Herlufsholm, bei Næstved, Schule (Seeland [DK]): B 315, 522 (36)
Herrenhausen, Schloß bei Hannover [D]: B 567
Hertogenbosch, Stadt [NL]: B 69 (12), 179 (5), B 337 (101)
Hesdin, Stadt [F]: B 69 (6)
Hessen, Landgrafschaft [D]: A 36 (35); B 336 (79), 337 (131)
-, Kurfürstentum: A 25 (38), 26 (38)
-, Großherzogtum: A 1 (30, 31), 25 (39), 26 (39)
Hessen-Homburg [D]: A 25 (40), 26 (40)
Hessen-Nassau, preußische Provinz [D]: A 1 (30, 31), 25 (40), 26 (40)
Hessenstein, Ort (Holstein [D]): B 51 (7)
Heverlee, Ort bei Löwen [B]: B 285 (9)
Hibernia, siehe unter Irland.
Hildesheim, Bistum [D]: A 38 (57); B 316 (23)
-, Stadt: B 316 (21, 22)
Hillerød, Stadt (Seeland [DK]): B 75 (3), 390 (8), 522 (8, 11)
Himmelskarte: A 1 (1), 6 (1, 2), 9 (6, 7), 25 (2), 26 (2), 34 (2-5); B 107
Hindeloopen, Stadt [NL]: B 69 (17)
Hinterasien: A 9 (34, 35)
Hinterindien: A 1 (92), 10 (8), 11 (21)
Hispania, siehe unter Spanien.
Hjerting, Ort bei Esbjerg (Jütland [DK]): B 390 (130)
Hjørring, Amt (Jütland [DK]): K 22, 23, 58, 59
-, Stadt: B 388 (3), 390 (114, 115), 522 (79, 80)
Hobro, Stadt (Jütland [DK]): B 390 (105, 106), 522 (98, 99)
Hohenzollern-Hechingen, Fürstentum [D]: A 25 (31), 26 (31)
Hohenzollern-Sigmaringen, Fürstentum [D]: A 25 (31), 26 (31)
Holbæk, Amt (Seeland [DK]): K 16
-, Stadt: B 75 (7), 390 (15, 16), 522 (16, 17)
Holland, Grafschaft (Provinz) [NL]: A 38 (17); B 336 (58), 337 (103), 391
„Holofzin" (= Golowtschin [Weißrußland]), Schlacht (1708): B 352 (13)

Holstebro, Stadt (Jütland [DK]): B 390 (134, 135), 522 (116, 117)
Holstein (lat. Holsatia), Herzogtum [D]: K 13, 67-72, 82, 86; A 6 (61), 19 (17), 25 (37, 61), 26 (27, 61), 34 (44), 36 (11), 38 (67); B 39, 81, 108 (12), 119 (1, 27), 121 (17), 131, 264, 316 (1), 352 (3, 4), 387 (2), 392, 415, 455, 516, 588
Honfleur, Stadt an der Seine [F]: B 318 (12)
Hooge, Hallig (Nordfriesland [D]): B 521 (2)
Hoptrup (zw. Apenrade u. Hadersleben), Gefecht (1848): B 309 (3), 534 (8)
Horsens, Stadt (Jütland [DK]): B 390 (93, 94), 522 (108-110)
Hoyerswerda, Gefecht (1759): B 462 (4)
Hudigsvall, Ort [S]: B 118 (26)
Hünningen, Festung im Elsaß (Huningue [F]): A 38 (21)
Hütten, Amt in Schleswig [D]: K 41
Hulst, Stadt [NL]: B 179 (24)
Hungaria, siehe unter Ungarn.
Hunsrück, Bergland [D]: B 336 (54), 337 (93)
Husum, Amt in Schleswig [D]: K 7, 43; B 119 (23), 590 (Bd 26)
-, Stadt: B 29 (9), 119 (1, 10), 390 (170, 171), 396 (2), 397 (2), 523 (1, 2), 588 (18)
Hven, Insel im Öresund [S]: B 69 (27), 525
Hydrographische Karte: B 502 (4)

Iberia, siehe unter Kaukasusländer.
Idstedt (nördlich von Schleswig), Schlacht (1850): B 150, 159, 164 (5), 184 (1), 225, 253 (5), 264, 294, 406, 535, 537 (1, 2)
Ijlst, Stadt [NL]: B 79 (18)
Illyrien (lat. Illyricum), historische Landschaft im Nordwesten der Balkanhalbinsel: A 4 (7), 25 (15); B 8 (53), 98 (10), 195 (9), 298 (6), 540 (2, 6)
„Ilzen", Ort [PL]: B 401 (43)
Imperium Romanum, siehe unter Römisches Reich.
Indien (lat. India): K 6; A 4 (13), 10 (7, 8), 26 (98), 34 (63, 64); B 8 (81), 21 (15), 98 (28), 219, 298 (25, 26, 60), 303 (8), 304 (9), 311 (18), 386 (15), 496 (16, 19, 20)
Indischer Ozean: B 329 (15)
Innerafrika (vgl. auch Africa interior): B 382 (3-7, 9-11)
Innsbruck, Stadt (Tirol [A]): B 19, 318 (24)
Interlaken, Stadt [CH]: B 318 (15)
Ionische Inseln [GR]: A 6 (65), 25 (66, 67), 26 (66, 67); B 16 (8), 311 (17)
Irland (lat. Hibernia): A 1 (66-68), 25 (56, 59), 26 (56, 59), 34 (48), 36 (8), 37 (6), 38 (13); B 220 (9), 386 (28), 576 (3)
Isfahan, Stadt (Persien [Iran]): B 360 (16), 361 (16), 362 (36)
Island: K 45, 46; A 36 (7); B 11, 121 (20), 138, 224, 338 (3), 387 (3), 404 (1), 574, 587 (3)
Isobarenkarte: B 468 (7), 469 (5), 470 (4), 471 (6)
Isodynamenkarte: B 172 (11)
Isogonenkarte: B 172 (10)
Isorachienkarte: B 72 (2)
Isothermenkarte: A 1 (12); B 72 (5), 172 (6), 378, 440 (2), 468 (7), 469 (5), 470 (5), 471 (6)

Israel (vgl. auch Palästina): B 8 (37), 47 (3), 93 (3, 4), 208, 209, 486
Issos, Schlacht (333 v. Chr.): B 174 (21), 437 (2, 3)
Istanbul, siehe unter Konstantinopel.
Istrien (lat. Istria), Halbinsel an der Adria: A 26 (15), 36 (52); B 298 (45, 46), 336 (78), 337 (130)
Italien (lat. Italia) (vgl. auch Oberitalien, Mittelitalien u. Unteritalien): K 3; A 1 (53, 62-65), 6 (63), 19 (14), 23 (1), 25 (43-45), 26 (43-45), 34 (28, 30-32), 36 (48), 37 (18), 38 (19); B 8 (39-42, 54, 64, 112), 56 (3), 57 (8), 98 (11, 16), 102, 171 (3), 175, 195 (7), 220 (8), 238 (24), 254 (3, 4, 12), 298 (7, 38), 336 (24), 337 (18, 52), 345 (4), 371 (21), 386 (11), 422 (3, 4), 479 (2), 485 (1), 495 (10), 496 (4), 503 (3), 507 (2), 540 (2)
Italia propria (= Mittelitalien; vgl. auch dieses): A 4 (4, 6); B 472 (4)
Italienischer Unabhängigkeitskrieg (1859-1861): B 477, 478, 507 (2)
Ithaka, Insel [GR]: B 318 (17)
Itzehoe, Stadt (Holstein [D]): B 119 (1, 29), 401 (63), 588 (19)
Iutia, siehe unter Jütland.
Izmir, siehe unter Smyrna.

Jægerspris, Amt (Seeland [DK]): B 121 (22-24)
Jamaika, Insel (Westindien): B 256 (18), 311 (9)
Janowiec, Stadt [PL]: B 401 (48)
Japan: A 1 (85, 89), 10 (9), 11 (243), 16 (8), 25 (74), 26 (74), 34 (65); B 8 (83), 393 (1), 508 (3)
Jasmund (Rügen), Seegefecht (1864): B 128 (19), 232 (16)
Java, Insel [Indonesien]: A 11 (22)
Jelgava, siehe unter Mitau.
Jemen (Arabien): B 350 (7)
Jerash, Ort [Jordanien]: B 318 (77)
Jerez de la Frontera, Stadt [E]: B 318 (98)
Jerewan, siehe unter Eriwan.
Jericho, Stadt (Palästina): B 318 (54)
Jersey, Insel im Kanal [GB]: B 256 (15)
Jerusalem, Patriarchat: B 540 (10)
-, Stadt (Palästina): K 12; B 8 (17, 36), 44, 45 (2, 3), 46 (1), 47 (4, 5), 191 (17, 18), 266, 280 (3, 4), 310, 318 (22), 336 (109), 337 (176), 351 (3), 371 (1, 10, 23), 383, 395 (4-6), 464 (9), 486 (3, 4), 498 (1), 503 (4)
Jever, Herrschaft [D]: B 573 (2)
-, Stadt: B 573 (1)
Jönköping, Stadt [S]: B 118 (43)
Judäa (Teil von Palästina): B 209, 210, 254 (8), 479 (13)
Jülich, Herzogtum [D]: A 38 (54)
Jütland (lat. Iutia), Landschaft [DK]: K 10; A 26 (111-113), 38 (27); B 31, 147 (3), 232 (22), 253 (1), 269 (2), 390 (88), 401 (63), 507 (1)
-, Ämter: K 56-63

Kärnten, Herzogtum [A]: A 26 (15), 36 (45)
Kairo, Stadt [Ägypten]: B 21 (18), 337 (183)
Kalabrien, Region [I]: B 25 (1)
Kaledonischer Kanal (Schottland [GB]): B 16 (2)

Kalifornien [USA]: B 526
Kaliningrad, siehe unter Königsberg.
Kalisch (Polen), Schlacht (1706): B 352 (12)
Kalkutta, Stadt [Indien]: B 21 (16), 318 (116)
Kalmar, Stadt [S]: B 118 (42)
Kalundborg, Stadt (Seeland [DK]): B 75 (2), 370, 390 (18, 19), 522 (18-20)
Kama, Stadt [Rußland]: B 360 (1)
Kamerun (Westafrika): A 11 (7), 16 (4)
Kanaan (vgl. auch Palästina): K 5; B 8 (5, 12), 43 (1), 47 (2), 48 (2), 191 (1), 205, 207
Kanada (Nordamerika): A 6 (73); B 311 (1-4, 13)
Kanarische Inseln, Inselgruppe im Atlantik [Spanien]: B 121 (18)
Kandahar, Stadt [Afghanistan]: B 508 (2)
Kanizsa, Ort [Ungarn]: B 332 (19)
Kap der Guten Hoffnung (Südafrika): B 311 (7)
Kapland (Südafrika): A 1 (113), 11 (10), 34 (72)
Kappadokien (lat. Cappadocia) (Teil Kleinasiens): B 8 (34)
Kappeln, Stadt (Schleswig [D]): B 29 (29), 51 (14)
Kapstadt, Stadt (Südafrika): B 318 (71)
„Kapurga", Stadt (Rußland ?): B 360 (1)
Karlskrona, Stadt [S]: B 118 (53, 54), 318 (108)
Karlsruhe, Stadt [D]: B 19, 318 (105)
Karlstad, Stadt [S]: B 118 (22)
Karolinen, Inselgruppe in der Südsee: B 257 (3-5)
Karpathos, Insel [GR]: A 36 (57); B 386 (25)
Karst, Landschaft [Slowenien]: A 36 (52); B 502 (1, 4)
Karte der Alten Welt: B 101, 103, 148, 171 (2, 3), 175, 195, 254, 259, 303, 304, 313, 329, 336 (2), 337 (2), 345, 368, 376, 386, 395, 399, 422, 466, 472, 479, 484, 485, 496, 497, 503, 528
Karthagisches Reich: B 174 (22)
Karthago, Stadt (Nordafrika): B 8 (61, 62), 63, 273
-, Umgebung: B 464 (7)
Kasan, Stadt [Rußland]: B 360 (11), 361 (10)
Kaschan, Stadt (Persien [Iran]): B 360 (14), 361 (14), 362 (35)
Kasimov, Stadt [Rußland]: B 360 (8), 361 (7), 362 (17)
Kaspisches Meer (lat. Mare Caspium): A 8 (4-8); B 78 (2), 108 (5), 479 (8)
Kassel, Stadt [D]: B 18
Kastilien, Region [E]: A 38 (6)
Kaukasus: B 78 (2, 7), 319 (5), 336 (105), 337 (172), 411, 528 (12)
Kaukasusländer (u. a. Albania u. Iberia): A 1 (76), 4 (10), 26 (105-110), 34 (55); B 98 (23), 120, 298 (18), 372, 496 (13)
Kempten, Stadt [D]: B 337 (110)
Keos (= Kea), Insel [GR]: B 70 (4)
Kephissos, Fluß [GR]: B 334
Kerkyra, siehe unter Korfu.
Kerteminde, Stadt (Fünen [DK]): B 390 (72, 73), 522 (56)
„Keschin", Hafenort (Jemen ?): B 350 (1)
Kiautschou, Stadt [China]: A 16 (8, II,6)
Kiel, Amt (Holstein [D]): B 119 (28), 121 (19)

-, Propstei: K 68
-, Stadt: B 18, 29 (11), 51 (3, 4), 119 (1, 29), 588 (20)
Kieler Kanal, zw. Eider u. Kieler Förde: B 108 (14)
Kilikien (lat. Ciclicia) (Teil Kleinasiens): B 56 (2), 57 (4)
Kimbrische Halbinsel (Jütland sowie die Herzogtümer Schleswig u. Holstein): B 13 (1), 569 (1)
Kirchenstaat [I]: A 38 (25); B 161 (10)
Kirchliche Karte: K 67- 72; B 243 (2), 540
Kissingen, (Bad), Stadt [D]: B 19
Kleinasien (lat. Asia Minor): K 6; A 4 (9), 34 (60), 37 (28), 38 (41); B 8 (22, 71), 56 (2), 57 (6), 98 (22), 116 (2), 298 (16, 54), 303 (11, 12), 308, 322, 324, 329 (25), 336 (104), 337 (171), 345 (3), 386 (7), 395 (3), 479 (14), 496 (18), 524 (2)
Klimakarte: B 378
Klissow (Polen), Schlacht (1702): B 352 (8)
Knäred (Halland [S]), Schlacht (1657): B 401 (69)
Kniephausen, Herrschaft [D]: B 573 (2)
Knoop, Schloß (Schleswig [D]): B 51 (5)
Koalitionskriege (Französische Revolutionskriege): B 391
Koblenz, Stadt [D]: B 336 (55), 337 (94)
København, siehe unter Kopenhagen.
Køge, Stadt (Seeland [DK]): B 75 (5), 390 (13, 14), 401 (100), 522 (14)
-, Schlacht (1807): B 403 (3)
Köln, Erzbistum (Kurfürstentum) [D]: A 36 (27), 38 (16, 54)
-, Stadt: B 318 (119), 336 (56), 337 (95)
Königsberg, Stadt (Ostpreußen) (Kaliningrad [Rußland]): B 18, 401 (28), 539
Köping, Stadt [S]: B 118 (16)
Kolberg, Stadt (Pommern) (Kolobrzeg [PL]): B 125
-, Umgebung: B 347
Kolding, Stadt (Jütland [DK]): B 231 (8), 232 (9), 390 (138-140), 522 (125, 126), 588 (3)
-, Umgebung: B 31, 474
-, Gefecht (1848): B 325 (9)
-, Schlacht (1849): B 128 (24), B 164 (2), B 431, 474
Kolo, Ort [PL]: B 401 ((9)
Kolobrzeg, siehe unter Kolberg.
Kolomna, Stadt [Rußland]: B 360 (8), 361 (7), 362 (16)
Kolonialatlas: A 16
Komárno, siehe unter Comora.
Kongsberg, Stadt [N]: B 193
Konstantinopel, Patriarchat: B 540 (7)
-, Stadt (Istanbul [Türkei]): A 1 (77), 6 (78); B 8 (58-60), 21 (13), 185 (9), 293 (2, 3), 318 (64), 336 (103), 337 (170), 355 (1), 356 (1), 371 (16, 22)
-, Umgebung: B 324 (1)
Konstanz, Stadt [D]: B 19, 318 (99)
Kopenhagen, Amt (Seeland [DK]): K 50; B 121 (13)
-, Stadt (København): A 6 (79); B 12, 18, 75, 108 (13), 143, 229, 317, 357, 389, 390 (4), 401 (83, 86, 88, 94), 494, 522 (1-4, 131), 588 (6)
-, Umgebung: B 522 (5, 15)
-, Belagerung (1807): B 53 (2), 263, 403 (2)
-, Reede, Seeschlacht (1801): B 330 (5)

Korea: A 1 (88), 16 (8), 34 (65)
Korfu (griech. Kerkyra), Insel [GR]: A 36 (57); B 530
Korinth, Stadt [GR]: B 318 (45)
-, Umgebung: B 27 (16), 28 (16)
-, Golf, siehe unter Lepanthos, Golf.
-, Schlacht (394 v. Chr.): B 437 (4)
Korsika (lat. Corsica): A 38 (19); B 8 (43), 171 (3), 298 (7), 337 (18), 386 (20)
Korsør, Stadt (Seeland [DK]): B 75 (10), 390 (22, 23), 401 (101), 522 (27, 28)
Kozmodemyansk, Stadt [Rußland]: B 360 (12), 361 (11)
Krain (lat. Carniola), Herzogtum [Slowenien]: A 26 (15), 36 (52)
Krakau, Stadt (Kraków [PL]): B 401 (16)
Krankheitskarte: B 77, 229, 279
Krempe, Stadt (Holstein [D]): B 69 (35), 119 (1, 36), 588 (12)
Kreta (lat. Candia), Insel [GR]: A 36 (57), 38 (44); B 170 (3), 214, 298 (50), 329 (27), 336 (102), 337 (169), 386 (23)
Kriegskarte: K 82; B 9, 15, 22, 31, 35, 36, 52, 53, 67, 83, 104, 122, 128-130, 152, 154, 159, 164, 165, 167, 168, 184, 199, 215-217, 239, 256, 260, 276, 277, 283, 309, 319, 323, 325, 326, 330, 332, 352, 363, 384, 400, 401, 403, 406, 418, 436, 437, 443, 462, 477, 478, 507, 534, 561, 562, 571
Krim, Halbinsel am Schwarzen Meer: B 38, 348
Krimkrieg (1853-1856): B 38
Kristianopel, Stadt [S]: B 401 (79)
Kristianstad, Stadt [S]: B 401 (78)
Kristinehamn, Stadt [S]: B 118 (22)
Kroatien (lat. Croatia): A 26 (18, 120), 34 (29), 36 (54); B 332 (1), 337 (17)
Kronborg, Schloß bei Helsingør (Seeland [DK]): B 75 (1), 401 (84, 85, 112)
Kruszwica, Ort [PL]: B 401 (31)
Küstenkarte: B 329
Kum (Ghom, Qum), Stadt (Persien [Iran]): B 360 (14), 361 (14), 362 (34)
Kunersdorf (östlich von Frankfurt/Oder), Schlacht (1759): B 462 (2)
Kungälf, Stadt [S]: B 118 (55)
Kungsbacka, Ort [S]: B 118 (52)
Kurdistan, Gebiet in Vorderasien: A 34 (60)
Kurland, Herzogtum [Lettland]: A 38 (35)
Kykladen, Inselgruppe im Ägäischen Meer [GR]: B 27 (26), 28 (23)

Labdalum, Festung bei Syrakus (Sizilien [I]): B 25 (3)
Ladogakanal, am Ladogasee [Rußland]: B 108 (6)
Læsøe, Insel [DK]: K 22
Lago Maggiore (zw. Italien u. Schweiz): B 41 (14)
Lakonien, Landschaft [GR]: B 27 (20)
Lamspringe, Ort (Stift Hildesheim [D]): B 316 (25)
Landau, Stadt (Pfalz [D]): A 38 (21); B 336 (51), 337 (89)
Landskrona, Stadt [S]: B 152 (4), 401 (77), 588 (7)
Langeland, Insel [DK]: K 8, 55; B 121 (8), 269 (4), 390 (54)
Langres, Stadt, Umgebung [F]: B 80 (1)
Lappland, Region [Schweden u. Finnland]: B 444, 591

La Rochelle, Stadt [F]: B 337 (37)
Latium, historische Landschaft in Mittelitalien [I]: B 98 (14), 171 (4, 26, 27)
Lauenburg, Herzogtum [D]: K 13, 86; A 6 (61), 19 (17), 25 (61), 26 (61), 34 (44), 38 (55); B 177, 231 (1), 232 (1), 392, 398, 455, 490
„Laufeldt" (bei Maastricht), Schlacht (1747): B 549 (2)
Lauingen (Donau), Stadt [D]: B 69 (45)
Lausitz (lat. Lusatia) (Gebiet der Markgrafschaften Ober- u. Niederlausitz [weitgehend Deutschland]): A 36 (40), 38 (46); B 256 (10)
Lebertal (Elsaß [F]): B 336 (45), 337 (82)
Lech (bei Augsburg), Schlacht (1632): B 8 (91)
Lehe (bei Bremen), Schanze [D]: B 401 (60)
Leipzig, Stadt [D]: B 18, 318 (50), 337 (136), 565
-, Umgebung: B 565 (2)
Lejre, siehe unter Lethra.
Lemvig, Stadt (Jütland [DK]): B 390 (132, 133), 522 (118, 119)
Leon, Region [E]: A 38 (6)
Leopoldstadt, ehemalige Festung (Leopoldov [Slowakei]): B 332 (28)
Lepanthos, Stadt (Naupaktos [GR]): B 480 (1), 481 (2)
-, Golf (= Golf von Korinth [GR]): B 480 (1), B 481 (2)
Lesbos, Insel [GR]: B 385
Lethra, sagenhafte dänische Residenz (Lejre, bei Roskilde [DK]): B 8 (100), 157 (4)
Leukas, Insel [GR]: B 318 (5)
Levante, Küstenbereiche im östlichen Mittelmeer: B 300 (3), 464
„Lewentz", Ort (Levice [Slowakei]): B 332 (24, 27)
Libyen (lat. Libya) (Nordafrika): B 8 (33, 67, 68), 200 (4), 203 (2), 298 (15), 329 (19-23), 382 (13)
Lidköping, Stadt [S]: B 118 (38)
Liechtenstein, Fürstentum: A 25 (17), 26 (17)
Lier, Stadt [B]: B 69 (11), 179 (10)
Ligurien, Region (Oberitalien [I]): B 298 (39)
Lille, Stadt [F]: B 179 (20)
Limburg, Stadt [B]: B 179 (12)
Limfjord, Wasserarm [DK]: B 147 (5)
Lindau, Stadt [D]: B 336 (62), 337 (107)
Lindesberg, Ort [S]: B 118 (21)
Linköping, Stadt [S]: B 118 (31)
Lippe, Grafschaft [D]: A 1 (30, 31)
Lippe-Detmold, Grafschaft (Fürstentum) [D]: A 25 (28), 26 (28)
Lippe-Schaumburg (Schaumburg-Lippe), Grafschaft (Fürstentum) [D]: A 25 (28), 26 (28)
Lippstadt, Stadt [D]: B 69 (20)
Lissabon, Stadt [P]: A 6 (78); B 318 (1)
Lissau a. d. Weichsel, Stadt in Westpreußen (Lisevo [PL]): B 401 (82)
Litauen: B 337 (15)
Livland (lat. Livonia), Herzogtum im Baltikum [Estland u. Lettland]: A 38 (35); B 230, 362 (9)
Löwen, Stadt [B]: B 179 (2), 285 (8), 337 (99)
Lofoten, Inselgruppe [N]: B 275
Lolland, Insel [DK]: K 21, 52; B 121 (14), 269 (4), 390 (54)

Lombardei (lat. Lombardia), Region (Oberitalien [I]): A 25 (19), 26 (19), 36 (49-51); B 298 (44)
London, Stadt (England [GB]): A 6 (77), 38 (14); B 21 (11), 64 (1), 234, 318 (11), 538 (2)
-, Umgebung: A 38 (14)
Louisbourg, Stadt auf Cape Breton Island [Kanada]: B 24 (3)
Louisiana (lat. Ludoviciana), französische Kolonie in Nordamerika: A 38 (64)
Lowicz, Ort [PL]: B 401 (10)
Lucca, Stadt [I]: B 69 (50)
Lübeck, Stift (Fürstentum [D]): K 13; B 119 (32), 131, 176
-, Hansestadt: K 13; A 25 (37), 26 (37); B 18, 29 (15), 131, 272 (3), 316 (26), 336 (85), 337 (143), 588 (21)
Lügumkloster, Amt in Schleswig (Løgumkloster [DK]): K 40, 64; B 119 (9)
-, Ort: B 390 (151)
Lüneburg, Herzogtum [D]: A 38 (56)
-, Stadt: B 336 (84), 337 (142)
Lütjenburg, Stadt (Holstein [D]): B 119 (31)
Lüttich, Bistum [B]: A 38 (16)
-, Stadt: B 337 (96)
Lützen (bei Leipzig), Schlacht (1632): B 8 (92)
Luftströmungskarte: B 440 (3)
Luganer See (zw. Schweiz u. Italien): B 41 (14)
Luleå, Stadt [S]: B 118 (30)
Lund, Stadt [S]: B 588 (8)
Lunden, Ort (Dithmarschen [D]): B 119 (40)
Lunigiana, Provinz [I]: B 8 (45)
Lusatia, siehe unter Lausitz.
Luxemburg, Herzogtum (Großherzogtum): A 1 (44), 36 (20)
-, Stadt: B 179 (28)
Lyngör (Norwegen), Seegefecht (1812): B 330 (10)
Lyon, Stadt [F]: B 318 (111), 337 (40)

Maastricht, Stadt [NL]: B 179 (9)
Macedonia, siehe unter Makedonien.
Madagaskar, Insel: A 10 (5), 34 (71)
Madeira, Insel im Atlantik [Portugal]: B 386 (32)
Madras, Stadt [Indien]: B 318 (16)
Madrid, Stadt [E]: A 6 (78); B 21 (9), 318 (30, 97)
Mähren (lat. Moravia) [Teil Tschechiens]: A 1 (49), 25 (14), 26 (14), 34 (27), 36 (43), 38 (46); B 256 (10)
Magdeburg, Erzbistum [D]: A 36 (34)
-, Stadt: B 316 (27-29)
Mailand, Stadt [I]: B 8 (41), 337 (57)
-, Belagerung (1525): B 238 (95)
Main, Fluß: A 38 (51)
Mainz, Erzbistum (Kurfürstentum) [D]: A 38 (51)
-, Stadt: B 337 (92)
Makedonien (lat. Macedonia), Landschaft [GR]: A 4 (7); B 8 (30), 98 (19), 195 (10), 304 (11), 386 (10)
Malaga, Stadt [E]: B 94
Malaiischer Archipel: A 1 (92), 10 (8), 11 (21), 34 (67)
Malta, Insel im Mittelmeer: A 38 (19); B 311 (16), 337 (71), 371 (28, 36)
Mannheim, Stadt [D]: A 38 (21)

Mantinea (Griechenland), Schlacht (362 v. Chr.): B 437 (4)
Mantua, Herzogtum [I]: A 38 (24)
Marburg, Stadt [D]: B 336 (80), 337 (132)
Marchena, Stadt [E]: B 69 (3)
Mare Caspium, siehe unter Kaspisches Meer.
Mariager, Stadt (Jütland [DK]): B 390 (103, 104), 522 (100, 101)
Maribo, Amt (Lolland [DK]): K 21
-, Stadt: B 390 (57, 58), B 522 (68)
Marienburg (Westpreußen), Stadt (Malbork [PL]): B 401 (30, 114)
-, Werder: B 362 (6)
Marienburg a. d. Innerste, Ort (Stift Hildesheim [D]): B 316 (30)
Mariestad, Stadt [S]: B 118 (38)
Mark, Grafschaft [D]: A 36 (27)
Marken, Provinz [I]: B 298 (41, 43)
Marmarameer (zw. Bosporus u. Dardanellen): A 1 (77)
Marokko (Nordafrika): A 26 (103)
Marrakesch, Stadt [Marokko]: B 318 (82)
Marstrand, Stadt [S]: B 118 (56), 152 (2)
Mascon, Stadt [F]: B 69 (4)
Massilia, Stadt (Gallien): B 85, 86
Mathura, Stadt bei Agra [Indien]: B 318 (101)
Maupertuis, Schlacht (1356): B 8 (110), 238 (62)
Mauretanien (lat. Mauretania) (Nordafrika): A 4 (14); B 8 (66), 98 (33), 298 (12), 304 (14), 386 (2), 496 (26)
Mauritius, Insel (Indischer Ozean): B 311 (8)
Mechelen, Stadt [B]: B 179 (13), 337 (100)
Mecklenburg, Herzogtum [D]: A 1 (25), 25 (36), 26 (36), 36 (33); B 316 (2)
Medien (lat. Media) (Teil Persiens): B 8 (34)
Meeresströmungskarte: A 1 (6, 7); B 72 (3), 172 (3), 378, 440 (1)
Megara, Ort [GR]: B 480 (5), 481 (6)
Mehlbek, Herrenhaus (Holstein [D]): B 13 (7)
Meilenzeiger: A 38 (65); B 220 (1)
Meißen (lat. Misnia) (Teil von Sachsen [D]): A 36 (40), 37 (13); B 336 (82), 337 (134)
-, Stadt: B 331, 337 (138)
-, Gefecht (1759): B 462 (9)
Meldorf, Stadt (Dithmarschen [D]): B 119 (39)
Melk a. d. Donau, Stadt [A]: B 318 (73)
Memphis, Ort [Ägypten]: B 463 (3)
Menorca, Balearen-Insel [E]: B 256 (16), 282
Mesopotamien (lat. Mesopotamia): A 4 (10), 34 (60); B 8 (77), 56 (1), 57 (1, 3), 98 (27), 298 (19), 303 (11), 337 (21)
Messenien, Landschaft [GR]: B 27 (19), 28 (18)
Meteorologische Karte: B 467 (5)
Metz, Stadt [F]: B 238 (91), 337 (33)
-, Belagerung (1552): B 238 (94)
Mewe a. d. Weichsel, Ort in Westpreußen (Gniew [PL]): B 401 (27)
Mexiko (Mittelamerika): A 6 (74), 9 (62, 63), 25 (78), 26 (78), 34 (80), 38 (64); B 90 (2)
-, Stadt, Umgebung: B 90 (2)
-, Golf: B 90 (1)

Middelfart, Stadt (Fünen [DK]): B 390 (75, 76), 520 (12), 522 (58, 59)
Milos, Insel [GR]: A 36 (57)
Miloslaw, Gefecht (1848): B 428
Minas Gerais, Provinz [Brasilien]: B 382 (8)
Minden (Westfalen), Schlacht (1759): B 462 (16)
Mirandola, Herzogtum [I]: A 38 (24)
-, Stadt: B 337 (60)
Misnia, siehe unter Meißen.
Missionsatlas: A 10, 11
Missionskarte: B 54
Missunde (an der Schlei), Gefecht (1848): B 122 (7), 534 (5)
-, Gefecht (1850): B 184 (3), 405, 410 (1)
-, Gefecht (1864): B 128 (3), 231 (2), 232 (4)
Mitau, Stadt (Kurland) (Jelgava [Lettland]): B 401 (93)
Mittelafrika: B 218
Mittelamerika: A 1 (93), 6 (75), 9 (64), 25 (78), 26 (79), 34 (87); B 493
Mitteleuropa: A 6 (48, 49, 51-53, 61), 25 (9), 26 (9)
Mittelitalien (vgl. auch Italia propria): B 98 (13), 161 (11)
Mittelmeer: A 34 (13, 14)
Mittelmeerländer: A 1 (104, 105); B 43 (2), 46 (2), 57 (2), 191 (19), 345 (1), 464 (12), 472 (1), 479 (9, 16)
Mittelschleswig, mittlerer Teil des Herzogtums Schleswig: B 130 (2)
Modena, Herzogtum [I]: A 38 (24)
Mödling, Stadt [A]: B 332 (7)
Mögeltondern, Ort in Nordschleswig (Møgeltønder [DK]): B 390 (131)
Mölln, Stadt (Lauenburg [D]): B 401 (59)
Mön, Insel [DK]: K 9, 52, 53; B 121 (1, 11), 369 (2, 4), 390 (40)
Mörs, Grafschaft [D]: A 38 (54)
Mösien (lat. Moesia), historische Landschaft südlich der unteren Donau: A 4 (7); B 8 (53), 98 (10), 195 (10), 304 (11)
„Mohilow" am Dnjepr, Stadt (Mogilev [Ukraine]): B 352 (13)
Moldau (lat. Moldavia), Fürstentum [Teil Rumäniens]: A 26 (114), 38 (36, 37); B 78 (4), 332 (1)
Mondkarte: A 1 (4), 9 (6, 7)
Mons, Stadt [B]: B 179 (26)
Monte Cassino, Kloster [I]: B 8 (113, 114)
Montenegro: A 26 (97, 115-118, 120); B 281
Montferrat, Markgrafschaft (Herzogtum) [I]: A 36 (51), 38 (22); B 298 (39)
Monthéry, Schlacht (1476): B 238 (64)
Montpellier, Stadt [F]: B 337 (39)
Montreal, Stadt, Umgebung [Kanada]: B 256 (2)
Mont St. Michel, Insel [F]: B 318 (4)
Montauer Spitze, an der Weichsel (Westpreußen) [PL]: B 401 (26, 113)
Moravia, siehe unter Mähren.
Morgarten, Schlacht (1315): B 238 (62)
Mosel (lat. Mosella), Fluß: A 38 (53)
Moskau, Stadt [Rußland]: B 108 (3), 318 (40, 85, 102), 360 (6, 7), 361 (5, 6), 362 (11-13)

Moskau (Moskauer Reich): siehe unter Rußland.
München, Stadt [D]: A 6 (79); B 19, 58, 69 (43), 337 (121)
Münster (Westfalen), Stadt [D]: B 18, 337 (147)
-, Belagerung (1759): B 462 (18)
Münsterdorf, Propstei (Holstein [D]): K 67
Munkatsch, Stadt (Ungarn) (Mukachevo [Ukraine]): B 332 (7)
Murom, Stadt [Rußland]: B 360 (8), 361 (7), 362 (18)
Murten, Schlacht (1476): B 238 (65), 289 (2)
Mykene, Ort [GR]: A 32; B 448
Mytilene, Stadt auf Lesbos [GR]: B 318 (52)

Næstved, Stadt (Seeland [DK]): B 390 (32, 33), 522 (35, 36)
Nakskov, Stadt (Lolland [DK]): B 390 (55, 56), 401 (73, 97 [1]), 522 (69, 70)
Namur, Stadt [B]: B 179 (29)
Nancy (in Lothringen), Schlacht (1477): B 238 (66)
Nantes, Stadt [F]: B 318 (19)
Napoleonische Kriege: B 22, 35, 36, 37, 104, 125, 276, 319
Narva, Stadt [Estland]: B 360 (4), 361 (3)
-, Schlacht (1700): B 352 (6)
Natal (Südafrika): A 1 (113)
Naupaktos, siehe unter Lepanthos.
Naxos, Insel [GR]: A 36 (57)
Nazareth, Stadt (Israel): B 318 (42)
Neapel, Königreich [I]: A 38 (20)
-, Stadt: A 6 (79); B 318 (9), 337 (65, 66)
-, Golf: K 3; B 304 (13), 495 (6)
Neubreisach, Festung im Elsaß (Neuf-Brisach [F]): A 38 (21)
Neuburg a. d. Donau, Stadt (Bayern [D]): B 318 (93)
Neuengland (lat. Nova Anglia), britische Kolonien in Nordamerika [USA]: A 38 (64); B 256 (3)
Neuentief (vor Rügen), Seegefecht (1715): B 352 (19)
Neufundland, Insel (Nordamerika): B 256 (19), 311 (14)
Neuguinea, Insel: A 1 (117), 11 (35)
Neu-Herrnhut, Herrenhuter-Siedlung auf St. Thomas (Westindien): B 359 (4)
Neukloster, Ort bei Wismar (Mecklenburg [D]): B 316 (9)
Neumark a. d. Drebnitz, Stadt in Westpreußen (Nowe Miasto [PL]): B 401 (23)
Neuseeland: A 1 (118, 119), 11 (33, 34), 34 (75); B 194 (4), 212
Neuss am Rhein, Stadt [D]: B 69 (23)
Neustadt, Stadt (Holstein [D]): B 119 (31)
Neusüdwales (Teil von Australien): A 26 (88); B 311 (5)
Neutra, Stadt (Ungarn) (Nitra [Slowakei]): B 332 (22)
Newcastle upon Tyne, Stadt (England [GB]): B 318 (3)
New Jersey, britische Kolonie in Nordamerika [USA]: A 38 (69)
New Mexiko [USA]: B 320
New York, britische Kolonie in Nordamerika [USA]: A 38 (69); B 256 (3, 6)
-, Stadt: B 21 (22), 256 (5), 318 (8)
Nexø, Stadt (Bornholm [DK]): B 390 (46, 47), 517 (11, 12), 522 (49, 50)

Nibe, Stadt (Jütland [DK]): B 522 (89, 90)
Nicaea, Ort (Iznik [Türkei]): B 371 (2)
Nicaragua (Mittelamerika): B 483
Niederdeutschland (vgl. auch Norddeutschland) [D]: B 337 (10)
Niederelsaß (Teil des Elsaß [F]): B 336 (49), 337 (86)
Niederhessen (Teil Hessens) [D]: A 38 (51)
Niederlande: K 85; A 1 (41), 6 (56), 8 (12), 9 (116, 117), 19 (10), 25 (60), 26 (60), 34 (19, 43), 36 (19), 37 (10)
-, Gesamtbereich (bestehend aus 17 Provinzen; vgl. auch Belgien): A 38 (15); B 8 (102), 179, 298 (34)
-, Vereinigte [NL]: A 38 (11); B 8 (103. 104), 391
-, Spanische [B]: A 38 (16)
-, Österreichische [B]: B 220 (13)
Niederrhein, Gebiete am Unterlauf des Rhein: B 220 (14), 464 (10)
Niedersachsen [D]: A 36 (33); B 568
Nieuport, Schlacht (1600): B 238 (96)
Niger, Fluß (Westafrika): B 26
Nigeria (Westafrika): A 11 (6)
Nikobaren, Inselgruppe im Indischen Ozean: B 423
Nil-Delta [Ägypten]: K 48; B 56 (1), 98 (31), 312 (2), 371 (9, 24), 464 (10)
Nimes, Stadt [F]: B 285 (5)
Nimwegen, Stadt (Nijmegen [NL]): B 179 (30)
Nischni Nowgorod, Stadt an der Wolga [Rußland]: B 360 (9), 361 (8), 362 (19)
Nördlingen, Stadt [D]: B 336 (67), 337 (114)
Nogat, Fluß (Westpreußen [PL]): B 401 (26)
Nora, Stadt [S]: B 118 (21)
Norburg, Amt auf Alsen in Schleswig (Nordborg [DK]): K 39
-, Stadt (u. Schloß): B 390 (161, 162)
Nordafrika: A 34 (13, 14); B 8 (65), 56 (3), 57 (8, 11), 161 (8), 540 (3)
Nordalbingien, Gebiete nördlich der Elbe [D]: B 163, 269 (3)
Nordamerika: K 84; A 1 (90, 91), 9 (53-61), 10 (10), 11 (26, 27), 19 (5), 25 (76), 26 (76), 34 (79), 35 (IV); B 8 (95), 16 (3), 21 (19), 404 (3), 451 (3), 469 (9, 12)
-, Britisches: A 26 (96)
Nordatlantik: B 587 (1)
Norddeutschland (vgl. auch Niederdeutschland) [D]: B 22, 262 (5), 336 (83), 337 (140), 571
Norderdithmarschen [D]: B 119 (40)
-, Propstei: K 69
Nordergoesharde (Schleswig [D]): B 119 (23)
Nordeuropa: A 36 (6), 37 (22); B 8 (71, 93, 94), 73, 103 (1), 118 (1, 2), 161 (4), 451 (1, 2), 563
Nordfriesische Inseln [D]: B 231 (5), 242, 346
Nordfriesland [D]: K 73; B 119 (13, 14, 25), 187, 196, 414, 521, 560 (2)
Nordgau (Bayern [D]): B 336 (72), 337 (122)
Nordischer Krieg (1655-1660): B 400, 401, 418
Nordischer Krieg (1700-1721): A 5; B 288, 352
Nord-Ostsee-Kanal [D]: B 353
Nordpolarregion: A 1 (10,11); B 367, 381 (4), 404, 593
Nordrußland: B 362 (14)

Nordstrand, Insel in Schleswig [D]: K 43; B 42, 119 (23), 243 (1), 590 (Bd 25)
Noricum, röm. Provinz südlich der Donau [Österreich]: A 4 (4); B 8 (52, 74), 98 (9), 103 (11), 298 (6)
Norrköping, Stadt [S]: B 118 (32)
Norrtälje, Stadt [S]: B 118 (6)
Norwegen: A 1 (38), 6 (58, 59), 25 (62-64), 26 (62-64), 34 (50), 36 (9), 38 (29); B 8 (98), 108 (10), 110, 157 (1, 2), 178, 220 (23), 275, 337 (19), 352 (22), 387 (5), 403 (5), 446, 453, 476 (2), 588 (1), 589 (1)
Nossen, Stadt (Sachsen [D]): B 318 (112)
Nova Scotia, britische Kolonie [Kanada]: B 311 (13)
Novigrad, Stadt (Ungarn) (Nové Zámky [Slowakei]): B 332 (33)
Nowe Miasto, siehe unter Neumark.
Nowgorod, Stadt am Wolchow [Rußland]: B 360 (5), 361 (4), 362 (10)
„Nowodwor", Ort [PL]: B 401 (20)
Nubien (Afrika): B 312 (1), 463 (2)
Nürnberg, Stadt [D]: B 19, 255, 318 (65), 337 (123)
Nüttschau, Herrenhaus (Holstein [D]): B 13 (9)
Numidien (lat. Numidia) (Nordafrika): A 4 (14); B 8 (48), 98 (33), 386 (3), 422 (13)
Nyborg, Stadt (Fünen [DK]): B 75 (11), 390 (79-81), 401 (98, 102), 522 (64)
Nykøbing, Stadt (Falster [DK]): B 390 (64, 65), 401 (96), 522 (76, 77)
Nykøbing (Mors), Stadt (Jütland [DK]): B 390 (123, 124), 522 (86)
Nykøbing, Stadt (Seeland [DK]): B 390 (17), 522 (21, 22)
Nyköping, Stadt [S]: B 118 (11)
Nysted, Stadt (Lolland [DK]): B 390 (61, 62), 522 (74, 75)

Oberelsaß (Teil des Elsaß [F]): B 336 (44), B 337 (81)
Oberitalien (vgl. auch Gallia Cisalpina) [I]: B 197, 336 (25), 337 (53), 477
Oberpfalz (Teil Bayerns [D]): A 36 (39)
Oberrhein, Gebiete am Oberlauf des Rheins: A 38 (21); B 220 (14)
Obersachsen [D]: A 36 (40), 37 (13)
Oberschlesien (Teil Schlesiens [PL]): B 78 (10)
Ober-Selk (bei Schleswig), Gefecht (1864): B 128 (4)
Ochsenberg (Oksebjerg, Fünen), Schlacht (1534): B 536
Odense, Amt (Fünen [DK]): K 19
-, Stadt: B 75 (8), 390 (69-71), 522 (54, 55), 588 (9)
Odessa, Stadt [Ukraine]: B 318 (60)
Örebro, Stadt [S]: B 118 (19)
Öregrund, Ort [S]: B 118 (7)
Öresund, Meeresarm zw. Dänemark u. Schweden: B 461
-, Seeschlacht (1658): B 268, 401 (76)
Österreich (lat. Austria), Erzherzogtum (Kaiserreich [A]): A 1 (46, 47), 6 (47-49), 19 (19), 25 (12), 26 (12), 36 (44), 37 (14); B 336 (76), 337 (128)
Österreichisch-Schlesien [Teil Tschechiens]: A 1 (49), 25 (14), 26 (14)
Österreich-Ungarn, Kaiserreich: A 1 (43-45), 9 (118-124), 25 (11), 26 (11), 34 (26); B 470 (13), 502

Östhammar, Ort [S]: B 118 (7)
Ofen, Stadt (Teil von Budapest [Ungarn]): B 332 (32)
Oldenburg, Grafschaft (Großherzogtum) [D]: A 25 (35), 26 (35), 36 (24); B 573 (2)
-, Stadt (Oldenburg): B 182, 337 (144), 573 (3)
-, Amt (Holstein [D]): B 119 (31)
-, Propstei (Holstein): K 68
-, Stadt (Holstein): B 119 (30)
Oldesloe, Stadt (Holstein [D]): B 119 (1, 29, 34)
Olmütz, Stadt (Mähren) (Olomouc [Tschechien]): B 318 (95)
Olympia, Ort [GR]: B 27 (18), 61, 113
Oman (Arabien): B 350 (2)
Oradea, siehe unter Großwardein.
Oran, Provinz [Algerien]: A 26 (84)
-, Stadt: B 464 (2)
Orchomenos, Ort [GR]: B 334
Oregon [USA]: A 26 (93)
Orenburg, Provinz [Rußland]: B 78 (5), 279
-, Stadt: B 78 (8)
Orkneyinseln (lat. Orcades), Inselgruppe vor Schottland [GB]: B 386 (30)
Orléans, Belagerung (1428): B 238 (73)
Orska Krepost, Festung (Orsk [Rußland]): B 78 (9)
Osijek, siehe unter Esseck.
Osmanisches Reich (vgl. auch Türkei): B 8 (78), 185
Ostafrika: A 10 (5), 11 (12); B 382 (2)
Ostasien: B 393
Ostende, Stadt [B]: B 179 (17)
Osteuropa: A 34 (50-55)
Ostfriesland, Fürstentum [D]: A 36 (24)
Ostholstein [D]: B 163 (2)
Ostindien: A 37 (25), 38 (11); B 8 (84), 361 (19)
Ostindische Inseln: A 25 (72), 26 (72), 34 (67)
Ostpreußen [Polen u. Rußland]: A 1 (33), 25 (24), 26 (24)
Ostsee: B 387 (5)
Ostseeländer: B 361 (1)
Osuna, Stadt [E]: B 69 (3)
Ozeanien (vgl. auch Polynesien): A 6 (46), 10 (12), 16 (7), 19 (7), 35 (VI); B 21 (24), 471

Palästina (Gelobtes bzw. Heiliges Land): K 5; A 1 (81), 4 (11), 9 (29), 19 (22), 26 (87), 34 (61), 37 (27), 38 (42); B 8 (5, 12, 15, 16, 35, 77), 49, 50, 98 (25), 156, 191 (4), 210, 280 (2), 298 (58), 337 (21, 22), 351 (1), 371 (8), 394, 395 (2), 417 (2, 3), 420, 421, 464 (8, 10), 486 (1, 2), 498 (2), 532
Palatinatus Bipontinus, siehe unter Pfalz-Zweibrücken.
Palatinatus Rheni, siehe unter Pfalz (am Rhein).
Palermo, Stadt (Sizilien [I]): B 69 (56)
Palmyra, Ort [Syrien]: B 8 (8), 318 (20)
Palotta, Stadt (Várpalota [Ungarn]): B 332 (11)
Palus Maeotidis, siehe unter Asowsches Meer.
Panama, Landenge (Mittelamerika): B 16 (10), 382 (1)
Pannonien (lat. Pannonia), röm. Provinz zw. Ostalpen, Donau u. Save: A 4 (7); B 8 (53), 98 (10), 195 (9), 298 (6)

Panoramadarstellung: K 47; B 40, 41, 234, 557
Pápa, Stadt [Ungarn]: B 332 (18)
Para, südlicher Mündungsarm des Amazonas (Südamerika): B 16 (6)
Paradies (vgl. auch Eden): B 93 (1), B 407
Paris, Stadt [F]: K 49; A 6 (77); B 21 (4), 64 (2, 3), 105, 238 (67), 336 (20), 337 (34), 500
-, Umgebung; B 500 (4)
Parma, Herzogtum [I]: A 38 (24)
-, Stadt: B 337 (61)
Parthien (lat. Parthia) (Zentralasien): B 8 (38), 329 (9, 10)
Passau, Stadt [D]: B 19, 318 (90)
Pavia, Stadt [I]: B 337 (59)
-, Schlacht (1525): B 238 (95)
Pécs, siehe unter Fünfkirchen.
Pedemontana, siehe unter Piemont.
Peenemünde, westlicher Mündungsarm der Oder: B 352 (19)
Pellworm, Insel in Nordfriesland [D]: B 590 (Bd 25)
Peloponnes, Landschaft [GR]: A 38 (43); B 27 (16-23), 28 (16-19), 112, 479 (3), 524 (1)
Pennsylvania, britische Kolonie in Nordamerika [USA]: A 38 (69); B 256 (3)
Persepolis, Ort (Persien): B 8 (21), 116 (6)
Persien (lat. Persis) [Iran]: K 6; A 1 (80), 4 (13), 34 (62); B 8 (20, 38), 98 (28), 201, 298 (20, 59), 303 (9), 304 (8), 360 (19), 361 (12), 362 (28), 496 (15, 22)
Persischer Golf: A 8 (9); B 350 (3), 386 (16)
Peru (Südamerika): B 16 (1)
Perugia, Stadt [I]: B 69 (51)
Peterwardein, Stadt (Petrowaradin [Serbien]): B 318 (70)
Petra, Ort [Jordanien]: B 318 (29)
Petrinja, Stadt [Kroatien]: B 332 (14, 16)
Peutingersche Tafel: K 80, 81; B 259, 464 (13)
Pfalz (am Rhein) (lat. Palatinatus Rheni), Kurfürstentum [D]: A 36 (29), A 36 (50, 51); B 336 (49), 337 (9, 86)
Pfalz-Zweibrücken (lat. Palatinatus Bipontinus), Herzogtum [D]: A 38 (50)
Pharsalus (Thessalien), Schlacht (48 v. Chr.): B 165 (3)
Philae, Insel im Nil bei Assuan [Ägypten]: B 318 (18), 373
Philadelphia, Stadt, Umgebung [USA]: B 256 (7)
„Philippowa", Ort [PL]: B 401 (44)
Philippsburg, Festung am Rhein [D]: A 38 (21)
Phönizien (lat. Phoenicia) [weitgehend Libanon]: B 8 (6), 420, 464 (8)
Phokis, Landschaft [GR]: B 27 (11), 28 (12)
Piemont (lat. Pedemontana), Fürstentum (Königreich [I]): A 36 (51), 38 (22); B 298 (39), 384
Pillau, Stadt (Ostpreußen) (Baltijsk [Rußland]): B 401 (37)
Pinczów, Ort [PL]: B 401 (19, 47)
Pinneberg, Grafschaft (Holstein [D]): B 119 (36)
-, Propstei: K 67
Piotrków Trybunalski, Stadt [PL]: B 401 (48)
Piräus, Stadt [GR]: A 7 (3, 4); B 553 (2)
Pisa, Stadt [I]: B 318 (32)

Piteå, Stadt [S]: B 118 (29)
Planetensystem-Karte: A 25 (1), 26 (1)
Platää (nördlich von Athen), Schlacht (479 v. Chr.): B 27 (IV), 28 (4), 437 (1)
Plau, Stadt (Mecklenburg [D]): B 316 (18)
Plön, Propstei (Holstein [D]): K 70
-, Stadt: B 29 (13), 119 (1, 31), 139
Poitiers, Stadt [F]: B 337 (35)
Pola, Stadt auf der Halbinsel Istrien (Pula [Kroatien]): B 285 (4)
Polarmeer, Nördliches: B 16 (3)
Polen (lat. Polonia) (vgl. auch Russisch-Polen): A 6 (53), 36 (46), 37 (21), 38 (33); B 108 (1), 298 (47), 336 (10, 97, 98), 337 (15, 163, 164), 362 (5), 401 (5)
Polkarte: A 1 (10, 11), 34 (10, 11); B 72 (4), 80 (2), 172 (9), 440 (2)
Polnischer Thronfolgekrieg (1733-1738): A 38 (21)
Poltawa (Ukraine), Schlacht (1709): B 352 (14)
Polynesien (vgl. auch Ozeanien): A 1 (120), 9 (46, 47), 11 (31, 33, 34), 34 (76, 77)
Pommern (lat. Pomerania), Herzogtum (preußische Provinz) [D oder PL]: A 1 (32), 25 (22), 26 (22), 36 (41), 38 (60); B 336 (88), 337 (151)
Pompeji, Ort [I]: B 365
Pontinische Sümpfe, bei Rom [I]: B 8 (121, 122)
Pontus, Königreich (Kleinasien): B 8 (34)
Pontus Euxinus, siehe unter Schwarzes Meer.
Porto, Stadt [P]: B 318 (21)
Portobelo, Stadt [Panama]: B 24 (3)
Portugal: A 1 (58, 59), 6 (62), 19 (13), 25 (51-55), 26 (51-55), 34 (38, 41), 38 (6. 7); B 220 (5, 6), 298 (32)
-, Kolonien: B 592
Posen, preußische Provinz (Poznan [PL]): A 1 (28), 25 (26, 41), 26 (26, 41), 34 (21)
-, Stadt: B 401 (7)
Postroutenkarte: A 26 (121-126), 38 (66); B 392
Potsdam, Parkanlagen [D]: B 18
Præstø, Amt (Seeland [DK]): K 18
-, Stadt: B 390 (36, 37), 522 (33)
Prag, Stadt (Böhmen [Tschechien]): B 233, 337 (155)
Preetz, Ort (Holstein [D]): B 29 (12), 119 (31)
„Presnitz", Ort (Berzence [PL]): B 332 (24, 30)
Pressburg, Stadt (Ungarn) (Bratislava [Slowakei]): B 69 (44), 322 (21, 23)
Pretsch, Gefecht (1759): B 462 (10)
Preußen (lat. Borussia) (Ost- u. Westpreußen; vgl. auch diese) [Polen oder Rußland]: A 25 (41), 26 (41), 36 (12), 38 (32); B 336 (89), 337 (152), 363 (5)
Preußen, Königreich [weitgehend D]: K 75; A 6 (53), 25 (20), 26 (20), 34 (21); B 220 (21)
Pultusk, Stadt [PL]: B 401 (55)
Puy (Le), Stadt [F]: B 318 (107)
Pyrenäenhalbinsel: A 9 (81-83); B 363

Quarnaro, Inseln südlich von Istrien [Kroatien]: B 300 (4)
Quebec, Stadt [Kanada]: B 318 (72)
Qum, siehe unter Kum.

Raab, Stadt (Györ [Ungarn]): B 332 (12)
Rätien (lat. R(h)aetia), Gebiet südlich der Donau, röm. Provinz zusammen mit Vindelicien: A 4 (4); B 8 (52, 74), 98 (9), 298 (6), 479 (10), 496 (9)
Randers, Amt (Jütland [DK]): K 26
-, Stadt: B 390 (101, 102), 487, 522 (95-97)
Rantzau, Propstei (Holstein [D]): K 67
Rantzau (bei Plön), Herrenhaus (Holstein [D]): B 13 (10)
Rantzausholm (auf Fünen), Herrenhaus (Brahetrolleborg [DK]): B 13 (5)
Ravenna (Italien), Schlacht (1512): B 238 (87)
Redingsdorf, Herrenhaus (Holstein [D]): B 13 (8)
Regenkarte: B 440 (4), 468 (8), 469 (6), 470 (4)
Regensburg, Stadt [D]: B 10
Regillus (See bei Rom), Schlacht (496 v. Chr.): B 96
Reinbek, Amt (Holstein [D]): B 119 (34)
Reinfeld, Abtei (Holstein [D]): B 590 (Bd 25)
Religionskarte: A 1 (5, 12, 16), 11 (1), 25 (5-7), 26 (5-7); B 93 (6), 417 (5), 470 (9)
Rendsburg, Amt (Holstein [D]): B 119 (28)
-, Propstei: K 71
-, Stadt: K 11; B 51 (21), 69 (35), 69 (2), 119 (1, 28), 164 (4), 232 (2), 447, 559, 564, 588 (22)
-, Umgebung: B 83, 119 (29), 534 (1)
Reuß, Fürstentum [D]: A 25 (34), 26 (34)
Reval, Stadt (Tallinn [Estland]): B 230 (3), 360 (3), 361 (2), 589 (3)
Rhaetia, siehe unter Rätien.
Rhein (lat. Rhenus), Fluß: B 213, 267, 336 (54), 337 (8-10, 93)
Rheinpfalz (Teil Bayerns [D]): A 1 (24)
Rheinprovinz (preußische Provinz [D]): A 1 (30, 31), 25 (29), 26 (29)
Rhodos, Insel [GR]: B 479 (5)
-, Stadt: B 371 (13, 20, 25, 26)
Rhone, Fluß: B 87
Ribe, Amt (Jütland u. Schleswig [DK]): K 34, 35, 62, 63; B 119 (9)
-, Stadt: B 119 (1, 10), 390 (126, 127), 513, 522 (127, 128), 588 (10)
Riesengebirge (Schlesien) [zw. Polen u. Tschechien]: B 18, 328
Riga, Stadt [Lettland]: B 336 (90), 337 (153), 362 (2), 401 (45), 589 (4)
Rigi Kulm, Berg [CH]: K 47; B 40
Rimini, Stadt [I]: B 69 (48)
Ringkøbing, Amt (Jütland [DK]): K 31, 32, 61, 62
-, Stadt: B 390 (136, 137), 522 (114, 115)
Ringsted, Stadt (Seeland [DK]): B 390 (28, 29), 522 (31, 32)
Rio de Janeiro, Stadt [Brasilien]: B 21 (23)
Ritzebüttel, Ort (bei Cuxhaven), Umgebung [D]: B 509
Rødby, Stadt (Lolland [DK]): B 390 (63), 522 (72, 73)
Römisches Reich (lat. Imperium Romanum): K 4, 80, 81; B 8 (57), 132, 171 (2), 485 (2), 543 (1)
Rønne, Stadt (Bornholm [DK]): B 390 (44, 45), 517 (5, 6), 522 (41, 42)

Rom, Patriarchat [I]: B 540 (1)
-, Stadt: K 1, 3, 74, 87, 88; A 4 (6, 16), 6 (79); B 8 (44-46), 10, 21 (8), 30, 32, 69 (54, 55), 92, 102, 149, 161 (9), 171, 254 (5), 285 (1, 2), 306, 336 (26, 27), 337 (54, 55), 342, 355 (2), 356 (2), 366, 371 (35), 422 (2), 438, 452, 479 (1), 533
-, Umgebung: A 37 (19); B 422 (1)
Romania, siehe unter Rumänien.
Roskilde, Stadt (Seeland [DK]): B 34, 75 (6), 390 (11, 12), 522 (12, 13)
Rostock, Stadt (Mecklenburg [D]): B 316 (31, 39), 569 (3)
Rotes Meer: B 329 (6-8, 11-14), 350 (4), 386 (17)
Rothenburg (Saale), Stadt [D]: B 316 (28)
Rothenburg (Tauber), Stadt [D]: B 19
Rotterdam, Stadt [NL]: B 69 (13)
Rouen, Stadt [F]: B 318 (34)
Rovereto, Stadt [I]: B 318 (51)
Rudkøbing, Stadt (Langeland [DK]): B 390 (86. 87), 401 (95), 408, 522 (66, 67)
Rügen, Insel (Pommern [D]): B 18
Rühn (Kloster), bei Bützow (Mecklenburg [D]): B 316 (11)
Rufach, Stadt (Elsaß) (Rouffach [F]): B 336 (46), 337 (83)
Rumänien (lat. Romania): A 36 (55), 38 (36, 37)
Rungholt, sagenhafter Ort auf Nordstrand (Nordfriesland): B 119 (25)
Russisch-Polen (vgl. auch Polen): A 25 (41), 26 (41)
Russisch-Schwedischer Krieg (1808/09): B 326
Rußland (lat. Russia): A 1 (73-75), 9 (105-108), 36 (13), 37 (23), 38 (34); B 8 (96), 298 (55), 336 (99), 337 (15, 165), 360-362, 451 (4), 479 (7)
-, Asiatisches: A 25 (69), 26 (69), 34 (59); B 8 (90)
-, Europäisches: A 1 (74, 75), 6 (57), 19 (20), 25 (65), 26 (65, 105-108), 34 (49, 51-55); B 8 (89), 108 (2)

Sabac, Stadt [Serbien]: B 332 (2)
Sabaudia, siehe unter Savoyen.
Sachsen (lat. Saxonia) [D]: B 220 (18), 555
-, Kurfürstentum (Königreich) [D]: A 1 (37), 25 (33), 26 (33), 34 (23), 38 (58)
-, preußische Provinz [D]: A 1 (25), 25 (27), 26 (27)
Sachsen-Anhalt, Fürstentum [D]: A 1 (25), 25 (27), 26 (27)
Sacmar, Stadt (Ungarn) (Satu Mare [Rumänien]): B 332 (6)
Sæby, Stadt (Jütland [DK]): B 390 (117, 118), 522 (81)
Sächsische Schweiz, Landschaft in Sachsen [D]: B 18, B 233
St. [= Saint; vgl. auch Sankt] Croix, Insel (Westindien): B 359 (3)
St. Lucia, Insel (Westindien): B 256 (12)
St. Malo, Stadt [F]: B 318 (78)
St. Omer, Stadt [F]: B 69 (8)
St. Thomas, Insel (Westindien): B 359 (2)
St. Vincent, Kap (Portugal), Seeschlacht (1797): B 330 (1-3)
Sakskøbing, Stadt (Lolland [DK]): B 390 (59, 60), 522 (71)
Sala, Ort [S]: B 118 (17)

Salamis (griechische Insel), Schlacht (480 v. Chr.): B 27 (III), B 28 (3)
Salins-les-Bains, Stadt [F]: B 337 (44)
Salzburg, Erzbistum [A]: A 36 (45), 37 (15)
-, Stadt: B 19, 318 (112), 337 (119), 520 (13)
Salzelmen a. d. Elbe, Ort bei Schönebeck [D]: B 316 (32)
Samara, Stadt an der Wolga [Rußland]: B 360 (12), 361 (11), 362 (22)
Sammelatlas: A 3, 5, 38
Samoa, Inselgruppe in der Südsee: A 16 (II, 2)
Samsø, Insel [DK]: K 9; B 121 (12), 269 (4), 390 (20), 518
Sandomierz, Stadt [PL]: B 401 (34, 35)
Sandvig, Ort (Bornholm [DK]): B 522 (46, 47)
St. [= Sankt; vgl. auch Saint] Gotthard, Stadt (Szentgotthárd [Ungarn]): B 332 (26)
St. Gotthard-Paß [CH]: B 41 (13)
„St. Martinsberg" (Ungarn): B 332 (19)
„St. Nicolaus", Stadt (Törökszentmiklos [Ungarn]): B 332 (32)
St. Petersburg, Stadt [Rußland]: A 6 (78); B 21 (12), 108 (4), 318 (41)
Santorin, Insel [GR]: A 36 (57)
Saratow, Stadt an der Wolga [Rußland]: B 360 (12), 361 (11), 362 (23)
Sardinien (lat. Sardinia): A 4 (5), 38 (19); B 8 (43, 45), 171 (3), 298 (8), 336 (32), 337 (18, 68), 386 (21), 496 (5)
Sarmatien (lat. Sarmatia), Gebiete östlich der Oder u. nördlich vom Schwarzen Meer: B 98 (8), 303 (7), 304 (6), 496 (7), 528 (12)
Sarmatia Asiatica: B 298 (17), 496 (12)
-, Europaea: B 298 (9)
Sarstedt a. d. Innerste, Ort (Stift Hildesheim [D]): B 316 (30)
Sassnitz, Ort (Rügen) (Pommern [D]): B 520 (6)
Sas van Gent, Stadt [NL]: B 179 (19)
Savoyen (lat. Sabaudia), Fürstentum [F]: A 38 (22)
Sawah, Stadt (Persien [Iran]): B 362 (33)
Saxonia, siehe unter Sachsen.
Schaffhausen, Stadt [CH]: B 19
„Schambock", Ort (Ungarn): B 332 (15)
Schaumburg, Grafschaft [D]: A 38 (57)
Schaumburg-Lippe, Grafschaft: siehe unter Lippe-Schaumburg.
Schemacha, Stadt [Aserbeidschan]: B 362 (30)
Schirwan, Provinz (Persien [Iran]): B 78 (2)
Schlachtenplan: A 12, 23; B 20, 67, 96, 122, 128, 142, 150, 164, 165, 167, 168, 215, 225, 238, 272, 283, 288, 289 (2), 292, 401, 428-435, 462, 465 (4), 535, 537, 549
Schlei, Meeresarm zw. Angeln u. Schwansen in Schleswig: B 119 (21)
Schlesien (lat. Silesia), Herzogtum (preußische Provinz) [weitgehend PL]: A 1 (29), 25 (23), 26 (23), 34 (27), 36 (45), 38 (46, 61, 62); B 220 (20), 256 (10), 337 (13)
Schleswig, Herzogtum [D u. DK]: K 13, 54, 55, 66, 82, 86; A 6 (61), 19 (17), 25 (61), 26 (61, 111), 34 (44), 38 (28); B 5-7, 9, 39, 81, 108 (12), 119 (1, 5-7), 121 (16), 243 (2), 253 (1), 264, 269 (3), 305, 321, 335, 390 (146), 392, 396, 397, 414, 415, 455, 465 (3), 475 (1, 2), 516, 523, 588

-, Ämter: K 36-44, 63, 64
-, Stadt [D]: K 83; B 29 (1), 51 (12, 13), 119 (1, 19), 122 (5, 6), 232 (7), 439, 520 (1, 2), 569 (4), 588 (23)
-, Umgebung: B 130 (1), 184 (4)
-, Schlacht (1848): B 9, 122 (5, 6), 128 (22), 246 (1), 325 (6), 426, 427, 534 (4)
Schleswig-Holstein, preußische Provinz [D u. zum Teil DK]: A 1 (34, 35); B 29, 51, 68, 163, 164, 176, 177, 186, 192, 231 (1), 232 (1), 250, 398, 447, 507 (1)
Schleswigsche Kriege (1848-1850): B 3, 9, 31, 83, 122, 128, 130, 154, 159, 164, 184, 225, 246, 253, 295, 309, 325, 410, 465, 507, 534, 537
Schlettstadt, Stadt (Elsaß) (Sélestat [F]): B 336 (48), 337 (85)
Schönebeck a. d. Elbe, Stadt [D]: B 316 (33)
Schönkirchen, Ort (Holstein [D]): B 570
Schonen, Provinz [S]: B 146
Schottland (lat. Scotia): A 1 (69), 25 (58), 26 (58), 34 (47), 36 (8), 37 (6), 38 (12); B 220 (9), 240, 337 (4, 29), 576 (2)
Schwaben (lat. Suevia) [D]: B 336 (8, 66), 337 (11, 111, 112)
Schwansen, Landschaft in Schleswig [D]: B 119 (20), 147 (1)
Schwarzburg, Fürstentum [D]: A 25 (34), 26 (34)
Schwarzes Meer (lat. Pontus Euxinus): A 4 (10), 38 (41); B 27 (1), 28 (5), 329 (16-18), 528 (12)
Schwarzwald (lat. Hercynia Silva) [D]: A 38 (52); B 479 (6)
Schweden (lat. Suecia): K 85; A 1 38), 6 (58, 59), 25 (62-64), 26 (62-64), 34 (50, 52), 36 (9), 38 (30); B 103 (9), 108 (7), 110, 118, 220 (23), 261, 275 (2), 307, 319 (1), 337 (19), 387 (5), 446, 588 (1), 589 (1)
Schweiz (lat. Helvetia): K 47; A 1 (50, 51), 9 (113-115), 19 (11), 25 (42), 26 (42), 34 (22, 24, 25, 33), 36 (15-18, 49), 37 (17), 38 (18); B 40, 41, 103 (5), 183, 220 (10), 289, 298 (36, 42), 336 (7), 337 (8), 479 (10), 495, 557
Schwerin, Stadt (Mecklenburg [D]): B 18, 316 (34), 569 (5)
Schwetz, Stadt (Westpreußen) (Swiecie [PL]): B 401 (21)
Sclavonia, siehe unter Slawonien.
Scotia, siehe unter Schottland.
Scythia, siehe unter Skythien.
Seeland (lat. Zelandia), Provinz [NL]: A 37 (11)
-, Insel [DK]: K 9, 51, 53; B 53, 121 (1), 269 (4), 317, 352 (5), 386 (26), 390 (2, 3, 21), 403 (1)
Segeberg, Amt (Holstein [D]): B 119 (32)
-, Propstei: K 70
-, Stadt: B 119 (32)
Segovia, Stadt [E]: B 318 (87)
Seine, Fluß: A 16 (4)
Selinunt, Ort (Sizilien [I]): B 169
„Semlin", Stadt bei Belgrad (Zemun [Serbien]) : B 318 (96)
Senegambien (Westafrika): A 11 (4), 26 (104)
Serbien (lat. Servia): A 26 (120), 36 (55), 38 (23, 36, 37); B 60, 332 (1)
Serica, siehe unter China.
Serravalle, Stadt [I]: B 69 (46)

Sevilla, Stadt [E]: B 69 (2), 318 (62, 89)
Sewastopol (Krim), Belagerung (1854/55): B 38
Siam [Thailand]: B 393 (4)
Sicilia, siehe unter Sizilien.
Sidon, Stadt (Libanon): B 8 (10), 318 (48)
Siebenbürgen (lat. Transylvania), Fürstentum (Ungarn) [Teil Rumäniens]: A 25 (18), 26 (18, 114, 119), 34 (29), 38 (36-38); B 298 (48), 332 (1), 336 (100), 337 (16, 167)
Siebenjähriger Krieg (1756-1763): B 15, 462
Sierra Leone (Westafrika): A 11 (4)
Sigtuna, Stadt [S]: B 118 (8)
Silesia, siehe unter Schlesien.
Simmern, Stadt (Pfalz [D]): B 337 (88)
Simplon-Paß [CH]: B 41 (16)
Sinai, Halbinsel [Ägypten]: B 8 (13, 14), 48 (1), 350 (5), 464 (10)
Sinope (Türkei), Seeschlacht (1853): B 330 (12)
Sion (Sitten), Stadt [CH]: B 336 (37), 337 (74)
Siseck, Stadt (Sisak [Kroatien]): B 332 (9, 10)
„Sixo", Ort (Ungarn ?): B 332 (28)
Sizilien (lat. Sicilia): A 4 (5), 38 (19, 26); B 8 (26), 25 (1), 56 (4), 57 (9), 98 (17), 151, 171 (3), 174 (4, 19), 195 (8), 221, 298 (8), 336 (34), 337 (18, 70), 386 (22), 422 (8), 472 (6), 479 (20), 495 (10), 496 (5)
Skånninge, Ort [S]: B 118 (33)
Skælskør, Stadt (Seeland [DK]): B 390 (26, 27), 522 (29, 30)
Skagen, Stadt (Jütland [DK]): B 231 (12), 232 (23), 390 (116), 522 (83)
Skanderborg, Amt (Jütland [DK]): K 30, 56, 57
-, Stadt: B 390 (95, 96), 522 (111-113)
Skandinavien: A 1 (38, 39), 9 (102-104), 19 (18), 34 (49); B 8 (98), 110, 133, 193, 298 (37), 299, 302, 336 (94), 337 (19, 158), 338 (1), 387 (5), 451, 476 (1)
Skara, Ort [S]: B 118 (37)
Skive, Stadt (Jütland [DK]): B 390 (110), 522 (93)
Skythien (lat. Scythia), Gebiet nördlich des Schwarzen Meeres: B 98 (29), B 298 (23), B 303 (6), B 304 (7), B 386 (8, 14), B 496 (14), B 528 (11)
Slagelse, Stadt (Seeland [DK]): B 75 (12), 390 (24, 25), 522 (25, 26)
Slangerup, Stadt (Seeland [DK]): B 75 (9), 390 (9, 10)
Slawonien (lat. Sclavonia), Gebiet zw. Save u. Drau [Kroatien]: A 26 (18, 120), 34 (29), 36 (54), 38 (23, 36); B 337 (17)
Sloten, Stadt [NL]: B 69 (18)
Sluis, Stadt [NL]: B 179 (16)
Smyrna, Stadt (Izmir [Türkei]): B 318 (31)
Sneek, Stadt [NL]: B 69 (18)
Snoghøj, Ort bei Fredericia (Jütland [DK]): B 520 (11)
Söderhamn, Stadt [S]: B 118 (25)
Söderköping, Stadt [S]: B 118 (33)
Södertälje, Stadt [S]: B 118 (13)
Sønderjylland, siehe unter Schleswig, Herzogtum.
Solothurn, Stadt [CH]: B 336 (39), 337 (76)
Sonderburg, Fürstentum in Schleswig (Sønderborg [DK]): B 119 (16)
-, Amt: K 39

-, Stadt: B 29 (4), 51 (17), 119 (1, 16), 231 (10), 232 (12, 14), 390 (159, 160), 520 (4, 5, 8, 9), 523 (8), 588 (24)
-, Umgebung: B 401 (67)
Sonnensystem-Karte: A 1 (4), 9 (6, 7)
Sorøe, Amt (Seeland [DK]): K 17
-, Stadt: B 75 (4), 390 (30. 31), 522 (23, 24)
Spanien (lat. Hispania): A 1 (58, 59), 4 (3), 6 (62), 19 (13), 25 (51-55), 26 (51-55), 34 (38-42), 36 (21), 37 (7), 38 (7); B 8 (50, 70), 56 (3), 57 (10, 11), 85, 86, 98 (3), 104 (5), 161 (7), 195 (2), 220 (6), 298 (3, 31), 304 (3), 336 (4, 17), 337 (5, 30), 422 (10), 472 (2), 496 (1), 528 (5, 6), 540 (5), 546
-, Kolonien: B 592
Spanischer Erbfolgekrieg (1701-1714): A 38 (16, 20)
Sparta, Ort [GR]: A 4 (8)
-, Umgebung: B 27 (21)
Speyer, Bistum [D]: A 38 (50)
-, Stadt: B 336 (52), 337 (90)
Spitzbergen, Inselgruppe im Nordpolarmeer [N]: B 458
Sprachenkarte: K 3; A 1 (16); B 5-7, 262 (1), 305, 321, 475 (1, 2)
Stade, Stadt [D]: B 316 (35), 589 (7)
Stadtansicht: K 12; A 38 (14, 31, 63, 70, 71); B 29, 51, 69, 75, 118, 143, 162, 171, 182, 280 (1, 3), 285 (8, 9), 293 (2), 316, 318, 336, 337, 360-362, 369 (1), 389, 390, 401, 439, 487 (1), 508, 520, 522, 523, 538 (2), 560 (1), 573, 588, 589
Stadtplan (auch Festungsplan): K 1, 11, 47, 49, 77; A 38 (21, 63, 70); B 1, 4, 12, 18, 19, 33, 34, 58, 64, 78 (1, 8), 83, 92, 105, 108, 119, 127, 141, 155, 158, 171, 179, 228, 233, 234, 255, 280 (4), 293 (3), 300, 316, 317, 369 (3), 370, 383, 388-390, 401, 408, 439, 441, 447, 482, 487 (2), 488, 494, 500, 510, 513, 514, 515, 522, 523, 533, 539, 553, 559, 565, 588, 589
Stamford, Stadt (Connecticut [USA]): B 162
Stampenborg, Baronie bei Præstø (Seeland [DK]): B 412
Stapelholm, Landschaft in Schleswig [D]: K 41; B 65, 154 (1), 164 (6), 387 (2), 410 (3), 590 (Bd 23)
Stare Drawsko, siehe unter Draheim.
Staßfurt, Stadt [D]: B 316 (32)
Stavoren, Stadt [NL]: B 69 (17)
Stege, Stadt (Møn [DK]): B 369 (1, 3), 390 (41, 42), 401 (97 [2]), 522 (39, 40)
Steiermark (lat. Stiria), Herzogtum [A]: A 25 (16), 26 (16), 36 (53)
Steinburg, Amt (Holstein [D]): B 119 (37)
Steinhorst, Amt (Holstein [D]): B 119 (34)
Stellerburg (Dithmarschen [D]): B 66, 541 (2)
Stepping (bei Hadersleben), Gefecht (1848): B 534 (9)
Stettin, Stadt (Pommern) (Szczecin [PL]): B 401 (106), 589 (13)
Steuerwald, Ort bei Hildesheim [D]: B 316 (19)
Stiller Ozean (vgl. auch Großer Ozean u. Südsee): A 34 (76, 77); B 24 (2), 72 (1)
Stiria, siehe unter Steiermark.
Stockholm, Stadt [S]: A 6 (79), 38 (31); B 108 (8), 118 (3, 4), 239, 318 (115), 401 (110), 589 (2)
-, Umgebung: A 38 (31); B 261
Stötterlingenburg, Ort bei Halberstadt [D]: B 316 (19)

Store Heddinge, Stadt (Seeland [DK]): B 75 (13), 390 (38, 39), 522 (37, 38)
Stormarn, Amt (Holstein [D]): B 119 (32, 33)
-, Propstei: K 72
Strängnäs, Ort [S]: B 118 (12)
Stralsund, Stadt (Pommern [D]): B 22, 403 (6), 589 (11)
-, Belagerung (1715): B 352 (20)
Strasburg a. d. Drebnitz, Ort in Westpreußen (Brodnica [PL]): B 401 (27)
Straßburg, Stadt im Elsaß (Strasbourg [F]): A 38 (21); B 19
Straßenkarte: K 80, 81, 88; B 235, 238 (24, 25), 262 (3), 422 (4)
Stresow (Rügen), Schlacht (1715): B 352 (21)
„Strömsholm", Kanal [S]: B 108 (11)
Strömstad, Stadt [S]: B 118 (58)
Stubbekøbing, Stadt (Falster [DK]): B 390 (66, 67), 522 (78)
Stuhlweißenburg, Stadt (Székesfehérvár [Ungarn]): B 332 (20)
Stuttgart, Stadt [D]: B 19
Sudan: A 26 (104)
Suecia, siehe unter Schweden.
Südafrika: A 6 (72), 10 (3), 11 (9-11), 26 (85), 34 (71, 72); B 278, 286, 375
Südamerika: A 1 (98, 99), 9 (65-71), 10 (11), 11 (30), 19 (6), 25 (80), 26 (80, 94-96), 34 (88-90), 35 (V); B 16 (5), 21 (20), 24 (1), 90 (3), 469 (4, 8)
Süddeutschland: B 19, 492
Süderdithmarschen (Teil Dithmarschens [D]): B 119 (39)
-, Propstei: K 69
Süditalien (vgl. auch Unteritalien) [I]: B 478
Südpolarregion: A 1 (120)
Südrußland: B 336 (105), 337 (172), 362 (15)
Südsee (vgl. auch Großer u. Stiller Ozean): B 106, B 194, 257
Südseeinseln: A 1 (116)
Suevia, siehe unter Schwaben.
Suez, Golf von, Meeresarm (Ägypten): B 350 (6), 464 (11)
Suezkanal (Ägypten): K 48
Sultanija, Stadt (Persien [Iran]): B 362 (32)
Sumatra, Insel [Indonesien]: A 11 (23); B 337 (23)
Sundewitt, Landschaft in Nordschleswig (Sundeved [DK]): B 9, 147 (2), 246 (2), 253 (3), 442, 465 (1, 2)
-, Gefechte (1848): B 534 (7)
Sundsvall, Stadt [S]: B 118 (25)
Svanike, Stadt (Bornholm [DK]): B 390 (48, 49), 517 (9, 10), 522 (44, 48)
Svendborg, Amt (Fünen [DK]): K 20
-, Stadt: B 33, 390 (82, 83), 522 (62, 63)
Swiecie, siehe unter Schwetz.
Swinemünde, Stadt (Pommern) (Swinoujscie [PL]): B 16 (9)
Sylt, Insel in Schleswig [D]: K 73; B 89 (1), 188, 248
Syrakus (lat. Syracusa), Stadt (Sizilien [I]): K 3; A 4 (5); B 8 (27, 28), 25 (2), 56 (4), 57 (9), 174 (13, 14, 20), 297, 318 (23), 422 (9), 514, 515

353

Syrien (lat. Syria): K 6; A 4 (10), 34 (60); B 8 (6, 32, 77), 56 (1), 98 (24), 265, 298 (19), 303 (11), 336 (107), 337 (21), 355, 371 (7), 386 (6), 464 (8), 479 (14), 496 (17, 23)
Szczecin, siehe unter Stettin.
Székesfehérvár, siehe unter Stuhlweißenburg.
Szentgotthárd, siehe unter St. Gotthard.
Szigetvár, Stadt [Ungarn]: B 332 (8)
Szolnok, Stadt [Ungarn]: B 332 (4)

Taasinge, Insel [DK]: K 55; B 296
Tadmor, Ort (Syrien): B 8 (9)
Tahiti, Inselgruppe in der Südsee: B 194 (3)
Tallinn, siehe unter Reval.
Tannenberg (Ostpreußen), Schlacht (1410): B 238 (64)
Taprobana, siehe unter Ceylon.
Tartarei (lat. Tartaria), Gebiet der Tataren: B 298 (56), B 362 (21)
-, Asiatische: A 37 (24)
-, Europäische: A 37 (23)
Tasmanien, Insel [Australien]: B 311 (6)
Tata, siehe unter Dotis.
Tczew, siehe unter Dirschau.
Tegernsee, See in Bayern [D]: B 349 (2)
Tektonische Karte: B 468 (5)
Temeswar, Banat, siehe unter Banat.
-, Stadt (Timisoara [Rumänien]): B 332 (4)
Tenczyn, Ort [PL]: B 401 (15)
Teplitz, Stadt (Böhmen) (Teplice [Tschechien]): B 233
Terek, Fluß im Nordkaukasus: B 78 (7)
Terki, ehemalige russische Stadt an der Grenze nach Dagestan: B 360 (18), 361 (18), 362 (27)
„Tetus", Stadt [Rußland ?]: B 360 (12), 361 (11)
Texas [USA]: A 6 (74), 25 (78), 26 (78, 89)
Theben, Stadt [Ägypten]: B 318 (26), 463 (4)
Theben, Stadt [GR]: B 529 (1)
„Themistitan", Stadt (= Mexiko ?): B 337 (178)
Thermopylen, Umgebung [GR]: B 27 (II), 28 (2)
-, Schlacht (480 v. Chr.): B 437 (1)
Thessalien (lat. Thessalia), Landschaft [GR]: A 4 (7); B 8 (30), 27 (15), 98 (19), 258, 531
Thionville, Stadt an der Mosel [F]: B 337 (49)
Thisted, Amt (Jütland [DK]): K 25, 60
-, Stadt: B 388 (2), 390 (121, 122), 522 (84, 85)
Thorn, Stadt (Westpreußen) (Torun [PL]): B 401 (24, 92)
-, Belagerung (1703): B 352 (9)
Thrakien (lat. Thracia), historische Landschaft im Osten der Balkanhalbinsel: A 4 (7); B 98 (21), 195 (10), 298 (10), 304 (11), 332 (1), 386 (9), 496 (8)
Thüringen (lat. Thuringia), Landgrafschaft [D]: A 1 (36), A 34 (23), A 36 (36), A 37 (13); B 336 (82), B 337 (134)
Thüringer Wald, Bergland [D]: B 18
Thule, sagenhafte Insel im Nordatlantik: B 386 (29)
Thun, Stadt [CH]: B 318 (55)
Tiel, Stadt [NL]: B 179 (31)
Tienen, Stadt [B]: B 179 (6)
Tiergeographische Karte: B 467 (8), 468 (10), 469 (10), 471 (8)

Tirol, Grafschaft [A u. I]: A 25 (17), 26 (17), 36 (50)
Tiryns, Ort [GR]: B 448, 450
Tivoli, Stadt bei Rom [I]: B 337 (64)
Tönning, Stadt in Schleswig [D]: B 29 (10), 119 (1, 10), 288 (4), 390 (172, 173), 396 (2), 397 (2), 523 (3-5), 588 (25)
-, Umgebung: B 288 (3)
-, Belagerung (1700): B 352 (2)
-, Belagerung (1713): B 352 (18)
Törökszentmiklos, siehe unter St. Nicolaus.
Togo (Westafrika): A 16 (3, II,3-5); B 251
Tokaj, Stadt [Ungarn]: B 332 (6), 337 (161)
Tondern, Amt in Schleswig (Tønder [DK u. D]): K 37, 64; B 119 (11, 12)
-, Stadt [DK]: B 29 (5), 119 (1, 10), 390 (154, 155), 523 (12, 13, 19), 588 (26)
Torgau (an der Elbe), Gefecht (1759): B 462 (8)
Torneå, Stadt [S]: B 118 (29)
Torshälla, Ort [S]: B 118 (12)
Torzok, Stadt [Rußland]: B 362 (3)
Toskana (vgl. auch Florenz), Großherzogtum [I]: B 298 (40)
Tournai, Stadt [B]: B 69 (9), 179 (22)
Tours, Stadt [F]: B 337 (36)
Trafalgar (Spanien), Seeschlacht (1805): B 330 (6-8)
Trankenbar, dänische Kolonie [Indien]: B 8 (88, 101), 157 (5)
Transvaal (Südafrika): A 11 (11)
Transylvania, siehe unter Siebenbürgen.
Travemünde, Ort (Hansestadt Lübeck [D]): B 119 (32)
Trebnitz (Saale), Stadt [D]: B 316 (28)
Tremsbüttel, Amt (Holstein [D]): B 119 (34)
Treviso, Region [I]: A 36 (50); B 8 (42), 298 (44)
Trient, Stadt (Trento [I]): B 318 (57)
Trier, Erzbistum (Kurfürstentum [D]): A 36 (20), 38 (53)
-, Stadt: B 336 (19), 337 (32)
Trinidad, Insel (Westindien): B 311 (10)
Tripoli (Nordafrika) [Teil Libyens]: A 26 (90)
Trittau, Amt (Holstein [D]): B 119 (34)
Troja, sagenhafte Stadt in Småland [S]: B 118 (48)
Troja, Ort (Kleinasien): B 222, 271, 449, 489, 566
Trollhättan, Kanal [S]: B 108 (9), 261
Trondheim, Stadt [N]: B 401 (81, 91)
Trosa, Stadt [S]: B 118 (13)
Tschernijgar, Stadt an der Wolga [Rußland]: B 360 (12), 361 (11)
Türkei (vgl. auch Osmanisches Reich u. Türkisches Reich): B 322, 324
-, Asiatische: A 25 (73), 26 (73)
-, Europäische: A 6 (65), 19 (21), 25 (66), 26 (66, 115-118), 34 (54, 56, 57), 38 (40)
Türkenkriege: A 5; B 160, 332
Türkisches Reich (vgl. auch Türkei): A 37 (26), 38 (39); B 298 (61)
Tüschenbeck, Herrenhaus (Holstein [D]): B 13 (4)
Tunis (Königreich in Nordafrika [Tunesien]) (vgl. auch Africa propria-römische Provinz): A 1 (101), 26 (90); B 464 (6)
-, Stadt: B 337 (181)

-, Umgebung: A 37 (28); B 371 (31, 38)
Turkestan: A 34 (62)
Twer, Stadt [Rußland]: B 360 (2), 362 (4)
Tyrus, Stadt [Libanon]: B 318 (33), 371 (4, 12, 27)
-, Sturm (332 v. Chr.): B 437 (6)

Uddevalla, Stadt [S]: B 118 (57), 152 (2)
Ujscie, Stadt [PL]: B 401 (6)
Ulm, Stadt [D]: B 19, 337 (115)
Ulricehamn, Stadt [S]: B 118 (39)
Umeå, Stadt [S]: B 118 (28)
Umgebungskarte: K 3, 11, 74, 83, 87, 88
Ungarn (lat. Hungaria): A 1 (48), 25 (18), 26 (18, 119), 34 (29), 36 (47), 37 (20), 38 (23, 36); B 298 (48), 332 (1), 336 (10, 95), 337 (15, 159), 371 (29, 34)
Unionskriege (um die Union Skandinaviens, bis 1522): B 52, 239
Unterägypten: B 371 (9, 24)
Unteritalien (vgl. auch Graecia Magna u. Süditalien): B 8 (43), 174 (4, 19), 175 (4), 313, 336 (31), 337 (67), 472 (5), 524 (2)
Upland, Provinz [S]: B 379 (1)
Uppsala, Stadt [S]: B 118 (5), 318 (114), 379 (2), 380
Urbino, Stadt [I]: B 69 (52)
Usbekistan: B 8 (80)
Utrecht, Provinz [NL]: A 8 (12), 38 (17)
-, Vertrag (1579): B 8 (104)
Uxellodunum, Ort (Gallien): B 85, 86

Vác, siehe unter Weitzen.
Vadstena, Stadt [S]: B 118 (34)
Valenciennes, Stadt [F]: B 179 (27)
Vänersborg, Stadt [S]: B 118 (40), 152 (2)
Västerås, Stadt [S]: B 118 (14)
Västervik, Stadt [S]: B 118 (46)
Växjö, Stadt [S]: B 118 (45)
Valdivia, Bucht [Chile]: B 16 (1)
Valencia, Stadt [E]: B 318 (106)
Valparaiso, Bucht [Chile]: B 16 (1)
Varanasi, siehe unter Benares.
Varberg, Stadt [S]: B 118 (51)
Varde, Stadt (Jütland [DK]): B 390 (128, 129), 522 (129, 130)
Várpalota, siehe unter Palotta.
Vegetationskarte: B 467 (6, 7), B 468 (9), B 469 (7), B 470 (6), B 471 (7)
Vejle, Amt (Jütland [DK]): K 33, 62, 63
-, Stadt: B 232 (10), 390 (144, 145), 522 (120, 121)
-, Umgebung: B 31
-, Gefecht (1849): B 434
-, Gefecht (1864): B 128 (7)
Veltlin, Tal der oberen Adda [CH]: B 41 (7)
Venedig/(Venezien), Republik (dann Teil Österreich-Ungarns) [I]: A 25 (19, 26 (19), 38 (24)
-, Stadt: B 300, 318 (56), 336 (28), 337 (56), 371 (32)
Verden, Herzogtum [D]: A 38 (68)
-, Stadt: B 316 (36), 589 (8)
Vereinigte Staaten von (Nord-)Amerika: K 84; A 1 (94-97), 6 (73), 9 (62, 63), 25 (77), 26 (77, 99-102), 34 (80-86); B 21 (21), 95, 413
Verkehrskarte: A 1 (6, 7); B 467 (12), 468 (14), 469 (13), 470 (14), 471 (12)
Verona, Stadt [I]: B 285 (3), 318 (36), 336 (29), 337 (63)
Versailles, Schloß [F]: B 500 (5)
Veszprém, Stadt [Ungarn]: B 332 (11)
Veteranische Höhle, Belagerung (1788): B 160
Viborg, Stiftsamt (Jütland [DK]): B 121 (7), 390 (107)
-, Amt: K 27, 28, 61
-, Stadt: B 390 (108, 109), 522 (91, 92)
Vicenza, Stadt [I]: B 69 (47)
Vierwaldstätter See [CH]: B 41 (11)
Vimmerby, Ort [S]: B 118 (46)
Vindelizien (lat. Vindelicia), Gebiet südlich der Donau, zw. Bodensee u. Inn: A 4 (4), 37 (16); B 8 (52, 74), 98 (9), 103 (11), 298 (6), 496 (9)
Vinland (Nordamerika): B 404 (4)
Visby, Stadt (Gotland [S]): B 118 (35)
Visegrád, Stadt [Ungarn]: B 332 (14)
Völkerkarte (vgl. auch Ethnographische Karte): A 1 (13, 45, 77); B 467 (9), 468 (11), 469 (11), 471 (9)
Vorarlberg, Region [A]: A 25 (17), 26 (17)
Vorderasien: A 1 (80), 6 (70), 9 (30, 31), 11 (14); B 56 (1), 57 (2), 336 (108), 337 (175), 351 (2)
Vorderindien: A 1 (86, 87), 10 (7), 11 (15-20), 25 (71), 26 (71)
Vordingborg, Stadt (Seeland [DK]): B 390 (34, 35), 522 (34)
Vorpommern (Teil Pommerns [D]): B 78 (11)
Vyshniy-Volochek, Kanal (zw. Ostsee u. Kaspischem Meer) [Rußland]: B 108 (6)

Wagram, Schlacht (1809): B 319 (3)
Wagrien, Teil Holsteins [D]: B 119 (30-32)
Walachei (lat. Walachia), Fürstentum [Rumänien]: A 26 (114), 36 (55), 38 (36, 37); B 170 (2), 332 (1), 337 (15)
Waldeck, Fürstentum [D]: A 1 (30, 31), 25 (28), 26 (28), 36 (28)
Wales [GB]: A 1 (70, 71), 25 (57), 26 (57), 34 (46); B 545
Wallis, Kanton [CH]: A 36 (49); B 336 (36), 337 (73)
Wandsbek, Herrenhaus (Holstein, heute in Hamburg [D]): B 13 (6)
Wanzleben, Ort bei Magdeburg [D]: B 316 (33)
Warschau, Stadt (Warszawa [PL]): B 401 (11, 54)
-, Schlacht (1656): B 401 (40-42)
-, Schlacht (1705): B 352 (10)
Wartburg, Burg bei Eisenach [D]: B 318 (39), 512
Weichselmünde, bei Danzig (Westpreußen [PL]): B 401 (8, 32, 39)
Weimar, Stadt [D]: B 18
Weißenburg, Stadt im Elsaß (Wissembourg [F]): B 336 (50), 337 (87)
Weitzen, Stadt (Vác [Ungarn]): B 332 (23)
Weltatlas: A 1, 3, 6, 9, 19, 25, 26, 34, 35
Weltkarte: A 1 (1, 5, 6, 12), 6 (5, 6, 8-10, 15, 16, 26, 27), 8 (1, 2, 3), 9 (8-19), 10 (1), 11 (1), 16 (1), 19 (2), 34 (6, 7), 36 (1), 37 (2), 38 (1); B 14 (2), 21 (1), 43 (3), 47 (1), 56 (2), 57

(5), 59, 79, 93 (6), 119 (2), 145, 172, 181, 220 (2, 3), 298 (28, 63), 336 (1), 337 (1), 349 (1), 378, 381, 440, 503 (1)
Welttafel (Sicht von Autoren der Antike): K 1, 80, 81; A 4 (1), 15 (1), 27 (1, 2), 28 (1, 2); B 98 (1, 2), 101, 148 (1-6), 200 (1, 3), 203 (1), 223, 273, 274, 290, 298 (1), 303 (1, 2), 304 (1, 2), 336 (2), 337 (2), 399, 409, 528 (1-3), 542, 550
Wertschätzungskarte: K 79
Wesel am Rhein, Stadt [D]: B 69 (19)
Weser, Fluß, Mündung: B 316 (5)
Wesselburen, Ort (Dithmarschen [D]): B 119 (40)
Westafrika: A 10 (4), 11 (3-6); B 311 (20)
Westerland (Sylt), Stadt [D]: B 29 (6), 188
Westerwald, Bergland [D]: B 336 (54), 337 (93)
Westeuropa: B 274
Westfalen, preußische Provinz [D]: A 1 (30, 31), 25 (28), 26 (29)
Westindien: A 1 (93), 6 (75), 9 (64), 11 (28), 34 (87); B 256 (17), 311 (12)
Westindische Inseln: A 25 (79), 26 (79); B 359 (1)
Westpreußen [PL]: A 1 (33), 25 (25), 26 (25)
Wettin (Saale), Stadt [D]: B 316 (38)
Wiborg, Stadt (Finnland) (Wyborg [Rußland]): B 118 (59)
Widau, bei Tondern (Nordschleswig [DK]): B 248
Wien, Stadt [A]: A 6 (79); B 1, 21 (6), 318 (88), 336 (77), 337 (129), 358
-, Umgebung: B 502 (3)
-, Belagerung (1529): B 332 (3)
Wiener Neustadt, Stadt [A]: B 332 (22)
Wiflispurger/Wifelspurger Gau [CH]: A 36 (17); B 336 (41), 337 (78)
Wight, Insel (England [GB]): B 499
„Wihitsch", Stadt (? Bihac [Bosnien]): B 332 (9)
Windische Mark, Teil des Herzogtums Krain [Slowenien]: A 36 (52); B 337 (17)
Windkarte: A 1 (12)
Windsheim, Stadt [D]: B 337 (125)
Wirtschaftskarte: B 511
Wismar, Stadt (Mecklenburg [D]): B 152 (1), 316 (39. 40), 589 (9)
Wisznice, Ort [PL]: B 401 (14)
Witala, ehemalige Stadt in Småland [S]: B 118 (49)
Wittenberg, Stadt (Sachsen [D]): B 337 (146)
Wojwodina, Provinz [Serbien]: A 26 (18)
Wolga, Fluß (Rußland): B 360 (10), 361 (9), 362 (20)
Wolgast, Stadt (Pommern [D]): B 589 (14)
Wolgograd, siehe unter Zarizyn.
Worms, Bistum [D]: A 38 (50)
-, Stadt: B 336 (53), 337 (91)
Wroclaw, siehe unter Breslau.
Württemberg, Herzogtum (dann Königreich) [D]: A 1 (26, 27), 25 (31), 26 (31), 36 (30)
Würzburg, Stadt [D]: B 19, 318 (46), 336 (74), B 337 (126)
Wyborg, siehe unter Wiborg.
Wyk (Föhr), Stadt [D]: B 29 (8), 346, 560 (1)

Yucatan (Mexiko): A 34 (80); B 493
Zadar, Stadt (Dalmatien [Kroatien]): B 337 (166)

Zakroczym, Ort [PL]: B 401 (53)
Zaltbommel, siehe unter Bommel.
Zante (Zakynthos), Insel [GR]: A 36 (57)
Zarizyn, Stadt (Wolgograd [Rußland]): B 360 (12), 361 (11), 362 (24)
„Zatmar", Stadt (? Satu Mare [Rumänien]): B 332 (5)
Zawichost, Ort [PL]: B 401 (51)
Zelandia, siehe unter Seeland.
Zemun, siehe unter Semlin.
Zentralafrika: A 11 (8); B 416
Zentralasien: A 1 (86, 87), 25 (70), 26 (70), 34 (59, 63, 64); B 298 (22, 24), 496 (16, 20)
Zlotów, siehe unter Flatow.
Züllichau (Schlesien), Schlacht (1759): B 462 (1)
Zürich, Kanton [CH]: A 36 (16)
Zürichsee [CH]: B 41 (12)
Zutphen, Stadt [NL]: B 69 (16), 179 (33)
Zypern (lat. Cyprus), Insel im Mittelmeer: B 56 (2), 57 (4), 298 (57), 318 (74), 329 (26), 336 (106), 337 (21, 173), 371 (8, 14, 18, 37) 542, 550

Liste der Abbildungen

Abb. 1: Claus Berg: Atlas over den gamle Verden. Blatt I. Kopenhagen 1859 (K 1, Ausschnitt)
Abb. 2: Claus Berg: Atlas over den gamle Verden. Blatt I. Kopenhagen 1859 (K 1, Ausschnitt)
Abb. 3: Premierlieutenant Clausen: Rendsburg und Umgegend. Rendsburg 1860 (K 11, Ausschnitt)
Abb. 4: Theodor Gliemann: Kort over den søndre Deel af Ribe Amt. Kopenhagen 1827 (K 35)
Abb. 5: Theodor Gliemann: Kort over Flensborg Amt. Kopenhagen 1828 (K 38)
Abb. 6: Königliche Gesellschaft der Wissenschaften Kopenhagen: Kort over den sydlige Deel af Fyen tilligemed det tilgrændsende Stykke af Hertugdommet Schleswig. Kopenhagen 1783 (K 55)
Abb. 7: Johann Bernhard Heinrich Lübkert: Karte zur kirchlichen Statistik des Herzogthum's Holstein, hrsg. von Capt. von Hartz. No. 4: Probstei Ploen, Segeberg. Altona 1837 (K 70)
Abb. 8: Peutingeriana Tabula cura F. C. von Scheyb 1753. Leipzig 1824 (K 80, Ausschnitt aus Segmentum V)
Abb. 9: Adolf Stieler: Karte von Deutschland. In XXV Blättern. Gotha 1829 (K 85, Ausschnitt)
Abb. 10: „Atlas der Alten Welt". India intra et extra Gangem (A 4, Teil von Nr. 13)
Abb. 11: Mappe-Monde physique (Weltkarte nach Buache), aus: Delisle de Sales: Recueil de Cartes. Paris 1795 (A 8, Nr. 1)
Abb. 12: Reinhold Grundemann: Kleiner Missions-Atlas. (Karte 2: Afrika). Calw 1886 (A 10, Nr. 2)
Abb. 13: Gebiet der Schleswig-Holsteinischen Mission (Breklum) in Ostindien. Karte, eingeklebt in Grundemann: Neuer Missions-Atlas. Calw 1896 (A 11)
Abb. 14: Karte zur Expedition des Deutschen Togo Komitee's 1894-1895. Karte, beiliegend dem Kleinen Deutschen Kolonialatlas. Berlin 1898 (A 16, Zusatz Nr. 3)
Abb. 15: Karl von Spruner: Historisch-Geographischer Hand-Atlas. Erste Abtheilung. Atlas antiquus. (Nebenkarte zu Karte Nr. 18: Palaestina). Gotha 1855 (A 28, Nr. 18, Teil)
Abb. 16: Übersichtskarte von Argolis; aus: Steffen: Karten von Mykenai. Berlin 1884 (A32, Nr. 3)
Abb. 17: Adolf Stieler: Hand-Atlas über alle Theile der Erde und über das Weltgebäude (Nebenkarte zu Karte Nr. 32: Neapel und Umgebung). Gotha ca. 1884 (A34, Nr. 32, Nebenkarte)
Abb. 18: Palaestina ... studio Joh. Christoph. Harenbergii. Nürnberg: Homann Erben, 1750 (A 38, Nr. 42, Nebenkarte)
Abb. 19: Wilhelm Jättnig: Dat Land tho Ditmerschen. Berlin 1826; aus: Johann Adolfi's, genannt Neocorus, Chronik des Landes Dithmarschen. Kiel 1827 (B 2)
Abb. 20: Karte von dem Districte Tranquebar; aus: Allgemeine Welthistorie. Theil XXVII. Halle 1764 (B 8, Nr. 88)
Abb. 21: Johann Anderson: Nova Gronlandiae, Islandiae et Freti Davis tabula; aus Anderson: Nachrichten von Island, Grönland und der Straße Davis. Hamburg 1746 (B 11)
Abb. 22: Typus Parvae Angliae; aus A. Angelus: Holsteinische Chronica. Leipzig 1596 (B 13, Nr. 1)
Abb. 23: Typus Chersonesi Cimbricae; aus: A. Angelus: Holsteinische Chronica. Leipzig 1596 (B 13, Nr. 2)
Abb. 24: A. H. Dufour: Rio de Janeiro; aus: A. Balbi: Abrégé de Géographie. Paris 1838 (B 21, Nr. 23)
Abb. 25: Plan des Environs d'Athènes (1784); aus: J.-J. Barthélemy: Voyage du jeune Anacharsis. Paris 1790 (B 27, Nr. 4)
Abb. 26: Benito Arias Montanus: Antiquae Jerusalem vera icnographia; aus: Biblia Polyglotta. Bd VI. Antwerpen 1572 (B 47, Nr. 5)
Abb. 27: Johann Adrian Bolten: Special-Karte über die Landschaft Stapelholm; aus: Bolten: Beschreibung und Nachrichten von ... Stapelholm. Wöhrden 1777 (B 65)
Abb. 28: Franz Hogenberg: Segeberger Pyramide; aus Georg Braun: Liber quartus urbium praecipuarum. (Köln 1588) (B 69)
Abb. 29: Johan Jacob Bruun: Prospect af Helsingör og Cronborg Slott; aus: Bruun: Dannemarks Kiøbstæder og Slotte. Kiöbenhavn ca. 1799 (B 74, Nr. 1)
Abb. 30: Tabula Geographica Moldaviae; aus: Anton Friedrich Büsching (Hrsg.): Magazin für die neue Historie und Geographie. Teil 4, Hamburg 1770 (B 78, Nr. 4)
Abb. 31: Gallia; aus: Caius Julius Caesar: Commentariorum Caesaris elenchus. Basel 1531 (B 85, Nr. 1)
Abb. 32: Charte von der Insel Silt und angrenzenden Gegenden; aus: Johann Friedrich Camerer: Sechs Schreiben von einigen Merkwürdigkeiten der hollsteinschen Gegenden. Leipzig 1756 (B 89, Nr. 1)
Abb. 33: Gallia Belgica; aus: Christoph Cellarius: Notitia orbis antiqui. Bd I, Leipzig 1701 (B 98, Nr. 5)
Abb. 34: Philipp Clüver: Summa Europae antiquae descriptio; aus: Clüver: Germaniae antiquae libri tres. Leiden 1616 (B 103, Nr. 2)
Abb. 35: Thomas Kitchin: A Plan of the City of St. Petersburgh (1784); aus: William Coxe: Travels into Poland, Russia, Sweden, and Denmarck. Bd II, London 1792 (B 108, Nr. 4)
Abb. 36: Alexandri Magni Macedonis expeditio; aus: Quintus Curtius Rufus: De rebus gestis Alexandri Magni. Jena 1658 (B 114)
Abb. 37: Delineatio Geographica quorundam locorum in agro Smolandico, ubi etiamnum ostenduntur monumenta urbis Troiae; aus Erik Dahlberg: Suecia antiqua. Stockholm o. J. (B 118, Nr. 48)
Abb. 38: Johannes Mejer: Newe Landtcarte von der Insull Helgelandt (1649); aus: Caspar Danckwerth: Newe Landesbeschreibung. (Schleswig) 1652 (B 119, Nr. 19, linke Hälfte)
Abb. 39: R. Jansen: Ducatus Slesvicensis; aus: Dansk Historisk Almanak. Kjøbenhavn 1775 (B 121, Nr. 16)
Abb. 40: Det østlige Slesvig, fra Dyppelbjerg til Oversee; aus: (Adolph Wilhelm Dinesen): Den slesvigske Krig i 1848. Kjøbenhavn 1849 (B 130, Nr. 2)
Abb. 41: Pontoppidan: Neue Karte von Island 1785; aus: (C. U. D. Freiherr von Eggers): Philosophische Schilderung der gegenwärtigen Verfassung von Island. Altona 1786 (B 138, Nr. 1)
Abb. 42: Mouritz Friedenreich: Prospect af Wismars Indtagelse 1675; aus: Friedenreich: Kong Christian den Femtes Krigs-Historie. Kjøbenhavn 1758 (B 152, Nr. 1)
Abb. 43: J. Goeree: Situs et ambitus urbis Romae a caesaribus amplatus; aus: Johann Georg Graevius: Thesaurus antiquitatum romanarum. Tomus tertius, Utrecht/Leiden 1696 (B 171, Nr. 7)

Abb. 44: Belgium, sive Inferior Germania; aus L. Guicciardini: Beschryvingh der Nederlanden. Amsterdam 1660 (B 179, Nr. 1)
Abb. 45: Peter Bast: Wahrhafftige Contrafactur der Gräfflichen Stadt Oldenburgh (1598); aus Hermann Hamelmann: Oldenburgisch Chronicon. Oldenburg 1599 (B 182)
Abb. 46: Charte von einem Theile des Süd-Meeres; aus: John Hawkesworth: Ausführliche und glaubwürdige Geschichte der neuesten Reisen um die Welt (1764 bis 1772). Berlin 1775 (B 194, Nr. 1)
Abb. 47: Insularum Britannicarum accurata delineatio; aus: Christoph Heidmann: Europa. Wolfenbüttel 1658 (B 195, Nr. 4)
Abb. 48: Anton Heimreich: Landtcarte des im Herzogthum Sleswigh belegenen Nordfreslandes 1668; aus: Heimreich: Ernewerte Nordfresische Chronick. Schleswig 1668 (B 196)
Abb. 49: Charte worauf die zwey Königreiche Juda und Israel ... vorgestellet werden; aus: (Johann Jacob Hess): Geschichte der Könige Juda und Israels. Bd I, Zürich 1787 (B 209)
Abb. 50: Der Rhein und die Eisenbahn von Köln bis Mainz; aus: Nicolaus Hocker: Der Rhein. Ein Reisehandbuch. Leipzig 1860 (B 213)
Abb. 51: Landkort over Kongeriget Danmark udgiven af N. Jonge; aus: Ludvig Holberg: Geographie eller Jordbeskrivelse. Bd IV, Kiøbenhavn 1774 (B 220, Nr. 22)
Abb. 52: Homerische Welttafel von I. H. Voss; aus: (Homer): Homers Odyssee von Johann Heinrich Voss. I-XII. Gesang. Stuttgart 1821 (B 223)
Abb. 53: Karte von Schottland; aus: Robert Jameson: Mineralogische Reisen durch Schottland. Leipzig 1802 (B 240)
Abb. 54: Kort over Jylland, Slesvig og Fyen; aus: (Johan Frederik Christian Knudsen): Danmarks Kamp for Slesvig. Teil I, Kjøbenhavn 1851 (B 253, Nr. 1)
Abb. 55: Battle of Idstedt – Position of the Armies at its Commencement; aus: Samuel Laing: Observations of the social and political State of Denmark and the Duchies. London 1852 (B 264)
Abb. 56: Zee-Slach ... voor gevallen in den Orisondt 1658; aus: (Pieter de Lange): Sweetse Wapenen. Amsterdam 1660 (B 268)
Abb. 57: Nebenkarte zum Danewerk; aus: Jacob Langebek (Hrsg.): Scriptores rerum danicarum. Tom. VII, Hafniae 1792 (B 269, Nr. 3)
Abb. 58: Carte der Ebne von Troia nach Pope; aus: Jean-Baptiste Lechevalier: Beschreibung der Ebene von Troja. Leipzig 1792 (B 271, Nr. 2)
Abb. 59: Dänemark, Braunschweig bei I. P. Spehr [eingeklebt]; aus: Chr. Fr. Lessing: Reise durch Norwegen. Berlin 1831 (B 275, Nr. 3)
Abb. 60: America; aus: Johann Andreas Christian Löhr: Die Länder und Völker der Erde. Bd IV, Leipzig 1819 (B 287, Nr. 3)
Abb. 61: Grundtegning af Tönningen; aus (Samuel Loenboom): ... Magnus Stenbocks Levnets-Historie. Bd III, Kjøbenhavn 1790 (B 288, Nr. 4)
Abb. 62: Tabula Europae IV [= Germanien]; aus: Giovanni Antonio Magini: Geographiae universae ... absolutissimum opus. (Köln) 1608 (B 298, Nr. 5)
Abb. 63: Scandia sive regiones septentrionales; aus: Giovanni Antonio Magini: Geographiae universae ... absolutissimum opus. (Köln) 1608 (B 298, Nr. 37)
Abb. 64: (Skandinavien) THW 1567; aus: Olaus Magnus: Historia de gentium septentrionalium variis conditionibus. Basel 1572 (B 299)
Abb. 65: Carte du Royaume de Dannemarc; aus: Paul Henri de Mallet: Introduction a l'Histoire de Dannemarc. Copenhague 1755 (B 301)
Abb. 66: Situs Urbis Romae; aus: Bartholomaeus Marlianus: Urbis Romae topographia. Basel 1550 (B 306)
Abb. 67: Malta and Gozo; aus: Robert Montgomery Martin: The British Colonial Library. Vol. VII, London 1844 (B 311, Nr. 16)
Abb. 68: Benares in Bengalen, die heilige Stadt der Hindus; aus: Meyer's Universum. Bd IV, Hildburghausen 1837 (B 318, Nr. 58)
Abb. 69: Groswaradein / Stulweissenburg; aus: (Johann Ulrich Müller [?]): Pannoniens Kriegs- und Friedens-Begebnüsse. Nürnberg 1686 (B 332, Nr. 20)
Abb. 70: (Dänemark); aus: Sebastian Münster: Cosmographiae universalis libri VI. Basel 1550 (B 336, Nr. 93)
Abb. 71: (Gesamtplan des alten Rom); aus: Famiano Nardini: Roma antica. Roma 1666 (B 342, Nr. 2)
Abb. 72: Tabula itineraria a Sues usque ad ... Montem Sinai; aus: Carsten Niebuhr: Beschreibung von Arabien. Kopenhagen 1772 (B 350, Nr. 5)
Abb. 73: Belagerung von Friederichshall 1718; aus: (Georg Nordberg): Leben Carl des Zwölften. Bd 2, Hamburg 1746 (B 352, Nr. 23)
Abb. 74: (Konstantinopel, Stadtansicht); aus: Notitia utraque ... Basel 1552 (B 355, Nr. 1)
Abb. 75: Carte ... du Royaume de Perse; aus: Adam Olearius: Voyages tres-curieux ... en Moscovie, Tartarie et Perse. Amsterdam 1727 (B 362, Nr. 28)
Abb. 76: (Stadtansicht Rhodos); aus: Henricus Pantaleon: Militaris Ordinis Johannitarum, Rhodiorum et Melitensium ... historia nova. Basel 1581 (B 371, Nr. 13)
Abb. 77: Gamla Upsala; aus: Johan Peringskiöld: Monumentorum Sveo-Gothicorum liber primus. Stockholm 1710 (B 379, Nr. 2)
Abb. 78: (Seeland); aus: Pomponius Mela: De orbis situ libri III. Basel 1576 (B 386, Nr. 26)
Abb. 79: Alluvius prope Detzbul. Nebenkarte 1, in: Ducatus Holsatiae nova tabula; aus: Joh. Isacius Pontanus: Rerum Danicarum Historia. Amsterdam 1631 (B 387, Nr. 2, Nebenkarte 1)
Abb. 80: Tabula Barmerensis ... maris. Nebenkarte 2, in: Ducatus Holsatiae nova tabula; aus: Joh. Isacius Pontanus: Rerum Danicarum Historia. Amsterdam 1631 (B 387, Nr. 2, Nebenkarte 2)
Abb. 81: Geographisk forestilling ... af Christiansøe 1766; aus: Erik Pontoppidan: Den Danske Atlas. Tom. III, Kiøbenhavn 1767 (B 390, Nr. 53)
Abb. 82: Ekernförde; aus: Erik Pontoppidan: Den Danske Atlas. Tom. VII, Kiøbenhavn 1781 (B 390, Nr. 169)
Abb. 83: Sonderburgum ... 1657; aus: Samuel Freiherr von Pufendorf: Sieben Bücher von denen Thaten Carl Gustavs. Nürnberg 1697 (B 401, N. 67)

Abb. 84: Plan de Rome ancienne. ... Par le Sr. d'Anville 1738; aus: Charles Rollin: Histoire Romaine. Paris 1782 (B 422, Nr. 2)
Abb. 85: Plan des Treffens bei Schleswig am 23. April 1848; aus: Friedrich Rudolf von Rothenburg: Das Treffen bei Schleswig am 23sten April 1848. Berlin o. J. (ca. 1850) (B 426)
Abb. 86: (Karte von Lappland); aus: Johannes Scheffer: Lappland. Frankfurt/M 1675 (B 444)
Abb. 87: Det gamle Norge; aus: Gerhard Schöning: Norges Riiges Historie. Bd I, Sorøe 1771 (B 453)
Abb. 88: Karte eines Theils des Mittellændischen Meeres samt den Graenzen des Gelobten Landes; aus: Thomas Shaw: Reisen oder Anmerkungen verschiedene Theile der Barbarey ... betreffend. Leipzig 1765 (B 464, Nr.10)
Abb. 89: Typus Graeciae; aus: Caius Julius Solinus: Polyhistor. Basel 1538 (B 479, Nr. 4)
Abb. 90: Nigra sylva; aus: Caius Julius Solinus: Polyhistor. Basel 1538 (B 479, Nr. 5)
Abb. 91: Athenes; aus: Spon / Wheler: Italiänische, Dalmatische, Griechische und Orientalische Reise-Beschreibung. Nürnberg 1690 (B 481, Nr. 5)
Abb. 92: Reisekarte durch Centralamerica, Chiapas & Yucatan; aus: John L. Stephens: Reiseerlebnisse in Centralamerica, Chiapas und Yucatan. Leipzig 1854 (B 493)
Abb. 93: Tabula Hispaniae; aus: Strabo: Rerum geographicarum libri XVIII. Basel 1571 (B 496, Nr. 1)
Abb. 94: Germany, Designed for the Works of Tacitus. By Robert de Vaugondy; aus: Cornelius Tacitus: The Works. Bd VII, London 1805 (B 503, Nr. 5)
Abb. 95: Delineatio insularum Japonicarum: Jean Baptiste Tavernier: Beschreibung der sechs Reisen. Genf 1681 (B 508, Nr. 3)
Abb. 96: Grund-Rids af Hammers Huus; aus: (Lauritz de Thurah): Omstændelig og tilforladelig Beskrivelse over ... Øe Bornholm. Kiøbenhavn 1756 (B 517, Nr. 2)
Abb. 97: Nørretorvet i Flensborg; aus: To hundrede Træsnit. Kjøbenhavn 1865 (B 520, Nr. 3)
Abb. 98: Kjöbenhavn paa Frederik den Tredies Tid [Ausschnitt]; aus: Jens Peter Trap: Statistisk-topographisk Beskrivelse af Kongeriget Danmark. Kjøbenhavn 1858/60 (B 522, Nr. 1)
Abb. 99: Skanderborg efter Resen; aus: Jens Peter Trap: Statistisk-topographisk Beskrivelse af Kongeriget Danmark. Kjøbenhavn 1858/60 (B 522, Nr. 113)
Abb. 100: Grundtriss der Fehstung Tonninge Anno 1651; aus: Jens Peter Trap: Statistik-topographisk Beskrivelse af Hertugdømmet Slesvig. Kjøbenhavn 1964 (B 523 Nr. 5)
Abb. 101: Tönning 1862. Opmaalt af Boyens; aus: Jens Peter Trap: Statistisk-topographisk Beskrivelse af Hertugdømmet Slesvig. Kjøbenhavn 1864 (B 523, Nr. 3)
Abb. 102: Die Stadt London; aus: Das vereinigte Groß-Britannien. Hamburg 1716 (B 538, Nr. 2)
Abb. 103: Patriarchatus Constantinopolitani geographica descriptio; aus: Charles Vialart: Geographia sacra. Paris 1641 (B 540, Nr. 7)
Abb. 104: Eratosthenische Erdtafel größtentheils nach Strabo entworfen; aus: Publius Virgilius Maro: Ländliche Gedichte. Altona 1797 (B 542)
Abb. 105: Karte der Insel Föhr 1923; aus: Friedrich von Warnstedt: Die Insel Föhr. Schleswig 1824 (B 560, Nr. 2)
Abb. 106: Die Statt Ihever; aus: Johann Just Winkelmann: Oldenburgische Friedens- und der benachbarten Örter Kriegs-Handlungen. Oldenburg 1671 (B 573, Nr. 1)
Abb. 107: Suecia, Dania et Norvegia; aus: Martin Zeiller: Regnorum Daniae et Norvegiae ... descriptio nova. Amsterdam 1655 (B 588, Nr. 1)
Abb. 108: Ichnographia Urbis Slesvici Anno 1655; aus: Martin Zeiller: Regnorum Daniae et Norvegiae ... descriptio nova. Amsterdam 1655 (B 588, Nr. 13)
Abb. 109: Holmia; aus: Martin Zeiller: Regnorum Sveciae, Gothiae ... descriptio nova. Amsterdam 1656 (B 589, Nr. 2)

Farbtafeln

Tafel 1: Hermann Biernatzki: Nationalitäten- und Sprachkarte des Herzogthums Schleswig; aus: C. F. Allen: Geschichte der dänischen Sprache im Herzogthum Schleswig. Teil II, Schleswig 1858 (B 7, Nr. 4)

Tafel 2: Knud Boyens. Charte von der Landschaft Eiderstedt. Westlicher Teil. Kopenhagen 1861 (K 7)

Tafel 3: Knud Boyens: Charte von der Landschaft Eiderstedt. Östlicher Teil. Kopenhagen 1861 (K 7)

Tafel 4: Björn Gunnlaugsson: Uppdrattr Islands / Carte d'Islande. Kopenhagen 1849 (K 46)

Tafel 5: Eduard Hölzel: Das Nil-Delta und der Sues-Kanal. Wien 1882 (K 48)

Tafel 6: Heinrich Kiepert: Atlas antiquus. Berlin ca. 1892 (Nebenkarte zu Karte Nr. VIII: Magna Graecia sive Italia Inferior cum Sicilia) (A 15, Nr. 8, Nebenkarte)

Tafel 7: Kort over Cholera-Epidemiens Udbredelse i Kjöbenhavn 1853; aus: Jens Rasmussen Hübertz: Beretning om Cholera-Epidemien i Kjöbenhavn. Kiöbenhavn 1855 (B 229)

Tafel 8: C. Raaz: Schul-Atlas über alle Theile der Erde. (Karte No. 16: Dänemark, Schleswig, Holstein und Lauenburg). Weimar ca. 1866 (A 19, Nr. 17)

Tafel 9: Sohr/Berghaus: Vollständiger Hand-Atlas. (Karte Nr. 61: Dänemark und die Herzogthümer Schleswig, Holstein und Lauenburg). Glogau 1853 (A 26, Nr. 61)

Tafel 10: Schleswig-Holstein, nach einer projectirten neuen Districtseintheilung. Entworfen von Carl Gräf; aus: Karl Friedrich Hermann Klenze: Versuch eines Plans der neuen Districtseintheilung. Schleswig 1849 (B 250)

Tafel 11: Karte von Neuengland, Neu Yorck und Pensilvanien; aus: (Christoph Heinrich Korn): Geschichte der Kriege in und außer Europa. Bd I, Th. 3. Nürnberg 1777 (B 256, Nr. 3)

Tafel 12: Carte des Gabelles; aus: Jacques Necker: Compte rendu au Roy. Hamburg 1781 (B 343, Nr. 2)

Tafel 13: Geognostische Karte der Herzogthümer Schleswig und Holstein 1847; aus: Reventlow / Warnstedt: Festgabe für die Mitglieder der elften Versammlung Deutscher Land- und Forstwirthe. Altona 1847 (B 415)

Tafel 14: Karte von Frankreich ... zusammengetragen von D. F. Sotzmann; aus: Arthur Young: Reisen durch Frankreich. Berlin 1793 (B 586)

Tafel 15: Völkerkarte von Afrika; aus: Wilhelm Sievers: Afrika. Eine allgemeine Länderkunde. Leipzig 1891 (B 467, Nr. 9)

Tafel 16: Ethnographische Karte der Ost-Alpen; aus: Alexander Supan: Österreich-Ungarn. Wien u. Leipzig 1889 (B 502, Nr. 2)

Tafel 17: Plan der Bataille (vom) 12.8.1759 unweit Frankfurt an der Oder; aus: (Johann Friedrich Seyfart): Geschichte des seit 1756 ... geführten Krieges. Bd III, Frankfurt/M 1762 (B 462, Nr. 2)

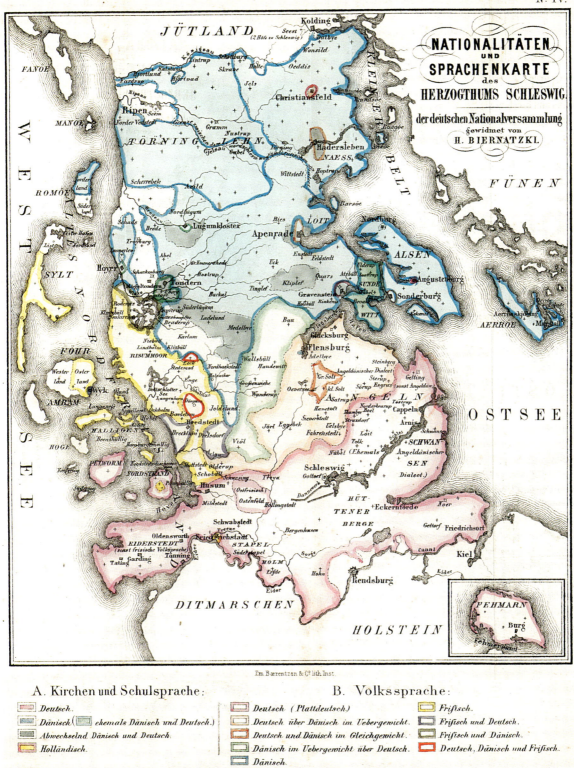

Tafel 1:
„Nationalitäten- und Sprachkarte des Herzogthums Schleswig." – Die Karte findet sich im zweiten Teil der von dem dänischen Historiker Carl Ferdinand Allen verfaßten „Geschichte der dänischen Sprache im Herzogthum Schleswig oder Südjütland" (Schleswig 1858). Sie stellt die sprachlichen Verhätnisse im Herzogtum Schleswig nach den Untersuchungen des schleswig-holsteinischen Topographen Hermann Biernatzki (1818-1895) dar. Diese der deutschen Nationalversammlung in Frankfurt 1848 gewidmete Sprachenkarte verdeutlicht, daß im Bereich des Herzogtums drei Sprachen, Dänisch, Deutsch und Friesisch, benutzt wurden und daß Kirchen- und Schulsprache nicht immer identisch mit der Volkssprache waren (B 7, Nr. 4).

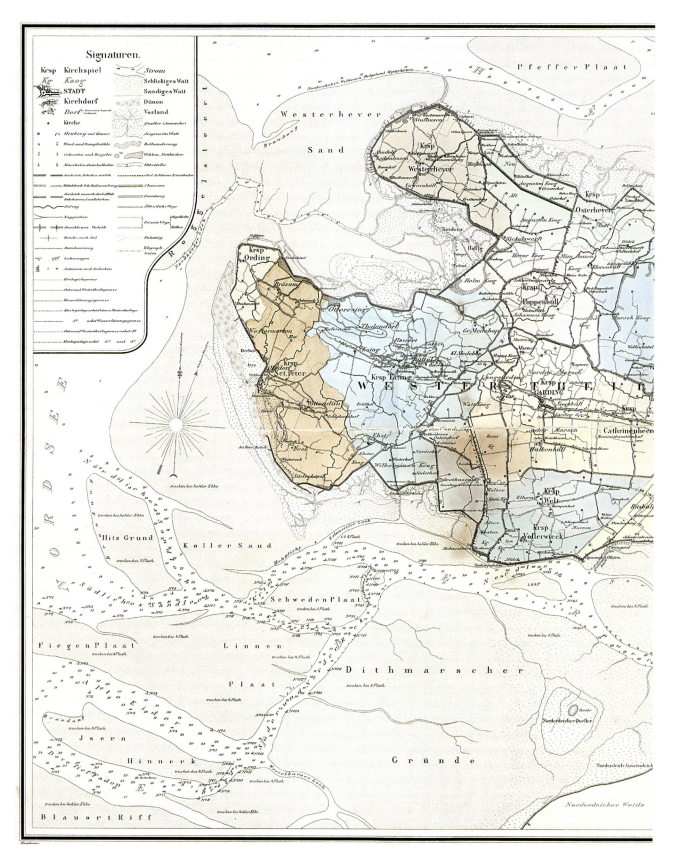

Tafel 2/3:
„Charte von der Landschaft Eiderstedt und einem Theile des Amtes Husum." – Die von dem Eiderstedter Landmesser Knud Boyens im Maßstab 1:40.000 gezeichnete und auf zwei Blättern 1861 in Kopenhagen herausgegebene Karte bietet ein genaues Bild der Landschaft Eiderstedt im Herzogtum Schleswig. Auf dem linken Blatt, auf dem der westliche Teil Eiderstedts dargestellt ist, befindet sich die Legende (oben links) (K 7, linkes Blatt).

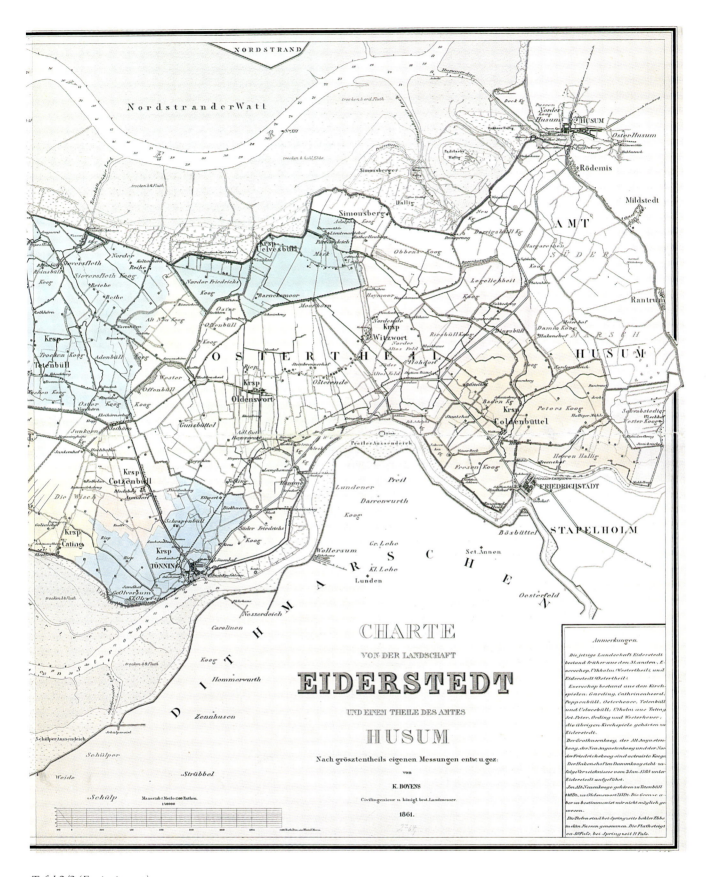

Tafel 2/3 (Fortsetzung):
Auf dem rechten Blatt von Boyens' Eiderstedt-Karte, auf dem der Osten der Landschaft und anschließende Teile des Amtes Husum bis hin zur Stadt Husum dargestellt sind, befindet sich der Titel (unten rechts), dem sich entnehmen läßt, daß Boyens die Karte zum größten Teil nach eigenen Messungen anfertigte. Auf der Karte sind die großen Eiderstedter Bauernhäuser, die sogenannten Haubarge, einzeln eingezeichnet (K 7, rechtes Blatt).

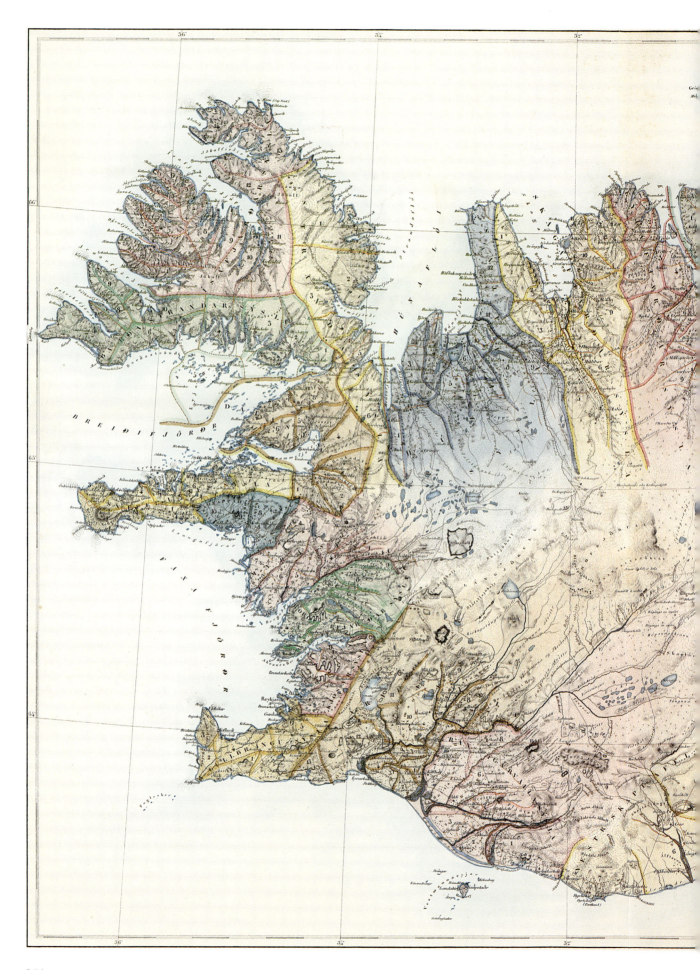

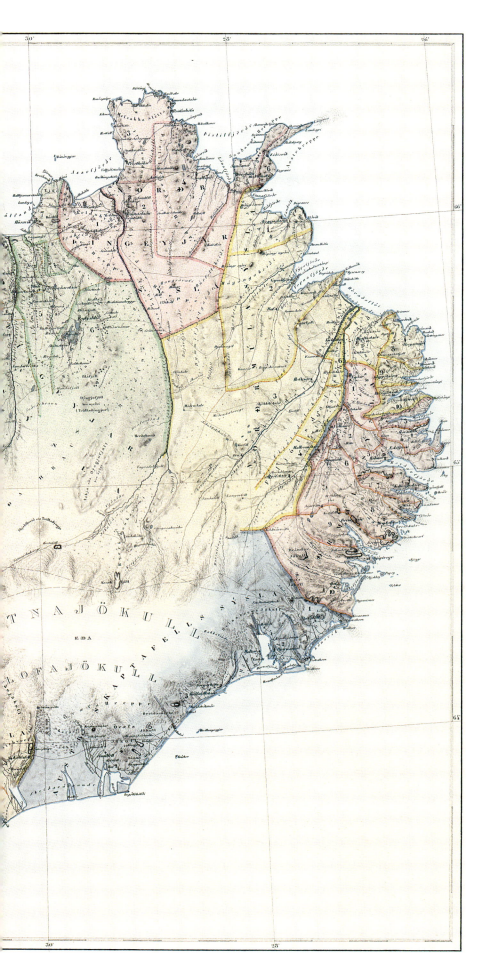

Tafel 4:
„Uppdrattr Islands ... / Carte d'Islande ..." – Im Jahre 1849 wurde in Kopenhagen eine von dem bedeutenden isländischen Kartographen Björn Gunnlaugsson (1788-1876) erarbeitete Islandkarte im Maßstab 1:960.000 herausgegeben. Die Karte war eine reduzierte Version von Gunnlaugssons vierteiliger Islandkarte von 1844, die ebenfalls in der Landeszentralbibliothek vorhanden ist und die auf der Weltausstellung in Paris 1875 mit einer Goldmedaille ausgezeichnet wurde (K 46).

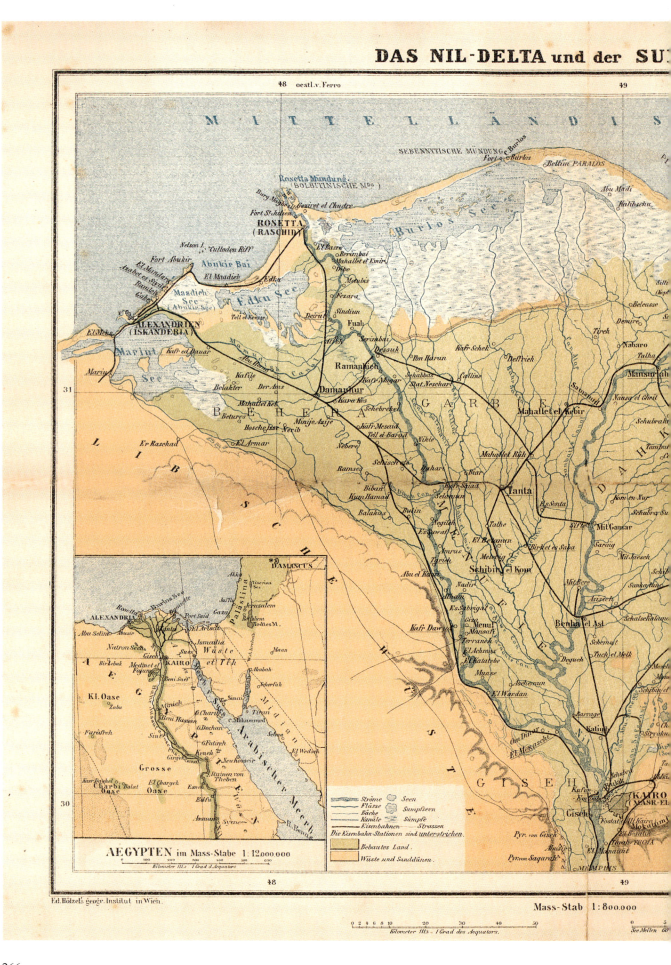

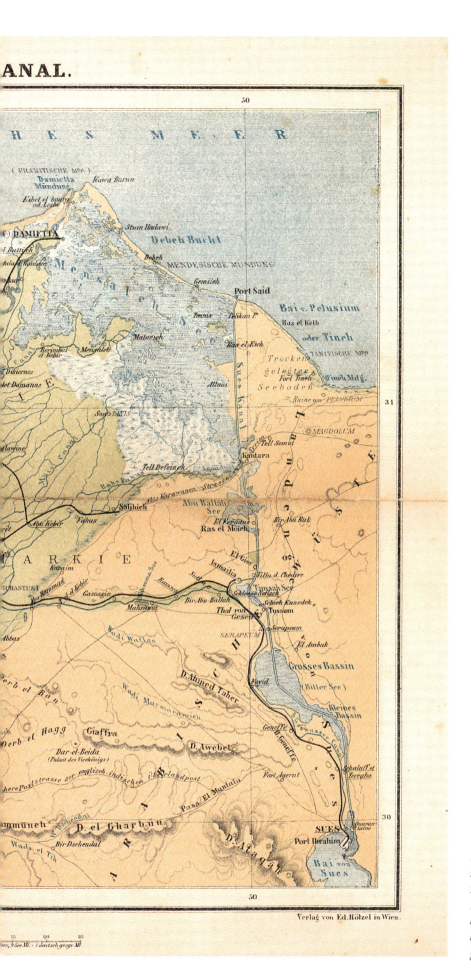

Tafel 5:
„Das Nil-Delta und der Sues-Kanal."
Die von Eduard Hölzel's Geographischem Institut in Wien 1882 als Einzelblatt herausgegebene Karte zeigt das Nil-Delta zusammen mit dem 1869 eröffneten Suez-Kanal. Unten links ist eine Nebenkarte von ganz Ägypten beigegeben (K 48).

Tafel 6:
„Magna Graecia sive Italia Inferior cum Sicilia." – Die Karte, eine Nebenkarte zu einer Darstellung Mittelitaliens in römischer Zeit, befaßt sich mit dem Siedlungsbereich der Griechen an den Küsten Unteritaliens und mit Sizilien, wo die Griechen ebenfalls zahlreiche Städte, darunter Syrakus (Syracusae), gegründet hatten. Die Darstellung findet sich in der 11. Auflage von Heinrich Kieperts „Atlas antiquus. Zwölf Karten zur Alten Geschichte" (Berlin: Dietrich Reimer, ca. 1892). In der Landeszentralbibliothek sind drei verschiedene Geschichtsatlanten des bedeutenden deutschen Kartographen Kiepert vorhanden (A 15, Nr. 8, Nebenkarte).

Tafel 7:
„Kort over Cholera-Epidemiens Udbredelse i Kjöbenhavn 1853." – Die Karte, die der dänische Arzt Jens Rasmussen Hübertz für sein Buch „Beretning om Cholera-Epidemien i Kjøbenhavn 1853" (Kjøbenhavn 1855) zeichnen ließ, bezieht sich auf die Cholera-Epidemie in Kopenhagen im Jahre 1853 und kennzeichnet die Auswirkungen der Krankheit in den einzelnen Stadtteilen (B 229).

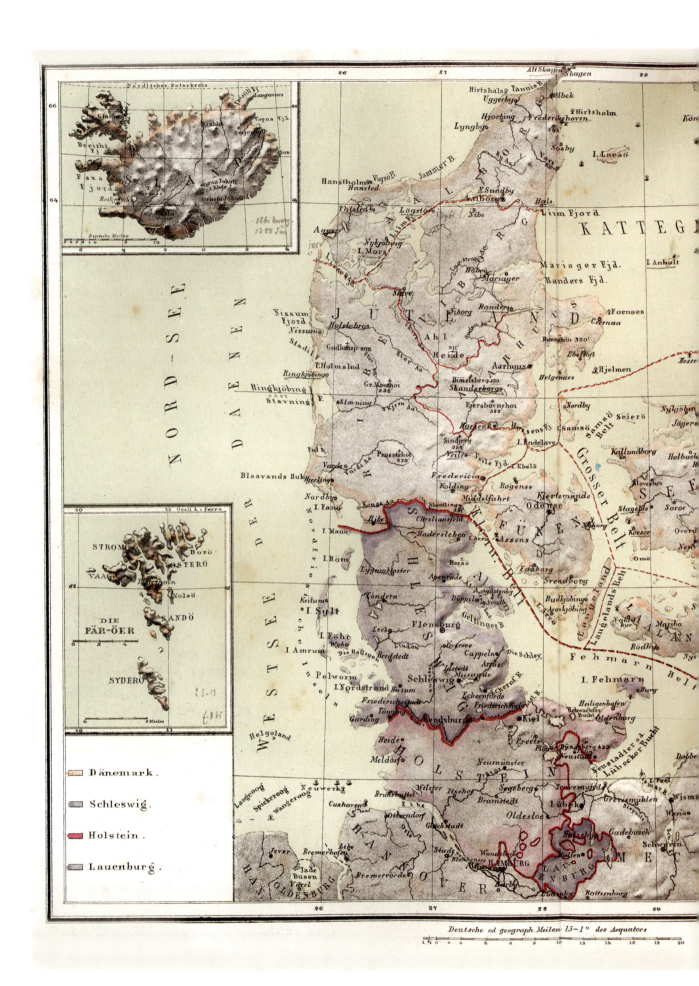

Tafel 8:
„Dänemark, Schleswig, Holstein und Lauenburg." – Die Karte findet sich im „Schul-Atlas über alle Theile der Erde nach Reliefs von C. Raaz" (Weimar: Kellner, ca. 1866). Im Norden Schleswigs ist die Grenze eingezeichnet, die nach dem Deutsch-Dänischen Krieg 1864 festgelegt wurde und bis zur Abstimmung von 1920 Bestand hatte (A 19, Nr. 17).

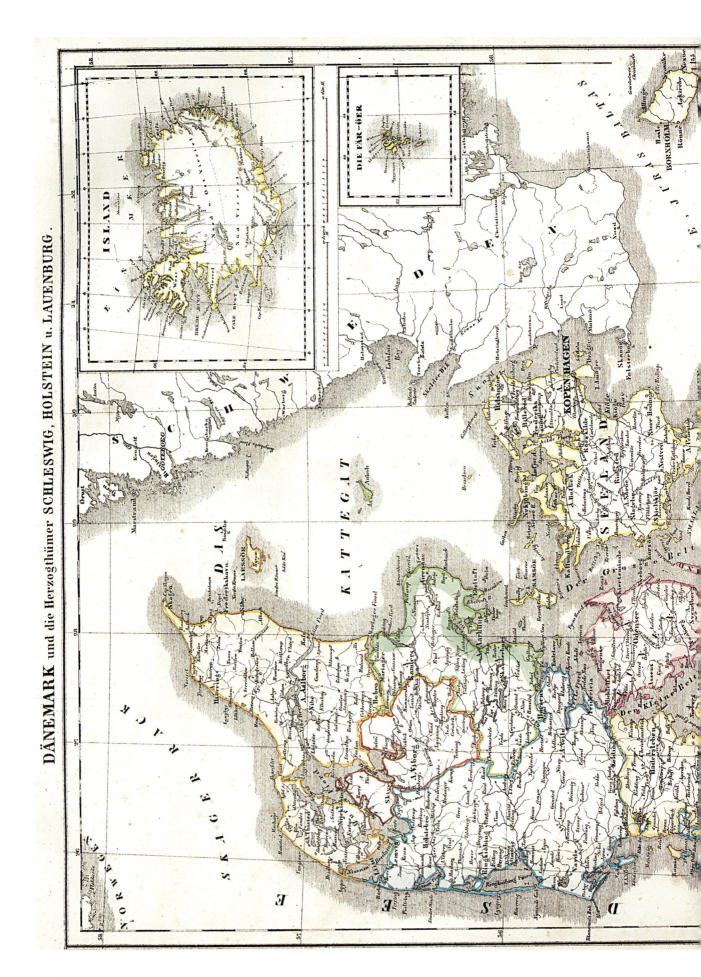

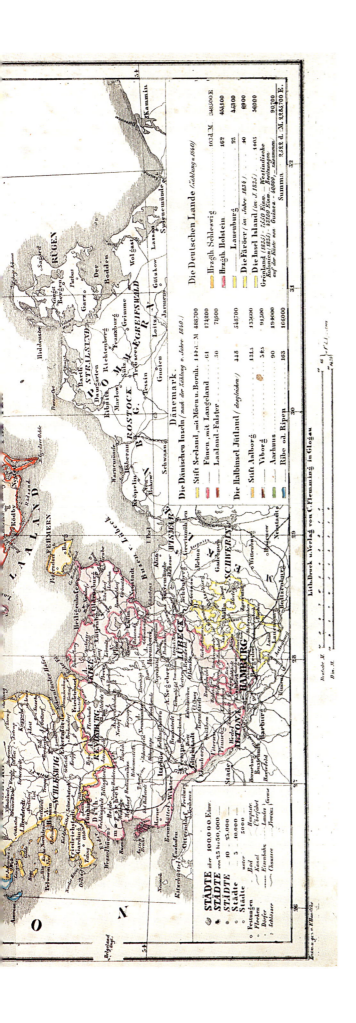

Tafel 9:
„Dänemark und die Herzogthümer Schleswig, Holstein und Lauenburg." – Die von dem Kartographen Friedrich Handtke gezeichnete Karte findet sich in der 5. Auflage von Sohr/Berghaus' „Vollständiger Hand-Atlas der neueren Erdbeschreibung über alle Theile der Erde in 82 Blättern" (Glogau: Carl Flemming, 1853). Flemmings großformatige Hand-Atlanten waren seinerzeit überaus beliebt und wurden ständig auf den neuesten Wissensstand gebracht. So finden sich im vorliegenden Band in einem Supplement-Teil drei Karten über das Herzogtum Schleswig und Jütland, die unter dem Eindruck der Schleswigschen Kriege zwischen 1848 und 1850 entstanden waren (A 26, Nr. 61).

373

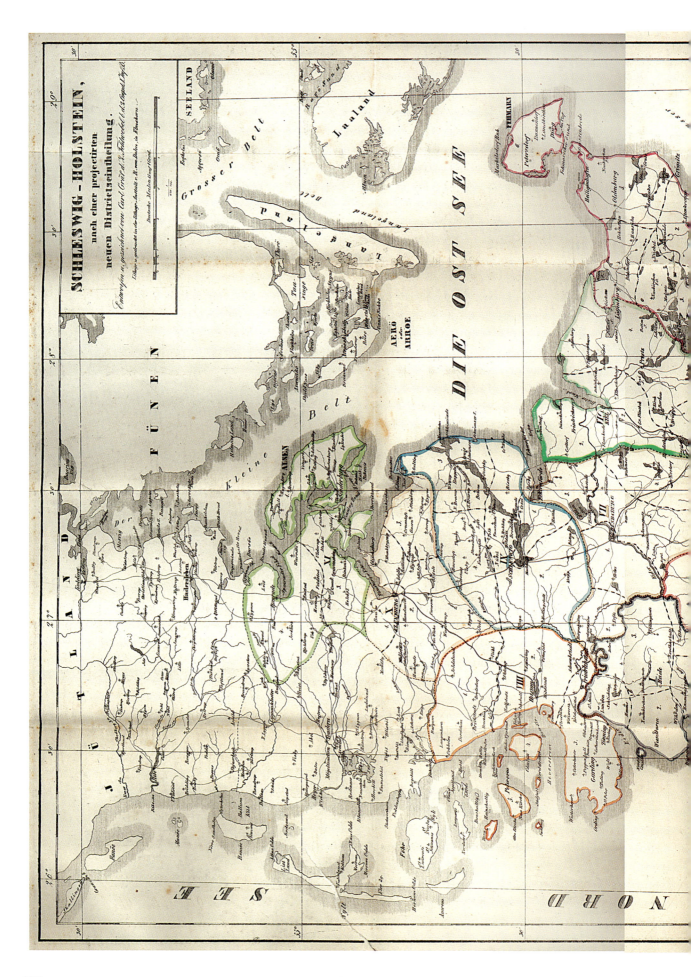

Tafel 10:
„Schleswig-Holstein, nach einer projectirten neuen Districtseintheilung." – Die Schleswig-Holstein-Karte, entworfen und gezeichnet von dem aus Rudolstadt stammenden Kartographen Carl Gräf, der als Freiwilliger an den Schleswigschen Kriegen zwischen 1848 und 1850 teilnahm, findet sich in Karl Friedrich Hermann Klenzes „Versuch eines Plans der neuen Districtseintheilung Schleswig-Holsteins ..." (Schleswig 1849). Klenze, Syndicus des Klosters Uetersen, legte in dem Werk seine Vorstellungen für eine Einteilung Schleswig-Holsteins in elf Distrikte vor (B 250).

Tafel 11:
„Karte von Neuengland, Neu Yorck und Pensilvanien." – Die „illuminierte" Karte, die die britischen Kolonien an der Ostküste Nordamerikas zur Zeit des Amerikanischen Unabhängigkeitskrieges zeigt, findet sich im dritten Teil des ersten Bandes von Christoph Heinrich Korns „Geschichte der Kriege in und außer Europa vom Anfange des Auffstandes der brittischen Kolonien in Nordamerika an" (Nürnberg 1777). Der Nürnberger Verleger Gabriel Nicolaus Raspe versah die 30 Teile des Werkes, die zwischen 1776 und 1784 erschienen, mit zahlreichen, zumeist farbigen Landkarten (B 256, Nr. 3).

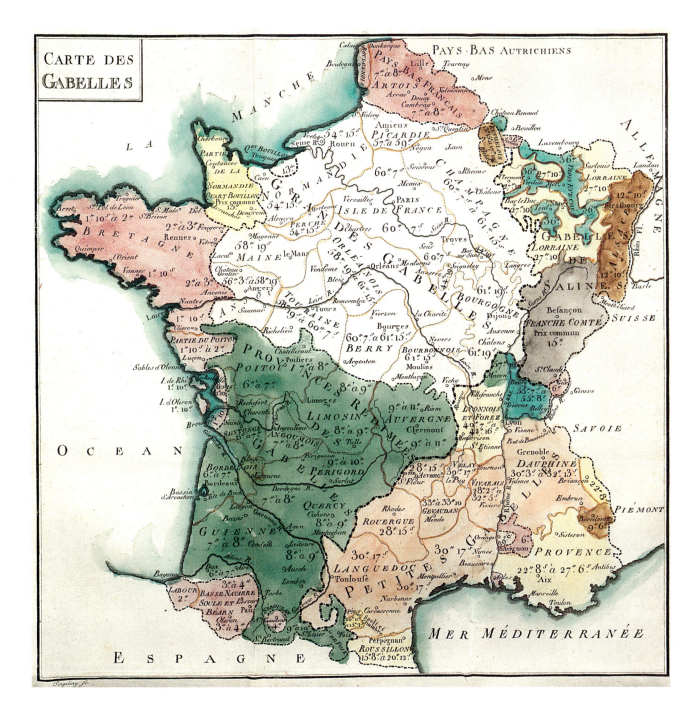

Tafel 12:
„Carte des Gabelles." – Die Karte zeigt das Königreich Frankreich vor der Französischen Revolution und gibt an, wieviel Salzsteuer in den einzelnen Provinzen im Jahre 1781 gezahlt wurde. Sie findet sich im „Compte rendu au Roy. Au mois de Janvier 1781" (Hamburg 1781) des französischen Finanzministers Jacques Necker. Die Veröffentlichung des Staatshaushalts in Paris Anfang 1781 stellte einen für damalige Zeiten unerhörten Vorgang dar und führte zu Neckers vorübergehender Entlassung. Das Werk erregte überall großes Aufsehen und wurde auch außerhalb Frankreichs an mehreren Orten sofort nachgedruckt (B 343, Nr. 2).

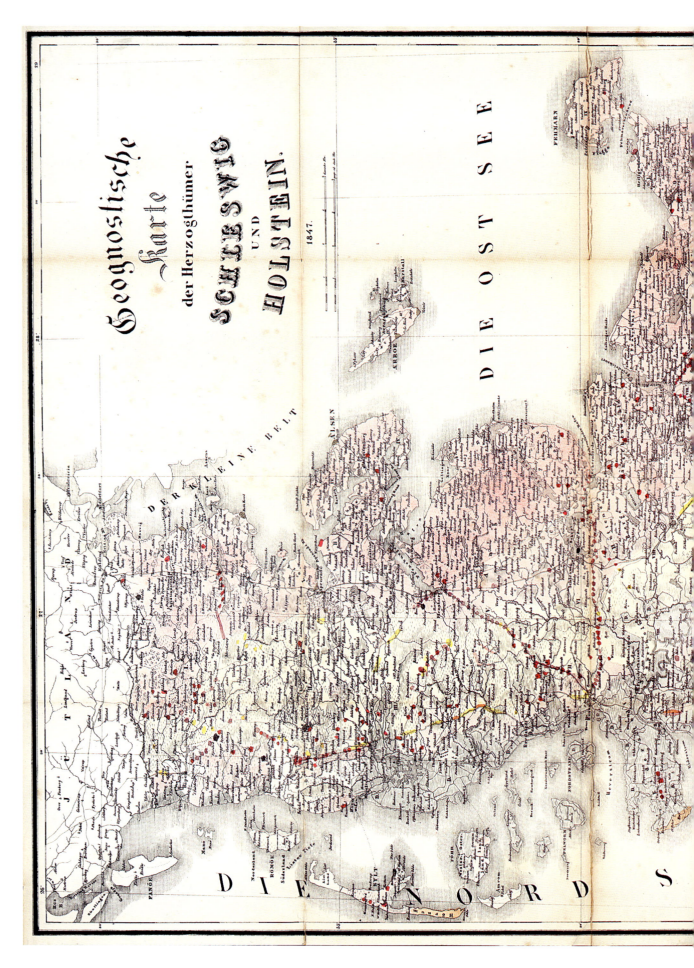

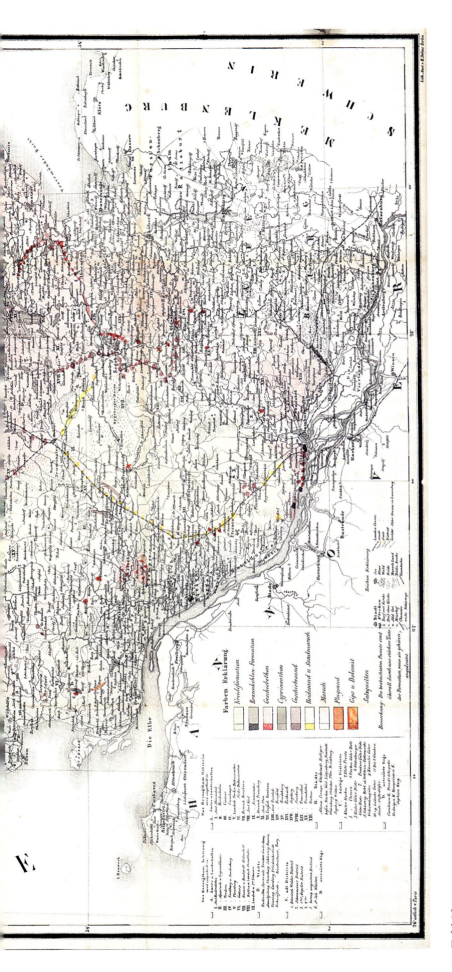

Tafel 13:
„Geognostische Karte der Herzogthümer Schleswig und Holstein 1847." – Die von dem Kopenhagener Geologen Johann Georg Forchhammer (1794-1865) entworfene großformatige Karte befaßt sich mit den geologischen Formationen der Herzogtümer und ist die erste geologische Karte Schleswig-Holsteins. Sie ist in der Lithographischen Anstalt von H. Delius in Berlin gestaltet worden und findet sich als Beilage in der „Festgabe für die Mitglieder der elften Versammlung Deutscher Land- und Forstwirthe" (Altona 1847) (B 415).

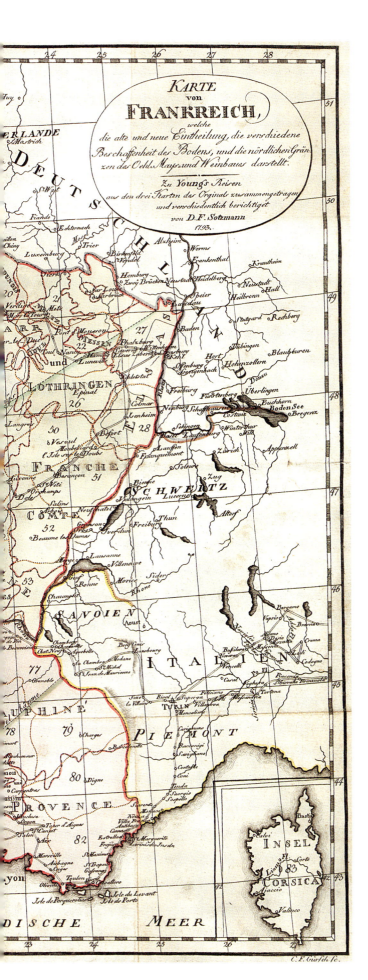

Tafel 14:

„Karte von Frankreich, welche die alte und neue Eintheilung, die verschiedene Beschaffenheit des Bodens, und die nördlichen Gränzen des Oel-, Mays- und Weinbaues darstellt." – Die großformatige Karte von Frankreich, die sich in dem Werk des britischen Agrarwissenschaftlers Arthur Young „Reisen durch Frankreich und einen Teil von Italien in den Jahren 1787 bis 1790" (Berlin 1793) findet, wurde von dem Berliner Kartographen Daniel Friedrich Sotzmann (1754-1840) gezeichnet. Die Inhalte von drei Einzelkarten der englischen Originalfassung wurden von Sotzmann auf eine einzige Karte projiziert, die sich so mit den Veränderungen der Verwaltungsstruktur während der Französischen Revolution, mit der Geologie des Landes und mit seiner Vegetation befaßt (B 586).

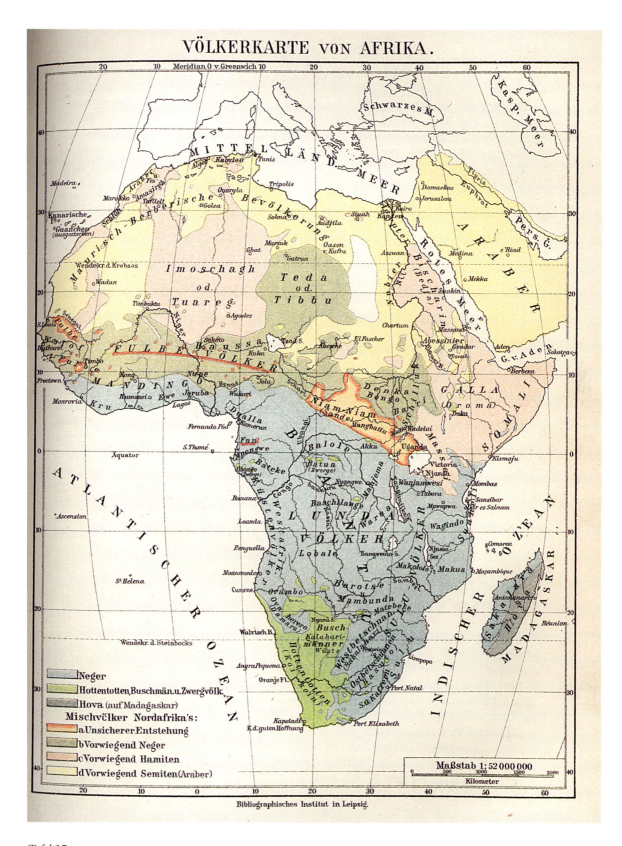

Tafel 15:
„Völkerkarte von Afrika." – Die im Bibliographischen Institut in Leipzig gestaltete Karte zeigt die Völker Afrikas und betont dabei die Unterschiede zwischen dem Norden und dem Süden des Kontinents. Die Darstellung findet sich in Wilhelm Sievers' „Afrika. Eine allgemeine Länderkunde" (Leipzig 1891). In der Landeszentralbibliothek sind auch Sievers' zwischen 1893 und 1895 erschienenen Länderkunden von Asien, Amerika, Europa sowie Australien und Ozeanien vorhanden, die wie das Werk über Afrika jeweils mit mehr als zehn thematischen Karten und einer Fülle von Farbabbildungen ausgestattet sind (B 467, Nr. 9).

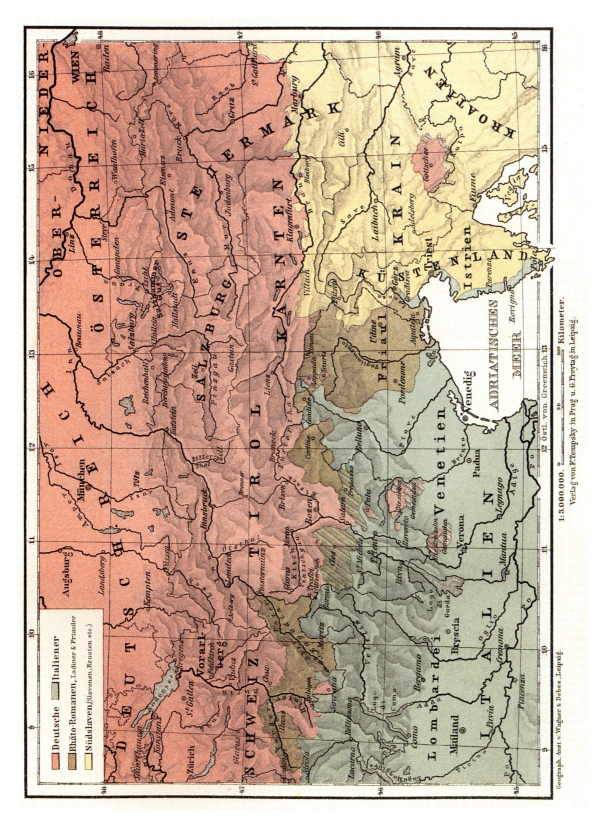

Tafel 16:
„Ethnographische Karte der Ost-Alpen" – Die Karte zeigt die Wohnbereiche der Ethnien (Deutsche, Italiener, Rhäto-Romanen und Südslaven), die im Osten der Alpen zwischen Zürich und Wien und der Südspitze der Halbinsel Istrien anzutreffen sind. Sie basiert auf Untersuchungen des deutschen Geographen Alexander Supan (1847-1920) und findet sich in dessen Werk „Österreich-Ungarn" (Wien u. Leipzig 1889). Die Karte wurde in der Geographischen Anstalt von Debes & Wagner in Leipzig gestaltet, die für den gesamten deutschen Sprachraum Karten herstellte (B 502, Nr. 2)

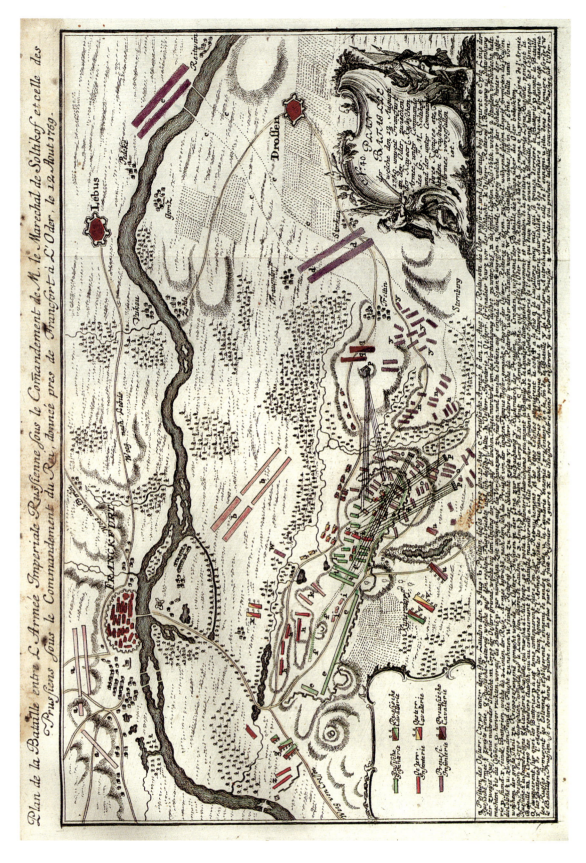

Tafel 17:
„Plan der Bataille (vom) 12. Augusti 1759 unweit Frankfurt an der Oder". – Dargestellt ist die Schlacht bei Kunersdorf, in der der preußische König Friedrich II. 1759 im Kampf gegen die Russen im Siebenjährigen Krieg eine schwere Niederlage hinnehmen mußte. Der Schlachtenplan findet sich im dritten Band von Johann Friedrich Seyfarts „Geschichte des seit 1756 ... geführten Krieges" (Frankfurt/M 1762) (B 462, Nr. 2).

Bluhm, Lothar 10918
Blum, Heiko R. 19209
Blumberg, Arnold 16657
Blumberg-Ebel, Anna 4143, 4157, 9276, 9427
Blümel, Willi 3922
Blumenberg, Hans-Christoph 15824
Blumenberg, Werner 10304
Blumenberg-Lampe, Christiane 10943
Blumenberg-Lampe, Christine 15199, 15200
Blumenstock, Friedrich 17669
Blumenthal, Nachman 4761, 5558
Boak, Helen L. 2378
Boas, Jacob 5559–5561, 6766
Boberach, Heinz 98f., 103, 109, 1484, 3274, 3789, 4416, 4438, 5032, 5157, 5221, 6746, 7278, 7741–7743, 7934, 8521, 8536, 8669, 8672, 8687, 9797, 9834, 10510, 11207, 11212, 18067, 18689, 18891
Boberg, Jochen 5025, 6175, 7776, 13348, 15312
Bobrowsky, Manfred 4839, 10919
Boch, Rudolf 17135
Bochumer Kulturrat 8602, 9126
Bock, Gerhard 14339–14344
Bock, Gisela 8281f., 8306–8309, 13614–13617, 13726, 13765–13767
Bock, Günther 14469a, 15302
Bock, Hans M. 16333f.
Bock, Helmut 1776, 9835
Bock, Karl H. 3736
Bock, Michael 4083
Bock, Sigrid 11820
Bock, Stephan 12143
Bock, Ulla 8248, 8492
Bock, Wolfgang 18836
Bockenförde, Ernst-Wolfgang 3384, 4004–4006, 4021f., 4049, 4050, 4052, 4202, 5291, 5661, 9277, 9278
Bockermann, Dirk 9011
Bockhofer, Reinhard 7413
Bockhorn, Olaf 4646, 8118, 15144a, 15144b
Böddeker, Günter 17799
Bodek, Janusz 19210
Bödeker, Johanna 2013
Bodenschatz, Harald 13357
Bodensieck, Heinrich 6943
Bodenstedt, Adolf 4676
Bodewig, Kurt 19249, 19354, 19651,
19797, 19865f., 19870, 19893, 19903, 19932, 19951, 19971, 19998, 20000, 20011, 20031, 20049, 20066, 20087, 20106, 20276, 20293, 20320
Boehm, Hermann 16607, 17049
Boehm, Katharina F. 13049
Boehn, Irmgard von 12932
Boehnert, Gunnar S. 3812, 5122f.
Boehringer, Hannes 10311d
Boelcke, Willi A. 3635, 4579, 4662f., 4677f., 4936, 4941f., 12385, 12484, 12646, 12668, 12677f., 12826f., 13127, 16776, 17146
Boelke, Willi A. 7881, 12386, 12485
Boeppele, Ernst 1497
Boese, Engelbrecht 15510
Boeselager, Philipp Freiherr von 10585
Bogaert, André 11122
Bogatsvo, Jules 5124
Bögeholz, Lore 7894
Bogusz, Józef 13768
Bohleber, Werner 269, 5562, 5677, 5722, 18386f.
Bohlen, Friedrich 15966
Böhler, Ingrid 19420
Böhles, Hans-Jürgen 13480, 14469, 14485, 14517, 14524–14527, 14599f., 14608, 14617, 15051
Böhm, Franz 5702
Böhm, Helmut 9428
Böhm, Johann 16208
Böhm, Kurt W. 17818
Böhm, Rudolf W. 1096
Böhm, Udo 7385
Böhm, Wilhelm 19211
Bohmann, Alfred 18004
Bohmbach, Jürgen 851, 3096, 5925f.
Böhme, Edith 11821
Böhme, Günther 14037
Böhme, Hermann 17271
Böhme, Ilse 7758
Böhme, Klaus 13901
Böhme, Klaus-Richard 17322
Böhme, Kurt W. 17807f., 17814, 17823, 17826
Böhme, Rolf 5927
Böhme-Kuby, Susanna 19825
Böhn, Georg L. 17497
Bohn, Robert 5125, 7502, 11332, 12714, 12893, 16300, 16610, 17323, 17328, 17332f., 17706, 18322, 18324f., 18331, 18334, 18344, 18346, 18350, 18358

Autorenregister

Bohn, Willi 10397, 10436
Böhne, Edith 6510, 6604, 7311, 11677, 11680, 11808, 11812, 11850 11909, 11919, 11950, 11966, 11971, 11984, 12000, 12006, 12025, 12034, 12080, 12086, 12150, 12223, 12288, 12338, 12341
Bohnen, Klaus 15511
Bohnenkamp, Hans 10311a
Böhnke, Werner 3326
Böhnke, Wilfried 2259f.
Bohnke-Kollwitz, Jutta 5990, 6006, 6715, 14275, 14491, 15329
Bohrer, Karl H. 1372
Böhringer, Helga 11754
Bohrmann, Hans 4865–4868, 4873, 10305, 14566
Bohrmann, Ingeborg 10305
Bohse, Jörg 4679, 4680
Boland, Karl 13051
Bolbecher, Siglinde 10200
Bolchover, Richard 6944
Boldt, Frank 4651, 11238, 11399, 16554, 16562, 16564, 16569, 16571
Boldt, Werner 10036
Bolewski, Hans 19867
Boll, Bernd 13052f.
Böll, Heinrich 7053, 8624
Bollack, Jean 14754
Bollenbeck, Georg 12187
Bollmann, Kerstin C. 12768
Bollmus, Reinhard 852, 2030f., 3572, 5928, 14360, 14470
Bollnow, Otto F. 14038
Bolz, Jürgen 6189
Bolz, Rüdiger 16759
Bömelburg, Hans-Jürgen 5929f.
Bömermann, Hartmut 2396, 2405, 2482
Bondzio, Wilhelm 10896
Bonengel, Winfried 19922
Bonhoeffer, Dietrich 9147–9150
Bönisch-Brednich, Brigitte 15138
Bonnin, Georges 2352
Bons, Joachim 2505
Bonss, Wolfgang 2410
Bonte, Florimond 11239
Bonwetsch, Bernd 12984, 17840
Booß, Rutger 14597
Boockmann, Hartmut 1634, 7804, 14958, 16497
Boog, Horst 4439f., 16862, 16864, 17458f.
Books, Lea V. 9

Booms, Hans 98, 103, 1484, 2815, 2954, 4416, 4438, 5032, 5157, 17050, 18067
Boor, Lisa de 7964
Bopp, Marianne O. de 11822
Bopp, Marie-Joseph 18231
Bor, Peter 10729
Borch, Herbert von 3573
Borchardt, Knut 12387, 12388, 12647
Borchers, Andreas 20096
Borchmann, Michael 3752
Borchmeyer, Josef 1973–1975, 18892–18894
Borck, Karin 16461
Borden, Carla M. 11236, 11250, 11252, 11285, 11342, 11357, 11374, 11800, 11829, 11904, 11911, 11913, 11922, 11997, 12019, 12042, 12102, 14358
Borejsza, Jerzy W. 10586, 16457
Borengässer, Norbert M. 9250, 13491
Börger, Bernd 9561
Borgert, Heinz-Ludgert 16845
Borgert, Wolfgang 11471
Borgmann, Karl 9279
Borgsen, Werner 7386
Borgstädt, Britta 11093
Borgstedt, Angela 10566a
Borinski, Fritz 3496
Bork, Siegfried 4762
Borkin, Joseph 12587
Bor-Komorowski, Tadeusz 18005
Bormann, Alexander von 15512f., 15716
Born, Jürgen 4681
Born, Lutger 6767, 9430
Bornemann, Manfred 7387, 16988, 17670
Bornscheuer, Karl-Dieter 4157a
Börner, Herbert 15212
Börner, Holger 11539
Börner, Weert 10904
Börnert, Gisela 7388, 7389
Borowsky, Peter 1546, 14743, 14951
Borresholm, Boris von 1873
Borries, Achim von 5884
Borries, Bodo von 18388
Borscheid, Peter 12370, 12486
Borsdorf, Ulrich 2595, 2646, 3310, 6281, 7969, 8021, 8055, 8074, 8101, 8404, 10511–10513, 10525, 10529, 11641f., 11651, 13080, 16940, 17141, 17527, 18933
Borst, Otto 853–856, 1007, 3920, 8794, 10104, 12484, 13490, 14031, 14449, 14452, 15317, 15467, 15684, 15750